Joachim Coche/Olaf Stotz (Hrsg.)

Asset Allocation

Joachim Coche/Olaf Stotz (Hrsg.)

Asset Allocation

Vermögens- und Finanzanlagen professionell steuern

Bibliografische Information Der Deutschen Bibliothek

Die Deutsche Bibliothek verzeichnet diese Publikation in der Deutschen Nationalbibliografie; detaillierte bibliografische Daten sind im Internet über **http://dnb.ddb.de** abrufbar.

Produktmanagement: Julia Schneider-Mühl

Fachverlag Deutscher Wirtschaftsdienst GmbH
Marienburger Straße 22, D-50968 Köln (Marienburg)
Telefon (02 21) 9 37 63-0, Telefax (02 21) 9 37 63-91
Internet: http://www.dwd-verlag.de, eMail: box@dwd-verlag.de

© 2002 Fachverlag Deutscher Wirtschaftsdienst GmbH, Köln

Das Werk einschließlich aller seiner Teile ist urheberrechtlich geschützt. Jede Verwertung außerhalb der engen Grenzen des Urheberrechtsgesetzes ist ohne Zustimmung des Verlags unzulässig und strafbar. Dies gilt insbesondere für Vervielfältigungen, Übersetzungen, Mikroverfilmungen und die Einspeicherung und Verarbeitung in elektronischen Systemen.

Umschlaggestaltung: Reckels, Schneider-Reckels, Wiesbaden
Satz: TGK Wienpahl, Köln
Druck: Wilhelm & Adam, Heusenstamm

Inhalt

Vorwort der Herausgeber 13

Einleitung 15
1 Die Asset Allocation im Investmentprozess 16
2 Wie wichtig ist die Qualität der Asset Allocation Entscheidung? 18
3 Lösungen aus der Praxis 23

Teil I
Struktur und Verfahren

Joachim Coche und Olaf Stotz
1 **Die drei „R" der Asset Allocation** 31
1.1 Anlageziele und Asset Allocation 31
1.2 Risikobudget 33
1.3 Risikoprämie 36
1.3.1 Historische Risikoprämie 36
1.3.2 Erwartete Risikoprämie 37
1.3.3 Risikoprämie und Risikobudget 38
1.4 Risikobewertung 40
1.5 Fazit 42

Barbara Grünewald und Robert Süttinger
2 **Integrierte und globale Asset Allocation Prozesse** 45
2.1 Asset Allocation: Mehr als die Summe der Einzelteile 45
2.2 Strategische Asset Allocation 50
2.2.1 Ziel 50
2.2.2 Prozess 50
2.2.3 Risiko- und Ertragsannahmen im Bereich der strategischen Asset Allocation 53
2.2.4 Fragestellungen im Bereich der Strategischen Asset Allocation 55
2.3 Taktische Asset Allocation 61
2.3.1 Ziel der taktischen Asset Allocation 62
2.3.2 Risikobudgetierung 64
2.3.3 Identifikation von Investment Opportunitäten 65
2.3.4 Strategiesetzung 69
2.3.5 Monitoring und Anpassung der Strategie 73
2.4 Umsetzung 75
2.4.1 Portfolio Translation 75
2.4.2 Rebalancing 75
2.5 Performance Analyse 76
2.5.1 Performance Messung 76
2.5.2 Performance Attribution 77
2.6 Fachkenntnis, Erfahrung und Kreativität 80

Bernd Scherer
3	**Der Core Satellite Ansatz**	83
3.1	Einführung	83
3.2	Grundlagen des Core Satellite Ansatz	84
3.2.1	Portfoliotheoretische Grundlagen	84
3.2.2	Managerdiversifikation und Managerspezialisierung	87
3.2.3	Gebührenarbitrage	88
3.3	Ausgewählte Fragen der Implementierung	89
3.3.1	Risikoallokation versus Gewichtsallokation	89
3.3.2	Grenzen eines aggressiven Core Satellite Ansatzes	93
3.4	Problembereiche bei der Bestimmung der Inputgrößen	95
3.4.1	Performancedaten unterschiedlicher Zeitlänge	95
3.4.2	Persistenz von Managerkategorien	98
3.4.3	Diversifikation in unterschiedlichen Marktperioden	100
3.5	Schlussfolgerungen	101

Olaf Stotz
4	**FED Modell, Risikoprämie und Asset Allocation**	105
4.1	Irrationaler Überschwang an den Aktienmärkten?	105
4.2	Prognose und Asset Allocation	106
4.3	Das FED Modell	107
4.3.1	Beispiel zum FED Modell	108
4.3.2	Beispiel zur Über- und Unterbewertung	108
4.3.3	FED Modell in Form von Renditen	109
4.4	Empirische Beobachtungen	109
4.4.1	Wie kann das FED Modell zur Asset Allocation Entscheidung eingesetzt werden?	111
4.4.2	Systematische Performanceergebnisse	112
4.4.3	Eine aktive Asset Allocation Strategie	115
4.5	FED Modell und Risikoprämie	116
4.5.1	Der Kapitalmarkt fordert von den Aktien eine Risikoprämie	116
4.5.2	Ist die Höhe der Risikoprämie gerechtfertigt?	118
4.5.3	Eine verfeinerte Asset Allocation Strategie auf Basis der Risikoprämie	121
4.6	Zusammenfassung	123

Chee Ooi, Keith Miller, Parameswaran Priya, Manolis Liodakis
und Stavros Siokos
5	**Entscheidungsbaumanalyse für die Asset Allocation**	125
5.1	Entscheidungsbaumanalyse und CART	125
5.2	US-Aktienmarkt versus Cash	127
5.2.1	Schätzung des Baums	128
5.2.2	Modellergebnisse	130
5.2.3	Eine spezifische Vorhersage	134
5.3	Auswahl europäischer Technologieaktien	134

5.3.1	Datenlage	134
5.3.2	Klassifikationsbaum für Technologie	136
5.3.3	Interpretation des Baums	137
5.3.4	Statischer versus dynamischer Baum	137
5.3.5	Modell-Performance	139
5.3.6	Performance-Vergleich	143
5.4	Zusammenfassung	144

Markus Brechtmann

6	**Länder- und Branchenallokation mit Momentumstrategien**	**145**
6.1	Länder- und Branchenallokation: objektiv, transparent und diszipliniert	145
6.2	Datenbestandsaufnahme	146
6.2.1	Die MSCI Indexfamilie	146
6.2.2	Empirische Analyse	148
6.3	Investmentprozess	152
6.4	Historische Analysen	154
6.4.1	Länder- und Branchenallokation in den Developed Markets	154
6.4.2	Länder- und Branchenallokation in den Emerging Markets	157
6.4.3	Länder- und Branchenallokation in Europa	159
6.5	Zusammenfassung und Ausblick	162

Wolfgang Breuer, Marc Gürtler und Frank Schuhmacher

7	**Risikoverfahren**	**165**
7.1	Wie misst man Risiko?	165
7.2	Streuungsmaße	166
7.2.1	Ohne risikolose Anlage/Verschuldung	166
7.2.2	Mit risikoloser Anlage/Verschuldung	172
7.3	Extremrisiken und Schiefe	174
7.4	Downfall Risk und Ausfallmaße	177
7.5	Marktrisiko und Marktmodell	181
7.6	Empirische Messung von Risiken	183
7.7	Ein praktisches Beispiel	186
7.8	Risikomessung ist individuell	189

Teil II
Märkte und Erwartungen

Rolf Elgeti

1	**Asset Allocation in Krisenzeiten**	**195**
1.1	Chancen der Asset Allocation	195
1.2	Bewertung und Katalysatoren bestimmen die Überrenditen von Assetklassen	195
1.2.1	Bewertung ist der Ausgangspunkt eines Investmentprozesses	196

1.2.2	Aktienmärkte weichen oft von ihren fairen Werten ab	198
1.3	Risiko und Chance der menschlichen Entscheidung	200
1.4	Krisen führen zu Ausnahmesituationen, die Chancen bieten	202
1.4.1	Bewertungsmaßstäbe in Krisensituationen verändern sich	202
1.4.2	Ein verzerrtes Chance-Risiko-Spektrum	205
1.4.3	Ungleiche Geschwindigkeiten der Entscheidung	212
1.5	Sektorallokation in Krisenzeiten	214
1.5.1	Sektorallokation und Asset Allocation sind konsistent zu implementieren	214
1.5.2	Schnelles Agieren bei Einzelwerten	215
1.6	Schlussfolgerungen	216

Rüdiger von Nitzsch

2	**Wie hilft die Behavioral Finance bei der Asset Allocation?**	**217**
2.1	Idee und Richtungen der Behavioral Finance	217
2.2	Ansatzpunkte der Behavioral Finance in der Asset Allocation	219
2.3	Die Prognose der Überrendite von Aktien	220
2.3.1	Die historische Überrendite von Aktien	220
2.3.2	Woher die Überrendite von Aktien kommt	222
2.3.3	Die implizite Risikoprämie	225
2.3.4	Die Prognose der Risikoprämie	227
2.4	Die Ermittlung der Risikoeinstellung des Investors	231
2.4.1	Quantitative Analyse der finanziellen Angaben	231
2.4.2	Risikotragfähigkeit und Ermittlung der Risikoeinstellung über psychologische Dispositionen	233
2.4.3	Verzerrungen durch einen nicht adäquaten Planungshorizont	235
2.5	Die Gewichtung der Assetklassen	236
2.6	Die Umsetzung der einzelnen Assetklassen	238
2.7	Fazit und Ausblick	240

Ina Bauer und Claudia Wanner

3	**Welchen Einfluss haben die Medien auf die Asset Allocation?**	**243**
3.1	Boomjahre für die Wirtschaftsberichterstattung	243
3.2	Professionelle Anleger – die unbekannten Medienkonsumenten	245
3.3	Bei Experten nachgefragt	247
3.4	Der regelmäßige Medienkonsum	248
3.5	Qualität der Berichterstattung	250
3.6	Wer beeinflusst wen?	252
3.7	Zusammenfassung	256

Wolfgang Breuer, Marc Gürtler und Frank Schuhmacher

4	**Alternative Assetklassen: Hedgefonds**	**259**
4.1	Hedgefonds als Assetklasse für private und institutionelle Anleger	259
4.2	Was ist ein Hedgefonds?	259
4.2.1	Erreichung absoluter Ertragsziele	259

4.2.2	Anlagespektrum	261
4.2.3	Standort und Rechtsform	262
4.2.4	Managerentlohnung	264
4.2.5	Eigentumsstruktur	265
4.2.6	Weitere Merkmale	266
4.3	Entwicklung und Volumen der Hedgefonds-Industrie	266
4.4	Hedgefonds-Kategorien	268
4.5	Performance	271
4.5.1	Sharpe-Maß	271
4.5.2	Diversifikation und Korrelation	273
4.6	Erklärungsansätze	277
4.7	Fazit	279

Michael Menz

5	**Der Euro Corporate Bond Market**	281
5.1	Europäische Rentenmärkte im Umbruch	281
5.2	Wegfall der europäischen Währungen lässt Corporate Bond Märkte wachsen	281
5.3	Corporate Bonds entwickeln sich zu einer eigenständigen Assetklasse	284
5.4	Chance-Risiko-Profil von Unternehmensanleihen	287
5.5	Was beeinflusst den Wert eines Corporate Bonds?	296
5.6	Das Management von Unternehmensanleihen	306
5.7	Europäischer Corporate Bond Markt wird sich als Assetklasse durchsetzen	314

Teil III
Case Studies

Thomas Bossert

1	**Asymmetrische Asset Allocation**	319
1.1	Einleitung	319
1.2	Der Anlageentscheidungsprozess	319
1.2.1	Die Struktur des Anlageentscheidungsprozesses	319
1.2.2	Die strategische Asset Allocation (SAA)	320
1.2.3	Taktische Asset Allocation und Market Timing	320
1.3	Prognosegetriebene Asset Allocation	321
1.3.1	Prognosebasierte Asset Allocation fokussiert auf Prognose von Renditen	321
1.3.2	Probleme der prognosebasierten Asset Allocation	322
1.4	Asymmetrische Asset Allocation	327
1.4.1	Was versteht man unter Asymmetrischer Asset Allocation?	327
1.4.2	Auf welcher Investment-Philosophie basiert die AAA?	328
1.4.3	Die Bedeutung von Prognosen in der AAA	331

1.4.4	So wird das individuelle AAA-Mandat ausgestaltet	332
1.4.5	Der Unterschied zur CPPI	335
1.4.6	So profitieren Sie von der Asymmetrischen Asset Allocation	337
1.5	Zusammenfassung	342

Gunther Baum und Hartmut Leser

2	**Die Rolle von Consultants bei der Asset-Managementberatung**	**345**
2.1	Effizienzsteigerung durch Consulting	345
2.2	Die Strategiefunktion des Beraters	345
2.2.1	Anlagestrategie und Analyse der Verpflichtungen	346
2.2.2	Prognose der Vermögensentwicklung auf Basis ökonomischer Modelle	347
2.2.3	Methodenauswahl für das ALM auf der Unternehmensebene	348
2.3	Die Umsetzungsfunktion des Beraters	353
2.3.1	Quantitative Performancebewertung	353
2.3.2	Qualitative Ressourcenanalyse	354
2.4	Die Kontrollfunktion des Beraters	356
2.5	Die Sparringsfunktion des Beraters	356
2.6	Zusammenfassung	357

Hans-Ulrich Templin

3	**Der Investmentansatz von Helaba Northern Trust für Corporate Bonds**	**359**
3.1	Investmentphilosophie	359
3.2	Investmentansatz	359
3.3	Makroanalyse	360
3.4	Branchenanalyse	365
3.5	Einzeltitelselektion	366
3.5.1	Bonitätseinschätzung	367
3.5.2	Relative-Value-Analyse	373
3.6	Zusammenfassung	375

Thomas Karl Romig

4	**Management von Dachfondsprodukten**	**379**
4.1	Einleitung	379
4.2	Grundsätzliche Varianten von Dachfondsprodukten	381
4.3	Asset Allocation	383
4.3.1	Bestimmung der Aktien- und Rentenfondsquote	384
4.3.2	Allokation innerhalb des Aktienfondsportfolios	384
4.3.3	Allokation innerhalb des Rentenfondsportfolios	386
4.4	Fondsselektion	387
4.4.1	Quantitative Fondsselektion	388
4.4.2	Qualitative Fondsselektion	392
4.5	Portfoliokonstruktion	397
4.5.1	Wesentliche gesetzliche Vorgaben für deutsche Dachfonds	397

4.5.2	Risikoausrichtung des Dachfondsportfolios	398
4.5.3	Korrelation der Zielfonds untereinander	398
4.5.4	Kostenstruktur des Dachfonds- bzw. Multimanagementportfolios	398
4.5.5	Umsetzung der Asset Allocation Vorgaben	399
4.6	Risiko-Controlling	400
4.6.1	Permanente Performancekontrolle der Zielfonds	400
4.6.2	Permanente Performancekontrolle des Dachfonds	401
4.6.3	Betrachtung des Dachfondsportfolios mit einem ex ante Risko-Controlling-System	402
4.7	Dachfonds als Alternative für private und institutionelle Investoren	402

Susanne Fromme

5	**Asset Liability Management für Lebensversicherer**	405
5.1	ALM: Fragen des Managements – Antworten aus der Modellierung	405
5.2	Modellierung aus der Sicht des Aktuars	407
5.3	Modellierung aus der Sicht des Kapitalanlegers	409
5.4	Planung für das Gesamtunternehmen – Wo liegen die Risiken?	414
5.5	Unternehmensstrategien im Vergleich	419
5.6	Die Technik hinter den Analysen	424
5.7	Fazit	425

ANHANG

| Autorenverzeichnis | 429 |
| Stichwortverzeichnis | 435 |

Vorwort der Herausgeber

Soll ich Aktien oder Renten kaufen? Diese zentrale Frage der Asset Allocation ist uns als langjährige Beobachter der Kapitalmärkte und des Portfoliomanagements immer wieder gestellt worden. Eine eindeutige und für jeden Investor gleiche Antwort darauf kann man in den seltensten Fällen geben. Sicher ist jedoch, dass sich unabhängig von der Antwort eine kontroverse Diskussion anschließt. Eine eindeutige Antwort wird es auch in diesem Buch nicht geben. Vielmehr stellt das vorliegende Buch die Frage der Asset Allocation aus den individuellen Perspektiven von Kapitalmarktteilnehmern, wie Fondsmanager, Investmentbanker, Consultants, Wirtschaftsjournalisten und Akademikern dar. Aus diesen unterschiedlichen Sichtweisen sind einzelne, in sich abgeschlossene Beiträge entstanden, die ein breites Spektrum an Antworten zeigen und neue Ideen diskutieren.

Der Adressat des Buches ist der Investor. Es gibt aber nicht den einen Investor. Investoren sind facettenreich, sie haben unterschiedliche Ansichten, teilweise konträre Erwartungen, bewegen sich in verschiedenen Märkten und unterscheiden sich durch ihre institutionellen Rahmenbedingungen. So wird ein Fondsmanager eines Publikumsfonds die Asset Allocation aus einer anderen Perspektive betrachten als ein Fondsmanager eines Versicherungsunternehmens. Auch wird ein Portfoliomanager, der einen passiven Investmentstil verfolgt, seine Asset Allocation anders steuern als ein aktiver Portfoliomanager. Ein Pensionsfondsmanager denkt in anderen Zeithorizonten als ein Manager der Eigenanlagen einer Bank. Trotz ihrer so unterschiedlichen Charakteristika vereinigt sie jedoch ein gemeinsames Ziel: eine möglichst hohe Rendite zu erzielen. Wie das Ziel einer hohen Rendite erreicht wird, dazu ist die Entscheidung, in welche Assetklasse angelegt wird, von zentraler Bedeutung. Über diese Renditeziele hinaus, ist es für diesen Adressatenkreis in zunehmendem Maße aber auch von Bedeutung die Asset Allocation als einen objektiven, transparenten und qualitätsgesicherten Prozess zu implementieren. Investoren und Asset Manager sind bemüht Entscheidungsabläufe so zu gestalten, dass sie den Anforderungen des „Best Industry Practise" entsprechen.

Aus der Unterschiedlichkeit der Investoren folgt eine gewollt differenzierte Betrachtung der Asset Allocation. Das Buch beabsichtigt nicht etwa allgemein gültige Patentlösungen für die Asset Allocation zu propagieren, die für alle Anlegergruppen gleichermaßen geeignet sind. Vielmehr ist es Zielsetzung, Investoren dadurch zu unterstützen, dass von jeweils führenden Kapitalmarktexperten Diskussionsbeiträge zu unterschiedlichen Aspekten der Asset Allocation vorgestellt werden. Diese beziehen sich auf die Eigenschaften von Assetklassen, Ansätze zur Erwartungsbildung, Allokationsverfahren oder die Umsetzung der Asset Allocation. Die einzelnen Beiträge sind dabei entweder stärker konzeptionell, empirisch oder praxisorientiert ausgerichtet. Alle Artikel sensibilisieren den Leser für eine spezielle Facette der Asset Allocation. Sie bieten in vielen Fällen konkrete Lösungsmöglichkeiten, werfen aber teilweise auch neue Fragestellungen auf, die nur von jedem Investor individuell zu beantworten sind.

Vorwort

An dieser Stelle möchten wir uns bei den zahlreichen Autorinnen und Autoren bedanken, ohne die dieses Projekt nicht hätte umgesetzt werden können. Zum einen danken wir für die Zeit, die die Autoren aufgewandt haben, zum anderen aber auch dafür, dass sie ihre Expertise teilen und uns tiefe Einblicke in bisher exklusiv genutzte Verfahren und Methoden ermöglichen. Unser ganz besonderer Dank gilt aber auch Julia Schneider-Mühl und Bernd Lücke vom Fachverlag Deutscher Wirtschaftsdienst für ihre jederzeit professionelle Unterstützung.

Wir wünschen dem Leser viel Spaß bei der Lektüre des Buches.

Aachen und Frankfurt am Main im Mai 2002

Einleitung

Die Asset Allocation eines Investors – institutionell oder privat – gibt die Aufteilung des Vermögens auf verschiedene Klassen von Vermögenswerten, wie beispielsweise Aktien und Renten an. Dieses traditionelle Aufgabengebiet der Asset Allocation hat sich in den letzten Jahren um die Themenkomplexe Auswahl von Assetmanagern, Entscheidung über Managementstile und die systematische Integration der Asset Allocation in den Investmentprozess erweitert.

Eine Vielzahl theoretischer und empirischer Studien zeigt die herausragende Bedeutung auf, die der Asset Allocation für den Anlageerfolg zukommt. Im scharfen Kontrast zu diesen Ergebnissen steht die Tatsache, dass die Asset Allocation in der Praxis häufig stiefmütterlich behandelt wird. So ist beispielsweise zu beobachten, dass Investoren und Assetmanager relativ viele Ressourcen in die Auswahl einzelner Aktien investieren, aber verhältnismäßig wenig Zeit für die Entscheidung über den Aktienanteil am Gesamtvermögen aufwenden. Asset Allocation Entscheidungen werden in der Praxis oftmals aus dem Bauch heraus getroffen, sind schwer nachvollziehbar und ihre Qualität wird nicht systematisch gemessen. Teilweise wird argumentiert, dass Erkenntnisse der Theorie nur schwer zu implementieren sind und mögliche Effizienzgewinne ohnehin durch eine allgemein hohe Volatilität der Märkte überlagert werden.

Im Rahmen dieser Einleitung wollen wir zunächst zeigen, wie wichtig die Asset Allocation Entscheidung für das Anlageergebnis ist. Am Beispiel der Erwartungsbildung untersuchen wir, wie sich Ansätze unterschiedlicher Qualität auf den Ertrag und das Risiko der Kapitalanlagen auswirken. Wir zeigen das Potential auf, das bessere Ansätze auch in volatilen Märkten haben. Aber wie können solche, zugegebenermaßen wiederum theoretischen Ergebnisse in die Praxis übersetzt werden? Genau hier möchte das vorliegende Buch ansetzen, indem Praktiker und Akademiker demonstrieren, wie Erkenntnisse der Modernen Kapitalmarkttheorie aber auch der Behavioral Finance im Kontext konkreter Investmentprozesse umgesetzt werden können.

Zur Diskussion dieser Themenkomplexe haben wir Autoren aus den Bereichen des Asset Managements, Investment Bankings, Consultings, Wirtschaftsjournalismus und aus dem akademischen Bereich eingeladen. Die Autoren stellen in 17 sehr unterschiedlichen Beiträgen eine jeweils ganz persönliche Perspektive der Asset Allocation dar. Vor dem Hintergrund dieser Heterogenität, hat die Einleitung zum Ziel, die Struktur und Gliederung des Sammelbandes zu erläutern und damit dem Leser eine Navigationshilfe zur Verfügung zu stellen, die eine einfache Orientierung innerhalb der nachfolgenden Beiträge ermöglicht. Zu diesem Zweck werden wir jeden Beitrag anhand einer kurzen Zusammenfassung vorstellen.

Die Einleitung ist wie folgt gegliedert: Im Abschnitt 1 diskutieren wir kurz die Einordnung der Asset Allocation in den Investmentprozess, bevor Abschnitt 2 die Wichtigkeit der Asset Allocation anhand einer einfachen Simulationsstudie darstellt. Schließlich präsentiert Abschnitt 3 Zusammenfassungen der Beiträge in prozessübergreifender Form.

1 Die Asset Allocation im Investmentprozess

Die Asset Allocation bestimmt, wie ein Vermögen auf die verschiedenen Assetklassen aufgeteilt wird. Assetklassen werden beispielsweise danach differenziert, dass sie sich in ihren Renditen deutlich voneinander unterscheiden sollten. Renditen können in zweierlei Hinsicht Unterschiede aufweisen. Entweder differieren sie von ihrer Höhe oder auf Grund des Risikos. Das Risiko selbst besteht ebenfalls aus zwei Faktoren. Der erste Faktor drückt sich in der Standardabweichung der Renditen aus, der zweite Faktor in den Zusammenhängen der Renditen untereinander, gemessen an der Korrelation. Typische Assetklassen sind Aktien, Renten, Immobilien und Termingelder. Zusätzlich zu diesen traditionellen Assetklassen haben in den letzten Jahren alternative Anlagen wie Hedgefonds und Private Equity an Bedeutung stark zugenommen.

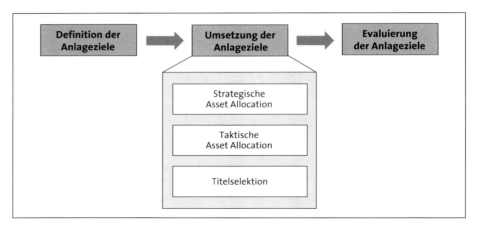

Abb. 1: Die Asset Allocation im Investmentprozess

Wie gliedert sich nun die Asset Allocation in den Investmentprozess ein? Abbildung 1 zeigt eine mögliche Ausgestaltung eines Investmentprozesses im Überblick. Er besteht aus drei Stufen: Definition, Umsetzung und Evaluierung der Anlageziele. Die Anlageziele ergeben sich für einen institutionellen Investor wiederum aus zwei Komponenten: den individuellen Rendite/Risiko Präferenzen und seiner Kapitalstruktur. In der zweiten Stufe werden die Anlageziele in reale Portfolios umgesetzt. Diese Stufe ist der Kern des Investmentprozesses, das eigentliche Portfoliomanagement. In der dritten Stufe wird evaluiert und gemessen, ob die Anlageziele erreicht wurden. Neben der Performancemessung sind die Performanceattribution, d.h. die Analyse einzelner Komponenten der Performance und Fragen der Kompensation der Portfoliomanager, ebenfalls auf dieser Stufe anzusiedeln.

In der zweiten Stufe wird also entschieden, wie Portfolios gemäß der Anlageziele strukturiert werden. Für die konkrete Ausgestaltung dieser Stufe ist die wichtigste Entscheidung, ob Anlageziele aktiv oder passiv verfolgt werden sollen. Aktiv heißt, dass Fondsmanager durch überlegene Informationen und/oder Informationsverarbeitung ein gegebenes Anlageziel übertreffen sollen. Selbstverständlich gilt dabei, dass das Ziel nicht um jeden Preis übertroffen werden soll, sondern dass Risikorestriktionen zu beachten sind. Passiv heißt, dass der Fondsmanager ein gegebenes Anlageziel, d.h. eine Rendite/Risikokombination unter möglichst geringen Kosten erreichen soll. Die Frage aktiv oder passiv wird in der Regel durch die Einstellung des Investors zur Effizienz der Kapitalmärkte beantwortet. Ist der Investor von Fehlbewertungen der Märkte überzeugt und davon, dass diese Fehlbewertungen durch Fondsmanager in überlegene Performance umgesetzt werden kann, wird er sich für ein aktives Management entscheiden. Glaubt der Investor hingegen, dass die Märkte stets richtig bewertet sind oder aber dass sich Fehlbewertungen nicht ausnutzen lassen, wird er ein kostengünstiges, passives Management wählen.

Im Falle eines aktiven Ansatzes, setzt sich die Umsetzung wiederum aus drei Stufen zusammen: Strategische und taktische Asset Allocation sowie Titelselektion. Die Frage, mit welchen Assetklassen die Anlageziele erreicht werden, wird in der strategischen und taktischen Asset Allocation entschieden. In der strategischen Asset Allocation werden die Anlageziele unter der Annahme eines langfristigen Anlagehorizonts umgesetzt. Langfristig kann in diesem Zusammenhang beispielsweise ein Jahr, fünf Jahre oder die erwartete Länge eines Konjunkturzykluses bedeuten. In der taktischen Asset Allocation werden hingegen kurzfristige Anlagechancen, d.h. mögliche Fehlbewertungen der Märkte, durch regelmäßige Anpassungen der Assetklassenanteile, beispielsweise auf monatlicher Basis, ausgenutzt. Die Titelselektion beantwortet die Frage, mit welchen konkreten Titeln die einzelnen Assetklassen ausgefüllt werden. In einem aktiven Kontext bedeutet dies, solche Titel innerhalb einer Assetklasse auszuwählen, die im Vergleich zu anderen Titeln der gleichen Klasse eine überlegene Performance versprechen.

Im Falle eines rein passiven Managements kann auf die Stufe der taktischen Asset Allocation verzichtet werden. Die Aufteilung des Vermögens auf die Assetklassen wird allein durch die strategische Asset Allocation festgelegt. Die Titelselektion hat in diesem Fall lediglich die Aufgabe, durch eine repräsentative Auswahl von Einzeltiteln die durchschnittliche Wertentwicklung der Assetklassen möglichst genau zu replizieren.

Die Asset Allocation ist also ein wichtiger Baustein des Investmentprozesses. Im nächsten Abschnitt wird gezeigt, dass die zentrale Bedeutung nicht nur auf Grund des Entscheidungsprozesses gerechtfertigt ist, sondern vor allem auch aus Gründen der Performance. So tragen Asset Allocation Entscheidungen zu einem großen Teil zur Rendite und zum Risiko der Kapitalanlagen bei.

2 Wie wichtig ist die Qualität der Asset Allocation Entscheidung?

Natürlich wird es den Leser eines Sammelbandes mit dem Titel „Asset Allocation in der Praxis" nicht überraschen, wenn die Herausgeber die überragende Bedeutung der Asset Allocation Entscheidung im Vergleich zu den übrigen Bausteinen im Investment Prozess herausstellen. Und tatsächlich, obwohl in der Literatur bereits vielfach auf die Wichtigkeit der Asset Allocation Entscheidung hingewiesen wurde, können wir an dieser Stelle nicht widerstehen und wollen anhand eines kleinen Praxisbeispiels den Einfluss der Asset Allocation auf Risiko und Anlageergebnis mit der Titelselektion vergleichen.

Allerdings mag die absolute Wichtigkeit der Asset Allocation Entscheidung nicht die eigentlich relevante Frage für einen institutionellen Investor oder Asset Manager sein. So kann es beispielsweise sein, dass die Asset Allocation zwar den überragenden Teil des Ertrages und Investmentrisikos erklärt, dass aber gleichzeitig an diesem Umstand wenig zu ändern ist, da Kapitalmärkte unter Umständen nur unter großer Unsicherheit zu prognostizieren sind. Die entscheidende Frage ist vielmehr: Inwieweit wirkt sich die Qualität der Asset Allocation Entscheidung auf den Anlageerfolg aus? Folglich wollen wir unser kleines Beispiel erweitern, um die Wirkungen der Qualität der Erwartungsbildung auf Ertrag und Risiko der Kapitalanlagen aufzuzeigen.

Wie zuvor dargestellt, lässt sich die Umsetzung im Investmentprozess grob in die Stufen Asset Allocation (strategisch und taktisch) und Titelselektion unterteilen. Im Mittelpunkt der Asset Allocation steht die Erwartungsbildung bezüglich des Ertrages und des Risikos. Nachfolgend wollen wir die Asset Allocation und Titelauswahl simultan betrachten. Zuerst soll die absolute Wichtigkeit verglichen werden. Hierbei nehmen wir an, dass es einen Investor A gibt, der perfekte Informationen über die Eigenschaften der Assetklassen hat. Anschließend untersuchen wir, wie sich die Qualität der Asset Allocation Entscheidung auswirkt. Zu diesem Zweck wird Investor B vorgestellt, dem die Eigenschaften der Assetklassen unbekannt sind. Er muss somit im Rahmen der Asset Allocation die Erwartungen über Ertrag und Risiko bilden. Wir werden zeigen, dass die Qualität dieser Erwartungen und damit die Qualität der Asset Allocation entscheidend für den tatsächlichen Anlageerfolg sind.

Wichtigkeit der Asset Allocation im Vergleich zur Titelselektion

In unserem Beispiel stehen den Investoren mit Aktien und Renten zwei Assetklassen zur Verfügung. Wie bereits angedeutet, hat Investor A perfekte Informationen. In diesem Zusammenhang bedeuten perfekte Informationen nicht etwa, dass der Ertrag der einzelnen Aktiva mit Sicherheit vorhergesagt werden kann, sondern dass der durchschnittliche (erwartete) Ertrag und die Schwankungen des tatsächlichen Ertrages um diesen Durchschnitt, d.h. das Risiko, bekannt sind. Der Investor A weiß also, dass Aktien einen erwarteten, annualisierten Ertrag von 9 % und eine Volatilität von 18 % haben, während Renten einen erwarteten Ertrag von 6 % bei einer Volatilität von 4 % aufweisen. Die Erträge aus beiden Anlagen sind unkorreliert. Der Investor A kann entweder die Assetklassen direkt erwerben (passives Management) oder sich für ein aktives Management mittels Titelselektion entscheiden. Die Titelselektion der Aktien liefert bei einem zusätzlichen Risiko von 5 % (Tracking Error) eine erwartete Überrendite von 2,5 %. Aktive Rentenselektion erbringt eine Überrendite von 0,5 % bei einem Tracking Error von 1 %. D.h. in beiden Fällen ist das aktive Management durch ein Information Ratio von 0,5 charakterisiert.[1] Die Annahmen basieren auf Erfahrungen aus der Praxis. Ein Information Ratio von 0,5 entspricht einem guten bis sehr guten Portfoliomanagement. D.h., wenn wir im Folgenden die Ertrags- und Risikobeiträge von Asset Allocation und Titelselektion quantifizieren, geschieht dies auf Basis relativ optimistischer Annahmen bezüglich der Leistungsfähigkeit des aktiven Managements.

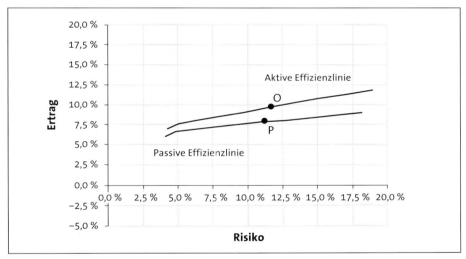

Abb. 2: Rendite Risiko Diagramm mit aktiver und passiver Effizienzlinie

Abbildung 2 zeigt unter diesen Annahmen die passive und aktive Effizienzlinie. Die passive Effizienzlinie stellt alle Ertrags/Risiko Kombinationen von direktem, passiv gemanagtem Investment in Aktien und Renten dar. Die aktive Effizienzlinie ist oberhalb der passiven und zeigt analog alle Ertrags/Risiko Kombinationen auf Basis aktiver Titelselektion in den Aktien- und Rentenanlagen. Um nun zu einer konkreten Asset Allocation zu kommen, müssen die Präferenzen hinsichtlich des Risikobudgets des Investors bestimmt werden. Dies soll durch die Annahme erfolgen, dass der Investor bestrebt ist, den erwarteten Ertrag zu maximieren unter der Bedingung, dass ein möglicher Verlust 8 % des Vermögens bei einem Konfidenzniveau von 95 % nicht übersteigt. D.h. nur einmal in 20 Jahren wird ein Verlust größer als 8 % des Vermögens toleriert.

---

[1] Das Information Ratio ist eine Maßzahl für die Güte des aktiven Managements. Es ist definiert als das Verhältnis von Überrendite zu Tracking Error. Ein Information Ratio von 0,5 entspricht einer guten bis sehr guten Leistung eines Portfolio Managers.

Einleitung

Unter diesen Bedingungen ist in Abbildung 2 die optimale Ertrags/Risiko Kombination durch Punkt O auf der aktiven Effizienzlinie gegeben.[1] Punkt O entspricht einem Investment von etwa 55 % in Aktien und 45 % in Renten, wobei beide Assetklassen aktiv gemanagt werden. Dieser Punkt ist durch einen erwarteten Ertrag von 9,3 % und einer Volatilität von 10,6 % gekennzeichnet. Der minimale Ertrag bei einem Konfidenzniveau von 95 % beträgt mithin 9,3 % − 1.64 · 10.6 % = − 8 %. Ein passiv gemanagtes Portfolio aus 55 % Aktien und 45 % Renten resultiert in einen erwarteten Ertrag von 7,6 % und einem Risiko von 10,1 % (Punkt P in der Abbildung 2).[2] Der Vergleich zwischen den Punkten O und P erlaubt nun die Ertragsbeiträge von Asset Allocation aktives Management zu quantifizieren. Während die Asset Allocation 82 % (7,6 % von 9,3 %) des erwarteten Ertrages erklärt, ist sie für etwa 95 % (10 % von 10,6 %) des Risikos verantwortlich.

In der Praxis ist nun aber häufig zu beobachten, dass relativ viele Ressourcen in die Titelselektion investiert werden, die Entscheidungsträger aber verhältnismäßig wenig Zeit für die Asset Allocation aufwenden. Wie ist dies zu erklären, wenn doch allgemein die Wichtigkeit der Asset Allocation nicht bestritten wird? Sollten nicht für die Bereiche die meisten Ressourcen aufgewendet werden, die die größte Bedeutung für den Anlageerfolg haben? In unseren Diskussionen mit Investoren, Analysten und Fondsmanager wird häufig geäußert, dass bei Anwendung bester Erwartungsbildungsansätze und moderner Kapitalmarkttheorie auch längerfristig, beispielsweise über zehn Jahre, keine Garantie bestehe, bessere Ergebnisse als mit einer intuitiv, „aus dem Bauch heraus" getroffenen Entscheidung zu erzielen. Eine verbreitete Auffassung ist, dass die Vorteile einer präziseren Erwartungsbildung und eines besseren Allokationsverfahrens durch die allgemein hohe Volatilität der Märkte überlagert wird. In Verbindung mit der geringen Entscheidungshäufigkeit im Rahmen der Asset Allocation verhindert die hohe absolute Volatilität, Erkenntnisgewinne in signifikant überlegene Allokationen zu transformieren. Hingegen können sich Bemühungen um die Titelselektion innerhalb einer Assetklasse kurz- bis mittelfristig in direkt messbaren Erfolg niederschlagen. Zwar zeigen auch die einzelnen Instrumente innerhalb einer Assetklasse eine substantielle relative Volatilität, allerdings lässt die hohe Anzahl möglicher Wetten (beispielsweise Länder, Branche, Einzeltitel) und eine hohe Entscheidungshäufigkeit erwarten, dass sich überlegene, ressourcenintensive Prozesse schneller in signifikant überlegene Performance niederschlagen. Aufgrund der Messbarkeit in der kurzen bis mittleren Frist, ist ein erhöhter Ressourceneinsatz auf Ebene der Titelselektion leichter zu rechtfertigen als auf der Ebene der Asset Allocation. So nachvollziehbar dieses Kal-

---

[1] Wie das optimale Portfolio bei gegebenem Risikobudget bestimmt wird, ist im Beitrag „Die 3 R der Asset Allocation" dargestellt.

[2] Punkt P spiegelt die gleiche Asset Allocation wie Punkt O wider. Punkt P wäre aber nicht die optimale Ertrags/Risiko Kombination im Falle eines passiven Ansatzes. Der von Punkt P implizierte minimale Ertrag bei einem Konfidenzniveau von 95 % ist −8,9 % und somit würde das Risikobudget überschritten. Die optimale Allocation im Falle eines passiven Ansatzes wäre durch 51 % Aktien und 49 % Renten bei einem erwarteten Ertrag von 7,5 % und einem Risiko von 9,4 % gegeben.

kül auch ist, es besteht die Gefahr durch schlecht fundierte Asset Allocation Entscheidungen suboptimale Anlageergebnisse zu erzielen, die auch durch ein erfolgreiches aktives Management im Bereich Titelselektion nicht zu korrigieren sind.

Qualität der Erwartungsbildung

Um die Bedeutung der Qualität der Erwartungsbildung, als wichtigsten Baustein der Asset Allocation aufzuzeigen, wollen wir unser Beispiel nun ein wenig erweitern und Investor B einführen, der über die gleiche Risikoaversion und das gleiche Risikobudget wie Investor A verfügt. Die oben gemachten Angaben zu den erwarteten Erträgen und Risiken der Aktien, Renten und der Titelselektion gelten zwar weiter, sie sind dem Investor B aber nicht bekannt. Im Gegensatz zu Investor A muss er Erwartungen zu diesen Größen bilden. Der von Investor B gewählte Ansatz zur Erwartungsbildung ist einfach: Ertrag und Risiko werden auf Basis eines Beobachtungszeitraumes von fünf Jahren geschätzt. Dies mag kurz erscheinen, in der Praxis sind Schätzzeiträume von fünf Jahren oder weniger aber nicht unüblich. So wird, teilweise zu Recht argumentiert, Strukturbrüche wie die deutsche Wiedervereinigung oder die Realisierung der europäische Währungsunion verhindern die sinnvolle Nutzung einer längeren Historie. Dennoch, Schätzungen zukünftiger Erträge ausschließlich auf Basis einer kurzen Datenhistorie sind sowohl theoretisch als auch praktisch zweifelhaft. Um nun den Einfluss dieses Ansatzes zur Erwartungsbildung auf das Anlageergebnis zu quantifizieren, wird das Anlageergebnis von Investor B mit dem von Investor A verglichen. Darüber hinaus wird untersucht, wie sich dieser Ansatz zur Erwartungsbildung auf den Erfolg der Titelselektion auswirkt.

Abbildung 3 fasst die Ergebnisse für unser Beispiel zusammen. Für beide Investmentstrategien (ausschließlich Asset Allocation oder zusätzlich Titelselektion) sind zunächst wiederum die Effizienzlinien dargestellt. Die Effizienzlinien geben Kombinationen aus Ertrag und dessen Schwankungen an, wie sie sehr langfristig erwartet werden. Für kürzere Zeiträume kann natürlich zum einen der tatsächliche Durchschnittsertrag vom erwarteten Ertrag abweichen, zum anderen kann sich aber auch die realisierte Volatilität vom dem erwarteten Risiko unterscheiden. Das Ausmaß dieser Abweichungen wird durch den Haltezeitraum bestimmt. Im Beispiel betrachten wir die Abweichungen für einen Haltezeitraum von zehn Jahren. In Abbildung 3 zeigen die grau unterlegten die Kombinationen aus realisiertem Ertrag und ihrer Volatilität an, die sich nach zehn Jahren mit einer Wahrscheinlichkeit von 95 % einstellen.

Zunächst betreiben beide Investoren ein rein passives Management, d.h. die Asset Allocation wird isoliert betrachtet und es erfolgt keine Titelselektion (Diagramm A in Abbildung 3). Für Investor A, mit den perfekten Informationen, wird sich nach zehn Jahren mit einer Wahrscheinlichkeit von 95 % eine Kombination aus Ertrag und Volatilität aus den dem dunkel unterlegten Bereich einstellen. Für Investor B stellt sich bei Einsatz des oben beschriebenen Erwartungsbildungsansatzes mit 95 %iger Wahrscheinlichkeit eine Kombination aus dem hellgrau unterlegten Bereich ein. Obwohl

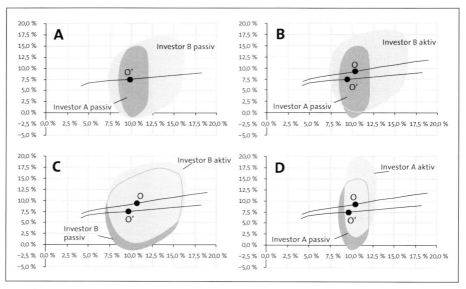

Abb. 3: Wirkung der Erwartungsbildung auf das Anlageergebnis

sich beide Investoren auf den gleichen Märkten bewegen, die gleiche Risikoeinstellung und das gleiche Risikobudget haben, ist die Streuung der Anlageergebnisse höchst unterschiedlich. Für Investor A sind die Ergebnisse wesentlich fokussierter auf die langfristig optimale Kombination O'. Beide Investoren weisen zwar nach zehn Jahren den gleichen durchschnittlichen Ertrag von 7,6 % und die gleiche durchschnittliche Volatilität von 9,45 % auf. Investor B erzielt dieses Ergebnis aber mit höherem Risiko, welches sich in der stärkeren Schwankung der realisierten Volatilität zeigt. Diese schwankt für Investor B etwa doppelt so stark wie für Investor A.

Dieses Ergebnis mutet zunächst einmal recht akademisch an: Weder der langfristige Durchschnittsertrag noch die durchschnittliche Volatilität der Strategie haben sich durch den weniger präzisen Ansatz zur Erwartungsbildung geändert. Zu beobachten ist lediglich, dass das Risiko der jeweiligen Strategie mit einer geringeren Präzision vorherzusagen ist. Wo liegt nun die Relevanz für die Praxis? Die Relevanz liegt in der Dimensionierung des Risikobudgets. Wird das Risiko unterschätzt, ist das Risikobudget nicht ausreichend, wird das Risiko hingegen überschätzt ist das Budget nicht effizient genutzt. Beides sind für den Investor suboptimale Situationen.[1]

---

[1] In unserem Beispiel müsste Investor B bei der Wahl seiner Strategie eigentlich berücksichtigen, dass er Ertrag und Risiko nur mit Unsicherheit schätzen kann und dass seine Allokation eine höhere Volatilität als erwartet aufweisen kann. Infolge müsste Investor B bei gegebenem Risikobudget eine risikoärmere Allokation wählen. Die mit einem Risikobudget von 8 % und dem von Investor B praktizierten Erwartungsbildungsansatz konsistente Allokation wäre durch einen um 0,6 % geringeren Ertrag charakterisiert.

Wie wirkt sich in diesem Zusammenhang eine erfolgreiche Titelselektion aus? Dies zeigt Diagramm B in Abbildung 3. Der durchschnittliche Ertrag für Investor B steigt erwartungsgemäß, die Präzision mit der das Risikobudget ausgenutzt wird, verbessert sich aber nicht. Bei einer aktiven Titelselektion ist die optimale Kombination durch Punkt O gegeben. Natürlich bietet O im Vergleich zu O' einen höheren Nutzen, da bei gleichem Risikobudget ein höherer erwarteter Ertrag ermöglicht wird. Allerdings kann Investor B das Risiko dieser Strategie nach wie vor schlecht abschätzen. Diagramm C zeigt das gleiche Ergebnis bei einer isolierten Betrachtung von Investor B. Diagramm D hingegen stellt die optimale Situation dar. Investor A hat die richtigen Informationen über Ertrag und Risiko der aktiven Strategie. Die Anlageergebnisse sind relativ konzentriert um den erwarten Punkt O.

Das Beispiel zeigt also erstens, dass die Qualität der Erwartungsbildung im Rahmen der Asset Allocation entscheidend für das optimale Nutzen des zur Verfügung stehenden Risikobudgets ist und dass zweitens Asset Allocation und Titelselektion keine konkurrierenden Teilbereiche im Investmentprozess sind. Eine qualitative gute Asset Allocation ist vielmehr eine wichtige Voraussetzung, damit sich die Vorteile der Titelselektion voll entfalten können. Und die Titelselektion wiederum ermöglicht einen zusätzlichen Nutzen der durch Asset Allocation allein nicht zu erreichen ist. Es wäre somit ein Fehler, einen Trade-off zwischen Ressourcen für die Titelselektion und für die Asset Allocation herzustellen, der diese gegenseitige Abhängigkeit ignoriert. Vielmehr sollte versucht werden, durch einen ausreichenden Einsatz an Ressourcen die Qualität des Asset Allocation Prozesses zu verbessern.

3   Lösungen aus der Praxis

In dem obigen Beispiel haben wir unterstellt, dass Investor A das Ertrags/Risiko Profil der Assetklassen und die Auswirkungen der Titelselektion genau kennt. Dieses Wissen erlaubt ihm, das Risikobudget optimal einzusetzen und die Vorteile des aktiven Managements auszunutzen. In der Realität ist natürlich die tatsächliche Verteilung der Erträge stets unbekannt und muss, wie zuvor von Investor B, geschätzt werden. Das von Investor A erzielte Ergebnis stellt mithin einen Idealfall dar, welches in der Praxis so nicht erreicht werden kann. Der Vergleich von Investor A und B kann aber dazu dienen das Potential aufzuzeigen, das in einer Verbesserung der Erwartungsbildung liegt.

In der Praxis ist die Erwartungsbildung allerdings komplexer als im Beispiel dargestellt. So tragen in der Regel sowohl Spezialisten in den einzelnen Marktsegmenten als auch Generalisten zur Erwartungsbildung bei. Diese Meinungen müssen zu einem stimmigen Gesamtbild integriert werden. Weiterhin müssen neben der Erwartungsbildung auch Aufgaben, wie beispielsweise eine konsistente Integration der Anlageziele, Entscheidungen über Anzahl und Art der Assetklassen, Verfahren zur Transformationen von Erwartungen in konkrete Allokationen und die Integration aktiver Titelselektion gelöst werden. Bestehen vor diesem Hintergrund nun aber tatsächlich Möglichkeiten die Qualität der Asset Allocation zu verbessern? Anregungen, Fragestellungen und auch Antworten zu diesem Themenkomplex geben die nachfolgenden Beiträge.

Um die Aspekte der Asset Allocation möglichst umfassend zu diskutieren, werden Beiträge aus den drei Themengebieten Strukturen und Verfahren, Erwartungen und Märkte sowie Implementierungen und Case Studies präsentiert. Diese prozessübergreifende Perspektive erscheint uns aus zwei Gründen gerechtfertigt. Zum einen trägt sie dem Umstand Rechnung, dass erfolgreiche Lösungen nur selten einzelne Stufen des Investmentprozesses isoliert betrachten. So sollte beispielsweise die Erwartungsbildung sowohl strategische als auch taktische Komponenten umfassen. Zum anderen berücksichtigt diese Perspektive aber auch die natürliche Trennung zwischen mehr konzeptionell, empirisch oder stärker an der eigentlichen Implementierung orientierten Themen.

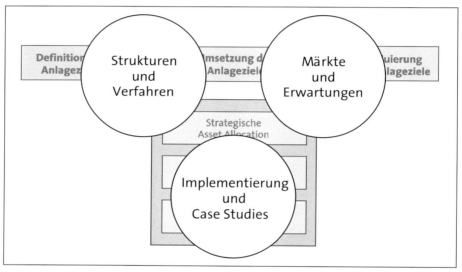

Abb. 4: Drei Themenkomplexe der Asset Allocation

Der Bereich Strukturen und Verfahren betrachtet die organisatorisch konzeptionelle Seite der Asset Allocation. Gibt es grundlegende Konzepte für die Entscheidung der Asset Allocation, über die ein Investor nachdenken sollte? Ein weiterer wichtiger Aspekt ist die Frage, ob die Asset Allocation aktiv oder passiv vorgenommen wird. Darüber hinaus werden aber auch die folgenden Fragen adressiert: Welche Rolle nimmt die Asset Allocation im Investmentprozess ein? Wie sind Informationen zu Erwartungen und Erwartungen zu Allokationen zu verarbeiten? Welche Verfahren sollen zur Risikomessung eingesetzt werden? Welche quantitativen Methoden können zur Allokation eingesetzt werden?

Die drei „R" der Asset Allocation, Joachim Coche und Olaf Stotz. Beitrag 1 zeigt einen Ansatz zur Strukturierung der Asset Allocation Entscheidung auf. Die drei „R" – Risikobudget, Risikoprämie und Risikobewertung – erlauben einem Investor einerseits die Asset Allocation Entscheidung mit einem flexiblen Verfahren, welches intuitiv verständlich ist, zu unterstützen. Andererseits ist dieses Verfahren stringent genug, die Grundlage eines systematischen Investmentprozess zu bilden. Die drei „R" fassen die grundlegenden Aspekte einer Asset Allocation Entscheidung in einem konsistenten Konzept zusammen.

Integrierte und globale Asset Allocation Prozesse, Barbara Grünewald und Robert Süttinger. Beitrag 2 zielt darauf ab, einen konzeptionellen Rahmen aufzuzeigen, in welchem ein Asset Allocation Prozess definiert werden kann. Eine klare Struktur und effizient aufgesetzte Prozesse sind beste Voraussetzungen für die effiziente Konstruktion von Portfolios. Nur solch ein Rahmen ermöglicht es dem Asset Allocation Strategen die unterschiedlichen Spezialisten im Investmentprozess zusammenzubringen und auf konsistente Art und Weise Portfolios zusammen zu setzen, die langfristig im Rahmen der Risikobereitschaft des Investors positive Anlageerträge generieren.

Der Core Satellite Ansatz, Bernd Scherer. Unter dem Core Satellite Ansatz versteht man die optimale Kombination aus aktiven Managern und indexierten Investments. Zentrales Anliegen des Beitrags 3 ist es, institutionellen Anlegern die Kernideen des Core Satellite Ansatzes zu vermitteln und es ihnen so zu ermöglichen, Fragen der optimalen Managerallokation (Wie viel aktives Management soll ein Pensionsplan enthalten und in welchen Regionen, Anlagestilen oder Anlageklassen soll aktiv verwaltet werden?) sachgerecht zu beantworten.

FED Modell, Risikoprämie und Asset Allocation, Olaf Stotz. Wann sind Aktien gegenüber Renten hoch oder tief bewertet? Kann diese Frage zuverlässig beantwortet werden? Wenn ja, kann durch eine aktive Asset Allocation ein hoher Mehrwert geschaffen werden. Zur Beantwortung dieser Fragen stellt Beitrag 4 das FED Modell und das Konzept der Risikoprämie vor. Insbesondere das Konzept der Risikoprämie ist ein theoretisch fundiertes und universell einsetzbares Verfahren, um die Bewertung von Assetklassen zu systematisieren und die Asset Allocation zu strukturieren.

Entscheidungsbaumanalyse für die Asset Allocation, Chee Ooi, Keith Miler, Parameswaran Priya, Manolis Liodakis, Stavros Siokos. Die Zusammenhänge zwischen Informationen, die täglich auf die Kapitalmärkte einfließen, und den Kursreaktionen sind komplex und für viele intuitiv schwer zu verstehen. Viele statistische Verfahren modellieren diese komplexen Zusammenhänge zu eng. Mit der Entscheidungsbaumanalyse steht jedoch dem Investor ein Verfahren zur Verfügung, welches die Komplexität in intuitiver Weise abbildet. Beitrag 5 stellt die Entscheidungsbaumanalyse vor und zeigt für die Bereiche Asset Allocation und Titelselektion Anwendungen.

Länder- und Branchenallokation mit Momemtumstrategien, Markus Brechtmann. Ein quantitativ technisch orientierter Ansatz zur Länder- und Branchenallokation steht im

Mittelpunkt des Beitrags 6. Quantitativ bedeutet in diesem Zusammenhang, dass es sich um einen objektiv nachvollziehbaren, transparenten und disziplinierten Investmentprozess zur Allokation von Ländern oder Branchen handelt. Technisch bedeutet, dass das Kriterium zur Auswahl von Ländern oder Branchen ein auf historische Kurse basierender Momentumindikator ist. Eine empirische Analyse zeigt, dass Länder- und Branchentrends identifiziert und in Outperformance erzielende Strategien umgewandelt werden können.

Risikoverfahren, Wolfgang Breuer, Marc Gürtler und Frank Schuhmacher. Risiko ist eine Größe, die nicht direkt beobachtbar ist. Risiko ist auch ein Begriff, der von vielen Investoren unterschiedlich empfunden wird. Jedoch versuchen Investoren, Risiken möglichst zu vermeiden und mit fast jeder Risikovermeidung ist aber auch eine Renditereduzierung verbunden. Dadurch entsteht ein Spannungsfeld für einen Investor, der hohe Renditen bei geringen Risiken erzielen möchte. Beitrag 7 stellt in einer umfassenden Analyse verschiedene Verfahren zur Risikomessung vor.

Der zweite Bereich Märkte und Erwartungen konzentriert sich auf zwei zentrale Fragestellungen der Asset Allocation. Die erste Frage setzt sich intensiver mit der Erwartungsbildung auseinander, insbesondere mit dem Verhalten von Marktteilnehmern, mit irrationalen Handlungsweisen von Investoren und der Rolle der Medien in diesem Zusammenhang. Die Zweite bezieht sich auf die Anzahl und Art der Assetklassen, auf die das Vermögen verteilt werden soll. Welche Berechtigung haben neue Marktsegmente wie Unternehmensanleihen und Hedgefonds?

Asset Allocation in Krisensituationen, Rolf Elgeti. In Krisenzeiten herrschen andere Regeln für die Asset Allocation. Risiko bekommt auf Grund einer sich ändernden Liquiditätsnachfrage einen anderen Preis. Dadurch ergeben sich zusätzliche Chancen für einen Investor, der geringe Liquiditätsrestriktionen hat. Beitrag 8 stellt die Asset Allocation in Krisensituation für verschiedene Anlegergruppen dar.

Wie hilft die Behavioral Finance bei der Asset Allocation? Rüdiger von Nitzsch. Im Beitrag 9 wird untersucht, wie sich die Erkenntnisse der Behavioral Finance auf Fragestellungen der Asset Allocation übertragen lassen. Hierbei wird unter anderem die Frage behandelt, welche psychologischen Aspekte bei der Ermittlung der Risikoeinstellung von Investoren zu beachten sind, warum der so genannte Home Bias zu Verzerrungen in der Gewichtung der Assetklassen führen kann und warum ein passives Management der Assetklassen meist einem aktiven vorzuziehen ist.

Welchen Einfluss haben die Medien auf die Asset Allocation? Ina Bauer und Claudia Wanner. Die Rolle der Medien wird unterschätzt. Medien sind Informationsquelle und Meinungsmacher an den Kapitalmärkten. Finanzprofis wie Fondsmanager und Analysten nutzen sie als wichtige Informationsquelle und schätzen deren Qualität in vielen Bereichen als hoch ein. Jedoch behaupten Profis, dass sie sich durch Medienberichte nicht beeinflussen lassen. Entsteht hierbei ein Paradox? In Beitrag 10 wird die Rolle der Medien auf den Kapitalmärkten von zwei Journalistinnen beleuchtet.

Alternative Assetklassen: Hedgefonds, Wolfgang Breuer, Marc Gürtler und Frank Schuhmacher. In Anbetracht der schwierigen Zeiten für Aktien und Renten innerhalb der letzten zwei Jahre und auf der ständigen Suche nach Anlagen mit attraktiven Renditen rücken so genannte „Alternative Investments" immer mehr in das Blickfeld privater und institutioneller Investoren. Insbesondere Hedgefonds mit dem Anspruch der Erreichung absoluter Renditeziele haben sich etabliert. In Beitrag 11 erfolgt eine umfassende Bestandsaufnahme dieser Assetklasse. Es wird gezeigt, dass die durch Hedgefonds gebotenen Diversifikationsmöglichkeiten eine substantielle Effizienzsteigerung des Gesamtportfolios ermöglichen.

Der Euro Corporate Bond Market, Michael Menz. Aktien und Renten sind die wichtigsten Assetklassen für die meisten Investoren. In jüngster Vergangenheit hat sich eine Assetklasse etabliert, die die Rendite- und Risikocharakteristika von beiden hat: Unternehmensanleihen. Unternehmensanleihen versprechen eine höhere Rendite als Staatsanleihen, haben aber ein geringeres Risiko als Aktien. Die Entwicklungen und Aussichten des Unternehmensanleihemarktes in Europa werden in Beitrag 12 diskutiert.

Der dritte Themenkomplex ist der am stärksten an der Praxis orientierte. Hier wird aus der Perspektive von Assetmanagern die tatsächliche Implementierung diskutiert. Case Studies dokumentieren an gelebten Prozessen den Facettenreichtum der Asset Allocation. Fragen, die in diesem Bereich betrachtet werden, sind: Welche Rolle haben Consultants in der Asset Allocation Beratung? Wie können Veränderungen der Asset Allocation anhand von Portfolio Trades umgesetzt werden? Wie sehen konkrete Investmentprozesse im Bereich einer asymmetrischen Asset Allocation bei Unternehmensanleihen und Dachfonds aus?

Asymmetrische Asset Allocation, Thomas Bossert. Die Aufteilung zwischen verschiedenen Assetklassen wie Aktien und Renten kann auf Erwartungen bezüglich zukünftiger Kapitalmarktentwicklungen basieren. Es ist jedoch eine nie endende Diskussion, ob sich Kapitalmarktentwicklungen überhaupt prognostizieren lassen. Ein alternativer Ansatz zur Bestimmung der Asset Allocation stellt das Risiko in den Mittelpunkt. Die Vorzüge eines solchen Prozesses werden von einem erfahrenen Praktiker in diesem Gebiet in Beitrag 13 beleuchtet.

Die Rolle von Consultants bei der Asset-Managementberatung, Gunther Baum und Hartmut Leser. Letztlich gibt es nur einen Grund, Berater bei der Vermögensanlage einzuschalten, nämlich die Effizienz der Vermögensanlage zu steigern. Beitrag 14 zeigt, wie der Berater zu diesem Zweck vier Hebel ansetzen kann: Er kann den Investor bei der strategischen und organisatorischen Konzeption der Kapitalanlage unterstützen, die praktische Umsetzung von Anlagekonzepten begleiten, die Kontrolle von Kapitalanlageergebnissen verbessern oder dem Anleger zusätzlichen Informations- und Erkenntnisgewinne verschaffen.

Der Investmentansatz von Helaba Northern Trust für Coporate Bonds, Uli Templin. Mit dem Markt für Corporate Bonds etabliert sich ein neues Marktsegment in Europa, das im Vergleich zu den klassischen Märkten einige Besonderheiten aufweist. Der in Beitrag 15 dargestellte integrierte Investmentprozess wurde entwickelt, um dieser Herausforderung gerecht zu werden. Wesentliche Merkmale sind das auf Basis statistischer Untersuchungen entstandene HI-SCORE-Modell, der Transfer des Know-Hows von Analysten und Fondsmanagern aus dem amerikanischen Markt, die Präsenz der Analysten in den wichtigsten Märkten sowie die klare und deutliche Struktur des Gesamtprozesses.

Management von Dachfondsprodukten, Thomas Romig. Beitrag 16 zeigt am Beispiel eines Dachfonds wie Fragestellungen der Asset Allocation im Rahmen eines integrierten und permanent ablaufenden Investmentprozesses gelöst werden können. Insbesondere wird der Einsatz von quantitativen und qualitativen Methoden bei der Fondsauswahl dargestellt, um solche Manager zu selektieren, von denen erwartet werden kann, dass sie eine in der Vergangenheit gezeigte außergewöhnliche Leistung auch in der Zukunft wieder erbringen.

Asset Liability Management für Lebensversicherer, Susanne Fromme. Asset Liability Management (ALM) ist mehr als nur ein Schlagwort für die Versicherungswirtschaft: Jede strategische Fragestellung, die – direkt oder indirekt – sowohl die Passiva als auch die Aktiva berührt, ist eine ALM-Fragestellung. Gerade in der Lebensversicherungswirtschaft lassen sich Produkte und Vermögensverwaltung kaum isoliert betrachten, da die Produktgestaltung (fast) immer eine Anlagekomponente besitzt. Die Ertragskraft und die Wettbewerbsposition des Unternehmens hängen direkt von der optimalen Abstimmung von Passiva und Aktiva ab. Kapitel 17 diskutiert Zielsetzung, Modellierung und Implementierung des Asset Liability Managements am Beispiel eines deutschen Lebensversicherers.

In 17 Beiträgen werden dem Leser die Asset Allocation aus der individuellen Sichtweise von Fondsmanagern, Investmentbankern, Consultants, Wirtschaftsjournalisten und Akademikern präsentiert. Die getroffene Auswahl der Beiträge bietet ein breites Spektrum an neuen Fragestellungen, möglichen Antworten und zeigt Perspektiven für die Weiterentwicklung der Asset Allocation als wichtigsten Baustein im Investmentprozess des institutionellen Anlegers auf.

Teil I

Struktur und Verfahren

1 Die drei „R" der Asset Allocation

von Joachim Coche und Olaf Stotz

1.1 Anlageziele und Asset Allocation

Die Asset Allocation Entscheidung von Investoren zeichnet sich durch eine hohe Heterogenität aus. Unterschiede begründen sich darin, dass Investoren bei ihrer Vermögensanlage individuelle Ziele verfolgen, teilweise konträre Erwartungen für die Kapitalmärkte haben oder aber sich in Institutionen mit mehr oder weniger restriktiven Rahmenbedingungen bewegen. So hat ein Pensionsfonds in Großbritannien andere regulatorische Rahmenbedingen als ein Pensionsfonds in den USA. Ein Lebensversicherer hat andere Anlageziele als ein Hedge Fonds. Ein Kreditinstitut wird seine Vermögensanlage anders strukturieren als eine kirchliche Stiftung. Für den Prozess der Asset Allocation stellt sich also die Frage, ob sich trotz der Heterogenität der Investoren gemeinsame Grundlagen für seine Strukturierung finden lassen. Denn eines ist allen Investoren gemeinsam: der Wunsch, eine hohe Rendite auf ihr Vermögen zu erzielen.

Wie kann der Wunsch nach einer hohen Rendite erfüllt werden? Eine grundlegende Beziehung an Kapitalmärkten ist es, dass Risiko durch Rendite entlohnt wird. Eine hohe Rendite ist in der Regel also auch durch ein hohes Risiko gekennzeichnet, eine niedrige Rendite dagegen geht mit einem niedrigen Risiko einher. Um hohe Rendite zu erreichen, müssen Investoren also entsprechende Risiken eingehen. Risiko ist jedoch ein Aspekt, den Investoren vermeiden wollen. Für viele institutionelle Investoren sind z.B. Risiken durch gesetzliche Richtlinien reglementiert. Andere Investoren legen sich selbst Risikorestriktionen auf. Die beschränkende Größe beim Ziel, hohe Renditen zu erwirtschaften, ist also das Risiko.

Wie viel Risiko ein Investor eingehen kann, sollte am Anfang eines Investmentprozesses bestimmt werden. Eine in der Praxis verbreitete Quantifizierung ist das Risikobudget. Risikobudget ist eine Größe, die für einen Investor individuell angibt, welches Risiko er sich leisten kann oder leisten möchte. Das Risikobudget bestimmt sich aus seiner Risikotragfähigkeit, seiner Risikoeinstellung und seinen übrigen Anlagezielen.

Wenn das Budget quantifiziert ist, muss der Investor entscheiden, welche Risiken er bei seiner Vermögensanlage eingehen möchte. Dies gilt sowohl für den Bereich der Assetklassen als auch den der Einzeltitel. In diesem Prozessschritt sind in der Regel viele Freiheitsgrade vorhanden. Generelles Ziel ist jedoch, das Risikobudget und die Freiheitsgrade so auszuschöpfen, dass eine möglichst hohe Rendite auf das Vermögen (unter Berücksichtigung möglicher anderer Anlageziele) erzielt wird. Zwischen der Rendite einer Assetklasse und dem Risiko wird es in der Regel eine positive Beziehung geben. Der Kapitalmarkt belohnt also den Investor mit einer Prämie, der Risiken übernimmt. Die Risikoprämie ist der Preis des Risikos. In ihrer Bestimmung liegt eine wichtige Aufgabe des Portfoliomanagements. Ohne den Preis des Risikos zu kennen, kann das Risikobudget nicht zielgerichtet eingesetzt werden. Die Bestimmung der Risikoprämien, die der Kapitalmarkt aktuell bezahlt, ist für einen institutionellen Investor ein zentraler Schritt.

Es stellt sich jedoch die Frage, ob Kapitalmärkte Risiken immer richtig preisen. Ist dies nicht der Fall, können Märkte als ineffizient angesehen werden. In diesem Fall werden Risiken nicht optimal allokiert. Eine ständig wachsende Anzahl von empirischen Arbeiten zeigt Fehlbewertungen von Risiken für unterschiedliche Marktsegmente auf. Beispielsweise zeigt Stotz (2002), dass die Risiken europäischer Aktien selten in einem ökonomisch vernünftigen Verhältnis zueinander stehen. Für einen Investor, der sich dieser Problematik bewusst ist und der die falschen Preise für die Risiken erkennt, bieten sich zusätzliche Ertragschancen an den Märkten. Ebenfalls zusätzliche Chancen bieten sich den Investoren, die Risiken individuell auf Grund ihrer Rahmenbedingungen anders als der Gesamtmarkt bewerten können. Risikobewertung ist für einen Investor der letzte Schritt in der Strukturierung seines Vermögens.

Die drei „R" der Asset Allocation sind also Risikobudget, Risikoprämie und Risikobewertung. In diesem Kapitel wird vorgestellt, wie sich daraus eine individuelle Asset Allocation ableiten lässt. Dieser Ansatz bietet für institutionelle Investoren einerseits eine ausreichende Struktur, um Entscheidungsabläufe transparent, nachvollziehbar und messbar zu gestalten, ist aber gleichzeitig flexibel genug, um die individuellen Besonderheiten der Investoren zu berücksichtigen. Die Eingliederung der drei „R" in den Investmentprozess ist in Abbildung 1 illustriert. Aus den Anlagezielen ergibt sich das Risikobudget. Kapitalmärkte setzten durch Risikoprämien Preise für Risiken fest. Die Bewertung, d.h. ob das Risiko fair gepreist ist oder nicht, führt dann zu einer optimalen Umsetzung der Anlageziele in konkrete Portfoliostrukturen. Im Folgenden ist jedem dieser Punkte ein Kapitel gewidmet.

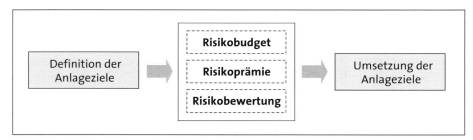

Abb. 1: Die drei „R" der Asset Allocation

1.2 Risikobudget

Am Anfang des Investmentprozesses steht die Definition der Anlageziele. Anlageziele werden von Investoren sehr unterschiedlich definiert. Ein Pensionsfonds z.B. ist verpflichtet, die Einzahlungen seiner Versicherten im Leistungsfall mindestens zurückzubezahlen. Ein Kreditinstitut möchte z.B. seine Kapitalmarktanlagen mit mindestens 4 % pro Jahr verzinst sehen. Eine Stiftung kann das Ziel haben, jährlich einen inflationsbereinigten Betrag von 10 Mio. Euro auszuschütten. Diese unterschiedlichen Ziele münden jedoch alle in einer ähnlichen Entscheidung: Wie viel Prozent des Vermögens legt der Investor heute in die verschiedenen Assetklassen an?

Ziele institutioneller Anleger sehen in der Regel so aus, dass die Rendite auf die Kapitalanlagen unter bestimmten Restriktionen, vor allem Risikorestriktionen, maximiert werden soll. Es ist also der richtige Trade-off zwischen Rendite und Risiko zu finden. In der akademischen Welt wird dieser Trade-off mit dem Konzept einer Nutzenfunktion gelöst. Die Nutzenfunktion weist jeder Kombination einen Wert (Nutzenniveau) zu. Die Rendite-Risikoallokation ist optimal, die den höchsten Nutzenwert hat. Jede optimale Rendite-Risikoallokation ist direkt verbunden mit einer genau spezifizierten Asset Allocation. Die Problematik ist jedoch, dass im Allgemeinen der Nutzenwert eine künstliche Größe darstellt, die ökonomisch schwierig zu interpretieren ist. Darüber hinaus sind Nutzenfunktionen nicht direkt beobachtbar und können auch nur selten mit ausreichender Präzision bestimmt werden. Aufgrund dieser Kritikpunkte wird das Nutzenkonzept in der Praxis selten eingesetzt.

Um dennoch ein Anlageziel zu konkretisieren, wird in der Praxis auf das Konzept des Risikobudgets zurückgegriffen. Das Risikobudget ist kein Trade-off zwischen Rendite und Risiko. Es gibt an, welchen Anteil seines Vermögens ein Investor maximal bereit ist, in einem bestimmten Zeitraum mit einer bestimmten Wahrscheinlichkeit zu verlieren. Beim Risikobudget sind also drei Größen von entscheidender Bedeutung:

- der Anteil des Vermögens, den ein Investor maximal zu verlieren bereit ist (alternativ kann dies auch die minimale Gewinngröße sein),
- die Wahrscheinlichkeit, mit der der Investor bereit ist, diesen Anteil zu verlieren, und
- der Zeitraum, in dem der Investor diesen Anteil zu verlieren bereit ist.

Um die Quantifizierung der drei Größen an einem Beispiel zu illustrieren, betrachten wir einen institutionellen Investor, welcher mit 1 Mrd. Euro Eigenkapital und 2 Mrd. Euro Fremdkapital ausgestattet ist (Fall 1). Dem Investor steht also ein Gesamtkapital von 3 Mrd. Euro zur Verfügung. Von diesen 3 Mrd. Euro werden 2,5 Mrd. Euro am Kapitalmarkt angelegt. Die restlichen 0,5 Mrd. Euro sind in sonstigen Assets (z.B. Gebäude) investiert. Der Investor hat ein Vorstandsgremium, dessen Aufgabe es ist, das Anlageziel für die Kapitalanlage zu spezifizieren. Es wird beschlossen, dass ein Verlust von 0,25 Mrd. Euro (also 25 % des Eigenkapitals) oder mehr nur einmal in 20 Jahren anfallen darf. Wenn dieser Verlust anfällt, würde die Eigenkapitalquote von aktuell über 33 % auf unter 28 % fallen. Dies hätte zur Folge, dass das aktuelle Kreditrating dieses Investors von AA auf A fällt. Die Möglichkeit einer Verschlechterung des Ratings auf A möchte der Vorstand möglichst vermeiden, weil dies höhere Fremdkapitalkosten nach sich ziehen würde. Das Risikobudget wird in diesem Beispiel durch bilanzielle Restriktionen bestimmt.

Das Risikobudget ändert sich jedoch bei veränderter Finanzierung. Hat er z.B. 1,5 Mrd. Euro Eigenkapital und 1,5 Mrd. Euro Fremdkapital (Fall 2), so würde sich die Wahrscheinlichkeit der Verschlechterung des Ratings auf A anders darstellen. Ein Fallen der Eigenkapitalquote von nun 50 % auf unter 28 % würde einen Verlust auf die Kapitalanlagen von 0,92 Mrd. Euro (statt 0,25 Mrd. Euro zuvor) bedeuten. Im Vergleich zu einer Eigenkapitalquote von 33 % liegt das Risikobudget nun mehr als dreimal so hoch. Abbildung 2 zeigt exemplarisch die Bilanzstruktur der beiden angesprochenen Fälle.

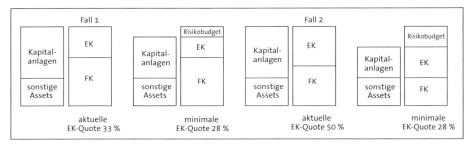

Abb. 2: Risikobudget und Eigenkapitalquoten

Das obige Beispiel zeigt, dass es vor allem zwei Größen sind, die das individuelle Risikobudget eines institutionellen Investors bestimmen: die Kapitalstruktur und seine Risikoaversion. Die Kapitalstruktur muss sich nicht wie in obigem Beispiel nur auf statische bilanzielle Größen beschränken, es können auch dynamische Aspekte berücksichtigt werden. So lassen sich Erwartungen über zukünftige Zahlungsströme ebenfalls integrieren.

Auch die Risikoaversion kann alternativ spezifiziert werden. Wurde in obigem Beispiel die Risikoaversion durch die Vermeidung eines Rating-Downgrades von AA auf A geprägt, so sind in der Praxis die individuellen Präferenzen nahezu unbeschränkt. So kann sich die Risikoaversion einer Pensionsversicherung so darstellen, dass die eingezahlten Beiträge der Versicherten zu 100 % garantiert sein müssen. Die Risikoaversion einer staatlich gesponserten Organisation kann z.B. in der Form spezifiziert sein, dass ein Verlust in jedem Jahr mit hoher Wahrscheinlichkeit ausgeschlossen sein soll, weil ansonsten deren Reputation in der Öffentlichkeit Schaden nehmen könnte. Es ließen sich viele Beispiele finden, wie sich die Risikoaversion eines Investors ausdrückt. Unabhängig von ihrer individuellen Spezifizierung des Investors ist eine Transformation in ein Risikobudget jedoch möglich.

Das individuelle Risikobudget stellt also das Anlageziel aus der Risikoperspektive dar. Charakteristisch für das Risikobudget ist, dass Renditeerwartungen im Gegensatz zur Nutzenfunktion zunächst keine Berücksichtigung finden. Sie werden im Investmentprozess erst dann Eingang finden, wenn es gilt, die Anlageziele, sprich das Risikobudget, in Portfolios zu transformieren. Doch dazu später mehr. Der Vorteil des Risikobudgets gegenüber abstrakten Nutzenfunktionen liegt also vor allem darin, dass die Größe ökonomisch quantifizierbar ist und in vielen Bereichen intuitiv zu bestimmen ist.

Risikobudget und Value-at-Risk

Ein zusätzlicher Vorteil des Risikobudgets gegenüber einer abstrakten Nutzenfunktion liegt in der Möglichkeit, es zu standardisieren. Standardisiert werden dabei die Wahrscheinlichkeit und der Zeitraum. So wird die Wahrscheinlichkeit des Verlustes auf 5 % gesetzt und der Zeitraum, in dem der Verlust anfallen kann, auf ein Jahr. Mit der Standardisierung wird es möglich, verschiedene Risikobudgets miteinander zu vergleichen. Damit stimmt das Risikobudget in seinem Ausmaß mit der üblichen Definition des Value-at-Risk (VaR) überein. Das standardisierte Risikobudget gibt also den Betrag an, den ein Investor bereit ist, in einem Jahr mit einer Wahrscheinlichkeit von 5 % zu verlieren. Beide Konzepte, Risikobudget und VaR sind somit ähnlich, die Grundlagen jedoch unterschiedlich. Während das Risikobudget sich aus der Kapitalstruktur und der Risikoaversion des Investors bestimmt, ist der VaR eine Risikozahl der Kapitalanlagen. Dem Portfoliomanagement kommt damit die wichtige Aufgabe zu, für eine Kongruenz zwischen Risikobudget und VaR zu sorgen. Abbildung 3 zeigt diese Schnittstelle.

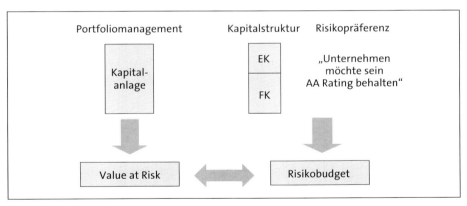

Abb. 3: Schnittstelle zwischen Risikobudget und Value at Risk

1.3 Risikoprämie

Die Definition von Risikobudgets ergibt sich aus den Anlagezielen. Sie ist eine wichtige Voraussetzung für die Asset Allocation Entscheidung, also der Umsetzung der Anlageziele in reale Portfoliostrukturen. Welche Art von Risiken soll ein Investor nun aber eingehen? Soll er das Risiko im Aktienbereich, im Bonitätenbereich oder im Laufzeitenbereich suchen? Im Mittelpunkt der Asset Allocation Entscheidung steht die Frage, wie die Rendite eines Portfolios unter der Restriktion des Risikobudgets maximiert werden kann. In der Regel geht an den Kapitalmärkten mit der Erhöhung des Risikos auch eine Erhöhung der Rendite des Risikos einher, weil Investoren für ein höheres Risiko eine Prämie verlangen. Somit ist die Risikoprämie (oftmals auch als Überrendite bezeichnet) der Mehrertrag zur risikolosen Anlage, die ein Investor für die Übernahme des Risikos erhält.

1.3.1 Historische Risikoprämie

Bei der Risikoprämie ist eine Unterscheidung zwischen der historisch realisierten Risikoprämie und der zukünftig zu erwartenden Risikoprämie zu treffen. Die historisch realisierte Risikoprämie wird auch oft als Überrendite bezeichnet. Eine umfangreiche Quelle für historische Risikoprämien verschiedener Assetklassen ist Ibbotson (1997). Z.B. für die USA wurden folgende historische Risikoprämien beobachtet (Risikoprämie ist dabei die Differenz zwischen der jährlichen Rendite der jeweiligen Assetklasse und des kurzfristigen Zinses für risikolose Anlagen):

Small Caps	8,8 %
Real Estate	7,4 %
Dow Jones Industrial	6,3 %
Long-term Bonds	1,5 %

Abb 4: Historische Risikoprämien (1926 bis 1996) verschiedener Assetklassen in den USA

Quelle: Ibbotson (1997)

Abbildung 4 zeigt, dass in der Vergangenheit positive Risikoprämien realisiert wurden. So zeigte der Dow Jones Industrial als Vertreter für die Assetklasse Aktien eine Risikoprämie von 6,3 %, langlaufende Anleihen eine Risikoprämie von 1,5 %. Bei Immobilien und bei Aktien von Unternehmen mit geringer Marktkapitalisierung (Small Caps) lag die Entlohung für das Risiko sogar noch höher. Immobilien erzielten gegenüber dem kurzfristigen Zins eine Überrendite von 7,4 %, bei Small Caps lag sie bei 8,8 %.

1.3.2 Erwartete Risikoprämie

Für einen Investor heute wären diese historischen Prämien besonders dann relevant, wenn der Preis des Risikos im Zeitablauf konstant ist. Es liegt jedoch in der Natur der Kapitalmärkte, dass genau dieser Fall nicht gilt. Der Preis für das Risiko schwankt mit der Zeit und es sind viele Faktoren, die diesen beeinflussen. Dementsprechend ist vielmehr entscheidend, welche Risikoprämien zu erwarten sind. Insbesondere führen Strukturbrüche oder signifikante Einzelereignisse dazu, dass die Risikoprämien auf Basis vergangener Realisierungen keine adäquate Schätzung für die Zukunft sind (Elton (1999)). Für einen Investor, der heute seine Asset Allocation vornimmt oder seine bestehende Asset Allocation überprüft, ist also die Bestimmung der erwartenden Risikoprämie von entscheidender Bedeutung. Die Schätzung der erwarteten Risikoprämie ist mit der Schätzung der erwarteten Rendite vergleichbar. Der Unterschied liegt vor allem darin, dass die Risikoprämie als Überrendite gegenüber einem risikolosen Asset (meist kurzfristigen Staatsanleihen) geschätzt wird. Das Konzept der erwarteten Risikoprämie und der erwarteten Rendite können also als verwandt angesehen werden.

Risikoprämien bei Renten

Erwartete Risikoprämien lassen sich für die verschiedenen Assetklassen unterschiedlich leicht schätzen. So ist die Risikoprämie bei Renten einfacher als bei Aktien zu schätzen. Hat z.B. eine Unternehmensanleihe eine Rendite von 8 %, eine kurzfristige Bundesanleihe von 5 %, dann beträgt die Risikoprämie 3 %. Genau genommen muss die Ausfallwahrscheinlichkeit berücksichtigt werden. Diese Risikoprämie ergibt sich aus dem Anleihepreis, den der Kapitalmarkt aktuell für die Unternehmensanleihe bezahlt. Nach diesem Preis richtet sich die Höhe der Risikoprämie. Für eine 5-jährige Unternehmensanleihe mit einem Kupon von 8 % stellt Abbildung 5 die Abhängigkeit der Risikoprämie vom Preis dar. Bei einem Preis von 100 beträgt die Risikoprämie 3 %, bei einem Kurs von 110 nur etwas mehr als 0,5 % (zur Vereinfachung wird bei dieser Betrachtung von der Ausfallwahrscheinlichkeit abstrahiert). Grundsätzlich gilt, dass mit steigenden Preisen die Risikoprämie sinkt.

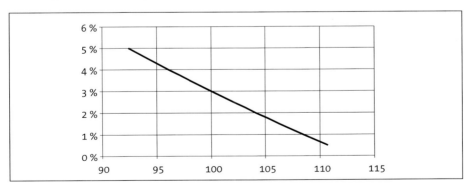

Abb. 5: Abhängigkeit der Risikoprämie vom Preis, Beispiel einer Unternehmensanleihe

Risikoprämien bei Aktien

Analog zu Anleihen lässt sich bei Aktien aus jedem Kurs eine Risikoprämie berechnen, die der Kapitalmarkt bezahlt. Die Bestimmung der Risikoprämie gestaltet sich bei Aktien schwieriger als bei Renten, lässt sich im Prinzip aber ähnlich bestimmen. Statt zukünftiger Kupons wie bei Renten werden bei Aktien zukünftige Cash Flows erwartet. Für einen individuellen Investor sind das in der Regel Dividenden und zukünftig erzielbare Preise. Werden die erwarteten Cash Flows wie bei Renten so diskontiert, dass sich der heutige Preis ergibt, dann stellt der Diskontierungssatz eine Schätzung für die zu erwartende Rendite der Aktie dar. Die Differenz zwischen der erwartenden Rendite und dem kurzfristigen Zins ist wiederum die Risikoprämie. Auch bei Aktien gilt der soeben dargestellte Zusammenhang zwischen Preis und Risikoprämie. Bleiben die Erwartungen zu den Cash Flows unverändert, führt ein Steigen des Aktienkurses zu einer Verminderung der Risikoprämie und umgekehrt.

Trotz dieses an sich einfachen Verfahrens zur Bestimmung der Risikoprämien gestaltet sich die Schätzung in der Praxis ungleich schwieriger. Für Aktien verändern sich Erwartungen zu zukünftigen Cash Flows ständig. In Phasen starker Konjunktur werden in der Regel stark steigende Cash Flows erwartet. Unternehmensanleihen wird dann eine geringe Ausfallwahrscheinlichkeit beigemessen. In Phasen fallender Konjunktur werden stagnierende bis fallende Cash Flows beobachtet und ein Ansteigen der Ausfallwahrscheinlichkeit ist eine logische Konsequenz. Dies hat zur Folge, dass den Erwartungen künftiger Cash Flows eine wichtige Rolle zufällt.

Die Problematik der praktischen Bestimmung von Risikoprämien soll an dieser Stelle nicht weiter vertieft werden. Um der Komplexität dieser Aufgabe gerecht zu werden, müsste ein eigenes Buch verfasst werden.

1.3.3 Risikoprämie und Risikobudget

Um das Risikobudget optimal auszufüllen, müssen zunächst die Risikoprämien aller relevanten Assetklassen aus den aktuellen Preisen bestimmt werden. Diese Risikoprämien sind diejenigen, die ein langfristiger Investor erzielen würde (dies entspricht z.B. einem passiven Investor, der Anleihen bis zur Endfälligkeit hält und bei Aktien zwischenzeitliche Kursschwankungen nicht ausnutzt). Werden diese Risikoprämien im Rendite-Risiko-Diagramm visualisiert, so wird die sich daraus ergebende Effizienzlinie als passive Effizienzlinie bezeichnet. Die passive Effizienzlinie wird also als Linie für die optimalen Rendite-Risiko-Beziehungen angesehen, die sich aus aktuellen Marktpreisen ergeben. Zu bemerken ist, dass diese passive Effizienzlinie sich mit den Marktpreisen bewegt.

Sind Risikoprämien aus den aktuellen Marktpreisen bestimmt, lässt sich die Effizienzlinie basierend auf Markowitz im Rendite-Risiko-Diagramm berechnen. Abbildung 6 visualisiert diesen Sachverhalt. In der Abbildung ist eine typische Rendite-Risikoeffizienzlinie dargestellt. Exemplarisch sind die Rendite-Risikokombinationen für die

Assetklassen Aktien und Renten zusätzlich eingezeichnet. Für die Assetklasse Aktien ist die Risikoprämie visualisiert. Die Renditeerwartung einer Assetklasse ergibt sich also aus dem kurzfristigen Zins und der vom Markt bezahlten Risikoprämie.

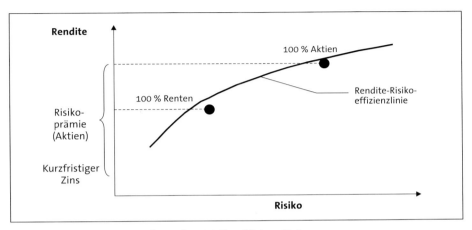

Abb. 6: Risikoprämie und Rendite-Risikoeffizienzlinie

Wie lässt sich nun das Anlageziel in Form des Risikobudgets mit Hilfe der Rendite-Risikoeffizienzlinie umsetzen? Dazu ist es notwendig, die Risikobudgetlinie im Rendite-Risiko-Diagramm darzustellen. Abbildung 7 zeigt exemplarisch die Beziehung des Risikobudgets mit der Effizienzlinie. Die Risikobudgetlinie gibt alle Kombinationen aus Rendite und Risiko an, bei denen dieses Budget vollständig ausgenutzt ist. Sie ist wie folgt definiert:

$$\text{Rendite} = -\text{Risikobudget} - \phi(\text{Konfidenz}) \cdot \text{Risiko}$$

In der obigen Gleichung spiegeln sich die drei Elemente aus der Definition des Risikobudgets wider: Höhe des Budgets, Wahrscheinlichkeit und Zeithorizont. Die Wahrscheinlichkeit findet über den $\phi(.)$-Wert Eingang. Dieser ergibt sich direkt aus den Verteilungseigenschaften der Rendite. Werden normalverteilte Renditen unterstellt, beträgt bei einer gegebenen Konfidenz von 95 % z.B. $\phi = -1{,}64$. Wird ein Risikobudget von 10 % unterstellt (Der Investor ist also bereit, 10 % seines Kapitals mit einer Wahrscheinlichkeit von 5 % zu verlieren), dann lautet die Risikobudgetlinie wie folgt:

$$\text{Rendite} = -10\,\% + 1{,}64 \cdot \text{Risiko}$$

Der Zeithorizont ist in der Definition der Rendite- und Risikogrößen enthalten. Meistens liegen diese Größen in anualisierter Form vor. Bezieht sich das Risikobudget auf einen anderen Zeitraum als ein Jahr, müssen Rendite und Risiko auf den Zeitraum des Risikobudgets transformiert werden.

Das für den Investor optimale Portfolio ergibt sich aus dem Schnittpunkt der Risikobudgetlinie und der Rendite-Risikoeffizienzlinie. Dieses Portfolio verspricht bei gegebenem Risikobudget die höchste Rendite. Das optimale Portfolio nutzt also die Renditen, die der Kapitalmarkt momentan verspricht, am effizientesten aus. Ein suboptimales Portfolio in Abbildung 7 dagegen nutzt zwar das Risikobudget ebenfalls komplett aus, es erreicht allerdings eine niedrigere Renditeerwartung.

Die Form der Risikobudgetlinie spiegelt die Risikoaversion und die Kapitalstruktur des Investors wider. Grundsätzlich gilt: Liegt sie weiter rechts im Diagramm oder weist sie eine flachere Steigung auf, ist der Investor risikofreudiger, liegt sie weiter links oder ist sie steiler, ist der Investor risikoscheuer.

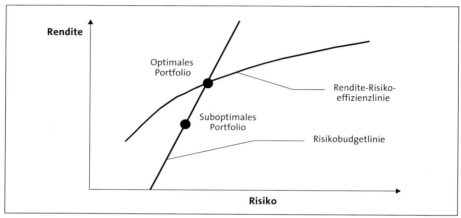

Abb. 7: Risikobudget und Rendite-Risikoeffizienzlinie

1.4 Risikobewertung

Geht ein Investor davon aus, dass der Kapitalmarkt das Risiko zu jedem Zeitpunkt und in jeder Assetklasse fair bewertet, dann erreicht er durch das in Abbildung 7 dargestellte Portfolio seine optimale Asset Allocation. Jedoch stellt sich die berechtigte Frage, ob die Risiken an den Kapitalmärkten immer richtig bewertet sind. Ist z.B. eine Risikoprämie von 3 % für Aktien vernünftig oder sollte sie bei nur 2 % oder gar 4 % liegen? Die Antwort auf die Frage kann dazu führen, dass Aktien, die bei einer Risikoprämie von 3 % den höchsten Mehrertrag versprechen, vielleicht doch nicht oder zu einem geringeren Anteil gekauft werden sollten, weil die vernünftige Risikoprämie bei 4 % liegt. In diesem Fall ist die Prämie, die momentan ein Anleger für die Übernahme des Risikos in der Assetklasse Aktien erhält, geringer als gerechtfertigt. Das Risikobudget kann in diesem Fall möglicherweise durch das Eingehen von Risiken in anderen Assetklassen besser ausgenutzt werden, welche eine Prämie haben, die über den gerechtfertigten liegen. Damit stellt sich das Problem, welchen Preis das Risiko haben sollte bzw. welche Höhe der Risikoprämie angemessen ist. Geht ein Investor davon aus, dass das aktuelle Risiko einer Assetklasse durch den Markt falsch bezahlt wird, ergeben sich für ihn zusätzliche Renditechancen.

Diese Frage ist gleichbedeutend damit, ob Assetklassen unter- oder überbewertet sind. An den Kapitalmärkten wird Risiko im Zeitablauf zu unterschiedlichen Preisen gehandelt. In Phasen eines Börsencrashs treten z.B. Risiken in den Vordergrund und jeder Investor versucht, einen sicheren Hafen für das Vermögen zu finden und Risiken zu vermeiden. Die Folge ist: das Angebot an risikobehafteten Wertpapieren steigt, die Kurse fallen und die Risikoprämien steigen. Dagegen ist in Euphoriephasen zu beobachten, dass Risikoaspekte in den Hintergrund treten. Dadurch sinkt die Risikoprämie. Risikoprämien tendieren also dazu, über oder unter ihren fairen Werten zu liegen. Ist dies der Fall, ergeben sich für die Asset Allocation zusätzliche Chancen.

Abbildung 8 stellt einen solchen Fall dar. Geht ein Investor davon aus, dass die aktuellen Risikoprämien, die der Kapitalmarkt bezahlt, nicht fair sind, so ist die passive Rendite-Risikoeffizienzlinie für ihn nicht relevant. Er schätzt neben den aktuellen Risikoprämien auch die fairen Prämien und errechnet daraus die aktive Rendite-Risikoeffizienzlinie. Die aktive Effizienzlinie liefert ihm Rendite-Risikokombinationen, die der passiven Effizienzlinie überlegen sind. Somit kann er bei Ausnutzung seines Risikobudgets eine höhere Rendite erwarten.

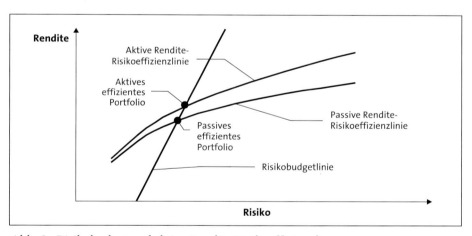

Abb. 8: Risikobudget und aktive Rendite-Risikoeffizienzlinie

Iterativer Prozess

Der Prozess des Risikobudgets, der Risikoprämie und der Risikobewertung kann auch als iterativer Prozess implementiert werden. Diese Vorgehensweise ist dann für einen Investor empfehlenswert, der in der ersten Stufe nicht vollständig in der Lage ist, sein Risikobudget genau zu spezifizieren. Angenommen, ein Investor hat nur vage Vorstellungen darüber, wie sein Risikobudget aussieht. Er spezifiziert es im ersten Schritt so, dass sich eine Asset Allocation ergibt, die eine Rendite von 6,5 % erwarten lässt (siehe Schritt 1 in Abbildung 9). Der Investor weiß, dass diese Rendite ihm im Vergleich zu seinen Mitbewerbern einen deutlichen Nachteil verschaffen wird. Die Renditen seiner Mitbewerber liegen nämlich um einen vollen Prozentpunkt höher bei 7,5 %. Um also seine Nachteile gegenüber den Mitbewerbern nicht Realität werden zu lassen (mit der Gefahr, dass der Wettbewerb ihn aus dem Markt verdrängt), rechnet er im zweiten Schritt das Risikobudget aus, welches mit der Renditeerwartung von 7,5 % vereinbar ist. Kann er dieses Risikobudget mit seiner Risikoaversion und seiner Bilanzstruktur vereinbaren, so wird er das optimale Portfolio im zweiten Schritt wählen (siehe Abbildung 9). Ist es nicht vereinbar, so verbleiben ihm dennoch verschiedene Optionen. Im einfachsten Fall kann er seine Bilanzstruktur verändern, indem er z.B. Eigenkapital aufnimmt. Dieser Effekt würde bei gleicher Risikoaversion sein Risikobudget erhöhen.

Etwas schwieriger gestaltet sich das Verständnis um die Anpassung der Risikoaversion. Drückt sich die Risikoaversion darin aus, eine Rating-Herabstufung zu vermeiden, so stellt sich dem Investor vereinfacht gesprochen folgender Trade-off: Entweder der Investor geht mehr Risiko (d.h. er ändert seine Risikoaversion) ein und riskiert mit einer höheren Wahrscheinlichkeit eine Rating-Herabstufung oder aber der Wettbewerb verdrängt ihn aus dem Markt (mit der Folge, dass er kein Rating mehr braucht). Hält sich der Investor solche (zugegebenermaßen extreme) Handlungsalternativen vor Augen, dann erscheint eine Änderung der Risikoeinstellung wiederum plausibel.

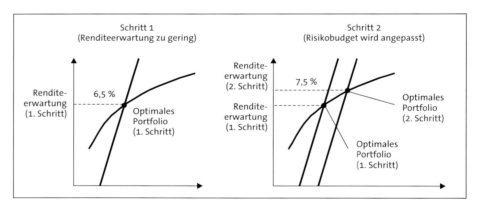

Abb. 9: Iterativer Prozess der drei „R" der Asset Allocation

1.5 Fazit

Risikobudget, Risikoprämie und Risikobewertung sind drei zentrale Aspekte zur Bestimmung einer optimalen Asset Allocation. Das vorgestellte Verfahren ist einerseits flexibel genug, die Anforderungen individueller Investoren zu integrieren. Andererseits ist das Verfahren stringent genug, um eine der wichtigsten Aufgaben im

Investmentprozess zu treffen: Wie teilt ein Investor sein Vermögen auf die verschiedenen Assetklassen auf. Trotz eines quantitativen Verfahrens bleiben die drei „R" der Asset Allocation intuitiv verständlich. Flexibilität, Stringenz und Intuition sind somit die charakteristischen Merkmale.

Literatur

Blake, A./Lehmann, D./Timmermann, B.: Asset Allocation Dynamics and Pension Fund Performance, in: Journal of Business, 1999, 72, S. 429–461.

Elton, E.: Expected return, realized return, and asset pricing tests, in: Journal of Finance, 1999, 54, S. 1199–1220.

Ibbotson: Stocks, bonds, bills and inflation yearbook, Ibbotson Associates 1997.

Markowitz, H.: Portfolio selection, in: Journal of Finance, 1952, 7, S. 77–91.

Markowitz, H.: Portfolio selection: Efficient diversification of investments, Wiley, New York 1959.

Stotz, O.: Aktives Portfoliomanagement auf Basis von Fehlbewertungen in den Renditeerwartungen, unveröffentlichte Dissertation 2002, RWTH Aachen.

2 Integrierte und globale Asset Allocation Prozesse

von Barbara Grünewald und Robert Süttinger

2.1 Asset Allocation: Mehr als die Summe der Einzelteile

Nicht zu Unrecht wird die Aufgabe des Asset Allocation Strategen manchmal mit der des Dirigenten eines großen Symphonie-Orchesters verglichen: Beide koordinieren eine Vielzahl hochgradig spezialisierter Experten, ob dies nun der Oboist, der Bratschist und die erste Violine – oder der Bankenanalyst, der Nordamerika-Spezialist und der Risikomanager sind.

Beide wollen sicherstellen, dass alle Beteiligten einem einheitlichen Rahmen folgen: Ein Orchester, in dem jeder Musiker die Tonhöhe und das Tempo oder gar die Melodie selbst wählt, wäre ebenso wenig erfolgreich wie ein Vermögensverwalter, dessen Spezialisten konträre Meinungen über die volkswirtschaftliche Entwicklung als Basis ihrer Prognosen wählen oder auf Grund der freien persönlichen Wahl des Diskontierungszinssatzes die Vergleichbarkeit der Attraktivität verschiedener Aktien unmöglich machen.

Und schließlich geht sowohl die Rolle des Dirigenten als auch die des Strategen weit über die Koordination und Rahmensetzung hinaus: Beide müssen aktiv eine Meinung bilden (und immer wieder hinterfragen), wie sie die einzelnen „Bestandteile" am besten kombinieren können; sie müssen diesen Prozess aktiv steuern und führen – nur dann kann das Gesamtresultat mehr als die Summe der Einzelteile sein.

Mit der Entwicklung des Computers entstand die Idee, durch Analyse der Werke großer Komponisten ein Regelwerk zu entwickeln, welches es Computern ermöglicht, Symphonien zu komponieren und zu instrumentieren, und dies schneller und besser als jeder menschliche Komponist und Dirigent. Die Resultate konnten niemals überzeugen, da kein mechanischer Satz an Regeln in der Lage war, die menschliche Kreativität (und vielleicht auch den menschlichen Ehrgeiz) nur annähernd zu erreichen.

Auch dieses Kapitel will dem Asset Allocation Strategen keinen fixen Satz an Regeln aufzeigen, mit dessen Hilfe er erfolgreich Strategien setzen und Benchmarks schlagen kann. Es zielt darauf ab, jenen konzeptionellen Rahmen zu definieren, welcher es dem Strategen erst ermöglicht, die Meinungen der Experten unterschiedlicher Anlagekategorien sowie seine Ansicht über die Attraktivität der Assetklassen zu kombinieren, darauf aufbauend effiziente Portfolios zu konstruieren und unter Berücksichtigung der Risikobereitschaft des Kunden die langfristigen Erträge der Anlagestrategie zu maximieren.

Zunächst analysiert dieser Beitrag (siehe auch Abbildung 1) die Charakteristika von integrierten und globalen Anlageprozessen. Anschließend werden die typischen Fragestellungen der strategischen Asset Allocation betrachtet: Wie kann ein Investor die

Risiko- und Ertragseigenschaften seiner langfristigen Anlagestrategie optimieren und mit seinen Zielvorstellungen in Übereinstimmung bringen? Aufbauend darauf wird der nächste Abschnitt über die taktische Asset Allocation untersuchen, aus welchen Gründen ein Investor von der strategischen Anlagestrategie abweichen soll, wie Fehl-

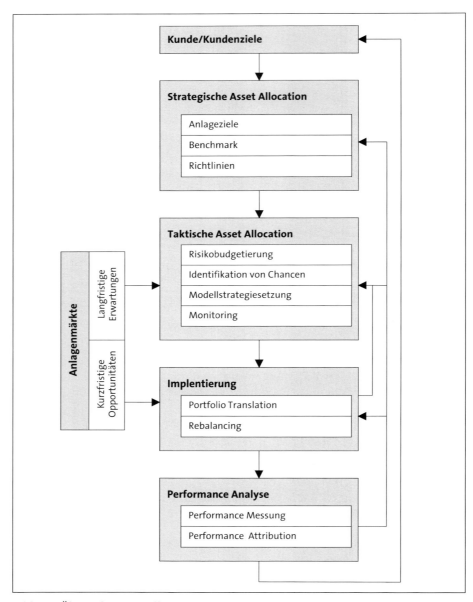

Abb. 1: Übersicht Asset Allocation Prozess

bewertungen von Anlagen erkannt und schließlich im Portfolio-Kontext genutzt werden können. Der Abschnitt über die Umsetzung widmet sich dann Fragen wie der Berücksichtigung von kundenspezifischen Zielen und Restriktionen und dem optimalen Rebalancing. Abschließend wird die Rolle der Performance-Analyse insbesondere im Hinblick auf die Rückkoppelung zu den im Investmentprozess getroffenen Entscheidungen betrachtet.

Die Schönheit einer Symphonie kommt nur dann voll zur Geltung, wenn der Dirigent und jedes Mitglied des Orchesters auf ein harmonisches Zusammenspiel hinarbeiten: Ein einziger falscher Ton kann den Hörgenuss empfindlich beeinträchtigen. Wenn die Vermeidung solcher „Dissonanzen" durch einen klaren und konsistenten Ansatz zur Strategiesetzung in der Asset Allocation gelingt, wird auch hier das Resultat den Kunden zufrieden stellen.

„Integrierte" und „globale" Prozesse – Nur Schlagworte?

„Integriert" und „Global" sind zwei Begriffe, welche wohl in der Beschreibung des Anlageprozesses fast jedes Vermögensverwalters vorkommen. Sie werden jedoch höchst unterschiedlich interpretiert und mögen manchmal nur ein „Aufhänger" sein, um das Interesse potentieller Kunden zu wecken. Was bedeutet es nun, einen Anlageprozess zu definieren, und wie sind „integriert" und „global" in diesem Zusammenhang zu verstehen? Ziel einer Prozessdefinition, so auch des Anlageprozesses ist es:

- ▶ die Gesamtaufgabe (z.B. Management eines Portfolios gemäß der Risikobereitschaft und der zukünftigen Verpflichtungen des Kunden) in einzelne, klar abgrenzbare Schritte zu unterteilen,

- ▶ für jeden dieser Schritte klare Ziele festzusetzen,

- ▶ klare Verantwortlichkeiten zuzuordnen,

- ▶ Resultate zu messen und Abweichungen zu erkennen,

- ▶ Abweichungen zu analysieren und Feedback zu geben und Maßnahmen zur Vermeidung zukünftiger Abweichungen zu treffen.

Abbildung 2 zeigt in Beispielen, wie die Definition einzelner Prozessschritte aussehen kann.

Prozessschritt	Beispiel 1	Beispiel 2
Definition abgrenzbarer Schritte	Analyse Anlageklassen	Portfolio Konstruktion
Definition Ziele	Relative Attraktivität der Anlageklassen bestimmen	Bestmögliche Umsetzung der Analystenmeinung im Rahmen eines vorgegebenen Risikobugets
Zuordnung Verantwortlichkeiten	Asset Allocation Analyst	Portfolio Manager
Messung der Resultate und Erkennung der Abweichungen	Messung der Prognosefähigkeit des Analysten	Vergleich Risikobudget mit tatsächlichen Portfoliorisiken
Analyse Abweichung, Treffen von Maßnahmen	Geringe Prognosefähigkeit aufgrund unzureichender Informationen → zukünftig mehr Ressourcen für Primär-Research	Kurzfristige Überschreitung des Risikobudgets wegen Aktienmarkt-Crash. Da Risikomodell langfristig trotzdem Ansprüchen gerecht wird, keine weiteren Maßnahmen

Abb. 2: Beispielhafte Illustration einzelner Prozessschritte in der Asset Allocation

Integrierte Anlageprozesse:

Unter einem integrierten Anlageprozess verstehen wir, dass sämtliche Schritte des Anlageprozesses, also sowohl die strategische und taktische Asset Allocation, als auch die Implementierung und Performanceauswertung, einem einheitlichen Konzept und konsistenten Ansatz folgen. Um dies sicherzustellen, müssen zwischen allen Teilschritten klare Schnittstellen und Verantwortlichkeiten definiert werden sowie die Rückkoppelung zu anderen Prozessschritten und zum Kunden/zur Marktsituation sichergestellt sein.

Globale Anlageprozesse:

Ein globaler Anlageprozess stellt die konsistente Modellierung und Bewertung aller Anlagen weltweit sicher. Dass Anlagen in internationale Märkte vorteilhaft sein können (z.B. aus Diversifikationsgründen), ist eine allgemein anerkannte Tatsache. Deshalb sind Vermögensverwalter heute ständig damit konfrontiert, Anlagen in unterschiedlichen Regionen miteinander zu vergleichen (z.B. Lufthansa vs. American Airlines) bzw. ganze Märkte auf relative Attraktivität zu untersuchen. Die Anforderungen an einen globalen Anlageprozess sind wie folgt:

▶ Konsistente Annahmen der „technischen Parameter" bei der Analyse von Wertpapieren in verschiedenen Märkten (zwei Aktien in verschiedenen

Märkten können z.B. nicht verglichen werden, wenn der Diskontierungszinssatz nach einer anderen Systematik berechnet wird),

▶ Konsistente Annahmen der wirtschaftlichen Szenarien (geht man bei der Beurteilung von Aktie A von steigendem Ölpreis, jedoch bei Aktie B von fallendem Ölpreis aus, so sind die zugrunde liegenden wirtschaftlichen Szenarien – es gibt nur einen Ölpreis – inkonsistent und die Resultate damit nicht vergleichbar),

▶ Konsistente Annahmen im Bereich der Währungs- und Zinsentwicklung: Fundamentale globale Bewertungsmodelle berechnen den Wert eines Unternehmens mit Hilfe der Diskontierung zukünftiger Erträge. Nun können solche Erträge in unterschiedlichen Währungen anfallen, der risikofreie Zinssatz (und damit auch der für die Diskontierung benötigte risikoadjustierte Zinssatz) in diesen Währungen mag unterschiedlich sein: So wird z.B. die Währung in Hochzinsländern oft stärker abwerten als in Ländern mit tiefen Zinssätzen. Um Vergleichbarkeit zu ermöglichen, wird daher ein Satz konsistenter Annahmen über die Währungs- und Zinsentwicklung benötigt.

Abbildung 3 stellt die Charakteristika von global integrierten Anlageprozessen graphisch dar.

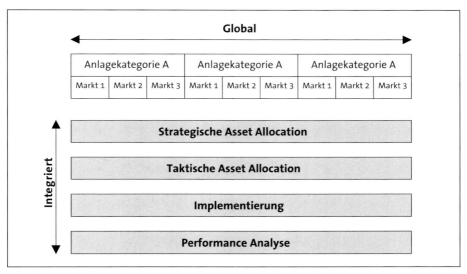

Abb. 3: Integrierte und globale Anlageprozesse

Global integrierte Anlageprozesse zu definieren mag komplex und aufwendig erscheinen; doch nur so kann ein Vermögensverwalter von der Vielzahl der Investitionschancen an den internationalen Märkten systematisch profitieren.

2.2 Strategische Asset Allocation

2.2.1 Ziel

Ausgangspunkte für die Festsetzung der strategischen Asset Allocation sind die Analyse der Ziele und zukünftigen Verbindlichkeiten des Anlegers, seiner Risikoneigung und Risikofähigkeit sowie sonstiger Präferenzen und Einschränkungen. Daraus leiten sich dann (in mehr oder weniger formalisierter Weise) die Benchmark und die Anlage-Richtlinien des Investors ab.

Zur Bestimmung der strategischen Asset Allocation unterstellt man eine faire Bewertung der Märkte (Equilibrium). Es ist Aufgabe der taktischen Asset Allocation, eventuelle Fehlbewertungen aktiv auszunutzen.

2.2.2 Prozess

Wie oben beschrieben sollten bei der Prozessdefinition die Aufgabe, Verantwortung und Messung des Resultates festgelegt werden. Für die Definition der Anlageziele sieht dies folgendermaßen aus:

- ▶ Aufgabe: Ziele sind eine allgemeine Beschreibung der Vorstellungen des Investors, welche sowohl die Ertrags- als auch die Risikoseite berücksichtigen sollten. Ziele müssen nicht finanzmathematisch formuliert sein, sie sollten jedoch eine eindeutige Interpretation zulassen.

- ▶ Verantwortung: So sehr auch Consultant oder Vermögensverwalter in die Definition der Ziele involviert sein mögen, letztendlich liegt die Verantwortung für die korrekte Zielsetzung (und in seinem Interesse) beim Investor.

- ▶ Messung: Vergleich der ursprünglichen Zielvorstellungen mit dem tatsächlichen Ergebnis durch den Investor.

Ein Beispiel: Das Ziel einer Pensionskasse ist es, langfristig bei möglichst geringen Beiträgen die Pensionsverbindlichkeiten erfüllen zu können, ohne zwischenzeitlich einen Deckungsgrad von 100 % zu unterschreiten.

Zur Quantifizierung der Ziele des Investors folgt die Benchmark-Definition, die sich folgendermaßen charakterisieren lässt:

- ▶ Aufgabe: Die Wahl einer Benchmark erfolgt, um die Zielvorstellungen des Investors mittels Marktindizes möglichst gut abzubilden und gleichzeitig einen Maßstab für die Qualität des aktiven Managements zu erhalten. Angelehnt an AIMR (Association of Investment Management and Research, 1998) dient eine Benchmark als ein nicht vom Vermögensverwalter beeinflussbarer Referenzwert, gegen welchen sich der Erfolg der Anlagestrategie des Vermögensverwalters objektiv überprüfen lässt. Als Benchmarks werden oft publizierte Indizes, individuelle Composits oder Peer Group Portfolios gewählt. Nicht alle sind gleichermaßen geeignet, Abbildung 4 gibt daher einen Überblick über die wünschenswerten Eigenschaften einer Benchmark. Benchmarks können statisch (d.h. im Zeitverlauf konstant) oder dynamisch (d.h. sich im Zeitverlauf ändernd, z.B. bei Lebenszyklus-Produkten) sein.

▶ Verantwortung: Für die Wahl der Benchmark kann der Investor, der Consultant oder der Vermögensverwalter (in Abstimmung mit Investor oder Consultant) verantwortlich sein.

▶ Messung: Vergleich des Resultates einer passiven (die Benchmark replizierenden) Anlagestrategie mit den Zielen des Investors nach vordefinierten Kriterien (z.B. Sharpe Ratio).

Beispiel für eine Benchmark: Die Pensionskasse wählt für die Anlagekategorie US Aktien Smallcap die Benchmark „Russel 2000".

Eigenschaft	Kommentar
Repräsentativ für gewählte Anlagekategorie	Benchmark-Universum entspricht weitgehend dem Anlageuniversum des Vermögensverwalters
Replizierbar	Vermögensverwalter kann Benchmark durch ihm zugängliche Instrumente exakt nachbilden
Disziplinierte und objektive Konstruktion	Konstruktion und Veränderungen in der Zusammensetzung der Benchmark erfolgen nach objektiven, verständlichen Kriterien und können vom Vermögensverwalter antizipiert werden
Beruhen auf allgemein zugänglichen Informationen	Alle relevanten Informationen (Preise, Gewichte etc.) sind bekannt
Für Vermögensverwalter als „neutrale" Position akzeptabel	Sofern der Vermögensverwalter keine Information über mögliche Fehlbewertungen hat, wird er gemäß Benchmark investieren
Konsistent mit den Rahmenbedingungen des Investors	Z.B. Besteuerung der Ausschüttungen wird bei Berechnung des Benchmark- und Portfolioertrages auf gleiche Art vorgenommen

Abb. 4: Eigenschaften effizienter Benchmarks – in Anlehnung an AIMR (1998)

Letztendlich muss noch die Definition der Investitionsrichtlinien und -restriktionen folgen:

▶ Aufgabe: Die Investitionsrichtlinien und -restriktionen geben den Rahmen für das aktive Management vor. Obwohl mehr Entscheidungsspielraum die Resultate eines aktiven Vermögensverwalters potentiell erhöhen sollte, ist es trotzdem sinnvoll, diesen Spielraum aus folgenden Überlegungen einzugrenzen:

- Gesetzliche Restriktionen (z.B. für Pensionskassen),
- Minimieren des Verlustrisikos bei Versagen des Managers,
- Vermeidung eines Konflikts zwischen Zielen des Investors (Bedienen zukünftiger Verbindlichkeiten) und Zielen des Managers (risikoadjustierte Performance vs. Benchmark maximieren).

Investment Richtlinien können zwei Arten von Restriktionen enthalten: Gewichtsbezogene und nutzenbezogene Restriktionen. Abbildung 5 gibt einen Überblick über Definition, Unterschiede sowie Vor- und Nachteile.

▶ Verantwortung: Investor oder Consultant in Absprache mit Manager.

▶ Messung: Direkte Kontrolle der Übereinstimmung von Portfolio und Restriktion zu vordefinierten Zeitpunkten (z.B. täglich).

Typ der Restriktionen	Gewichtsbezogene Restriktionen	Nutzenbezogene Restriktionen
Beziehen sich auf	Portfoliogewichte	Risiko/Ertragscharakteristiken des resultierenden Portfolios
Beispiele	US Aktienanteil: 10 %–20 % Sektorgewichte ± 5 % Abweichung zur Benchmark Keine Verwendung von Derivaten	Tracking Error: 3 %–5 % Risikobeitrag Währungen: max 50 % des aktiven Risikos
Vorteile	Einfach zu setzen/ zu überprüfen Ex-ante Messung ist immer möglich und sinnvoll	Restriktionen beziehen sich auf die Zielfunktion des Anlegers Manager erhält maximale Flexibilität zur Umsetzung seines Marktwissens
Nachteile	Keine direkte Übereinstimmung mit der Zielfunktion des Anlegers (Risikooptimierte Rendite) Restriktionen können optimale Anwendung des Marktwissens des Managers einschränken	Genaue Definition der Messung/Überprüfung notwendig Bei zu bevorzugender ex-post-Messung können Resultate immer erst nachträglich überprüft werden

Abb. 5: Gewicht- und nutzenbezogene Restriktionen

2.2.3 Risiko- und Ertragsannahmen im Bereich der strategischen Asset Allocation

Zur Definition von strategischen Benchmarks bedarf es zweier Hilfsmittel: Ein Risikomodell muss Auskunft über die erwarteten Volatilitäten und Korrelationen der verschiedenen Anlagekategorien geben, ein Renditemodell gibt Informationen über die erwarteten Erträge. Benötigt werden langfristige Gleichgewichtsannahmen, da die strategische Asset Allocation eine langfristige Asset Allocation festlegt und deshalb von einer fairen Bewertung der Märkte ausgeht. Es ist die Aufgabe der taktischen Asset Allocation, vorhandene Fehlbewertungen auszunützen.

Risikomodell

Technisch gesprochen ist ein Risikomodell eine Varianz-Kovarianz Matrix, welche die Risiken und die Korrelationen zwischen den einzelnen Anlagen und Anlageklassen definiert. Grob kann man zwischen historischen und zukunftsorientierten Modellen unterscheiden:

Bei historischen Risikomodellen wird basierend auf der Analyse historischer Daten eine Varianz-Kovarianz Matrix errechnet. Dies kann auf verschiedenste Art und Weise geschehen (z.B. unterschiedliche Wahl der Zeiträume, unterschiedliche Gewichtung historischer Daten, unterschiedliche Faktoren). Ist die Art der Berechnung erst festgelegt, wird die Matrix „mechanisch" berechnet. Ein Beispiel für ein historisches Risikomodell ist BARRA. Zukunftsorientierte Risikomodelle gründen oft auf historischen Daten, versuchen aber darüber hinaus Meinungen der Vermögensverwalter über die zukünftigen Risikostrukturen der Märkte zu berücksichtigen. Die Entstehung der Europäschen Währungsunion verdeutlicht dies: Klar ist, dass diese sehr große Effekte auf die Korrelation zwischen den Anleihen der einzelnen Teilnehmerländer hatte. Ein zukunftsorientiertes Risikomodell hätte versucht, diese Änderungen schon vorweg zu berücksichtigen.

Um die Erstellung eines konsistenten Risikomodells zu erleichtern, wird oft ein Faktormodell verwendet. Man definiert eine begrenzte Anzahl von Faktoren, die die Risikocharakteristika der Anlagen bestmöglich beschreiben und ordnet diesen Faktoren Volatilitäten und eine Korrelationsstruktur zu. Danach müssen für jede Anlage „nur noch" die Faktorexposures und das Residualrisiko, aber nicht die Korrelationen mit allen anderen Anlagen gesetzt werden.

Ertragsannahmen

Auch bei den Ertragsannahmen lässt sich zwischen historischen und zukunftsorientierten unterscheiden. Betrachten wir die historischen Erträge verschiedener Anlagen, so zeigt sich, dass – abhängig von der Wahl des betrachteten Zeitraumes – die Resultate extrem unterschiedlich sind. Schon bei recht allgemein gefassten Fragen wie z.B. nach der Risikoprämie der Aktienmärkte herrscht in der Literatur größte Uneinigkeit. Bei der spezifischen Analyse eines einzelnen Marktes kann die zusätzliche Berücksichtigung von nur einem einzelnen Jahr den Durchschnittsertrag extrem verändern: So haben sich die oft gezeigten historischen 10-Jahresrenditen der Aktien Ende 1997 plötzlich deutlich erhöht, da der Aktienmarktcrash von Oktober 1987 nicht mehr in den Berechnungszeitraum fiel. Einen ausgezeichneten Überblick über die langfristigen Renditen internationaler Märkte geben Dimson/Marsh/Stauton (2002).

Was sind die Anforderungen an die Ertragsannahmen für die strategische Asset Allocation?

▶ Die Ertragsannahmen sollen langfristige Gleichgewichtsannahmen darstellen:
Im Rahmen der strategischen Asset Allocation wird angenommen, dass die Märkte fair bewertet sind, und darauf aufbauend eine langfristig sinnvolle Benchmark definiert ist. Eventuelle Fehlbewertungen sollen dann im Rahmen der taktischen Asset Allocation erkannt werden.

▶ Die Ertragsannahmen müssen konsistent mit dem Risikomodell sein:
Da auf Grund der Risiko- und Ertragsannahmen eine nutzenmaximierende Anlagepolitik gesetzt werden soll, müssen Ertrag und Risiko aufeinander abgestimmt sein (z.B. bezüglich Zeithorizont).

▶ Die Ertragsannahmen müssen global konsistent sein.

Wie kann nun ein Ertragsmodell, welches diesen Anforderungen gerecht wird, aussehen? Abbildung 6 zeigt, nach welchen Kriterien langfristige Gleichgewichtsrenditen für die strategische Asset Allocation bestimmt werden können. Die benötigte Rendite setzt sich aus drei Bestandteilen zusammen: Der Realverzinsung, welche die Prämie für den temporären Konsumverzicht des Investors ausdrückt, der Inflationsprämie, welche die potentielle Minderung der Kaufkraft abgilt, sowie der Risikoprämie, welche den Investor für mögliche Kapitalverluste entschädigt. Die Risikoprämie ist proportional zum nicht diversifizierbaren Risiko und damit im Rahmen eines internationalen CAPM – basierend auf dem gewählten Risikomodell – festgelegt.

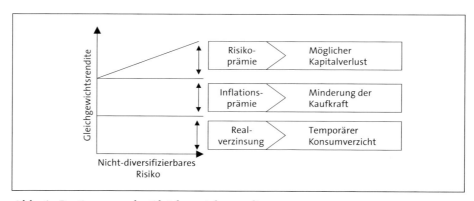

Abb. 6: Bestimmung der Gleichgewichtsrenditen

Die Realverzinsung und die Inflationsprämie sind spezifisch für jedes Land zu setzen. Die Risikoprämie ist unabhängig von der Referenzwährung. Wie kann die langfristige Gleichgewichtsrendite des Investments in Land A nun aus der Perspektive eines Investors in Land B bestimmt werden? Unter der Annahme, dass langfristig die Kaufkraftparität und die Zinsparität halten, werden unterschiedliche Realzinsen und Inflationsprämien durch Auf- und Abwertung der jeweiligen Währungen ausgeglichen. Der Investor in Land B kann daher (siehe Abbildung 7) die Realverzinsung und Inflationsprämie von Land A durch die seines Landes ersetzen und die landesunabhängige Risikoprämie dazu addieren.

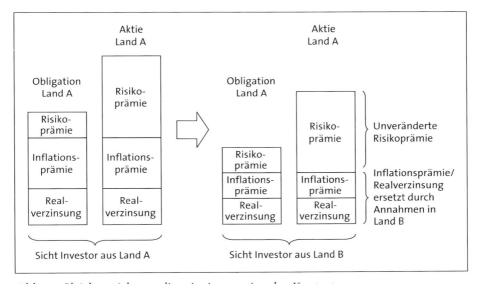

Abb. 7: Gleichgewichtsrenditen im internationalen Kontext

2.2.4 Fragestellungen im Bereich der Strategischen Asset Allocation

Bestimmung des optimalen Risiko- und Renditeprofils

Die Zielsysteme von privaten Investoren und von institutionellen Investoren unterscheiden sich oft wesentlich (siehe Abbildung 8).

Solch unterschiedliche und uneinheitliche Zielsysteme bedeuten, dass auch die Zielfunktion der Investoren sehr unterschiedlich ausfallen kann. Die Risikocharakteristika und Ertragseigenschaften von Anlagen (wie auch immer definiert) werden dabei jedoch immer eine große Rolle spielen. Der Focus wird daher im Folgenden auf der Nutzenoptimierung eines Investors im Rahmen der Mean-Variance Portfolio-Optimierung liegen.

	Private Investoren	**Institutionelle Investoren**
Definition Risiko	• Geld verlieren • In Anlagen investieren, mit welchen man nicht vertraut ist	• Standardabweichung der Erträge • Shortfall Risk
Segmentierungskriterien	• Individuelle Persönlichkeitsmerkmale	• Typ der Organisation (z.B. Versicherung, Pensionskasse), Art der Kunden
Anlagen und Verbindlichkeiten	• Vermögen und allgemein definierte Ziele (insbesondere in Bezug auf Lebenszyklus)	• Vermögen und klar definierte Verbindlichkeiten
Verantwortlichkeit	• Gegenüber sich selbst • Alle Freiheiten	• Z.B. gegenüber Vorstand/Aufsichtsrat • Gesetzlich definierter Rahmen
Besteuerung	• Oft wesentlicher Faktor für die Wahl der Anlagen	• Oft geringer Einfluss von Steuern

Abb. 8: *Zielbereiche privater und institutioneller Investoren (siehe Kaiser, 1990)*

Unter der Annahme konstanter relativer Risikoaversion (Risikoaversion des Investors ist unabhängig von der Vermögenshöhe) wird die Nutzenfunktion typischerweise folgendermaßen formuliert:

$$\text{Nutzen} = \text{Ertrag}_{\text{Benchmark}} - \text{Risikoaversion} \cdot \text{Standardabweichung}_{\text{Benchmark}}^2$$

Abbildung 9 stellt graphisch dar, wie im Ertrags/Risiko-Raum das für den Investor nutzenmaximierende Portfolio ausgewählt werden kann.

Dabei gilt: Je „höher" die Effizienzgrenze, d.h. je mehr Ertrag bei gleichem Risiko, umso höher wird der Nutzen des Investors sein. Das Tangentialportfolio – der Berührungspunkt zwischen Effizienzgrenze und Isonutzenlinie – maximiert den Nutzen des Investors.

Eine der wichtigsten Fragen der strategischen Asset Allocation – unabhängig von der genauen Formulierung der Nutzenfunktion – ist jene der Konstruktion von Portfolios, welche ein Maximum an Ertrag für das eingegangene Risiko bieten. Daher im Folgenden ein kurzer Überblick zu wichtigen Fragestellungen bei der Definition einer langfristigen Anlagepolitik.

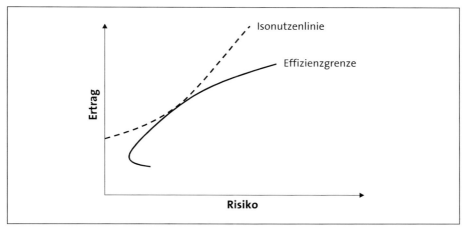

Abb. 9: Effizienzgrenze und Isonutzenlinie

Fragestellungen bei der Bestimmung der strategischen Asset Allocation

Welches sind nun typische Fragestellungen im Rahmen der Definition der strategischen Asset Allocation?

▶ Höhe des absoluten Benchmarkrisikos: Gemäss der Risikofähigkeit und der Risikoaversion des Kunden muss zunächst die gewünschte Höhe des absoluten Risikos der Strategie bestimmt werden.

▶ Heimmarkt vs. internationale Märkte: Eine in der Literatur intensiv diskutierte Frage ist jene des optimalen „Homebias", d.h. des Anteils, den ein Investor im eigenen Markt halten soll. Abbildung 10 zeigt die Vorteile der Investitionen innerhalb des Heimmarktes und innerhalb internationaler Märkte. Zu beachten gilt, dass internationale Investitionen sich immer im Spannungsfeld zwischen Risikoverringerung durch Marktdiversifikation und dem zusätzlichen Fremdwährungsrisiko befinden. Abbildung 11 illustriert dies: Das Risiko eines Aktienportfolios für einen Deutschen Investor wird durch Beimischung internationaler Aktien zunächst geringer (Diversifikation). Ab einem gewissen Punkt steigt das Risiko dann jedoch wieder an, da der Risikobeitrag der Fremdwährungen die Risikoverringerung durch internationale Streuung überwiegt. Generell kann man Folgendes sagen:

– Aktienanteil: Mit steigendem Aktienanteil sinkt die Relevanz des Fremdwährungsrisikos.

– Größe des Heimmarktes: Kleine Heimmärkte sind oft illiquid und weisen ein hohes spezifisches Risiko durch starke Sektorkonzentration auf. Internationale Diversifikation ist in einem solchen Fall wichtiger als z.B. aus Sicht eines US Investors, da der amerikanische Markt bereits breit diversifiziert ist.

Vorteile Heimmarkt	Vorteile internationaler Märkte
• Vertrautheit mit rechtlichen Rahmenbedingungen • Bekanntheit der Instrumente • Geringe Informationsbeschaffungskosten • Günstige Transaktions- und Depotkosten • Kein Fremdwährungsrisiko/keine Absicherungskosten für das Währungsrisiko	• Diversifikationspotential (Anlagen mit geringer Korrelation zu Anlagen im Heimmarkt) • Breitere Verfügbarkeit unterschiedlicher Anlagetypen • Teilweise höhere Liquidität

Abb. 10: Vorteile Heimmarkt vs. internationale Märkte

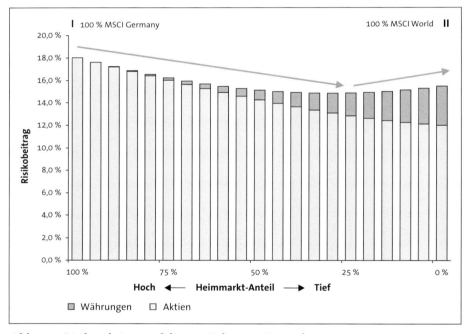

Abb. 11: Risiko Aktienportfolio aus Sicht eines Deutschen Investors

▶ Währungsabsicherung: Ein Investor kann sich entscheiden, das Fremdwährungsexposure internationaler Investments abzusichern. Dadurch entstehen einerseits Kosten (Bid-Ask Spread der Forwards, Umschichtungen im Portfolio zur Finanzierung des Hedge), andererseits wird das Fremdwährungsrisiko aus dem Portfolio eliminiert.

- ▶ Diversifikation: Neben internationalen Investitionen bestehen auch viele weitere Möglichkeiten der Diversifikation. Erwähnt seien z.B. der Einbezug von Emerging Markets oder die Erweiterung des Obligationenuniversums in Richtung Unternehmensanleihen. Solcherart kann das erwartete Sharpe Ratio der Strategie weiter erhöht werden.

- ▶ Alternative Anlagen: Unter diesen Begriff fallen Anlagen wie Private Equity, Hedge Funds, Nutzholz, Rohstoffe etc. Vorteilhaft ist, dass solche Anlagen geringere Korrelationen zu konventionellen Investments aufweisen und damit die Diversifikation erhöhen, oder aber eine Renditeprämie für Illiquidität oder aktives Management zu erwarten ist. Bei der Integration von Alternativen Anlagen gilt es, die besonderen Charakteristika solcher Investments explizit zu berücksichtigen: Dazu gehören unter anderem nicht-normalverteilte Erträge (z.B. bei Hedge Fonds) oder fehlende Handelbarkeit/Illiquidität (z.B. bei Private Equity).

Bis jetzt wurden die Verbindlichkeiten des Investors nicht berücksichtigt, d.h. implizit angenommen, dass die Verbindlichkeiten des Investors bekannt und in der Heimwährung denominiert sind. Weiterhin ging die Analyse von einer einperiodigen Betrachtungsweise aus.

Bei solch einer einperiodigen und kurzfristigen Betrachtungsweise ist es meist einfach, eine risikolose Anlage zu identifizieren, typischerweise eine in der Heimwährung denominierte Geldmarktanlage. Der Risikograd eines optimalen Portfolios kann dann z.B. durch Beimischung der risikolosen Anlage verringert werden. Mehrperiodige Betrachtungsweise bedeutet jedoch, dass kurzfristige Geldmarktanlagen nicht mehr als risikolose Anlagen gelten können. Über mehrere Jahre ist der Ertrag unsicher, da das Wiederanlagerisiko besteht.

Für ein Portfolio mit 5-Jahreshorizont wäre somit nicht der Geldmarkt, sondern ein 5-jähriger Zerobond die risikofreie Anlage. Positioniert sich der Investor in seinem Portfolio anders (mischt er z.B. 20 % Geldmarktanleihen bei), so nimmt er aktiv Risiko. Noch komplexer wird die Analyse, wenn sich die Ziele des Investors nicht nominell, sondern real (inflationsbereinigt) ausdrücken. In einem solchen Fall wären Realzinsanleihen (in den USA z.B. „TIPS" – Treasury Inflation Protected Securities) als risikofreie Anlage zu betrachten.

Bei Verbindlichkeiten muss man zwischen statischen und stochastischen Verbindlichkeiten unterscheiden: Erstere sind von Anfang an bezüglich Höhe und Zeitpunkt bekannt. Der Investor kann die Benchmark so definieren, dass z.B. die Wahrscheinlichkeit, die Verbindlichkeiten bedienen zu können, maximiert wird. Bei stochastischen Verbindlichkeiten sind die genaue Höhe und der Zeitpunkt der zukünftigen Verbindlichkeiten nicht bekannt. Man kann diese jedoch – wie auch Anlagen auf der Aktivseite – durch ihre erwartete Höhe und Standardabweichung sowie ihre Korrelation mit anderen Anlagen/Verbindlichkeiten beschreiben.

Anlagen über den Lebenszyklus

Ein typisches Problem der strategischen Asset Allocation ist die Anlage über den Lebenszyklus. Hierbei gibt es drei wesentliche Gründe für eine Veränderung der Asset Allocation im Zeitverlauf:

- ▶ Einfluss des Humankapitals (Barwert der zukünftigen Gehaltszahlungen des Investors)
- ▶ Veränderung der risikofreien Anlage
- ▶ Veränderung der Zielvorstellungen und Risikopräferenzen des Investors

Jeder Investor hat eine individuelle Risikoaversion, welche sich vereinfacht durch die Aktienquote in seinem Vermögen abbilden lässt. Die strategische Asset Allocation sollte nun aber nicht nur das Finanzvermögen des Investors berücksichtigen, sondern auch sein Humankapital (siehe Abbildung 12). Ist Letzteres wenig riskant, so kann das Finanzkapital entsprechend agressiver investiert werden. Die Aktienquote überträgt sich gewissermaßen auf das investierte Vermögen. In jungen Jahren ergibt sich ein hoher Aktienanteil, da typischerweise das Finanzkapital gering, das Humankapital aber hoch ist. Er nimmt dann im Zeitverlauf ab.

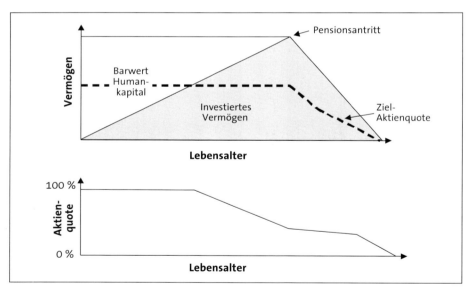

Abb. 12: Humankapital im Lebenszyklus

Zu berücksichtigen ist dabei, dass einerseits die Entwicklung von Finanz- und Humankapital korreliert sein können (die Boni eines Wallstreet Investmentbankers sind stark abhängig von der Entwicklung des Kapitalmarktes), dass andererseits die intertemporale Risikoaversion des Investors Grenzen für die Aktienquote setzen kann.

Die optimale Portfoliozusammensetzung kann sich auch, wie oben schon erwähnt durch unterschiedliche risikofreie Anlagen im Zeitverlauf ändern. Über ein Jahr ist z.B. eine einjährige Geldmarktanlage eine risikofreie Investition. Anleihen sind mit geringem Risiko behaftet, Aktienanlagen mit sehr großem Risiko.

Für die Pensionsvorsorge über einen Zeitraum von 30 Jahren ist jedoch nicht die kurzfristige Geldmarktanleihe, sondern ein 30-jähriger, inflationsgesicherter Zerobond die risikofreie Anlage. Geldmarktanlagen stellen relativ zu diesem Investment ein sehr großes Risiko dar. Andererseits sind Aktienanlagen über diese Frist unter Umständen weniger riskant (Aktienerträge entsprechen z.B. typischerweise mehr inflationsgesicherten als nominellen Investitionen).

Weiterhin adaptiert der Investor typischerweise auch seine Zielvorstellungen – auch abhängig von den Erträgen vergangener Investitionen. Vervielfacht er unerwartet sein Vermögen innerhalb kurzer Zeit, so werden seine Erwartungen an den Lebensstandard in der Pension wohl steigen, verliert er andererseits viel Geld, so kann die Adaption auch in die andere Richtung erfolgen.

Schließlich verändern sich auch die Risikopräferenzen des Investors im Zeitverlauf: In jungen Jahren mag ein Investor bereit sein, viel Risiko einzugehen. Er kann, wie oben angesprochen, noch seine Erwartungen revidieren. Kurz vor der Pension sind seine Lebenshaltungskosten oft zu einem hohen Teil Fixkosten (das Haus ist gekauft und muss unterhalten werden), er mag daher weniger Bereitschaft zeigen, auch bei erhöhten Ertragschancen die Finanzierung dieser Fixkosten wieder aufs Spiel zu setzen.

In Campbell/Viceira (2002) finden sich weiterführende Analysen zur Anlage über den Lebenszyklus.

2.3 Taktische Asset Allocation

Die strategische Asset Allocation beruht, wie oben beschrieben, auf Annahmen über die langfristig erwarteten Renditen, Volatilitäten und Korrelationsstrukturen zwischen Assetklassen. Aktive Vermögensverwalter versuchen nun, Abweichungen von den langfristig erwarteten Rendite- und Risikostrukturen festzustellen und diese auszunutzen. Ziel ist es, den risiko-adjustierten Mehrertrag gegenüber der Benchmark zu maximieren. Dieser Prozess wird taktische Asset Allocation (TAA) genannt. Die taktische Asset Allocation umfasst folgende Prozessschritte:

- ▶ Risikobudgetierung: Risikobudgets bieten einen Rahmen, um im Zusammenspiel mehrerer Anlagekategorien den risikoadjustierten Ertrag des Gesamtportfolios zu optimieren.

- ▶ Identifikation von Chancen: Analysiert, welche Anlagen (z.B. auf Grund einer vermuteten Fehlbewertung) besonders attraktiv erscheinen und unterzieht die Resultate einer kritischen Prüfung.

- **Modellstrategiesetzung:** Modellstrategien erlauben, die Meinungen über die Attraktivität und die Risikocharakteristiken der unterschiedlichen Anlagen optimal im Portfoliokontext umzusetzen. Hierbei werden noch keine Restriktionen oder Präferenzen der Kunden berücksichtigt. Verfahren dazu sind z.B. die heuristische Strategiesetzung, die Portfoliooptimierung, der Black-Littermann Ansatz oder eine Kombination aus den genannten Ansätzen.

- **Monitoring und Anpassung der Strategie:** Der Strategiesetzungsprozess ist ein kontinuierlicher Prozess; die der Strategie zugrunde liegenden Investmentthesen und die Ziele des Investors müssen fortlaufend hinterfragt und gegebenenfalls korrigiert werden.

Die Performance Attribution, die in Abschnitt 5 behandelt wird, liefert schließlich eine ex-post Analyse für die TAA.

2.3.1 Ziel der taktischen Asset Allocation

Ziel der taktischen Asset Allocation ist es, durch kurz- oder mittelfristige Abweichung von den Benchmarkgewichten (Über-/Untergewichtung) eine höhere Rendite als die der Benchmark zu erwirtschaften. Anders formuliert, bei der TAA geht man davon aus, dass die Renditeannahmen über Vermögensklassen, welche in die strategische Asset Allocation geflossen sind, über die nächsten Monate oder vielleicht auch über das nächste Jahr nicht zutreffen. Diese Erkenntnis soll in eine Mehrrendite umgewandelt werden. Auch kann der Vermögensverwalter versuchen, von den langfristigen Annahmen abweichende Volatilitäts- und Korrelationsstrukturen auszunutzen. Diese sind jedoch oft schwieriger zu schätzen und zu modellieren, viele Vermögensverwalter beschränken sich daher auf die Analyse der erwarteten Renditen.

Ähnlich wie in der strategischen Asset Allocation kann auch in der taktischen Asset Allocation die Nutzenfunktion des Investors zur Bestimmung der Aggressivität der Strategie herangezogen werden:

$$\text{Nutzen} = \text{Ertrag}_{\text{Portfolio}} - \text{Risikoaversion} \cdot \text{Standardabweichung}_{\text{Portfolio}}^2$$

Abbildung 13 illustriert dies: die passive „Effizienzgrenze" ist wegen der revidierten Renditeerwartungen nicht mehr effizient; mehrwertgenerierendes aktives Management verschiebt die Effizienzgrenze nach oben. Dadurch wird auch der Nutzen des Investors erhöht (eine höhere Isonutzenlinie tangiert die Effizienzgrenze). Die Differenz aus neuem und altem optimalen Portfolio entspricht dem aktiven Portfolio. Der Tracking Error kann mit Hilfe der Varianz-Kovarianz-Matrix berechnet werden.

In der Praxis wird man jedoch meist einen anderen Ansatz wählen. Oft wird das Portfolio in diverse Submandate aufgesplittet und an verschiedene Vermögensverwalter vergeben. Der Erfolg eines jeden Managers soll nun gemessen werden. Zu diesem Zweck ersetzt man die „absolute" Betrachtungsweise durch eine „relative": Statt absolutem Ertrag, Risiko und Sharpe Ratio analysiert man nun Mehrrendite, Tracking Error

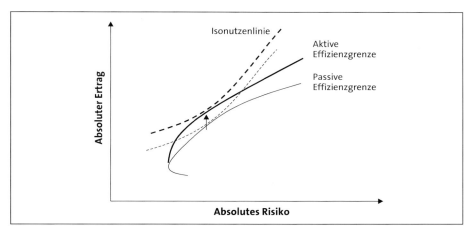

Abb. 13: Aktive und passive Effizienzgrenze

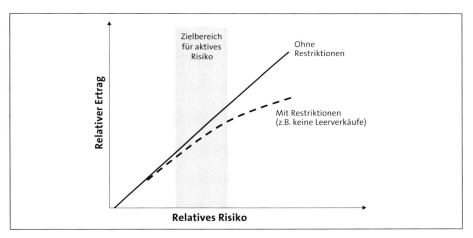

Abb. 14: Relatives Risiko und relativer Ertrag

und das Information Ration (risikoadjustierte Outperformance, also das Verhältnis vom Mehrertrag zum Tracking Error). Typischerweise wird dem Manager ein Ziel-Tracking Error vorgegeben. Er versucht dann, den Mehrertrag vs. seiner Benchmark innerhalb dieser Vorgabe zu maximieren (siehe Abbildung 14). Der Erfolg jedes einzelnen Managers kann direkt anhand des Information Ratios gemessen werden. Ohne jegliche Restriktionen ist die erzielbare Outperformance proportional zum Tracking Error. Die typischen Restriktionen, wie z.B. das Verbot von Leerverkäufen führen zu einem nicht proportional mit dem Tracking Error zunehmenden Mehrertrag.

Sofern die aktiven Positionen der einzelnen Manager unabhängig und beta-neutral sind, wird das Ergebnis auch in der absoluten Betrachtungsweise optimal sein. Darum ist die relative Betrachtungsweise die Basis für die weitere Analyse. Die Aufteilung eines Mandats in mehrere Submandate erfordert daher auch die Bestimmung von Zielvorgaben für die einzelnen Manager. Hier hilft es, sich Überlegungen zur Risikobudgetierung zu machen.

2.3.2 Risikobudgetierung

Typischerweise wird Risk Budgeting auf zwei verschiedene Weisen verwendet:

- ▶ Synonym für Value at Risk (VaR): Der Manager bestimmt einen VaR oder äquivalent einen Tracking Error für das Gesamtportfolio und ordnet dann den einzelnen Anlagekategorien (z.B. Aktien international oder Euro-Anleihen) einen Ziel-Tracking Error so zu, dass das Gesamtrisiko im vordefinierten Rahmen bleibt. Die Ertragsseite wird hierbei nicht explizit berücksichtigt.

- ▶ Optimierung der risikoadjustierten Outperformance: Beim Setzen der Risikobudgets werden sowohl Risiko als auch Ertrag berücksichtigt; dies erfolgt aufbauend auf den Fähigkeiten des Vermögensverwalters in den unterschiedlichen Anlagekategorien.

Da das Ziel des aktiven Vermögensverwalters die Optimierung des Information Ratios, also der risikoadjustierten Outperformance ist, dient die zweite Definition als Basis für die folgenden Ausführungen.

Das „Fundamental Law of Active Management" (Grinold/Kahn, 2000) analysiert, welche Faktoren das Information Ratio beeinflussen. Es zeigt, dass das Information Ratio nicht nur als erwartete Mehrrendite je Tracking Error Einheit definiert ist, sondern auch folgendermaßen approximiert werden kann:

$$\text{Information Ratio} = \text{Information Coefficient} \cdot \sqrt{\text{Breadth}}$$

wobei der Information Coefficient ein Maß für die Prognosefähigkeit des Vermögensverwalters ist (ausgedrückt durch die Korrelation zwischen Vorhersagen und Realisierung) und Breadth die Anzahl der unabhängigen aktiven Positionen im Portfolio ausdrückt. Je höher die Prognosefähigkeit, aber auch je höher die Anzahl der aktiven Positionen im Portfolio, umso höher ist das zu erwartende Information Ratio. Ein Beispiel erläutert dieses Prinzip:

Ein Manager behauptet, er kann das Resultat eines Münzwurfes mit einer gewissen Wahrscheinlichkeit (> 50 %) vorhersagen. Diese Behauptung kann durch Berechnen der Korrelation zwischen Vorhersage und Resultat (dem Information Coefficient) überprüft werden. Sollte dieser Manager bei einer Wette sein gesamtes Kapital auf einen einzigen Münzwurf setzen oder sollte er mit kleinem Einsatz eine Vielzahl von Würfen durchführen? Intuitiv ist sofort klar, dass bei nur einem Wurf – trotz gewisser Prognosefähigkeit – das Resultat sehr gut, aber auch extrem schlecht ausfallen mag. Technisch gesprochen ist die Standardabweichung hoch. Bei vielen Münzwürfen wird jedoch die beobachtete Prognosefähigkeit immer besser mit den tatsächlichen Fähigkeiten des

Managers übereinstimmen, Zufälle werden einen immer geringeren Einfluss ausüben. Daher wird – bei gleich bleibendem erwartetem Ertrag – die Standardabweichung geringer und damit das Information Ratio größer ausfallen.

Grinold/Kahn (2000) oder Lee (2000) zeigen, wie sich in diesem Rahmen Risikobudgets für Anlagekategorien setzen lassen, welche das erwartete Information Ratio für das Gesamtportfolio maximieren. Im Folgenden eine kurze Übersicht über Aufgabe, Verantwortung und Messung des Risikobudgetierungsprozesses:

- Aufgabe: Rahmen für die Optimierung des risikooptimierten Mehrertrages setzen, Risikobudgets für Sub-Portfolios (Assetklassen) zuordnen,
- Verantwortung: Chief Investment Officer,
- Messung: Vergleich der zugrunde liegenden Annahmen bei der Erstellung des Risikobudgets (Vorhersagefähigkeit, Anzahl aktive Positionen) mit den entsprechenden Resultaten.

Abbildung 15 zeigt beispielhaft das Risikobudget eines Managers. Abgeleitet vom Information Ratio unterschiedlicher Anlageentscheidungen (basierend auf Prognosefähigkeit und der Anzahl der aktiven Positionen) errechnen sich dann die einzelnen Ziel-Tracking Errors für jeden der Entscheidungsbereiche mit dem Ziel, das Information Ratio des Gesamtportfolios zu maximieren. Weitere Ausführungen zum Thema Riskobudgetierung finden sich u.a. in Rahl (2000).

	Information Ratio	TE Ziel	Risikobeitrag %	Abs.
Asset Allocation	0,15	0,55 %	4,8 %	0,12 %
Selektion Aktien	0,5	1,82 %	52,9 %	1,32 %
Selektion Anleihen	0,4	1,45 %	33,9 %	0,85 %
Selektion Währungen	0,2	0,73 %	8,5 %	0,21 %
Total	0,7	2,50 %	100 %	2,50 %

Abb. 15: Risikobudget (Beispiel)

2.3.3 Identifikation von Investment Opportunitäten

Ausgangspunkt der taktischen Asset Allocation ist die Behauptung, dass die Märkte nicht vollkommen effizient sind und daher Fehlbewertungen existieren, welche aktiv ausgenutzt und in Mehrertrag umgesetzt werden sollen. Eine kurze Übersicht:

- Aufgabe: Identifikation von Anlagen, welche über einen definierten Zeithorizont über-/unterdurchschnittliche Wertveränderungen aufzeigen werden.
- Verantwortung: Analysten.
- Messung: Übereinstimmung der Prognose mit der Realisierung.

Wie kommt man nun also zu Renditeannahmen, auf Grund derer aktive Abweichungen von der Benchmark gerechtfertigt sind? Wie schätzt man über kurze oder mittlere Frist die relative Attraktivität der Vermögensklassen ein? Im Wesentlichen kann man drei verschiedene Ansätze identifizieren: Fundamentale Bewertungsmodelle, konjunkturzyklische Indikatoren sowie technische Indikatoren und Marktsentiment.

Fundamentale Bewertungsmodelle

Die den fundamentalen Bewertungsmodellen zugrunde liegende Philosophie besagt, dass der heutige fundamentale Wert einer Anlage dem Barwert der zukünftigen Cash Flows entspricht. Diskrepanzen zwischen dem fundamentalen Wert und dem heutigen Marktpreis werden langfristig verschwinden. Liegt der fundamentale Wert unter dem heutigen Preis, so ist der Vermögenswert überbewertet und der Preis wird langfristig sinken. Liegt andererseits der heutige Preis unter dem fundamentalen Wert, so besteht eine Unterbewertung und der Preis sollte letztendlich steigen.

Für eine einjährige Staatsanleihe ist solchermaßen der Wert recht einfach zu bestimmen. Bei anderen Wertpapieren, insbesondere bei Aktien, ist eine solche Analyse schon wesentlich schwieriger: Einerseits besitzt eine Aktie keine vordefinierte Laufzeit, daher kann der Investor die Aktie bei einer Fehlbewertung nicht bis zum Ende der Laufzeit halten, um die Cash Flows zu erhalten (Ausnahme: Totalübernahme und Liquidation der Firma). Er kann bei einem Verkauf immer nur den nach Meinung anderer Investoren fairen Marktpreis realisieren. Andererseits ist genau jener faire Marktpreis durch die große Unsicherheit der zukünftigen Cash Flows nur sehr schwer und ungenau zu bestimmen.

Im Folgenden ein Überblick über die Ziele, Annahmen sowie Vor- und Nachteile fundamentaler Bewertungsmodelle:

- ▶ Ziel: Errechnen des fundamentalen Wertes (Barwert zukünftiger Zahlungsströme) einer Anlage und Vergleich mit dem Marktpreis.

- ▶ Annahmen: Das Verhalten anderer Anleger ist kurzfristig nicht rational oder ihr Erkenntnisstand ist niedriger, langfristig wird jedoch Übereinstimmung über den fundamentalen Wert der Anlage herrschen und sich der Marktpreis daher an diesen annähern.

- ▶ Vorteile: Methodologie ist universell für jedes Instrument anwendbar, Vergleichbarkeit zwischen verschiedenen Märkten, Instrumenten, etc. möglich.

- ▶ Nachteile: Cash Flow Entwicklungen langfristig schwer zu schätzen, Modelle sind sehr sensitiv gegenüber Annahmen (z.B. Diskontierungszinssatz, langfristige Wachstumsraten), Prognosezeiträume sind langfristig.

Wie kann nun der fundamentale Wert einer Anlagekategorie geschätzt werden? Dazu gibt es zwei Möglichkeiten: Der „Bottom-Up" Ansatz und der „Top-down" Ansatz.

Beim „Bottom-up" Ansatz bewertet man sämtliche Vermögenswerte innerhalb einer Anlagekategorie und ermittelt daraus den aggregierten Wert der Klasse. Für jeden einzelnen Vermögenswert müssen die Cash Flows, Wachstumsraten und Diskontierungsfaktoren geschätzt werden. Der Top-down Ansatz geht umgekehrt vor. Man aggregiert nicht die Bewertung der einzelnen Wertpapiere, sondern schätzt die Cash Flows, Wachstumsraten und Diskontierungsfaktoren für die gesamte Anlagekategorie. Daraus lässt sich dann mit einem discounted Cash Flow Modell für den gesamten Markt der aggregierte Wert für die Vermögensklasse berechnen.

Wenn auch Aussagen über die genaue absolute Bewertung einer Anlagekategorie manchmal schwierig sein können (ob ein Aktienmarkt nun 2 % unterbewertet oder 3 % überbewertet ist, fällt wohl in den Bereich der Modellungenauigkeit), so können fundamentale Bewertungsmodelle aber sehr hilfreich bei der relativen Bewertung von Anlagen sein. Mehrstufige „Discounted Cash Flow" Modelle versuchen, in einer ersten Phase die Entwicklung verschiedener Anlagen sehr genau zu prognostizieren, jedoch langfristig einheitliche Wachstumsannahmen für Märkte und Branchen zu treffen. Dadurch werden die resultierenden Bewertungen nicht durch mit sehr großer Unsicherheit behafteten langfristigen firmenspezifischen Prognosen beeinflusst. Dies ermöglicht es, die mittelfristige relative Attraktivität von Anlagen gut zu beurteilen.

Konjunkturzyklische Indikatoren und Modelle

Konjunkturzyklische Indikatoren beruhen auf der Annahme, dass ein vielleicht zeitlich verzögerter Zusammenhang zwischen ökonomischen Kennzahlen und den Finanzmärkten bestehen sollte. Solche Indikatoren gehen zum einen qualitativ in die Strategiesetzung ein, wenn manchmal auch nur in der Form von „Daumenregeln", wie „eine hohe Liquidität ist gut für Aktienmärkte", die dann vom Strategen berücksichtigt (und kritisch hinterfragt) werden können. Zum anderen zeigen auch verschiedenste statistische Modelle die Abhängigkeit der Aktienmarktentwicklung von Indikatoren wie Steilheit der Zinskurve, Ifo-Index und anderen. Im Folgenden eine kurze Übersicht:

▶ Ziel: Identifikation von konjunkturzyklischen Frühindikatoren, deren Veränderung die zukünftige Entwicklung des Wertes einer Anlagekategorie beeinflusst.

▶ Annahmen: Eine geldpolitische oder konjunkturzyklische Maßnahme wirkt sich auf die reale Wirtschaft und den Aktienmarkt aus; andere Anleger berücksichtigen die Änderung der Frühindikatoren nicht sofort, die neue Erkenntnis fließt nur langsam in den Preis der Anlage ein.

▶ Vorteile: Märkte und Anlagekategorien sind weniger vom spezifischen Erfolg eines Unternehmens als von generellen volkswirtschaftlichen Entwicklungen beeinflusst. Daher kann ein frühzeitiges Erkennen dieser Entwicklungen wertvolle Informationen liefern.

▶ Nachteile: Historische Zusammenhänge müssen in der Zukunft nicht weiter bestehen, da auch andere Anleger die Ineffizienz erkennen können. Gefahr von Data Mining bei der historischen Analyse.

Sowohl die Komplexität als auch die Vorhersagekraft solcher Regeln und Modelle kann sehr unterschiedlich sein. Es gibt allerdings eine Vielzahl ökonometrischer Modelle, die zumindest statistisch eine signifikante Vorhersagekraft haben. Ob es sich um Glück, Können oder Data Mining handelt, ist nicht immer klar zu sagen.

Technische Indikatoren und statistische Modelle

Auf der anderen Seite versuchen technische Indikatoren einen empirischen Zusammenhang zwischen vergangenen Renditen und zukünftigen Renditen auszunutzen. In diesem Zusammenhang kann man auch die Marktstimmung in Erwägung ziehen, wie beispielsweise in dem überhöhten Optimismus von „Bubbles" oder Panikstimmungen wie nach dem 11. September 2001.

▶ Ziel: Identifikation meist kurzfristiger Marktbewegungen auf Grund der Analyse historischer Daten.

▶ Annahmen: Märkte sind ineffizient, historische Ineffizienzen setzen sich auch in der Zukunft fort.

▶ Vorteile: Gut geeignet, um kurzfristige, von der Stimmung der Marktteilnehmer (welche ähnliche Modelle mit ähnlichen Schlussfolgerungen anwenden mögen) abhängige Trends zu erkennen.

▶ Nachteile: Eine Vielzahl von Marktteilnehmern (z.B. Hedgefonds) versucht, kurzfristige Ineffizienzen zu erkennen und auszunützen. Allgemein bekannte Ineffizienzen werden sehr bald verschwinden.

Technische Indikatoren sind – obwohl viel diskutiert – in der Literatur umstritten, da sie gegen jede Effizienzdefinition von Märkten sprechen.

Kombination verschiedener Modelle

Der Asset Allocation Stratege kann sich für ein einziges Modell entscheiden oder aber auch eine Kombination von Modellen und Indikatoren koppeln. Im Rahmen eines globalen Ansatzes liegt es nahe, einen globalen fundamentalen Bewertungsansatz zu wählen und durch andere Modelle und Indikatoren zu komplementieren. Hat man einmal auf Grund dieser Modelle und Indikatoren Chancen für taktische Über-/Untergewichtungen entdeckt, so sollte man sich zwei Arten von Fragen stellen:

▶ Wie viel Vertrauen hat der Stratege in die Exaktheit seiner Analyse? Wie sensitiv reagieren die Modellaussagen auf Veränderungen der Input Parameter?

Erscheint z.B. der Aktienmarkt plötzlich unter- anstatt überbewertet, wenn die erwarteten Gewinne nur leicht modifiziert werden? Wie sicher ist der Stratege bei der Wahl der Parameter? Was passiert, wenn anstelle von eigenen Schätzungen z.B. über das BIP-Wachstum Konsens-Annahmen gewählt werden?

▶ Wird der Marktpreis zu dem vom Strategen errechneten Preis konvergieren und wie lange wird das dauern? Erwartet der Stratege eine konstante Annäherung oder z.B. kurzfristig gar eine noch größer werdende Fehlbewertung? Warum kommt „der Markt" zu anderen Preisen für die Anlagen? Verwendet er zwar ähnliche Modelle, aber andere Parameter wie beispielsweise andere Risikoprämien oder lässt er sich von anderen Indikatoren und Modellen leiten?

Aktives Management ist ein „Wettbewerb", bei dem es gilt, nicht nur gute Resultate zu erzielen, sondern besser als der Durchschnitt der anderen Marktteilnehmer und besser als ca. 50 % aller Marktteilnehmer zu sein. Daher kann es kein Patentrezept für die Identifikation von Anlagechancen geben. Zum langfristigen Erfolg können vielmehr nur die tief gehende Analyse, das Verständnis des Marktes und der anderen Investoren sowie das ständige kritische Hinterfragen der eigenen Ansichten führen.

2.3.4 Strategiesetzung

Auf Grund der ermittelten Attraktivität der Assetklassen unter Einbezug der mit der Prognose verbundenen Unsicherheit setzt der Asset Allocation Stratege im nächsten Schritt ein Modellportfolio. Dieses Portfolio reflektiert die Meinungen des Strategen, ohne Restriktionen zu berücksichtigen. Es kann als Muster für Kundenportfolios gelten. Die Strategiesetzung kann nun auf verschiedene Arten erfolgen, von denen im Folgenden die heuristische Strategiesetzung, die Portfolio-Optimierung und der Black-Littermann Ansatz diskutiert werden.

Die prozessbezogenen Rahmenbedingungen für die Strategiesetzung sind Folgende:

▶ Aufgabe: Konstruktion von Modellstrategien, welche – aufbauend auf den identifizierten Chancen und im Rahmen des Risikobudgets – die erwartete risikoadjustierte Performance maximieren.

▶ Verantwortung: Asset Allocation Stratege.

▶ Messung: Risiko im Rahmen des Risikobudgets, Erträge konsistent mit verwendeten Analystenmeinungen.

Heuristische Strategiesetzung

Bei der heuristischen Strategiesetzung analysiert der Asset Allocation Stratege oder der Anlageausschuss die Renditeerwartungen der einzelnen Anlagekategorien und setzt mit Erfahrung und „Fingerspitzengefühl" die Über- und Untergewichte (siehe auch Abbildung 16). Unterstützend sind dabei vor allem Risikomodelle, welche dem

Strategen die risikomäßigen Auswirkungen (z.B. erwarteter Tracking Error höher als Vorgabe) oder auch ungewollte Faktorenrisiken (z.B. großes Exposure zu Value Stil) aufzeigen können. Weiterhin gibt das Risikobudget einen generellen Rahmen für die heuristische Strategiesetzung vor.

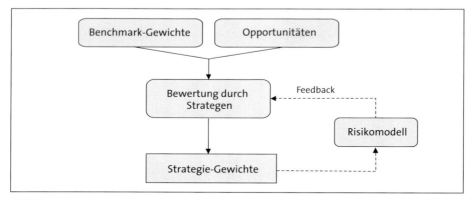

Abb. 16: Heuristische Strategiesetzung

Im Folgenden ein kurzer Überblick:

▶ Ziel: Strategiesetzung durch den Strategen, aufbauend auf den Resultaten der Bewertungsmodelle.

▶ Annahmen: Analyse des Strategen mit Unterstützung von quantitativen Modellen liefert bessere Resultate als rein mechanisch-quantitative Modelle mit oft fehlerhaften zugrunde liegenden Annahmen.

▶ Vorteile: Der Stratege verlässt sich nicht auf die Resultate von Modellen, sondern hinterfragt und bewertet diese ständig. Die Modelle – welche per Definition die Wirklichkeit nur unzureichend wiedergeben können – dienen nur zur Unterstützung bei der Strategiesetzung.

▶ Nachteile: Resultate sind stark von den Fähigkeiten und der Erfahrung des Strategen abhängig, die Strategiesetzung folgt keinen klaren Regeln. Die Strategie wird stark von der/den entscheidenden Person(en) geprägt.

Ein Großteil der Vermögensverwalter baut auf heuristische Verfahren oder integriert sie in den Strategiesetzungsprozess.

Portfolio-Optimierung

Renditeerwartungen sowie Risiko- und Korrelationsstrukturen sind die benötigten Parameter für eine Portfolio-Optimierung. Basierend auf diesen Angaben sowie der

Risikoaversion und der Nutzenfunktion des Investors sucht der Optimierer jenes Portfolio, welches den Nutzen des Investors maximiert (siehe auch Abbildung 17):

▶ Ziel: Optimierung des Nutzens des Investors.

▶ Annahmen: Erwartete Renditen, Risiken und Korrelationen sind korrekt.

▶ Vorteile: Klar definiertes quantitatives Modell, unabhängig von den Fähigkeiten der für die Portfolio Konstruktion zuständigen Personen.

▶ Nachteile: Optimierer reagieren extrem sensitiv auf geringfügige Änderungen der Annahmen über Renditen, Risiken und Korrelationen. Der Analyst muss Schätzwerte für alle Renditen und Kovarianzen haben. Da diese Annahmen nur schwer „fehlerfrei" sein können, werden Optimierer von Kritikern auch „Fehler-Maximierer" genannt. Weiterhin liegen eine Vielzahl von Portfolios typischerweise nahe der Effizienzgrenze. Sie weisen fast die gleichen Risiko- und Ertragscharakteristiken wie optimale Portfolios jedoch eine deutlich unterschiedliche Zusammensetzung auf.

Ansätze zur Verbesserung der Resultate der Portfoliooptimierung werden z.B. in Michaud (1998) diskutiert. Obwohl viele Vermögensverwalter Optimierungsprogramme verwenden, sind diese jedoch in der Vielzahl aller Fälle nur Unterstützung und nicht einziges oder primäres Instrument der Strategiesetzung.

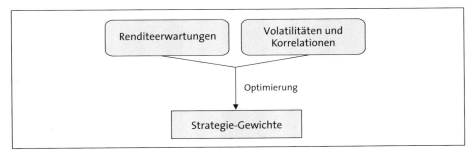

Abb. 17: Portfolio Optimierung

Black-Litterman

Der von Fisher Black und Robert Litterman entwickelte Ansatz zur Strategiesetzung beruht auf dem Bayesschen Ansatz und versucht, viele der Schwachpunkte einer klassischen „Mean Variance"-Optimierung zu umgehen. Das Black-Litterman Modell (siehe Abbildung 18) extrahiert die impliziten Ertragseigenschaften der Benchmark-Allokation (basierend auf den Benchmark-Gewichten und der Risikostruktur), kombiniert diese mit Hilfe des Bayesschen Ansatzes mit den Meinungen des Analysten über Ertrag und Sicherheit der Prognose. Die Meinungen des Analysten können dabei absolut (z.B. Ertrag Anlage A: 7 %) oder relativ (Ertrag Anlage A = Ertrag Anlage B + 2 %)

formuliert werden, die Sicherheit der Prognose wird mittels einer Standardabweichung des Prognosewertes definiert. Basierend auf den kombinierten Ertragsprognosen und etwaiger Restriktionen werden dann mittels Optimierung die Strategiegewichte errechnet. Damit entstehen Abweichungen von der Benchmark nur dann (Annahme: keine Restriktionen), wenn der Analyst explizit eine Meinung zur jeweiligen Anlage hat oder Restriktionen vorliegen. Die Größe der aktiven Position hängt sowohl vom prognostizierten Ertrag als auch von der Sicherheit, welche der Analyst seiner Prognose zuordnet, ab. Im Folgenden ein Überblick:

▶ Ziel: Strategiesetzung aufbauend auf Ertragserwartungen und Vertrauen in diese Erwartungen.

▶ Annahmen: Korrekte Volatilitäts- und Korrelationsannahmen.

▶ Vorteile: Analyst muss nicht zu allen Anlagen explizite Ertragsannahmen haben; auch relative Ertragsannahmen sind möglich; die Prognoseunsicherheit wird explizit berücksichtigt; die Sensitivität der Resultate ist gegenüber der klassischen Optimierung geringer.

▶ Nachteile: Die Resultate hängen von der guten Schätzung der Korrelationsstruktur ab.

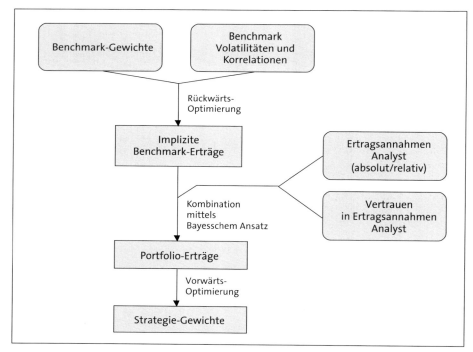

Abb. 18: Strategiesetzung im Black-Litterman Modell

Lee (2000) und Pitts (1998) geben einen guten Überblick über das Black Litterman Modell im Rahmen der Taktischen Asset Allocation.

Ergänzende Kommentare

In der Kapitalmarkttheorie – und so auch in den oben diskutierten Optimierungsverfahren – geht man zunächst meist von einem Set an vereinfachenden Annahmen aus: Die Erträge sind normalverteilt und zeitlich unabhängig, Risikostrukturen sind stabil, Anlagen sind liquide und vom Markt kontinuierlich bewertet. Die Verletzung mancher dieser vereinfachenden Annahmen kann jedoch einen wichtigen Einfluss auf die Portfoliokonstruktion haben, was an einigen typischen Beispielen erläutert werden soll:

- Normalverteilung: Die Erträge mancher Anlagen sind nicht normalverteilt, haben z.B. wie Hedgefonds „fat tails". Volatilitätskennzahlen von normal- und nicht-normalverteilten Anlagen lassen sich nicht direkt vergleichen. Die Mean-Variance Optimierung geht von Normalverteilung aus. Wird diese Annahme verletzt, so werden die Resultate verfälscht.

- Liquidität: Verschiedene Anlagen (z.B. Private Equity) werden nicht regelmäßig gehandelt, der Investor kann seine Anteile nicht zu beliebigen Zeitpunkten verkaufen. Für diese fehlende Liquidität erhält der Investor eine Illiquiditätsprämie. Beim Setzen der Asset Allocation ist zu beachten, dass bei solchen Anlagen kein Rebalancing vorgenommen werden kann, wodurch sich die Risikocharakteristiken des Portfolios im Zeitverlauf unbeabsichtigt verändern können. Optimierungsroutinen bevorzugen auf Grund der Illiquiditätsprämie illiquide Anlagen, wenn die Nutzenfunktion nicht explizit eine „Strafe" für die Illiquidität integriert.

- „Appraisal Pricing": Manche Anlagen (z.B. Immobilien) werden mittels Schätzwerten („Appraisal Pricing") bewertet, d.h. nicht der Markt, sondern ein Gutachter bestimmt den jeweiligen Wert. Bei einem effektiven Verkauf muss der Marktwert diesem Schätzwert nicht entsprechen. Weiterhin werden bei der Analyse von auf Schätzwerten basierenden Zeitreihen die Wertschwankungen und damit das Risiko solcher Anlagen oft unterschätzt.

2.3.5 Monitoring und Anpassung der Strategie

Der Prozess der TAA hört nicht mit der Strategiesetzung auf. Vielmehr muss hier, wie bei jedem Prozess, ein ständiges, diszipliniertes Monitoring erfolgen, das folgende zwei Fragen beantwortet: Wie haben sich einerseits die Investitionschancen entwickelt, hat sich z.B. der erwartete Fundamentalwert eines Marktes verringert/erhöht? Und hat sich andererseits der Marktpreis der Anlagen verändert und sich damit den Erwartungen des Asset Allocation Strategen angenähert (geringere Attraktivität) oder sich noch weiter entfernt (größere Attraktivität)?

Dies illustriert folgendes Beispiel: Der aktuelle Wert des DAX ist bei 5.000 Punkten, der Stratege sieht einen fairen Wert von 5.500 Punkten. Steigt der Index auf 5.300 Punkte, so muss der Stratege überprüfen, ob er noch immer einen fairen Wert von 5.500 Punkten sieht. Revidiert er diese Annahme, muss die Strategie angepasst werden. Aber auch bei einem fortbestehenden Zielwert von 5.500 sollte er die Position verkleinern: Die erwartete Mehrrendite aus einer Übergewichtung des DAX ist gefallen und ebenso das erwartete Information Ratio. Auch im Rahmen der Risikobudgetierung sollte daher die aktive Position kleiner werden.

Abbildung 19 zeigt dies in generalisierter Form. In Punkt 1 erkennt der Analyst eine Investitionschance und baut seine Position gemäss vorhandenem Risikobudget auf. Durch Marktbewegung oder veränderte Einschätzung des Analysten verändert sich nun deren Attraktivität. Um nicht täglich Umschichtungen vorzunehmen, wird der Stratege bis zu Punkt 2 seine Position aufrechterhalten, um sie dann (Punkt 3) in einem größeren Schritt anzupassen.

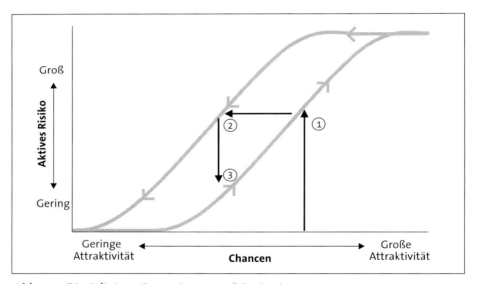

Abb. 19: Disziplinierte Strategiesetzung/Monitoring

Somit kann der Prozess des Monitoring wie folgt beschrieben werden:

▶ Aufgabe: Rückkoppelung zur Strategiesetzung,

▶ Verantwortung: Asset Allocation Stratege,

▶ Messung: Regelmäßiges und zeitgerechtes Feedback.

2.4 Umsetzung

2.4.1 Portfolio Translation

Ziel eines mehrstufigen Strategiesetzungsprozesses ist es, Aufgaben und Verantwortlichkeiten zu teilen und klar zwischen den Resultaten des Anlageprozesses und der Adaption auf Kundenwünsche unterscheiden zu können. Die Modellstrategie reflektiert die aus der Sicht des Asset Allocation Strategen bestmögliche Strategie bei völliger Freiheit der Wahl der Strategiegewichte. Von dieser „optimalen" Strategie sollen in weiterer Folge dann Kundenstrategien abgeleitet werden, welche sowohl die unterschiedlichen Benchmarks als auch Restriktionen und Risikobudgets des jeweiligen Kunden berücksichtigen (siehe Abbildung 20).

▶ Aufgabe: Ableitung von Kundenstrategien aufbauend auf der Modellstrategie und unter Berücksichtigung der kundenspezifischen Restriktionen und Präferenzen,

▶ Verantwortung: Portfolio Stratege, Portfolio Management,

▶ Messung: Zeitgerechte Übersetzung, Konsistenz der Strategien, Konsistente Performance.

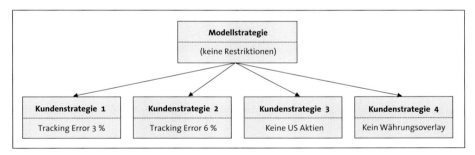

Abb. 20: Von der Modellstrategie zur Kundenstrategie

Die „Übersetzung" der Modellstrategien auf die Kundenbedürfnisse erlaubt somit, die mit viel Ressourcenaufwand und Kosten gewonnene Erkenntnis über Anlagechancen systematisch in eine Vielzahl von Portfolios einfließen zu lassen. Methodisch kann dies sowohl mittels vordefinierter Regeln und auf Grund der Erfahrung der Portfolio Strategen als auch mit Hilfe quantitativer Modelle (siehe z.B. Grinold/Kahn, 2000) erfolgen.

2.4.2 Rebalancing

Durch Marktbewegungen oder Veränderungen der Benchmarkzusammensetzung ändern sich nicht nur die absoluten Gewichte einer Strategie und, wie in Abschnitt 2.3.5 schon beschrieben, eventuell auch die Attraktivität der verschiedenen aktiven Portfoliopositionen, sondern – ungewollt – auch die relativen Über-/Untergewichte zur Benchmark. Deshalb ist „Rebalancing" ein wichtiger Bestandteil jedes Investmentprozesses:

- ▶ Aufgabe: Minimierung der Abweichungen von der – sich gegebenenfalls ändernden – Zielstrategie unter Berücksichtigung von Mittelzu- und -abflüssen bei möglichst geringen Kosten für Umschichtungen im Portfolio,

- ▶ Verantwortung: Portfolio Management,

- ▶ Messung: Tracking Error zur Modell-Kundenstrategie im Verhältnis zu entstandenen Umschichtungskosten.

Verschiedene Kriterien – oder Kombinationen dieser Kriterien – können als Auslöser für Rebalancing definiert werden: Zum einen kann ein fester Zeitpunkt für das Rebalancing festgelegt werden, beispielsweise immer am Anfang des Monats. Andererseits könnten auch Differenzen in den Portfoliogewichten ein Rebalancing auslösen, z.B. wenn die Ländergewichte im Portfolio um mehr als ±2 % von der vorgegebenen Strategie abweichen. Letztlich kann man auch Risikokennzahlen heranziehen und beispielsweise vorgeben, dass der Tracking Error zwischen Portfolio und Strategie nicht mehr als 1 % betragen soll.

Das Rebalancing selbst kann auf unterschiedliche Weise durchgeführt werden. Beim Rebalancing zur Zielstrategie wird das Portfolio exakt auf das Zielgewicht umgeschichtet. Effizienter kann es sein, nur teilweise umzuschichten. Das Rebalancing erfolgt nicht bis zur Zielstrategie, sondern nur in Richtung der Zielstrategie bis zu einer vordefinierten Abweichung (z.B. Ländergewicht +1 % / Ländergewicht −1 %). Intuition dahinter ist, dass in ca. der Hälfte der Fälle die Anlagekategorie sich ohnedies wieder in Richtung Zielstrategie bewegen wird und daher diese Art von Umschichtungen potentiell Transaktionskosten sparen kann. Auf jeden Fall ist es sinnvoll, Cash Flows aktiv in die Rebalancing Entscheidung einzubeziehen, da diese die Kosten erheblich mindern können.

2.5 Performance Analyse

Die Performance Analyse ist ein sehr wichtiger Bestandteil jedes Investmentprozesses, da sie die erwirtschaftete Mehrrendite ermittelt (Performance Messung) und zudem erlaubt zu verstehen, welche im Anlageprozess getroffenen Entscheidungen dieses Resultat in welchem Umfang positiv oder negativ beeinflusst haben (Performance Attribution). Beides ist sowohl aus der Sicht des Vermögensverwalters als auch aus der Sicht des Kunden bedeutsam.

2.5.1 Performance Messung

Wie schon der Name erklärt, ist die Aufgabe der Performance Messung, die erzielte absolute und aktive Performance korrekt zu messen und darzustellen. Da die vergangene Performance eines Vermögensverwalters für die Kundentreue und die Akquisition neuer Mandate eine große Bedeutung hat, ist es im Interesse des Vermögensverwalters, diese historischen Resultate möglichst „gut" darzustellen. Dies kann z.B. durch die Auswahl geeigneter Zeitperioden, besonders guter Mandate oder Ähnlichem geschehen. Um jedoch sowohl bei der Messung als auch bei der Präsentation der Resultate die Vergleichbarkeit zu verbessern, haben sich so genannte „Performance Presentation Standards" entwickelt. Bekannte Varianten sind z.B. die Performance Presentation Standards (PPS) und Global Investment Performance Standards (GIPS), beide von Association of Investment Management and Research (AIMR). Auch solche Standards werden dem Vermögensverwalter immer einen gewissen Spielraum bei der Präsentation seiner Resultate lassen, erleichtern jedoch aus Kundensicht die Vergleichbarkeit enorm.

▶ Aufgabe der Performance Messung für die jeweiligen Abnehmergruppen:

- Intern: Zeitgerechte und korrekte Messung der Performance für Portfolios und Composits nach einheitlichem Standard,

- Kunde: Zeitgerechte und korrekte Messung, vorzugsweise zertifiziert nach anerkanntem Standard,

▶ Verantwortung: Performance Analyst,

▶ Messung: Zeitgerechte Verfügbarkeit innerhalb vordefinierter Periode (z.B. Monatsende + drei Werktage), Korrektheit sowie Einhaltung relevanter Performance Presentation Standards

2.5.2 Performance Attribution

Die Performance Attribution geht einen Schritt weiter. Sie zerlegt die gemessene Performance in ihre Bestandteile und erlaubt damit eine Analyse des Erfolges der im Anlageprozess getroffenen Entscheidungen. Da Anlageprozesse unterschiedlicher Vermögensverwalter jedoch sehr unterschiedlich sein können, kann es auch kein universell gültiges System der Performance Attribution geben. Vielmehr muss sie den jeweiligen Anlageprozess bestmöglich abbilden.

▶ Aufgabe: Die Performance Attribution soll gemäß dem spezifischen Anlageprozess des Vermögensverwalters folgende Ziele erfüllen:

- Analyse der aktiven Managemententscheidungen des Vermögensverwalters (z.B. Übergewichten einer Aktie vs. Benchmark, Herabsetzen der Aktienquote, Verkürzen der Duration im Obligationenteil),

- Zuordnung der gesamten aktiven Performance (Differenz zwischen Wertentwicklung Portfolio und Benchmark) zu diesen Entscheidungen,

- Feedback zu den für die Entscheidungen verantwortlichen Personen und damit Zuordnung von Verantwortlichkeit,

Weiterhin müssen die Resultate der Performance Attribution über mehrere Zeitperioden hinweg vergleichbar bzw. aggregierbar sein, die verwendete Methodologie sollte von allen Beteiligten akzeptiert und die Resultate einfach verständlich sein.

▶ Verantwortung: Performance Analyst,

▶ Messung: Zeitgerechte Verfügbarkeit innerhalb vordefinierter Periode (z.B. Monatsende + fünf Werktage), Korrektheit, Abbildung des Anlageprozesses und damit Zuordnung der Performance zu den einzelnen Entscheidungen möglich.

Was bedeutet nun das „bestmögliche Abbilden des Anlageprozesses"? Die folgenden Ausführungen sollen dies erläutern:

Entscheidungsstruktur und Hierarchie

Vermögensverwalter können sehr unterschiedliche Entscheidungsstrukturen haben, im Extremfall können nahezu identische Portfolios auf sehr unterschiedlichem Weg konstruiert werden. Bei einem Bottom-Up Prozess analysiert der Manager spezifische Wertpapiere und gewichtet sie gegenüber der Benchmark über/unter, ohne Länder- oder Sektorallokation zu berücksichtigen. Dementsprechend sollte die Performance auch einzig diesen Entscheidungen zugeordnet werden. Bei einem Top-Down Ansatz trifft der Manager zunächst die Entscheidung über die Gewichtung der Assetklassen, dann über die Länderallokation. Innerhalb der Länder werden Sektorgewichte gesetzt und letztlich innerhalb der Sektoren eines Landes die bevorzugten Titel ausgewählt. In diesem Fall muss die Performance Schritt für Schritt den einzelnen Entscheidungen zugeordnet werden.

Eine weitere wichtige Frage ist, in welcher hierarchischen Ordnung die einzelnen Entscheidungen getroffen werden. Diese Frage ist eng mit der Berechnung des so genannten Interaktionseffekts verbunden, wie das folgende Beispiel zeigt.

Der so genannte Interaktionseffekt (auch „Kreuzprodukt") zeigt die Auswirkungen der Kombination zweier unabhängiger Entscheidungen. Typischerweise betreffen diese Entscheidung die Über-/Untergewichtung einer Anlagekategorie sowie die Titelselektion innerhalb der Anlagekategorie. Gewichtet z.B. der Asset Allocation Stratege Aktien erfolgreich unter (wie erwartet unterdurchschnittlicher Ertrag dieser Anlagekategorie), der für die Aktienselektion zuständige Analyst erzielt jedoch einen positiven Renditebeitrag, so geht durch erstere Untergewichtung ein Teil des erzielten Mehrertrages in der Titelselektion wieder verloren. Wem soll nun dieser negative Effekt zugeordnet werden? Beide Parteien haben ihre Entscheidungen richtig – und unabhängig voneinander – getroffen. Der Interaktionseffekt zeigt somit also die Auswirkung zweier völlig unabhängig getroffener Entscheidungen („die linke Hand weiß nicht, was die rechte tut"). Es gilt zu überprüfen, ob dies die Entscheidungsstruktur des Vermögensverwalters reflektiert oder ob der Interaktionseffekt anders zugeordnet werden kann.

Mehrstufige Performance Attribution

Wie eben beschrieben beinhaltet der Strategieumsetzungsprozess eines Vermögensverwalters häufig mehrere Schritte: Zunächst wird z.B. ein Modellportfolio gebildet, welches die Meinung des Vermögensverwalters optimal widerspiegelt und keine kundenspezifischen Restriktionen berücksichtigt. Im nächsten Schritt werden davon kundenspezifische Modellportfolios unter Berücksichtigung der Präferenzen und Restriktionen jedes Kunden abgeleitet. Letztlich wird die Strategie umgesetzt, auch hier kann es wieder zu Abweichungen kommen (z.B. zur Minimierung der Transaktionskosten). Abbildung 21 gibt einen Überblick über den beispielhaft beschriebenen Anlageprozess.

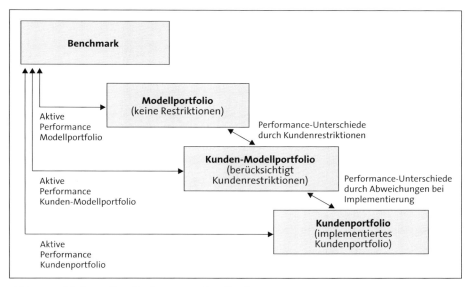

Abb. 21: Mehrstufige Performance Attribution

Für jeden dieser Schritte sind typischerweise andere Personen zuständig, die Performance aller Portfolios wird unterschiedlich sein. Ziel der mehrstufigen Performance Attribution ist es nun erstens, die Performance des Modellportfolios und des tatsächlichen Kundenportfolios zu messen, zweitens, diese Unterschiede zu verstehen – z.B. ob sie aus Gründen der Kostenminimierung entstanden sind – und letztlich dem jeweilig Verantwortlichen zuzuordnen.

Performance Messung und Attribution ermöglichen noch mal einen Blick auf den gesamten hier beschriebenen Asset Allocation Prozess. Ihr Feedback richtet sich an die strategische Asset Allocation genauso wie an die taktische Asset Allocation und an die Implementierung von Investmentstrategien und natürlich an den Kunden. Ihre Aufgabe ist es, jeden einzelnen Prozessschritt ständig zu überprüfen und zu hinterfragen.

2.6 Fachkenntnis, Erfahrung und Kreativität

Ein guter Dirigent benötigt sowohl Fachkenntnis als auch Erfahrung und natürlich Kreativität. Zudem ist er auf ein gutes Orchester von Musikern angewiesen, die nicht alle Solisten sein wollen. Nur die Fachkenntnis kann aus Büchern vermittelt werden, die Erfahrung setzt viel Zeit des Trainings und der harten Arbeit voraus, die Kreativität ist wohl gar nicht erlernbar. Die Auswahl eines guten Teams erfordert Glück, Menschenkenntnis und Führungsqualitäten.

Ähnlich ist die Situation beim Asset Allocation Strategen: Weder kann dieser Artikel langjährige Erfahrung oder die notwendige Kreativität ersetzen, noch das Team von Spezialisten herbeizaubern. Doch hoffen die Autoren, mit diesem Beitrag einen konzeptionellen Rahmen aufzuzeigen, in welchem ein Asset Allocation Prozess definiert werden kann. Eine klare Struktur und effizient aufgesetzte Prozesse sind beste Voraussetzungen für die effiziente Konstruktion von Portfolios. Nur solch ein Rahmen ermöglichen es dem Asset Allocation Strategen die unterschiedlichen Spezialisten im Investment Prozess zusammenzubringen und auf konsistente Art und Weise Portfolios zu setzen, die langfristig unter Berücksichtigung der Risikobereitschaft des Kunden positive Anlageerträge generieren.

Disclaimer

Die Meinung der Autoren reflektiert nicht unbedingt die Meinung der UBS.

Literatur

AIMR (Association of Investment Management and Research): Report Benchmark and Performance Attribution Subcommittee – August 1998, 1998.

Campbell, J./Viceira, L.: Strategic Asset Allocation, New York 2002.

Dimson, E./Marsh, P./Stauton, M.: Triumph of the Optimists, Princton 2002.

Grinold/Kahn: Active Portfolio Management, McGraw Hill 2000.

Kaiser, R., in: Maginn, J./Tuttle, D. (Hrsg.): Managing Investment Portfolios, Boston 1990.

Lee, W.: Theory and Methodology of Tactical Asset Allocation, New Hope 2000.

Michaud, R.: Efficient Asset Management, Boston 1998.

Pitts, A., in: Kutscher C./Schwarz G. (Hrsg.): Aktives Portfolio Management, Zürich 1998.

Rahl, L. (Hrsg.): Risk Budgeting, Somerset 2000.

3 Der Core Satellite Ansatz

von Bernd Scherer

3.1 Einführung

Zentrales Anliegen des vorliegenden Ansatzes ist es institutionellen Anlegern die Kernideen des Core Satellite Ansatzes (optimale Kombination aus aktiven Managern und indexierten Investments) zu vermitteln und es ihnen so zu ermöglichen Fragen der optimalen Managerallokation (Wie viel aktives Management soll ein Pensionsplan enthalten und in welchen Regionen, Anlagestilen oder Anlageklassen soll aktiv verwaltet werden?) sachgerecht zu beantworten.

Unter dem Core Satellite Ansatz versteht man die optimale Aufteilung der Anlagen in einen passiven Teil (Core) und einen oder mehrerer aktive Teile (Satellite). Der Hauptgrund dieser Separation liegt im Gedanken der Gebührenarbitrage. Nehmen wir an, ein Pensionsfonds strebt ein aktives Risikobudget von 1 % „Tracking Error" (TE) gegenüber seiner von Verbindlichkeiten getriebenen langfristigen Anlageentscheidung an. Der TE ist ein gängiges Risikomaß für die aktiven Risiken eines Pensionsplans. Er berechnet sich üblicherweise als die Volatilität der Renditedifferenz zwischen den gegenwärtigen Anlagen und der langfristig vorgegebenen Vermögensaufteilung (Benchmark). Nehmen wir der Einfachheit halber weiterhin an, dass gegenwärtig 100 % seiner Anlagen von einem Manager mit 1 % TE verwaltet werden. Könnte der Pensionsfonds seine Gebührenzahlungen verringern ohne seine ökonomische Position zu verändern? Statt auf 100 % seiner Anlagen eine aktive Gebühr an den Manager mit geringen TE zu überweisen, könnten 50 % der Anlagen zu geringen Kosten passiv verwaltet werden (Core), während die verbleibenden 50 % an einen Manager mit 2 % TE vergeben werden (Satellite). Das Risikobudget bleibt unverändert bei 1 % TE bezogen auf das Gesamtvolumen. Auf der Gebührenseite könnte es sich der Pensionsfonds nun leisten, doppelt so viel an den aktiveren Manager zu zahlen ohne seine Gesamtgebühren zu erhöhen. Gebührenarbitrage resultiert also aus der Volumenbezogenheit aktiver Managementgebühren, obgleich der größte Teil des Volumens eines aktiven Mandats ohnehin nicht bewegt (also implizit passiv verwaltet) wird. Dieser Teil wird auch als „dead weight" bezeichnet.

Wir beginnen mit einer Einführung in die theoretischen Grundlagen des Core Satellite Ansatzes (Abschnitt 2). Behandelt werden die portfoliotheoretischen Grundlagen der Allokation multipler Manager, gefolgt von einer Betrachtung der Vorteile von Managerspezialisierung und Managerdiversifikation und eine kritischen Betrachtung der Gebührenarbitrage als Triebfeder des Core Satellite Ansatzes. Dabei wird deutlich werden, dass die Validität des in der Einführung genannten Beispiels von zwei wesentlichen Annahmen abhängt, die wir in diesem Beitrag aufheben werden. Zum einen nehmen wir (implizit) an, dass ein aktiver Manager seine Aggressivität (gemessen in Höhe des TE) beliebig erhöhen kann, ohne dass seine riskoadjustierte Performance

(Information Ratio) hierunter leidet. Zum anderen unterstellen wir, dass der Markt seine Gebühren volumenabhängig gestaltet. Würden Gebühren als fixer monetärer Betrag (unabhängig von Volumen oder TE) berechnet, dann würde die Mandatsgröße keine Rolle mehr spielen und der aggressive Manager hätte keinen Kostenvorteil mehr. Nach den theoretischen Grundlagen werden praktische Implementierungsmöglichkeiten miteinander verglichen (Abschnitt 3). Der Beitrag zeigt, dass die herkömmliche Praxis der Managerallokation auf Basis von Gewichtsentscheidungen (Beispiel: in Euroland werden x % der Anlagen aktiv verwaltet) zu Ineffizienzen relativ zu Risikoentscheidungen (Beispiel: y % des gesamten aktiven Risikos resultiert aus aktiven Managern in Euroland) führen kann. Anschließend werden die Problembereiche eines zu aggressiven Core Satellite Ansatzes diskutiert. Wir werden dahingehend argumentieren, dass Gebührenarbitrage natürliche Grenzen besitzt, da ein immer aggressiverer Core Satellite Ansatz (substituiere aktives Management mit geringem TE durch zunehmend weniger aktives Management mit höherem TE) mehr und mehr Gebühren sparen würde. Fortgehende Arbitrage ist jedoch keine Gleichgewichtssituation. Im vierten Abschnitt wenden wir uns typischen Datenproblemen bei der Umsetzung des Core Satellite Ansatz zu. Den Anfang macht eine Diskussion der Schätzfehlerproblematik in Bezug auf Performancezeitreihen mehrerer Manager. Konkret werden Bayesianische Methoden zum optimalen Umgang mit Performancedaten unterschiedlicher Zeitlänge vorgeschlagen. Die gegenwärtige Praxis der Fokussierung auf den längsten gemeinsamen Zeitraum verstärkt das Schätzfehlerproblem (Inputs werden mit Unsicherheit geschätzt aber der Optimierungsalgorithmus verwendet diese als wären sie mit Sicherheit bekannt), indem die Stichprobe kleiner als nötig ausfällt. Der Autor schlägt dann ein Verfahren zur Ermittlung und Analyse der Persistenz von Anlageerfolg als wichtigste Vorraussetzung für eine erfolgreiche Managerallokation vor. Abschließend werden beispielhaft die Diversifikationswirkungen multipler Manager in unterschiedlichen Marktumgebungen untersucht. Der Beitrag endet mit einer Zusammenfassung in Abschnitt 5.

3.2 Grundlagen des Core Satellite Ansatz

3.2.1 Portfoliotheoretische Grundlagen

Jeder Fonds kann in eine Kombination aus Indexfonds (Core) und aktivem Portfolio (Satellite) zerlegt werden, d.h. jeder benchmarkorientierte Anleger hat bereits in ein Core Satellite Portfolio investiert ohne den Ausdruck explizit benutzt zu haben. Portfoliotheoretischer Kern des Core Satellite Arguments ist die Tatsache, dass ein Pensionsfonds die Halbierung des Gewichts aktiver Manager (und damit Halbierung der Gebühren) durch eine Verdoppelung des Risikoziels (TE) für die aktiven Manager auffangen kann, ohne dass die erwartete Performance darunter leidet. Generell gilt: eine Hebelung der aktiven Positionen (Portfoliogewicht minus Benchmarkgewicht) mit einem Skalierungsfaktor (ϕ) wird den Informationsgehalt eines Portfolios unverändert lassen. Der Unterschied beider Portfolios besteht im Leverage, nicht im Informationsgehalt. Performancemaße für den Informationsgehalt eines Portfolios, wie beispielsweise das Information Ratio (IR), lassen sich durch Leverage nicht manipulieren. Zwei Portfolios, deren aktive Wetten sich nur durch einen gemeinsamen Multiplikator unterscheiden, werden das gleiche Information Ratio aufweisen und zudem eine Korrelation von Eins besitzen.

Wir beschreiben nun die aktive Rendite (hier gleichgesetzt mit alpha) für ein Core Satellite Investment mit einer Gesamtallokation von w % in i aktive gemanagte Fonds (w_i) als

(1) $$\alpha = \sum_i w_i \phi_i \alpha_i = \sum_i \varpi_i \alpha_i, \quad \sum_i w_i = w, \quad w_i \phi_i = \varpi_i, \quad \phi_i \geq 0,$$

wobei α_i das alpha des i-ten Manager bezeichnet. Eine aggressivere Implementierungsstrategie liefert ein höheres erwartetes alpha (bei ebenfalls höherem Risiko). Investoren besitzen nun zwei Möglichkeiten zwischen Managern zu wählen. Sie können den zur Auswahl stehenden Managern entweder Gewichtsallokationen oder Risikoallokationen zuweisen. Beide Vorgehensweisen müssen in einer ansonsten restriktionslosen Welt zum gleichen Ergebnis führen. Die Praxis des institutionellen Managements zeigt aber die Existenz dieser Restriktionen in Form von Länderrestriktionen, Budgetrestriktionen oder Nichtnegativitätsrestriktionen. In diesem Fall ist die Gleichheit nicht mehr notwendigerweise gegeben. Die Risiken einer Core Satellite Anlage können mit Hilfe des bekannten Ausdrucks für die Standardabweichung eines Portfolios errechnet werden als

$$\sigma(\alpha) = \left(\sum_i \sum_j \varpi_i \varpi_j \sigma_{ij} \right)^{\frac{1}{2}},$$

wobei σ_{ij} die Kovarianz zwischen den alphas zweier aktiver Manager i und j beschreibt. Da der TE linear homogen (Verdopplung der Gewichte oder Skalierungsfaktoren führt auch exakt zu einer Verdopplung des TE) in Gewichten als auch Skalierungsfaktoren ist, können wir den TE mit Hilfe eine Euler Gleichung zerlegen. Das individuelle Risikobudget (Prozentsatz der aktiven Risiken die dem i-ten Manager zugeordnet werden) kann damit als eine Summe von Elastizitäten (die sich zu eins addieren) geschrieben werden:

$$\varepsilon_i = \frac{\delta \sigma}{\delta \varpi_i} \frac{\varpi_i}{\sigma}, \quad \sum_i \varepsilon_i = 1.$$

Die Optimierung des Risikobudgets und die damit verbundene simultane Bestimmung der Aufteilung aktiver und passiver Manager werden damit zu einer einfachen Optimierungsaufgabe. Maximiere das Gesamtalpha der Anlagen (α) relativ zu einer Risikobeschränkung (σ):

(2) $$\max \alpha = \sum_i \varpi_i \alpha_i$$
$$\text{s.t.}: \overline{\sigma} = \left(\sum_i \sum_j \varpi_i \varpi_j \sigma_{ij} \right)^{\frac{1}{2}}$$

Entscheidungsparameter sind entweder die Gewichte der einzelnen Manager (Gewichtsallokation), oder der Aggressivitätsgrad gemessen durch den Skalierungsfaktor (Risikoallokation). Die Optimalitätsbedingung (aus den Bedingungen erster Ordnung) schreiben sich als.

(3) $$\alpha_i = \left(\frac{\alpha}{\sigma}\right)\frac{d\sigma}{d\varpi_i}$$

(4) $$\frac{\alpha_i}{\alpha_j} = \frac{d\sigma}{d\varpi_i}\frac{d\sigma}{d\varpi_j}$$

In graphischer Form lassen sich die Optimalitätsbedingungen folgendermaßen abbilden.

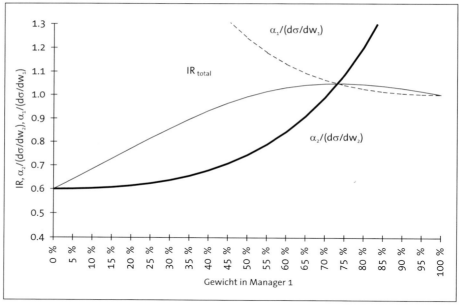

Abb. 1: *Optimalitätsbedingungen der optimalen Managerallokation*

Optimale Portfolioallokation findet dann statt, wenn das Verhältnis aus marginalem alpha und marginalem Risiko für alle Manager gleich ist. Dort entspricht dieses Verhältnis der (maximalen) Information Ratio. In Abbildung 1 entspricht dies dem Schnittpunkt aller Kurven.

3.2.2 Managerdiversifikation und Managerspezialisierung

Bislang haben wir stillschweigend angenommen, dass Managerdiversifikation (gebe verschiedenen Managern gleiche Benchmarks) und Managerspezialisierung (gebe verschiedenen Managern verschiedene Benchmarks) positiv sind. Woher kommt dieser Glaube?

Nehmen wir an, wir könnten eine Vielzahl unkorrelierter Manager in einem Portfolio kombinieren. Wie viele würden wir dem Portfolio hinzufügen und wie würde sich unsere Information Ratio verändern? Schreibt man die Ausdrücke für alpha und TE aus (unter der Annahme gleicher Gewichte, $\frac{1}{n}$, und gleicher Rendite-Risikocharakteristika), erhält man

$$(5) \quad IR_{total} = \frac{\sum \frac{1}{n} \alpha_i}{\left(\sum \left(\frac{1}{n}\right)^2 \sigma_{\alpha_i}^2\right)^{\frac{1}{2}}} = \frac{\overline{\alpha}}{\overline{\sigma}_\alpha} n^{1/2}$$

Mit der Anzahl der Manager (n) steigt die Information Ratio fortwährend (aber in immer kleineren Zuwächsen). Naiverweise könnten wir nun denken, dass in alle verfügbaren Manager investiert werden sollte. Was verhindert diese Interpretation? Zum eine ist das durchschnittliche alpha des Universums aktiver Manager per Definition negativ. Erhöht man die Anzahl aktiver Manager, wird dies zwar weiterhin aktive Risiken diversifizieren, aber wir werden auch zunehmend schlechte Manager aufnehmen müssen. Im Extrem endet man bei einem sicher (diversifiziertem) negativen alpha. Zum anderen wird es schwer fallen eine hohe Anzahl unkorrelierter Manager zu finden. Letztlich verhindern die steigenden Such- und Überwachungskosten eine Balkanisierung in der Managerallokation.

Das dominante Argument pro Managerspezialisierung setzt am Zähler von Gleichung (5) an. Die Idee dabei ist, dass Manager gemischter Portfolios im Allgemeinen nicht in allen Entscheidungsbereichen erstklassige Expertise besitzen. So ist der Zehnkämpfer zwar auch König der Athleten, hätte aber in jeder Einzeldisziplin keine Chance gegen den relevanten Spezialisten. Asset Management Berater favorisieren dieses Argument, hebt es doch die Bedeutung der Managerselektion heraus. Empirisch ist dieses Argument bislang jedoch noch nicht bestätigt. Ökonomisch fußt es auf der Überlegung, dass eine Verringerung des Anlageuniversums bei gleichem Ressourceneinsatz in eine bessere Prognosequalität mündet. Spezialisierung in Reinform tritt auf, wenn jeder einzelne Manager eine andere Benchmark besitzt.

Im Kontrast hierzu zielt Managerdiversifikation auf den Zähler von Gleichung (5). Diversifikationsvorteile kommen aus der Streuung der Prognoserisiken. In Reinform wird allen Managern die gleiche Benchmark gegeben. Managerdiversifikation ohne die Fähigkeit zur Managerselektion führt zu passiver Performance (oder schlechter), bei aktiven Kosten. Spezialisierung und Diversifikation schließen sich nicht gegenseitig aus, sondern ergänzen sich.

So weit haben wir festgestellt, dass Managerdiversifikation und Spezialisierung zu einer Erhöhung der aktiven Erträge bei gleichzeitiger Stabilisierung in deren Schwankungsbreite führt. Was würde ein Anleger aber tun, wenn er stattdessen direkt im Besitz der Managerprognosen wäre. Ein Ansatz, dieses Problem zu lösen, ist es "to replace decentralized management with decentralized prediction making and centralized management". Dies bedeutet effektiv, dass alle Manager ihre Prognosen verkaufen (sind dann keine Asset Manager mehr) und Sponsoren diese Prognosen optimal kombinieren, um ein mit Ihren Zielen kompatibles Portfolio zu generieren. Dies wäre dann eine „multiple adviser" statt einer „multiple manager" Struktur. Generell führt die Separation von Entscheidungen (jeder Manager wählt sein optimales Portfolio getrennt von den anderen Managern) immer zu einer im besten Fall gleich effizienten Struktur wie ein zentralisiertes Management unter Kenntnis aller Prognosen. Der Grund hierfür liegt am „excess trading" der Manager untereinander und am geringen ökonomischen Anreiz die Prognosen zu verkaufen (geringe Grenzkosten der Weiterverbreitung).

3.2.3 Gebührenarbitrage

Der Kern des Gebührenarbitragearguments ist die partielle Substitution aktiver Fonds durch passive Fonds bei gleichzeitiger Erhöhung der Aggressivität (TE) der verbleibenden aktiven Fonds. Dies führt bei volumenbezogenen Gebühren in der Regel zu einer Gebührensenkung (bei gleich bleibendem alpha für die Gesamtanlagen). Gemäß dem Grundsatz, dass Gebühren die einzige sichere Größe im Anlageprozess darstellen, führt der Core Satellite Ansatz zu einer Reduktion der Gebührenbelastung. Fonds mit hohem TE (nötig für das Funktionieren des Core Satellite Ansatzes) können durch ein Aufhebeln der aktiven Positionen seitens des Fondsmanagers erzeugt werden. Alternativ kann der Anleger dies selbst erzeugen, indem der Kauf des aktiven Fonds durch die Erlöse aus dem Leerverkauf des zugrunde liegenden Benchmarkindex finanziert wird, um so das aktive Portfolio zu isolieren. Steigender Leverage bedeutet auch hier steigende Partizipation im aktiven Portfolio. Diese Überlegungen führen uns jedoch zum Paradoxon, dass zu der gleichen „asset based fee" niemand einen Fonds mit geringem TE, wie einen Fonds mit hohem TE halten würde, da nun Gebührenarbitrage einsetzen würde. Gleichzeitig kann nicht (Einschränkung erfolgt später) argumentiert werden, dass Fonds mit hohem TE teurer sein sollten. Eine Multiplikation der aktiven Gewichte mit dem Faktor zwei würde dann zu einer Verdopplung der Gebühren führen. Dies wäre eine stolze Entlohnung für eine einfache mathematische Operation. Anders ausgedrückt: Die Kostenfunktion des Fondsmanagers ändert sich durch eine Erhöhung des TE nicht. Fortlaufende Gebührenarbitrage ist aber keine Gleichgewichtssituation. Würden alle Kunden den günstigeren Core Satellite Ansatz wählen, würde dies das verwaltete Volumen der aktiven Manager signifikant reduzieren, bei gleichzeitig gleicher Kostensituation. Wie kann diese Situation aufgelöst werden? Aus Sicht des Autors wird die Asset Management Industrie in den kommenden Jahren zu einer explizit oder implizit flachen Gebührenstruktur („lump sum payment") übergehen. Core Satellite Investing führt dann nicht zu einem Gebührenvorteil. Dagegen wird

Managerdiversifikation (viele kleine Mandate) teurer als im Modell der „asset based fee". Zu einem großen Teil ist dies heute schon implizit der Fall. Die Gebührenmodelle der meisten Manager beruhen (intern) auf einer einfachen Breakeven Kalkulation. Beispielsweise muss ein europäisches Aktienmandat 150.000 Dollar Gebühr pro Jahr erwirtschaften (Kosten unterscheiden sich je nach Researchintensität des Investmentprozess) um risikoadjustiert profitabel zu sein. Der Manager wird dann bereit sein bei gegebenem Volumen solange die „asset base fee" zu variieren so lange der Breakeven Betrag nicht unterschritten wird. Fairerweise muss eine Einschränkung zu obiger Beschreibung des Gebührenmechanismus erwähnt werden. Aktive Manager weisen oft darauf hin, dass besonders aggressive Fonds (mit hohem TE) neue, konzentriertere Modellportfolios erfordern, deshalb nichtskalierbares Geschäft darstellen und daher teurer sein müssen. Dieses Argument ist prinzipiell richtig, wird aber erst ab mittleren TE (dann wenn die Nichtnegativitätsbedingung greift) substantiell spürbar sein. Da aber zugleich das erwartet IR aggressiver Portfolio sinken muss (weniger, und weniger diversifizierte Wetten in konzentrierten Portfolios) stellt dies nicht unbedingt einen effizienten Weg dar, um aktives Risiko zu erzeugen.

3.3 Ausgewählte Fragen der Implementierung

3.3.1 Risikoallokation versus Gewichtsallokation

Die Antwort auf die plakativ gestellte Frage „how much active" hängt wie üblicherweise von den Erwartungen (wie schätzt der Anleger die Möglichkeiten aktiver Manager ein), als auch von der Risikoaversion (wie wird die Möglichkeit zusätzlicher Rendite gegen das zusätzliche Risiko abgewogen?) des Anlegers ab. Nehmen wir an, ein Investor kann seine Mittel zwischen einer passiven Anlage und einem aktiven gemanagten Portfolio (5 % TE) aufteilen. Die Frage nach der optimalen Allokation aktiver Anlagen wird nun ein einfaches Problem der Managerallokation, wobei wir einen passiven Manager als Anlagealternative einführen. Die Lösung des Problems (2) bezüglich des optimalen Gewichts aktiver Anlagen liefert die Graphik in Abbildung 2.

Wie erwartet führt eine Kombination aus geringer Risikoaversion und hohem Information Ratio zu einer hohen Allokation aktiven Managements und vice versa. Beobachtet man umgekehrt die gegenwärtige Aufteilung in aktives und passives Management kann man mit Hilfe des gleichen Ansatzes die impliziten Erwartungen des Investors ermitteln. Die Zunahme passiven Managements im Rahmen von Core Satellite Ansätzen wird oft als Indiz für eine Abkehr vom aktiven Management gesehen. Dies ist nicht der Fall. Aggressivere Satelliten fangen den Rückgang im aktiven Management wieder auf. Passives Management nimmt ebenfalls nicht wirklich zu. Es verändert sich nur von implizit passiv (Mandate mit geringem TE bei denen der größte Anteil der Anlagen indexnah gehalten wird) zu explizit passiv. Dies ist gerade das Wesen des Arbitragearguments.

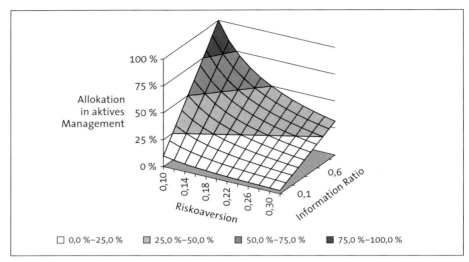

Abb. 2: Optimale Allokation aktiven Managements

Die Frage nach der optimalen Aufteilung zwischen aktivem und passivem Management ist im Wesentlichen eine „top down" getriebene Frage. Daneben müssen wir aber noch simultan die optimale Aufteilung der Manager auf Anlageklassen und Regionen bestimmen. Wie in Abschnitt 2 gezeigt stellt dies ein typisches Portfoliooptimierungsproblem dar. Manager mit hohem Information Ratio erhalten ceteris paribus eine höhere Allokation als Manager mit geringer Information Ratio, es sei denn, sie zeigen eine hohe Ähnlichkeit (Korrelation) mit anderen Managern. Wir betrachten zuerst den Fall der Managerallokation mit Hilfe von Gewichten.

Beispiel

Wir nehmen an, ein Portfolio ist in zwei Regionen zu je 50 % aufgeteilt. In jeder Region können wir zwischen vier aktiven Managern und einem passiven Manager wählen. Es ist nicht erlaubt, dass die Managerallokation die strategische Allokation verändert. Dies bedeutet, dass wir unser Portfolio nicht in einer Region der Welt konzentrieren wollen, nur weil wir dort attraktive Manager gefunden haben. Jeder Manager strebt einen TE von 5 % an. Die Information Ratio der Manager unterscheidet sich. Manager in Region 1 besitzen ein Information Ratio von Eins, während Manager in Region 2 ein Information Ratio von 0,3 besitzen. Die Korrelation der aktiven Manager untereinander (innerhalb einer Region) betrage 0,3, ansonsten null. Zielsetzung ist es die Rendite (alpha) zu maximieren unter einer Risikobeschränkung von 1 % TE.

Die Lösung findet sich in Abbildung 3. Der überwiegende Anteil des Vermögens in Region 2 würde passiv verwaltet werden (41,7 %). Entsprechend unserer theoretischen Ableitung in Abschnitt 2 entspricht das Verhältnis von marginaler Rendite und marginalem Risiko dem maximalen Information ratio von 1,5.

	Manager	Gewicht	Information Ratio	Marginales Risiko	Risikobeitrag	Marginale Rendite/ Marginales Risiko
Region 1	Manager 1	7,0 %	1	3,30	22,9 %	1,5
	Manager 2	7,0 %	1	3,30	22,9 %	1,5
	Manager 3	7,0 %	1	3,30	22,9 %	1,5
	Manager 4	7,0 %	1	3,30	22,9 %	1,5
	Passive	22,2 %	0	0,00	0,0 %	0,0
Region 2	Manager 1	2,1 %	0,3	0,99	2,1 %	1,5
	Manager 2	2,1 %	0,3	0,99	2,1 %	1,5
	Manager 3	2,1 %	0,3	0,99	2,1 %	1,5
	Manager 4	2,1 %	0,3	0,99	2,1 %	1,5
	Passive	41,7 %	0	0,00	0,0 %	0,0
	Gesamt	100 %	1,5	–	100,0 %	–

Abb. 3: Optimale Allokation multipler Manager

Nehmen wir stattdessen an, dass Manager 1 in Region 1 nur einen TE von 2,5 % aufweist. Alle anderen Annahmen bleiben unberührt. Wie sieht die neue Lösung aus?

	Manager	Gewicht	Information Ratio	Marginales Risiko	Risikobeitrag	Marginale Rendite/ Marginales Risiko
Region 1	Manager 1	13,9 %	1	1,65	23,0 %	1,5
	Manager 2	7,0 %	1	3,30	22,9 %	1,5
	Manager 3	7,0 %	1	3,30	22,9 %	1,5
	Manager 4	7,0 %	1	3,30	22,9 %	1,5
	Passive	15,2 %	0	0,00	0,0 %	0,0
Region 2	Manager 1	2,1 %	0,3	0,99	2,1 %	1,5
	Manager 2	2,1 %	0,3	0,99	2,1 %	1,5
	Manager 3	2,1 %	0,3	0,99	2,1 %	1,5
	Manager 4	2,1 %	0,3	0,99	2,1 %	1,5
	Passive	41,7 %	0	0,00	0,0 %	0,0
	Gesamt	100 %	1,5	–	100,0 %	–

Abb. 4: Optimale Allokation multipler Manager (fortgesetzt)

Im Unterschied zur Lösung in Abbildung 3 hat Manager 1 einen wesentlich erhöhten Anteil an den Kosten des passiven Managements in Region 1. Da die Korrelation zwischen Regionen mit null angenommen wurde, ändert sich die optimale Managerallokation in Region 2 nicht.

Bislang haben wir die optimale Managerallokation mit Hilfe von Gewichtsentscheidungen gefunden. Dies ist genau das Problem dem ein Retail Kunde gegenübersteht. Institutionelle Kunden könnten die Managergewichte konstant lassen und stattdessen die Risikoallokation direkt über die Aggressivität (TE) des Managers steuern. Gute Manager werden ermutigt aggressiver zu investieren, während schlechtere Manager in Richtung passiv bewegt werden. Ein Nebeneffekt der TE basierten Managerallokation liegt darin, dass nun kein Platz mehr für explizites passives Investment ist. Das Level passiven Managements wird nun implizit über den TE gesteuert.

Wir verändern unser bisheriges Beispiel wiederum und nehmen an, dass Region 1 nur noch ein Gewicht von 10 % in der optimalen strategischen Asset Allokation enthält. Alle anderen Annahmen bleiben unberührt. Wir vergleichen das maximal erreichbare Ergebnis für Gewichts- und Risikoallokation. Die Ergebnisse finden sich in Abbildung 5a und 5b.

	Manager	Gewicht	Information Ratio	Marginales Risiko	Risikobeitrag	Marginale Rendite/ Marginales Risiko
Region 1	Manager 1	2,5 %	1	1,19	3,0 %	4,2
	Manager 2	2,5 %	1	1,19	3,0 %	4,2
	Manager 3	2,5 %	1	1,19	3,0 %	4,2
	Manager 4	2,5 %	1	1,19	3,0 %	4,2
	Passive	0,0 %	0	0,00	0,0 %	0,0
Region 2	Manager 1	6,8 %	0,3	3,23	22,0 %	0,5
	Manager 2	6,8 %	0,3	3,23	22,0 %	0,5
	Manager 3	6,8 %	0,3	3,24	22,1 %	0,5
	Manager 4	6,8 %	0,3	3,24	22,1 %	0,5
	Passive	62,8 %	0	0,00	0,0 %	0,0
	Gesamt	100 %	0,9	–	100,0 %	–

Abb. 5a: Gewichtsallokation

Gewichtsallokationen behindern den Investor in der optimalen Aufteilung seines knappen Risikobudgets. Im gewählten Fall sind die besten Manager in einem kleinen Teil des Benchmarkportfolios zu finden (in der Praxis kann man sich dies als ineffiziente, weil unterinvestierte und damit in Marktkapitalisierungsgewichteten Benchmarks unterrepräsentierte Anlagen, wie z.B. Emerging Markets vorstellen). Die Optimalitätsbedingungen sind nicht eingehalten. Das Verhältnis aus marginaler Rendite zu marginalem Risiko ist in Region 1 um ein vielfaches höher als in Region 2. Eine Risiko-

	Manager	Gewicht	Skalie-rungs-faktor	Information Ratio	Marginales Risiko	Risiko-beitrag	Marginale Rendite/ Marginales Risiko
Region 1	Manager 1	2,5 %	2,8	1	9,18	22,9 %	1,5
	Manager 2	2,5 %	2,8	1	9,18	22,9 %	1,5
	Manager 3	2,5 %	2,8	1	9,18	22,9 %	1,5
	Manager 4	2,5 %	2,8	1	9,18	22,9 %	1,5
	Passive	0,0 %	0,0	0	0,00	0,0 %	0,0
Region 2	Manager 1	22,5 %	0,1	0,3	0,09	2,1 %	1,5
	Manager 2	22,5 %	0,1	0,3	0,09	2,1 %	1,5
	Manager 3	22,5 %	0,1	0,3	0,09	2,0 %	1,5
	Manager 4	22,5 %	0,1	0,3	0,09	2,1 %	1,5
	Passive	0,0 %	0,0	0	0,00	0,0 %	0,0
	Gesamt	100 %		1,5	–	100,0 %	–

Abb. 5b: Risikoallokation

allokation hin zu Region 1 und weg von Region 2 würde den Ausgleich schaffen. Dies ist aber nicht möglich (Gewichtsrestriktion). Dementsprechend unplausibel sind die prozentualen Risikoallokationen. Die besten Manager erhalten den kleinsten Anteil am Risikobudget. Anders der Fall der TE basierten Risikoallokation. Hier tritt kein Optimalitätsverlust auf (IR immer noch bei 1,5) und die prozentuale Risikoallokation folgt den Fähigkeiten der Manager.

3.3.2 Grenzen eines aggressiven Core Satellite Ansatzes

In einer Welt ohne Leerverkaufsrestriktionen könnten wir die Core Satellite Idee auf die Spitze treiben. Wir würden zu 100 % indexiert investieren und dies mit einer Vielzahl von long/short Overlay-Managern kombinieren. Dies entspricht der Idee des perfekten alpha Transfers, d.h. der Entkopplung von Asset Allokation und Managerallokation.

Eine vollkommene Entkopplung, d.h. die Möglichkeit zur separaten Optimierung von Managern und Assetklassen ist aber nur dann gegeben, wenn die Korrelation zwischen aktiven Renditen und Benchmarkrenditen null beträgt. Für viele Manager ist dies jedoch nicht der Fall, da diese strukturelle Wetten innerhalb des Benchmarkuniversums (systematischer Value, Growth oder einfach nur Aktienbias) eingehen. In der Realität verhindern Leerverkaufsrestriktionen die Möglichkeit von aggressiven long/short Portfolios. Es ist daher interessant den Satellite Ansatz mit dem Enhanced Indexing (optimale Kombination von Managern mit geringem TE) zu vergleichen.

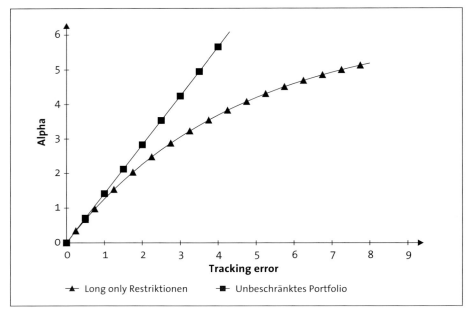

Abb. 6: *Tracking Error und Alpha*

Die Fähigkeit risikoadjustiert hohe Renditen zu erwirtschaften (hohe IR) fällt in der Regel mit dem Aggressivitätsgrad (TE). Dieser Zusammenhang ist in Abbildung 6 zusammengefasst. Sehr aggressive Portfolios lassen sich im abgebildeten Simulationsbeispiel unter praxisnahen Bedingungen (Leerverkaufsrestriktion) nur mit einem Verlust an IR erzeugen. Wir nehmen ein Aktienuniversum von 200 Aktien an. Alle Aktien sind in der Benchmark gleichgewichtet. Die Residualvolatilität der Aktien beträgt 20 %. Die Korrelation zwischen Prognose und realisierter Rendite sei 0,1. Für jede Aktie werden dann alphas simuliert $\alpha_i = 0{,}1 \cdot 20\% \cdot \varepsilon_i$, wobei $\varepsilon_i \sim N(0,1)$. Für jede Simulation wiederum werden optimale Portfolios gebildet. Da die Satelliten aber sehr aktiv investieren müssen, um zur erstrebten, substantiellen Gebührensenkung zu gelangen, ist der Core Satellite Ansatz besonders von diesem Phänomen betroffen. Das Ausmaß in dem dieses Argument wahr ist, hängt von der Aggressivität der Satelliten und den zugrunde liegenden Sattelitenstrategien ab und ist daher eine empirische Frage. Weiterhin führen aggressive TE im Regelfall zu einem negativen „Size Bias", da die angestrebten Übergewichte zunehmend aus Untergewichtungen in den großen Aktien finanziert werden müssen. Dies kann wiederum mit Hilfe einer Monte Carlo Simulation verdeutlicht werden. Ausgangspunkt ist eine Benchmark mit 100 Aktien und ein Modell zur Abbildung alternativer Benchmarkkonzentrationen. Ein Konzentrationsindex von 0 steht für keine Konzentration (Gleichgewichtung). Je höher der Konzentrationsindex, desto konzentrierter die Benchmark.

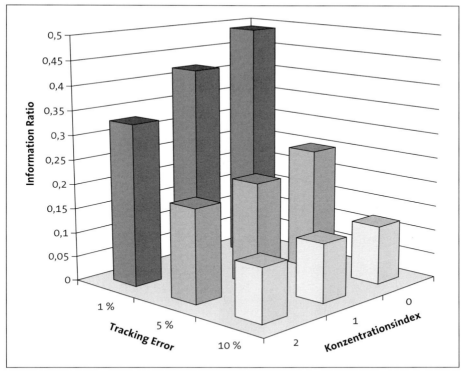

Abb. 7: Tracking Error und Benchmarkkonzentration

Die Wirkung zunehmend konzentrierter Benchmarks ist für niedrige Aggressivitätsgrade am stärksten ausgeprägt. Für hohe TE ist die Leerverkaufsrestriktion bereits schädigend genug.

3.4 Problembereiche bei der Bestimmung der Inputgrößen

3.4.1 Performancedaten unterschiedlicher Zeitlänge

Bekanntlich reagiert die Portfoliooptimierung sehr empfindlich auf Variationen in den Eingaben (Renditen, Kovarianzen). Attraktiv wirkende Manager (mit hohem Information Ratio) erhalten generell den höchsten Anteil des aktiven Risikobudgets, sind aber gleichzeitig am wahrscheinlichsten mit Schätzfehlern behaftet. Schätzfehler treten dort verstärkt auf wo nur wenige Daten verfügbar sind. Zeitreihendaten über die Performance aktiver Manager sind aber nur mit stark unterschiedlicher Länge zu erhalten. Der Standardansatz bei dem Risiko und Renditeschätzungen mit Hilfe der längsten gemeinsamen Historie berechnet werden, führt zu einer Maximierung des Schätzfehlerproblems, da ein Großteil der Daten (unnötigerweise) unbeachtet bleibt.

Nehmen wir an, es stehen fünf potentielle Value-Spezialisten zur Investition zur Verfügung. Die Daten hierfür sind aus Abbildung 8 entnommen. Diese enthält jährliche Renditen für den Zeitraum 1979 bis 1999 (30 Beobachtungen) für drei der fünf Manager. Für zwei der insgesamt fünf Fonds steht nur die halbe Historie zur Verfügung. Steht man diesem Problem gegenüber, ist es üblich, alle Zeitseriendaten zu kürzen und die Daten ab 1985 (längster überlappender Zeitraum) heranzuziehen. Die Ergebnisse (gekürzte Zeitreihe) sind in Abbildung 9 dargestellt.

Jahr	Fonds 1	Fonds 2	Fonds 3	Fonds 4	Fonds 5
1970	0,63	0,33	0,59	n.a.	n.a.
1971	−1,83	−0,34	−1,14	n.a.	n.a.
1972	1,75	2,68	3,31	n.a.	n.a.
1973	2,08	2,81	0,33	n.a.	n.a.
1974	−0,79	1,21	0,81	n.a.	n.a.
1975	3,88	4,21	4,72	n.a.	n.a.
1976	3,88	4,83	4,82	n.a.	n.a.
1977	1,42	0,00	1,42	n.a.	n.a.
1978	2,15	2,00	2,06	n.a.	n.a.
1979	1,85	1,59	2,42	n.a.	n.a.
1980	1,13	-0,72	0,96	n.a.	n.a.
1981	2,95	2,97	2,52	n.a.	n.a.
1982	0,32	−0,71	−0,41	n.a.	n.a.
1983	5,87	6,69	5,43	n.a.	n.a.
1984	1,23	0,32	−0,73	n.a.	n.a.
1985	0,73	1,32	0,71	1,63	2,91
1986	2,63	2,47	2,45	2,88	4,00
1987	0,62	−0,51	0,44	−0,32	−0,21
1988	0,31	−2,26	0,74	−0,80	−1,35
1989	−1,16	−0,90	−1,24	−0,86	−0,64
1990	1,09	−0,24	1,10	−0,07	0,52
1991	−2,17	−0,90	−0,45	−1,63	−1,64
1992	1,93	2,25	2,93	4,23	3,57
1993	3,75	5,13	2,93	4,23	5,67
1994	−0,88	0,10	−0,06	−0,97	−0,56

Jahr	Fonds 1	Fonds 2	Fonds 3	Fonds 4	Fonds 5
1995	2,22	1,10	1,79	2,07	1,26
1996	3,01	2,96	1,63	1,72	2,36
1997	−2,69	−3,26	−3,39	−3,71	−2,00
1998	−2,38	−1,83	−0,65	−1,23	−1,87
1999	1,64	1,36	1,25	2,82	0,88

Die Daten werden durch Ziehung zufälliger aktiver Renditen mit einem aktiven Risiko von 2 % und einer erwarteten aktiven Rendite von 1 % generiert. Die angenommene Korrelation ist 0,8. Die tatsächliche IR ist also 0,5. Alle Renditenrealisierungen vor 1985 für Fonds 4 und 5 werden gelöscht, um den Testdatensatz zu gewinnen.

Abb. 8: *Performancedaten unterschiedlicher Länge*

Verkürzter Zeitreihenschätzer					
Schätzgröße	Fonds 1	Fonds 2	Fonds 3	Fonds 4	Fonds 5
α	0,58	0,45	0,68	0,67	0,86
σ	2,03	2,28	1,94	2,32	2,38
IR_i	0,28	0,20	0,35	0,29	0,36
Maximum Likelihood					
Schätzgröße	Fonds 1	Fonds 2	Fonds 3	Fonds 4	Fonds 5
α	1,17	1,16	1,24	1,42	1,58
σ	1,93	2,19	1,71	2,49	2,38
IR_i	0,61	0,53	0,73	0,57	0,66
Einbezug von Schätzfehlern					
Schätzgröße	Fonds 1	Fonds 2	Fonds 3	Fonds 4	Fonds 5
α	1,17	1,16	1,24	1,42	1,58
σ	2,24	2,55	1,98	2,90	2,78
IR_i	0,52	0,45	0,63	0,49	0,57

Abb. 9: *Ergebnisse alternativer Schätzungen*

Offensichtlich bleibt durch dieses Vorgehen Information aus den ersten drei Zeitreihen ungenutzt. Wir erinnern uns, dass die absolute Höhe der Information Ratio maßgeblich die Aufteilung zwischen aktiven und passiven Management treibt, während die relative Höhe die Managerallokation beeinflusst. Stehen uns bessere Hilfsmittel zur Verfügung? Zum einen können wir „maximum likelihood" (ML) Techniken verwenden, die Korrelationen zwischen Performancezeitreihen explizit berücksichtigen.

Für die „langen" Zeitreihen (Manager 1 bis 3 mit Daten von 1970 bis 1999) werden sowohl die alphas als auch die Risiken immer noch mit Hilfe des einfachen Stichprobenschätzers berechnet, da dieser die ML Schätzung darstellt. Die alphas der kürzeren Performancezeitreihen findet man durch Vergleich der alphas von kurzen und langen Zeitreihen (für den überlappenden Zeitraum) und Verteilung der Renditedifferenzen entsprechend der historischen Sensitivitäten (multiple Regression der kurzen Zeitreihen auf die langen Zeitreihen). Da die Renditen in beiden Perioden unterschiedlich hoch waren (höher vor 1985) werden die Information Ratios nach oben korrigiert. Die zugrunde liegende Annahme ist, dass die Ziehung der Erträge aus einer stationären Verteilung erfolgt.

Die Dispersion der Information Ratios ist immer noch relativ hoch und liegt über dem „wahren" Information Ratio von 0,5. Bislang wurden Schätzfehler noch nicht berücksichtigt. Wesentliches Merkmal bei der Berücksichtigung von Schätzfehlern (mit Hilfe von uninformativen priors) ist die Tatsache, dass Schätzfehler den Mittelwert nicht verändern, sondern lediglich die Varianz der Zeitreihe erhöhen. Die Anlage wird in der Gegenwart von Schätzrisiken riskanter, aber die erwartete Rendite verändert sich nicht. Schätzrisiken skalieren daher alle Information Ratios nach unten (gestiegenes Risiko). Der Effekt ist für die kurzen Zeitreihen stärker ausgeprägt, da hier der Schätzfehler höher ist. Unsere bayesianische Vorgehensweise liegt näher an den wahren Parameterwerten und führt so zu einer realistischeren aktiv/passiv Entscheidung.

3.4.2 Persistenz von Managerkategorien

Im Rahmen des Core Satellite Ansatz müssen sich institutionelle Anleger entscheiden, welche Region oder Assetklasse indexnah verwaltet wird und wo sich aktive Risiken lohnen. Wesentliches Kriterium dieser Entscheidung ist die Frage nach der Vorhersehbarkeit von Performance.

In welchen Anlagekategorien ist es am einfachsten heute Manager zu selektieren, die sich auch in zwei Jahren noch im 1. oder 2. Quartil befinden? Entsprechend dieser Fragestellung empfiehlt sich der direkte Weg, d.h. wir schätzen in einem ersten Schritt eine Übergangsmatrix. Diese gibt an wie hoch die Wahrscheinlichkeit ist, dass ein Manager der sich heute in Quartil $Q_{i,t}$, i = 1, ... , 4 befindet, sich in zwei Jahren zu $Q_{i,t+2}$, i = 1, ... , 4 bewegt hat. Eine solche Übergangsmatrix T findet sich beispielhaft in Abbildung 10 (für US Small Caps). Die Wahrscheinlichkeit, dass ein Small Cap Manager auch nach zwei Jahren im 1. Quartil bleibt ist 16,8 %, die Wahrscheinlichkeit, dass er ins 2. Quartil wandert beträgt 24,9 %.

Übergangsmatrix	$Q_{1,t}$	$Q_{2,t}$	$Q_{3,t}$	$Q_{4,t}$
$Q_{1,t+2}$	16,8 %	13,6 %	33,7 %	31,7 %
$Q_{2,t+2}$	24,9 %	27,4 %	28,0 %	24,7 %
$Q_{3,t+2}$	18,7 %	30,9 %	28,1 %	16,2 %
$Q_{4,t+2}$	39,6 %	28,1 %	10,3 %	27,3 %

Abb. 10: *Übergangsmatrix für US Small Cap Manager*

Geben wir den einzelnen Quartilen scores von +2 bis –2, dann wäre es optimal heute Manager im 3. Quartil zu kaufen (wenige würden dies tun), da diese in der nächsten Periode den höchsten erwarteten Score besitzen (Manager im dritten Quartil haben die höchste Wahrscheinlichkeit in der nächsten Periode ins 1. Quartil zu wandern. Wie würde sich eine solche Strategie über die Zeit verändern?

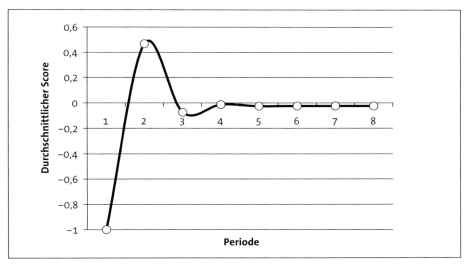

Abb. 11: *Durchschnittliche Scores für einen Ausgangsbestand von 100 % Small Cap Managern des 3. Quartils*

Einfacherweise betrachten wir die Übergangsmatrix als Markov-Kette. Ein 100 % Investment in Manager des 3. Quartils liefert uns einen Startvektor von $s_t = (0\ 0\ 1\ 0)^T$. Dementsprechend ergibt sich die Verteilung eine Anfangsbestandes von Managern des 3. Quartils nach Perioden als

(6) $$s_{t+m} = T^m s_t$$

Multipliziert man die Managerverteilungen mit den jeweiligen Scores erhalten wir Abbildung 11. Nach einer Periode (zwei Jahren) ist der erwartete Score zwar am höchsten, er fällt jedoch sofort wieder ins negative ab. Die Auswahl aktiver Manager im Small Cap Universum setzt also zum einen hohen Turnover (alle zwei Jahre radikale Managerumschichtung) voraus, zum anderen erfordert es hohes Vertrauen in die zeitliche Stabilität der Übergangsmatrix. Wird der Moment des Übergangs verpasst, endet der Sponsor wieder mit einem negativen Score.

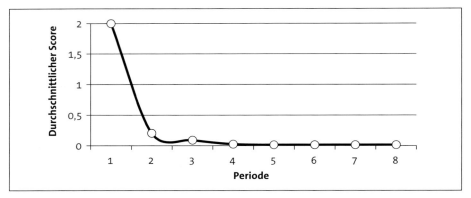

Abb. 12: *Durchschnittliche scores für einen Ausgangsbestand von 100 % Enhanced Index Managern des 1. Quartils*

Wiederholt man das Vorgehen für Enhanced Index Manager (US Daten) stellt man ein verändertes Bild fest (Abbildung 12). Der durchschnittliche Score bleibt für zwei Perioden positiv ohne je negativ zu werden. Dies bestätigt theoretische Vorüberlegungen nach denen Manager mit vielen kleinen Wetten und breitem Universum (Enhanced Index) eine höhere Persistenz aufweisen sollten als Manager mit wenigen großen Wetten und engem Universum (Small Cap), da in letzterer Kategorie der Zufall dominiert.

3.4.3 Diversifikation in unterschiedlichen Marktperioden

Die Korrelation zwischen Managern ist ein entscheidendes (oftmals ignoriertes) Kriterium bei der Auswahl aktiver Manager. Sponsoren sollten nicht notwendigerweise die beiden „besten" Manager wählen, wenn der viertplatzierte Manager weitgehend unkorrelierte Performance zu den beiden ersten Managern generiert, während die beiden Erstplatzierten sich sehr ähnlich sind.

Darüber hinaus sollten Anleger noch eine zweite Dimension der Korrelationsanalyse beachten. Zu unterscheiden ist zwischen der so genannten Schönwetterdiversifikation und der Diversifikation in Stressperioden. In ruhigen Märkten (geringe Volatilität) ist Diversifikation weniger wichtig als in hektischen Märkten (hohe Volatilität). Beispielhaft wird dies anhand der aktiven Renditen (Portfoliorendite minus Benchmarkrendite) von vier aktiven europäischen Small Cap Managern (monatliche Renditen, Zeitraum Dezember 1995 bis Dezember 2000, Managernamen anonymisiert) untersucht. Die Zuordnung zu einer Marktumgebung (hektisch oder ruhig) erfolgt mit Hilfe der Vektordistanz der Renditerealisationen vom Mittelwertvektor. Diese Vektordistanz ist , wobei die Anzahl der Freiheitsgrade der Anzahl der Manager entspricht. Als kritisches Niveau wurden 20 % gewählt, d.h. fällt die Vektordistanz höher aus als der Wert der Prüfgröße ordnen wir diese Renditerealisationen der hektischen Marktperiode zu und umgekehrt.

Die Ergebnisse sind in Abbildung 13 zusammengefasst. Obgleich es sich hier um aktive Renditen handelt fällt auf, dass diese bereits in normalen Marktphasen stark korreliert sind. Der Sponsor sollte hier weiter nach alternativen Investmentstilen suchen. In hektischen Zeiten steigt diese Korrelation noch einmal sprunghaft an. Offensichtlich gehen alle vier Manager die gleichen strukturellen Wetten ein. Potentieller Kandidat für eine dieser strukturellen Wetten wäre ein gemeinsames Übergewicht im Technologiesektor.

	Normale Zeiten			
	Manager 1	Manager 2	Manager 3	Manager 4
Manager 1	1	0,48	0,42	0,62
Manager 2	0,48	1	0,57	0,68
Manager 3	0,42	0,57	1	0,67
Manager 4	0,62	0,68	0,67	1
	Hektische Zeiten			
	Manager 1	Manager 2	Manager 3	Manager 4
Manager 1	1	0,87	0,80	0,94
Manager 2	0,87	1	0,86	0,91
Manager 3	0,80	0,86	1	0,81
Manager 4	0,94	0,91	0,81	1

Abb. 13: Korrelation in ruhigen und hektischen Märkten

3.5 Schlussfolgerungen

Kern des Core Satellite Ansatzes bleibt die Idee der Gebührenarbitrage. Der vorliegende Beitrag hat versucht vor einer naiven Anwendung des Arguments zu warnen. Generell gilt jedoch, so lange die Gebührenersparnisse eines aggressiven Core Satellite Ansatzes den Rückgang in der Information Ratio aggressiver Mandate im Hinblick auf die Gesamtperformance kompensieren, ist der Core Satellite Ansatz der richtige Weg. Dies ist jedoch eine empirische Frage, die vor dem Hintergrund des jeweiligen Sponsors gelöst werden muss. Modellierungen in der Praxis müssen daher den Verlust im

Information Ratio, als auch die Transaktionskosten explizit einbeziehen. Das zu optimierende Problem wird nun zu

$$\mathrm{IR}(\sigma)\sigma - f(\sigma) - \lambda\sigma^2,$$

wobei $f(\sigma)$ die Gebühren als Funktion der Aggressivität ausdrückt. Eine notwendige Bedingung für Optimalität ergibt sich aus

$$\sigma = \frac{\mathrm{IR}(\sigma) - \overset{(+)}{\dfrac{\mathrm{d}f(\sigma)}{\mathrm{d}\sigma}}}{2\lambda - \underset{(-)}{\dfrac{\mathrm{d}\mathrm{IR}(\sigma)}{\mathrm{d}\sigma}}}.$$

Die übliche Optimalitätsbedingung $\sigma = \tfrac{1}{2}\mathrm{IR}\lambda^{-1}$ ergibt sich nur bei Unabhängigkeit der Gebühren und des Information Ratios von der Höhe des TE.

Aus dem vorangegangenem Beitrag ist klar geworden, dass ein sachgerechter Core Satellite Ansatz eine Vielzahl von Problemen (simultan) lösen muss, die im Herzen des modernen Pensionsfondsmanagements liegen. Wie viel aktives Management sollte ein Pensionsfonds wählen? Wo (Regionen, Styles, Assetklassen) sollte aktives implementiert werden? Wie kombiniert man aktive Manager? Die Core Satellite Entscheidung bildet somit die zweitwichtigste Entscheidung in der strategischen Planung der Kapitalanlagen. Das zunehmend wettbewerbsintensive Umfeld der Kapitalsammelstellen zwingt zu einem sachgerechten Umgang mit diesem Entscheidungsfeld. Der vorliegende Aufsatz soll dabei helfen.

Literatur

Chopra, V./Ziemba, W.: The Effects of Errors in Means, Variances and Covariances on Optimal Portfolio Choice, in: Journal of Portfolio Management, 1993, S. 6–11.

Chow, G./Jacquier, E./Kritzman, M. /Lowry, K.: Optimal Portfoliosk, in: Good Times and Bad, in: Financial Analysts Journal, 55, 1999, S. 65–73.

diBartolomeo, D.: A Radical Proposal for the Operation of Multi-Manager Investment Funds, Northfield Information Services 1999.

Grinold, R./Kahn, R.: Active Portfolio Management, McGrawHill 1999.

Lee, W.: Theory and Methodology of Tactical Asset Allocation, Fabozzi Associates 2000.

Britten-Jones, M.: The Sampling Error in Estimates of Mean-Variance Efficient Portfolio Weights, in: The Journal of Finance, 1999, v54, S. 655–671.

Micheaud, R.: Efficient Asset Management, Harvard University Press 1998.

Scherer, B.: Preparing the Best Risk Budget, Risk, 2000, S. 30–32.

Scherer, B.: A Note on Tracking Error Funding Assumptions, in: Journal of Asset Management, 2001, v2, S. 235–40.

Scherer, B.: Portfolio Construction and Risk Budgeting, Riskwaters London 2002.

Sorensen, E./Miller, K./Samak, V.: Allocating Between Active and Passive Management, in: Financial Analysts Journal, 1998, S.18–31

Stambaugh, R.: Analysing Investments Whose Differences Vary in Length, in: Journal of Financial Economics, 1997, S. 285–331.

Winkelmann, K.: Managing Active Risk at the Total Fund Level, in: Rahl, L.: Risk Budgeting, Riskwaters 2000.

4 FED Modell, Risikoprämie und Asset Allocation

von Olaf Stotz

4.1 Irrationaler Überschwang an den Aktienmärkten?

Im Sommer 1996 herrschte ein ausgeprägter Optimismus an den amerikanischen Börsen vor. Bill Clinton stand kurz vor seiner Wiederwahl und die amerikanische Zuversicht über die Zukunftsaussichten des eigenen Landes hatten den Aktienindex in den letzten 12 Monaten um ca. 30 % in die Höhe getrieben und in den letzten fünf Jahren gar um mehr als 100 %. Während sich die USA in Euphorie badete, gab es hinter den verschlossenen Türen der Zentralbank der USA, der Federal Reserve Bank (kurz FED genannt) in Washington, jedoch eine eher bedrückte Stimmung. Die Mitglieder des Federal Open Market Comittee (FOMC) waren besorgt über den starken Kursanstieg der amerikanischen Aktien und sie befürchteten, dass die Aktienbewertungen Niveaus erreicht hatten, die weit über einer fundamentalen Gerechtfertigung lagen. Es dauerte jedoch noch weitere sechs Monate und einen Kursanstieg von zusätzlichen 15 %, bis die FED, vertreten durch ihren Vorsitzenden Alan Greenspan, an die Öffentlichkeit trat, um ihre Besorgnis mitzuteilen. Am 5. Dezember des Jahres 1996 prägte er den seit diesem Zeitpunkt bekannten Begriff des irrationalen Überschwangs („irrational exuberance"):

... But how do we know when irrational exubarance has unduly escalated asset values ...

Obwohl er nicht direkt auf die nach der Meinung des FOMC überbewerteten Aktien hinwies, sondern nur die Frage stellte, wann sich ein irrationaler Überschwang breit gemacht hat, reichte diese Bemerkung aus, um am folgenden Tag einen deutlichen Kursrückgang auszulösen. Dieser Kursrückgang war jedoch nur von kurzer Dauer. Weitere vier gute Börsenjahre mit einem Kursanstieg um nochmals mehr als 100 % folgten, bevor Anfang 2000 der irrationale Überschwang so groß war, dass die Börsenblase platzte.

Auf welcher Basis kann ein Anleger einschätzen, ob Aktien überbewertet sind? Die Antwort darauf wird mit dem in diesem Artikel vorgestellten FED Modell gegeben. Das FED Modell hat jedoch einige Schwächen bei der Bewertung von Aktien. Diese zu illustrieren und zu beheben, ist ein weiterer Ansatzpunkt dieses Artikels. Dieser Ansatz beruht auf der Aktienrisikoprämie und mit ihm lassen sich die Unter- und Überbewertungen von Aktien genauer bestimmen. Dieses Wissen um Fehlbewertungen von Aktien ist für einen Investor von zentraler Bedeutung, da sich auf dieser Basis zukünftige Renditen prognostizieren lassen. Die Grundvoraussetzungen für einen aktiven Asset Allocation Prozess sind somit gegeben.

In Abschnitt 2 dieses Kapitels wird der Zusammenhang zwischen der Asset Allocation und der Prognose von Assetklassen dargestellt. Die Grundlagen des FED Modells werden in Abschnitt 3 erläutert und in Abschnitt 4 wird das Modell hinsichtlich seiner Prognosefähigkeiten für die Assetklasse Aktien untersucht. Die Schwächen des FED Modells werden in Abschnitt 5 aufgezeigt und mit Hilfe der Risikoprämie behoben. Abschnitt 6 schließt diesen Beitrag.

4.2 Prognose und Asset Allocation

Aus den Anlagezielen eines Investors ergibt sich unter Berücksichtigung seiner Risikoneigung eine Benchmark, die die grundsätzliche Strukturierung seines Vermögens vorsieht. Der Investor hat dann in seinem Investmentprozess zu entscheiden, ob er seine Anlageziele und damit die Benchmark aktiv oder passiv verfolgen möchte. Passiv bedeutet, dass die gewählte Benchmark genau abgebildet wird. Der Grundgedanke eines passiven Managements geht auf eine bestimmte Form der Kapitalmarkteffizienz zurück. Zukünftige Renditen lassen sich nicht prognostizieren und Renditeerwartungen sind im Zeitablauf konstant. Aktiv heißt, dass auf Grund von Prognosen Abweichungen von der Benchmark vorgenommen werden, um zusätzliche Renditechancen auszunutzen. Grundvoraussetzung dazu ist, dass Renditeerwartungen im Zeitablauf schwanken und teilweise prognostizierbar sind. In einem aktiven Managementansatz ist dementsprechend die entscheidende Frage, auf welcher Basis zukünftige Renditen prognostiziert werden können.

Aktien haben im Vergleich zu anderen Assetklassen eine größere Schwankungsbreite in ihrer Rendite. Auf die Prognose hat die Schwankungsbreite vor allem zwei Einflüsse. Sie führt erstens dazu, dass Prognosen schwieriger zu treffen sind. Zweitens bedeutet eine höhere Schwankungsbreite allerdings auch, dass sich die Chancen, eine höhere Rendite zu erwirtschaften, erhöhen. Anhand der Prognose der Aktienrendite sei dieser Sachverhalt an zwei Beispielen verdeutlicht.

Angenommen, im Januar 1926 hätte ein Investor in 1-Monats-Treasury Bill (kurzfristige Verbindlichkeiten der USA, entspricht einer der sichersten Anlagen in den USA) investiert und hätte bis Dezember 1996 jeden Monat die gleiche Anlage gewählt, dann wäre sein Vermögen von 1 Dollar in 1926 auf 14 Dollar in 1996 angewachsen. Hätte er anstatt in die Treasury Bills in den S&P 500 Index investiert, so wäre sein Vermögen auf 1.370 Dollar angewachsen (auf Grund der Risikoprämie der Aktien wurde ein deutlich höheres Vermögen erzielt). Angenommen, der Investor hätte in jedem Monat prognostizieren können, welche der beiden Anlagen die bessere Rendite erzielt und er hätte sein Vermögen in die Anlage mit der höheren Rendite investiert, dann wäre sein Vermögen auf 2.296.183.456 Dollar angewachsen. Die perfekte Voraussicht hätte also zu einem ansehnlichen Vermögen geführt.

Aktien spielen also bei der Asset Allocation Entscheidung auf Grund ihrer hohen Volatilität eine entscheidende Rolle. Die Prognose der Aktienrenditen birgt mehr Renditepotential als die Prognose der Rentenrenditen. Damit werden die Aktien zum Performancetreiber in der Asset Allocation, was an folgendem Beispiel verdeutlicht wird:

Betrachtet werden zwei Investoren. Der erste Investor allokiert sein Vermögen monatlich entweder in den kurzfristigen Geldmarkt oder in den Rentenmarkt. Der zweite Investor nimmt eine entsprechende Aufteilung zwischen Geldmarkt und Aktienmarkt vor. Angenommen, der erste Investor hätte perfekte Voraussicht für zukünftige Rentenrenditen, dann hätte er in den letzten 30 Jahren in Europa eine durchschnittliche Rendite von 12 % pro Jahr erwirtschaftet. Die perfekte Voraussicht für zukünftige Rentenkurse erhöht die Rendite deutlich gegenüber einer konstanten Aufteilung von 50 % Cash und 50 % Renten, welche eine durchschnittliche Rendite von 5,8 % erwirtschaftet hätte. Der zweite Investor teilt sein Vermögen monatlich entweder in den kurzfristigen Geldmarkt oder in den Aktienmarkt auf. Die perfekte Voraussicht für zukünftige Aktienkurse hätte sein Vermögen um jährlich mehr als 32 % gesteigert. Gegenüber einer konstanten Aufteilung von 50 % Cash und 50 % Aktien, welche eine jährliche Rendite von 8,3 % erzielt hätte, kann die perfekte Voraussicht die Rendite wieder deutlich steigern. Im Vergleich zum ersten Investor wäre sein Vermögen um den Faktor 200 stärker gewachsen. Die perfekte Voraussicht bei der Assetklasse Aktien hat also einen höheren Wert als bei der Assetklasse Renten.

Die beiden Beispiele zeigen, dass bei Vorliegen einer Prognosekraft bezüglich zukünftiger Aktienrenditen durch eine aktive Asset Allocation ein hohes Renditepotential möglich ist. In der Realität wird jedoch eine perfekte Voraussicht kaum erreichbar sein, so dass ein Investor immer mit der Unsicherheit leben muss, dass seine Prognose nicht eintrifft. Um die zukünftige Aktienrendite zu prognostizieren, können verschiedene Verfahren angewendet werden. Im nächsten Kapitel wird ein Verfahren auf Basis des FED Modells vorgestellt.

4.3 Das FED Modell

Im Humphrey-Hawkins Monetary Policy Report vom 22. Juli 1997 (1) ist das FED Modell zum ersten Mal publiziert worden. Das FED Modell ist ein einfaches Verfahren, um die Bewertung des Aktienmarktes relativ zum Rentenmarkt zu quantifizieren. Seit diesem Report durchdrang das FED Modell immer weiter die Öffentlichkeit. Momentan gehört es besonders unter Analysten und Fondsmanagern zu den weit verbreitetsten Modellen, um die Attraktivität des Aktienmarktes gegenüber dem Rentenmarkt zu bewerten. Die weite Verbreitung lässt sich vor allem mit seiner Einfachheit begründen. Das FED Modell berücksichtigt nur zwei Variablen, das Aktien KGV und das Renten KGV. Beide Größen sind leicht verfügbar. Mit dem FED Modell lässt sich also mit einfachen Hilfsmitteln jederzeit die Attraktivität des Aktienmarktes einschätzen. Der Aktienmarkt ist unterbewertet, wenn das Aktien KGV unter dem Renten KGV liegt, der Aktienmarkt ist überbewertet, wenn das Aktien KGV über dem Renten KGV liegt. Sind Aktien und Renten KGV gleich hoch, dann sind die beiden Assetklassen fair zueinander bewertet.

4.3.1 Beispiel zum FED Modell

Der DAX Index hat einen Stand von 5.000 Punkten. Der Indexgewinn für den DAX liegt bei 250. Damit ergibt sich ein Aktien KGV von 20:

$$KGV_{Aktien} = \frac{DAX\ Index}{Indexgewinn} = \frac{5.000}{250} = 20$$

Der langfristige Zins von Staatsanleihen liegt bei 5 %. Damit ergibt sich ein Renten KGV von ebenfalls 20:

$$KGV_{Renten} = \frac{1}{langfristiger\ Zins} = \frac{1}{5\%} = 20$$

Damit sind das Aktien KGV und das Renten KGV gleich und nach dem FED Modell ist die Assetklasse Aktien relativ zur Assetklasse Renten fair bewertet:

$$FED\ Modell : KGV_{Aktien} = KGV_{Renten} \Rightarrow Aktien\ fair\ bewertet$$

4.3.2 Beispiel zur Über- und Unterbewertung

Der langfristige Zins von Staatsanleihen liegt wie im letzten Beispiel bei 5 %. Damit ergibt sich ein Renten KGV von 20.

Der DAX Index hat nun einen Stand von 4.000 Punkten, 1.000 Punkte niedriger als beim letzten Beispiel. Der Indexgewinn für den DAX liegt weiter bei 250. Damit ergibt sich ein Aktien KGV von 16:

$$KGV_{Aktien} = \frac{4.000}{250} = 16$$

In diesem Fall wäre der Aktienmarkt nach dem FED Modell unterbewertet, da das Aktien KGV mit 16 unter dem Renten KGV von 20 liegt.

$$KGV_{Aktien} < KGV_{Renten} \Rightarrow Aktien\ unterbewertet$$

Steht der DAX Index dagegen bei 6.000, ergibt sich ein Aktien KGV von 24.

$$KGV_{Aktien} = \frac{6.000}{250} = 24$$

In diesem Fall wäre der Aktienmarkt nach dem FED Modell überbewertet, da das Aktien KGV mit 24 über dem Renten KGV von 20 liegt.

$$KGV_{Aktien} > KGV_{Renten} \Rightarrow Aktien\ überbewertet$$

Abbildung 1 illustriert die Bewertungsrelationen beispielhaft in einer Grafik.

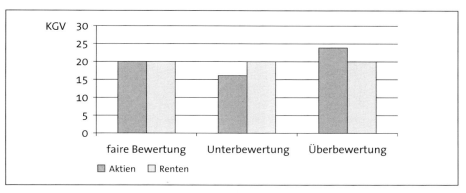

Abb. 1: Bewertungsrelationen anhand des FED Modells

4.3.3 FED Modell in Form von Renditen

Anstatt in Form von KGVs kann das FED Modell auch in Form von Renditen aufgestellt werden. In diesem Fall wird die Gewinnrendite mit dem langfristigen Zins verglichen. Die Gewinnrendite ist wie folgt definiert:

$$\text{Gewinnrendite}_{\text{Aktien}} = \frac{\text{Indexgewinn}}{\text{DAX Index}} = \frac{250}{5.000} = 5\%$$

Der langfristige Zins beträgt 5 %:

$$\text{langfristiger Zins} = 5\,\%$$

Wenn die Gewinnrendite dem langfristigen Zins entspricht, dann sind nach dem FED Modell die Aktien im Vergleich zu Renten fair bewertet:

$$\text{FED Modell}: \text{Gewinnrendite}_{\text{Aktien}} = \text{langfristiger Zins} \Rightarrow \text{Aktien fair bewertet}$$

Die Betrachtungsweise des FED Modells in Gewinnrenditen oder in KGVs führt immer zum gleichen Ergebnis. In der Praxis und in den Research Berichten der Analysten ist jedoch die Formulierung in KGVs am meisten zu finden. Dies verwundert nicht, ist das KGV doch der im Finanzsektor am weitesten verbreitete Maßstab zur Bewertung von Aktien. Dieser allgemein verbreiteten Notation wird auch dieser Beitrag folgen und es werden die verschiedenen Strategien in Form von KGVs entwickelt.

4.4 Empirische Beobachtungen

Um die Güte des FED Modells beurteilen zu können, wird es zu jedem Zeitpunkt in einer langen Historie überprüft. Dazu wird jeweils am Monatsanfang das Aktien KGV mit dem Renten KGV verglichen. Diese Überprüfung wird für einen langen Zeitraum vorgenommen, beginnend mit Januar 1970 und endend mit Dezember 2001 (Basis der

Untersuchungen sind MSCI Daten). Damit wird insgesamt an 396 Monaten das Modell überprüft. Abbildung 2 gibt eine grafische Darstellung des Modells am Beispiel des europäischen Aktienmarktes.

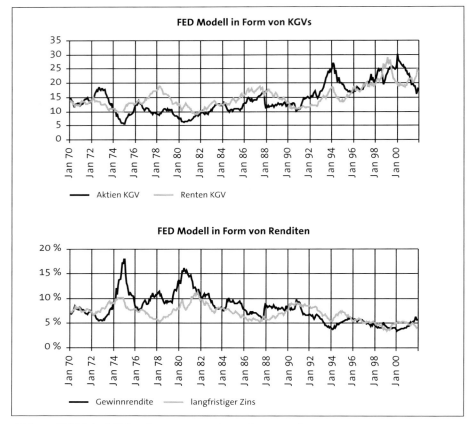

Abb. 2: FED Modell für den europäischen Aktienmarkt im Zeitraum von Januar 1970 bis Dezember 2001

Abbildung 2 zeigt, dass das FED Modell eine gute Approximation für den tatsächlichen Bewertungszusammenhang liefert. Die einzelnen Monate liegen relativ eng um den Bewertungszusammenhang des FED Modells. Jedoch weichen zu einzelnen Zeitpunkten die Bewertungen deutlich von dem nach dem FED Modell fairen Bewertungszusammenhang ab. Wird die Differenz zwischen dem Aktien KGV und dem Renten KGV als Fehlbewertung interpretiert, dann lassen sich die einzelnen Monate ihrer Fehlbewertung nach ordnen. Die Ergebnisse dieser Ordnung sind in Abbildung 3 zusammengefasst. So war der Januar 2000 der Monat, wo die Aktien am teuersten waren. Das Aktien KGV betrug 30,19, das Renten KGV 19,37. Damit lag die Differenz mit 10,82 in einem Bereich, der in den letzten 30 Jahren nie erreicht wurde. Die Folgen dieser Überbewertung der Aktien sind bekannt, in den nächsten zwei Jahren verlor der Aktienmarkt rund 30 %. Im März 1978 lag dagegen das Aktien KGV mit 8,70 um mehr als 10 Punkte unter dem Renten KGV mit 18,78. Damit waren die Aktien gegenüber den Renten sehr günstig mit der Folge, dass kurze Zeit später eine ausgeprägte Aktienhausse einsetzte, die ihr Ende erst im Jahr 2000 fand.

Monat	KGV_{Renten}	KGV_{Aktien}	$KGV_{Aktien} - KGV_{Renten}$	Monat	KGV_{Renten}	KGV_{Aktien}	$KGV_{Aktien} - KGV_{Renten}$
	Monate mit extremer Überbewertung der Aktien				Monate mit extremer Unterbewertung der Aktien		
1.1.00	19,37	30,19	10,82	1.9.77	17,18	9,50	−7,68
1.3.94	16,57	26,26	9,69	1.11.77	17,34	9,60	−7,74
1.2.00	18,77	28,27	9,50	1.8.77	16,84	9,00	−7,84
1.2.94	18,28	27,14	8,85	1.12.77	17,29	9,20	−8,09
1.3.00	18,83	27,58	8,76	1.6.78	17,96	9,80	−8,16
1.5.94	15,85	24,51	8,66	1.1.78	17,66	9,10	−8,56
1.6.94	14,90	22,60	7,70	1.5.78	18,47	9,30	−9,17
1.5.00	19,16	26,83	7,67	1.2.78	18,12	8,90	−9,22
1.4.00	19,62	27,26	7,64	1.4.78	18,78	9,40	−9,38
1.9.93	16,56	24,16	7,59	1.3.78	18,78	8,70	−10,08

Abb. 3: Renten und Aktien KGVs für den europäischen Markt

4.4.1 Wie kann das FED Modell zur Asset Allocation Entscheidung eingesetzt werden?

Wenn die Aussagen des FED Modells zuverlässig auf eine Über- oder Unterbewertung der Aktien hindeuten, so müssten sich diese Fehlbewertungen im Laufe der Zeit ausgleichen. Ist dies der Fall, so ließe sich das FED Modell zur Prognose von Aktienrenditen und somit zur taktischen Asset Allocation einsetzen.

Um diese Vermutung zu untersuchen, wird folgende Entscheidungsgrundlage untersucht: Kaufe Aktien, wenn das Aktien KGV unter dem Renten KGV liegt, verkaufe Aktien, wenn das Aktien KGV über dem Renten KGV liegt. Die Güte dieser Entscheidungsgrundlage wird mit folgendem Experiment untersucht:

▶ Berechne zu jedem Monat die Differenz zwischen dem Aktien KGV und dem Renten KGV,

▶ Je größer die Differenz ist, desto teurer sind die Aktien im Vergleich zu Renten,

▶ Ordne alle Monate nach der Differenz (siehe Abbildung 3).

Nun ist von Interesse, wie der Aktienmarkt nach solchen Bewertungsextremen performt hat. Dazu wird zu jedem Zeitpunkt zusätzlich zu den Aktien KGVs, Renten KGVs und Differenzen die Performance des Aktienmarktes über die nächsten Monate bestimmt. Insbesondere ist ein Investor daran interessiert, wie der Aktienmarkt die 12 Monate nach dem Januar 2000 (nach dem FED Modell die höchste Bewertung des Aktienmarktes) und nach dem März 1978 (nach dem FED Modell die niedrigste Bewertung des Aktienmarktes) performt hat. Unter Bewertungsgesichtspunkten wäre zu erwarten, dass Aktien bei einer günstigen Bewertung eine bessere Performance als bei einer hohen Bewertung aufweisen sollten (gemäß dem Motto „buy low – sell high"). Ein Monat nach Januar 2000 zeigte der Aktienmarkt eine Performance von −5,57 %, zwölf Monate danach von −1,89 %. Ein Monat nach März 1978 zeigte der Aktienmarkt eine Performance von +4,53 %, zwölf Monate danach von +18,06 %. Bei den beiden extremsten Bewertungsrelationen zeigen sich die erwarteten Ergebnisse. In den Monaten nach einer hohen Bewertung zeigt der Aktienmarkt eine schlechte Performance, in den Monaten nach einer tiefen Bewertung eine gute Performance. Die Bewertung kehrt also zu einem Mittel zurück und die Über-/Untertreibungsphasen gleichen sich im Zeitablauf wieder aus.

4.4.2 Systematische Performanceergebnisse

Um die Güte des FED Modells genauer zu untersuchen, wird ein systematischer Test durchgeführt. Die einzelnen Monate werden nach der Differenz Aktien KGV und Renten KGV geordnet (gemäß Abbildung 3). Danach werden die einzelnen Monate zu Quintilen zusammengefasst (Quintil 1 umfasst die 20 % aller Monate, in denen der Aktienmarkt am günstigsten nach dem FED Modell bewertet war, Quintil 5 umfasst die 20 % aller Monate, in denen der Aktienmarkt am höchsten bewertet war). Für diese Quintile wird die durchschnittliche Rendite des Aktienmarktes für verschiedene Zeiträume betrachtet: 1 Monat, 3 Monate, 12 Monate und 24 Monate. Dabei wird die Rendite jeweils annualisiert, um so einen Vergleich zwischen den einzelnen Zeiträumen zu ermöglichen. Die Differenz zwischen dem Quintil, in denen der Aktienmarkt am stärksten unterbewertet war (Quintil Q 1) und dem Quintil der Monate, in denen der Aktienmarkt am stärksten überbewertet war (Quintil Q 5) wird berechnet und als Differenz Q 1–Q 5 bezeichnet. Diese Differenz sollte bei null liegen, wenn die Bewertung keinen Einfluss auf die Rendite hat. Sie sollte dagegen positiv sein, wenn sich eine Unterbewertung in höheren Renditen niederschlägt, und eine Überbewertung in niedrigere Renditen und die Bewertung eine Prognosekraft aufweist. Q 1–Q 5 kann also als eine Indikation für die Prognosekraft interpretiert werden.

Zusammenfassend sieht die Untersuchung wie folgt aus:

- ▶ Ordnen der Bewertungen (Aktien KGV – Renten KGV) in den einzelnen Monaten nach ihrer Größe,
- ▶ Zusammenfassen der geordneten Monate zu Quintilen,

- Berechnung der durchschnittlichen annualisierten Rendite der Quintile nach 1, 3, 12, und 24 Monate,
- Berechnung der Differenz zwischen dem ersten und letzten Quintil.

Ergebnisse Europa

Werden die zuletzt erklärten Untersuchungen für den europäischen Aktienmarkt auf Basis von MSCI Daten durchgeführt, so zeigt sich deutlich, dass die Bewertung der Aktienmärkte einen Einfluss auf die zukünftige Aktienmarktperformance hat. Sind Aktien unterbewertet (Monate Q 1), dann rentieren sie nach 12 Monaten im Durchschnitt mit 20,42 %. Sind sie dagegen überbewertet (Monate Q 5), dann liegt die Rendite nach einem Jahr bei nur 4,13 % deutlich niedriger. Abbildung 4 fasst die Ergebnisse für die einzelnen Quintilsmonate und die verschiedenen Halteperioden zusammen. Es ist zu sehen, dass in jedem Fall die Rendite in den Monaten, nachdem eine Unterbewertung der Aktien aufgedeckt wurde, deutlich über den Monaten mit einer Überbewertung liegt. Q 1–Q 5 liegt im Durchschnitt deutlich über 10 %.

	1 Monat	3 Monate	12 Monate	24 Monate
Q 1	26,98 %	24,09 %	20,42 %	16,62 %
Q 2	14,75 %	19,31 %	19,52 %	17,37 %
Q 3	14,71 %	10,24 %	14,41 %	19,70 %
Q 4	0,16 %	5,65 %	14,30 %	17,65 %
Q 5	6,73 %	5,37 %	4,13 %	7,64 %
Q 1–Q 5	20,25 %	18,72 %	16,29 %	8,98 %

Abb. 4: Durchschnittliche annualisierte Aktienrendite

Ergebnisse USA

Auch für die USA fällt die Differenz Q 1–Q 5 positiv aus. Jedoch ist das Ausmaß im Vergleich zu den Ergebnissen des europäischen Aktienmarktes schwächer ausgeprägt. Es liegt im Durchschnitt um die Hälfte niedriger. Zum Beispiel rentiert der Aktienmarkt 12 Monate nach den extremsten Unterbewertungen mit 11,39 % um rund 5 % besser als nach den extremsten Überbewertungen (siehe Abbildung 5). Auffällig bei US-Daten ist, dass der Aktienmarkt dann am besten performt, wenn die Bewertung im Q 2 bis Q 4 Bereich liegt.

	1 Monat	3 Monate	12 Monate	24 Monate
Q 1	9,91 %	9,38 %	11,39 %	11,51 %
Q 2	21,85 %	18,47 %	15,81 %	12,91 %
Q 3	15,42 %	18,26 %	16,86 %	18,48 %
Q 4	14,56 %	16,26 %	16,88 %	20,69 %
Q 5	−0,76 %	−1,15 %	6,42 %	9,41 %
Q 1–Q 5	10,67 %	10,53 %	4,97 %	2,09 %

Abb. 5: Durchschnittliche annualisierte Aktienrendite

Ergebnisse Japan

Der japanische Aktienmarkt zeigte im Gegensatz zu Europa und den USA eine unterschiedliche Kursentwicklung in den vergangenen 30 Jahren. Er erlebte seinen stärksten Kursanstieg in den 80er Jahren und wies dann in den 90er Jahren sogar eine negative Kursentwicklung auf. Vor diesem Hintergrund sind die Ergebnisse für den japanischen Markt besonders interessant. Abbildung 6 zeigt, dass das FED Modell auch in Japan eine Indikation für die zukünftige Aktienmarktentwicklung ist. Q 1–Q 5 liegt für jeden beobachteten Zeitraum deutlich positiv und im Durchschnitt sind die Ergebnisse im Vergleich zu Europa und den USA am stärksten ausgeprägt. Zum Beispiel 12 Monate, nachdem die Aktien am stärksten unterbewertet waren, rentieren die Aktien durchschnittlich mit 26,58 %. Dies liegt deutlich über 2,74 %, die erreicht werden, wenn der Aktienmarkt am stärksten unterbewertet war.

	1 Monat	3 Monate	12 Monate	24 Monate
Q 1	12,91 %	17,41 %	26,58 %	28,27 %
Q 2	13,74 %	11,23 %	11,34 %	13,41 %
Q 3	13,87 %	15,33 %	19,77 %	22,81 %
Q 4	2,30 %	1,04 %	−1,65 %	−0,61 %
Q 5	3,01 %	2,72 %	2,74 %	−0,59 %
Q 1–Q 5	9,90 %	14,69 %	23,83 %	28,86 %

Abb. 6: Durchschnittliche annualisierte Aktienrendite

Das FED Modell zeigt also in den drei großen Wirtschaftsregionen der Welt, Europa, den USA und Japan, eine positive Prognosekraft für die zukünftige Aktienentwicklung. Der nächste Abschnitt untersucht, ob sich die Prognosekraft in einem Investmentprozess verarbeiten lässt.

4.4.3 Eine aktive Asset Allocation Strategie

Für einen Investor stellt sich die Frage, ob sich die Ergebnisse des letzten Abschnittes in einen systematischen Investmentprozess verarbeiten lassen, der zum Ziel hat, durch eine taktische Asset Allocation Entscheidung eine höhere Rendite zu erreichen als ohne. Beispielhaft wird ein Investor betrachtet, der als strategische Benchmark einen Aktienanteil von 50 % und einen Cash Anteil von ebenfalls 50 % hat. Dieser Investor adjustiert monatlich einmal seine Asset Allocation.

Dieser Investor hat nun zwei Entscheidungsmöglichkeiten. Entweder er allokiert sein Vermögen jeden Monat gemäß seiner Benchmark. Dies bedeutet, dass er einem passiven Investmentansatz folgt. Dieses Entscheidungskalkül wird als passive Entscheidung bezeichnet. Oder er allokiert sein Vermögen entsprechend dem FED Modell. Dies heißt, dass sein Aktienanteil höher ist, wenn die Aktien günstig sind und dass der Aktienanteil niedriger ist, wenn die Aktien teurer sind. Dieses Entscheidungskalkül wird als aktives Entscheidungskalkül bezeichnet. Formalisiert sehen die beiden Entscheidungskalküle folgendermaßen aus:

▶ Passive Entscheidung: Investiere zu jedem Monatsanfang 50 % in Aktien und 50 % in Cash;

▶ Aktive Entscheidung: Wenn der Monat in Q 1 liegt, investiere 100 % in Aktien und 0 % in Cash, liegt der Monat in Q 2, investiere 75 % in Aktien und 25 % in Cash, liegt der Monat in Q 3, investiere entsprechend der Benchmark (50 % Aktien und 50 % Cash), liegt der Monat in Q 4, investiere 25 % in Aktien und 75 % in Cash und liegt der Monat in Q 5, investiere 0 % in Aktien und 100 % in Cash. Zugegeben ist die aktive Entscheidung in ihren Ausmaßen extrem und in dieser Form für den Großteil der Investoren nicht umsetzbar. Jedoch können mit diesem Beispiel die Grundüberlegungen der taktischen Asset Allocation Entscheidung auf Basis des FED Modells illustriert werden.

Für beide Entscheidungskalküle werden die Performanceergebnisse berechnet, die sich im Zeitraum zwischen Januar 1970 und Dezember 2001 ergeben. Um die Berechnung einfach zu halten, wird für die Assetklasse Cash eine konstante Rendite von 4 % p.a. unterstellt. Für die Assetklasse Aktie wird die Rendite des MSCI Indexes herangezogen. Unter diesen Voraussetzungen erreicht ein Investor, der einem passiven Entscheidungskalkül folgt, eine durchschnittliche jährliche Rendite von 8,64 %. Ein Investor mit aktivem Entscheidungskalkül erreicht dagegen eine durchschnittliche Rendite von 11,60 %, die damit um 2,96 % über dem passiven Investor liegt. Ein passiver Investor hätte aus 100 Euro in diesem Zeitraum 1.284 Euro erzielt, ein aktiver Investor dagegen mit 2.917 Euro ein mehr als doppelt so hohes Vermögen. Der Verlauf des Vermögensaufbaus ist Abbildung 7 zu entnehmen. Diese Ergebnisse zeigen, dass sich die Prognose des FED Modells in eine taktische Asset Allocation Strategie umsetzen lassen. Die Entscheidungen, die auf dem FED Modell aufbauen, schlagen sich in höheren Renditen nieder. Dabei ist die aktive Entscheidung nicht risikoreicher als die passive, da in beiden Fällen der durchschnittliche Aktienanteil gleich hoch ist. Wird das passive Entscheidungskalkül als die Benchmark angesehen, kann der Tracking Error des aktiven Entscheidungskalküls dazu berechnet werden. Dieser liegt bei 5,3 % p.a., so dass sich durch die aktive Asset Allocation eine Information Ratio von 56 % ergibt. Wird das Sharpe Ratio als alternativer Performancemaßstab herangezogen, dann zeigt sich ebenfalls der positive Einfluss der aktiven Asset Allocation Entscheidung auf Basis des FED Modells. So liegt das Sharpe Ratio im aktiven Fall mit 0,83 deutlich über dem passiven Fall mit 0,61.

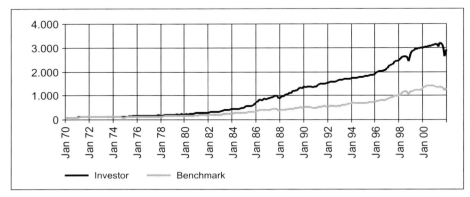

Abb. 7: Vermögensaufbau eines Investors, der eine aktive Asset Allocation auf Basis des FED Modells vornimmt im Vergleich zu seiner Benchmark.

4.5 FED Modell und Risikoprämie

Das FED Modell ist ein einfaches Modell zur Beurteilung der Attraktivität der Aktienmärkte. Es stellt sich deswegen die Frage, ob es die Realität zu stark vereinfacht. Denn im FED Modell werden zwei wichtige Eigenschaften der Aktienanlage nicht explizit berücksichtigt:

▶ Aktien sind im Gegensatz zu Renten risikoreicher,
▶ Aktien können im Gegensatz zu Renten die Ausschüttungen steigern.

4.5.1 Der Kapitalmarkt fordert von den Aktien eine Risikoprämie

Das erhöhte Risiko von Aktien macht sich in einer Risikoprämie bemerkbar, die dazu führt, dass Anleger für Aktien im Durchschnitt eine höhere Rendite fordern und sie auf lange Sicht auch erreichen. Diese Risikoprämie sollte dazu führen, dass die Bewertung von Aktien tendenziell niedriger ist als bei Renten. Eine Risikoprämie ist im FED Modell jedoch nicht berücksichtigt. Aktien können im Gegensatz zu Renten die Gewinne und damit die Ausschüttungen an den Investor steigern, eine Wachstumsprämie ist im FED Modell jedoch nicht eingepreist. Die Wachstumsprämie sollte dazu führen, dass die Bewertung von Aktien tendenziell höher als die von Renten ist. Beide Effekte wirken in unterschiedliche Richtung und durch das Gleichsetzen des Aktien KGV und des Renten KGV nimmt das FED Modell implizit an, dass beide Effekte in ihrer Größenordnung gleich sind. Der nun folgende Abschnitt zeigt, wie die Risikoprämie bestimmt werden kann, die sich auf Grund der Preise ergibt.

Das theoretisch richtige Modell zur Bewertung von Aktien ist das Cashflow-Diskontierungsmodell. Danach setzt sich der Kurs K einer Aktie wie folgt zusammen:

(1) $$K = \sum_{\tau=1}^{\infty} \frac{D_\tau}{(1+R_{Aktien})^\tau}$$

K ist der heutige Kurs einer Aktie, D_τ ist die erwartete Dividende in Periode τ, R_{Aktien} ist die erwartete Rendite der Aktien. Die erwartete Rendite der Aktien R_{Aktien} kann mit der Rendite der Renten $R_{10\,Jahre}$ verglichen werden. Die Differenz zwischen den beiden Renditen ist als Risikoprämie π bekannt:

(2) $$\pi = R_{Aktien} - R_{10\,Jahre}.$$

Die Risikoprämie spiegelt die Überrendite der Aktien gegenüber den Renten wider. Je höher die Risikoprämie ist, desto attraktiver sind die Aktien und desto größer ist der Vermögenszuwachs. An folgendem Beispiel wird dieser Sachverhalt illustriert.

Abbildung 8 zeigt, wie sich eine unterschiedlich hohe Risikoprämie über verschiedene Zeithorizonte auf die Vermögensentwicklung auswirkt. Es wird untersucht, wie stark ein Startvermögen von 100 Euro nach 1, 5, und 10 Jahren angewachsen ist. In der Abbildung wird unterstellt, dass das langfristige Zinsniveau $R_{10\,Jahre}$ bei 6 % liegt. Sie stellt die risikolose Alternative dar. Bei einem langfristigen Zinsniveau von 6 % steigt nach zehn Jahren ein Vermögen von 100 Euro auf 179 Euro. Für die Risikoprämie werden verschiedene Szenarien zwischen 1 % und 8 % angenommen. Für eine Risikoprämie von 4 % ist nach zehn Jahren das Startvermögen auf 259 Euro bei einer Aktienanlage gegenüber 179 Euro bei einer Rentenanlage angewachsen. Dieser stärkere Anstieg kommt durch den Zinses-Zinseffekt der durch die Risikoprämie höheren Aktienrendite. Mit zunehmender Zeit setzt sich dieser immer stärker durch.

	Zins	Risikoprämie							
	6 %	1 %	2 %	3 %	4 %	5 %	6 %	7 %	8 %
Startvermögen	100								
Endvermögen nach 1 Jahr	106	107	108	109	110	111	112	113	114
nach 5 Jahren	134	140	147	154	161	169	176	184	193
nach 10 Jahren	179	197	216	237	259	284	311	339	371

Abb. 8: Einfluss der Risikoprämie auf den Vermögenszuwachs

4.5.2 Ist die Höhe der Risikoprämie gerechtfertigt?

Die Risikoprämie π ist die Prämie, die der Kapitalmarkt aktuell bezahlt. Es stellt sich jedoch die Frage, ob der Kapitalmarkt die Risiken zu jedem Zeitpunkt richtig bewertet. Oder ist es vielleicht vielmehr der Fall, wie es Alan Greenspan 1996 mit dem Hinweis auf den irrationalen Überschwang andeutete, dass Aktien temporär falsch bewertet werden und dementsprechend auch Risiken falsch bewertet werden. Dies würde bedeuten, dass der augenblickliche Preis des Risikos in Form der Risikoprämie π nicht gerechtfertigt ist. Dementsprechend muss eine Evaluierung der Risikoprämie erfolgen, um zu entscheiden, ob sie zu niedrig oder zu hoch liegt. Die Differenz zwischen der aus Marktpreisen zu beobachtenden Risikoprämie π und der gerechtfertigen Risikoprämie $\pi_{gerechtfertigt}$ ist die Fehlbewertung in der Risikoprämie $\pi_{Fehlbewertung}$:

$$\pi = \pi_{gerechtfertigt} + \pi_{Fehlbewertung}$$

Die Auswirkungen in der Fehlbewertung der Risikoprämie werden an folgendem Beispiel illustriert. Angenommen sei, dass die gerechtfertigte Risikoprämie $\pi_{gerechtfertigt}$ bei 4 % liegt. Der langfristige Zins liegt bei 6 %. Für eine Aktie, die eine Dividende von 5 Euro ausschüttet, wird ein Dividendenwachstum von 6 % erwartet. Mit der Annahme eines konstanten Dividendenwachstums verändert sich die Cashflow-Diskonttierungsgleichung (1) wie folgt:

$$(3) \quad K = \sum_{\tau=1}^{\infty} \frac{D_\tau}{(1+R_{Aktien})^\tau} = \frac{D}{R_{Aktien} - g}$$

Damit ergibt sich ein fairer Preis von

$$K = \frac{D}{R_{Aktien} - g} = \frac{5}{6\% + 4\% - 6\%} = 125$$

Liegt dagegen die vom Markt bezahlte Risikoprämie unter der gerechtfertigten, beispielhaft werden 3 % angenommen, liegt der Kurs höher:

$$K = \frac{D}{R_{Aktien} - g} = \frac{5}{6\% + 3\% - 6\%} = 166$$

Der Kurs liegt mit 166 über dem gerechtfertigten Kurs von 125, weil der Markt das Risiko zu teuer bezahlt. Liegt dagegen die vom Markt bezahlte Risikoprämie über der gerechtfertigten, beispielhaft werden 5 % unterstellt, liegt der Kurs unter dem gerechtfertigten:

$$K = \frac{D}{R_{Aktien} - g} = \frac{5}{6\% + 5\% - 6\%} = 100$$

Der Kurs liegt mit 100 unter dem gerechtfertigten von 125, weil der Markt das Risiko zu billig bezahlt.

Das FED Modell setzt an die faire Risikoprämie folgende Bedingung:

$$\pi_{\text{gerechtfertigt}} = R_{10\,\text{Jahre}}\,(q - 1) + g$$

g ist dabei die Ausschüttungsquote der Aktie.

Für diesen Zusammenhang gibt es keine theoretisch fundierte Annahme. Die Ergebnisse des letzten Abschnittes zeigen jedoch, dass unter empirischen Gesichtspunkten dieser Zusammenhang approximativ gilt.

Was sagt die Wissenschaft zu den Determinanten einer gerechtfertigten Risikoprämie? Diese Frage wird in der Finanzierungs- und Kapitalmarkttheorie seit langer Zeit diskutiert, ein allgemein akzeptiertes Konzept hat sich bisher jedoch noch nicht herausgebildet. Die verschiedenen Ansätze sollen an dieser Stelle nur skizziert werden, ohne auf Detailproblematiken einzugehen. Der interessierte Leser sei an die Originalliteratur verwiesen.

Im Wesentlichen hängt die Risikoprämie von den verschiedenen Präferenzen des Investors ab. Bei den Determinanten der Risikoprämie steht die Risikopräferenz im Vordergrund. Die Risikopräferenz gibt an, wie ein Investor unter Unsicherheit entscheidet. Hat ein Investor die Wahl zwischen einem sicheren Geldbetrag von 1.000 Euro (Alternative A) und einer 10 % Wahrscheinlichkeit auf 10.000 Euro und einer 90 % Wahrscheinlichkeit auf 0 Euro (Alternative B, welche den gleichen Erwartungswert von 1.000 Euro wie Alternative A hat), dann zeigt seine Wahl seine Risikopräferenz. Ein risikofreudiger Investor wird vielleicht sein Glück herausfordern und die Alternative B wählen. Ein risikoscheuer Investor wird dagegen eher die Alternative A wählen, die ihm die sicheren 1.000 Euro gibt. Er handelt gemäß dem Motto „Ein Spatz in der Hand ist besser als eine Taube auf dem Dach". Die Risikoeinstellung wird im Allgemeinen mit dem Risikoaversionskoeffizienten gemessen. Die Risikoaversion wird im Zeitablauf als stabil angesehen. Wenn sie sich verändert, geschieht dies meist in langen Zeiträumen.

Neuere Entwicklungen in der Wissenschaft modellieren die Risikoaversion allerdings abhängig vom zeitlichen Verlauf der wirtschaftlichen Situation. In Zeiten wirtschaftlichen Aufschwungs sinkt die Risikoaversion. Investoren sind bereit, höhere Risiken einzugehen. Die Nachfrage nach Risiko führt zu einer sinkenden Risikoprämie. In Rezessionsphasen dagegen steigt die Risikoaversion und die Bereitschaft Risiken zu tragen, ist dementsprechend gering. Als Folge steigen Risikoprämien an. Risikobehaftete Assetklassen müssen also eine höhere Überrendite versprechen, damit Investoren bereit sind, diese zu kaufen. Diese Modellierung der Risikoaversion steckt jedoch noch in den Anfängen und die aktuellen Möglichkeiten zur Beschreibung von Aktienrisikoprämien sind dementsprechend noch gering.

Die Risikopräferenz ist die wichtigste Präferenz, die in der Finanzierungs- und Kapitalmarkttheorie berücksichtigt wird. Jedoch zeigen neuere Entwicklungen der wissenschaftlichen Forschung, dass die Risikopräferenz nicht ausreichend ist, um das

Entscheidungsverhalten von Investoren vollständig zu beschreiben. So zeigen die Erkenntnisse der Behavioral Finance, dass über das Risiko hinaus weitere Präferenzen eine Rolle spielen. So werden Verluste stärker wahrgenommen als Gewinne (Verlustaversion) und Investoren denken in mentalen Konten.

Aktienanlagen schwanken in ihrer Wertentwicklung in der Regel stark. Dementsprechend ist das Risiko, dass kurzfristig Verluste anfallen können, sehr hoch. Bewertet ein Investor diese (kurzfristigen) Verluste stärker als Gewinne, misst der Investor den Aktien einen geringeren Nutzen bei. Dementsprechend müssen Aktien im Durchschnitt eine höhere Risikoprämie aufweisen, um sie wieder attraktiver zu machen. Verlustaversion führt also zu einer höheren Risikoprämie.

Die Beobachtung, dass Investoren in mentalen Konten denken, ist ebenfalls weit verbreitet. Wenn ein Investor in mentalen Konten denkt, dann nimmt er die Rendite seines Portfolios nicht als Gesamtergebnis wahr, sondern er bewertet die Rendite jedes Wertpapiers einzeln. Bei Unterstellung von Verlustaversion ist der Nutzenrückgang eines im Verlust liegenden Wertpapiers höher als der Nutzenzuwachs eines im Gewinn liegenden Wertpapiers („Der Ärger über eine Aktie im Verlust ist höher als die Freude über eine Aktie im Gewinn"). Damit kann der Nutzen, der sich über alle mentalen Konten ergibt, negativ sein, obwohl das Gesamtportfolioergebnis positiv ist. Barberis und Huang zeigen, wie der Effekt der mentalen Konten und der Verlustaversion modelliert werden können.

Die Modellierung der Risikopräferenz, die Verlustaversion und mentale Konten sind drei Faktoren, die die Risikoprämie der Aktien beeinflussen können. Als Folge davon sind Risikoprämien im Zeitablauf nicht konstant. Damit schwankt der Preis des Risikos, sei es durch die gesamtwirtschaftliche Situation oder durch psychologische Faktoren. Für einen an der aktiven Asset Allocation interessierten Investor ist die Thematik der Risikoprämie ein wichtiges Gebiet und die aktuellen Forschungsergebnisse und die Diskussion in der Literatur und Praxis lassen für die Zukunft weitere, viel versprechende Erklärungsmöglichkeiten erwarten. Insbesondere die für einen Investor interessante Fragestellung, welches ist die heute relevante Risikoprämie, wird die Forschung zu beantworten haben.

Im nächsten Abschnitt wird ein erster pragmatischer Ansatz zur Bestimmung der gerechtfertigten Risikoprämie vorgestellt, mit welchem deutlich wird, welche Potentiale sich ergeben können, wenn die Asset Allocation Strategie auf der Risikoprämie aufgebaut wird. Das prinzipielle Vorgehen sieht dabei folgendermaßen aus: Die Assetklasse Aktien wird dann übergewichtet, wenn sie eine überdurchschnittliche Risikoprämie verspricht. Entsprechend wird sie dann untergewichtet, wenn die eingepreiste Risikoprämie unter dem gerechtfertigen Niveau liegt. Eine solche Strategie folgt dem Motto: Kaufe Risiken dann, wenn sie günstig sind und verkaufe Risiken, wenn sie teuer sind. Eine grafische Visualisierung eines solchen Vorgehens zeigt Abbildung 9.

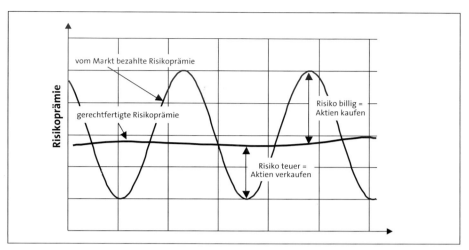

Abb. 9: *Verlauf einer hypothetischen Risikoprämie von Aktien und Implikationen für die aktive Asset Allocation.*

4.5.3 Eine verfeinerte Asset Allocation Strategie auf Basis der Risikoprämie

Für die Bestimmungsgröße der gerechtfertigten Risikoprämie ergibt sich für die Wissenschaft auch in Zukunft großes Potential, welches von hohem Interesse bei den Investoren sein wird. Die Problematik, dass die gerechtfertigte Risikoprämie nicht beobachtbar ist, wird in diesem Kapitel folgendermaßen gelöst. Es wird angenommen, dass im langfristigen Durchschnitt die Aktien richtig bewertet sind. Damit wird unterstellt, dass der Preis des Risikos langfristig konstant ist. Kurzfristig kann jedoch der Preis des Risikos von seinem langfristigen Durchschnitt abweichen, so dass das Risiko temporär einen falschen Preis hat. Folgendes Beispiel verdeutlicht die grundsätzliche Vorgehensweise. Am Aktienmarkt wird aktuell eine Risikoprämie von 4 % beobachtet. Das langfristige Mittel der Risikoprämie (und damit das gerechtfertigte Niveau) liegt bei 5 %. Damit liegt die Risikoprämie um 1 % zu niedrig und der Aktienmarkt ist entsprechend zu teuer. Für einen an der Asset Allocation Frage interessierten Investor ergibt sich damit die Implikation, dass er in seinem aktiven Entscheidungsrahmen die Assetklasse Aktien entsprechend untergewichtet. Das Risiko der Aktien ist zu teuer.

Da die aktuelle Risikoprämie nicht direkt beobachtbar ist, muss sie mit der Gleichung (1) oder einer verfeinerten Version (siehe unter anderem www.fifam.de) geschätzt werden. Jede Schätzung birgt jedoch die Gefahr in sich, dass sie falsch sein kann. Um der Fehlerproblematik Vorschub zu leisten, werden Bänder um die historische Risikoprämie gelegt. Die Breite der Bänder richtet sich einerseits danach, wie genau die Risikoprämie gemessen werden kann, andererseits welches Risiko ein Investor bei seiner Asset Allocation Entscheidung eingehen möchte, d.h. wie ein Investor sein Risikobudget ausfüllen möchte. Abbildung 10 zeigt den historischen Verlauf der Risikoprämie der europäischen Aktien der letzten 30 Jahre und exemplarisch verschiedene Bänder. Die Bänder geben das Investitions- und Entscheidungsverhalten eines Investors wider, dessen Asset Allocation ein aktiver Prozess ist. Das mittlere Band schwankt zwischen 0,9 % und 3,4 %. In diesem Band wird eine neutrale Asset Allocation vorgenommen, d.h. die Asset Allocation entspricht der Benchmark. Im Bereich zwischen 3,4 % und 4,6 % werden die Aktien leicht übergewichtet, über 4,6 % werden die Aktien stark übergewichtet. Zwischen 0,9 % und –0,3 % werden die Aktien leicht untergewichtet, unter –0,3 % werden die Aktien stark untergewichtet. Aus der Abbildung ist zu entnehmen, dass im Durchschnitt eine neutrale Gewichtung der Asset Allocation vorgenommen wird. Die Strategie entspricht also eher einem risikoaversen Investor. Die Risikoeinstellung des Investors kann dadurch berücksichtigt werden, dass die Bänder enger gezogen werden. In Abbildung 10 würde dies bedeuten, dass das neutrale Band statt zwischen 0,9 % und 3,4 % auf z.B. auf 1,4 % und 2,9 % eingeengt wird. Des Weiteren lässt sich die Risikoeinstellung dadurch steuern, dass das Ausmaß der Übergewichtung bei einer leichten und starken Übergewichtung variiert wird. So kann z.B. eine leichte Übergewichtung bei 5 %, 10 % oder 25 %, während eine starke Übergewichtung bei 10 %, 20 % oder 50 % liegen kann. Mit diesen beiden Parametern, der Bandbreite und dem Ausmaß der Übergewichtung lässt sich die Risikoeinstellung eines Investors flexibel steuern.

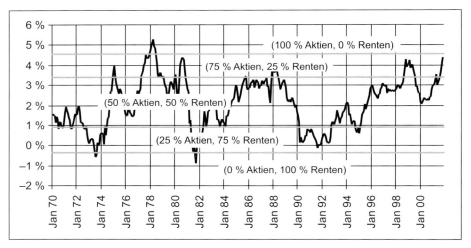

Abb. 10: Verlauf der beobachteten Risikoprämien von Aktien und Implikationen für die aktive Asset Allocation

Für die folgende Simulationsrechnung einer aktiven Asset Allocation auf Basis der Risikoprämie sei angenommen, dass der unterstellte Investor recht weite Bänder setzt, jedoch das Ausmaß der Übergewichtungen recht hoch wählt. Dieses Vorgehen entspricht einem Investor, der großes Vertrauen in die Prognosesignale setzt, aber nur eine moderat aktive Asset Allocation wünscht. Seine strategische Benchmark beträgt im ersten Fall 50 % Aktien und 50 % Cash, im zweiten Fall 50 % Aktien und 50 % Renten. Im Einzelnen sieht sein Entscheidungsschema für die Assetklasse Aktien wie folgt aus:

- $\pi < -0{,}3\ \%$: Aktien werden um 50 % untergewichtet,
- $-0{,}3\ \% < \pi < 0{,}9\ \%$: Aktien werden um 25 % untergewichtet,
- $0{,}9\ \% < \pi < 3{,}4\ \%$: Aktien werden neutral gewichtet,
- $3{,}4\ \% < \pi < 4{,}6\ \%$: Aktien werden um 25 % übergewichtet,
- $\pi > 4{,}6\ \%$: Aktien werden um 50 % übergewichtet.

Mit diesem Entscheidungsschema werden für die beiden unterstellten strategischen Benchmarks folgende Performanceergebnisse erzielt:

Benchmark	Asset Allocation	Benchmark-rendite	SR	TE	IR
50 % Cash/50 % Aktien	Passiv	8,30 %	57 %		
	Aktiv	11,40%	78 %	5,12 %	60 %
50 % Renten/50 % Aktien	Passiv	10,00 %	73 %		
	Aktiv	13,40 %	96 %	4,96 %	69 %

Abb. 11: Vergleich von Performanceergebnissen zwischen passiven und aktiven Asset Allocation Strategien

Im Fall einer Benchmark von 50 % Cash und 50 % Aktien erzielt die aktive Asset Allocation Strategie eine Überrendite von 3,1 % bei einem Tracking Error von 5,12 %. Dadurch ergibt sich eine deutlich positive Information Ratio von 60 %. Die Sharpe Ratio liegt mit 78 % ebenfalls über der Benchmark mit 57 %. Ähnliche Ergebnisse sind bei einer Benchmark mit 50 % Renten und 50 % Aktien zu beobachten. Es wird eine Überrendite von 3,4 % erzielt, wobei der Tracking Error 4,96 % beträgt. Damit liegt die Information Ratio mit 69 % sogar noch etwas höher. Auch die Sharpe Ratio übertrifft mit 96 % die der Benchmark mit 73 % deutlich. Diese Ergebnisse zeigen, dass sich auf Basis der Risikoprämie aktive Asset Allocation Strategien strukturieren lassen, die eine deutliche Überrendite zeigen. Diese Strategien lassen sich durch ihre Parameterwahl auf die Risikoeinstellung des Investors anpassen.

4.6 Zusammenfassung

Dieser Beitrag hat das FED Modell im Hinblick auf seine Integration in einen aktiven Asset Allocation Prozess diskutiert. Das FED Modell bietet eine einfache Möglichkeit, insbesondere den Aktienanteil in der Asset Allocation zu steuern. Jedoch hat das Modell einige Schwächen. So wird nicht berücksichtigt, dass Aktien im Gegensatz zu

Renten im Allgemeinen ein höheres Risiko aufweisen. Des Weiteren weisen Aktien im Durchschnitt steigende Gewinne aus, die ebenfalls in dem Modell keine Beachtung finden. Mit einem Cashflow-Diskontierungsmodell lassen sich diese Schwächen jedoch beheben. Aus diesem Ansatz ergibt sich die Risikoprämie der Aktien gegenüber den Renten als entscheidende Steuerungsgröße. Ein Vergleich der Risikoprämie, die sich aus den aktuellen Marktpreisen ergibt, mit den gerechtfertigten Risikoprämien ergibt ein Steuerungstool für die Asset Allocation. Auch wenn die Forschung auf dem Gebiet, was die gerechtfertigte Risikoprämie von Aktien ein „Dauerbrenner" in der Praxis und in der Wissenschaft ist, hat sich bisher kein Konsensus über eine geeignete Methode herauskristallisiert. Mit einem pragmatischen Ansatz wurde in diesem Artikel die Problematik, was die gerechtfertige Risikoprämie ist, gelöst. Dieser Ansatz wurde in eine aktive Asset Allocation Strategie integriert und zeigte, welches Potential sich durch die Risikoprämie als Entscheidungstool erreichen lässt. Weitere Forschungen in diesem Gebiet sind auch vor dem Hintergrund, dass die Asset Allocation eine wichtige Determinante der Altersvorsorge ist, für ein breites Publikum von hohem Interesse.

Literaturhinweise

Barberis, N./Huang, M.: Mental accounting, loss aversion, and individual stock returns, in: Journal of Finance, 2001, 56, S. 1247–1295.

Benartzi, S./Thaler, R.: Myopic loss aversion and the equity risk premium puzzle, in: Quarterly Journal of Economics, 1995, 110, S. 73–92.

Board of Governors of the Federal Reserve System: Monetray Policy Report to the Congress Pursuat to the Full Employment and Balanced Growth Act of 1978, 22.07.1997.

Campbell, J. Y./Cochrane, J. H.: By force habit: A consumption-based explanation of aggregate stock market behavior, in: Journal of Political Economy, 1999, 107, S. 205–251.

Cornell, B.: The equity risk premium, John Whiley & Sons Inc., New York 1999.

Kahneman, D. A./Tversky: Prospect theory: An analysis of decision under risk, in: Econometrica, 1979, 47, 263–291.

Siegel, J.: Stocks for the long run, McGraw Hill, New York 1998.

Thaler, R.: Towards a positive theory of consumer choice, in: Journal of Economic Behavior and Organization, 1980, 1, S. 39–60.

5 Entscheidungsbaumanalyse für die Asset Allocation

*von Chee Ooi, Keith Miler, Parameswaran Priya,
Manolis Liodakis, Stavros Siokos*

In den letzten Jahren sind zahlreiche quantitative Modelle für die Bewertung von Asset Allocation Entscheidungen entwickelt worden. Ein viel versprechender Ansatz liegt dabei in der Entscheidungsbaumanalyse, dessen Grundmodell Breimann et al. 1984 entwickelten. Erste Anwendungen des Verfahrens konzentrierten sich auf die medizinische Diagnostik und Prognose. In jüngerer Zeit hat das Verfahren auch in den Bereichen Operations Research und Finanzmarktanwendungen zunehmende Beachtung gewonnen. In diesem Kapitel werden einerseits die Ergebnisse unseres Entscheidungsbaumverfahrens bei der Modellierung eines Asset Allocation Entscheidungsproblems (Aktien vs. Cash) vorgestellt, und andererseits, wie die Methodik als Tool zur Entscheidungsunterstützung bei der Aktienauswahl genutzt werden kann. Das Ziel dieser Modelle ist es, die Wahrscheinlichkeiten zu ermitteln, dass die Alternativen im Markt „outperformen", „underperformen" oder „neutral" sind.

5.1 Entscheidungsbaumanalyse und CART

Die Entscheidungsbaumanalyse ist ein statistischer Algorithmus, der auf der Basis eines Systems von Wenn-dann-Regeln vorgeht. Wenn-dann-Regeln sind ein Weg zur Analyse komplexer Probleme unter Unsicherheitsbedingungen. Die Methode, die wir in diesem Kapitel vorstellen, wird CART genannt – eine Abkürzung für „Classification and Regression Trees". CART ist ein Tool zur Verbesserung der Prognosequalität und nutzt eine Technik, die als Sonderfall rekursiv-partitionierender Algorithmen (RPA) als binär-rekursive Partitionierung bezeichnet wird. Der Terminus „binär" zeigt an, dass Daten immer in zwei Partitionen aufgeteilt werden. Da die entstandenen Partitionen ihrerseits wiederum in Sub-Partitionen aufgeteilt werden können, wird das Verfahren als „rekursiv" bezeichnet.

Die Anwendung von CART lässt sich gut anhand einer viel beachteten Studie illustrieren, die vom San Diego Medical Centre der University of California durchgeführt wurde. Die Studie versuchte, das Risiko eines zweiten Herzinfarktes und frühen Todes innerhalb der ersten 30 Tage nach der Diagnose eines ersten Herzinfarktes zu bestimmen. Aus 19 grundsätzlich für die Analyse in Frage kommenden Variablen legte CART nahe, dass 3 Faktoren für die Problemstellung geeignet seien. Die abhängige Variable war kategorial skaliert (Überleben/Tod), und somit konnte ein Klassifikationsbaum (im Gegensatz zu einem Regressionsbaum) erstellt werden (Abbildung 1).

Die Analyse legte nahe, dass bei einem Blutdruck von weniger oder genau 91 die Überlebenschance des Patienten gering war. War der Blutdruck dagegen höher als 91 und der Patient höchstens 62 Jahre alt, waren die Überlebenschancen sehr hoch. Bei

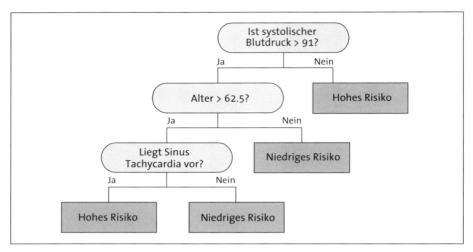

Abb. 1: Beispiel der CART-Anwendung auf Patienten

Patienten, deren Blutdruck über 91 lag und die über 62 Jahre alt waren, hing die Überlebenswahrscheinlichkeit vom Ausmaß des Herzmuskelschwundes ab.

Der Hauptzweck der Darstellung eines Problems in einer Baumstruktur liegt darin aufzudecken, welche Variablen und Variablen Interaktionen das beobachtete Phänomen bestimmen. Der Baum besteht im Kern aus einer Menge von Wenn-dann-Regeln, die bei Vorliegen einer Liste entsprechender Messungen vorhersagen, welcher Klasse ein bestimmter Fall zugeordnet wird.

Der vorgestellte Ansatz bietet gegenüber traditionellen Prognosemethoden eine Reihe von Vorteilen:

▶ Er generiert eine leicht verständliche und leicht interpretierbare Baumstruktur. Er ist keine Black Box, so dass wir nachvollziehen können, warum eine bestimmte Beobachtung einer bestimmten Klasse zugeordnet wurde.

▶ Die Methode erlaubt uns, Daten auf einer bedingten Basis zu bearbeiten und priorisiert somit die relevantesten Faktoren. Sie kann mit der Anwendung der Bayes-Regeln verglichen werden, welche der abhängigen Variablen vorrangige Wahrscheinlichkeiten zuordnen.

▶ Für CART ist im Vorhinein keine Variablenauswahl notwendig – im obigen Beispiel wurden, obwohl 19 Variablen in die Analyse einflossen, nur drei Variablen für Vorhersagezwecke genutzt.

▶ Es berücksichtigt Nicht-Linearität der Daten. Als Beispiel kann hier die Zinskurve und ihr Einfluss auf die Asset Allocation Entscheidung dienen: Eine abwärts geneigte Zinskurve mag als für die Kapitalmärkte negativ angesehen werden. Zugleich ist aber eine sehr stark ansteigende Zinskurve nicht notwendigerweise positiv für die Kapitalmärkte. CART ist grundsätzlich geeignet, solche Fälle zu erfassen, weil es Nicht-Linearität der Daten berücksichtigt.

Beispielsweise mag ein Kardiologe seine Einschätzung zum relativen Herzinfarktrisiko eines Patienten auf einer Folge hierarchischer Entscheidungen aufbauen. Einige Aspekte, wie der Blutdruck oder das Alter des Patienten sind offensichtlich wichtiger als andere und werden als erstes betrachtet. Andere Faktoren dagegen mögen eine geringere direkte Relevanz haben, könnten aber unter spezifischeren Bedingungen zu signifikanten Determinanten des Herzinfarktrisikos werden. So könnte der Kardiologe den Cholesterin-Spiegel des Patienten z.B. nur dann einer näheren Betrachtung unterziehen, wenn der Blutdruck abnormal hoch ist. Dieser Entscheidungsprozess, in dem verschiedene Determinanten in einem hierarchischen Gefüge von Wenn-dann-Regeln miteinander interagieren, ist ein Entscheidungsbaum.

Zahlreiche fundamental orientierte Investmentstrategen nutzen bei der Formulierung ihrer Meinungen zu den Aktienmärkten implizit offensichtlich eine ähnliche Form hierarchischer Entscheidungsregeln. Ihre Entscheidungsprozesse haben sich dabei im Laufe der Jahre durch Erfahrung und persönliche Intuition entwickelt. Diese „intuitiven" Entscheidungsregeln haben häufig ad-hoc-Charakter und sind immer persönlichen Verzerrungen und emotionalen Einflüssen unterworfen.

Auf der anderen Seite bevorzugen quantitativ orientierte Investmentstrategen traditionellerweise einen systematischeren Entscheidungsansatz. Viele von ihnen verlassen sich bei der Modellierung der Aktienmarkt-Perfomance auf die Regressionsanalyse. Einer der Nachteile regressionsanalytischer Verfahren liegt jedoch darin, dass sie sich ausschließlich an Durchschnitten orientieren; denn es ist im regressionsanalytischen Ansatz angelegt, dass erklärende Variablen und Regressionskoeffizienten sich per se auf Durchschnitte beziehen. Lineare Ansätze machen es zudem schwierig, Interaktionen und Abhängigkeitsbeziehungen zwischen den Variablen zu erfassen.

5.2 US-Aktienmarkt versus Cash

Um den geschilderten Beschränkungen traditioneller Analyseverfahren zu begegnen, wenden wir uns bei der Modellierung des US-Marktes der Entscheidungsbaumanalyse zu. Dabei wenden wir die Entscheidungsbaumanalyse auf historische Marktdaten an und entwickeln ein hierarchisches System von Wenn-dann-Regeln. Das Ergebnis ist ein Modell, das realitätsnahe Entscheidungsprozesse simuliert und dabei in der Lage ist, nicht-lineares Verhalten, Interaktionen zwischen Variablen und Abhängigkeitsbeziehungen im Aktienmarktgeschehen abzubilden.

Der Einfluss der Bedingungen

Der grundlegende Vorteil der Entscheidungsbaumanalyse liegt darin, dass sie die Prüfung von Beziehungen auf Basis von Bedingungen erlaubt. Um den Einfluss von Bedingungen zu veranschaulichen, betrachten wir den „relativen Wert", eine der gebräuchlichsten Variablen in traditionellen taktischen Asset Allocation Modellen; diesen definieren wir als die Gewinnrendite aus dem S&P 500 abzüglich der Rentenrendite. Ein hoher relativer Wert ist ein Indikator für eine hohe Aktienmarkt-Performance in der Zukunft. Diese Variable wird üblicherweise als mean-reverting und infolgedessen als Prädikat für die Markt-Performance gesehen. Seit den frühen 50er Jahren zeigte der relative Wert eines Vormonats nur einen schwachen statistischen Zusammenhang zu den S&P-500-Überrenditen des Folgemonats; die monatliche Korrelation dieser beiden Variablen liegt bei lediglich 0,08.

Unabhängig vom oben skizzierten Zusammenhang nehmen wir an, dass sich Investoren nur in Zeiten eines schwachen Marktumfeldes dem relativen Wert als Indikator zuwenden. Zugleich ist die relative Performance der Aktien kleiner Unternehmen ein guter Indikator für die Stärke einer Volkswirtschaft. Deshalb beziehen wir die Anwendung des relativen Wertes auf das Premium-Segment von „Small-cap-Aktien". Wenn sich die relative Performance von „Small-cap-Aktien" im geringsten Dezil befindet, springt die Korrelation zwischen relativem Wert und den folgenden Marktüberrenditen auf 0,26. Diese bedingte Beziehung zwischen relativem Wert und S&P-500-Überrenditen wäre mit traditionellen Modellen nicht vollständig erfasst worden. Die Fähigkeit, solche bedingten Beziehungen über mehrere Variablen hinweg gleichzeitig aufzudecken, macht die Entscheidungsbaumanalyse zu einem so leistungsfähigem Instrument.

5.2.1 Schätzung des Baums

Da die Entscheidungsbaumanalyse sehr gut geeignet ist, verborgene Beziehungen zwischen Daten aufzudecken, erfordert sie eine besondere Sorgfalt bei der Auswahl erklärender Variablen. Unser Modell nutzt lediglich solche Variablen, deren Einfluss auf die Aktienrendite theoretisch untermauert ist (vgl. Abbildung 2). Ein weiteres Schlüsselmerkmal unserer Analyse liegt darin, nur Kapitalmarktdaten und keine staatlichen oder privaten Statistiken zu nutzen, um Prognosen an jedem beliebigen Tag anfertigen zu können, ohne auf periodisch veröffentlichte Daten warten zu müssen.

Um verschiedene Konjunkturzyklen bewerten zu können, nutzen wir Daten bis zurück in das Jahr 1954. Wir unterteilen die abhängige Variable, S&P-Gesamtrendite abzüglich T-bill-Gesamtrendite in drei diskrete Kategorien ein: „underperfomance", „outperfomance" oder „neutral". Mit Hilfe unserer Menge erklärender Variablen versuchen wir, die Rendite des Folgemonats zu klassifizieren, d.h. die Wahrscheinlichkeit zu prognostizieren, dass die abhängige Variable in eine der drei Kategorien fällt.

Variable	Definition
Zinskurve 1	Langfristiger Zins minus drei Monatszins
Kredit Spread	Zinsdifferenz Baa minus Staatsanleihen
Aktienrisikoprämie	S&P-500-Rendite minus drei Monatszins
Relative Bewertung	S&P-500-Gewinnrendite minus langfristiger Zins

Abb. 2: Liste erklärender Variablen

Wegen der Rückkaufpläne des US-Finanzministeriums und ihrem Einfluss auf die Kreditmärkte haben wir unseren Begriff Strukturfaktor umdefiniert in das Verhältnis von langfristigen AAA-Unternehmen und dreimonatigen T-bills. Für den Zweck dieses Artikels behalten wir aber unsere Originaldefinition bei, um konsistent mit unseren ursprünglichen Backtests zu sein.

Obwohl der tatsächliche Schätzungsprozess mathematisch komplex ist, ist das dahinter liegende Grundprinzip recht einfach. Zu Beginn versuchen wir, die abhängige Variable in zwei in sich jeweils möglichst homogene Gruppen einzuteilen. Die Unterteilung wird mittels der Festlegung eines kritischen Niveaus für eine erklärende Variable bewerkstelligt, das über die Einteilung der abhängigen Variablen entscheidet. Als Beispiel kann der in Abbildung 3 dargestellte Klassifikationsbaum dienen. Die erste Unterteilung der abhängigen Variablen wird anhand der Zinskurve vorgenommen. Wenn die Zinskurve „steil bis normal" verläuft, fällt die abhängige Variable in den meisten Fällen in die Kategorie „outperformance" (rechter Ast des Klassifikationsbaums, Abbildung 3). Verläuft die Zinskurve „niedriger als normal" (linker Ast des Klassifikationsbaums), erhalten wir eine Untergruppe von Ereignissen, die die abhängige Variable vorwiegend der „underperformance"-Kategorie zuordnet. Aber die beiden ersten Sub-Kategorien sind letztlich nicht vollständig homogen und können weiter verfeinert werden.

Im Rahmen des weiteren Verfahrens werden die entstandenen Untergruppen mit Hilfe des Entscheidungsbaum-Algorithmus immer weiter in detailliertere, statistisch unterscheidbare Subgruppen eingeteilt, bis die statistische Homogenität der entstehenden Subgruppen nicht mehr weiter verbessert werden kann. Die daraus resultierende Hierarchie erklärender Variablen ist diejenige, die die geringste Miss-Klassifikations-Rate für den gesamten Baum generiert. Das letztendliche Resultat dieses Prozesses ist eine baumstrukturierte Hierarchie nicht-linearer Wenn-dann-Regeln, wobei jede Regel von den vorangehenden Regeln bedingt wird. Das Endergebnis unseres Baums ist eine Menge von Wahrscheinlichkeiten mit denen jeder der drei Zustände der abhängigen Variablen eintritt.

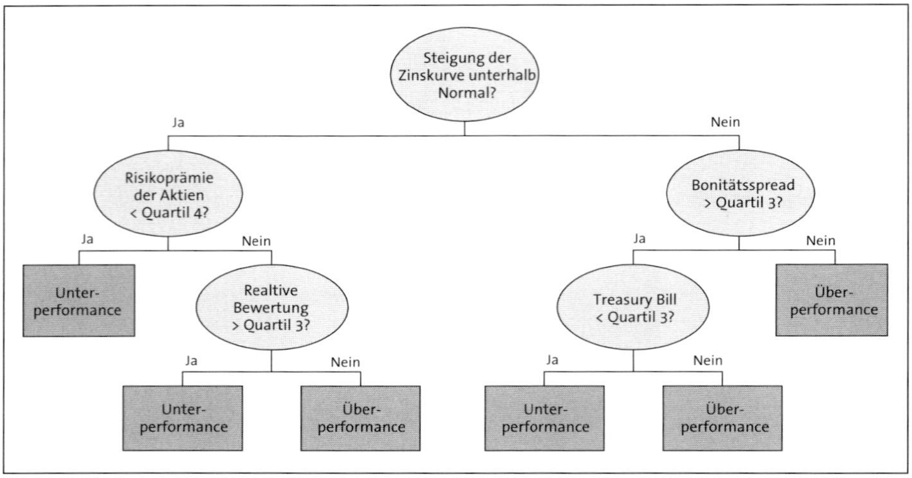

Abb. 3: Klassifikationsbaum
Quelle: Schroder Salomon Smith Barney

5.2.2 Modellergebnisse

Wir schätzen unseren Baum jeden Monat neu, um die Wahrscheinlichkeiten der abhängigen Variablen, in die entsprechenden Marktzustände einzuordnen zu werden und ex ante bestimmen zu können. Die tatsächliche Gestalt des Baums und seiner Entscheidungsregeln ist relativ stabil, ändert sich aber mit der Zeit geringfügig. Die meisten Änderungen beziehen sich dabei auf den unteren Teil des Baums. Anschließend testen wir die Wahrscheinlichkeiten, um den Erfolg des Modells zu bestimmen. In Abbildung 4 stellen wir die Genauigkeit des Modells anhand der Prognosen für Aufschwünge dar. Dabei ist auf der horizontalen Achse die Ex-ante-Wahrscheinlichkeit abgetragen, um dem Outperformance-Status zugeordnet zu werden. Auf der vertikalen Achse findet sich der prozentuale Anteil der Fälle, in denen die S&P-500-Rendite die Bargeld-Rendite übertrifft.

Es ist zu erkennen, dass mit steigender Wahrscheinlichkeit der Zuordnung zum Outperformance-Status auch der Prozentsatz der Fälle ansteigt, in denen wir den S&P-Überschuss des Folgemonats zutreffend prognostizieren. Naiv gesagt, hat der S&P-500 seit 1963 Bargeld in fast 55 % der Fälle übertroffen. Deshalb muss jedes aussagekräftige Modell in mehr als 55 % der Fälle zutreffende Aussagen machen. Abbildung 4 ist zu entnehmen, dass die S&P-500-Überrendite in ca. 62 % der Fälle positiv ist, wenn unser Modell eine Wahrscheinlichkeit von mehr als 50 % für den Outperformance-Status zuordnet.

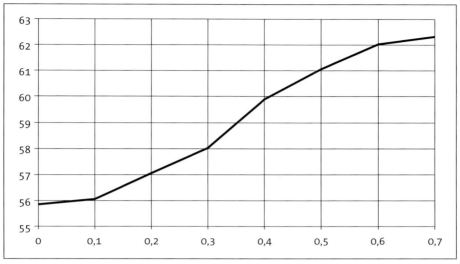

Abb. 4: Erfolg des Modells bei gegebener Vorhersagewahrscheinlichkeit für „Outperformance"

In ähnlicher Weise stellen wir in Abbildung 5 die Prognosegüte für Abwärtsbewegungen dar.

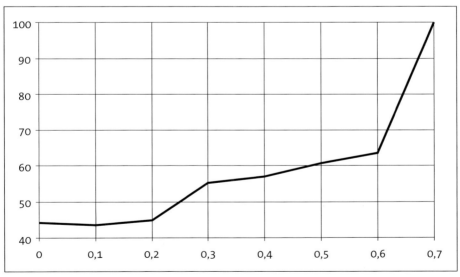

Abb. 5: Aussagefähigkeit des Modells bei gegebener Vorhersagewahrscheinlichkeit für „Underperformance"

In Abbildung 6 ist die Ex-ante-Wahrscheinlichkeit der „Underperformance"-Kategorie im Zeitablauf dargestellt. Im Laufe der letzten 30 Jahre hat das Modell in Zeiten von Bullenmärkten eine hohe Wahrscheinlichkeit für eine Outperformance des S&P-500 korrekt zugeordnet. Diese Bullenmarkt-Perioden schließen die ausgedehnten Rallyes zu Beginn und Mitte der 70er Jahre, den Anstieg in der Mitte der 80er und den gegenwärtigen Bullenmarkt ein. Das von unserem Modell ausgehende Signal kann – ebenso wie die Bullenmärkte – über Jahre hinweg anhalten.

Darüber hinaus zeigte unser Modell auch bei einer Vergangenheitsbetrachtung zutreffende Ergebnisse. So zeigte es den Börsen-Crash von 1987 korrekt an, indem es dem S&P-500 die höchste Wahrscheinlichkeit für eine Underperformance zuordnete. Etwas näher zurückliegend, blieb das Modell über den 5-Jahres-Zeitraum von Mitte 1995 bis Anfang 2000 optimistisch. Im April 2000 kehrte es sich ins Negative, als die Zinskurve signifikant abflachte. Somit hat das Modell den Marktabschwung des Jahres 2000 korrekt erfasst, übertraf aber sowohl den Markt als auch die Benchmark während des gesamten Jahres. Im Jahr 2001 sah das Modell den Markt seit Februar und dann das ganze Jahr hindurch frühzeitig optimistisch. Trotz der kürzlichen Markterholung blieb das Modell im laufenden Jahr hinter der Benchmark-Performance zurück.

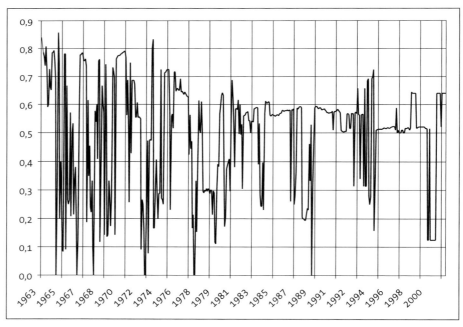

Abb. 6: Wahrscheinlichkeit für „Outperformance" im Zeitablauf

In Abbildung 7 zeichnen wir den Wert eines Dollars nach, welcher in ein Portfolio investiert ist, das unser Modell benutzt, um von einem Benchmark-Portfolio aus 50 % Bargeld und 50 % Aktien entweder in 100 % Bargeldreserve oder in 100 % Aktienbestand zu wechseln. Es ist wesentlich, dass ein Test sowohl im Hinblick auf die Benchmark-Allokation als auch im Hinblick auf die Anzahl zulässiger Wechsel möglichst unverzerrt ist. Deshalb ist der beste Weg zur Messung der Wertschöpfung in einem Zwei-Asset-Allocation-Modell ein 50/50 Benchmark-Portfolio mit möglichen 50 %-Veränderungen zu Bargeld bzw. Aktien. Jeden Monat wechseln wir von unserem 50/50-Vergleichsportfolio in das 100 %-Aktienportfolio, wenn die Ex-Ante-Wahrscheinlichkeit für den Outperformance-Status höher als für den Underperformance- oder Neutral-Status ist. Wenn der Underperformance-Kategorie die höchste Wahrscheinlichkeit zugeordnet wird, wechseln wir in das 100 %-Bargeld-Portfolio. Wenn dem „Neutral"-Status die höchste Wahrscheinlichkeit zukommt, verbleiben wir im 50/50-Vergleichsportfolio.

Der Modell-Output liegt weit über dem 50/50-Benchmark-Portfolio und sogar über dem S&P-500. Seit Juni 1963 erwirtschaftete das 50/50-Portfolio eine jährliche Durchschnittsrendite von 9,0 % und der S&P-500 von 11,9 %. Mit unserem Modell hätten wir im Durchschnitt jährlich 14,3 % erzielt. Darüber hinaus ist in unserem Modell die Volatilität der Rendite (annualisierte Standardabweichung) geringer als im S&P-500 (11,6 % vs. 14,9 %); die Wertschöpfung im Risiko-Rendite-Raum ist signifikant.

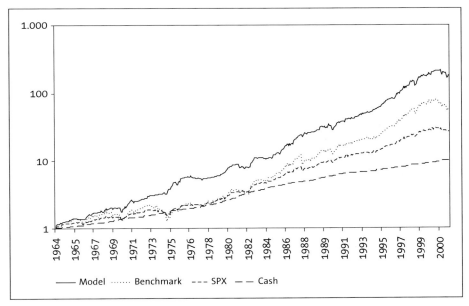

Abb. 7: Vermögensentwicklung (logarithmische Skala)
Quelle: Schroder Salomon Smith Barney

5.2.3 Eine spezifische Vorhersage

Um den erwarteten Zustand der abhängigen Variable zu finden, folgen wir im Juni einfach den Entscheidungsregeln im Baum, bis wir einen Endknoten erreichen. Der Anfangsknoten (die oberste Verzweigung des Baums) ist als „outperformance" klassifiziert. Ohne weitere Informationen (also ohne weiteres Klassifikationsverfahren) würde unser Baum die S&P-Überrendite des Folgemonats als „outperformance" kategorisieren. Das liegt daran, dass von den drei möglichen Zuständen für die abhängige Variable die meisten in die Outperformance-Kategorie fallen. Solange sich die Steigung der Zinskurve in üblichen Bandbreiten bewegt, würden wir uns im Baum anfangs nach rechts bewegen, wo die zweite Verzweigung auf der Bonitätsprämie basiert. Sofern die Bonitätsprämie unterhalb des dritten Quartils liegt, würden wir dem linken Ast folgen und den abschließenden Knoten erreichen, der als „outperformance" klassifiziert ist.

Unser Modell ordnet dem „Outperformance"-Status im Folgemonat eine Wahrscheinlichkeit von 52 % zu, dem „Underperformance"-Status eine Wahrscheinlichkeit von 28 % und dem „Neutral"-Status die Wahrscheinlichkeit 20 %. Nach 1989 ist eine 52 %-Wahrscheinlichkeit für den „Outperformance"-Status nicht ungewöhnlich gewesen und hätte dazu geführt, vollständig in Aktien investiert zu sein. Zu beachten ist, dass bei einer hohen Bonitätsprämie (über dem dritten Quartil), die endgültige Unterscheidung zwischen „outperformance" und „underperformance" anhand der 6-Monats-Veränderungen der T-bill-Rendite getroffen worden wäre.

Um im Baum den ausschlaggebenden Knoten zu erreichen, haben wir lediglich die Bedingungen zwei Variablen; der Gestalt der Zinskurve und der Bonitätsprämie. Dies führte zu zwei sehr einfachen Entscheidungsregeln. Die Nutzung dieser beiden einfachen Daumenregeln unseres Modells kann im Laufe der Zeit zu einer signifikanten „Outperformance" des Aktienmarktes führen.

5.3 Auswahl europäischer Technologieaktien

5.3.1 Datenlage

In dieser Anwendung liegt unser Ziel darin, eine Baumstruktur zu erstellen, die in dem Universum von Technologieaktien „winner" von „losern" unterscheidet. Das Universum ist für diese Untersuchung der Technologiesektor des Schroder Salomon Smith Barney Broad Market Index für Europa, der gegenwärtig 200 Aktien umfasst. Dabei benutzen wir Monatsdaten des Zeitraums von Dezember 1994 bis heute. Die in dieser Analyse genutzten Fundamentaldaten zu den Unternehmen stammen von IBES- und Worldscope-Datenbanken.

Für unsere Auswahlentscheidung nutzen wir Panel-Daten. Dies bedeutet, dass wir durch das Zusammenfassen von Technologieaktien-Renditen über mehrere Monate hinweg einen Datensatz mit Tausenden von Datenpunkten generieren. Davon versprechen wir uns ein stabileres Modell als dies möglich wäre, wenn wir Daten von nur einem Monat heranziehen würden. Wir identifizierten eine Anzahl von Variablen, die bei der Aktien-Auswahl im Technologiesektor hilfreich sind. Wir nutzten dazu klassische Aktien-Auswahl-Kriterien der Wert-, Wachstums- und Momentumstrategie. Diejenigen Variablen, die im CART-Modell besonders hilfreich waren, sind in Abbildung 8 aufgeführt.

Factor	Explanation
Gewinnrevisionen	3-Monatsänderung in FY1 Gewinnschätzungen
Kursmomentum (kurzfristig)	3-Monatsänderung der Preise
Kursmomentum (langfristig)	12-Monatsänderung der Preise
Cash-flow zu Preis	Brutto Cash-flow dividiert durch Preis
Umsatz zu Preis	Umsatz dividiert durch Preis
Umsatzwachstum	Umsatzwachstum der nächsten 12 Monate
Kapitalrendite (ROA)	EBIT dividiert durch Gesamtkapital

Abb. 8: Im Technologie CART Modell genutzte Variablen
Quellen: Schroder Salomon Smith Barney, FactSet, IBES, and Worldscope

Die oben aufgelisteten Variablen stimmen mit der üblichen Auffassung überein, dass der Technologiesektor von Wachstums- und Momentum-Faktoren bestimmt wird. Trotzdem haben wir mit dem Cash-Flow-Kurs-Verhältnis und dem Umsatz-Kurs-Verhältnis auch Wert-Faktoren in die Analyse aufgenommen, ebenso wie ein Maß für die zugrunde liegende Profitabilität (ROA), auch wenn diese Maßgrößen weniger wichtig erscheinen.

Um einen Klassifikationsbaum zu erstellen, muss die abhängige Variable (die Aktienrendite des Folgemonats) kategorisiert werden. Hierzu haben wir zwei Kategorien gebildet: „buy/outperform" oder „sell/underperform". Der Wert des Medians der Aktienrendite bestimmte, welche 50 % der Aktien aus der Stichprobe jeden Monat als „Buy/Outperform" und welche 50 % als „Sell/Underperform" bezeichnet wurden. Wir hätten die Zuordnung der Aktien zu den Kategorien auch anhand ihrer relativen Performance zu einem Technolgieindex vornehmen können, wollten jedoch einen Einfluss des Marktgewichts auf die Kategorisierung vermeiden.

Auch die erklärenden Variablen wurden jeden Monat gerankt und danach in Quintile eingeteilt. Nach unserer Auffassung liefert die Aufsplittung der erklärenden Faktorwerte in Quintile eine stabilere Struktur als die tatsächlichen Werte, und zwar deshalb, weil der CART-Algorithmus für Faktoren mit kontinuierlichen Daten zur Überanpassung tendiert. Dieser Prozess liefert eine Liste mit Aktien mit ihrem monatlichen „Quintil-Wert" für jeden Faktor und die Klasse „Buy/Outperform" oder „Sell/Underperform", der sie angehören. Die Monatsdaten wurden dann zusammengeführt und mit dem CART-Algorithmus verarbeitet.

5.3.2 Klassifikationsbaum für Technologie

Unter Nutzung dieser Daten generiert der CART-Algorithmus eine Menge von Regeln, die bei der Unterscheidung der beiden Kategorien der abhängigen Variablen hilfreich ist. Das Ziel ist es, in jedem der Unterknoten einen jeweils homogeneren Datensatz zu liefern, der „sauberer" wird, je tiefer es den Baum herab geht. CART produziert eine Aufteilung, indem es alle Schwellenwerte (in diesem Fall z.B. ein Split in Quintil eins, zwei, drei vier oder fünf) für alle Variablen als potentielle Split-Kandidaten betrachtet. Für alle Variablen-Schwellenwert-Paare wird die durchschnittliche Miss-Klassifikations-Rate berechnet. Für den ersten Split wird das Paar mit der geringsten Miss-Kalkulations-Rate ausgewählt. Anschließend behandelt CART die Unterknoten als Oberknoten für den nächsten, dann startenden Prozessdurchlauf und stoppt, wenn die durchschnittliche Miss-Klassifikations-Rate nicht weiter verbessert werden kann. Es sollte erwähnt werden, dass CART „kurzsichtig" in dem Sinne ist, dass es während des Prozesses lediglich den gegenwärtigen Knoten und die Resultate des nächsten Schritts, nicht aber die Gesamt-Performance des Baums berücksichtigt. In Abbildung 9 ist der letzte Baum dargestellt, der Daten aus dem Dezember 1994 nutzt.

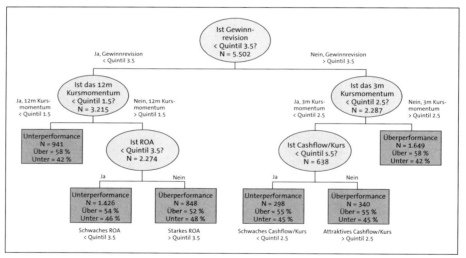

Abb. 9: Aktueller Klassifikations-Baum für europäische Technologieaktien

5.3.3 Interpretation des Baums

Bei der Interpretation des Baums gehen wir folgendermaßen vor. Wir wählen den linken Knoten des Baums, wenn die Frage mit „ja" beantwortet wird. Wenn beispielsweise die Gewinnschätzung der Aktie zwischen den Quintilen eins und drei liegt, bewegt man sich auf dem Baum den linken Ast herunter, um dort das 12-Monats-Preis-Momentum zu betrachten. Der Baum zeigt, dass Aktien mit starken Gewinnschätzungen und positivem Drei-Monats-Momentum eine hohe Wahrscheinlichkeit für Outperformance besitzen. Wenn aber das Drei-Monats-Momentum schwach ist, wird das Cash-Flow-Kurs-Verhältnis wichtig. Wenn der Wert attraktiv ist, besitzen diese Aktien eine hohe Wahrscheinlichkeit, den Markt outzuperformen, andernfalls ist Underperformance wahrscheinlich.

Das stärkste Signal für Outperformance kommt vom am weitesten rechts liegenden Knoten, der auf Gewinnschätzungen und Drei-Monats-Momentum basiert. Das stärkste Signal für Underperformance kommt vom am weitesten links liegenden Knoten mit schwachen Gewinnschätzungen und geringem 12-Monats-Kursmomentum. Der Baum weist eine erstaunlich einfache Struktur mit einer logischen Menge von Variablen und Regeln auf. Der wesentliche Vorteil des Ansatzes liegt jedoch in der bedingten Hierarchie, die er liefert. Zum Beispiel muss das Cash-Flow-Kurs-Verhältnis nicht betrachtet werden, wenn die Erträge und das Preis-Momentum hoch liegen.

5.3.4 Statischer versus dynamischer Baum

Der statische Ansatz ist der einfachste unter den verschiedenen Möglichkeiten, die CART-Technik bei der Aktienauswahl innerhalb eines Sektors anzuwenden. Hierbei werden Daten für den Aufbau des Baums genutzt und dieser wird dann im gesamten Verlauf unverändert beibehalten. Wir wenden dann einfach die vom Baum vorgegebenen Regeln an, um Aktien für die folgenden Monate auszuwählen. Damit liegt ein sehr strenger out-of-sample-Test vor, der einige Nachteile aufweist.

Der Ansatz erlaubt es nicht, dass sich die Entscheidungsregeln wechselnden Bedingungen und neuen Informationen anpassen. Unser favorisierter Ansatz ist es, den Baum im Laufe der Zeit einem evolutionären Prozess zu unterziehen. Der Baum wird dabei jeden Monat unter Nutzung aller verfügbaren Daten, einschließlich derer des laufenden Monats neu abgeschätzt und somit an wechselnde Marktbedingungen angepasst. Das Modell auf diese Weise anzupassen, produziert bessere Resultate als der statische Ansatz, wie wir im folgenden Abschnitt zeigen werden. Eine Alternative liegt darin, ein rollierendes Datenfenster heranzuziehen.

Der entwickelte Baum wird dann dazu benutzt, die Wahrscheinlichkeit zu prognostizieren, dass eine Aktie „outperformt" wird, und um eine „Buy"- und „Sell"-Liste für den folgenden Monat zu empfehlen.

Die unten aufgeführte Abbildung 10 zeigt den statischen Baum. Wir ziehen zur Generierung der Aktienauswahl-Regeln Daten des Zeitraums von 1994 bis Mitte 1997 heran. Im weiteren Verlauf halten wir dann den Baum konstant und schätzen die out-of-sample-Performance von Mitte 1997 bis August 2001 bei monatlicher Rebalancierung. Das gleichgewichtete „Buy"-Portfolio brachte uns eine Rendite von jährlich 7 %, während das gleichgewichtete „Universum" eine Rendite von –10 % erbrachte.

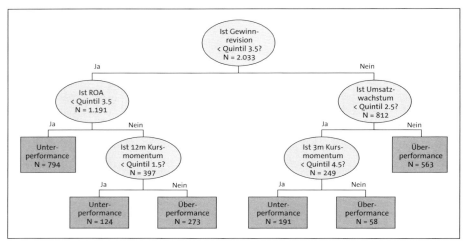

Abb. 10: Statischer Entscheidungsbaum für Technologieaktien anhand von Daten zwischen 1994 bis Mitte 1997

Auch wenn der statische Baum auf einem kleineren Datensatz basiert, ist er dem gegenwärtigen dynamischen Baum (Abbildung 3) ähnlich. Dies legt nahe, dass es in dem Zeitraum, in dem wir das Modell erstellten, keine tief greifenden strukturellen Änderungen in den die Technologieaktien bestimmenden Faktoren gegeben hat.

Die unteren Abbildungen 11 und 12 zeigen die Entwicklung des Technologie-Baums für spätere Zeitpunkte (Februar 1999 und November 1999). In allen Fällen bilden die Gewinnschätzungen die Spitze des Baums und die Quintil-Schwelle für den Faktor bleibt die gleiche. Die übrigen Variablen wechseln jedoch die Reihenfolge und zeigen im Zeitablauf unterschiedliche kritische Werte.

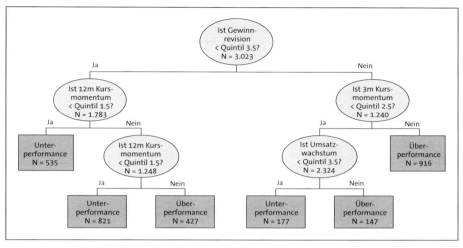

Abb. 11: Februar 1999

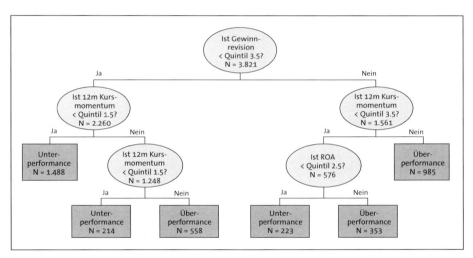

Abb. 12: November 1999

5.3.5 Modell-Performance

Ein Weg, die Leistungsfähigkeit des Modells zu messen, liegt darin, die Vermögensentwicklung und die monatliche Performance für die so identifizierten Long-, Short- und Gesamt-Portfolios zu betrachten. Jeden Monat erstellen wir zwei Portfolios. Das „Long"-Portfolio besteht aus einer gleichgewichteten Auswahl von Aktien, welche vom Modell als „Outperformer" identifiziert wurden, während das „Short"-Portfolio aus Aktien besteht, von denen eine „Underperformance" erwartet wird. Zum Vergleich wird ein „Gesamt"-Portfolio mit allen Aktien des Universums bei gleicher Gewichtung erstellt. Die out-of-sample-Resultate werden anhand der Performance der Portfolios in aufeinander folgenden Monaten berechnet. Die Balken in den Abbildungen 15 und 16 beziehen sich auf den Rendite-Unterschied zwischen dem „Long"- und dem Gesamtportfolio sowie zwischen dem „Long"- und dem „Short"-Portfolio. Hier sind allerdings Transaktionskosten nicht berücksichtigt. Die Abbildungen 13 und 14 zeigen die mit diesen Portfolios korrespondierenden Vermögensentwicklungen; die in diesen Abbildungen aufgedeckten Informationen werden in Abbildung 17 zusammengefasst. Die Abbildung zeigt, dass das Modell erfolgreich „Winner" von „Loser" unterscheidet – und zwar mit einer durchschnittlichen jährlichen Rendite des „Long"-Portfolios von 9,2 % verglichen mit –21,3 % des „Short"-Portfolios.

Anschließend testen wir die statistische Signifikanz der Verteilung der monatlichen Überschussrendite (vgl. Abbildung 18). Die Aktien der „Buy"-Liste erzielen bei monatlicher Betrachtung im Durchschnitt eine um 2,5 % höhere Überschuss-Rendite als die Aktien der „Sell"-Liste. Der monatsweise Unterschied ist auf 99 %-Niveau statistisch signifikant.

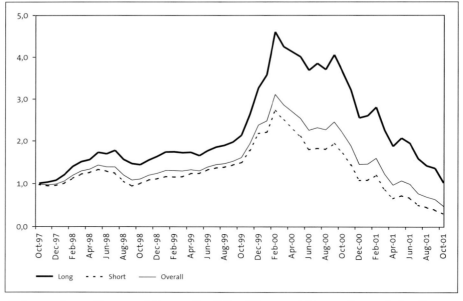

Abb. 13: Long-, Short- und Gesamt-Portfolios Wertentwicklung – Dynamischer Baum

5 Entscheidungsbaumanalyse für die Asset Allocation

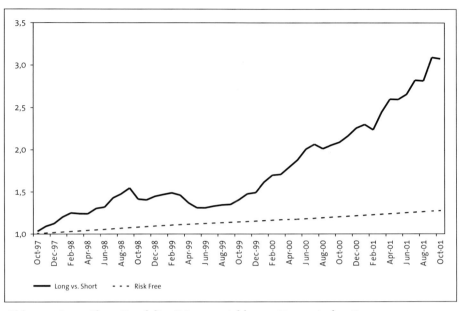

Abb. 14: Long-Short-Portfolios Wertentwicklung – Dynamischer Baum

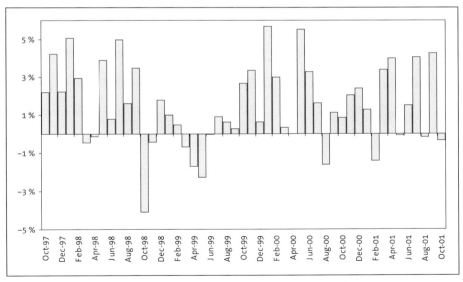

Abb. 15: Long-Portfolio versus Gesamt-Universum – Dynamischer Baum

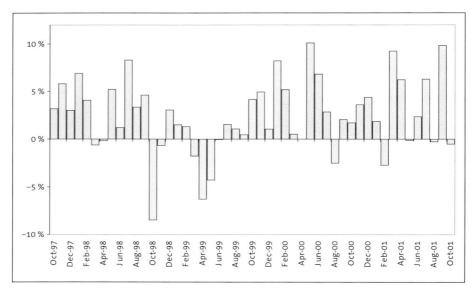

Abb. 16: Long-Portfolio versus Short-Portfolio – Dynamischer Baum

	Long minus Gesamt	Long Portfolio	Short Portfolio	Gesamt-portfolio
Durchschnittliche jährliche Rendite (%)	19,5	9,2	−21,3	−10,3
Standardabweichung (%)	7,6	39,1	41,8	39,6
Sharpe Ratio	2,6	0,2	−0,5	−0,3

Abb. 17: Zusammenfassung von Rendite und Risiko – Dynamischer Baum

Quelle: Schroder Salomon Smith Barney

	Long-Short Portfolio	Long Portfolio	Short Portfolio
Geschätzte Überrendite	2,5	1,5	−1,0
1-Statistik	5,2	4,4	−3,1

Abb. 18: Signifikanztest der monatlichen Überrenditen

Quelle: Schroder Salomon Smith Barney

5.3.6 Performance-Vergleich

Eine weitere Validierung des Modells liegt im Vergleich der CART-Ergebnisse mit einem einfachen Aktien-Screening-Ansatz. Abbildung 19 zeigt, dass CART sowohl im Hinblick auf die absoluten als auch auf die risikoangepassten Renditen überlegen ist.

Für jede der Variablen ordnen wir monatsweise Aktien anhand ihres Faktorwertes; das „Buy"-Portfolio besteht aus den Aktien der oberen Hälfte des Spektrums und das „Sell"-Portfolio aus jenen der unteren Hälfte. Um einen Vergleich durchführen zu können, wurde zusätzlich ein Gesamt-Portfolio erstellt, in dem alle Aktien des Universums gleichgewichtet enthalten waren.

Zudem erstellten wir ein zusammengesetztes Modell, indem wir vier Individualfaktoren (EPS-Momentum, ROA, Cash-Flow-Kurs-Verhältnis und Dreimonats-Kursmomentum) gleichgewichteten. Wir erstellten ein Momentum-Modell, in welchem Gewinnschätzungen und Dreimonats-Kursmomentum gleichgewichtet wurden, da diese Faktoren die höchsten Überrenditen und risikoangepassten Renditen aufwiesen.

Modell	Überrendite (Mittelwert)	T-Wert	Rendite	Standardabweichung	Information Ratio
Dynamischer Baum	1,5	4,4	19,5	7,6	2,6
Statischer Baum	1,5	3,9	17,1	8,5	2,0
EPS-Momentum	1,1	3,7	13,4	6,9	1,9
ROA	0,9	2,9	8,3	6,6	1,3
Cash-Flow/Kurs	0,3	0,9	1,2	7,9	0,2
Preis Momentum 3 Monate	1,1	3,8	16,2	9,9	1,6
Preis Momentum 12 Monate	1,1	3,8	13,8	9,2	1,5
4 Faktor Modell	1,1	4,3	12,9	5,5	2,3
Momentum Modell	1,2	4,4	14,8	6,7	2,2

Abb. 19: Performance-Vergleich „Buy"-Portfolio versus „Gesamt"-Portfolio
Quelle: Schroder Salomon Smith Barney

Gemäß Abbildung 19 produziert die CART-Methode sowohl im Hinblick auf die Überschussrendite als auch im Hinblick auf die Information Ratio die besten Resultate. Möglicherweise trugen monatlich wechselnde Faktorkriterien zu der im Vergleich mit den zusammengefassten Modellen stärker angestiegenen Volatilität des CART-Modells bei. Wie ebenfalls der Abbildung 19 entnommen werden kann, stellt das Cash Flow-Kurs-Verhältnis den schwächsten Faktor mit einer geringen, statistisch nicht signifikanten Rendite dar. Damit wird erneut die Vorteilhaftigkeit des bedingten Ansatzes deutlich. So gewinnt das für sich genommen nicht signifikante Cash-Flow-Kurs-Verhältnis an Wert, wenn es in Verbindung mit Aktien betrachtet wird, die ein schwaches Dreimonats-Momentum aufweisen.

Der gleiche Analyseansatz kann in verschiedenen Sektoren angewendet werden und liefert dabei ähnliche Ergebnisse. Zum Beispiel tendieren Aktien des Finanzsektors dazu, sich gleichförmig zu bewegen (d.h., der monatliche Aktienkurs weist eine geringere Varianz als der Technologiesektor auf). Dies könnte es für CART schwieriger machen, zwischen „outperformenden" und „underperformenden" Aktien zu unterscheiden. In diesem Falle würden wir die Aktien in die Kategorien „outperform", „underperform" und „neutral" einteilen und die als „neutral" identifizierten Aktien aus der Analyse ausschließen. Dies würde in den resultierenden Variablen stärkere Unterschiede provozieren und könnte es CART erleichtern, Unterscheidungsmuster aufzudecken.

5.4 Zusammenfassung

In diesem Aufsatz haben wir CART als eine Methode vorgestellt, die eine Hilfestellung bei der Asset Allocation und bei der Aktienauswahl sein kann. Unsere Ergebnisse legen nahe, dass CART ein effizienter Ansatz für die Entscheidungsanalyse ist und gegenwärtig untersuchen wir die möglichen Einsatzfelder. Im Rahmen dieses Prozesses versuchen wir auch, die potentiellen Grenzen der Methode aufzudecken. Über die in diesem Beitrag präsentierten Modelle hinaus, ist CART bereits in Australien und Japan erfolgreich als Tool für die Asset Allocation eingesetzt worden.

Literatur

Briemann, L./Friedmann, J. H./Olshen, R. A./Sztone, C. J.: Classification and Regression Trees, in: Chapman & Hall, New York 1984.

Kao, Duen-Li/Shumaker, Robert D.: Equity Style Timing, in: Financial Analysts Journal, January–February 1999.

Sorensen, Eric H./Miller, Keith L./Ooi, Chee K.: The Decision Tree Approach to Stock Selection, in: The Journal of Portfolio Management, Fall 2000.

Parameswaran, Priya/Liodakis, Manolis/Gadaut, Julie: Stock Selection with CART, Schroder Salomon Smith Barney, 28 October 2001.

Harman, Graham/Parameswaran, Priya/Witt, Martine: Shares, Bonds or Cash?, Salomon Smith Barney, 15 October 2000.

Takahashi, Fumiyuki: Stock Selection Model Using a Decision Tree, Nikko Salomon Smith Barney, July 2001.

6 Länder- und Branchenallokation mit Momentumstrategien

von Markus Brechtmann

6.1 Länder- und Branchenallokation: objektiv, transparent und diszipliniert

Zu Beginn eines jeden strukturierten Investmentansatzes muss die Frage nach der Asset Allocation beantwortet werden. Unter Asset Allocation ist die Aufteilung des Finanzvermögens eines Anlegers auf unterschiedliche Assetklassen zu verstehen. Abbildung 1 zeigt zum einen mögliche Hauptassetklassen. Die prozentualen Anteile auf diese Assetklassen sollten sich entsprechend der individuellen Risikoeinstellung des Investors ergeben. Die Unterassetklassen zu jeder Hauptassetklasse sind dann als nächstes zu identifizieren, um schließlich ein effizient strukturiertes Portfolio zu bilden. Abbildung 1 zeigt zum anderen mögliche Unterassetklassen im Aktienbereich, womit man bei der zentralen Frage dieses Beitrags angelangt ist: Länder oder Branchen, das ist hier die Frage. Im Rahmen der Asset Allocation im Aktienbereich steht der Anleger vor der Qual der Wahl, sein Vermögen auf verschiedene Länder oder Branchen zu verteilen.

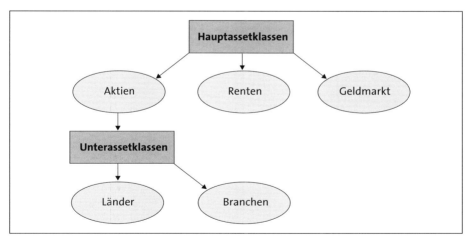

Abb. 1: Haupt- und Unterassetklassen

Das Entscheidungsproblem der Länder- und Branchenallokation wird hierbei aus Sicht der taktischen Asset Allocation gesehen. Ziel der taktischen Asset Allocation ist es, durch ein bewusstes Abweichen von der strategischen Benchmark Outperformance zu erzielen. Im Rahmen der taktischen Asset Allocation steht also weniger der Risiko- und Diversifikationsgedanke im Vordergrund, sondern vielmehr der Renditeaspekt, indem eventuelle Trends in den einzelnen Assetklassen identifiziert und durch entsprechende temporäre Über- und Untergewichtungen Gewinn bringend ausgenutzt werden. Dementsprechend ist der Anlagehorizont der taktischen Asset Allocation im Gegensatz zur strategischen Asset Allocation eher kurz- bis mittelfristig.

In diesem Kapitel werden die prinzipiellen Möglichkeiten der Länder- und Branchenallokation aufgezeigt und ein quantitativer Lösungsansatz aus dem Bereich der Technischen Analyse vorgestellt. Quantitativ bedeutet, dass es sich um einen objektiv nachvollziehbaren, transparenten und disziplinierten Investmentprozess zur Allokation von Ländern oder Branchen handelt. Technisch bedeutet, dass das Kriterium zur Auswahl von Ländern oder Branchen ein Momentumindikator ist. Dabei gliedert sich dieses Kapitel wie folgt: Im nächsten Abschnitt wird das Entscheidungsproblem anhand der MSCI-Indexfamilie (MSCI = Morgan Stanley Capital International) deutlich gemacht. Der darauf folgende Abschnitt widmet sich der detaillierten Beschreibung des quantitativen Investmentprozesses. Im darauf folgenden Abschnitt werden die historischen Ergebnisse der zuvor skizzierten Momentumstrategien zur Länder- und Branchenallokation dargelegt. Der letzte Abschnitt versucht, die gefundenen empirischen Resultate zu erklären und zusammen zu fassen.

6.2 Datenbestandsaufnahme

Wenn über die Frage Länder oder Branchen nachgedacht wird, müssen zunächst die Informationen über die Länder- und Branchenzugehörigkeit sämtlicher Titel eines vorgegebenen Universums gesammelt werden. Während die Zuordnung eines Landes keine Schwierigkeiten bereitet, ist eine sinnvolle Branchenklassifikation und die Zuordnung einzelner Gesellschaften zu einer Branche teilweise problematisch.

6.2.1 Die MSCI Indexfamilie

Unterschiedliche Indexanbieter kommen zu unterschiedlichen Branchenklassifikationen und -zuordnungen. Da in diesem Beitrag der Fokus auf den globalen Aktienmarkt gelegt wird, fällt die Entscheidung zu Gunsten des Indexanbieters MSCI relativ leicht.

▶ Aus theoretischer Sicht bieten sich die MSCI-Indizes an, da jeder Index unabhängig vom Land, Region, Sektor oder Branche denselben Konstruktionsprinzipien folgt und damit Teil eines stringenten modularen Baukastenprinzips ist.

▶ Aus praktischer Sicht bieten sich die MSCI-Indizes an, da insbesondere im institutionellen Bereich MSCI-Indizes Benchmarkcharakter besitzen und somit weltweit beträchtliche Anlagevolumina gemäß MSCI-Standards aktiv und passiv gemanagt werden.

▶ Aus empirischer Sicht bieten sich die MSCI-Indizes ebenfalls an, da die meisten Indizes über eine vergleichsweise lange Kurshistorie verfügen. Die Länderindizes sind seit Ende 1987 und die Branchenindizes sind seit Ende 1994 verfügbar.

Auf das Baukastenprinzip der MSCI-Indizes wird im Folgenden in dem Umfang, wie er im empirischen Teil dieses Beitrags verwendet wird, kurz eingegangen. Ausgehend von der Titelebene wird für jedes Unternehmen Land, Sektor und Branche bestimmt. Die Zuordnung von Sektor und Branche erfolgt nach dem Global Industry Classification Standard (GICS). Gemäß GICS werden zehn Sektoren und 23 Branchen unterschieden. Die GICS kommen in allen Ländern in gleicher Weise zur Anwendung. Die Anzahl der in einem MSCI-Index vertretenen Titel orientiert sich an der Marktabdeckung von 85 % in jedem Sektor pro Land. Auf diese Weise werden auf der untersten Stufe länderspezifische Branchenindizes konstruiert. Diese sind Grundbausteine zur Konstruktion weiterer aggregierter Indizes.

Auf der Länderebene deckt MSCI 51 Länder ab, die wiederum zu gewissen Teilmärkten wie Industrieländer (Developed Markets) und Schwellenländer (Emerging Markets) oder zu Regionen wie Nordamerika, Europa und pazifischer Raum zusammengefasst werden. Bedenkt man, dass die GICS eine dreistufige Branchenstruktur beinhalten (auf der dritten Ebene werden 50 Industrien unterschieden) und MSCI 76 regionale Indizes unterscheidet, ergibt sich ein Pool von $(10 + 23 + 50) \cdot (51 + 76) = 10.541$ Indizes. Dabei ist selbstverständlich, dass je nach Ausrichtung des Investors oder der Strategie aus diesem Indexpool nur eine begrenzte Anzahl von Indizes als Assetklassen berücksichtigt werden können.

Aus Sicht der Branchenallokation besteht das Auswahluniversum aus 23 Branchen, wobei der Brancheninvestor die regionale Dimension festlegen muss. Aus Sicht eines deutschen Investors kämen sicherlich Europa oder die Developed Markets in Frage. Über die regionale Dimension muss sich ein Länderinvestor genauso im Klaren sein. Bei einer europäischen Länderallokation besteht das Auswahluniversum aus 15 Ländern. Weitet der Länderinvestor das Länderspektrum auf sämtliche Industrienationen aus, hat er die Auswahl zwischen 23 Ländern.

Auf Grund des gerade skizzierten Aggregationsprinzips eignen sich die MSCI-Indizes für empirische Analysen zu Länder- und Branchenallokation, so dass sich die Frage stellt, welche empirischen Belege sich für eine Länder- oder Branchenallokation vorfinden lassen. Aus Sicht der volkswirtschaftlichen Rahmenbedingungen sind klare Arbeitshypothesen vorgegeben. Unter dem Schlagwort „Globalisierung" ist ein zunehmender Gleichlauf der Finanzmärkte zu erwarten. Unter dem Schlagwort „Bau eines europäischen Hauses" ist zu erwarten, dass auf Grund der europäischen Währungsunion Ländergrenzen und nationale Gegebenheiten in den einzelnen europäischen Ländern an Bedeutung verlieren und somit länderübergreifende Brancheneffekte in den Vordergrund treten. Insofern ist das Ausmaß von Länder- und Brancheneffekten in Europa von besonderem Interesse.

6.2.2 Empirische Analyse

Indizien für eine Orientierung nach Ländern oder Branchen ergeben sich aus einer empirischen Analyse der Länder- und Branchenindizes. Falls Ländereinflüsse heutzutage ohne Bedeutung sind, muss sich dies in den Länderindizes widerspiegeln. Ein Indiz sind beispielsweise die Renditeunterschiede zwischen einzelnen Ländern. Je höher die Renditedifferenzen zwischen Ländern, desto größer ist der Ländereffekt. Abbildung 2 zeigt die jährliche Renditedifferenz (Jahr = 260 Tage) zwischen dem am besten und am schlechtesten rentierenden europäischen Länderindex. Es wird im Folgenden ausschließlich die Region Europa betrachtet, da hier die gravierendsten Veränderungen in den letzten Jahren erwartet werden. Der aktuelle Wert vom 31. Dezember 2001 von 35 % ergibt sich aus der Renditedifferenz zwischen Irland mit einer Jahresrendite von –4 % im Jahre 2001 und Finnland mit –39 %. Dieselben Berechnungen lassen sich ebenfalls auf Branchenebene durchführen. Am aktuellen Rand ergibt sich ein Renditespread zwischen Health Care Equipment and Services (–3 %) und Technology Hardware and Equipment (–50 %) von 47 %. Damit ist der Renditespread zwischen europäischen Branchen größer als zwischen den europäischen Ländern. Aus dem zeitlichen Verlauf des Länder- und Branchenrenditespreads ist aber kein systematisches Abfallen des Länderspreads oder ein Anstieg des Branchenspreads zu ersehen.

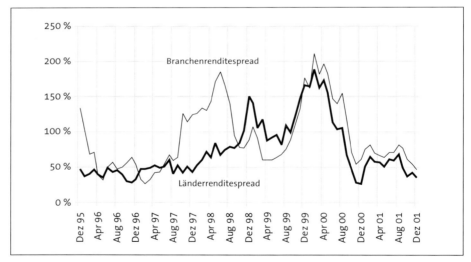

Abb. 2: Renditedifferenz innerhalb der europäischen Länder und Branchen

Eine andere Methode, den Gleichlauf zwischen Ländern und Branchen zu messen, basiert auf den Korrelationen zwischen den einzelnen Ländern einerseits und den Branchen andererseits. In Abbildung 3 werden die Durchschnittskorrelationen zwischen den europäischen Länderindizes und europäischen Branchenindizes basierend auf einem rollierenden Zeitfenster von einem Jahr veranschaulicht. Je höher diese Durchschnittskorrelation, desto stärker ist der Gleichlauf der Länder oder Branchen und desto niedriger sind das Diversifikationspotential und die Chance einer erfolgreichen taktischen Asset Allocation im Länder- oder Branchenbereich. Gegenwärtig sind die Durchschnittskorrelationen etwa gleich hoch bei 0,54. Der historische Verlauf zeigt hier aber deutliche Tendenzen. Während die Branchenkorrelation bis zur Einführung des Euro Anfang 1999 auf hohem Niveau annähernd konstant verlief, nahm die Länderkorrelation kontinuierlich im selben Zeitraum zu. Ende 1998 kreuzen sich die beiden Korrelationskurven, so dass seit dem die Länderkorrelationen höher als die Branchenkorrelationen sind. In dem sehr unruhigen und schlechten Aktienjahr 2001 ist prinzipiell ein Anstieg der Durchschnittskorrelationen festzustellen. Dies ist auf das bekannte Phänomen zurückzuführen, dass gerade in schlechten Börsenphasen die Diversifikation über Länder und Branchen versagt. Auffällig ist aber dennoch, dass der Anstieg der Korrelation innerhalb der Branchen deutlich höher ausfällt als zwischen den Ländern. Die Durchschnittskorrelationen sind auf relativ ähnlichem Niveau, so dass auch in Europa aufgrund dieser Analysen eine Entscheidung zu Gunsten einer Branchenallokation nicht getroffen werden kann.

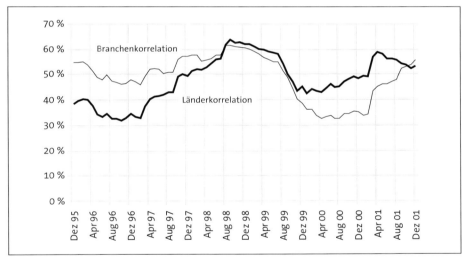

Abb. 3: Durchschnittskorrelationen innerhalb der europäischen Länder und Branchen

Eine weitere tiefergehende Analysemöglichkeit, Branchen- und Ländereffekte zu quantifizieren, besteht darin, Regressionsgleichungen auszuwerten, die den Einfluss der Branche und des Landes auf eine einzelne Gesellschaft messen. Es stellt sich somit die Frage, welchen Erklärungsgehalt die Monatsrendite der Branche ($r_t^{Branche}$) oder des Landes (r_t^{Land}) auf die jeweilige Monatsrendite einer Aktie ausübt. Neben dem Brancheneinfluss und dem Ländereinfluss ist zudem noch ein so genannter Markteinfluss (r_t^{Markt}) zu berücksichtigen, so dass für jede Aktie das folgende lineare Regressionsmodell auszuwerten ist

$$r_t = \alpha_0 + \alpha_1 r_t^{Markt} + \alpha_1 r_t^{Land} + \alpha_1 r_t^{Branche} + u_t.$$

Das Problem bei der Auswertung des obigen Regressionsmodells besteht in der Multikollinearität zwischen den erklärenden Variablen Markt, Land und Branchen, so dass die Intensitäten der einzelnen Faktoren (α_1, α_2 und α_3) nur sehr ungenau geschätzt werden können. Um den zusätzlichen Erklärungsgehalt des Landes oder der Branchen neben dem Markteinfluss in geeigneter Weise zu quantifizieren, können so genannte partielle Korrelationskoeffizienten oder Bestimmtheitsmaße ermittelt werden. Hierbei wird stufenweise vorgegangen, indem zunächst der Markteinfluss mit Hilfe des Marktmodells

$$r_t = \alpha_0 + \alpha_1 r_t^{Markt} + u_t$$

eliminiert wird und die Residuen des Marktmodells

$$\hat{u}_t = r_t - \hat{\alpha}_0 - \hat{\alpha}_1 r_t^{Markt}$$

auf einen weiteren Faktor Land oder Branche regressiert werden

$$\hat{u}_t = \hat{\beta}_0 + \hat{\beta}_1 r_t^{Land} + \varepsilon_t.$$

Die Residuen dieses Modells

$$\hat{\varepsilon}_t = \hat{u}_t - \hat{\beta}_0 - \hat{\beta}_1 r_t^{Land}$$

können nun auf den verbleibenden Faktor abermals regressiert werden

$$\hat{\varepsilon}_t = \hat{\gamma}_0 + \hat{\gamma}_1 r_t^{Branche} + v_t.$$

Die Bestimmtheitsmaße R^2 dieser stufenweisen Regressionen geben Auskunft über den Erklärungsgehalt eines jeden einzelnen Faktors. In Abbildung 4 sind die Ergebnisse dieses Regressionsansatzes in aggregierter Form zusammengestellt. Dabei werden zwei verschiedene Analysezeiträume betrachtet, um eventuelle Veränderungen im Zeitablauf feststellen zu können. Zum einen wird der Zeitraum vor der Einführung des Euro 1992–1996 und zum anderen der aktuelle Zeitraum seit Einführung des Euro von 1999 bis 2001 betrachtet. Die Regressionsergebnisse werden dabei derart aggregiert, dass der Durchschnitt der Bestimmtheitsmaße der Einzelregressionen angegeben wird.

Da es keine natürliche Reihenfolge in der Wertigkeit zwischen den Faktoren Land und Branche gibt, sind die Ergebnisse der stufenweisen Regression von Markt, Land und Branche sowie Markt, Branche und Land in Abbildung 4 dargestellt. Die Ergebnisse sprechen eine eindeutige Sprache zu Gunsten eines Trendwechsels von der Länderallokation zur Branchenallokation. Während im ersten Zeitraum der Ländereinfluss dominiert, ist es im zweiten der Brancheneinfluss. So kann im ersten Zeitraum der Faktor Land zusätzlich zum europäischen Gesamtmarkteinfluss im Durchschnitt 11,2 % der Variabilität der Aktienrenditen erklären. Hingegen im zweiten Zeitraum nur noch 5,1 %. In dem Ausmaß, wie der Einfluss der Länderzugehörigkeit im Zeitablauf gesun-

Stufe	Faktor	Zeitraum 1992–1996 durchschnittliches R^2	Zeitraum 1999–2001 durchschnittliches R^2
1	Markt	26,27 %	19,33 %
2	Land	11,19 %	5,14 %
3	Branche	1,78 %	7,32 %
1	Markt	26,30 %	19,30 %
2	Land	2,28 %	9,49 %
3	Branche	9,19 %	4,13 %
	Total	43,83 %	38,61 %

Abb. 4: Markt-, Länder- und Brancheneffekte in Europa

ken ist, ist der Brancheneinfluss gestiegen. So erhöhte sich der Erklärungsanteil der Branche von 2,3 % auf 9,5 % im zweiten Zeitraum.

Andere empirische Studien zur Thematik Branchen- versus Ländereffekte kommen zu ähnlichen Ergebnissen. Bezüglich der Analysetechniken sind Varianzanalysemodelle und Clusteranalyseverfahren zu unterscheiden. In Abhängigkeit des Analysezeitraumes sind die Ergebnisse zu interpretieren. Je aktueller der Betrachtungszeitraum, desto stärker werden Brancheneffekte eingestuft, wobei Ländereffekte Brancheneffekte zumeist dominieren oder als gleichgewichtig angesehen werden.

Aus dieser Datenbestandsaufnahme ist damit folgendes Fazit zu ziehen:

▶ Die Entwicklungstendenzen von Ländern zu Branchen lassen sich in einem gewissen Umfang empirisch belegen. Der Anstieg der Länderkorrelationen ist eine Folge der Globalisierungstendenzen und Liberalisierung der Finanzmärkte durch die Einführung einer europäischen Währungsunion.

▶ Auf Grund dieser veränderten makroökonomischen Rahmenbedingungen agieren Unternehmen zunehmend auf internationaler Ebene, so dass multinationale Konzerne entstehen, die kaum länderspezifischen Faktoren ausgesetzt sind. Die Ergebnisse der Regressionsanalyse können als ein Beleg dieser Globalisierungs- und Harmonisierungstendenzen angesehen werden.

▶ Nichtsdestotrotz sind die Korrelationen und Renditespreads innerhalb der Branchen und Länder ähnlich. Deshalb sollte nicht voreilig generell auf eine Länderallokation verzichtet werden.

▶ Zudem muss beachtet werden, dass Länder- und Branchenstrategien keine unabhängigen Ansätze darstellen, da jede Länderallokation gleichzeitig bestimmte Branchenwetten impliziert und umgekehrt jede Branchenallokation spezifische Länderüber- und -untergewichtungen nach sich zieht.

6.3 Investmentprozess

Im Folgenden wird der auf dem Momentum basierende Investmentprozess zur Länder- und Branchenallokation vorgestellt und in seine einzelnen Prozessschritte zerlegt. Die einzelnen Prozessschritte sind in Abbildung 5 veranschaulicht.

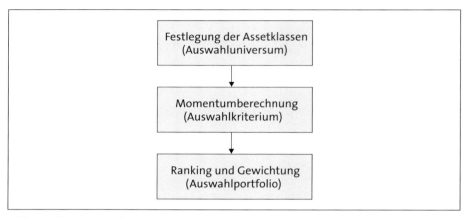

Abb. 5: Illustration des Investmentprozesses

Bereits im letzten Abschnitt wurden die vielfältigen Kombinationsmöglichkeiten der MSCI-Indizes zur Länder- und Branchenallokation skizziert. Der genaue Gestaltungsrahmen ist vom Investor vorzugeben. So sollte sich der Investor im Vorfeld darüber im Klaren sein, über welche Länder und Branchen er in welcher Region mit welchem Gewicht am Gesamtvermögen eine taktische Asset Allocation vornimmt. Die MSCI-Indexfamilie bietet hier eine hilfreiche Diskussionsgrundlage zur Festlegung der einzelnen Assetklassen. Typische Assetklassen sind dann beispielsweise die 23 Länder der Developed Markets, falls sich der Investor für eine weltweite taktische Länderallokation entscheidet oder die 23 europäischen Branchen, falls er sich auf Europa konzentrieren und eine Branchenallokation durchführen möchte.

Ergebnis des ersten Prozessschrittes ist also ein klar definiertes Auswahluniversum, wobei idealerweise für jede Assetklasse dieses Auswahluniversums eine offizielle Indexzeitreihe vorliegt, die die Wertentwicklung dieser Assetklasse widerspiegelt.

Ziel einer jeden taktischen Asset Allocation Strategie ist es, durch Über- und Untergewichtungen bestimmter Assetklassen die zu Grunde liegende Benchmark zu schlagen. Um aussichtsreiche Assetklassen identifizieren zu können, bedarf es eines Modellansatzes. Die Momentumstrategie ist ein sehr einfacher Modellansatz und fußt auf der Annahme, dass Länder- und Branchenindizes gewissen Trends folgen und diese Trends auch in der Zukunft über einen unbestimmten Zeitraum fortbestehen. Dadurch können aus dem historischen Kursverlauf eines Länder- oder Branchenindexes Informationen über die zukünftige Wertentwicklung gewonnen werden. Wird zu dem noch vorausgesetzt, dass über den Anlagehorizont der Trend stabil bleibt, so ist auf Assetklassen zu setzen, die ein möglichst hohes Momentum aufweisen, denn das Momentum misst die Richtung und Intensität des Trends einer Indexzeitreihe.

Entscheidend für den Erfolg einer Momentumstrategie ist die Art der Berechnung des Momentums. Neben der Berechnungsformel spielen die Formationsperiode, also der Zeitraum, über den das Momentum ermittelt wird, und die Halteperiode, also der Zeitraum, über den das Momentumportfolio unverändert gehalten wird, eine große Rolle. Aus der Technischen Analyse sind eine Vielzahl von Methoden zur Extraktion des Trends und damit des Momentums bekannt. Aus Gründen der Übersichtlichkeit wird hier nur auf die einfachste Variante eingegangen.

Die einfachste Möglichkeit der Berechnung des Momentums ergibt sich aus der prozentualen Veränderung des Indexverlaufs über die festgelegte Formationsperiode

$$M_t = \frac{I_t}{I_{t-n}} - 1,$$

wobei I_t den Indexstand am Ende der Formationsperiode zurzeit t und I_{t-n} den Indexstand am Anfang der Formationsperiode bezeichnet. Die Formationsperiode beträgt dann n Zeitperioden (Tage, Wochen oder Monate). Die Assetklassen, die über die Formationsperiode das höchste Momentum erzielt haben, zeigen den stärksten positiven Trend an und werden dementsprechend favorisiert. Als Ergebnis des zweiten Prozessschrittes liegt damit für jede Assetklasse eine Momentumkennzahl als Auswahlkriterium vor.

Basierend auf dem Auswahlkriterium Momentum erfolgt die Portfoliobildung. Dazu können die Assetklassen gemäß Momentum in eine Reihenfolge gebracht werden. Das Momentum wird also nicht als explizite Return-Prognose aufgefasst, sondern lediglich als Vergleichs- und Selektionskriterium. Aufbauend auf diesem Ranking lassen sich unterschiedliche Portfoliostrategien implementieren. Hierbei sind zwei grundsätzlich unterschiedliche Investmentstrategien zu unterscheiden. Zum einen eine Long-Strategie und zum anderen eine marktneutrale Strategie.

Bei einer Long-Strategie werden je nach Risikoneigung des Investors (Risikomaß: Tracking Error) die Assetklassen mit den höchsten Momenti über- und die Assetklassen mit den niedrigsten Momenti untergewichtet. Bei entsprechender Risikotoleranz wird ausschließlich in die Assetklassen mit den höchsten Momenti investiert. In lang andauernden Baisse-Phasen muss der Investor in einer derartigen Long-Strategie mit negativen Renditen rechnen. Falls die Momentumstrategie funktioniert, fallen die Renditen aber durchschnittlich nicht so schlecht aus wie die des Gesamtmarktes.

Bei einer marktneutralen Strategie wird versucht, das Marktrisiko auszuschalten, so dass der Investor ausschließlich von der Allokationsfähigkeit des Momentumansatzes profitiert. Dies gelingt beispielsweise dadurch, dass der Markt gegen die Long-Position gestellt wird. Diese marktneutrale Strategie besteht dann zum einen aus einer Long-

Position (Kauf der Assetklassen mit hohem Momentum) und zum anderen aus einer Short-Position (Leerverkauf der Benchmark). In steigenden (fallenden) Märkten gewinnt die Strategie, wenn die Long-Seite stärker steigt (weniger fällt) als die Short-Position, d.h. auch in fallenden Märkten sind positive Renditen zu erzielen.

Ergebnis des dritten und letzten Prozessschrittes ist also ein Momentumportfolio bestehend aus den ausgewählten Assetklassen inklusive Gewichtung. Die Anzahl der Assetklassen im Momentumportfolio kann je nach Risikoneigung des Investors vorgegeben werden. Als Gewichtungsverfahren der ausgewählten Assetklassen bieten sich eine Gleichgewichtung, Marktwertgewichtung oder eine bezüglich des absoluten oder relativen Risikos optimierte Gewichtung an. Dieses Auswahlportfolio wird über die vorgegebene Halteperiode unverändert gelassen, bis sich der Investmentprozess, wie zuvor beschrieben, dann am Ende der Halteperiode wiederholt.

6.4 Historische Analysen

In diesem Abschnitt wird über den Erfolg von Momentumstrategien zur Länder- und Branchenallokation berichtet. Auf Grund des im letzten Abschnitt definierten Investmentprozesses können im Rahmen eines Backtests das Abschneiden von derartigen Länder- und Branchenstrategien in der Vergangenheit untersucht und die Erfolgsaussichten in der Zukunft abgeschätzt werden. Das Untersuchungsdesign jeder einzelnen historischen Analyse ist dabei bewusst so einfach wie möglich gehalten. Dies bedeutet, dass die Modellparameter nicht anhand der vorliegenden Daten optimiert wurden, sondern ad hoc festgelegt werden. Um auf eventuelle Trendwechsel rechtzeitig reagieren zu können, sollte die Zusammensetzung eines Momentumportfolios regelmäßig und in relativ kurzfristigen Zeitabschnitten überprüft werden. So beträgt die Halteperiode in sämtlichen Analysen drei Monate. Die Formationsperiode beträgt hingegen neun Monate, um den eher mittel- bis langfristigen Trend eines Indexes zu erfassen. Es wird also ein Länder- und Branchenzyklus von mindestens einem Jahr unterstellt. Hinsichtlich der Portfoliobildung wird die Long-Strategie gewählt, wobei stets die fünf Assetklassen mit dem höchsten Momentum gleichgewichtet in das Momentumportfolio eingehen. Der Untersuchungszeitraum beginnt am 31. Dezember 1995, endet am 31. Dezember 2001. Er umfasst damit sechs Jahre und beinhaltet die Phase eines möglichen Trendwechsels in Europa von der Länder- zur Branchensichtweise. Es wird also ausschließlich die regionale Dimension am empirischen Untersuchungsdesign variiert, indem die Ergebnisse einer Länder- und Branchenallokation in den Developed Markets, in den Emerging Markets und in Europa analysiert werden.

6.4.1 Länder- und Branchenallokation in den Developed Markets

Für sämtliche Momentumstrategien wird eine Indexzeitreihe, die zu Beginn auf einen Portfoliowert von 1.000 Euro normiert wird, berechnet. Diese Indexzeitreihen beschreiben die Wertentwicklung der Momentumportfolios und sind im Vergleich zur MSCI-

Benchmark zu analysieren. Bei der Berechnung der Indexzeitreihen wird die Sicht eines deutschen Investors eingenommen, indem auf DM bzw. Euro wechselkursbereinigte MSCI-Indizes in die Analyse eingehen. Die Wertentwicklung der Momentumstrategien wird dabei unter Berücksichtigung von Transaktionskosten ermittelt. Transaktionskosten fallen an den Umschichtungsterminen an, wenn die Gleichgewichtung der aktuellen Assetklassen wiederhergestellt wird und gegebenenfalls Assetklassen ausgetauscht werden. Auf dieses Umschichtungsvolumen werden 0,5 % Transaktionskosten vom Index subtrahiert. Das Abschneiden der Momentumstrategien wird mit Hilfe geeigneter Graphiken und Performancekennzahlen beurteilt.

Die Ergebnisse der Momentumstrategien zur Länder- und Branchenallokation in den Developed Markets sind in den Abbildungen 6, 7 und 8 zusammengestellt. Abbildung 6 zeigt die absolute Wertentwicklung der einfachen Momentumstrategie gegenüber der Benchmark MSCI-World. Das Auseinanderlaufen dieser Indexzeitreihen deutet darauf hin, dass die Momentumstrategien höhere Wertentwicklungsbeiträge liefern als die Benchmark. Abbildung 7 zeigt den relativen Verlauf der Momentumstrategien im Vergleich zum MSCI-World. Anhand dieser kumulierten Outperformance kann die Out- oder Underperformance im Zeitablauf adäquat beurteilt werden.

Die Abbildungen 6 und 7 bringen zum Ausdruck, dass der Momentumansatz sowohl zur Länderallokation als auch zur Branchenallokation erfolgreich ist. Bis Ende 1999 liegen beide Allokationsansätze gleichauf. In den letzten zwei Jahren musste aber die Ländermomentumstrategie gegenüber dem Branchenansatz Federn lassen und konnte auch gegenüber der Benchmark keinen Boden gut machen, so dass insgesamt die Branchenallokation durch einen kontinuierlicheren Aufbau der Überperformance im gesamten Betrachtungszeitraum noch mehr überzeugen kann als der Länderansatz. Dieses Resultat wird durch die Kennzahlen in Abbildung 8 untermauert. Die Ergebnisse der Performanceanalyse belegen, dass die Momentumstrategie zur Branchenallokation die Benchmark MSCI-World signifikant zum Niveau von 95 % schlagen konnte. Dies belegt ein t-Wert der aktiven Rendite von zwei.

Im Hinblick auf eine positive absolute Wertentwicklung zeigt sich, dass beide Allokationsansätze überzeugen können. Die Momentumstrategien zeichnen sich durch ein wesentlich besseres Rendite/Risiko-Verhältnis aus. Das absolute Risiko ist auf Grund der Konzentration auf nur fünf Länder oder Branchen höher als das der Benchmark. Dies wird aber durch eine sehr viel höhere Durchschnittsrendite überkompensiert, so dass die Momentumstrategien mit sehr viel höheren Sharpe Ratios aufwarten können.

Im Hinblick auf die relative Wertentwicklung ist ein hohes Abweichungsrisiko (aktives Risiko bei 11 %) vom MSCI-World zu konstatieren, welches durch eine aktive Rendite von ungefähr 7,5 % bei der Länderallokation und 10 % bei der Branchenallokation belohnt wird. Damit lassen sich mit dem Momentumansatz beachtenswerte Information Ratios von über 0,5 erzielen.

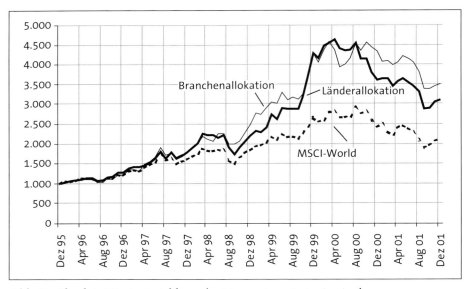

Abb. 6: Absolute Wertentwicklung der Momentumstrategien in den Developed Markets

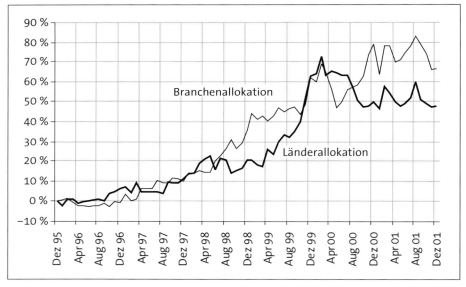

Abb. 7: Relative Wertentwicklung der Momentumstrategien in den Developed Markets

Kennzahl	Länderallokation	Branchenallokation	MSCI-World
Zeitgewichtete Rendite	20,71 %	23,10 %	13,09 %
Absolutes Risiko	21,85 %	21,55 %	18,62 %
Sharpe Ratio	0,82	0,91	0,57
Aktive Rendite	7,62 %	10,01 %	
Aktives Risiko	11,12 %	11,39 %	
Information Ratio	0,65	0,8	
t-Wert der aktiven Rendite	1,61	1,98	
Trefferquote	58,33 %	75,00 %	
Turn-Over	174,59 %	156,16 %	

Abb. 8: Kennzahlen der Momentumstrategien in den Developed Markets

Die beiden letzten Kennzahlen in Abbildung 8 belegen abermals, dass die Branchenallokation der Länderallokation in den Developed Markets überlegen ist. Eine Trefferquote von 75 % besagt, dass in den vergangenen 24 Quartalen des Betrachtungszeitraums das Momentumbranchenportfolio in 18 Quartalen besser rentierte als die Benchmark. Das Ländermodell konnte die Benchmark immerhin in 14 Quartalen schlagen, was einer Trefferquote von 58 % entspricht. Anhand der Turn-Over-Kennzahl werden die enormen Umschichtungen im Länder- und Branchenportfolio sichtbar. Bei einem Turn-Over von über 150 % wird das Momentumportfolio 1½ mal pro Jahr umgeschichtet. Dies ist gleichbedeutend damit, dass durchschnittlich 7 bis 8 Länder oder Branchen pro Jahr ausgetauscht werden. Da sämtliche Performancekennzahlen nach realistischen Transaktionskosten angegeben sind, zeigt sich, dass Momentumeffekte auf globaler Länder- und Branchenebene ökonomisch ausbeutbar sind.

6.4.2 Länder- und Branchenallokation in den Emerging Markets

Ebenso interessant wie das Abschneiden der Momentumstrategien in den Developed Markets dürften die Ergebnisse der gleichen Strategien in den Emerging Markets sein, da in diesem Segment fundamentale und makroökonomische Einschätzungen auf Länder- oder Branchenebene weitaus schwieriger sind als für die etablierten Märkte. Auch in diesem volatilen Marktsegment können sich die Momentumstrategien zur Länder- und Branchenallokation behaupten, wie aus den Abbildungen 9, 10 und 11 hervorgeht. In den Graphiken und Kennzahlen zeigt sich deutlich, dass, wie man a priori vermuten könnte, in diesem Segment länderspezifische Faktoren die größere Rolle spielen als länderübergreifende Branchentrends. In den Emerging Markets sind die politischen und volkswirtschaftlichen Rahmenbedingungen in den einzelnen Ländern zu heterogen, als dass übergeordnete Branchenzyklen sie dominieren könnten. Insofern ist es plausibel, dass eine Länderallokationsstrategie bessere Resultate liefert als eine Branchen-

I Struktur und Verfahren

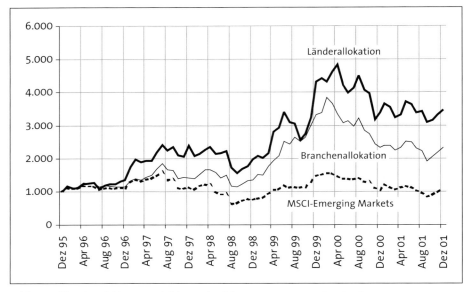

Abb. 9: Absolute Wertentwicklung der Momentumstrategien in den Emerging Markets

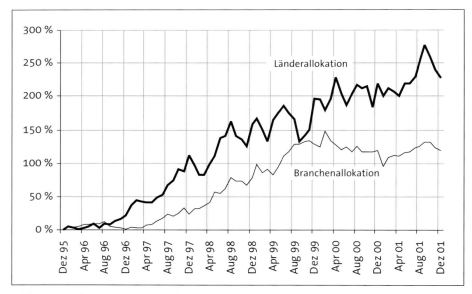

Abb. 10: Relative Wertentwicklung der Momentumstrategien in den Emerging Markets

Kennzahl	Länder-allokation	Branchen-allokation	MSCI-World Emerging Markets
Zeitgewichtete Rendite	22,99 %	15,08 %	1,02 %
Absolutes Risiko	36,47 %	30,19 %	26,96 %
Sharpe Ratio	0,65	0,5	0,07
Aktive Rendite	21,97 %	7,62 %	
Aktives Risiko	22,54 %	11,12 %	
Information Ratio	0,96	0,65	
t-Wert der aktiven Rendite	2,38	1,61	
Trefferquote	70,83 %	70,83 %	
Turn-Over	166,20 %	152,33 %	

Abb. 11: Kennzahlen der Momentumstrategien in den Emerging Markets

allokation, obwohl sich die Ergebnisse der Momentumbranchenallokation durchaus sehen lassen können.

Wie aus den Abbildungen 9 und 10 ersichtlich wird, schlagen beide Allokationsansätze ihre Benchmark deutlich. Vor allem die Länderstrategie baut sukzessive eine enorme kumulierte Outperformance auf. Längerfristig ist ein starker positiver Outperformance-trend erkennbar. Kurzfristig sind immer wieder Rückschläge hinzunehmen, die darauf hindeuten, dass die Halteperiode von drei Monaten zu lang und/oder die Formationsperiode von neun Monaten zu lang gewählt wurden. Nichtsdestotrotz können die Performancekennzahlen in Abbildung 11 überzeugen. Die Ergebnisse der relativen Wertentwicklung sind deshalb so fulminant, da die Benchmark MSCI-Emerging Markets Anlegern nur sehr geringe Wertsteigerungen pro Jahr von etwas mehr als einem Prozent gebracht hätte. Damit entspricht die zeitgewichtete Rendite von fast 23 % der Länderallokationsstrategie einer durchschnittlichen aktiven Rendite von über 20 %. Damit kann dieser Ansatz trotz des hohen absoluten und relativen Risikos die Benchmark MSCI-Emerging Markets signifikant zum Niveau von 95 % schlagen (t-Wert der aktiven Rendite größer zwei). Die Trefferquoten können sowohl bei der Länderallokation als auch bei der Branchenallokation mehr als zufrieden stellen. Das Umschichtungs-volumen ist vergleichbar mit dem in den Developed Markets. Damit sind auch in den Emerging Markets Momentumeffekte auf Länder- und Branchenebene zu beobachten, wobei die Momentumstrategie zur Länderallokation überragende Outperformance-kennzahlen liefert.

6.4.3 Länder- und Branchenallokation in Europa

Im Vordergrund des Interesses steht bei der Länder- und Branchenallokation innerhalb Europas gemäß den Erläuterungen im zweiten Abschnitt, ob sich ein Trendwechsel von der Länderallokation zur Branchenallokation auch in den Ergebnissen der Momentumstrategien feststellen lässt. Nach den guten Ergebnissen der Momentumstrategien zur Länder- und Branchenallokation in den Developed Markets und in den Emerging Markets sind die empirischen Resultate für Europa enttäuschend. Zunächst ist Europa in dem betreffenden Beobachtungszeitraum von den drei untersuchten Regionen die Region mit der höchsten Rendite bei gleichzeitig niedrigstem absolutem Risiko. Die Korrelationen zwischen den Ländern in Europa sind im Durchschnitt sehr viel höher als zwischen den Ländern der Developed oder Emerging Markets. So liegt derzeit beispielsweise die Durchschnittskorrelation zwischen den Ländern der Emerging Markets bei nur 0,1.

Die Branchenallokationsstrategie ist in Europa über die sechs Jahre nicht zielführend gewesen. Das heißt das bewusste Eingehen von Branchenwetten wurde nicht mit einer höheren Rendite belohnt. Sehr gute temporäre Ergebnisse liefert die Momentumstrategie nur in der Boom-Phase der New Economy von Juni 1999 bis März 2000. In dieser Phase war der Momentumansatz in der Lage, den Aufschwung der Branchen Technologie, Medien und Telekommunikation (TMT) rechtzeitig zu identifizieren und auszunutzen. Hier waren der Momentumbrancheninvestor in den TMT-Branchen und der Momentumländerinvestor in Finnland und Schweden übergewichtet. Die Allokation von Finnland und Schweden ist dabei gleichbedeutend mit extremen Branchenwetten im Technologie- und Telekommunikationssektor, da Nokia, Sonera und Ericsson Schwergewichte in den betreffenden Länderindizes sind. Während die Branchenstrategie die Outperformance aus der New Economy-Euphorie vollständig verlor, indem sie zu spät zu anderen Branchen wechselte, konnte die Länderstrategie den größten Teil dieser Outperformance konservieren (vgl. Abbildung 12 und 13). Der übertriebene TMT-Boom ist aber als ein singuläres Ereignis zu interpretieren, so dass die Momentumstrategien zur Länderallokation in Europa nicht als erfolgreich einzustufen sind.

Die Kennzahlen in Abbildung 14 unterstützen ebenfalls dieses Fazit. Die Zahlen der Branchenallokation enttäuschen auf ganzer Linie. Die durchschnittliche Rendite fällt geringer aus als die der Benchmark. Daher ist das Sharpe Ratio geringer als das der Benchmark, da zudem das absolute Risiko höher ist. Deshalb ist auch die aktive Rendite negativ, d.h. das bewusste taktische Abweichen von der Benchmark MSCI-Europe war nicht zielführend. Die Trefferquote von 50 % bezeugt, dass das Momentum keine Prognosequalität besitzt. Die Kennzahlen der Momentumstrategie zur Länderallokation in Europa sehen dagegen nicht so schlecht aus. Eine aktive Rendite von 4,5 % bei einem aktiven Risiko von 8,5 % ist ansehnlich. Der t-Wert der aktiven Rendite ist aber deutlich unter zwei, so dass die Strategie nicht statistisch signifikant besser als die Benchmark ist. Der Verlauf der relativen Wertentwicklung in Abbildung 13 lässt weitere Zweifel aufkommen. Damit können innerhalb des definierten Untersuchungsdesigns in Europa keine Momentumeffekte auf Länder- oder Branchenebene nachgewiesen werden.

6 Länder- und Branchenallokation mit Momentumstrategien

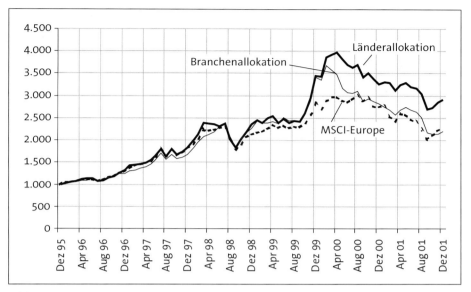

Abb. 12: Absolute Wertentwicklung der Momentumstrategien in Europa

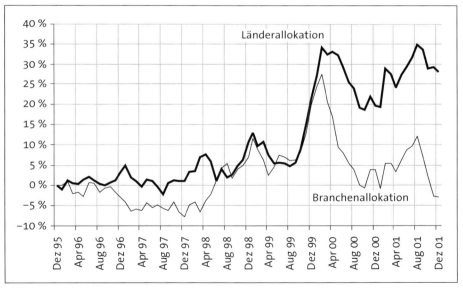

Abb. 13: Relative Wertentwicklung der Momentumstrategien in Europa

Kennzahl	Länderallokation	Branchenallokation	MSCI-Europa
Zeitgewichtete Rendite	19,44 %	14,06 %	14,63 %
Absolutes Risiko	20,15 %	19,79 %	17,44 %
Sharpe Ratio	0,81	0,59	0,67
Aktive Rendite	4,81 %	−0,57 %	
Aktives Risiko	8,46 %	9,62 %	
Information Ratio	0,55	−0,01	
t-Wert der aktiven Rendite	1,35	−0,02	
Trefferquote	62,50 %	50,00 %	
Turn-Over	160,92 %	192,55 %	

Abb. 14: Kennzahlen der Momentumstrategien in Europa

6.5 Zusammenfassung und Ausblick

In diesem Beitrag wird ein quantitativ technisch orientierter Ansatz zur taktischen Länder- und Branchenallokation vorgestellt und einer historischen Analyse unterzogen. Im Mittelpunkt der Diskussion steht dabei, ob aktive taktische Länder- oder Branchenallokationsansätze Outperformance generieren und ob eine Segmentierung nach Ländern oder Branchen vorzunehmen ist. Insbesondere im europäischen Wirtschaftsraum ist die Fokussierung auf Länder oder Branchen eine aktuelle Frage. So steht außer Frage, dass der europäische Integrationsprozess zu einem zusammenwachsenden europäischen Finanzmarkt führt. Der Wegfall von Wechselkursrisiken innerhalb des Euroraums, die Annäherung von Zinsstrukturkurven und die Konvergenz weiterer volkswirtschaftlicher Indikatoren sind Argumente für eine Branchenfokussierung innerhalb Europas. Andererseits sind die volkswirtschaftlichen Maßnahmen der Wirtschafts-, Arbeitsmarkt-, Finanz- und Steuerpolitik Ländersache, so dass derzeit Ländereffekten und Brancheneffekten in Europa die gleiche Bedeutung beizumessen ist. Aus Sicht des globalen Investors zeichnen sich dagegen klare Ergebnisse ab. In den hoch entwickelten Industrienationen kann auf Grund der fortgeschrittenen Globalisierung eine Branchenfokussierung erfolgen. In den Schwellenländern ist weiterhin zwischen den einzelnen Ländern zu differenzieren.

Die historischen Analysen zeigen, dass bereits mit einem sehr einfachen Ansatz aus der Technischen Analyse Länder- und Branchentrends identifiziert und in Outperformance erzielende Strategien umgewandelt werden können. In den Developed Markets wird die Branchenmomentumstrategie und in den Emerging Markets die Ländermomentumstrategie empfohlen. Weitere Verbesserungen des Momentumansatzes lassen sich eventuell durch Variation der Modellparameter, der Formationsperiode und Halteperiode erzielen. Darüber hinaus können verfeinerte Methoden der Berechnung des Momentums zur Anwendung kommen, die den Trend aus einer Indexzeitreihe nicht nur auf Grund von zwei Indexständen herausfiltern, sondern sämtliche Indexstände der Formationsperiode berücksichtigen.

Die Momentumstrategie ist aber nur ein Ansatz von vielen. Daneben sind fundamentale und makroökonomische Modellansätze denkbar. Fundamental getriebene Strategien versuchen, auf Grund von auf Länder- oder Branchenebene aggregierten Unternehmensdaten die relative Attraktivität eines Landes oder einer Branche herauszustellen. Makroökonomische Strategien versuchen, auf Grund von volkswirtschaftlichen Größen den Konjunkturzyklus eines Landes oder einer Branche zu beschreiben und zu prognostizieren und somit einzelne Länder oder Branchen als aussichtsreich erklären zu können. Die einzelnen Modellansätze können dann im Rahmen eines Scoring-Modells zusammengefasst werden.

Ein Blick auf die Angebotspalette der Index-, Fonds- und Zertifikateindustrie gibt weitere Anhaltspunkte, welches die Investmenttrends sind. So bietet der Indexanbieter Dow Jones Stoxx seit geraumer Zeit Branchenindizes auf Europa- und Eurolandebene und seit kürzerer Zeit weltweite Branchenindizes an. Die Auflage von Investmentfonds mit Branchenfokussierung ist in den letzten Jahren enorm gestiegen, so dass dem Brancheninvestor eine breite Palette von Branchenfonds zur Auswahl steht. Auch die Zertifikateindustrie hat sich diesem Trend von der Länder- zur Branchenfokussierung angeschlossen, so dass nicht nur auf die bekannten Länderindizes, sondern auch auf viele Branchenindizes mittlerweile Zertifikate angeboten werden, die es dem Anleger ermöglichen, eins zu eins an der Wertentwicklung eines Branchenindexes zu partizipieren. Der neueste Trend am Fondsmarkt sind so genannte Exchange Traded Funds (ETF), die in Konkurrenz zu Zertifikaten zu sehen sind und ebenfalls ein Finanzinstrument darstellen, um effizient und kostengünstig für den Anleger ein Aktiensegment passiv nachzubilden. Derartige Branchen- oder Länderzertifikate und ETFs sind dann die idealen Produkte, um die hier vorgestellten Momentumstrategien zur Länder- und Branchenallokation in der Praxis umzusetzen.

Literatur

Barring Asset Management: The Relative Impact of Country, Sector and Industry Factors in Global Active/Passive Equity Portfolios, Quantitative Research Series 2000.

BVI: Statistiken, Quantitative Research Series 2000.

Brechtmann, M.: Performanceanalye: Instrument zur Beurteilung von Investmentstrategien, Financial Technology, DZ Bank, Frankfurt am Main 2001.

Coche, J./Stotz, O.: Asset Allocation (7.1.2), in: Achleitner, A.-K./Thoma, G. F. (Hrsg.): Handbuch Corporate Finance, Loseblattausgabe, 2. Auflage Köln 2001, Deutscher Wirtschaftsdienst.

Emanuelli, J. F./Pearson, R. G.: Using Earnings Estimates for Global Asset Allocation, in: Financial Analysts Journal, March/April 1994, S. 60–72.

Garz, H./Günther, S./Moriabadi, C.: Portfolio-Management: Theorie und Anwendung, 3. Aufl., Bankademie-Verlag, Frankfurt am Main 2000.

Häfliger, T.: Anlagestrategien mit makroökonomischen Risikofaktoren, in: Kutscher, C. (Hrsg.) Länderallokation und Titelauswahl für Aktien, Verlag NZZ, Zürich 1997, S. 123–153.

Herrera, G.: Welt-, Europa-, Landes- und Brancheneffekte als Einflussfaktoren von Aktienreturns, Swiss Banking School, 1992, 57, Haupt, Bern.

Heston, S. L./Rouwenhorst, K. G.: Industry and Country Effects in International Stock Returns: Implications for Asset Allocation, in: Journal of Portfolio Management, 1995, 21, S. 53–68.

Morgan Stanley Capital International (Hrsg.): MSCI Enhanced Methodology, 2001.

Morgan Stanley Capital International (Hrsg.): MSCI Global Industry Classification Standard.

Niebuhr, P.: Branchenstrategien in der integrierten Asset Allocation, Difo-Druck, Bamberg 2001.

Murphy, J. J.: Technische Analyse der Finanzmärkte, Finanzbuch Verlag, München 2000.

Schneeweiß, H.: Ökonometrie, 4. Aufl., Physica-Verlag, Heidelberg 1990.

Sharpe, W.: Integrated Asset Allocation, in: Financial Analysts Journal, September/October 1987, S. 25–32.

Sharpe, W.: Policy Asset Mix, Tactical Asset Allocation and Portfolio Insurance, in: Arnott, R. D./Fabozzi, F. J. (Hrsg.): Active Asset Allocation, Probus Publishing Company 1992, Chicago, S. 115–133.

Spremann, K.: Portfoliomanagement, Oldenbourg Verlag, München 2000.

Stich, A./Trede, M.: Länder oder Branchen? Zur Diversifikation von Portfolios, Finanzmarkt und Portfolio Management, 2000, 14, S. 24–33.

7 Risikoverfahren

von Wolfgang Breuer, Marc Gürtler und Frank Schuhmacher

7.1 Wie misst man Risiko?

In einer Welt, in der die zukünftigen Preisentwicklungen sowie Zins- und Dividendenzahlungen für alle Wertpapiere mit Sicherheit bekannt sind, ist die Frage nach der optimalen Zusammenstellung des Portfolios eines Anlegers schnell beantwortet. Es genügt, wenn man allein dasjenige Wertpapier in maximalem Umfang erwirbt, das für jede eingesetzte Geldeinheit den höchsten relativen Rückfluss in Form von Kurssteigerungen und Zins- oder Dividendenzahlungen liefert, das also die höchste Rendite über den Planungszeitraum erbringt. Leider aber treffen Anleger ihre Entscheidungen in der Realität nicht unter Sicherheit, weswegen auch derartige „degenerierte" Portfolios mit nur einem einzigen Wertpapier völlig atypisch für das Anlegerverhalten sind. Wenn man nicht von sicherer Kenntnis zukünftiger Umweltentwicklungen ausgehen kann, liegen Entscheidungen bei Risiko vor. Risikoverfahren beschreiben in diesem Zusammenhang Ansätze, das Risiko im Rahmen der Entscheidungsfindung zu quantifizieren, um dem Anleger auf diese Weise eine Entscheidungshilfe zu geben.

Der adäquate Einsatz von Risikoverfahren in der Praxis führt zunächst zur grundsätzlichen Frage, was aus Anlegersicht überhaupt unter dem „Risiko" einer Wertpapieranlage zu verstehen ist. Kommt Risiko etwa in der Schwankung möglicher Portfoliorenditen um ihren Erwartungswert adäquat zum Ausdruck, oder wird Risiko lediglich durch die Gefahr beschrieben, eine bestimmte gewünschte „Mindestrendite" zu verfehlen? Solche Fragen machen deutlich, dass eine Risikobeurteilung von Wertpapieren eng verknüpft ist mit den Zielvorstellungen, die ein Anleger besitzt. Grundsätzlich gibt es keine eindeutig richtige Antwort auf die Frage nach sinnvoller Risikomessung. Wohl aber kann man Vor- und Nachteile verschiedener Risikomaße sowie die ihnen jeweils zugrunde liegenden Präferenzstrukturen von Anlegern diskutieren. Dies beschreibt zugleich den ersten Problemkreis, der Gegenstand dieses Abschnitts ist. Zweitens wird die Messung der zuvor diskutierten Risikokomponenten anhand einfacher statistischer Methoden erläutert und auf hierbei auftretende Messprobleme hingewiesen.

Entscheidungen im Rahmen des Portfoliomanagements werden häufig auf der Grundlage von zu erwartenden Renditeentwicklungen getroffen. „Natürliche", statistische Maßzahl für derartige Erwartungen ist der Erwartungswert der Portfoliorendite. Denn der Erwartungswert stellt die Rendite dar, die „im Durchschnitt" eintreten wird. Aus diesem Grunde ist im Weiteren mit „erwarteter Rendite" stets der „Erwartungswert einer Rendite" gemeint.

Augenscheinlich muss die tatsächlich eintretende Renditeentwicklung keineswegs mit der ursprünglichen Renditeerwartung übereinstimmen. Das Risiko einer solchen Abweichung der tatsächlichen Portfoliorendite von der erwarteten, kann mittels so genannter Streuungsmaße ex ante quantifiziert werden. Diese Maße stellen statistische Kennzahlen dar, die die „Schwankungsbreite" denkbarer Renditerealisationen beschreiben. Neben den populären Streuungsmaßen der Varianz und der Volatilität existiert ein weiteres, wenngleich weniger bekanntes Streuungsmaß, das als Gini-Differenz-Mittelwert bezeichnet wird.

Der Anleger hat eine geringe Streuung der Renditen um ihren jeweiligen Erwartungswert zum Ziel. Als Alternative oder Ergänzung zu diesem Ziel ist es vorstellbar, dass Anleger die Risikoträchtigkeit einer Portfolioalternative danach beurteilen, inwiefern negative Extremrenditen auftreten. Zur Messung des Risikos einer „katastrophalen" Renditeentwicklung steht unter anderem das so genannte dritte Renditemoment zur Verfügung, das auch als Schiefe bezeichnet wird.

Da mit den bislang genannten Streuungsmaßen auch Renditeabweichungen oberhalb des Erwartungswertes in die Risikomaßzahl eingehen, wird diese Form von Risikoerfassung häufig nicht als adäquat empfunden. Diesem Unbehagen kann Rechnung getragen werden, wenn man Risiko als die Möglichkeit der Unterschreitung einer bestimmten Mindestrendite r_z formuliert. Man spricht in diesem Kontext auch von „Downfall Risk", und die zugehörigen Risikomaße werden Ausfallmaße genannt. Wichtige Ausfallmaße sind neben der Ausfallwahrscheinlichkeit noch Ausfallerwartung und Ausfallvarianz.

Ferner kann das Risiko eines Portfolios relativ zu einem Referenzmaßstab gemessen werden. Zu denken ist hierbei vor allem an Indizes, die Marktrenditeentwicklungen abbilden. Das Risiko eines Portfolios zeigt sich dann daran, wie sensitiv die Portfoliorendite im Hinblick auf Schwankungen des Indexes reagiert. Man spricht hier generell vom Beta-Risiko.

Alle genannten Risikomaße werden im Weiteren vorgestellt, wobei auch ihr praktischer Einsatz im Rahmen einer empirischen Anwendung erörtert wird.

7.2 Streuungsmaße

7.2.1 Ohne risikolose Anlage/Verschuldung

Varianz und Volatilität

Wie angesprochen, existieren unterschiedliche Möglichkeiten, die Streuung von ex ante unsicheren Renditen $\tilde{r}$ zu charakterisieren. Unterschiedliche Streuungseigenschaften zweier Portfoliorenditen offenbaren sich beispielsweise dadurch, dass Abweichungen von ihrem jeweiligen Erwartungswert verschieden stark ausfallen können. Dieser Sachverhalt wird im Rahmen von Abbildung 1 für den Fall eines identischen Erwartungswertes μ von zwei betrachteten Portfolios verdeutlicht.

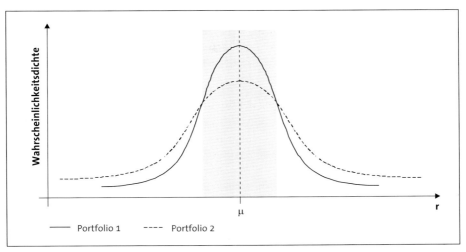

Abb. 1: Unterschiedliche Streuungseigenschaften von Portfoliorenditen

Die Rendite von Portfolio 1 liegt mit einer größeren Wahrscheinlichkeit im grau schraffierten Bereich (also nahe der erwarteten Rendite µ) als die Rendite von Portfolio 2. Genau umgekehrt verhält es sich im nicht schraffierten Bereich einer recht großen Abweichung von der „Zielrendite" µ. Man könnte auf diese Weise den Eindruck gewinnen, dass die Abweichung vom Erwartungswert einfach zu erfassen ist. Jedoch ist es einerseits nicht unproblematisch, für alle denkbaren Renditerealisationen Wahrscheinlichkeiten anzugeben, und andererseits können unterschiedliche Renditeverteilungen nicht immer so leicht graphisch abgegrenzt werden, wie es in Abbildung 1 dargestellt wurde.

Man muss sich demnach fragen, wie das Ausmaß potentieller Abweichung von der erwarteten Rendite quantifiziert werden kann. Die Betrachtung des Erwartungswertes der Differenz $\tilde{r} - \mu$ ist offensichtlich nicht hilfreich, da sich stets ein Wert von Null ergibt: Im „Mittel" heben sich die Möglichkeiten von positiven und negativen Abweichungen vom Erwartungswert gerade auf. Um diese wechselseitige Kompensation zu vermeiden, könnte man den Erwartungswert der Absolutbeträge $|\tilde{r} - \mu|$ betrachten. Der Ansatz von Beträgen erfordert aber generell Fallunterscheidungen, da die Differenz $\tilde{r} - \mu$ hierbei genau dann mit -1 multipliziert werden muss, wenn $\tilde{r} < \mu$ vorliegt. Viel einfacher zu handhaben ist die Betrachtung des Erwartungswertes der quadrierten Abweichungen $(\tilde{r} - \mu)^2$. Wegen $(-1)^2 = 1$ wird hier auf „natürliche" Weise die Kompensation positiver und negativer Abweichungen verhindert.

Der Erwartungswert $E((\tilde{r} - \mu)^2)$ wird als Renditevarianz σ^2 bezeichnet (vgl. zur Risikomessung über Varianzen Markowitz (1959, 1952)). Damit das Streuungsmaß in der gleichen Größenordnung wie die Rendite selbst vorliegt, wird häufig auch auf die Standardabweichung $\sigma = \sqrt{\sigma^2}$ abgestellt.

Schließlich sollte die Möglichkeit bestehen, das Risiko von Anlagen mit unterschiedlichem Zeithorizont zu vergleichen. Zu diesem Zweck ist das Risiko auf den gleichen Betrachtungszeitraum zu normieren. Dies ist immer dann ohne Schwierigkeiten möglich, wenn sich die Gesamtrendite mehrerer Perioden als Summe der Periodeneinzelrenditen darstellen lässt. Diese Bedingung ist beispielsweise für Renditen bei stetiger Verzinsung gewährleistet. „Stetige Verzinsung" bedeutet, dass quasi in jedem noch so kleinen Augenblick (marginale) Wertänderungen aus einer Anlage resultieren und sich diese im Zeitablauf kumulieren. Bei Renditen mit diskreter Verzinsung treten Wertänderungen nur zu bestimmten „abzählbaren" Terminen im Zeitablauf ein. Im Falle diskreter Verzinsung müsste zur Erfüllung besagter Anforderung zusätzlich davon ausgegangen werden, dass die mit den periodischen Renditerealisationen jeweils verbundenen Einzahlungen stets konsumiert werden und anders als bei stetiger Verzinsung das (ursprüngliche) Anfangsvermögen in das betrachtete Wertpapier investiert bleibt. Unter derartigen Voraussetzungen und der zusätzlichen Prämisse, dass Periodenrenditen im Zeitablauf unabhängig und identisch verteilt sind, lässt sich die annualisierte, d.h. aufs Jahr bezogene, Standardabweichung, die als Volatilität $\bar{\sigma}$ bezeichnet wird, wie folgt aus der Standardabweichung σ für den Zeitraum von 1/T Jahren berechnen: $\bar{\sigma} = \sigma \cdot \sqrt{T}$. Umgekehrt kann man dementsprechend bei bekannter Volatilität $\bar{\sigma}$ auf die Renditestandardabweichung für Periodenlänge 1/T Jahre gemäß $\sigma = \bar{\sigma}/\sqrt{T}$ schließen. Besitzt man beispielsweise Kenntnis der Standardabweichung σ der Tagesrenditen einer Aktie, so berechnet sich auf Grundlage von etwa 250 Handelstagen die Volatilität gemäß $\bar{\sigma} = \sigma \cdot \sqrt{250}$. Bei wöchentlichen (monatlichen) Aktienrenditen ergibt sich entsprechend als Volatilität $\bar{\sigma} = \sigma \cdot \sqrt{52}$ ($\bar{\sigma} = \sigma \cdot \sqrt{12}$). Wenn keine Verwechslungsgefahren bestehen, wird im Weiteren auch die Volatilität einfach mit σ bezeichnet.

Zur Erläuterung der beschriebenen Risikogrößen sei von einem Portfolio ausgegangen, das aus nur einer Aktie mit heutigem Kurs von 100 Euro besteht. Für die nächsten zwei Jahre erwartet der Portfoliomanager jeweils eine Einjahresrendite der Aktie von 10 % auf die zu Beginn des Zweijahreszeitraums investierten Mittel. Jedoch muss er einräumen, dass diese Einschätzung keinesfalls sicher ist. Seine Beurteilung basiert auf den Aussagen der Analyseabteilung, die in jedem der beiden Jahre vier Konjunkturentwicklungen unabhängig voneinander für möglich hält. Die daraus resultierenden vier Renditerealisationen am Ende eines jeden der beiden Folgejahre sind zusammen mit ihren geschätzten Eintrittswahrscheinlichkeiten in der nachfolgenden Abbildung 2 angegeben:

Eintrittswahrscheinlichkeit	20 %	30 %	10 %	40 %
Rendite	20 %	−10 %	30 %	15 %

Abb. 2: Mögliche Renditerealisationen über einen Einjahreszeitraum

Die erwartete Rendite eines jeden Jahres ermittelt sich dann als (wahrscheinlichkeits-) gewichtete Summe der denkbaren Renditerealisationen, d.h.,

$$\mu = E(\tilde{r}) = 20\,\% \cdot 20\,\% + 30\,\% \cdot (-10\,\%) + 10\,\% \cdot 30\,\% + 40\,\% \cdot 15\,\% = 10\,\%.$$

Die quadratischen Abweichungen der denkbaren Renditerealisationen eines Jahres vom Erwartungswert ergeben sich demnach auf Grundlage von Abbildung 3.

Eintritts-wahrscheinlichkeit	20 %	30 %	10 %	40 %
quadratische Abweichung	(20 %–10 %)² = 1 %	(–10 %–10 %)² = 4 %	(30 %–10 %)² = 4 %	(15 %–10 %)² = 0,25 %

Abb. 3: Mögliche quadratische Abweichungen von μ im Einjahreszeitraum

Die Varianz berechnet sich folglich gemäß

$$\sigma^2 = E((\tilde{r}-\mu)^2) = 20\,\% \cdot 1\,\% + 30\,\% \cdot 4\,\% + 10\,\% \cdot 4\,\% + 40\,\% \cdot 0{,}25\,\% = 1{,}9\,\%,$$

womit die Volatilität etwa $\sigma \approx 13{,}78\,\%$ beträgt („$\approx$" kennzeichnet stets die Rundung von exakten Ergebnissen). Man erkennt anhand dieser Rechnung, dass die Kenntnis einer erwarteten Rendite von 10 % innerhalb des nächsten Jahres für eine portfoliotheoretische Analyse nur geringe Aussagekraft besitzt, da hier die Standardabweichung in Relation zum Erwartungswert doch einen recht hohen Wert annimmt. Dieser Eindruck wird natürlich durch die in Abbildung 2 aufgelisteten möglichen Renditeausprägungen bestätigt.

Als Alternative sei des Weiteren ein Engagement in einer Aktie mit erwarteter Gesamtrendite von 20 % bei einer Renditestandardabweichung von 15 % über einen Zweijahreszeitraum betrachtet. Für den Vergleich beider Investments sollten sich erwartete Rendite und Standardabweichung der ersten Anlage auch auf einen Zweijahreszeitraum beziehen. Die erwartete Rendite der ersten Anlage über beide Jahre beträgt unter den getroffenen Annahmen 10 % · 2 = 20 % bei einer Standardabweichung von 13,78 % · $\sqrt{2} \approx 19{,}49\,\%$. Ein Problem hierbei ist freilich, dass man wenigstens implizit eine recht unplausible Annahme treffen muss. Eine einmalige Verzinsung in Höhe von 20 % der eingezahlten Mittel nach zwei Jahren muss aus Sicht des Anlegers nämlich ebenso gut wie zwei separate Zinseinzahlungen von jeweils 10 % nach je einem Jahr sein, differenzierende Zeitpräferenzen dürfen also insofern nicht vorliegen. Unter dieser Prämisse jedenfalls wird ein Anleger, der die Standardabweichung als Risikomaß akzeptiert, das zweite Wertpapier vorziehen, da dieses bei gleicher erwarteter Rendite zu einem geringeren Risiko führt.

Man könnte sich natürlich zusätzlich überlegen, ob die simultane Aufnahme beider Wertpapiere in ein gemeinsames Portfolio zu einer besseren Rendite-Risiko-Struktur führt. In der Tat zeigt sich, dass durch Portfoliobildung Risikoreduktionen ermöglicht werden. Dieser als Diversifikation bezeichnete Effekt soll kurz erläutert werden. Bei der Bildung von Portfolios aus mehr als einem Wertpapier spielen zur Ermittlung der Portfoliorenditevarianz nicht nur die Renditevarianzen der einzelnen Wertpapiere eine Rolle. Vielmehr benötigt man mit den so genannten Kovarianzen der Renditen der im Portfolio enthaltenen Wertpapiere eine weitere Gruppe statistischer Maßzahlen. Die Kovarianz σ_{12} von zwei unsicheren Renditen und berechnet sich als Erwartungswert

$$\sigma_{12} = E((\tilde{r}_1 - \mu_1) \cdot (\tilde{r}_2 - \mu_2)).$$

Wenn mit einem Anstieg der Rendite von Aktie 1 die Rendite der Aktie 2 tendenziell ebenfalls wächst, dann tritt eine positive Abweichung vom Erwartungswert bei der ersten Aktienrendite vornehmlich mit einer ebensolchen bei der zweiten Aktienrendite auf. Entsprechend verhält es sich mit negativen Abweichungen. Dies bedeutet, dass die unsichere Differenz $(\tilde{r}_1 - \mu_1) \cdot (\tilde{r}_2 - \mu_2)$ zumeist positiv, die ganze Kovarianz also größer als Null ist. Wenn die Aktienrenditen stattdessen eher in gegenläufige Richtungen tendieren, weist die zugehörige Kovarianz ein negatives Vorzeichen auf.

Es sei nun ein Portfolio aus zwei Wertpapieren 1 und 2 betrachtet, wobei der Bruchteil y des Anlegeranfangsvermögens in Wertpapier 1 investiert werde, der relative Anteil des Papiers 2 also auf 1 − y lautet. Die Portfoliorenditevarianz ergibt sich dann als

$$\sigma_P^2 = y^2 \cdot \sigma_1^2 + (1-y)^2 \cdot \sigma_2^2 + 2 \cdot y \cdot (1-y) \cdot \sigma_{12}.$$

Gehen wir von einer Gleichgewichtung der beiden Wertpapiere des obigen Zahlenbeispiels aus (d.h. y = 50 %) und nehmen zusätzlich an, dass die Kovarianz beider Wertpapierrenditen für den Zweijahreszeitraum einen Wert von $\sigma_{12} = -0{,}1\,\%$ annimmt, so resultiert als Standardabweichung der Portfoliorendite der Zweijahresbetrachtung

$$\sigma_P \approx \sqrt{0{,}5^2 \cdot (19{,}49\,\%)^2 + 0{,}5^2 \cdot (15\,\%)^2 + 2 \cdot 0{,}5 \cdot 0{,}5 \cdot (-0{,}1\,\%)} \approx 12{,}09\,\%.$$

Damit liegt das Portfoliorisiko unterhalb der beiden Renditestandardabweichungen 19,49 % und 15 % der Einzelpapiere. Die zugehörige Renditeerwartung μ_P ergibt sich als gewichteter Durchschnitt der Einzelerwartungswerte, der auf Grund der Gleichheit beider Wertpapierrenditeerwartungen (weiterhin) 20 % beträgt.

Der Gini-Differenz-Mittelwert

Wenngleich der Erwartungswert ein sicherlich markanter Bezugspunkt für die Streuungsmessung ist, bleibt seine Hervorhebung doch letztlich willkürlich. Bei tieferem Nachdenken dürfte es in der Tat sogar als sachgerechter erscheinen, die Streuung der möglichen Renditerealisationen untereinander direkt zu bestimmen. Zu diesem Zweck ermittelt man für alle Paare r_1 und r_2 denkbarer Renditerealisationen eines Wertpapierportfolios den Absolutbetrag $|r_1 - r_2|$ als Maßzahl ihres Abstandes. Die resultierende Streuungsgröße ergibt sich dann als halber Erwartungswert dieser „Abstände". Die Halbierung des Erwartungswerts ist sachgerecht, da durch die Bildung aller möglichen Renditepaare die auftretenden Abstände prinzipiell stets doppelt gezählt werden. Konkret sollen $\tilde{r}_1$ und $\tilde{r}_2$ zwei unabhängige Zufallsvariablen beschreiben. Deren Verteilung entspricht den möglichen Realisationen und Eintrittswahrscheinlichkeiten jeweils derjenigen der unsicheren Rendite desselben Wertpapierportfolios. Die Größe $0{,}5 \cdot E(|\tilde{r}_1 - \tilde{r}_2|)$ wird dann als Gini-Differenz-Mittelwert Γ bezeichnet und kann als alternatives Streuungsmaß verwendet werden (vgl. zum Gini-Differenz-Mittelwert Shalit/Yitzhaki (1984), Breuer/Gürtler/Schuhmacher (1999), S. 298 ff., und Gürtler (2001)).

Sicherlich kann man sich fragen, wieso hier nun auf Absolutbeträge statt der Quadrierung abgestellt wird. Letztlich ist die Betrachtung von Absolutbeträgen näher liegend als die von Quadraten. Während aber im Rahmen der Bestimmung der Streuung einer Portfoliorendite um den jeweils zugehörigen Erwartungswert die rechentechnische Vereinfachung aus dem Ansatz quadrierter Abweichungen statt absoluter beträchtlich ist, erweist sich der Gini-Differenz-Mittelwert in beiden Varianten als ähnlich unhandlich, weswegen man hier die sachlich näher liegende Variante ohne großen Zusatzaufwand für die Berechnungen als Ansatzpunkt wählen kann.

Zur Veranschaulichung der Berechnung von Γ sei wiederum auf die über Abbildung 2 beschriebene Renditeverteilung einer Aktie abgestellt. Beispielsweise führt die Rendite von 20 %, die mit einer Wahrscheinlichkeit von gleichfalls 20 % auftritt, zu den folgenden absoluten Abweichungen von allen vier denkbaren Renditeausprägungen:

- |20 % − (−10 %)| = 30 % mit einer Wahrscheinlichkeit von 30 %,
- |20 % − 30 %| = 10 % mit einer Wahrscheinlichkeit von 10 %,
- |20 % − 15 %| = 5 % mit einer Wahrscheinlichkeit von 40 %.

Die mit einer Wahrscheinlichkeit von 30 % auftretende Rendite von -10 % weicht wie folgt von den im Einzelnen möglichen Renditen ab:

- |−10 % − 20 %| = 30 % mit einer Wahrscheinlichkeit von 20 %,
- |−10 % − 30 %| = 40 % mit einer Wahrscheinlichkeit von 10 %,
- |−10 % − 15 %| = 25 % mit einer Wahrscheinlichkeit von 40 %.

Völlig analog lassen sich die möglichen absoluten Abweichungen bei Vorgabe der weiteren beiden Renditen berechnen, so dass schließlich folgender Wert für den Gini-Differenz-Mittelwert resultiert:

$$\begin{aligned}\Gamma = 0{,}5 \cdot [&20\ \%\cdot(30\ \%\cdot 30\ \%+10\ \%\cdot 10\ \%+40\ \%\cdot 5\ \%)+\\ &30\ \%\cdot(20\ \%\cdot 30\ \%+10\ \%\cdot 40\ \%+40\ \%\cdot 25\ \%)+\\ &10\ \%\cdot(20\ \%\cdot 10\ \%+30\ \%\cdot 40\ \%+40\ \%\cdot 15\ \%)+\\ &40\ \%\cdot(20\ \%\cdot 5\ \%+30\ \%\cdot 25\ \%+10\ \%\cdot 15\ \%)]\\ = 7{,}2\ \%.&\end{aligned}$$

Die durch den Gini-Differenz-Mittelwert ausgedrückte Streuung der denkbaren Wertpapierrenditen untereinander im Einjahreszeitraum beträgt somit 7,2 %.

Es liegen demnach bislang zwei grundsätzliche Möglichkeiten vor, für unterschiedliche Wertpapierportfolios die Renditestreuung zu ermitteln. Welches dieser beiden Risikomaße unter Berücksichtigung der erwarteten Rendite zur Beurteilung von verschiedenen Wertpapierportfolios herangezogen wird, hängt von den persönlichen Präferenzen des jeweiligen Anlegers ab. Entsprechendes gilt für die Frage, ob eher ein starkes Gewicht auf hohe erwartete Renditen oder aber geringes Risiko gelegt wird. Ein sehr risikoaverser Anleger, der hauptsächlich an einer Verminderung der Streuung der Portfoliorendite interessiert ist, wird ein starkes Augenmerk auf das Streuungsmaß und ein eher geringes auf die erwartete Rendite legen. Genau umgekehrt verhält es sich bei einem weniger risikoaversen Anleger.

7.2.2 Mit risikoloser Anlage/Verschuldung

Die dargelegten Zusammenhänge ändern sich grundlegend, wenn von der Existenz einer risikolosen Anlage- und Verschuldungsmöglichkeit ausgegangen wird. Zur Vereinfachung wird hier ein identischer Jahreszinssatz i = 5 % für Anlage und Verschuldung unterstellt. Ferner seien zwei Aktien mit erwarteten Jahresrenditen μ_1 = 10 % bzw. μ_2 = 15 % sowie Volatilitäten σ_1 = 10 % bzw. σ_2 = 15 % vorausgesetzt, die der Investor lediglich alternativ als Anlageformen in Erwägung zieht. Ohne Berücksichtigung der Möglichkeit zu risikoloser Anlage/Verschuldung ist es durchaus von der Risikoeinstellung des jeweiligen Investors abhängig, welche Aktie vorgezogen wird. Ein weniger risikoaverser Anleger orientiert sich eher an der erwarteten Rendite und zieht möglicherweise Aktie 2 vor, wohingegen ein Entscheider mit ausgeprägterer Risikoaversion eine geringere Streuung bevorzugte, die durch Aktie 1 erreicht wird.

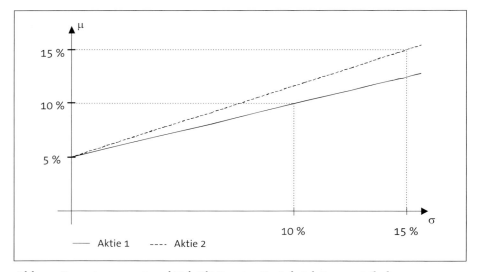

Abb. 4: Erwartungswert und Volatilität unter Berücksichtigung risikoloser Anlage/Verschuldung

Im Rahmen von Abbildung 4 beschreibt die durchgezogene Linie alle Kombinationen erwarteter Jahresrendite und Renditevolatilität, die durch Aufteilung des Vermögens in risikolose Anlage/Verschuldung und Aktie 1 erreicht werden können. Die entsprechenden Kombinationsmöglichkeiten von risikoloser Anlage/Verschuldung mit Aktie 2 werden durch die gestrichelte Linie dargestellt. Es zeigt sich, dass die zusätzliche Berücksichtigung risikoloser Anlage/Verschuldung zu einer eindeutigen präferenzunabhängigen Beurteilung der Attraktivität der Anlagen in den beiden riskanten Aktien führt. Zu jeder vorgegebenen Volatilität besitzt das entsprechende Portfolio aus risikoloser Anlage/Verschuldung und Aktie 2 nämlich eine höhere erwartete Jahresrendite als das entsprechende Portfolio, das Aktie 1 enthält. Man kann sich beispielsweise eine Volatilität von 6 % vorgeben. Diese erhält man einerseits, wenn man sein Vermögen zu 40 % auf risikolose Anlage aufteilt und die restlichen 60 % für Engagements in Aktie 1 vorsieht. Die erwartete Jahresrendite dieses Portfolios beträgt 40 % · 5 % + 60 % · 10 % = 8 %. Auch das Portfolio, das sich aus 60 % risikoloser Anlage und 40 % Investition in Aktie 2 zusammensetzt, verfügt über eine Volatilität von 40 % · 15 % = 6 %. Dieses Portfolio besitzt aber eine erwartete Jahresrendite der Höhe 60 % · 5 % + 40 % · 15 % = 9 %.

Wesentlich ist hierbei, dass die Steigung $(\mu_2 - i) / \sigma_2$ der in Abbildung 4 für die Aktie 2 eingezeichneten Halbgeraden größer ist als die entsprechende Steigung $(\mu_1 - i) / \sigma_1$ für die Aktie 1. Die inhaltliche Aussagekraft besagter Steigung lässt sich dabei leicht näher verdeutlichen. Die erwartete Überrendite $\mu_1 - i$ beispielsweise gibt an, welche über die risikolose Rendite i hinausgehende Vergütung für das eingegangene Risiko σ_1 bei Engagements in Aktie 1 erreicht werden kann. Man spricht hier auch von der zur Aktie 1 gehörenden Risikoprämie. Die Steigung $(\mu_1 - i) / \sigma_1$ der zur Aktie 1 in Abbildung 4 gehörenden Halbgeraden lässt sich entsprechend als Risikoprämie pro Einheit übernommenes Risiko im Rahmen eines Engagements in Aktie 1 interpretieren. Konkret erhält man (10 % – 5 %) / 10 % = 0,5. Der korrespondierende Wert für Aktie 2 beläuft sich auf (15 % – 5 %) / 15 % ≈ 0,67. Bei Verfügbarkeit einer Möglichkeit zur risikolosen Anlage/Verschuldung können Portfolios unsicherer Wertpapiere demnach unabhängig vom Ausmaß der Risikoscheu eines Anlegers anhand der Maßzahl „Risikoprämie pro Risikoeinheit" beurteilt werden. Diese Beurteilungsgröße wird auch als das Sharpe-Maß des jeweiligen Portfolios unsicherer Wertpapiere bezeichnet (vgl. Sharpe (1966), der dieses Maß als Performancemaß zur Beurteilung von Wertpapierfonds eingeführt und dabei auf die Arbeit von Tobin (1958) als theoretische Grundlage zurückgegriffen hat; vgl. hierzu auch Breuer/Gürtler (1999, 2000)).

Völlig analog zur Situation mit μ-σ-Betrachtungen erfolgt die Beurteilung von Portfolioalternativen bei Verfügbarkeit einer risikolosen Anlage-/Verschuldungsmöglichkeit, wenn man den Gini-Differenz-Mittelwert als das sachgerechte Risikomaß akzeptiert. Mit $(\mu - i) / \Gamma$ erhält man auch in diesem Falle als adäquate Beurteilungsgröße wieder eine Maßzahl der Form „Risikoprämie pro Risikoeinheit", wobei lediglich die Art der Risikomessung eine andere als zuvor ist.

7.3 Extremrisiken und Schiefe

Die Präferenzen von Anlegern können alternativ auch derart gestaltet sein, dass Risiko als die Möglichkeit eines extremen Verlustes angesehen wird. In diesem Zusammenhang würde ein Anleger weniger an der Verringerung der durchschnittlichen Renditestreuung interessiert sein, als vielmehr an der Vermeidung von Situationen, die zu einer extrem ungünstigen Renditeentwicklung führen. Zur Veranschaulichung diene erneut ein einfaches Zahlenbeispiel (vgl. hierzu auch Schuhmacher (2001)).

Einerseits wird eine Aktie 1 betrachtet, die mit einer sehr hohen Wahrscheinlichkeit unabhängig von der Marktentwicklung eine positive Rendite erzielen kann. Konkret soll die Aktie im nächsten Jahr mit einer Wahrscheinlichkeit von 99 % (also nahezu sicher) eine Rendite von 10,68 % erreichen. Mit einer recht geringen Wahrscheinlichkeit tritt jedoch eine Situation ein, in der das Wertpapier immens an Wert verliert. Genauer wird mit der (Rest-)Wahrscheinlichkeit von 1 % eine extrem ungünstige Rendite von −56,7 % angenommen. Die beschriebene Renditeverteilung weist einen Erwartungswert von ungefähr 10 % und eine Volatilität von etwa 6,7 % auf.

Des Weiteren existiere eine Aktie 2, die mit einer Wahrscheinlichkeit von jeweils 5 % eine Jahresrendite von −5 % bzw. 25 % annimmt und mit einer Wahrscheinlichkeit von jeweils 45 % positive Jahresrenditen von 5 % bzw. 15 % realisieren kann. Erwartete Rendite und zugehörige Standardabweichung betragen (genau wie bei einer Anlage in Aktie 1) 10 % bzw. etwa 6,7 %. In Abb. 5 sind die Renditeverteilungen für beide Aktien zur Veranschaulichung schematisch dargestellt.

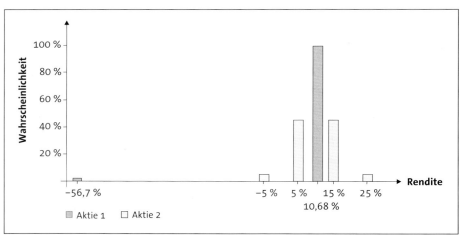

Abb. 5: Renditeverteilungen der beiden Aktien

Quelle: Schuhmacher (2001)

Wieder stehe lediglich der Erwerb von einer der beiden Aktien zur Disposition. Würde man - wie im vorhergehenden Abschnitt vorgeschlagen - die Beurteilung beider Aktien auf Grundlage der erwarteten Rendite und der Renditevolatilität vornehmen, so wird es einem Anleger gleichgültig sein, in welche Aktie er sein Vermögen investiert, da beide Aktien über die gleiche erwartete Rendite und die gleiche Standardabweichung verfügen. Selbst bei zusätzlicher Verfügbarkeit einer risikolosen Anlage-/Verschuldungsmöglichkeit werden beide Aktien bei einer Risikomessung anhand der Volatilität identisch beurteilt, da sich auch die jeweiligen Sharpe-Maße der Aktien entsprechen.

Betrachtet man jedoch die in Abbildung 5 dargestellten Renditeverteilungen der Aktien, so sind diese derart verschieden, dass wohl auch die meisten Anleger die Risikoträchtigkeit der beiden Anlageformen als deutlich unterschiedlich beurteilen. Voraussichtlich wird (nahezu) jeder Investor Aktie 1 eine höhere Risikoträchtigkeit beimessen als Aktie 2, da erstere das Risiko eines möglichen Verlusts von über 50 % der angelegten Mittel beinhaltet. Vor diesem Hintergrund werden Renditeverteilungen von Portfolioalternativen augenscheinlich nicht immer hinreichend über ihre Erwartungswerte und Standardabweichungen beschrieben. Insofern besteht ein Bedarf an weiteren Kennzahlen, die die hinreichende Berücksichtigung auch der in Rede stehenden Form von „Extremrisiken" ermöglichen.

Eine solche Kennzahl ist durch die so genannte Schiefe γ^3 einer unsicheren Rendite $\tilde{r}$ gegeben, die sich als Erwartungswert $E((\tilde{r}-\mu)^3)$ der kubischen Abweichungen denkbarer Renditerealisationen von der erwarteten Rendite μ berechnet. Ergänzend sei angemerkt, dass im Rahmen der Statistik unter dem Begriff Schiefe in aller Regel das normierte, dritte zentrale Moment $E((\tilde{r}-\mu)^3)/\sigma^3$ verstanden wird (vgl. z.B. Hartung/Elpelt/Klösener (1999), S. 118). Aus Vereinfachungsgründen wird hier auch das unnormierte Moment als Schiefe bezeichnet. Um den Ausweis allzu kleiner Werte zu vermeiden, bietet es sich an, die standardisierte Schiefe γ zu betrachten, die sich als dritte Wurzel $\sqrt[3]{E((\tilde{r}-\mu)^3)}$ ergibt. Damit erhält man für die beiden hier betrachteten Aktien:

$$\gamma_1 = \sqrt[3]{99\% \cdot (10{,}68\% - 10\%)^3 - 1\% \cdot (-56{,}7\% - 10\%)^3} \approx -14{,}37\%$$
$$\gamma_2 = \sqrt[3]{5\% \cdot (-5\% - 10\%)^3 + 45\% \cdot (5\% - 10\%)^3 + 45\% \cdot (15\% - 10\%)^3 + 5\% \cdot (25\% - 10\%)^3}$$
$$= 0\%.$$

Die Schiefe einer Wahrscheinlichkeitsverteilung sagt etwas über das Ausmaß ihrer Asymmetrie aus. Eine Renditeschiefe von Null resultiert entsprechend bei symmetrischen Verteilungen, wie die der Rendite von Aktie 2. Bei Aktie 1 führt insbesondere das Vorliegen der Extremrendite von −56,7 % zum Sachverhalt einer negativen Schiefe. Eine Renditeverteilung mit negativer Schiefe wird als linksschief (oder rechtssteil) bezeichnet, wohingegen eine positive Schiefe eine rechtsschiefe (oder linkssteile) Verteilung charakterisiert. Erstere bergen ceteris paribus – wie auch am Beispiel der Aktie 1 ersichtlich – eine höhere Gefahr von niedrigen Extremwerten, was von Anlegern in aller Regel als ungünstig empfunden wird. Eine positive Schiefe geht entsprechend positiv in die Beurteilung der Anleger ein. Die beiden auf diese Weise abgegrenzten qualitativen Verläufe von Renditeverteilungen werden in Abbildung 6 dargestellt.

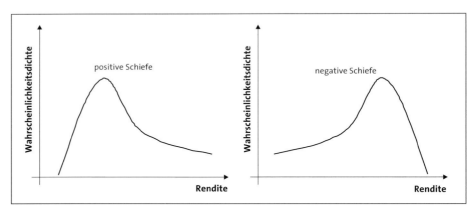

Abb. 6: Arten von Schiefeausprägungen
Quelle: Breuer/Gürtler/Schuhmacher 1999, S. 183

Insgesamt zeigt sich damit, dass die Maßzahl „Schiefe" geeignet ist, um das Risiko einer extrem ungünstigen Renditeentwicklung zu charakterisieren. Betrachtet man T Perioden der Länge 1/T Jahre, so lässt sich unter gewissen Bedingungen – wie schon für die Varianz – die „annualisierte" Schiefe leicht ermitteln. Unterstellt man Periodenrenditen bei diskreter Verzinsung, die sich ausschließlich auf das Anfangsvermögen beziehen, oder Periodenrenditen bei stetiger Verzinsung und sind die Renditen jeweils identisch und unabhängig mit standardisierter Schiefe γ verteilt, so ergibt sich die aufs Jahr bezogene, „annualisierte", Schiefe als $\gamma \cdot \sqrt[3]{T}$.

Hervorzuheben ist schließlich, dass ein Anleger natürlich nicht ausschließlich auf Grundlage der Schiefe unterschiedliche Portfolios vergleichen wird, sondern dass diese Kenngröße ergänzend zu erwarteter Rendite und Renditestandardabweichung für Beurteilungszwecke herangezogen werden sollte. Die Schiefe oder Steilheit als ergänzendes Risikomaß steht demnach ganz in der Tradition der Varianz, da beide Maße an (sämtlichen) Abweichungen der möglichen Realisationen vom zugehörigen Erwartungswert ansetzen. Gerade dies kann kritisiert werden mit dem Hinweis, dass letztlich nur die Gefahr von Abweichungen nach „unten" im landläufigen Sinne Risiko beschreibt (vgl. zu dieser Kritik beispielsweise Malkiel (1988), S. 62). Diese Sichtweise von Risiko liegt insbesondere dann nahe, wenn es um die adäquate Berücksichtigung von Insolvenzgefahren geht, und soll im nachfolgenden Abschnitt näher erläutert werden.

7.4 Downfall Risk und Ausfallmaße

Insbesondere in Situationen, in denen der Anleger aus seiner sonstigen Tätigkeit zukünftigen Zahlungsverpflichtungen unterliegt, ist ihm aus Reputationsgründen möglicherweise primär daran gelegen, mit seinem Wertpapierengagement eine gewisse Mindestrendite r_z zu erreichen. Im Gegensatz zum bisherigen Vorgehen steht hierbei für den Anleger nicht mehr die gesamte Renditeverteilung im Mittelpunkt des Interesses, sondern geht es ihm vornehmlich um denjenigen Teil, der den Fall der Zielrenditeunterschreitung beschreibt. Vor diesem Hintergrund bietet sich unter anderem die folgende modifizierte Darstellung erwarteter quadratischer oder kubischer Abweichungen an:

$$E((\tilde{r}-r_z)^n) = E((\tilde{r}-r_z)^n | \tilde{r} < r_z) \cdot prob(\tilde{r} < r_z) + E((\tilde{r}-r_z)^n | \tilde{r} \geq r_z) \cdot prob(\tilde{r} \geq r_z) \quad (n = 2, 3).$$

Hierbei steht „prob(·)" für die Wahrscheinlichkeit des jeweils in der Klammer angegebenen Ereignisses und $E((\tilde{r}-r_z)^n | \cdot)$ für den auf das Ereignis bedingten Erwartungswert von $(\tilde{r}-r_z)^n$. Für eine Zielrendite r_z in Höhe der erwarteten Rendite μ wird über die obige Formel für n = 2 die Renditevarianz und für n = 3 die Renditeschiefe beschrieben.

Die quadratische bzw. kubische Abweichung von der Zielgröße kann gemäß der obigen Formel in einen Summanden aufgeteilt werden, der sich auf die möglichen Szenarien bei Zielrenditeunterschreitung (so genannte Ausfallszenarien) bezieht, und einen Summanden, der den Fall der Zielrenditeerreichung charakterisiert. Eine Unterschreitung der Zielrendite bedeutet für den Anleger häufig eine erhebliche Reputationseinbuße, wenn nicht gar die Insolvenz. Risiko manifestiert sich vor einem derartigen Hintergrund folglich vor allem in der Möglichkeit der Unterschreitung von r_z, so dass der oben beschriebene erste Summand in diesem Zusammenhang eine besondere Bedeutung erhält. Diese Anschauung von Risiko führt zu den so genannten Ausfallmaßen, die auch als untere partielle Momente bezeichnet werden. Allgemein, d.h. für beliebige Werte n, nennt man $LPM_P^{(n)}(r_z) = E((\tilde{r}_P - r_z)^n | \tilde{r}_P < r_z) \cdot prob(\tilde{r}_P < r_z)$ das untere partielle Moment n-ter Ordnung eines Portfolios P. Die Bezeichnung „LPM" geht dabei auf die englische Namensgebung „Lower Partial Moment" zurück (vgl. zu Ansätzen, die auf einer Risikomessung über untere partielle Momente höherer Ordnung beruhen, etwa Harlow (1991)). Dabei beschreibt das „nullte" untere partielle Moment die Wahrscheinlichkeit $prob(\tilde{r}_P - r_z)$, mit der eine unsichere Rendite $\tilde{r}_P$ die Zielrendite r_z unterschreitet. Man kann hier kurz von der „Ausfallwahrscheinlichkeit" sprechen. In Abbildung 7 ist dargestellt, wie die Ausfallwahrscheinlichkeit als (Teil-)Fläche unterhalb der Kurve der Eintrittswahrscheinlichkeiten visualisiert werden kann.

Exemplarisch gehe man wiederum von dem Anleger des vorhergehenden Abschnitts aus, der über die beiden dort angegebenen Aktien mit den in Abbildung 5 dargestellten Renditeverteilungen als Anlagealternativen verfügt. Besitzt die Erreichung einer Mindestrendite von 7 % innerhalb des nächsten Jahres für den Anleger eine extrem große Bedeutung, so ist für ihn die Zugrundelegung der Ausfallwahrscheinlichkeit als sinnvolles Risikomaß ohne weiteres denkbar. Während Aktie 2 mit einer Wahrschein-

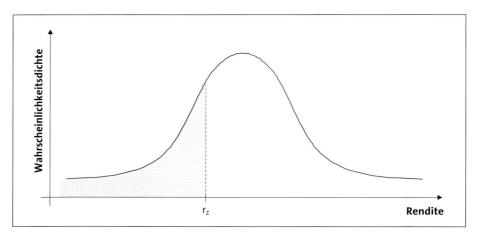

Abb. 7: Interpretation der Ausfallwahrscheinlichkeit als Fläche

lichkeit von 50 % eine Rendite (hier: −5 % oder 5 %) unterhalb von 7 % besitzt, führt Aktie 1 mit einer Wahrscheinlichkeit von nur 1 % zu einer Verfehlung der Zielrendite (hier: mit −56,25 %). Vor diesem Hintergrund würde der Anleger die Aktie 1 der Aktie 2 vorziehen, falls er die Ausfallwahrscheinlichkeit als Risikomaß präferiert.

Als Kritikpunkt hinsichtlich einer Risikomessung über die Ausfallwahrscheinlichkeit ist jedoch offensichtlich anzuführen, dass der Umfang, mit dem die Mindestrendite unterschritten wird, keine Berücksichtigung findet. So kann das extreme Ausmaß der Unterschreitung der Mindestrendite bei Aktie 1 sicherlich auch bedeutsam sein, wenngleich für den Anleger zunächst der isolierte Sachverhalt der Erreichung seiner Mindestrendite Vorrang besitzt. Aus diesem Grund sollte der Anleger zusätzlich die so genannte Ausfallerwartung $E(\tilde{r}_P - r_z | \tilde{r}_P < r_z) \cdot \text{prob}(\tilde{r}_P < r_z)$ seines Portfolios P berücksichtigen, die gemäß obigen Ausführungen mit dem unteren partiellen Moment erster Ordnung, $LPM_P^{(1)}(r_z)$, übereinstimmt. Rechnerisch entspricht die Ausfallerwartung der mit der Ausfallwahrscheinlichkeit gewichteten (bedingten) erwarteten Unterschreitung der Portfoliorendite bei einem „Ausfall". Ceteris paribus ist dabei ein höherer Wert der Ausfallerwartung wegen des dadurch für Ausfallszenarien zum Ausdruck gebrachten höheren mittleren Renditeniveaus als vorteilhaft anzusehen.

Die Ausfallerwartung der beiden betrachteten Aktien berechnet sich konkret wie folgt:

$$LPM_1^{(1)}(7\%) = -56{,}7\% \cdot 1\% = -0{,}567\%,$$
$$LPM_2^{(1)}(7\%) = (10\% \cdot (-5\%) + 90\% \cdot 5\%) \cdot 50\% = 2\%.$$

Dabei wurde berücksichtigt, dass Aktie 1 im Fall einer Unterschreitung der Zielrendite $r_z = 7\%$ sicher die ungünstige (Extrem-)Rendite $r_1 = -56{,}7\%$ annimmt und die Ausfallwahrscheinlichkeit selbst 1 % beträgt. Die Ausfallwahrscheinlichkeit bei Aktie 2 hingegen beläuft sich auf 50 %, und es realisiert sich dann mit einer Wahrscheinlichkeit von 10 % eine Rendite $r_2 = -5$ % und mit der Gegenwahrscheinlichkeit 90 % der Wert $r_2 = 5$ %.

Der Vollständigkeit halber sei angemerkt, dass für n = 2 das zugehörige untere partielle Moment als Ausfallvarianz bezeichnet wird. Würde zusätzlich $r_z = \mu_P$ gelten, so würde die Ausfallvarianz zur „Semivarianz". Auf Grund der Analogie zur Schiefe bezeichnet man das untere partielle Moment dritter Ordnung auch als Ausfallschiefe.

Eng verbunden mit den Ausfallmaßen ist die Risikomaßzahl des so genannten Value at Risk (VaR) (vgl. zu dieser Thematik ausführlich Jorion (1997)). Während bei Betrachtung der Ausfallwahrscheinlichkeit in Kenntnis des investierten Vermögens prinzipiell die Frage gestellt wird, mit welcher Wahrscheinlichkeit ein gewünschtes, mindestens zu erreichendes Endvermögen verfehlt wird, fragt man sich bei der Ermittlung des VaR, welche maximale Wertminderung nur mit einer vorgegebenen (Höchst-)Wahrscheinlichkeit überschritten wird. Diese Frage wird für die Kreditportfolios von Banken derzeit rege im Zusammenhang mit dem Konsultationspapier zur Neufassung der Baseler Eigenkapitalvereinbarung von 1988 (Basel II) diskutiert (vgl. zu den Inhalten des Konsultationspapiers den Monatsbericht der Deutschen Bundesbank (2001) und für den Zusammenhang zwischen Basel II und dem Value at Risk beispielsweise Gürtler (2002)).

Für die Ermittlung eines VaR werden in aller Regel Wahrscheinlichkeiten von 5 %, 1 % oder 0,5 % vorgegeben. Auf diese Weise berechnet man mit dem VaR die maximale Wertminderung, die am Ende des Zeithorizonts mit einer Wahrscheinlichkeit von nur 5 %, 1 % oder 0,5 % übertroffen wird. Zur einfachen Umsetzung wird im Rahmen der Ermittlung des VaR üblicherweise von der Annahme ausgegangen, dass die betrachteten Wertpapier- oder Portfoliorenditen normalverteilt sind. In diesem Spezialfall wird die Renditeverteilung vollständig durch die Kenntnis der erwarteten Rendite und der Renditestandardabweichung charakterisiert. Bei Bekanntheit dieser beiden Größen ist die Berechnung des VaR unproblematisch.

Zur Verdeutlichung sei ein Investment mit normalverteilter Rendite $\tilde{r}$ bei einem Erwartungswert μ und einer Standardabweichung σ angenommen. Bei angelegtem Vermögen von 1 Mio. Euro ist dann auch die unsichere Vermögensänderung $\Delta \tilde{W} = \tilde{W} - 1$ Mio. Euro normalverteilt mit einem Erwartungswert $\mu_{\Delta W} = \mu \cdot 1$ Mio. Euro und einer Standardabweichung von $\sigma_{\Delta W} = \sigma \cdot 1$ Mio. Euro. Es ist nun die Vermögensminderung VaR gesucht, die mit einer gegebenen Wahrscheinlichkeit von α überschritten bzw. nicht unterschritten wird. Weil bei normalverteiltem Vermögen jede einzelne Vermögensausprägung mit einer Wahrscheinlichkeit von Null auftritt, besteht zwischen den beiden letztgenannten Formulierungen kein Unterschied. Bezeichnet N die Standard-Normalverteilung (mit Erwartungswert Null und Standardabweichung Eins), so erfüllt VaR die folgende Bedingung:

$$\text{prob}(\Delta \tilde{W} \leq -\text{VaR}) = \alpha \Leftrightarrow N\left(\frac{-\text{VaR} - \mu_{\Delta W}}{\sigma_{\Delta W}}\right) = \alpha \Leftrightarrow \text{VaR} = -\mu_{\Delta W} - \sigma_{\Delta W} \cdot N^{-1}(\alpha).$$

In diesem Zusammenhang bezeichnet $N^{-1}(\alpha)$ das α-Quantil der Standard-Normalverteilung, das nahezu in jedem statistischen Lehrbuch nachgeschlagen werden kann (vgl. beispielsweise Rinne (1997), S. 576). Das α-Quantil gibt an, welcher Wert der Standardnormalverteilung mit einer Wahrscheinlichkeit von α nicht überschritten bzw. unterschritten wird. Unterstellt man z.B. eine Wahrscheinlichkeit von $\alpha = 5\,\%$, so beträgt das zugehörige Quantil etwa $-1{,}64$. Auf diese Weise kann für gegebene zu erwartende Vermögensänderung $\mu_{\Delta W}$ und zugehörige Standardabweichung $\sigma_{\Delta W}$ bei unterschiedlichen Vorgaben einer (tolerierbaren) Wahrscheinlichkeit der VaR berechnet werden.

Vermögensminderung, die mit einer Wahrscheinlichkeit von nur 5 % überschritten wird:

$$\text{VaR} = -\mu_{\Delta W} + 1{,}64 \cdot \sigma_{\Delta W},$$

Vermögensminderung, die mit einer Wahrscheinlichkeit von nur 1 % überschritten wird:

$$\text{VaR} = -\mu_{\Delta W} + 2{,}33 \cdot \sigma_{\Delta W},$$

Vermögensminderung, die mit einer Wahrscheinlichkeit von nur 0,5 % überschritten wird:

$$\text{VaR} = -\mu_{\Delta W} + 2{,}57 \cdot \sigma_{\Delta W}.$$

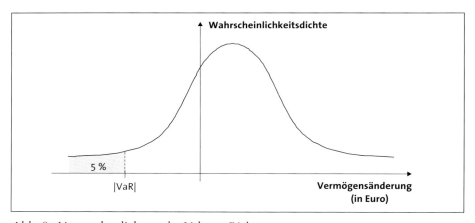

Abb. 8: Veranschaulichung des Value at Risk

Betrachtet seien beispielsweise zwei Aktien, die für das nächste Jahr normalverteilte Renditen mit Erwartungswerten von $\mu_1 = 6\,\%$ bzw. $\mu_2 = 8\,\%$ bei einer Volatilität von $\sigma_1 = 10\,\%$ bzw. $\sigma_2 = 12\,\%$ verbriefen. Ein Anleger, der ein Vermögen von 1 Mio. Euro in eine der Aktien anlegen wird, kann davon ausgehen, dass bei Anlage in Aktie 1 ein Verlust von

$$\text{VaR}_1 = -60.000 + 1{,}64 \cdot 100.000 = 104.000 \text{ Euro}$$

und bei Anlage in Aktie 2 ein Verlust von

$$\text{VaR}_2 = -80.000 + 1{,}64 \cdot 120.000 = 116.800 \text{ Euro}$$

nur mit einer Wahrscheinlichkeit von 5 % überschritten wird.

Die Popularität der Maßzahl VaR ergibt sich sicherlich insbesondere auf Grund der Anschaulichkeit, die ohne Frage gegeben ist. Freilich ist zu beachten, dass unter der Normalverteilungsprämisse die Kenntnis eines VaR sowie der zugehörigen Ausfallwahrscheinlichkeit α exakt die gleichen Informationen liefert wie die Betrachtung von μ und σ, weil in beiden Fällen die Wahrscheinlichkeitsverteilung vollständig beschrieben wird. In allen anderen Fällen lässt sich der VaR nicht leicht berechnen und beschreibt die Wahrscheinlichkeitsverteilung von Endvermögenswerten wegen des alleinigen Bezugs auf sehr schlechte Realisationen vergleichsweise unzureichend.

Im Weiteren soll nun noch auf Anleger eingegangen werden, die von einer konkreten Beziehung zwischen Aktienkurs- und Marktentwicklung ausgehen.

7.5 Marktrisiko und Marktmodell

Die grundsätzliche Beobachtung, dass die meisten Aktien über Kursverläufe verfügen, die sich in einem bestimmten Verhältnis zu einem Marktindex entwickeln, liegt dem so genannten Markt- oder auch Single-Index-Modell zugrunde (vgl. zu diesem Ansatz Sharpe (1963)). Beispielsweise geht man davon aus, dass sich die gesamte Aktienrendite $\tilde{r}_A$ einer jeden Aktie A stets wie folgt in eine marktspezifische und eine unternehmensspezifische Komponente aufteilen lässt:

$$\tilde{r}_A = \alpha_A + \beta_A \cdot (\tilde{r}_M - i) + \tilde{\varepsilon}_A.$$

Der marktspezifische oder „systematische" Risikobestandteil wird durch $\beta_A \cdot (\tilde{r}_M - i)$ beschrieben. Dabei steht $\tilde{r}_M$ für die Rendite eines Marktindexes (wie beispielsweise des „Deutschen Aktienindexes" DAX) oder kurz die Marktrendite, und $\tilde{r}_M - i$ gibt die „Marktüberrendite" gegenüber der risikolosen Anlage/Verschuldung an. Die Komponente $\alpha_A + \tilde{\varepsilon}_A$ beschreibt entsprechend den unternehmensspezifischen oder auch unsystematischen Teil der Rendite, dessen Erwartungswert α_A beträgt. $\tilde{\varepsilon}_A$ charakterisiert demnach nur einen „Zufallsfehler", der sich im Durchschnitt ausgleichen wird und mit der Marktrendite unkorreliert ist. Ferner soll sich die Korrelation von Aktienrenditen untereinander vollständig auf die Korrelation der Aktienrenditen mit der Marktrendite zurückführen lassen. Demnach sind überdies die Zufallsfehler $\tilde{\varepsilon}_A$ und $\tilde{\varepsilon}_B$ für zwei verschiedene Aktien stets als unkorreliert angenommen, ihre Kovarianz ist folglich Null.

Die für die zukünftige Entwicklung zwischen Aktienrendite und Markt(über)rendite angenommene Abhängigkeit wird in der folgenden Abbildung 9 über die durchgezogene Linie visualisiert. Zur Vereinfachung wird dabei von einem deterministischen, gleichwohl nichtlinearen Zusammenhang zwischen den beiden Zufallsgrößen ausgegangen. Der Teil $\alpha_A + \beta_A \cdot (\tilde{r}_M - i)$ der Bestimmungsgleichung für $\tilde{r}_A$ beschreibt die gestrichelte Gerade aus Abbildung 9 mit Steigung β_A und Ordinatenabschnitt α_A. Die Störtermrealisationen ε_A manifestieren sich in dem Abstand zwischen der durchgezogenen nichtlinearen Kurve und der Geraden.

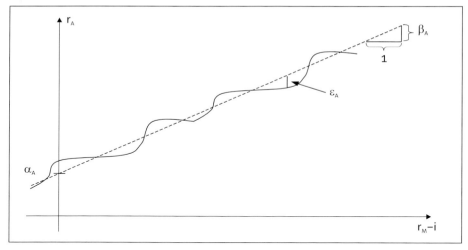

Abb. 9: Zusammenhang zwischen Aktien- und Markt(über)rendite im Marktmodell

Die Größen a_A und b_A können als Parameter einer linearen Regression der Rendite der Aktie A auf die Überrendite $\tilde{r}_M - i$ des Marktindexes M interpretiert werden. Auf diese Weise ergeben sich (z.B. gemäß Maddala (1977), S. 74 ff.)

$$\beta_A = \operatorname{Cov}(\tilde{r}_A, \tilde{r}_M) / \operatorname{Var}(\tilde{r}_M) \text{ und } \alpha_A = E(\tilde{r}_A) - \beta_A \cdot (E(\tilde{r}_M) - i).$$

Interessant ist vor allem der so genannte Beta-Faktor β_A, der die Sensitivität der Aktienrendite im Hinblick auf Änderungen der Marktrendite angibt. Steigt (sinkt) die Marktrendite ceteris paribus um einen Prozentpunkt, so steigt (sinkt) die Aktienrendite tendenziell um β_A Prozentpunkte. Der Beta-Faktor ist folglich ein Maß für den Einfluss von Marktrisiken auf einzelne Aktien- oder auch Portfoliorenditen. Angenommen, ein Anleger besitzt eine Aktie A, die über einen Beta-Faktor von $\beta_A = 0{,}8$ verfügt, und auf Grundlage von Marktanalysen geht man von einer Marktrenditesenkung von zwei Prozentpunkten aus. Wenn die sonstigen unternehmensspezifischen Daten keine weitere Renditeänderung erwarten lassen, besteht die (begründete) Gefahr, dass die Rendite der Aktie um $2 \cdot 0{,}8 = 1{,}6$ Prozentpunkte sinkt.

Auf der Basis der Kenntnis der Beta-Faktoren wäre demnach ein rudimentäres „Stock Picking" denkbar, bei dem man einzelne Aktien gezielt im Hinblick auf die vermutete künftige Marktentwicklung gemäß ihren Beta-Faktoren auswählt. Freilich bleibt hierbei genau genommen die Frage offen, welche Zielfunktion vom Anleger konkret maximiert wird. Denn wenn die künftige Marktentwicklung nicht mit Sicherheit prognostiziert werden kann, liegt erneut eine Entscheidung unter Risiko vor, und man kann verschiedene Aktien nicht einfach nach ihren Beta-Faktoren reihen. So gesehen wird durch das Marktmodell kein neuer Ansatz zur Risikomessung beschrieben, sondern vielmehr das Portfolioselektionsproblem um die Ausnutzung der besonderen Bedeutung der allgemeinen Marktentwicklung für Aktienrenditen ergänzt: In Kenntnis einer unsicheren Schätzung der Marktentwicklung und der gegebenen Struktur der Aktienrenditen kann man etwa ganz konventionell nach dem μ-σ-Prinzip verfahren (vgl. hierzu etwa Elton/Gruber/Padberg (1976)).

7.6 Empirische Messung von Risiken

Bisher wurde ausschließlich dargelegt, wie auf der Grundlage von erwarteter Rendite und zugehörigem Renditerisiko die Beurteilung von risikoträchtigen Wertpapierportfolios vonstatten gehen kann. In einem vorgelagerten Schritt stellt sich natürlich die Frage, auf welche Weise die Größen Erwartungswert und Risiko überhaupt ermittelt werden können. In der Tat ist dies die praktisch entscheidende Herausforderung. Hierauf wird im Folgenden eingegangen.

Zu diesem Zweck seien historische Aktienkurse S_t und zugehörige Dividendenzahlungen D_t je Aktie für vergangene Zeitpunkte $t = -T, \ldots, -1$ als verfügbar angenommen. Man denke bei den S_t beispielsweise an die monatlichen Schlusskurse von Aktien. In praktischen Anwendungen lässt es sich überdies nicht vermeiden, steuerliche Aspekte zu berücksichtigen. Unterstellt man grundsätzlich die Steuerfreiheit von Kursgewinnen, so sind doch wenigstens die Dividendenzahlungen im Weiteren stets als Nach-Steuer-Werte zu verstehen. Auf dieser Grundlage lassen sich historische Ein-Perioden-Renditen (nach Steuern) bei diskreter Verzinsung berechnen, indem man die Kursänderung $S_{t+1} - S_t$ für den Zeitraum von t bis t + 1 zuzüglich der ausgeschütteten Nach-Steuer-Dividende D_t ins Verhältnis zu den eingesetzten Mitteln S_t setzt:

$$r_t = \frac{S_{t+1} - S_t + D_t}{S_t}.$$

Da derartige Renditen keine Werte unterhalb von $-100\,\%$ annehmen können, sind die auf der Normalverteilungsannahme beruhenden Methoden – wie insbesondere im Zusammenhang mit dem Value at Risk erörtert – wenig überzeugend. Für die Plausibilisierung der Normalverteilung wird daher häufig auf die schon angesprochene Rendite bei stetiger Verzinsung zurückgegriffen, die sich gemäß

$$r_t^{(c)} = \ln\left(\frac{S_{t+1} + D_t}{S_t}\right)$$

für den Zeitraum von t bis t + 1 ermittelt (vgl. für dieses Vorgehen z.B. auch Wittrock (2000), S. 212). $r_t^{(c)}$ ist diejenige stetige Verzinsung, die von t bis t + 1 gegeben sein muss, um über die gesamte Periode hinweg gerade eine (effektive) Rendite von r_t zu gewährleisten. Bei dieser stetigen Renditevariante sind Werte unterhalb von $-100\,\%$ ohne weiteres möglich, und überdies behaupten empirische Studien, dass die stetige Rendite $\tilde{r}^{(c)}$ in aller Regel besser durch eine Normalverteilung beschrieben werden kann als die diskrete Rendite $\tilde{r}$.

Den theoretischen Hintergrund für die Ermittlung des Erwartungswerts und des Risikos zukünftiger Renditeentwicklungen auf der Grundlage historischer Daten bildet das Gesetz der großen Zahlen. Danach entspricht bei unendlich vielen Perioden und im Zeitablauf unabhängig und identisch verteilten Renditen die erwartete Rendite dem Durchschnitt der (unendlich vielen) vergangenen Renditerealisationen. Damit ist es vom Prinzip her möglich, die erwartete Rendite auf der Basis des Durchschnitts von „hinreichend" vielen historischen Renditen zu ermitteln.

Die Schätzung $\hat{\mu}$ für die erwartete Rendite lautet hierbei konkret

$$\hat{\mu} = \frac{1}{T} \cdot \sum_{t=-T}^{-1} r_t.$$

Entsprechend kann die Renditevarianz als Erwartungswert der quadratischen Abweichungen von der erwarteten Rendite über den Durchschnitt

$$\frac{1}{T} \cdot \sum_{t=-T}^{-1} (r_t - \mu)^2$$

quantifiziert werden. Da die erwartete Rendite μ jedoch nur als Schätzung $\hat{\mu}$ bekannt ist, erweist sich die Varianzschätzung gemäß

$$\hat{\sigma}^2 = \frac{1}{T-1} \cdot \sum_{t=-T}^{-1} (r_t - \hat{\mu})^2$$

als geeigneter. Konkret gewährleistet sie „Erwartungstreue" der Schätzung, d.h., im Erwartungswert stimmt diese Schätzung mit der tatsächlichen Renditevarianz überein (vgl. hierzu z.B. Rinne (1997), S. 489 ff.). Die Wurzel $\sqrt{\hat{\sigma}^2}$ beschreibt demnach eine Schätzung für die Renditestandardabweichung. Völlig analog kann ein Schätzer für die Kovarianz zwischen den Renditen zweier Wertpapiere 1 und 2 errechnet werden:

$$\hat{\sigma}_{12} = \frac{1}{T-1} \cdot \sum_{t=-T}^{-1} (r_{1,t} - \hat{\mu}_1) \cdot (r_{2,t} - \hat{\mu}_2).$$

Da auch der Gini-Differenz-Mittelwert einen speziellen Erwartungswert beschreibt, kann für dessen Berechnung ebenfalls in entsprechender Weise angesetzt werden:

$$\hat{\Gamma} = 0{,}5 \cdot \frac{1}{T^2} \cdot \sum_{t=-T}^{-1} \sum_{\tau=-T}^{-1} |r_t - r_\tau|.$$

Schließlich stellt die Renditeschiefe den Erwartungswert der kubischen Abweichungen $(\tilde{r} - \mu)^3$ der möglichen Renditerealisationen von der erwarteten Rendite dar. Aus ähnlichen Gründen wie bei der Varianzschätzung wird zur Ermittlung auf den leicht modifizierten Durchschnitt

$$\hat{\gamma}^3 = \frac{T}{(T-1) \cdot (T-2)} \cdot \sum_{t=-T}^{-1} (r_t - \hat{\mu})^3$$

zurückgegriffen.

Die angegebenen Schätzungen seien im Weiteren als „herkömmliche" bezeichnet. Grundsätzlich sind sie nicht unproblematisch. Das Postulat im Zeitablauf identisch verteilter Periodenrenditen kann sicherlich eher für kurze Datenerhebungszeiträume gewährleistet werden. Andererseits benötigt man aber einen (nahezu) unendlichen Zeitraum, damit die angegebenen Schätzungen den zu ermittelnden Erwartungswerten hinreichend gut entsprechen. Beide Anforderungen widersprechen sich jedoch, womit die Schätzungen wohl eher zufällig mit den Erwartungswerten übereinstimmen. In der Literatur wird in diesem Zusammenhang angemerkt, dass die Schätzung von erwarteten Renditen mehr Schwierigkeiten bereitet als die Schätzung von Risikomaßen (vgl. hierzu z. B. Merton (1980)). Man kann sich diesem Problem in unterschiedlicher Weise stellen. Ein denkbarer Ansatz insbesondere im Zusammenhang mit μ-σ-Betrachtungen wird durch das so genannte Portfolio Resampling beschrieben:

Nachdem in obiger Weise alle Erwartungswerte, Varianzen und Kovarianzen der Aktienrenditen ermittelt worden sind, wird unter Annahme einer bestimmten Verteilung der Renditen eine zufällige „Ziehung" aus dieser multivariaten Renditeverteilung simuliert. Auf der Grundlage dieser simulierten Stichprobendaten werden erneut erwartungstreue Schätzer der relevanten Parameter sowie schließlich die Menge der m-s-effizienten Portfolios ermittelt. Dieser Vorgang wird sehr häufig wiederholt, und schließlich wird für jedes denkbare Niveau erwarteter Portfoliorenditen über alle jeweils zugehörigen, stichprobenabhängig berechneten effizienten Portfolios „gemittelt". Streng theoretisch begründen lässt sich diese Vorgehensweise zur Berücksichtigung des Schätzproblems wohl kaum, aber maßgeblich ist letztlich auch nur, ob man auf diese Weise in der praktischen Anwendung zu überlegenen Portfoliostrukturen im Vergleich zum konventionellen Vorgehen gelangt. Dabei scheint sich diese Art der Ermittlung effizienter Portfolios als durchaus diskussionswürdig zu erweisen (vgl. Michaud (1998), S. 56 ff.). Zahlreiche verwandte Ansätze existieren. Beispielsweise sind in den mit herkömmlichen Methoden ermittelten effizienten Portfolios typischerweise vergleichsweise wenige verschiedene Aktien enthalten. Dieser Umstand kann als Mangel empfunden und durch die Ad-hoc-Einführung von Ober- und Untergrenzen für Engagements in einzelnen Aktien beseitigt werden. Ohne die Existenz der oben genannten Schätzproblematik wären solche Restriktionen natürlich nie sinnvoll. In praxi aber schlagen sie sich zum Teil erstaunlich gut (vgl. etwa Grauer/Shen (2000)).

Alternative Vorgehensweisen lösen sich von historischen Kursdaten und nutzen verstärkt Dividendenschätzungen, entweder auf der Grundlage historischer Dividendensätze oder aber auf Basis der veröffentlichten Schätzungen von Analysten. Dabei scheint letztere Variante besonders attraktiv zu sein. Es muss jedoch betont werden, dass hierbei das Schätzproblem nicht gelöst, sondern nur verlagert wird. Die eigentlich interessante Frage, wie Analysten künftige Dividenden auf der Basis vorhandener Informationen schätzen, bleibt offen. Generell bestimmt sich der (gleichgewichtige) Kurs $S_t^{(GG)}$ einer Aktie in einem Zeitpunkt t, indem sämtliche zukünftig erwarteten Dividenden $E(\tilde{D}_{t+1}), E(\tilde{D}_{t+2}),\ldots$ mit dem für die betreffende Aktie maßgeblichen Kapitalkostensatz abgezinst werden. Der relevante Kapitalkostensatz wiederum ergibt sich aus dem (bekannten) Zinssatz i für risikolose Anlage und Verschuldung sowie einer (Risiko-)Prämie in Abhängigkeit des Risikos der Aktienanlage. Wie schon erwähnt, wird die Schätzung des Risikos auf der Grundlage empirischer Daten als vergleichsweise verlässlich in der Literatur angesehen. Durch Kontrastierung des fiktiv ermittelten Gleichgewichtswertes $S_t^{(GG)}$ mit dem tatsächlichen aktuellen Aktienkurs S_t lassen sich unter gewissen Zusatzannahmen Hinweise auf den künftig zu erwartenden Aktienkurs S_{t+1} und damit auf die erwartete Aktienrendite von t bis t + 1 gewinnen. Aus Platzgründen kann hierauf aber nicht im Detail eingegangen werden (vgl. hierzu etwa Stotz (2002)).

Um den konkreten praktischen Einsatz von erwartungstreuen Schätzgrößen zu veranschaulichen, wird im folgenden Abschnitt eine kleine empirische Studie durchgeführt.

7.7 Ein praktisches Beispiel[1]

Zunächst soll als passive Anlageform (im Sinne eines Marktindexes) ein Engagement im DAX 30 oder einem entsprechenden Indexzertifikat zugrunde gelegt und geprüft werden, ob für einen langfristigen Zeitraum die stetige Rendite des DAX 30 zumindest approximativ als normalverteilt angesehen werden kann. Dabei wird im Rahmen der DAX-Konstruktion von der Wiederanlage der Bardividende, d.h. der Dividende nach Körperschaftsteuer, ausgegangen, und persönliche Einkommensteuern von Anlegern werden vernachlässigt. Zur Verdeutlichung wurden - wie im vorhergehenden Abschnitt beschrieben – der Erwartungswert und die Standardabweichung für die im Zeitraum von Anfang 1977 bis Ende 1996 realisierten 240 stetigen Monatsrenditen ermittelt, wobei sich eine Schätzung für die erwartete Monatsrendite von etwa 0,7231 % bei einer Standardabweichung von ungefähr 5,0505 % ergeben hat. Der in Abbildung 10 dargestellte Vergleich der Normalverteilungsdichte (mit den gerade genannten Parametern) und den im Zeitablauf resultierenden relativen Renditehäufigkeiten zeigt sicherlich eine gewisse „Ähnlichkeit". Gerade um den Erwartungswert herum aber ist die Approximationsgüte der Normalverteilung eher mäßig. Dieser graphische Eindruck wird durch den Einsatz quantitativer statistischer Verfahren bestätigt. Beispielsweise erhält man bei Anwendung eines von Pearson/Hartley (1970) vorgestellten Tests, dass die Nullhypothese „Die Rendite des DAX 30 ist normalverteilt" sogar auf einem Signifikanzniveau von 2 % abgelehnt werden kann. Das „Signifikanzniveau" bezeichnet die Wahrscheinlichkeit, mit der die Nullhypothese fälschlicherweise verworfen wird, obwohl sie tatsächlich richtig ist (vgl. z.B. auch Hartung/Elpelt/Klösener (1999), S. 133 f.).

Augenscheinlich ist die Normalverteilungsprämisse für die monatlichen stetigen Renditen des DAX 30 hier als Näherungsannahme nicht so gut geeignet. Erst recht gilt dies für die Monatsrenditen bei diskreter Verzinsung. Setzt man sich über dieses Problem

---

1   Wir danken dem Bundesverband Deutscher Investmentgesellschaften e.V. (BVI) für die Überlassung von Fondsdaten sowie Herrn Dr. Carsten Wittrock für eine Auflistung von Daten bereinigter Fondsausschüttungen.

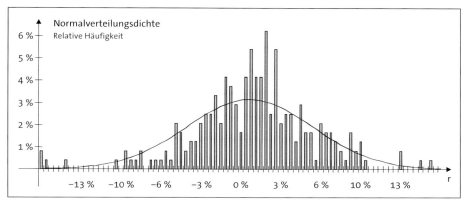

Abb. 10: *Relative Renditehäufigkeitsverteilung des DAX 30 und Normalverteilungsdichte (stetige Verzinsung)*

aus Gründen der Vereinfachung hinweg und unterstellt ad hoc normalverteilte Monatsrenditen bei diskreter Betrachtung, kann man bei einer monatlichen Anlage von 1 Mio. Euro in den DAX 30 den zugehörigen Value at Risk ermitteln. Mit diskreten Schätzern $\hat{\mu} \approx 0{,}7\,\%$ und $\hat{\sigma} \approx 5{,}047538\,\%$ resultiert als Aussage, dass innerhalb des nächsten Monats eine Vermögensminderung von mehr als

$$-7.000 + 1{,}64 \cdot 50.475{,}38 = 75.779{,}62 \text{ Euro}$$

nur mit einer Wahrscheinlichkeit von 5 % auftreten wird. Mit einer Wahrscheinlichkeit von 0,5 % kann davon ausgegangen werden, dass sich in einem Monat eine Vermögensminderung oberhalb von

$$-7.000 + 2{,}57 \cdot 50.475{,}38 = 122.721{,}73 \text{ Euro}$$

realisiert. Problematisch neben der Normalverteilungsprämisse ist in diesem Zusammenhang die für die Parameterschätzung zugrunde gelegte Länge des Beobachtungszeitraums von 20 Jahren, da eine identische Verteilung aller Monatsrenditen des DAX 30 über die gesamte Zeitspanne eher überraschend wäre.

Um einen Kompromiss einzugehen, werden daher im Folgenden Monatsrenditen für den kürzeren Zeitraum von lediglich Anfang 1990 bis Ende 1996 zugrunde gelegt. Unterstellt wird des Weiteren ein Anleger mit einem einmonatigen Planungshorizont. Für diesen ist dann in der Tat die über den Betrachtungszeitraum insgesamt erzielbare relative Wertentwicklung seiner eingesetzten Mittel maßgeblich. Aus diesem Grunde bilden nun die Monatsrenditen bei diskreter Verzinsung in jedem Fall den adäquaten Ansatzpunkt der Betrachtung. Neben den entsprechenden Monatsrenditen des DAX 30 werden für drei ausgewählte Aktienfonds, „Adifonds", „Frankfurt Effekten Fonds" und „Investa", Monatsrenditen auf der Basis der jeweiligen Rücknahmepreise der Fondsanteile unter Berücksichtigung der Barausschüttungswiederanlage berechnet. Gemäß obigen Ausführungen wird auf diese Weise die Vergleichbarkeit zur DAX-Konstruktion gewahrt (vgl. hierzu auch z.B. Wittrock (2000)). Der Ansatz an Rücknahmepreisen impliziert, dass etwaige anteilige Ausgabeaufschläge nicht berücksichtigt werden. Insofern schneiden die Fonds im Vergleich mit dem DAX 30 hier grundsätzlich immer noch zu gut ab. In Übereinstimmung mit dem üblichen Vorgehen in der Literatur wird als Zinssatz i für risikolose Anlage/Verschuldung der Erwartungswert von (einmonatigen) Termingeldern für den jeweiligen Betrachtungszeitraum verwendet. Damit ergibt sich i = 0,5656 %.

Die hieraus resultierenden Schätzer für die Einmonatsrenditen und die zugehörigen Risikomaße sind in der nachfolgenden Abbildung 11 angegeben.

	$\hat{\mu}$	$\hat{\sigma}$	$\hat{\Gamma}$	$\hat{\gamma}$	$(\hat{\mu}-i)/\hat{\sigma}$	$\hat{\alpha}$	$\hat{\beta}$
Adifonds	0,569 %	4,581 %	2,483 %	−4,091 %	0,067 %	0,450 %	0,880
Frankf. Eff. Fonds	0,568 %	3,726 %	1,997 %	−3,791 %	0,064 %	0,472 %	0,711
Investa	0,740 %	4,534 %	2,472 %	−4,110 %	3,850 %	0,623 %	0,873
DAX 30	0,700 %	5,048 %	2,715 %	−4,823 %	2,663 %	0,566 %	1,000

Abb. 11: Schätzer für erwartete Renditen und zugehörige Risikomaße

Zur Vereinfachung sei angenommen, dass ein Anleger die vier in Abbildung 11 aufgeführten riskanten Engagements lediglich alternativ, also nicht als Teil einer Gesamtportfoliostrategie in Erwägung zieht. Hierbei ist nun zunächst ersichtlich, dass es im Fall ohne Berücksichtigung der risikolosen Anlage/Verschuldung durchaus von den Anlegerpräferenzen abhängt, welche Anlage getätigt werden soll. Ein eher stark risikoaverser Investor wird vornehmlich am Frankfurt Effekten Fonds interessiert sein, während ein nur wenig risikoaverser Anleger den Fonds Investa wählen wird. Diese Beurteilung ist im vorliegenden Beispiel unabhängig davon, ob man als Risikomaß die Standardabweichung oder den Gini-Differenz-Mittelwert zugrunde legt.

Die Hinzunahme der Schiefe zeigt, dass keine der Anlagealternativen das hierbei gewünschte positive Vorzeichen aufweist. Jedoch wäre unter dem Gesichtspunkt der Vermeidung negativer Extremrenditen am ehesten noch der Frankfurt Effekten Fonds vorzuziehen.

Berücksichtigt man hingegen die Möglichkeit risikoloser Anlage/Verschuldung, so wird jeder Anleger, der die Standardabweichung als Risikomaß akzeptiert, auf den Fonds Investa zurückgreifen, da dieser die höchste Risikoprämie pro Risikoeinheit ermöglicht.

Schließlich verläuft die Rendite aller Fonds recht marktnah, was sich durch Beta-Faktoren nur wenig unter Eins zeigt. Konkret wird die Rendite des Frankfurt Effekten Fonds bei einer Marktaufwärtsbewegung (Marktabwärtsbewegung) um einen Punkt ceteris paribus um 0,711 Punkte im Erwartungswert steigen (sinken). Ferner sieht man, dass die unsystematische erwartete Rendite α nur für einen Fonds, und zwar Investa, die risikolose Rendite überschreitet. Dies deutet darauf hin, dass die anderen beiden Fonds am besten von Anlegern leerverkauft werden sollten (vgl. hierzu näher z.B. Breuer/Gürtler (2000)). Augenscheinlich spricht dies nicht gerade für die Qualität des jeweiligen Fondsmanagements.

7.8 Risikomessung ist individuell

Wesentliche Aussage des vorliegenden Beitrags ist die Erkenntnis, dass es ein eindeutiges, allgemein akzeptiertes Risikomaß nicht gibt und auch in praxi nicht geben kann. Maßgeblich sind vielmehr die jeweilige Präferenzstruktur des Anlegers und seine konkrete Entscheidungssituation. Überdies unterscheiden sich die möglichen Risikomaße nach der Schwierigkeit ihrer Einbindung in konkrete Portfoliooptimierungsprobleme.

Als erstes Risikomaß wurde die Varianz vorgestellt, die die (quadratische) Streuung von Renditeausprägungen um den Renditeerwartungswert angibt. Die Streuung der Renditeausprägungen untereinander steht beim Gini-Differenz-Mittelwert im Vordergrund.

Rückt man die Problematik extrem ungünstiger Renditeausprägungen in das Zentrum der Betrachtung, bietet sich die Schiefe oder Steilheit einer Renditeverteilung als ergänzende Maßgröße an. Prädestiniert für die Erfassung der Gefahr katastrophaler Renditeentwicklungen ist aber die Gruppe der Ausfallmaße. Hierzu gehören unter anderem Ausfallwahrscheinlichkeit und Ausfallerwartung. In enger Beziehung zur Ausfallwahrscheinlichkeit steht die Konzeption des Value at Risk als maximaler „Verlust", der nur mit einer bestimmten vorgegebenen Wahrscheinlichkeit überschritten wird.

Ferner wurde auf die Messung von Risiken relativ zur Entwicklung eines Referenzindexes hingewiesen. Hierbei steht die jeweilige Sensitivität der Aktienrendite im Hinblick auf Änderungen des Bezugsindexes im Mittelpunkt des Interesses.

Zuletzt wurden Probleme der empirischen Messung erörtert und exemplarisch herkömmliche erwartungstreue Schätzungen von erwarteten Renditen und Risikomaßen vorgestellt. Als Ergänzung oder Alternative zu diesem Vorgehen wurden insbesondere das Portfolio Resampling sowie auf Dividendendiskontierung aufbauende Modelle skizziert.

Literatur

Breuer, W./Gürtler, M.: Performancemessung mittels Sharpe-, Jensen- und Treynor-Maß - eine Anmerkung, in: Zeitschrift für Bankrecht und Bankwirtschaft, 11. Jg., 1999, S. 273–286.

Breuer, W./Gürtler, M.: Performancemessung mittels Sharpe-, Jensen- und Treynor-Maß - eine Ergänzung, in: Zeitschrift für Bankrecht und Bankwirtschaft, 12. Jg., 2000, S. 168–176.

Breuer, W./Gürtler, M./Schuhmacher, F.: Portfoliomanagement, Wiesbaden 1999.

Deutsche Bundesbank (2001): Die neue Baseler Eigenkapitalvereinbarung (Basel II). In: Monatsberichte der Deutschen Bundesbank, 53. Jg., 2001, Nr. 4, S. 15–44.

Elton, E. J./Gruber, M. J./Padberg, M. W.: Simple Criteria for Optimal Portfolio Selection, in: Journal of Finance, Vol. 31, 1976, S. 1341–1357.

Grauer, R. R./Shen, F. C.: Do Constraints Improve Portfolio Performance?, in: Journal of Banking and Finance, Vol. 24, 2000, S. 1253–1274.

Gürtler, M.: Performancemessung und duales Risiko, in: Die Betriebswirtschaft, 61. Jg., 2001, S. 530–541.

Gürtler, M.: Der IRB-Ansatz im Rahmen von Basel II, in: Die Betriebswirtschaft, 62. Jg., 2002, S. 450–452.

Harlow, W. V.: Asset Allocation in a Downside-Risk Framework, in: Financial Analysts Journal, Vol. 46, 1991, S. 28–40.

Hartung, J./Elpelt, B./Klösener, K.-H.: Statistik, 12. Auflage, München etc. 1999.

Jorion, P.: Value at Risk, Chicago etc. 1997.

Maddala, G. S.: Econometrics, Auckland etc. 1977.

Malkiel, B.: Im Zickzack-Kurs durch die Wallstreet, in: Züricher Kantonalbank (Hrsg.): Strategie und Zufall an der Börse, Zürich 1988, S. 29–110.

Markowitz, H. M.: Portfolio Selection, in: Journal of Finance, Vol. 7, 1952, S. 77–91.

Markowitz, H. M.: Portfolio Selection – Efficient Diversification of Investments, New York 1959.

Merton, R. C.: On Estimating the Expected Return on the Market, in: Journal of Financial Economics, Vol. 8, 1980, S. 323–361.

Michaud, R. O.: Efficient Asset Management – A Practical Guide to Stock Portfolio Optimization and Asset Allocation, Boston Mass. 1998.

Pearson, E. S./Hartley, H. O.: Biometrika Tables for Statisticians, Cambridge 1970.

Rinne, H.: Taschenbuch der Statistik, Frankfurt a. M. 1997.

Schuhmacher, F.: Zur Bedeutung der Schiefe im Asset Management: Ein Beispiel, bfw Working Paper, bfw 13V1/01, 2001.

Shalit, H./Yitzhaki, S.: Mean-Gini, Portfolio Theory, and the Pricing of Risky Assets, in: Journal of Finance, Vol. 39, 1984, S. 1449–1468.

Sharpe, W. F.: A Simplified Model for Portfolio Analysis, in: Management Science, Vol. 9, 1963, S. 277–293.

Sharpe, W. F.: Mutual Fund Performance, in: Journal of Business, Vol. 39, 1966, S. 119–138.

Stotz, O.: Aktives Asset Management auf Basis von Fehlbewertungen in den Renditeerwartungen, unveröffentlichte Dissertation, Aachen 2002.

Wittrock, C.: Messung und Analyse der Performance von Wertpapierportfolios, 3. Auflage, Bad Soden/Ts. 2000.

Teil II

Märkte und Erwartungen

1 Asset Allocation in Krisenszenarien

von Rolf Elgeti

1.1 Chancen der Asset Allocation

Die Asset Allocation Entscheidung ist eine der wichtigsten Entscheidungen im Investment Prozess. Die Reichweite der Entscheidung wird insbesondere in Krisensituationen offensichtlich. In diesem Beitrag werden die Hintergründe zu diesem Themenbereich diskutiert. Die Sichtweise eines Praktikers wird vor allem dadurch erkennbar, dass auf die Tatsache wert gelegt wird, dass unterschiedliche Anleger ihre Portefeuilles unter unterschiedlichen Nebenbedingungen optimieren müssen. Dies wird nach Meinung des Autors in der Diskussion um die Asset Allocation meist zu wenig beachtet – in Krisen ist dieser Punkt jedoch umso zentraler für das Verständnis der Portefeuille-Entscheidung, die ansonsten für den Außenstehenden schwer nachzuvollziehen wäre und nicht zuletzt deshalb auch oft als irrational dargestellt wird.

So soll nach einer kurzen Betrachtung von allgemeinen Kriterien der Asset Allocation Entscheidung das Spannungsfeld von Risiken und Chancen vor allem vor dem Hintergrund unterschiedlicher Möglichkeiten und Zwänge der Anleger beleuchtet werden. Dabei wird klar werden, dass Marktbedingungen, die für alle Akteure identisch sind, zu völlig unterschiedlichen, ja gegensätzlichen Handlungen führen können und in den meisten Fällen sogar müssen. Dies wird vor allem in dem folgenden Abschnitt über die Besonderheiten dieser Entscheidungen in Krisenzeiten deutlich. Es wird sichtbar werden, dass die oft kritisierte mangelnde Rationalität des Kapitalmarktes auf rationalen Entscheidungen basieren kann, wenn – wie es in der Praxis der Fall ist – Anleger mit unterschiedlichen subjektiven Definitionen über Chancen und vor allem über Risiken agieren (müssen).

Im letzten Teil dieses Beitrages wird dieses Phänomen auch auf die Sektoren angewendet, die ebenfalls in Krisenzeiten anders allokiert werden müssen, als es sonst der Fall wäre. Neben den Aspekten einer deutlichen Sektorrotation werden auch die Auswirkungen derselben auf die Bewegung einzelner Titel beleuchtet.

1.2 Bewertung und Katalysatoren bestimmen die Überrenditen von Assetklassen

Die folgenden Überlegungen sollen einige grundlegende Aspekte der Asset Allocation darstellen. Letztlich handelt es sich hierbei um die beiden Hauptfaktoren, die den Erfolg einer jeden Investitionsentscheidung an den Finanzmärkten bestimmen: Bewertung und Katalysatoren. So erreicht eine Anlage, von außergewöhnlichen Konstellationen abgesehen, nur dann eine Überrendite, wenn erstens eine falsche Bewertung ausgemacht werden kann und zweitens Umstände eintreffen, die diese Abweichung vom fairen Wert korrigieren. Ausnahmen betreffen insbesondere eine drastische aber stetige Veränderung des makroökonomischen Umfeldes. So hat beispielsweise das andauernde Absinken der Kapitalkosten an den internationalen Märkten Ende der 1980er und während der 1990er Jahre dazu geführt, dass sich die Bewertung der Aktien kontinuierlich erhöht hat (KGV-Expansion). Davon haben Wachstumswerte am deutlichsten profitiert, was der Hauptgrund für die Outperformance dieses Segmentes in dieser Zeit war.

1.2.1 Bewertung ist der Ausgangspunkt eines Investmentprozesses

Der entscheidende Punkt bei der Beurteilung der Bewertung von Assetklassen ist, dass sie auf relativer Basis zu erfolgen hat. Dies wird auch in vielen Kommentaren gerade bei der Bewertung der Aktien immer wieder übersehen (im Sinne von „Das KGV ist viel höher als vor 20 Jahren, also muss der Markt überbewertet sein ..." und Ähnlichem). Für die Entscheidung der Asset Allocation wird aber unmittelbar deutlich, dass jede Bewertung nur dann sinnvoll ist, wenn sie gegenüber den anderen Klassen erfolgt. Üblicherweise wird hierzu die Klasse der Staatsanleihen herangezogen, wobei diese Vorgehensweise jedoch nicht die einzige richtige ist, wenngleich verschiedene praktische Gründe diese Methode unterstützen.

Die Bewertung der Aktien im Besonderen relativ zu den Anleihen lässt sich auf ein einfaches Kernprinzip vereinfachen: Man nehme die Cash Flows für den Aktionär und zinse sie ab. Das Problem mit dieser Methode ist, dass man weder die relevanten Cash Flows kennt, noch die Wahl des richtigen Zinses unkritisch ist. Ohne die grundsätzliche Problematik der Unternehmensbewertung an dieser Stelle zu diskutieren, soll kurz die in der Praxis am weitesten verbreitete Methode der relativen Bewertung zwischen Aktien und Anleihen dargestellt werden, das Konzept des Earnings Yield Ratio (EYR).

Diese Kennzahl ist als Quotient aus der Anleihenrendite und der Gewinnrendite der Unternehmen definiert. Diese Definition erscheint kontra-intuitiv, da der Name eigentlich eher den inversen Bruch vermuten ließe. Sie hat sich jedoch so in der Praxis etabliert. Die Gewinnrendite ist nichts anderes als das Inverse des KGVs. Der Markt gilt als unterbewertet, wenn das momentane tatsächliche EYR unter dem fairen EYR liegt und vice versa. Das erscheint auf den ersten Blick sehr intuitiv und offensichtlich, ist aber mit einigen Problemen behaftet, die im Folgenden kurz angesprochen werden sollen:

▶ Fristigkeit der Renditen: Wichtig ist, dass die verglichenen Renditen der Aktien und der Anleihen die gleiche Fristigkeit aufweisen. Dies umzusetzen ist in der Praxis allerdings streng genommen unmöglich, da beide Anlageklassen nicht homogen sind. Man kann sich Pragmatischerweise etwa wie folgt behelfen. Für die Abschätzung des fairen Wertes zum aktuellen Zeitpunkt können die Erwartungen für die Gewinnrendite des Aktienmarktes (also etwa das Inverse des 12 Monate voraus schauenden KGVs) für die nächsten 12 Monate mit der erwarteten Rendite des Anleihenmarktes verglichen werden. Wenngleich diese Methode die verschiedensten kritischen Punkte aufweist, kann so eine Vorstellung von dem Unterschied in den Renditen der beiden Klassen gewonnen werden. Für die Bestimmung von den oft benötigten Kurszielen für Aktien- und Anleihenmarkt in einem Jahr ist eine Verschiebung dieser Schätzungen um 12 Monate notwendig – man muss folglich das KGV mit den geschätzten Gewinnen in 24 Monaten berechnen.

▶ Der faire Wert des EYR: Das entscheidende Problem dieses Modells ist jedoch die Bestimmung des fairen Wertes des EYR. Es stellt sich mit anderen Worten die Frage, ob die (statische) Anleihenrendite höher oder niedriger – oder etwa gleich der Aktienrendite sein soll, wie es z.B. das Fed Modell vorsieht. Das Fed Modell geht davon aus, dass das Gleichgewicht zwischen Aktien und Anleihen erreicht ist, wenn beide Klassen exakt die gleiche statische Rendite haben. Mit anderen Worten, es sieht ein EYR von 1 vor. Grundsätzlich ergibt sich das folgende Spannungsfeld: Einerseits kann man argumentieren, dass die Aktienrendite größer als die Anleihenrendite sein sollte, da Aktien ein höheres Risiko aufweisen als Anleihen. Andererseits kann man durchaus eine niedrige Aktienrendite in Kauf nehmen, weil man von einem Wachstum der Unternehmensgewinne ausgehen kann und folglich auch von einer wachsenden Rendite – Coupons von Anleihen wachsen (in der Regel) jedoch nicht. Die Lösung dieses Problems wird im Allgemeinen von Praktikern in Form eines gleitenden Durchschnitts vorgenommen – mit anderen Worten: Eine oft getroffene Annahme geht schlichtweg davon aus, dass das EYR immer wieder zu seinem Mittelwert zurückkehrt. Dies impliziert aber auch, dass man annimmt, dass der Aktienmarkt immer um seinen fairen Wert oszilliert. Das ist zwar besser, als zu sagen, dass das EYR bei 1 liegen muss (Fed Modell), was praktisch bedeutet hätte, dass man die amerikanische Hausse komplett ausgelassen hätte. Allerdings muss man kritisch anmerken, dass diese Annahmen es dem Entscheider unmöglich machen, auf strukturelle Veränderungen an den Märkten zu reagieren. Grundsätzlich impliziert die Annahme einer Oszillation um einen Mittelwert immer, dass Trends meist viel zu spät erkannt werden. Der Autor hat daher ein Modell entwickelt, dass das faire EYR auf Sektorebene theoretisch ermittelt, mit seinem historischen Durchschnitt vergleicht und dann unter Benutzung der Sektorkomposition eines Marktes das EYR für diesen Markt bestimmt. Das ist zwar wesentlich komplizierter, erlaubt aber die folgenden Aspekte:

– Dem unterschiedlichen Wachstum und dem unterschiedlichen Risiko einzelner Sektoren kann Rechnung getragen werden.

– Märkte mit anderen Sektoren können entsprechend ihrer Besonderheiten betrachtet werden. Würde man dies nicht tun, erschiene beispielsweise der österreichische Markt immer zu billig und der finnische Markt immer zu teuer (siehe Nokias früheres 70 % Gewicht).

– Ändern sich die Risiken oder die Wachstumserwartungen eines Sektors auf Grund exogener Veränderungen – was gerade vor und nach der TMT-Blase der

Fall war – kann man dies in das Modell sofort einbauen und muss nicht dem Trend hinterherlaufen.

- Eine strukturelle Veränderung der Risiken lässt sich sofort in das Modell einarbeiten – wie etwa nach dem Terror-Anschlag auf das World Trade Center.

- Eine plötzliche Veränderung der Komposition eines Indizes – wie etwa nach einem großen IPO, einem Delisting, einer Fusion oder eine Anpassung der Indexberechnung – kann sofort berücksichtigt werden.

Alle diese Vorteile rechtfertigen nach Meinung des Autors bei weitem den zusätzlichen Arbeitsaufwand, weil man mit dieser Methode Entscheidern des Typs „Es war gestern so, also muss es auch heute so sein" immer einen Schritt voraus ist.

1.2.2 Aktienmärkte weichen oft von ihren fairen Werten ab

Die Bewertung ist aber nur die eine Hälfte der Asset Allocation Entscheidung. Gerade nach den Jahren 1998 bis 2002 würden viele Zyniker anmerken, dass es auch der unwichtigere Teil ist, da der Markt sich aus verschiedenen mechanischen Gründen ohnehin oft (weit) von seinem fairen Wert entfernt hat. Diese sollen im Folgenden kurz skizziert werden, damit im zweiten Teil dieses Beitrages die Unterschiede, die sich vor allem bei diesen Mechanismen in Krisenzeiten ergeben, dargestellt werden können.

Kapitalflüsse

Dass Kapitalflüsse die Preise finanzieller Aktiva bewegen, ist eigentlich offensichtlich. Trotzdem erscheint es notwendig, darauf hinzuweisen, dass der Markt nicht unbedingt volkswirtschaftlichen Modellen folgt, sondern vielmehr genau das tut, wozu er geschaffen wurde, nämlich Angebot und Nachfrage in ein Gleichgewicht zu bringen. Da sowohl das Angebot, als auch die Nachfrage gerade in Krisenzeiten extreme Ausmaße annehmen können und meistens auch tun, lohnt es sich, diesen Punkt zu unterstreichen.

Regulierungen

Die allermeisten institutionellen (und in geringerem Maße auch die privaten) Anleger unterliegen einer Vielfalt von Zwängen und Nebenbedingungen in ihrer Entscheidung, Aktiva zu allokieren. Dazu gehören gesetzliche oder in den Statuten festgelegte Ober- und Untergrenzen verschiedener Portefeuillegewichte, die in vielen Fällen so weit gehen, dass bestimmte Aktiva (und vor allem auch Passiva) komplett ausgeschlossen werden. Hinzu kommt eine Reihe von Bedingungen, was das Risikomanagement angeht. Man denke etwa an die Tracking-Error-Begrenzungen und vor allem auch an die Probleme vieler Versicherungsunternehmen, ihre (Buch-)Verluste begrenzen zu müssen, um nicht in Solvabilitätsprobleme zu geraten. All dies lässt sich mehr oder weniger mit einer individuell sehr strengen Benchmark zusammenfassen. Die Tatsache, dass die Benchmark individuell erstens unterschiedlich und zweitens unterschiedlich streng ist, wird in den Betrachtungen zum Verhalten in Krisen eine große Rolle spielen.

Steuern

Steuern stellen grundsätzlich eines der wichtigsten zu beachtenden verzerrenden Elemente vieler volkswirtschaftlicher und finanzieller Probleme dar. So sind steuerliche Regulierungen auch für viele außergewöhnliche Kapitalzuflüsse – vor allem aber für Abflüsse verantwortlich. Man denke etwa an die folgenden Sachverhalte: Am Ende eines jeden Steuerjahres verkaufen Anleger ihre Positionen, die einen Verlust aufweisen, um diesen steuerlich geltend zu machen. Deutsche Privatanleger warten oft ein Jahr, um Gewinne zu realisieren. Das wohl bei weitem am wichtigste Beispiel einer steuerlichen Verzerrung sind die amerikanischen Mutual Funds, die am Ende ihres Steuerjahres (30. September) ihre Verlustpositionen verkaufen, da sie Verluste nur bei einer Realisierung steuerlich geltend machen können, während Gewinne in jedem Fall zu versteuern sind. Bei der Größe dieser Investoren ist das ein Phänomen, das erheblichen Einfluss auf die globalen Kapitalmärkte hat. Die einfache Regel ist daher, dass man alles was (auf Dollarbasis) von Oktober zu August einen Verlust aufweist am besten verkauft, weil die amerikanischen Fonds dies im September in großem Stil tun werden. Auf diese Art und Weise konnte etwa die Schwäche europäischer TMT-Werte und auch des Euros selbst im Spätsommer 2000 erklärt werden.

Saisonale Faktoren

Viele Zu- und Abflüsse in und aus Fonds treten saisonal auf. Zusammen mit den Zwängen dieser Fonds, die Gelder entsprechend ihrer Nebenbedingungen anzulegen (siehe oben), bedeutet dies in aller Regel einen ebenfalls direkten Einfluss auf den Kapitalmarkt. Es seien einige Beispiele skizziert, die es sich lohnt zu beachten: Englische Haushalte zahlen oft Ende März und Anfang April in ihre ISAs ein. Deutsche Anleger, deren Lebensversicherung am 31.12. eines Jahres abläuft, reinvestieren meist einen Großteil dieses Geldes im Januar des Folgejahres. Viele dieser Punkte sind steuerbedingt – andere sind einfacherer Natur, wie etwa die eher schwachen Fondsmonate im Sommer, wenn viele Haushalte Geld für ihren Urlaub ausgeben oder etwa ein Haus kaufen (Immobilientransaktionen erreichen üblicherweise im Sommer ihren Höhepunkt) und dementsprechend Erspartes abziehen.

Andere Zwänge

Zu den oben beschriebenen kommen eine Reihe anderer Mechanismen, die Investoren zwingen, Finanztitel zu kaufen oder zu verkaufen. Hierzu zählen etwa das Schließen von Leerverkaufspositionen zum Jahresende oder anderen buchungstechnisch wichtigen Daten, das Verhalten in besonderen Situationen – man denke an Übernahmen, Squeeze outs etc.

1.3 Risiko und Chance der menschlichen Entscheidung

Bevor wir uns den Besonderheiten der Asset Allocation Entscheidung in Krisenfällen widmen, erscheint es notwendig, einen wichtigen Punkt jeglicher Portefeuille-Entscheidung herauszustellen, die in vielen Untersuchungen, vor allem den akademischen mit Ausnahme des Behavioural Finance Bereiches, zumeist ignoriert werden: Entscheidungen werden von Menschen getroffen, deren persönliche Risiken und Chancenwahrnehmung oft eine ganz andere ist als die des Eigentümers des Portefeuilles.

In der Praxis versucht man, durch verschiedene Anreizsysteme die Interessen der Portefeuille-Manager mit denen der Eigentümer in Einklang zu bringen. Im Großen und Ganzen funktionieren diese Modelle recht gut. Diese These ist aber ein wenig kontra-intiutiv, da die große Masse der funktionierenden Geschäftsbeziehungen natürlich bei weitem weniger Publizität erlangt, als die Fälle, in denen die Interessenlage nicht gut abgestimmt war und es folglich zu Problemen kommen konnte. Beispiele, wie etwa der Fall Unilever gegen Merrill Lynch Assetmanagement, zeigen, wie wichtig die Kongruenz der Interessen von Portefeuille-Eignern und Managern ist. Das Nichtvorhandensein selbiger kann wie in diesem Fall extreme Konsequenzen nach sich ziehen. Ein wichtiger Bestandteil dieser Vereinbarungen ist die Definition einer Benchmark und der maximalen Abweichung von derselben. Wenn dies entsprechend der Zielvorgaben des Investors erfolgt, ist die Diskrepanz der Ziele gelöst, so mag man zumindest annehmen. Dies ist im Allgemeinen auch richtig, nur eines wird dabei oft nicht bedacht: Dass sich die Chancen- und Risikowahrnehmung aus Sicht des Portefeuille-Managers vor allem in Krisenzeiten gerade durch diese Benchmark anders darstellt, als es dem Auftraggeber wünschenswert war.

Betrachten wir die folgende Situation. Ein Kunde vereinbart mit seinem Portefeuille-Manager eine Benchmark von 10 % Cash, 40 % eines Anleihenindizes und 50 % eines Aktienindizes, wobei der Einfachheit halber von einem Währungsraum ausgegangen sei. Die persönliche Vergütung des Managers hänge davon ab, inwieweit er in der Lage war, diese Benchmark zu schlagen. Die Tatsache, dass diese Abrechnung üblicherweise Quartalsweise oder auf Jahresbasis erfolgt, verschlimmert die Sache zusätzlich. Das Risiko für den Manager ist damit aber auch definiert als jede mögliche schlechtere Entwicklung als diese Benchmark. Als logische Konsequenz für ihn ist die risikolose Allokation jene, die exakt der Benchmark entspricht. Für den Kunden ist das Risiko jedoch in den allermeisten Fällen die Möglichkeit Geld zu verlieren – es sei denn, er hat selber eine ähnliche Benchmark, was der Fall ist, wenn ein Manager Geld an einen weiteren outsourct.

Die Konsequenz ist offensichtlich: Für den Manager ist die Untergewichtung einer Assetklasse genauso eine aktive Wette wie das Übergewichten. Folglich ist er in einer Situation, in der beispielsweise eine Überbewertung von Aktien angenommen werden kann, sehr zurückhaltend mit dem Untergewichten selbiger, weil dies zur Folge hätte, dass er persönlich verliert, wenn diese Aktien weiter steigen. Man beachte in diesem Zusammenhang das Spannungsfeld zwischen Bewertung und Katalysatoren einer Bewegung auf die faire Bewertung zu (siehe oben). Für den Anleger hingegen wäre eine Untergewichtung längst sinnvoll, zumindest reduziert sie sein Risiko, was exakt eine asymmetrische Risikowahrnehmung verglichen mit seinem Manager bedeutet. Damit ist der Manager persönlich daran interessiert, das Risiko seines Kunden zu erhöhen.

Auf der anderen Seite ist die Bereitschaft des Managers, Risiken einzugehen, die für den Kunden durchaus tragbar wären, durch die Vereinbarung einer Benchmark reduziert. Das liegt daran, dass beispielsweise die Chance, auf dem vermeintlichen Tiefststand eines Titels, diesen überzugewichten, von beiden Parteien unterschiedlich wahrgenommen wird. Der Anleger selbst hat einen Anreiz, sich durchaus zu einem Aktivum zu exponieren, das ihm unterbewertet erscheint, auch wenn er kurzfristig dafür eine Negativposition in Kauf nehmen muss, während dies für den Manager ganz anders aussieht.

Ein weiterer wichtiger Punkt ist die Saisonalität dieses Konfliktes. Hat ein Manager einmal einen Vorsprung gegenüber seiner Benchmark erwirtschaftet, verzerrt sich das Chance-Risiko-Spannungsfeld weiter: Je näher es auf das Jahresende zugeht, wird er sich immer weniger von der Benchmark entfernen, um diesen Vorsprung auf gar keinen Fall zu verlieren, damit am Jahresende seine persönliche Vergütung nicht in Gefahr gerät.

Diese Bemerkungen erscheinen dem Leser möglicherweise wie eine recht zynische Kritik an der Vereinbarung einer Benchmark an sich. Tatsächlich greifen alle diese Kritikpunkte jedoch dann (und nur dann), wenn der Kunde des Managers mit letzterem eine Benchmark vereinbart hat, ohne dass es für den Kunden von ökonomischer Relevanz wäre. Mit anderen Worten heißt das etwa, das ein Anleger, der selbst an einer Benchmark gemessen wird, sehr wohl gut daran tut, die gleiche Benchmark auch an seinen externen Manager weiter zu geben. Ein Anleger, der aus seiner Natur heraus aber keine Benchmark benötigt, sollte davon auch absehen und seine Ziele lieber klar kommunizieren. Geld, das investiert wird, um in einem bestimmten Zeithorizont einen mehr oder weniger definierten Konsumfluss zu ermöglichen, hat per se keine Benchmark – außer der erforderlichen Summe an sich. Ein solcher Anleger täte wohl daran, diese absolute Rendite als Ziel zu vereinbaren – um im Gegenzug das für das Ziel erforderliche Risiko so weit wie möglich zu minimieren. Das genaue Spiegelbild bilden etwa Versicherungsunternehmen, die nach dem Safety-First-Prinzip arbeiten und anlegen sollten. Das Safety-First-Prinzip verlangt, dass man sein Risiko – für die Versicherung vor allem ein Ausfallrisiko – innerhalb einer bestimmten (meist mehr oder weniger explizit regulatorisch vorgegebenen) Dimension zu halten und innerhalb dieses Risikos ihre Renditen zu maximieren. Auch dies verlangt eine absolute (Risiko-)Benchmark.

1.4 Krisen führen zu Ausnahmesituationen, die Chancen bieten

Im folgenden Abschnitt seien die oben allgemein skizzierten Problemfelder der Asset Allocation für den besonderen Fall der Krisenzeiten untersucht. Es wird sich zeigen, dass die meisten oben beschriebenen Schwachpunkte herkömmlicher Verfahren in Krisenzeiten extreme Ausmaße annehmen. Dies spricht für eine eingehende Beleuchtung dieser Phänomene, um in solchen Zeiten entsprechend für diese Herausforderungen gewappnet zu sein.

1.4.1 Bewertungsmaßstäbe in Krisensituationen verändern sich

Änderungen in den Risikoprämien

In einer Krise erlebt man typischerweise extreme Bewertungsniveaus. Das klingt auf den ersten Blick trivial, es lohnt sich jedoch die einzelnen Bestandteile dieser Verzerrung zu analysieren.

Nahezu jede Krise bewirkt eine Ausweitung der Liquiditätsprämien. Dies beruht vor allem darauf, dass Anleger ihre Portefeuilles schneller anpassen wollen und zum Teil auch müssen. Was die gestiegene Anforderung nach Liquidität im Allgemeinen noch verstärkt, ist die Tatsache, dass die meisten Anleger ähnliche Transaktionen vollziehen. Man flüchtet aus einer Anlageklasse in eine andere. Der Preisdruck auf die eine Seite lässt sich ohnehin dabei natürlich nicht vermeiden, bei einer schwachen Liquidität wird dieser Prozess jedoch zweifelsohne schmerzhaft.

Ein zweiter Aspekt der Liquidität ist auf der Passivseite der Portefeuilles zu finden. Jegliche fremdfinanzierte Position, die auf der Aktivseite verliert, ist für das Eigenkapital immens bedrohlich, man spricht von einem Hebeleffekt. Dies bedeutet, dass die Fremdkapitalkosten sich sprunghaft ausweiten müssen, nicht nur durch eine höhere Liquiditätsprämie beim Fremdkapitalgeber – für den dieser Kredit nichts anderes als eine Aktivposition ist – sondern auch durch eine verschlechterte Solvabilität des Kreditnehmers, was eine höhere Ausfallrisikoprämie erfordert.

Hinzu kommen jedoch weitere Risikoprämien, die sprunghaft ansteigen. Die meisten Krisen beinhalten auch einen unsicheren Ausblick über Unternehmensgewinne und Wachstum im Allgemeinen. Dies bedeutet eine höhere Aktienrisikoprämie. Da im Allgemeinen auch eine höhere Volatilität der Aktienkurse mit diesen Entwicklungen einhergeht, kann man zuallermeist auch gestiegene Optionspreise beobachten. Addiert man all dies, wird deutlich, warum eine Krise an den Finanzmärkten negative Konsequenzen hat, die weit über die Tatsache einiger Aktivverluste hinausgehen.

Paradoxerweise kann eine Krise mit einer einher gehenden Kapitalverschiebung aus einer Anlageklasse in eine andere auch dazu führen, dass die Liquiditätsprämie der Fluchtanlageklasse (meistens natürlich Staatsanleihen) kurzfristig eine negative Risikoprämie zugeordnet bekommt. Dies kann entstehen, weil das Risiko woanders als so stark empfunden wird, dass nur eine hohe Prämie auf die Preise der Anleihen beispielsweise die sprunghaft gestiegene Nachfrage mit dem Angebot tarieren kann. Dies eröffnet natürlich Möglichkeiten für den Anleger, der es riskieren kann, sich der allgemeinen Hysterie zu entziehen.

Das eigentlich Gefährliche hierbei ist, dass diese Verschiebungen nicht nur plötzlich und alle nahezu gleichzeitig auftreten, sondern auch zuallermeist ein Ansteckungspotential in sich bergen. Besonders dramatisch konnte man dies in der Vergangenheit in den Schwellenländern beobachten. Eine Krise in einem Land verteuert Kredite dort, erhöht die Risikoprämien für Anleger in dieser Assetklasse im Allgemeinen und zieht damit auch die faire Bewertung der anderen Länder mit nach unten. Das tragische an der Sache ist natürlich, dass dieser Kapitalabfluss dazu führen kann, das makroökonomische Gleichgewicht des anderen Landes zu stören und damit eine echte und fundamental begründete Krise mit auslösen kann. Ebenso ist natürlich auch eine allgemeine Steigerung der Liquiditätsprämie im Besonderen dazu geeignet, alle illiquiden Anlagen gleichzeitig nach unten zu korrigieren. Dies ist einer der Gründe, warum Unternehmensanleihen, Anleihen aus Schwellenländern, die Nasdaq etc. recht stark positiv miteinander korreliert sind, obwohl das sonst nicht auf den ersten Blick intuitiv wäre.

Diese Korrelation ist extrem in Krisenzeiten, was übrigens auch massive Implikationen für das Risikomanagement hat. Nicht nur die Korrelation, die in Krisenzeiten ein extremes Niveau annehmen kann, ist für das Risikomanagement kritisch, hinzu kommt die Tatsache, dass die meisten der kurzfristigen Renditeverteilungen von Finanztiteln in Zeiten extremer Liquiditätsprämien enorm schief sein können. Dies und auch die noch gefährlichere Kurtosis der Verteilungen werden immer wieder unterschätzt, was einer der Gründe für das häufige Scheitern von Kontrollmechanismen in finanziellen Krisen ist. Ironischerweise sollten diese Modelle gerade in einer Krise vor dem finanziellen Desaster schützen.

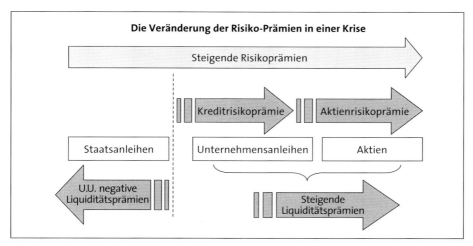

Abb. 1: Verschiebung von Risikoprämien

Implikationen der veränderten Prämien für die Bewertung der Assetklassen

Die entscheidende Frage ist natürlich, was diese veränderten Prämien für die Asset Allocation in einer Krise bedeuten. Im Prinzip ermöglicht das Wissen um diese Bewertungsverzerrungen für denjenigen Anleger Chancen, der die Möglichkeit hat, so unabhängig wie möglich von einer Benchmark und vor allem nicht durch zeitliche Limits eingeschränkt Anlageentscheidungen zu treffen. Er kann diese anormalen impliziten Risikoprämien ausnutzen, indem er auf eine Rückkehr zu einem langfristigen Durchschnitt setzt. Diese Aussage bezieht sich wohlgemerkt auf die Prämien und nicht auf die Aktiva selbst. Dies hört sich nach einer trivialen Aussage an, ist aber tatsächlich eher komplex, da der Asset Allocator in einer Krise schnellstmöglich erkennen muss, was sich fundamental geändert hat und die Entscheidung nur auf eine Normalisierung der Bewertung abstellt, nicht jedoch auf eine Rückkehr der Preise auf das Niveau vor der Krise.

Dies ist eine der schwierigsten Elemente überhaupt in dem Verhalten während der Krise. Allzu oft hört man Argumente, wie „die Aktie XYZ ist immer noch nicht wieder auf das Niveau von vor der Krise zurückgekehrt" etc. Die Frage muss vielmehr sein, welcher Anteil am Wert einer Anlage sich in Folge des externen Schocks verändert und wie sich die Bewertung an sich geändert hat.

Auf der Ebene der Asset Allocation stellen sich damit etwa Fragen wie die folgenden: Haben sich die Gewinnschätzungen verändert und wenn ja um wie viel? Problematisch ist oft die Entwicklung der Zeitreihe der Gewinne. Haben sie sich nur in einem Zeitpunkt verändert und wachsen danach normal weiter? Oder muss man von einem völlig veränderten Wachstumspfad ausgehen? Letzteres würde einen anderen Bewertungsmaßstab verlangen. Damit ist man bei der Frage eines eventuell neuen Earnings Yield Ratios angelangt, in welchem sich eine eventuell angepasste Risikoprämie niederschlagen sollte.

Bei der veränderten Bewertung muss man des Weiteren berücksichtigen, dass sich verschiedene Variablen über einen unterschiedlichen Zeitraum normalisieren können und es oft auch tun. Daher empfiehlt es sich in Krisen allgemein, alle Variablen auf den Prüfstand zu stellen und die weitere Entwicklung zu prognostizieren. Auf diese Art und Weise kann man die faire Bewertung für verschiedene Zeitpunkte in der (nahen) Zukunft schätzen und damit eine wesentlich differenzierte Aussage bekommen als die sonst sehr statische These, dass die Bewertung in x Monaten bei y sein sollte, ohne zu wissen, wie man sich in der Zwischenzeit aufstellen sollte.

Hierbei ist natürlich auch das Timing von nicht unerheblicher Bedeutung. Dieser Punkt sei weiter unten diskutiert. Ein wichtiger Aspekt ist auch – und das macht die Entscheidung alles andere als trivial – die Frage, inwiefern die verschiedenen Bestandteile der Risikoprämien sich durch eine Krise verändert haben. Dies ist eine Problemstellung, die vor allem nach den Terroranschlägen auf New York und Washington an Brisanz gewonnen hat. Die Meinungen gehen hier auseinander. Vertritt man die Meinung des Autors, der davon ausgeht, dass mindestens die Liquiditätsprämie wieder auf ihr normales Niveau zurückkehren sollte, kommt man zu einer anderen Entscheidung als viele Investoren, die von insgesamt höheren Prämien ausgehen.

Um diese Frage allgemein zu beantworten, kann man sich Indikatoren zu Hilfe nehmen, die oft eine Indikation für die Risiken an den Märkten geben. Beispielsweise können sowohl die impliziten als auch die historischen Volatilitäten der Aktien einen Hinweis auf die geforderte Risikoprämie geben, auch wenn der kausale Zusammenhang zwischen beiden nicht akademisch sauber herzuleiten ist. Auch Maße wie die Standardabweichung der Konsensschätzungen für zugrunde liegende Parameter einer Assetklasse können helfen. So deutet eine absinkende Streuung dieser Schätzungen beispielsweise darauf hin, dass die Sicherheit in diesem Instrument zunimmt. Interessanterweise kann man oft nach großen Krisen beobachten, dass diese Streuung zurückgeht, was etwa die Gewinnschätzungen für Aktien betrifft – bisher immer ein Zeichen für eine Normalisierung der Risikoprämie – und damit letzten Endes ein Kaufsignal.

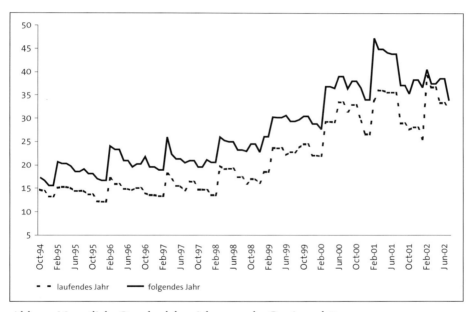

Abb. 2: Monatliche Standardabweichungen der Gewinnschätzungen

Quelle: Commerzbank Securities und IBES

1.4.2 Ein verzerrtes Chance-Risiko-Spektrum

Die Bewertung ist nur ein Teil der Asset Allocation. Sie dient im Allgemeinen als Basis, reicht aber nicht als endgültige Grundlage für eine Entscheidung aus. Der Asset Allocator muss von den Bewertungen ausgehen und die Chancen jeder Entscheidung mit den korrespondierenden Risiken abwägen. Wie oben bereits dargestellt, sind die Risiken und Chancen nicht für alle Marktteilnehmer die gleichen – und auch in einer Krise oft verzerrt, so dass es sich lohnt, diesen Punkt näher zu untersuchen.

Innerhalb dieses Problemfeldes muss man grundsätzlich unterscheiden zwischen gemischten Portefeuilles und solchen, die nur in Aktien oder nur in Anleihen investieren können und im besten Fall Ausweichmöglichleiten in Cash-Positionen haben. Widmen wir uns zunächst dem letzteren Fall eines reinen Fonds. In beiden Fällen muss man jeweils wieder unterscheiden in drei Arten von Portefeuilles: (1) „Long only" und mit einer Benchmark, (2) Hedgefonds und (3) „Long only" mit der Zielsetzung einer absoluten Rendite.

Diese Unterscheidung ist essentiell, um die individuellen Risiken und Chancen besser evaluieren zu können. Die weiteren Ausführungen werden zeigen, dass unterschiedliche Ausgangspositionen sehr wohl dazu führen können, dass sich für verschiedene Marktteilnehmer gegensätzliche Entscheidungen als rational herausstellen können. Dabei müssen die Chancen immer im Kontext der für den Einzelfall korrespondierenden Risiken gesehen werden.

Aktien- oder Anleihenfonds mit Benchmark (long only)

In diesem Fall ist die Asset Allocation Entscheidung allgemein recht einfach – auf den ersten Blick zumindest, weil sie eigentlich schon durch den Kunden vorgegeben wurde. Allgemein kann man übrigens diesen Trend in der Praxis beobachten, dass immer mehr verwaltetes Geld einer Asset Allocation unterliegt, die nicht mehr von dem Portefeuille-Manager kontrolliert wird, sondern durch den Kunden bestimmt wird.

Allerdings muss sich der Verwalter dieses Geldes fragen, an welcher Stelle der Portefeuille-Entscheidung er dem Kunden einen Mehrwert leisten kann. Da die Kenntnis seines Spezialgebietes in den meisten Fällen auch eine Beurteilung der absoluten Attraktivität seiner Assetklasse zulässt, empfiehlt es sich oft, dem Portefeuille-Manager auch einen gewissen Entscheidungsspielraum der Asset Allocation einzuräumen, was in praxi meist mit bestimmten erlaubten Cash-Quoten geregelt wird. Das heißt, von der Sektorallokation abgesehen, die im nächsten Abschnitt diskutiert werden soll, ist die Asset Allocation in diesem Fall auf die Größe der Cash-Quote reduziert.

Die Risiken des Managers in einem solchen Fall stellen sich ein wenig eigenartig dar. Jeder Cent, der in einer Cash-Position geparkt ist, während die Benchmark sich positiv entwickelt, ist ein Verlust, auch wenn absolut dabei natürlich kein Geld verloren wurde. Dementsprechend wird sich ein solcher Portefeuille-Manager nur in sehr extremen Fällen dazu entscheiden, eine negative Haltung zu seinen Assets zu implementieren. Auf der anderen Seite wird diese Art Fonds auch derjenige sein, der während einer Krise als erster wieder „voll investiert" ist.

Die Chancen für diesen Fonds sind ebenfalls leicht verzerrt, wie eben schon angedeutet, gibt es kein Risiko, in einer Krise die Cash-Quote zu reduzieren und wieder zu kaufen. Auf Grund der strikten Messung der Performance relativ zur Benchmark ergibt sich für diesen Manager in einer Krise die interessante Situation, dass das Risiko der Vollinvestition nicht existiert, während er natürlich die Chance hat, seine Outperformance auf dem Weg nach unten unwiderruflich zu fixieren.

Man kann sich dieses Phänomen auch auf die folgende Art und Weise veranschaulichen: Ein solcher Portefeuille-Manager kann im Prinzip nur verkaufen, da die Vollinvestition für ihn der Normalfall ist. Damit kann eine Outperformance durch die Asset Allocation nur in Zeiten fallender Kurse erreicht werden, nämlich indem er in diesen Phasen Cash hält. Dies ist eine relativ seltsame Situation. In praxi kann man aber tatsächlich beobachten, dass die wenigstens Portefeuille-Manager dieser Fonds den Markt outperformen können, wenn dieser steigt. In einer Krise jedoch findet sich eine deutlich größere Anzahl an Fonds, die den Markt schlagen.

Zusammenfassend kann man festhalten, dass es für diese Portefeuille-Manager immer Sinn macht, überdurchschnittlich positiv eingestellt zu sein.

Hedgefonds mit nur einer Assetklasse

Für Hedgefonds stellt sich diese Frage grundsätzlich anders dar. Die Entscheidung der Asset Allocation bei einem Long-Short-Fonds ist mehr oder weniger reduziert auf die Frage des Hebels oder maximal auf die Frage der Cash-Quote. Die Steuerung der Cash-Quote erfolgt allerdings nach komplett anderen Richtlinien als die der Portefeuille-Manager aus dem vorherigen Abschnitt. Ein solcher Hedgefonds wird nur dann Cash halten, wenn es an Gelegenheiten des relative value mangelt. Damit ist jedoch keine Exponierung zu einer Assetklasse verbunden, was bei diesen Hedgefonds ohnehin – zumindest in der Theorie – nie der Fall ist. Hedgefonds, die aggressive Wetten auf einzelne Assetklassen platzieren, stehen in einer anderen Situation.

Aktien- oder Anleihenfonds mit absoluten Renditezielen

Dieser Fall ist erneut völlig anders als die beiden oben diskutierten Fälle – vor allem, was die Risikoseite angeht. Während der Portefeuille-Manager mit einer Benchmark eine Exponierung zu einer Asset Allocation nur durch eine negative Haltung gewinnen kann, was dazu führt, dass er in einer „normalen" Situation immer voll investiert ist, ist es für einen Anleger, der an absoluten Renditen gemessen wird, exakt entgegengesetzt: Jede noch so kleine Exponierung zu seiner Assetklasse bedeutet für ihn ein Risiko. Seine risikofreie Allokation besteht nicht in einer Vollinvestition, sondern in gar keiner Investition.

Damit ist dieser Investor viel eher geneigt, bei einer Aufwärtsbewegung seiner Assetklasse Gewinne mitzunehmen, weil er auch in dem Fall, dass diese Aktiva danach weiter steigen, kein Geld verliert, während dies bei einer Benchmark der Fall wäre. Dieses Spannungsfeld konnte man sehr schön in der Blase des Neuen Marktes beobachten, als viele Portefeuille-Manager von Fonds ihre Gewinne nicht oder nur sehr zögernd mitgenommen hatten – was oft durch weitere Mittelzuflüsse natürlich noch schwieriger geworden war. Gleichzeitig hatten sehr viele Vermögensverwalter, die nicht an eine Benchmark gebunden waren, ihre Bestände verkauft, weil die Renditeziele der Kunden längst erreicht waren, sich das Risiko mit steigenden Kursen jedoch ständig erhöhte – nicht so für die Fonds.

Es sei nochmals darauf hingewiesen, dass beide Marktteilnehmer sehr wohl rational gehandelt haben, auch wenn das in der Presse nie so dargestellt wird, da beide entsprechend ihrer Zielvorgaben die für sie optimale Entscheidung rational gefällt haben.

Ähnlich verhält es sich bei fallenden Kursen. Der Anleger mit Benchmark ist viel eher dazu geneigt, wieder zurückzukaufen. Auch dies kann man übrigens empirisch nachweisen, wenn man sich die Cash-Quoten der Publikumsfonds anschaut, die sehr schnell wieder gefallen sind, nachdem die Aktienkurse sich 2001 eher negativ entwickelt hatten. Für Vermögensverwalter, die oft ohne eine solch strenge Benchmark arbeiten als Vertreter der Anleger mit absolutem Renditeziel ist die Lage jedoch ganz anders: Nicht das Nicht-investiert-Sein ist das Risiko, sondern die Möglichkeit, mit einer erneuten Investition absolut Geld zu verlieren. Dementsprechend erfolgen Reinvestitionen in diesem Spektrum auch wesentlich zögerlicher.

Man kann also festhalten, dass Anleger mit einem absoluten Renditeziel immer überdurchschnittlich negativ eingestellt sein müssen und daher tendenziell mit deutlich höheren Cash-Quoten arbeiten.

In einer Krise kann die Asset Allocation für ein solches Portefeuille im Extremfall sogar so weit gehen, dass man über einen längeren Zeitraum überhaupt gar keine Exponierung zu der Assetklasse hat, in die man eigentlich anlegen soll. An dem Punkt wären die Risiken auf Null reduziert – entgangene Gewinne sind für diesen Anleger keine echten Verluste, während für den Portefeuille-Manager mit einer Benchmark dieses Portefeuille das riskanteste ist, das er aufstellen könnte.

Gemischte Fonds haben es in Krisen oft leichter

Nachdem in dem obigen Abschnitt die Situation der Fonds mit nur einer Assetklasse plus Cash beleuchtet wurde, sollen nun die gleichen Überlegungen für gemischte Portefeuilles, also im Wesentlichen solche mit Anleihen und Aktien, angestellt werden. Es wird sich herausstellen, dass alle sechs Fälle, in die professionelle und private Verwalter von Vermögen kommen können, zu unterschiedlichen rationalen Entscheidungen führen können und sogar müssen.

Was allen drei folgenden Konstellationen gemeinsam ist, ist die Tatsache, dass die Asset Allocation Entscheidung meistens einfacher ist, als für die Anleger, die nur ihre Cash-Quote steuern können, da im Allgemeinen Risiken in einer Anlageklasse mit Chancen einer anderen zeitlich koinzidieren. So können beispielsweise die Risiken im Anleihenmarkt so groß sein, dass man trotz wahrgenommener Risiken im Aktienmarkt letzteren übergewichtet. Dies war eine Situation, die den Autor veranlasst hat, nach dem 21. September Aktien gegenüber Anleihen überzugewichten, was im Allgemeinen als riskant angesehen wurde. Veranschaulicht man sich jedoch die Risiken der Anleihen zu dem Zeitpunkt, kann man kognitive Dissonanzen wesentlich komfortabler aus dem Weg räumen, als das in einer einseitigen Situation der Fall gewesen wäre.

Letztlich muss man sogar so weit gehen, dass man, auch wenn man nur in einer Assetklasse anlegt, immer die Asset Allocation Entscheidung der gemischten Portefeuilles vor Augen haben sollte, da die Umschichtungen dieser Portefeuilles schließlich die Märkte bewegen. Damit sollte gerade in Krisenzeiten jeder Anleger den Blick über die Grenzen seiner eigenen Assetklasse wagen und die Interdependenzen mit anderen Assetklassen sehen, um zu verstehen, welche Anleger sich auf Grund ihrer speziellen Situation für oder gegen die eigene Klasse entscheiden sollten.

Gemischte Fonds mit Benchmark (long only)

In diesem Fall stellt sich erneut das Problem für den Portefeuille-Manager, dass jede Abweichung von der Benchmark ein Risiko darstellt. Im Falle einer Blasenbildung in einer Assetklasse wird ihm die Entscheidung jedoch einfacher gemacht als den Investoren, die nur über eine Assetklasse plus Cash verfügen, da in den allermeisten Fällen – wie oben erwähnt – eine Überbewertung in einer Klasse mit einer Unterbewertung einer anderen zusammentrifft. Damit hat dieser Manager die Chance, eine negative Exponierung zu einer überbewerteten Klasse mit einer positiven Haltung zu einer unterbewerteten Klasse zu kombinieren – während ein reiner Aktien- oder Rentenfonds ein jedes Abweichen von der Benchmark mit einer absoluten Einschätzung rechtfertigen muss.

Das bedeutet, dass das Risiko-Chance-Verhältnis einer Abweichung von der Benchmark in dieser Konstellation viel eher für eine aktive Positionierung spricht. Das heißt, diese Fonds werden in Boomzeiten eher Gewinne mitnehmen und sind während der Krise später dazu geneigt, wieder eine positive Haltung gegenüber der Assetklasse anzunehmen. Dieser größere Bewegungsspielraum ermöglicht tendenziell eine bessere Allokation.

Gerade das Zusammenspiel von Aktien und Anleihen können diese Fonds wesentlich besser ausnutzen. In einer Krise, wo Aktien unter Druck sind, können diese Fonds mit relativ gutem Gewissen sich wieder positionieren, weil sie wissen, dass sie das mit einem Untergewicht in Anleihen ausgleichen können. Das ist deshalb so attraktiv, weil die Anleihen durchaus über negative Prämien verfügen können. Interessant ist auch zu sehen, dass die gemischten Fonds sich öfter mit einer Krise konfrontiert finden als andere, da sich insbesondere in der zweiten Hälfte der 1990er ein Trend herausgebildet hat, in dem Aktien und Anleihen weitgehend gegenläufig performen. Dadurch wird für diese Fonds sowohl die Hausse als auch die Baisse einer Assetklasse ständig zur Krise.

Diese größere Flexibilität bedeutet im Übrigen auch, dass private Anleger mit einem gemischten Fonds besser aufgehoben sind, als mit einem reinen Aktienfonds und einem reinen Anleihenfonds. Ein gemischter Fonds ist insbesondere in Krisenzeiten viel eher in der Lage, die Chancen und Risiken des Anlegers zu balancieren. Die beiden unabhängigen Aktien- und Anleihenfonds werden auf Grund ihrer differenzierten Einschätzung von Risken und Chancen kaum die optimale Allokation für den privaten Anleger vornehmen – und es übrigens auch nicht können.

Gemischte Hedgefonds

Hedgefonds, deren Ziel es ist, aggressive Asset Allokationen zu platzieren, können in Krisen die besten Renditen erzielen. Die verzerrte Bewertung führt dazu, dass sich Gelegenheiten ergeben, die eine Assetklasse gegen die andere auszuspielen. Da Hedgefonds dies nicht nur auf relativer Basis wie die Long Only-Fonds mit Benchmark (siehe oben) machen können, sondern einerseits auch durch das tatsächliche physische Shorten von Aktiva und andererseits durch den Einsatz von finanziellen Hebeln die Effekte besser für sich ausnutzen können, ergeben sich für sie portefeuille-theoretisch eine größere Vielfalt von Allokationen. Aus dieser größeren Grundgesamtheit sollten sich auch bessere Möglichkeiten ergeben.

Allerdings wird jede weitere erwartete Überrendite üblicherweise mit einem höheren Risiko eingekauft. Tatsächlich ist das Chance-Risiko-Spektrum dieser Fonds exakt das gleiche wie der gemischten Fonds. Denn, ob man absolut long oder short in einem Aktivum ist oder es relativ zur Benchmark über- oder untergewichtet hat, spielt für den Mehrwert auf Portefeuille-Ebene keinen Unterschied. Ein Beispiel soll das verdeutlichen: Ob ein Fonds gegenüber seiner Benchmark 10 % übergewichtet in Aktien und 10 % weniger Anleihen hat – bedeutet für den Manager exakt das gleiche Risiko und auch die gleiche Chance wie für einen Hedgefonds, der in gleichem Maße Aktien kauft und gleichzeitig Anleihen leer verkauft. Das spricht a priori dafür, dass sich diese Hedgefonds in Krisenzeiten genauso verhalten wie gemischte Fonds mit einer Benchmark. Dem ist aber nicht, da diese Hedgefonds in aller Regel über eine größere Reaktionsgeschwindigkeit verfügen. Dieser Punkt wird weiter unten noch ausführlich behandelt – es bedeutet, dass Hedgefonds immer wieder versuchen werden, durch eine aggressive Asset- und vor allem auch Sektor-Allokation die Fonds zum Folgen zu zwingen – zu weniger günstigen Preisen.

Diese Art Hedgefonds ist im Allgemeinen gerade während Krisenzeiten in der Lage, entscheidende Vorteile dadurch zu erzielen, dass die Zwänge, mit denen andere Anleger leben müssen und die daraus folgende ineffiziente Preisbildung für das Erwirtschaften von Über-Renditen genutzt werden kann. Außerhalb von Krisensituationen sind sie tatsächlich nicht anders als herkömmliche Fonds mit Benchmark zu betrachten – was die Asset Allocation angeht.

Gemischte Fonds mit absoluten Renditezielen (long only)

Wie oben schon dargestellt, sind Investoren mit einem absoluten Renditeziel in einer Hausse am ehesten bereit, ihre Bestände zu verkaufen, da sich ihr Chance-Risiko-Verhältnis mit steigenden Kursen ständig verschlechtert. Hat dieser Investor aber wie in diesem unterstellten Fall auch noch die Möglichkeit in anderen Assetklassen zu investieren, ist er noch eher geneigt zu verkaufen.

In einer Krise wird er tendenziell der letzte aller Anleger sein, die wieder drehen. Das liegt daran, dass der Kauf für diese Anleger nicht nur auf absoluter Basis Sinn machen muss, sondern die angenommenen Renditen müssen bei einem vertretbaren Risiko auch höher sein als in anderen Assetklassen, zu denen er Zugriff hat. Hinzu kommt das Problem, dass diese Art Anleger nicht nur auf die erwarteten Renditen achten muss, sondern auch das Risiko auf sehr spezielle Art und Weise kontrollieren muss.

Nehmen wir das Beispiel einer Baisse an den Aktienmärkten und nehmen wir an, dieser Investor sei stark in Anleihen exponiert. Dieser spezielle Anleger wird solange mit dem Umschichten warten, bis er nicht nur die Chance steigender Aktien sieht, sondern er wird warten, bis das Risiko eines absoluten Kursverlustes für ihn vertretbar erscheint. Soweit handelt er genauso wie der Anleger mit einem absoluten Renditeziel, der nur in Aktien investieren kann. Zusätzlich wird er jedoch auf einen weiteren Aspekt warten; das Risiko absoluter Kursverluste in der anderen Assetklasse, den Anleihen in diesem Beispiel. Dies verdeutlicht, warum diese Anleger als letztes drehen in einer Krise. Erneut sei darauf hingewiesen, dass dies völlig rational ist.

In Krisensituationen verhalten sich verschiedene Anlegergruppen konträr

Die obigen Überlegungen haben die Chancen und Risiken verschiedener Asset Allokation Entscheider in verschiedenen Konstellationen dargestellt. Im Folgenden sei kurz das Verhalten in der Krise zusammengefasst, indem eine Art Zeitplan des Wiedereinstiegs skizziert sei.

Anleger mit Benchmark und nur einer Assetklasse plus Cash kaufen als erstes wieder – und zwar sowie sich abzeichnet, dass weitere Kursverluste nicht mehr sehr wahrscheinlich sind. Es macht für diese Anleger Sinn zu kaufen, auch wenn sie selbst noch nicht unbedingt davon ausgehen, dass die Kurse in absehbarer Zukunft wieder steigen – was sich paradox liest, jedoch für diese Entscheider rationale Realität ist. Als zweites steigen die gemischten Fonds mit einer Benchmark wieder ein – gleichzeitig mit gemischten Hedgefonds. Diese Anleger kaufen die gefallenen Aktiva in dem Moment, in dem sie zwar noch nicht von einer Kurssteigerung ausgehen, jedoch damit rechnen, dass das Risiko einer anderen Assetklasse deutlich höher ist, so dass sich eine relative Positionierung lohnt. Dieses Kalkül war übrigens der Hauptgrund für das Team des Autors seit Ende September 2001 Aktien über- und Anleihen unterzugewichten – auch wenn die Aktien zu diesem Zeitpunkt alles andere als rosig aussahen. Das Risiko in den Anleihen erschien jedoch bei weitem höher. Klassische Long-

Short-Hedgefonds sind von diesen Überlegungen kaum betroffen. Die vorletzten Anleger, die wieder in den Markt kaufen, sind diejenigen mit einer absoluten Renditevorstellung, die keine Ausweichaktiva haben außer Cash. Sie kaufen erst, wenn sie die Risiken für gering halten und Chancen sehen. Als letztes werden die Anleger drehen, die zusätzlich noch über andere Assetklassen verfügen.

Das folgende Schaubild verdeutlicht diese Zusammenhänge.

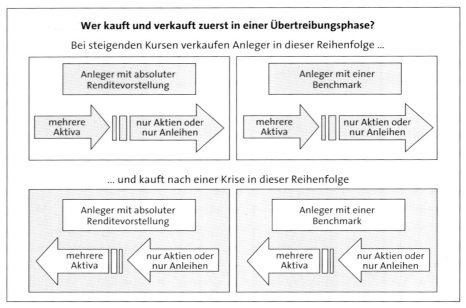

Abb. 3: Wer kauft wann?

1.4.3 Ungleiche Geschwindigkeiten der Entscheidung

Der vorangegangene Abschnitt stellt die unterschiedlichen Zeitpunkte dar, zu denen verschiedene Anleger in einer Krise ihre Asset Allocation ändern. Die diskutierte Logik befasst sich jedoch streng genommen nicht damit, wann diese Anleger agieren, sondern vielmehr wann sie es tun sollten.

In der Praxis ist diese Unterscheidung von enormer Bedeutung. Die Reaktionsgeschwindigkeit auf veränderte Bedingungen ist bei den verschiedenen Marktteilnehmern teilweise dramatisch unterschiedlich. In der Tat ist dies eine der Hauptquellen für den Erfolg vieler Hedgefonds, die sich auf die Asset Allokation und vor allem auch auf die Sektorrotation spezialisieren. Es sind insbesondere die Anleger mit einer Benchmark, deren Bewegungen von anderen Marktteilnehmern gerade auf Grund der Transparenz ihrer entscheidungstechnischen Nebenbedingungen oft mehr oder weniger leicht antizipiert werden können, die unter der Geschwindigkeit der Hedgefonds leiden müssen.

Hedgefonds können die Positionen, von denen sie wissen, dass die anderen Anleger sie eingehen müssen, erahnen und sie entsprechend vorher eingehen. Damit zwingen sie dem Rest des Marktes weniger attraktive Preise auf. Dies funktioniert natürlich nur deshalb, weil sie wesentlich schneller reagieren und auch deutlich größere Positionen innerhalb kürzester Zeit eingehen können als andere Marktteilnehmer. Es sei im Übrigen angemerkt, dass es den Hedgefonds oft erstaunlich leicht fällt, diese Positionen zu erahnen, da sich das Chance-Risiko-Verhältnis für sie exakt genauso darstellt wie auch für „normale" gemischte Fonds.

Diesen Effekt kann man in praxi vor allem in der Sektorallokation beobachten, weil er sich hier auf Grund geringerer Volumina leichter implementieren lässt. Vor allem aber in Krisen können Hedgefonds hohe Renditen erzielen, indem sie auch die Asset Allokation an sich aggressiv drehen.

Grundsätzlich ist es relativ offensichtlich, warum Gorbatschows Worte „Wer zu spät kommt, den bestraft das Leben" auch in der Finanzbranche anwendbar sind. Es bleibt in diesem Zusammenhang zu erläutern, warum einige Fonds langsamer sind, was sie im Allgemeinen Geld kostet. Im Folgenden seien einige Punkte angemerkt, die vor allem in Krisenzeiten für diese Anleger von erheblichem Nachteil sind und die es folglich für eine erfolgreiche und krisensichere Asset Allokationsentscheidung möglichst zu vermeiden gilt:

▶ Viele große institutionelle Anleger haben zu viele Managementebenen, die schnelle Entscheidungen schlichtweg unmöglich machen. Gerade in einer Krise ist aber wichtig, nicht nur die Entscheidungen schnell und unkompliziert zu verabschieden, sondern – was oft in praxi das größere Problem ist – konsistent zu sein. Nicht selten haben große Institutionen das Problem, dass verschiedene Teams versuchen, unterschiedliche Strategien zu implementieren.

▶ Nicht wenige professionelle Anleger müssen mit dem Problem leben, dass sie auf Weisungen von Vorgesetzten angewiesen sind, die fachfremd sind, was den Entscheidungsprozess im Allgemeinen nicht vereinfacht. Dieses Problem kann man eigentlich nur lösen, indem man den Weisungsprozess komplett separiert – was sich jedoch in der Praxis oft als unternehmenspolitisch sehr delikat erweist.

▶ In vielen Institutionen sind die Bereiche Renten, Aktien und gemischte Fonds streng getrennt, was eine fondsübergreifende Asset Allocation weiter kompliziert und auf jeden Fall in ihrer Entscheidung behindert. Im schlimmsten Fall kann das dazu führen, dass eine Institution ihre Chancen und Risken nicht optimal balanciert und vielleicht sogar gegenseitige Hedges eingeht. Eine Koordinierung der Asset Allocation ist gerade während Krisen von elementarer Bedeutung.

▶ Viele institutionelle Anleger müssen mit Beschränkungen, was die Abweichung der Allokation von der Benchmark angeht, leben. Damit haben sie den Nachteil gegenüber Hedgefonds, dass sie nicht sofort deren aggressive Positionen mitaufbauen können, was notwendig wäre, um nicht unter ungünstigeren Preisen zu leiden.

Der folgende Abschnitt beleuchtet kurz die Besonderheiten der Sektorallokation in Krisenzeiten.

1.5 Sektorallokation in Krisenzeiten

1.5.1 Sektorallokation und Asset Allocation sind konsistent zu implementieren

Für die Sektorallokation gelten mehr oder weniger ähnliche Überlegungen wie für die Asset Allocation an sich. Auch in diesem Fall ist es für das Verständnis der Marktmechanismen von enormer Bedeutung, dass die Wahrnehmung der individuellen Chancen und Risiken verschiedener Marktteilnehmer berücksichtigt werden.

Aus Platzgründen seien nur einige Aspekte kurz skizziert, die – vor allem in Krisenzeiten – unbedingt beachtet werden sollten bei der Implementierung einer Sektorallokation:

- ▶ Wenn man aktive Positionen für oder gegen den Aktienmarkt platziert, sollte man nicht vergessen, dies auch für die Sektorallokation zu berücksichtigen. Was sich trivial liest führt in der Praxis immer wieder zu Problemen, weil es unter anderem bedeuten kann, dass man mitten in einer Krise Technologieaktien kaufen muss, obwohl deren Ausblick extrem riskant erscheinen mag – wenn man insgesamt auf Aktien setzt, ist es nur sinnvoll, auch in Sektoren mit hohem Beta exponiert zu sein. Diese Konsistenz ist unbedingt erforderlich, um sich nicht um die Früchte der richtig getroffenen Asset Allocation Entscheidung zu bringen.

- ▶ Das führt direkt zum nächsten wichtigen Punkt: Die Betas müssen gerade in Krisenzeiten hinterfragt werden, was deren Konsistenz angeht. So können gerade die Schocks, die eine Krise ausgelöst haben, dazu führen, dass sich die fundamentalen Zusammenhänge einzelner Industrien derart verändert haben, dass die ökonometrischen Kennzahlen sich völlig anders als in der Vergangenheit darstellen. Dieses Problem kann man natürlich auf Grund der Natur der Frage zum Zeitpunkt der Krise nicht ökonometrisch lösen. Man muss sich mit fundamentalen Argumenten und Schätzungen begnügen. Allerdings muss man anmerken, dass die wenigsten Anleger sich mit diesen Gedanken beschäftigen, was ironischerweise dazu führt, dass die Betas durch das kollektive Handeln sich weniger ändern, als sie es sollten.

- ▶ Die Zinssensitivität der Aktiensektoren ist von immenser Bedeutung vor allem in Krisenzeiten bei der Aufstellung einer Sektorallokation, da gerade in diesen Zeiten die Zinsen selbst sehr volatil sind.

- ▶ Die Bewertung der Sektoren ist von einer Krise und der einhergehenden Ausweitung der Risikoprämien differenziert zu sehen. So sind Aktiensektoren mit langer Gewinnduration in aller Regel stärker von einer den breiten Markt erfassenden Erhöhung der Risikoprämien betroffen als Unternehmen, deren Gewinne kaum wachsen. Dies ist im Übrigen einer der Gründe, warum Technologieaktien im Allgemeinen über ein hohes Beta verfügen.

Auch hier gilt wieder: Wer all diese Überlegungen am schnellsten umsetzt, verschafft sich einen deutlichen Vorteil. Daher findet man auch die Hedgefonds, die Positionen innerhalb der Asset Allocation beziehen, oft eher auf dieser Ebene – also der Allokation innerhalb verschiedener Sektoren – und weniger auf der Ebene zwischen einzelnen Assetklassen.

Abschließend seien noch kurz einige Bemerkungen dargestellt, was dies für die einzelnen Werte innerhalb eines Sektors bedeutet.

1.5.2 Schnelles Agieren bei Einzelwerten

Auch in diesem Zusammenhang muss eigentlich eines herausgestellt werden: Schnelle Anleger haben hier einen entscheidenden Vorteil. Dadurch, dass in Krisenzeiten die Sektoren oft sehr aggressiv rotiert werden, kann man oft deutliche Diskrepanzen auf der Ebene einzelner Titel beobachten. Der Hauptgrund ist, dass die Liquidität einzelner Werte oft nicht deren Gewichtung in den Benchmarks entspricht. Das hat zur Folge, dass es immer gerade in Zeiten starker Sektorrotationen einzelne Titel gibt, die entweder zu stark mit dem Sektor gestiegen sind oder die Bewegung nicht oder nur teilweise mitgemacht haben. Damit eröffnen sich natürlich immense Möglichkeiten, relative Positionen aufzubauen – entweder innerhalb eines Portefeuilles aus bestehenden Titeln oder natürlich für einen Hedgefonds in Form klassischer Long-Short-Positionen.

Verallgemeinert, gibt es im Prinzip drei Methoden, nach denen man während Krisenzeiten einzelne Aktien auswählen kann:

▶ Bei einer starken Rotation gibt es immer wieder Werte, die mit dem Sektor steigen oder fallen, ohne dass sie eigentlich von dem Grund betroffen waren, der zu einem (Ver-)Kauf dieses Sektors geführt hat. Diese Unternehmen kann man dann relativ risikoarm gegen den Rest des Sektors spielen. Ein Beispiel: Gelegentlich fällt der gesamte Autosektor in Europa auf Grund der Sorgen über den amerikanischen Automarkt. Mit dem Sektor fällt dann oft auch Peugeot – die allerdings gar nicht in den USA vertreten sind, was geradezu zu einem relativen Kauf einlädt.

▶ Der Markt übertreibt sehr oft, wenn einzelne Themen einen Sektor nach oben oder unten bewegen. In einigen Fällen kann man die tatsächlichen finanziellen Konsequenzen aber relativ genau ausrechnen. Hat sich eine Aktie dann eindeutig zu deutlich oder zu wenig bewegt, lohnt es sich, hier eine Position aufzubauen. Ein Beispiel: Es gibt immer wieder „Klassiker" wie Bewegungen im Ölpreis oder in Devisenpreisen, die sich positiv oder negativ auf einzelne Unternehmen auswirken. Steigt der Ölpreis beispielsweise, fallen im Allgemeinen die Aktien von Fluggesellschaften. Es gibt jedoch Linien, die sich komplett gegen Preisschwankungen absichern, während andere es überhaupt nicht tun. Fallen beide Aktien gleich stark, kauft man die eine und verkauft die andere.

▶ Fällt ein Aktiensektor, ergeben sich oft Gelegenheiten, Unternehmen zu einem günstigen Preis zu kaufen, bei denen auf Grund erwarteter Umstrukturierungen mit einem Sondereffekt zu rechnen ist. Diese Aspekte gehen oft verloren, wenn Sektoren aggressiv und schnell gedreht werden. Damit ergeben sich Einstiegsmöglichkeiten für einen langfristig orientierten Anleger.

1.6 Schlussfolgerungen

Der Asset Allocation und auch der Sektorrotation kommt in Krisenzeiten eine besondere Bedeutung zu. Das liegt einerseits an extremen Bewertungsniveaus und andererseits an verschieden Marktmechanismen, die vor allem dadurch ausgelöst werden, dass die sechs dargestellten Anlegertypen Chancen und Risiken unterschiedlich wahrnehmen und dementsprechend zu unterschiedlichen Entscheidungen kommen, die alle in sich für den jeweiligen Entscheider völlig rational sein können, jedoch auf Gesamtmarktebene erhebliche Unterschiede aufweisen können. Die Antizipation dieser Unterschiede kann enorme Chancen für schnell agierende Anleger implizieren.

2 Wie hilft die Behavioral Finance bei der Asset Allocation?

von Rüdiger von Nitzsch

2.1 Idee und Richtungen der Behavioral Finance

An den Finanz- und Kapitalmärkten geht es nicht immer vernünftig zu. Dies gilt für den einzelnen Investor wie für den gesamten Markt. Schuld daran ist die Tatsache, dass sich die Menschen an der Börse nicht so verhalten wie der häufig zitierte homo oeconomicus. Während dieses für viele Kapitalmarktforscher ideale Wesen weder Emotionen, menschliche Motive noch kognitive Beschränkungen kennt, ist an dem Verhalten realer Marktteilnehmer einiges zu erkennen, was sich im Inneren des Menschen, sozusagen in der Psyche, abspielt. Und dies widerspricht nicht selten einer ökonomischen Vernunft.

Mit der Behavioral Finance hat sich in der jüngsten Zeit ein Wissenschaftszweig herausgebildet, der zur Analyse der Geschehnisse an der Börse den Menschen konsequent in den Mittelpunkt aller Untersuchungen stellt. Die Behavioral Finance greift auf umfangreiche Untersuchungen von Psychologen über menschliches Entscheidungsverhalten zurück und arbeitet theoretisch sowie empirisch wichtige Konsequenzen an den Finanz- und Kapitalmärkten heraus. Gemäß Abbildung 1 zeichnen sich hierbei mehrere Forschungsrichtungen der Behavioral Finance ab.

Abb. 1: Die Forschungsrichtungen der Behavioral Finance

Ein erstes Untersuchungsfeld der Behavioral Finance betrifft das individuelle Entscheidungsverhalten von privaten und institutionellen Investoren. Zielsetzung ist hier die genaue Analyse der Verhaltensschwächen, um durch gezielte Aufklärung die Rationalität der Entscheidungen verbessern und dadurch die Performance steigern zu können. Wichtige Erkenntnisse in diesem Zusammenhang sind beispielsweise die Tendenzen von Investoren, sich zu stark an Einstandspreisen zu orientieren, Verluste auszusitzen, die eigene Urteilsfähigkeit zu überschätzen, aber auch eine gewisse Trägheit in der Reaktion auf Informationen.

Weitere Erkenntnisse der Behavioral Finance über Wahrnehmungs- und Bewertungsprozesse bei den Anlegern eröffnen ein zweites Anwendungsfeld: Die Unterstützung von Emittenten bei der Architektur von Wertpapieren („financial design"). So hat der Emittent ein Interesse, die Wertpapiere so zu konstruieren, dass die Zufriedenheit des Käufers maximiert wird, ohne dass er diese höhere Zufriedenheit durch ökonomische Zugaben bezahlen muss. Exempel findet man in der Konstruktion von Discount-Zertifikaten, wo es durch geschickte Kommunikation der Eigenschaften des Wertpapiers gelingt, für den Investor günstig aussehende Wertpapiere zu entwickeln. Ausgenutzt wird hierbei meist das psychologische Phänomen, dass Anleger die unterschiedlichen quantifizierbaren Eigenschaften des Wertpapiers in eigenen „mentalen Konten" und zwar nach einer ganz besonderen Charakteristik bewerten.

In einem dritten Untersuchungsfeld werden auf einer psychologischen Basis entstehende Kurseffekte im Markt analysiert, um letztlich die Qualität von Kursprognosen verbessern zu können. Durch ein tieferes Verständnis des Marktes in all seinen psychologischen Facetten wird es dem Behavioral Finance Experten unter Umständen möglich, sich einen Informationsvorsprung zu erarbeiten, der ihm profitable Handelsstrategien ermöglicht. Einige Fonds – hauptsächlich institutionelle in den USA – bauen inzwischen ihre Anlagestrategie auf wichtigen Erkenntnissen der Behavioral Finance auf. Zu diesen Erkenntnissen gehört insbesondere das psychologische Muster in der Entstehung eines Trends. Trends entstehen nämlich aus anfänglichen Unterreaktionen bei Investoren, die in bestimmten Szenarien (z.B. Gewinnüberraschungen bei wenig auffälliger Berichterstattung) systematisch zu beobachten sind und die aus der oben schon genannten Trägheit folgen. In der Folge stellt sich eine stetige Bewegung des Kurses in die eingeschlagene Richtung ein, und es greifen andere psychologische Mechanismen der Informationsverarbeitung, die letztlich den Trend stabilisieren und zu einer Übertreibung im Kursverlauf führen. Eine strenge Beobachtung unterschiedlicher Indikatoren im gesamten Ablauf dieser Entwicklung kann als Basis genommen werden, um sowohl Growth- als auch Value-Strategien zu optimieren.

Ein viertes Untersuchungsfeld betrifft die Fragestellung dieses Kapitels: Die Konsequenzen der Behavioral Finance für die optimale Portfoliokonstruktion individueller Investoren und hier insbesondere für die Asset Allocation. Hierbei wird zum Teil auf die Erkenntnisse der in Abbildung 1 aufgezeigten, angrenzenden Forschungsfelder zurückgegriffen.

2.2 Ansatzpunkte der Behavioral Finance in der Asset Allocation

Um die Relevanz der Behavioral Finance bei der Asset Allocation herauszustellen, kann der gesamte Prozess der Asset Allocation sowie der Umsetzung gemäß Abbildung 2 in vier Stufen dargestellt werden.

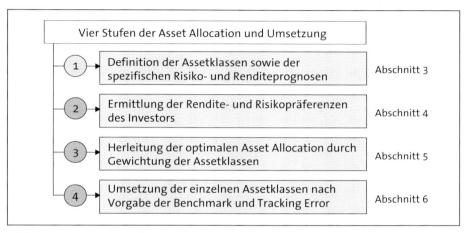

Abb. 2: Die vier Stufen der Asset Allocation

In der ersten Stufe werden die Assetklassen und deren Rahmenparameter definiert. Zu den Rahmenparametern gehören die Renditeerwartung jeder einzelnen Assetklasse sowie die Kovarianzmatrix zwischen den Klassen. Die Behavioral Finance unterstützt in diesem Punkt durch psychologisch orientierte Analysen, die die Prognosen der Renditen von einzelnen Assetklassen betreffen. In einer Grobaufteilung der Assetklassen nach Aktien und Renten interessiert in diesem Zusammenhang insbesondere die Prognose der Überrendite von Aktien im Vergleich zu Renten. So stellt diese prognostizierte Überrendite zum Einen eine entscheidende Determinante für die Asset Allocation dar, zum Anderen spielen psychologische Aspekte bei der Untersuchung der vom Markt geforderten Risikoprämie im Zusammenhang mit der Prognose der Überrendite eine zentrale Rolle. Mit der Analyse der Risikoprämie beschäftigt sich der Abschnitt 3.

Ein Aspekt, der ebenso entscheidend wie die Überrendite von Aktien die Asset Allocation beeinflusst, sind die Risiko- und Renditepräferenzen des Investors. Da sich die Behavioral Finance schon in ihren Ursprüngen mit der Frage beschäftigt hat, welche Einflussfaktoren auf das Verhalten in risikobehafteten Entscheidungssituationen wirken, gehört selbstverständlich auch die Ermittlung der Risikoeinstellung von Investoren zu ihren Hauptaufgaben. Wie eine solche Ermittlung aussehen sollte und welche Verzerrungen hierbei auftreten können, wird im Abschnitt 4 behandelt.

Mit den aus den ersten beiden Stufen gegebenen Rahmenbedingungen kann die optimale Asset Allocation auf der Basis eines Optimierungskalküls mathematisch hergeleitet werden. In diesem Fall interessiert die Behavioral Finance nicht weiter. Greift der Investor jedoch außerhalb dieser Berechnung in die Gewichtung ein, so können sich aus psychologischen Gründen Verzerrungen in der Gewichtung ergeben, die im Abschnitt 5 behandelt werden.

Nach der Festlegung der Assetklassen und deren Gewichtung erfolgt die Umsetzung, d.h. die Titelselektion, die sich an den vorgegebenen Benchmarks zu orientieren hat. Hierbei stellt sich unter anderem die Frage, ob ein aktives oder passives Management hinsichtlich der einzelnen Assetklassen angestrebt werden soll. In diesem Zusammenhang werden wiederum Erkenntnisse der Behavioral Finance interessant, die eine Entscheidungshilfe geben können. Hierauf wird im Abschnitt 6 eingegangen.

2.3 Die Prognose der Überrendite von Aktien

Für die relative Gewichtung des Aktienanteils in der Asset Allocation ist die erwartete Überrendite von Aktien gegenüber sicheren Anlagen von entscheidender Bedeutung, da bei unveränderter Risikoeinstellung des Investors der Aktienanteil mit der Höhe der erwarteten Überrendite steigt. Bevor dargestellt werden kann, welchen hohen Nutzen die Behavioral Finance in der Prognose dieser Überrendite bringen kann, ist einige Vorarbeit notwendig, die in den nächsten beiden Unterabschnitten geleistet wird.

2.3.1 Die historische Überrendite von Aktien

Mit einer Anlage in Aktien konnten Investoren in der Vergangenheit durchschnittlich eine höhere Performance erwirtschaften als mit sicheren Wertpapieren. Die Abbildung 3 zeigt eine Übersicht der Ergebnisse verschiedener empirischer Studien, die die Aktienüberrendite in wichtigen Industrieländern und unterschiedlichen Zeitepochen untersucht haben.

Die ermittelten Überrenditen aus den unterschiedlichen Untersuchungen sind beträchtlich, im Durchschnitt aller Untersuchungen ergibt sich ein Wert von etwas über 5 %. Für die zweite Hälfte des 20. Jahrhunderts lassen sich sogar Werte in der Größenordnung von 7 % und mehr ablesen. Die Korrekturen der Börse in den Jahren 2000 und 2001 haben an diesem Niveau der Überrendite bisher nicht wesentlich etwas geändert.

Dies sind jedoch Daten der Vergangenheit. Ob und wie diese Daten für die Zukunft fortgeschrieben werden können, kann nicht ohne eine eingehende Analyse aller Einflussfaktoren auf die Überrendite beantwortet werden.

Land	Zeitraum	Überrendite
Australien	1900–2000	7,1 %
Belgien	1900–2000	3,0 %
Dänemark	1915–2000	2,5 %
Deutschland	1900–2000* 1900–1949* 1950–2000	4,9 % 1,1 % 7,1 %
Frankreich	1900–2000 1900–1949 1950–2000	7,5 % 6,3 % 8,7 %
Großbritannien	1900–2000 1900–1949 1950–2000	4,7 % 2,2 % 7,0 %
Irland	1900–2000	4,3 %
Italien	1900–2000	7,0 %
Japan	1900–2000	6,8 %
Kanada	1900–2000	4,6 %
Niederlande	1900–2000	5,1 %
Schweden	1900–2000	5,8 %
Schweiz	1911–2000	4,3 %
Spanien	1900–2000	4,1 %
USA	1802–1925 1872–1950 1900–2000 1951–2000	1,9 % 4,4 % 5,6 % 7,4 %

* Unter Herausrechnung der Hyperinflation 1922/23

Abb. 3: Ergebnisse von empirischen Untersuchungen zur historischen Überrendite von Aktien im Vergleich zu kurzfristigen, sicheren Wertpapieren

Quelle: Feinman (2001)

2.3.2 Woher die Überrendite von Aktien kommt

Multipliziert man den Wert einer Aktie mit der Gesamtzahl emittierter Aktien des Unternehmens, so erhält man den Wert des Eigenkapitals eines Unternehmens, d.h. den Shareholder Value (SV). Sei CF_t der Cash Flow des Unternehmens im Zeitpunkt t unter Herausrechnung der Fremdkapitalfinanzierung, so gilt

$$(1) \qquad SV_t = \sum_{\tau=t+1}^{\infty} \frac{CF_\tau}{(1+i_{EK})^{\tau-t}}$$

Hierbei ist i_{EK} der geforderte Eigenkapitalkostensatz, der gemäß

$$(2) \qquad i_{EK} = i_s + i_{RP}$$

aus einer Komponente i_s als Vergleichsrendite für eine sichere Anlage und einer Risikoprämie i_{RP} besteht. Berechnet man die Renditeentwicklung des Shareholder Value von Zeitpunkt t nach t + 1, so ergibt sich mit Hilfe von

$$(3) \qquad r_{EK} = \frac{SV_{t+1} + CF_{t+1} - SV_t}{SV_t} = \frac{\sum_{\tau=t+1}^{\infty} \frac{CF_\tau}{(1+i_{EK})^{\tau-t-1}} + \frac{CF_{t+1}}{1+i_{EK}}}{SV_t} - 1$$

$$= \frac{\sum_{\tau=t+1}^{\infty} \frac{CF_\tau}{(1+i_{EK})^{\tau-t-1}}}{SV_t} - 1 = 1 + i_{EK} - 1 = i_{EK}$$

die Identität $r_{EK} = i_{EK}$, d.h. der Shareholder Value entwickelt sich genau in Höhe der geforderten Eigenkapitalkosten. Dies sollte nicht verwundern, schließlich ist dies ja die Forderung der Eigenkapitalgeber.

Dennoch steckt in diesem Ergebnis weiterer Zündstoff. Hierzu verdeutliche man sich Folgendes: Der Shareholder Value und somit der Wert jeder einzelnen Aktie steigt bei unveränderter Cash Flow-Prognose, bei unverändertem Niveau des sicheren Zinses i_s und bei unveränderter Risikoprämie i_{RP} um den berechneten Satz i_{EK}, und dies theoretisch in einem unendlich langen Zeitraum. Steigerungen von Aktienkursen haben somit primär nichts mit einem Wachstum in Gewinnen, Cash Flows oder sonstigen fundamentalen Größen zu tun. Selbst wenn ein Unternehmen kein Wachstum im Cash Flow aufweist, kann der Aktienkurs permanent um einen Prozentsatz steigen, der in der Größenordnung der Risikoprämie über dem Niveau sicherer Zinsen liegt.

Offenbar ist die Überrendite von Aktien im Wesentlichen durch die Prämie begründet, die Investoren dafür erhalten, dass sie über eine gewisse Zeit bereit sind, Risiko zu tragen.

Der Discount Rate-Effekt beeinflusst erheblich die Überrendite

Jedoch gilt dieses Ergebnis nur unter der erwähnten Bedingung, dass die anderen Parameter konstant bleiben. Sinkt in einer Periode beispielsweise das Zinsniveau, so wird i_s und damit i_{EK} kleiner und der Kurs steigt in dieser Periode noch stärker, in den folgenden Perioden dann allerdings nur noch mit dem reduzierten i_{EK}. Gleiches gilt bei einer Reduzierung der Risikoprämie, sollten die Eigenkapitalgeber plötzlich nur noch eine niedrigere Prämie für das übernommene Risiko fordern.

Die Zins- oder Risikoprämienreduzierung wirkt sich durch die hohe Abhängigkeit des Shareholder Value von dem Diskontzins je nach zeitlicher Cash Flow-Struktur sehr deutlich auf die Rendite in dieser Periode aus. Man spricht in diesem Zusammenhang auch vom „Discount Rate-Effekt". Am deutlichsten ist dieser Effekt bei einer Zentralbankzinsänderung an den Reaktionen der Märkte zu sehen. Bei einer Zinssenkung steigen die Kurse, bei einer Zinserhöhung fallen die Kurse. Bei Wachstumstiteln wirkt sich der Discount Rate-Effekt im Übrigen auf Grund des spät in der Zukunft liegenden Cash Flow-Schwerpunktes stärker aus. Die Abbildung 4 verdeutlicht dies an einem kleinen Zahlenbeispiel.

	CF_1	CF_2	CF_3	CF_4	CF_5	CF_6	Wachstum in Folgejahren	SV_0	i_{ek} in t = 1	$SV_1 + CF_1$	Rendite in t = 1
Old Economy Unternehmen	100	102	104	106	108	110	2 %	1231	9 %	1.532	24,5 %
									9,5 %	1.437	16,8 %
									10 %	1.354	10,0 %
									10,5 %	1.281	4,0 %
									11 %	1.216	-1,3 %
Wachstums-Unternehmen	-50	-25	0	25	50	70	6 %	1009	9 %	1.544	52,9 %
									9,5 %	1.296	28,4 %
									10 %	1.110	10,0 %
									10,5 %	966	-4,3 %
									11 %	851	-15,7 %

Abb. 4: Discount Rate-Effekt am Beispiel zweier hypothetischer Unternehmen (Angaben in Mio. €)

Verglichen wird die Rendite zweier Unternehmen, deren Cash Flow für die nächsten sechs Jahre explizit angegeben ist und dann jeweils mit einem konstanten jährlichen Wachstum in den Folgejahren ohne zeitliche Beschränkung fortgeschrieben wird. Hierbei zeigt das Old Economy Unternehmen schon in frühen Jahren einen hohen Cash Flow, das Wachstum in den sechs Jahren und danach ist aber gering. Das Wachstumsunternehmen hingegen startet mit negativem Cash Flow, steigert schnell den Cash Flow und zeigt mit 6 % auch langfristig ein höheres Wachstum als das Old Economy

Unternehmen. Der Cash Flow-Schwerpunkt liegt beim Wachstumsunternehmen somit weiter in der Zukunft.

Der Shareholder Value des Wachstumsunternehmens in t = 0 liegt mit 1,009 Mrd. Euro leicht unter der Marktkapitalisierung von ca. 1,231 Mrd. Euro des Old Economy Unternehmens. Unterstellt wurde hierbei ein Diskontierungssatz von i_{EK} = 10 %.

Nach dem Zeitpunkt t = 0 werden nun Änderungen des Diskontsatzes i_{EK} untersucht, die sich aus einer Änderung der sicheren Zinsen und/oder der Risikoprämie ergeben können. Man sieht, wie drastisch sich schon kleine Änderungen von i_{EK} auf die realisierte Rendite auswirken. So führt beispielsweise eine Reduzierung der geforderten Eigenkapitalrendite von 10 % auf 9,5 % beim Old Economy Unternehmen zu einer realisierten Rendite von 16,8 %. Die Rendite des Wachstumsunternehmens erreicht unter den selben Rahmenbedingungen auf Grund der anderen Cash Flow-Struktur sogar 28,4 %. Bei einer Reduzierung des Diskontsatzes auf 9 % übersteigt der Shareholder Value des Wachstumsunternehmens sogar den Wert des Old Economy Unternehmens. Eine Erhöhung des Diskontsatzes führt in entsprechender Weise zu einer Verringerung der Rendite, die ebenfalls beim Wachstumsunternehmen stärker ausfällt.

Zu ähnlich außerplanmäßigen Effekten bei der Renditeentwicklung von Aktien kann es selbstverständlich auch kommen, wenn sich die Cash Flow-Prognosen verbessern (bzw. verschlechtern). Dann fallen die Renditen in dieser Periode besser (bzw. schlechter) aus. Die Auswirkungen sind gering, wenn sich die Prognoseänderungen nur auf Cash Flows in der nahen Zukunft beziehen, z.B. einmalige Sondereffekte. Sie sind umso größer, je weiter sie sich auf die gesamte Zukunft beziehen, also z.B. die langfristige Sicherung von Wettbewerbsvorteilen des Unternehmens betreffen (z.B. Patenterteilung).

Überrendite und Risikoprämie können deutlich auseinander klaffen

Es gilt also an dieser Stelle festzuhalten, dass die Überrendite von Aktien nicht nur aus der Höhe der Risikoprämie begründbar ist, sondern sich hier zusätzliche Effekte über Änderungen der Risikoprämie, Änderungen des Zinsniveaus oder Änderungen in den Gewinnprognosen ergeben.

Verringert sich die Risikoprämie oder das Zinsniveau bzw. verbessert sich die Cash Flow-Prognose, so wirkt sich dies im Zeitpunkt der Änderung positiv auf die Überrendite aus. Erhöht sich die Risikoprämie oder das Zinsniveau bzw. verschlechtern sich die Cash Flow-Prognosen, so fällt die Überrendite kleiner aus. Sie kann sogar negativ werden.

Wichtig anzumerken ist, dass die Änderungen – insbesondere, wenn sie sich auf die Risikoprämie oder das Zinsniveau beziehen – sehr deutliche Auswirkungen haben können. Hierzu noch ein Zahlenbeispiel: Würde sich im obigen Beispiel der Diskontsatz von 10 % aus einem sicheren Zinssatz von 5 % und einer Risikoprämie von 5 % zusammensetzen, so würde eine Reduzierung dieser Risikoprämie von 5 % auf 4 % zu einem Sprung der Überrendite des Wachstumsunternehmens von 5 % auf 47,9 % (= 52,9 % − 5 %) führen. In den Folgeperioden würde sich dann jedoch bei unveränderten Daten eine Überrendite von 4 % einstellen.

Verständlich wird vor diesem Hintergrund gleichfalls, dass sich auch langfristig langsam vollziehende Änderungen im Zinsniveau oder in der Risikoprämie auf die Überrendite in einem ebenfalls langfristigen Zeitraum auswirken können. Verringert sich beispielsweise über einen Zeitraum von 20 Jahren der geforderte Eigenkapitalkostensatz auf Grund von Zinsreduzierungen oder Reduzierungen der Risikoprämie stetig und jährlich jeweils insgesamt um 0,1 %, so kann sich über diesen gesamten Zeitraum eine konstant hohe Überrendite von Aktien einstellen, die je nach Cash Flow-Struktur und Wachstumsaussichten um ganze Prozentpunkte höher liegen kann als die geforderte Risikoprämie.

2.3.3 Die implizite Risikoprämie

Die letzten Ausführungen verdeutlichen, dass es für eine Prognose der Überrendite zwingend notwendig ist, alle Komponenten in der Shareholder Value-Berechnung isoliert zu betrachten und zukünftige Änderungen des Zinsniveaus, der Risikoprämie und der Cash Flow-Prognosen zu prognostizieren.

In der Frage, ob und wie sich der sichere Zins i_s in einer sehr kurzfristigen Zukunft ändert, gibt es nur wenig Spielraum für fundierte Vorhersagen. Der Markt ist vergleichsweise effizient, Marktteilnehmer mit Prognosefähigkeiten sind – außer vielleicht den wenigen Notenbankpräsidenten – nicht vorhanden. Mittel- bis längerfristige Prognosen sind demgegenüber schon eher möglich, in einer Zinskurve stecken diesbezüglich einige Informationen.

Bei Änderungen der Cash Flow-Prognosen gibt es ebenfalls kurzfristig nur die Prognosekraft eines Insiders im Umfeld eines Unternehmens, der mehr weiß als der Markt. Mittel- oder längerfristig vorherzusehen, ob sich die Situation eines Unternehmens oder der Gesamtheit der Unternehmen im Markt gegenüber den aktuellen Prognosen verbessert oder verschlechtert, ist für alle Marktteilnehmer kaum möglich.

In der Prognose der Risikoprämie und deren Änderungen liegt – zumindest für den Behavioral Finance-Experten – der größte Reiz. Schließlich ist die Risikoprämie eine Größe, die ein in Renditegrößen quantifiziertes Maß für ein psychologisch sehr komplexes Phänomen darstellt, und zwar die Risikoeinstellung aggregiert über viele Marktteilnehmer. Erschwerend kommt noch dazu, dass eine Einstellung gegenüber solchen Risiken gesucht wird, die sich nicht durch objektive Wahrscheinlichkeiten angeben lassen, sondern stark ambiguitätsbehaftet ist. Ein phantastisches Arbeitsgebiet also für einen an der Verhaltenswissenschaft interessierten Kapitalmarktforscher.

Was aber bietet die Behavioral Finance Konkretes? Bei der Bestimmung der aktuell am Markt zu beobachtenden Risikoprämie ist der Nutzen der Psychologie zunächst noch sehr klein. Denn diese so genannte implizite Marktrisikoprämie kann aus den aktuellen Bewertungen einfach zurückgerechnet werden. Hierzu ist es lediglich notwendig, die aktuellen Schätzungen hinsichtlich der fundamentalen Entwicklung des Unternehmens (z.B. Konsensusschätzung der Analysten) mit unterschiedlichen Diskontsätzen gemäß (1) in mögliche Marktbewertungen des Unternehmens zu transformieren. Der Diskontsatz, der zur aktuellen Marktbewertung führt, ist die implizit vom Markt geforderte Eigenkapitalrendite und enthält den sicheren Zins und die implizit vom Markt geforderte Risikoprämie für das Unternehmen. Da das sichere Zinsniveau als Marktdatum gut beobachtbar ist, kann leicht auf die implizite Risikoprämie zurück geschlossen werden. Dieses Vorgehen lässt sich analog für den gesamten Markt durchführen.

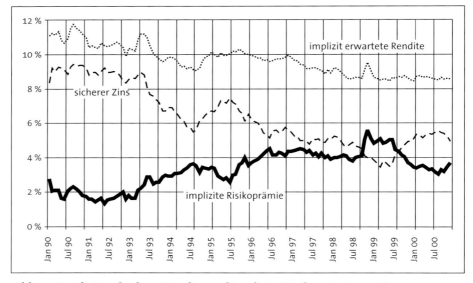

Abb. 5: Implizit geforderte Rendite und implizite Risikoprämie von Stoxx 50 (50 größte europäische Werte) zwischen 1990 und 2000

Abbildung 5 stellt die Ergebnisse einer auf dieser Basis berechneten Zeitreihe von implizit geforderten Eigenkapitalrenditen und impliziten Risikoprämien am Beispiel des Stoxx 50 dar. Hierbei erkennt man, dass sich das oben skizzierte hypothetische Szenario einer konstant hohen Überrendite bei gleichzeitig niedriger Risikoprämie zumindest in der Tendenz wieder findet. Die Risikoprämie liegt in dem gesamten Zeitraum auf einem Niveau von durchschnittlich 3,3 %, während die Überrendite in diesem Zeitraum im Mittel bei etwas über 9 % lag. Die Begründung liegt in den gefallenen Zinsen, die sich in dem angegebenen Zeitraum von 8–9 % auf ca. 5 % reduziert haben. Bemerkenswert ist, dass die Risikoprämie in diesem Zeitraum tendenziell gestiegen ist, was auch daran zu sehen ist, dass die impliziten Renditeerwartungen deutlich weniger gesunken sind als der sichere Zins.

Eine Begründung dieses Anstiegs der Risikoprämie in diesem Segment und vor allen Dingen eine weitere kurzfristige oder langfristige Prognose der Risikoprämie kann nicht allein durch die Darstellung weniger Aspekte gegeben werden. Hier ist eine intensive Gesamtanalyse vieler Rahmenbedingungen notwendig, wie sie im Folgenden von der Idee skizziert wird.

2.3.4 Die Prognose der Risikoprämie

Die entscheidende Frage für die Abschätzung der zukünftigen Überrendite von Aktien gegenüber Renten ist, ob Änderungen der impliziten Risikoprämie (für einen sehr breiten Markt) prognostiziert werden können. Dies wäre möglich, wenn man Risikoprämien als überhöht bzw. als zu niedrig kategorisieren könnte, mit anderen Worten ein Zielniveau angeben könnte, in dessen Richtung sich die aktuelle Risikoprämie aller Voraussicht nach bewegen wird.

Langfristige Entwicklung der Risikoprämie

Ein scheinbar einfacher Weg ist es, die in der Vergangenheit vom Markt gepreisten impliziten Risikoprämien zu untersuchen und den Durchschnitt in die Zukunft fortzuschreiben. Ein Durchschnitt aller vergangenen impliziten Risikoprämien bietet sich deshalb als Vergleichsmaß an, weil sich über sehr lange Zeiträume Änderungen dieses Parameters nach oben wie unten möglicherweise gut ausgleichen. Dieser Weg hat jedoch zwei Stolpersteine.

Zum einen liegen überhaupt nur für einen sehr beschränkten Zeitraum (nicht viel mehr als zehn Jahre zurück) Daten hinsichtlich der in der Vergangenheit getätigten Gewinn- bzw. Cash Flow-Prognosen vor. Es ist also nur möglich, für einen relativ kleinen Zeitraum die implizite Risikoprämie der Vergangenheit zu berechnen. Eine Rückrechnung der Risikoprämie aus tatsächlich realisierten Gewinnen, die als Datenbasis auch noch für einen größeren Zeitraum vorliegen würden, ist aus konzeptioneller Sicht im Grunde nicht möglich. Allenfalls mit zusätzlichen, heuristischen Annahmen und einigen Vorbehalten ließen sich aus den realisierten Gewinnen grobe Rückschlüsse auf die historische, implizite Risikoprämie ziehen.

Der andere Stolperstein liegt darin, dass sich über längere Zeitepochen einige Rahmenbedingungen ändern können, die die Risikoprämie nachhaltig beeinflussen. In diesem Zusammenhang sei zunächst die rasante Verbesserung in der Informationstechnologie angesprochen, die ein gänzlich anderes Informieren von Investoren ermöglicht. Während noch vor 150 Jahren Julius Reuter Tauben zwischen Aachen und Brüssel hin- und herschickte, um deutsche Investoren trotz einer unterbrochenen Telegraphenleitung mit Kursinformationen aus London zu versorgen, kann heute jeder zu beliebiger Zeit, zu minimalen Kosten in nahezu beliebigem Umfang jegliche Information erhalten, die er nur braucht. Diese Entwicklung führt in einer psychologischen Betrachtungsweise zu zwei gegenläufigen Effekten.

So ist zum einen aus der Psychologie ein enger Zusammenhang zwischen der Wahrnehmung von Kontrolle und der Einstellung gegenüber Risiken bekannt. Wer sich in einem Gebiet auskennt bzw. glaubt, in einem bestimmten Kontext eine gewisse Kontrolle zu haben, ist in diesem Umfeld aktiver und zugleich bereiter, Risiken einzugehen. Dies ist insofern einsichtig, da über die spezifische Kontrolle das Gefühl gegeben wird, lenkend und zum eigenen Wohl eingreifen zu können. Dass hierbei die Kontrolle regelmäßig überschätzt wird, ändert nichts an der verringerten Risikoscheu. Hiernach geht diese Entwicklung mit einer reduzierten Risikoprämie einher.

Auf der anderen Seite wird ein Investor, soweit er tatsächlich die Angebote annimmt und sich häufiger informiert, mehr Performanceevaluationen anstellen und seine Investmenttätigkeit kurzfristiger bewerten. Jede Bewertung läuft hierbei in einem eigenen mentalen Konto ab, das ganz bestimmte Charakteristiken aufweist. So bewerten Menschen in jedem Konto Verluste stärker als gleich hohe Gewinne (Verlustaversion), was von der Tendenz in jeder Bewertung zu einer Risikoscheu führt. Durch das häufige Bilden von neuen Konten wird dieser Effekt jedoch noch weiter unterstützt. Man spricht in diesem Zusammenhang auch von „Myopic Loss Aversion": Die Risikoprämie steigt mit der Häufigkeit der Evaluationszyklen.

Ebenso, wie die Risikoprämie durch den Wandel in der Informationstechnologie offenbar nicht eindeutig in eine Richtung gelenkt wird, gibt es noch eine Reihe weiterer Tendenzen, die die Entwicklung der Risikoprämie unterschiedlich beeinflussen. Für eine tendenzielle Verringerung der Risikoprämie sprechen insbesondere folgende Entwicklungen:

- ▶ eine veränderte Einstellung zu Aktien (Aktienmentalität), die mit einer anderen Wahrnehmung der Aktienrisiken einhergeht,

- ▶ eine ausgeprägte Medienbeachtung aller Börsengeschehnisse, die über die erhöhte Aufmerksamkeit vieler Anleger die Wahrnehmung beeinflusst und

- ▶ das verbesserte allgemeine Wissen über Aktieninvestments, welches ein erhöhtes Kontrollgefühl gegenüber Aktien vermittelt.

Für eine langfristige Erhöhung der Risikoprämie sprechen hingegen folgende Aspekte:

- ▶ die verstärkte Schnelllebigkeit der Gesellschaft, die zu einer stärkeren Präferenz eines im Lebenszyklus zeitlich frühen Konsums führt,

- ▶ die zunehmende Globalisierung, die zu größeren fundamentalen Unsicherheiten in den an den Aktienmärkten gehandelten Geschäftsmodellen führt,

- ▶ die zunehmende Eigenverantwortlichkeit in der Altersvorsorge, die den Charakter von Aktieninvestments für viele Anleger ändert, und hiermit zusammenhängend

▶ die sich verschiebende Alterspyramide, die das Thema Aktie in ein grundsätzlich anderes Licht stellen wird. Während jetzt noch auf Grund des hohen Liquiditätsangebots die Aktie als renditebringende (spekulative) Geldanlage diskutiert wird, wird die Aktie in 20 bis 30 Jahren verstärkt als Vermögen angesehen, aus dem durch Verkauf (oder Dividenden) die Ausgaben für den Konsum getätigt werden müssen.

Ohne explizit eine quantitative Analyse aller Faktoren durchzuführen, führt eine Abwägung der Entwicklung zu dem Ergebnis, dass sich die für die zukünftige Zeitepoche angemessene Risikoprämie auf einem höheren als dem historischen Niveau einspielen müsste. Insbesondere die letztgenannten Aspekte im Zusammenhang mit der sich veränderten Alterspyramide untermauern diese Prognose.

Allerdings bedeutet diese Prognose nicht, dass sich die Risikoprämie auch in einem mittelfristigen Zeitfenster nach oben bewegen muss bzw. auf dem aktuell höheren Niveau verweilen muss. Die langfristig angemessene Risikoprämie wird von vielen mittelfristigen Bewegungen überlagert, auf die im Folgenden eingegangen wird.

Mittelfristige Bewegungen der Risikoprämie

Eine fundierte Prognose eines in einer langfristigen Perspektive als angemessen erkannten Niveaus der Risikoprämie hat mehrere Vorteile. Zum einen zeigt sie für einen langfristigen Horizont ein Niveau der Überrendite an, das sich bei Konstanz aller anderen Parameter gemäß obiger Erläuterung ergeben würde. Dies ist eine durchaus wichtige Erkenntnis für sehr langfristige Überlegungen, z.B. hinsichtlich der Möglichkeiten und Lukrativität der privaten Altersvorsorge für die jetzige junge Generation.

Zum anderen ermöglicht die Kenntnis dieser als langfristig „angemessen" einzustufenden Risikoprämie Aussagen darüber, wie sich die aktuelle Risikoprämie mittel- bis kurzfristig verändern könnte. So kann erwartet werden, dass die aktuelle, implizite Marktrisikoprämie um das langfristig angemessene Niveau schwankt. Andernfalls wäre es nicht langfristig angemessen. Diese kurzfristigen Abweichungen zwischen dem langfristigen Niveau und der impliziten Marktrisikoprämie können als Fehlbewertungen des Marktes bezeichnet werden und zur Prognose von mittelfristigen Änderungen in der impliziten Risikoprämie benutzt werden. Welche Konsequenzen sich für die erwartete Überrendite ergeben, wurde oben schon hinreichend skizziert.

In der Abbildung 6 ist der grundlegende Zusammenhang noch einmal verdeutlicht. Falls die implizite Risikoprämie oberhalb der langfristig angemessenen liegt, so liegt eine Fehlbewertung vor, deren zu erwartende Auflösung eine eher hohe Prognose der Überrendite zur Folge hat. Auf Grund des Diskont Rate-Effekts wird diese Überrendite sogar über dem Niveau der (zu hohen) impliziten Risikoprämie liegen können. In Analogie dazu führen Fehlbewertungen bei einer im Vergleich zur langfristig angemessenen Risikoprämie zu niedrigen impliziten Risikoprämie zu einer sehr ungünstigen Prognose für die zukünftige Überrendite, die sogar noch unter dem Niveau der (zu niedrigen) Risikoprämie liegen kann.

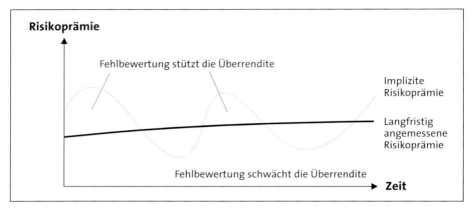

Abb. 6: Darstellung von Fehlbewertungen und Konsequenzen für die Überrendite

Verändert sich, wie in der Grafik, auch das Niveau der langfristig angemessenen Risikoprämie, so werden die beschriebenen mittelfristigen Effekte durch langfristige überlagert. Ein Abfallen der langfristigen Risikoprämie stützt langfristig die Prognosen der Überrendite, ein Ansteigen reduziert die prognostizierte Überrendite.

Anzusprechen wäre lediglich noch die Frage, warum es überhaupt zu solchen Fehlbewertungen kommen kann. Auch hier kann mit vollen Kellen aus den Erkenntnissen der Behavioral Finance geschöpft werden. Denn viele Untersuchungen zeigen auch gerade für mittelfristige Zeiträume hohe „psychologische Volatilitäten" in der Wahrnehmung von Risiken. Beispielsweise ist bekannt, dass das Kontrollgefühl und somit die Risikoeinstellung erheblich von Erfolgen oder Misserfolgen aus der jüngsten Vergangenheit abhängen kann. Menschen neigen in diesem Zusammenhang zu einer so genannten selbstwertdienlichen Attribution, d.h. vergangene Erfolge werden auf eigene Fähigkeiten zurückgeführt, was das Kontrollgefühl verbessert und die Risikowahrnehmung reduziert. Dieser Effekt ist besonders ausgeprägt bei Menschen, die die tatsächlichen Kontrollmechanismen mangels Erfahrung nicht gut abschätzen können. Deshalb verwundert es nicht, dass viele unerfahrene Anleger in der Euphorie des Neuen Markts bis Anfang 2000 in eine so genannte Kontrollillusion gerieten, die die Risikowahrnehmung extrem reduzierte. Die beobachtbaren Höhenflüge der Wachstumsaktien gingen damals mit einer viel zu niedrigen (fehlbewerteten) Risikoprämie einher, die sich in der Folgezeit jedoch wieder in die Richtung des normalen langfristigen Niveaus bewegt hat.

Einige weitere psychologische Effekte, wie z.B. Unterreaktionen des Marktes auf die Bekanntgabe geänderter fundamentaler Daten des Unternehmens oder durch Informationsheuristiken begründete Stabilisierungen von Kurstrends, können ebenfalls dafür verantwortlich sein, dass sich Fehlbewertungen ergeben.

Abschließend fasst die Abbildung 7 noch einmal alle Faktoren zusammen, die für eine Prognose der Überrendite zu analysieren sind. Hierbei wird deutlich, dass einer fundierten Analyse der Risikoprämie, sowohl in mittel- wie in langfristiger Sicht, eine hohe Bedeutung beigemessen werden muss.

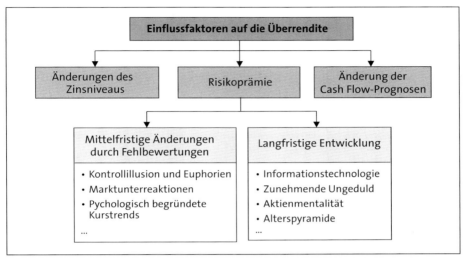

Abb. 7: Zusammenfassung der Einflussfaktoren auf die Überrendite

2.4 Die Ermittlung der Risikoeinstellung des Investors

In der Ermittlung der Risikoeinstellung kann der Investor zum einen finanzielle Rahmenbedingungen und Präferenzen angeben, als auch über seine psychologische Dispositionen Auskunft geben. Wie diese beiden Arten von Informationen in die Ermittlung der Risikoeinstellung einfließen, wird im Folgenden skizziert.

2.4.1 Quantitative Analyse der finanziellen Angaben

Sowohl im institutionellen Asset Management als auch im Private Banking kann sich die Ermittlung der Risikoeinstellung weitgehend auf eine quantitative Analyse der finanziellen Angaben beschränken. Der Investor hat mehr oder weniger klare Vorstellungen über die zu erreichende Rendite. Auch im Hinblick auf das zu tragende Risiko sollte es möglich sein, anhand unterschiedlicher Szenarien einer möglichen Wertentwicklung das tragbare Renditerisiko zu besprechen und gemeinsam mit dem Investor zu justieren.

Sinnvoll für eine solche Ermittlung der Risikoeinstellung sind Simulationen, die für unterschiedliche Anlagehorizonte die möglichen Wertentwicklungen konkret mit Wahrscheinlichkeiten angeben können. Ein Beispiel zeigt die Abbildung 6 mit der Angabe einer Asset Allocation und der Simulation der resultierenden, probabilistischen Wertentwicklung.

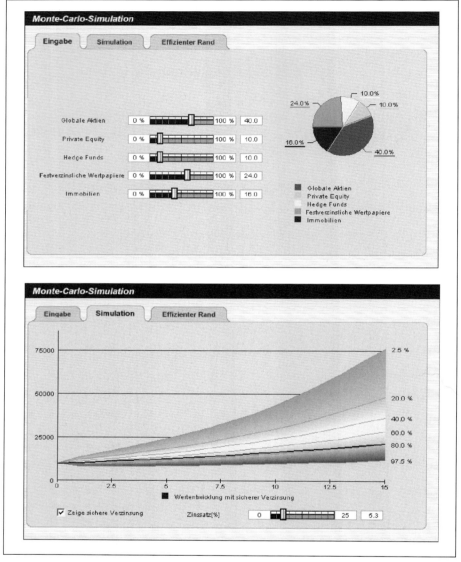

Abb. 8: Simulation der Wertentwicklungen

In dieser Java-Version eines Monte-Carlo-Programms[1] kann der Investor durch Abfahren mit der Maus an jeder Stelle des Diagramms ablesen, mit welchen Wahrscheinlichkeiten er bestimmte Werte in Abhängigkeit des Anlagehorizonts erreicht. Die Risikoeinstellung wird durch Variation der Asset Allocation dadurch ermittelt, dass der Inve-

---

1   Dieses Java-Applet ist unter www.aixigo.de im dortigen Produktmenü einsehbar.

stor aus den resultierenden Wahrscheinlichkeitsverteilungen die für ihn beste, passende aussucht. Hierbei wird die Effizienz des Portfolios überprüft, um nicht bei gleichem Risiko Rendite zu verschenken.

Diese Art der Ermittlung der Risikoeinstellung von Investoren eignet sich jedoch nicht für alle Investorengruppen. Insbesondere wird diese Vorgehensweise dann problematisch, wenn es sich – wie im Retail-Segment – um Anleger handelt, die im Verständnis derartiger quantitativer Analysen ungeübt sind, und bei denen zudem die Lebensumstände wesentlich stärker von der Wertentwicklung der Anlage abhängen als im obigen Segment der institutionellen oder sehr vermögenden Investoren.

In diesem Fall könnte zwar die quantitative Analyse erweitert werden, in dem sie konkret auf die relevanten Lebensumstände herunter gebrochen wird. So bedingt die Wertentwicklung des Depots, ob und wie gut bestimmte Sparziele (z.B. Auto, Eigenheim, Niveau der Altersvorsorge, ...) erreicht werden. Der Anleger braucht also Informationen, bei welchem Risiko der Asset Allocation welche Sparziele gefährdet sind bzw. ab welchem Risiko bestimmte ambitionierte Sparziele überhaupt erst erreichbar werden. Eine derartige quantitative Analyse ist allerdings sehr aufwendig, erfordert einen großen Dateninput vom Anleger und ist ohne eine persönliche Betreuung seitens eines qualifizierten Beraters nicht durchführbar. Für das Massengeschäft gibt es zurzeit noch keine ausgereiften technologischen Lösungen, die nach dieser Vorgehensweise völlig ohne eine persönliche Beratung auskommen.

In dem Retail-Segment gewinnt also die Analyse der psychologischen Dispositionen an Bedeutung. So ist sie erstens wesentlich einfacher und kostengünstiger durchzuführen als die detaillierte, auf Sparziele bezogene quantitative Analyse. Zweitens stellt sie nur geringe Anforderungen an den Retail-Kunden. Drittes ist sie inhaltlich erforderlich, da die finanziellen Konsequenzen des Risikos für den Retail-Kunden auf Grund der angesprochenen Verknüpfung zu den Lebensumständen viel stärker spür- und fassbar sind und somit die Psyche berühren. Den psychologischen Dispositionen kommt in diesem Segment also eine weit höhere Bedeutung zu als bei den oben angesprochenen Investoren, die ihre persönlichen Konsum- und Investitionsentscheidungen weitgehend unabhängig von der Renditeentwicklung treffen können.

2.4.2 Risikotragfähigkeit und Ermittlung der Risikoeinstellung über psychologische Dispositionen

Die Festlegung einer Asset Allocation kann sich nicht ausschließlich auf eine Analyse der psychologischen Dispositionen beziehen. So ist es möglich, dass der Investor zwar psychologisch eine hohe Risikofreude anzeigt, sich dieses Risiko aber nicht leisten kann, d.h. seine Risikotragfähigkeit beschränkt ist.

Eine beschränkte Risikotragfähigkeit kann im Retail-Segment durch zwei Faktoren begründet sein. Erstens kann anhand der finanziellen Rahmenbedingungen abgeschätzt werden, welches Risiko zulässig ist, ohne dass existenzielle oder hoch priorisierte Anspaziele gefährdet werden. Zweitens können die Erfahrungen des Investors im Umgang mit Wertpapierrisiken so gering sein, dass dem Investor vor dem Hintergrund des Wertpapierhandelsgesetzes (WpHG) ein vergleichsweise hohes Risiko nicht empfohlen werden darf. Beide Aspekte zusammen, setzen somit eine obere Grenze für das Risiko, dass der Investor auf Grund seiner maximalen Risikotragfähigkeit eingehen darf.

Innerhalb dieser Grenze wird das für den Investor passende Risiko der Asset Allocation durch die Risikoeinstellung festgelegt. Aus der psychologischen Einstellungsforschung ist bekannt, dass sich eine Einstellung grundsätzlich aus drei Anteilen zusammensetzt, einem affektiven, einem kognitiven und einem aktionalen Anteil. Auch bei einer fundierten Ermittlung der Risikoeinstellung sollten alle drei Teile berücksichtigt werden.

Der affektive Anteil einer Risikoeinstellung gibt den emotionalen oder gefühlsmäßigen Bereich wieder, d.h. die Gefühle, die eine Person mit Risiko verbindet. Eine bewährte Erhebungsmethode stellt in diesem Zusammenhang das semantische Differential dar. Dabei bewertet der Kunde den Begriff Risiko anhand einer Reihe bipolar angeordneter Adjektivpaare, z.B. gibt er auf einer mehrstufigen Antwortskala an, ob er Risiko eher als aufregend oder als beunruhigend empfindet.

Der kognitive Anteil umfasst die Denkschemata und Einschätzungen, die der Investor zu dem Thema Risiko im Laufe der Zeit herausgebildet hat, d.h. es werden Urteile erfragt, welche Aussagen der Kunde für wahr und welche für falsch hält. Beispiele für entsprechende Aussagen sind: „Ich kann auch bei großem Risiko meiner Anlagen gut schlafen" oder „Die Chance auf Gewinn interessiert mich mehr als das Risiko, das ich dafür eingehen muss". Die Antwortskala sollte wie auch beim affektiven Anteil eine gerade Anzahl an Abstufungen vorsehen, um einer Antworttendenz zur Mitte entgegenzuwirken, die häufig bei derartigen Erhebungen zu beobachten ist. Meist bietet es sich an, vier Stufen zu wählen.

Der aktionale Anteil umfasst Aussagen über das typische Handeln und Entscheiden des Anlegers im Kontext von Risiko. So wird der Kunde mit konkreten Wahlaufgaben zwischen Alternativen mit unterschiedlichem Risiko-Chance-Profil konfrontiert. So muss er beispielsweise entscheiden, ob er lieber bei der Anlage von 10.000 Euro eine sichere Rendite von 5 % präferiert oder eine unsichere Rendite, die entweder mit 50 % Wahrscheinlichkeit bei 8 % liegt oder mit 50 % Wahrscheinlichkeit bei 3 %.

Da sich eine Einstellung im Laufe der Zeit aus vielen unterschiedlichen Erfahrungen, Ereignissen und dem Erwerb von Wissen herausbildet und sich Unterschiede in diesen drei Teilen ergeben können, ist es für eine umfassende Beurteilung der Risikoeinstellung sinnvoll, alle drei Anteile zu analysieren und in einer geeigneten Durchschnittsbildung die Risikoeinstellung für die Asset Allocation abzuleiten. Diese durchschnittliche Risikoeinstellung kann dann verwendet werden, um gemäß Abbildung 9 in ein optimales Risiko-Chance-Profil der Asset Allocation überführt zu werden.

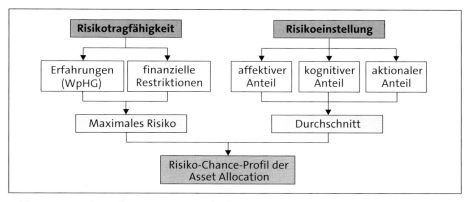

Abb. 9: Ermittlung des investorspezifischen Risikos in der Asset Allocation

Im Retail-Segment löst man diese angesprochene Transformation zwischen Risikoeinstellung und Asset Allocation nicht selten sehr pragmatisch durch eine Klassifizierung von wenigen Anlegerklassen, z.B. in ertragsorientierte Anleger als besonders risikoscheue Investoren, wachstumsorientierte Anleger für eine mittlere Risikoscheu und chancenorientierte Anleger für eine gering ausgeprägte Risikoscheu. Von Risikofreude wird hier selbst bei den chancenorientierten Anleger nicht gesprochen, da auch diese Anleger für die Übernahme von Risiken (gemessen an Volatilitäten) eine Prämie erwarten. Sie werden in der üblichen entscheidungstheoretischen Begriffswelt ebenfalls als risikoscheu bezeichnet. Risikofreudig wären nur Investoren, die eine Prämie dafür bezahlen würden, dass sie Risiko tragen dürfen. Hierbei liegt für jede Anlegerklasse eine vordefinierte Anlageempfehlung meist in Form von strukturierten Produkten (z.B. Dachfonds) vor, die jeweils grob auf das Risikoprofil der Gruppe abgestimmt ist.

Je nach Sorgfalt, mit der die Risikoeinstellung ermittelt wird, kann es auch Sinn machen, das Risiko-Chance-Profil der Asset Allocation individuell nach der genauen Ausprägung der Risikoeinstellung festzulegen. Allerdings müssen für diesen Zweck geeignete Produkte des Finanzdienstleisters zur Verfügung stehen oder das Vermögen so groß sein, dass sich aus der Zusammenstellung vieler einzelner Produkte genügend Freiheitsgrade ergeben.

2.4.3 Verzerrungen durch einen nicht adäquaten Planungshorizont

Ein spezielles Problem in der Ermittlung der Risikoeinstellung ergibt sich, wenn bei der Befragung ein Planungshorizont unterstellt wird, der nicht exakt mit den Vorstellungen des Investors übereinstimmt. Hierzu ein Beispiel.

Stellen Sie sich bitte vor, Ihnen würde folgendes Münzwurfspiel angeboten. Sie können mit einer Wahrscheinlichkeit von 50 % („Kopf") einen Betrag von 1.400 Euro gewinnen, mit den anderen 50 % („Zahl") verlieren Sie jedoch 1.000 Euro. Würden Sie an diesem Spiel teilnehmen wollen? Viele Menschen zeigen sich zurückhaltend.

Wird jedoch angeboten, dieses Glücksspiel z.B. 90 mal hintereinander zu spielen, so löst sich die Zurückhaltung meist auf. Dies ist insbesondere dann zu beobachten, wenn zugleich deutlich gemacht wird, dass in einer 90-maligen Wiederholung die Wahrscheinlichkeit, dass überhaupt ein Verlust gemacht wird, kleiner als 3,7 % ist, und beispielsweise mit 88 % schon ein Gewinn von mindestens 6.000 Euro erreicht wird.

Die Einstellung gegenüber diesem Spiel hängt somit davon ab, auf wie viele Wiederholungen dieser risikobehafteten Alternative Bezug genommen wird. Wenn ein Entscheider bezüglich der einmaligen Ausführung befragt wird und deshalb das Spiel ablehnt, tatsächlich aber die Möglichkeit bekommen hätte, das Spiel mehrfach zu wiederholen und in dieser Konstellation auch teilgenommen hätte, so handelt er gemäß seiner tatsächlichen Risikoeinstellung suboptimal. Die schlechte Befragung war dafür verantwortlich, dass das Ergebnis den Präferenzen nicht entspricht.

Völlig analog ist dies in der Ermittlung der Risikoeinstellung für eine Asset Allocation. Stellt man einem Investor die möglichen Rendite-Risiko-Kombinationen beispielsweise für einen einjährigen Planungshorizont vor, während der Investor tatsächlich sein Geld für zehn Jahre investieren will, so wird er in der Tendenz eine zu hohe Risikoscheu äußern, die nicht seiner tatsächlichen auf diesen Planungshorizont bezogenen Risikoeinstellung entspricht. Genau wie bei dem obigen Spiel wird der Aspekt vernachlässigt, dass sich über die Zeit kurzfristige Risiken tendenziell ausgleichen. Diese Relativierung wird umso ausgeprägter, je unabhängiger die kurzfristigen Risiken voneinander sind. Eine sehr hohe Unabhängigkeit ist an den Kapitalmärkten jedoch gegeben. Dies ist eine direkte Folgerung aus der vergleichsweise hohen Effizienz der Märkte bzw. gleichbedeutend aus der Schwierigkeit, systematisch Überrenditen am Markt zu erzielen.

Es ist wichtig, dass dieser Aspekt in der Ermittlung der Risikoeinstellung auch bewusst und transparent gemacht wird. Man sollte sich nicht darauf verlassen, dass Investoren die Zusammenhänge einer zeitlichen Kompensation von Risiken bei der Erfragung der Risikoeinstellung rational antizipieren.

2.5 Die Gewichtung der Assetklassen

Mit gegebenen Rahmenbedingungen hinsichtlich der Rendite- und Risikoparameter der einzelnen Assetklassen und mit einer bekannten Risikoeinstellung des Investors kann die Gewichtung der einzelnen Assetklassen auf der Basis eines Optimierungskalküls mathematisch hergeleitet werden.

Allerdings ist diese optimale Asset Allocation meist sehr empfindlich gegenüber einzelnen Parametern (z.B. Renditeprognosen einzelner Assetklassen), so dass es Sinn machen kann und akzeptiert werden kann, wenn der Asset Manager die ermittelte Gewichtung in gewissem Umfang aus unterschiedlichen Gründen noch modifiziert. Das bei diesen direkten Eingriffen allerdings auch psychologische Motive eine wichtige Rolle spielen und hieraus unerwünschte Effekte resultieren, zeigt der so genannte

Home bias. Dies bedeutet, Investoren übergewichten Aktiensegmente, in denen sie sich gut auskennen. Warum dies so ist, wird im Folgenden skizziert.

Die Übergewichtung von Assetklassen, in denen sich der Investor auskennt

Stellen Sie sich bitte vor, Sie könnten zwischen zwei Gewinnspielen auswählen. Im Spiel A gewinnen Sie 1.000 Euro, falls eine weiße Kugel aus einer Urne gezogen wird, in der sich 50 weiße und 50 schwarze Kugeln befinden. Das Spiel B ist bis auf die Tatsache identisch, dass die Aufteilung der 100 Kugeln in weiß und schwarz nicht bekannt ist. Welches Spiel bevorzugen Sie?

Die Wahrscheinlichkeiten im Spiel A sind klar gegeben, im Spiel B liegt eine Ambiguität vor, d.h. es bestehen Unsicherheiten über die tatsächlichen Wahrscheinlichkeiten. Da die wahrgenommene Kontrolle die Handlungs- und Risikobereitschaft von Menschen fördert, wählen die meisten Befragten das Spiel A. Hier nehmen sie eine größere Kontrolle wahr.

Die erhöhte Handlungs- und Risikobereitschaft bei hoher wahrgenommener Kontrolle zeigt sich an Kapitalmärkten daran, dass Anleger Investments bevorzugen, bei denen sie genau diese höhere Kontrollwahrnehmung spüren. Wohlgemerkt kommt es nicht auf die tatsächliche Kontrolle an, sondern nur auf das Gefühl der Kontrolle. Und dieses Gefühl liegt beispielsweise bei Aktien aus dem eigenen Land meist deutlich höher als bei unsicheren Investments im Ausland, insbesondere bei absoluten Nebenwerten. Dadurch ist es begründet, dass in den realen Portfolios der Anteil einheimischer Aktien am Gesamtanteil von Aktien für alle wichtigen Ländern deutlich höher liegt, als es die relative Marktkapitalisierung des Landes rechtfertigen würde.

Nach einer empirischen Untersuchung, wie sie in der Abbildung 10 dargestellt ist, lag 1993 beispielsweise die gesamte Marktkapitalisierung deutscher Aktien bei 3 % der Weltmarktkapitalisierung, dennoch hielten deutsche Investoren 78 % ihres Aktienvolumens in deutschen Titeln. In Relation zu einer international optimal diversifizierten Benchmark wäre dies ein Home Bias in Höhe von 75 % = 78 % – 3 %. Ähnliche Werte zeigen sich in allen anderen untersuchten Ländern. Es gibt kein Land, in dem dieser Home Bias nicht signifikant ausgeprägt ist.

Es fällt schwer, diesen so genannte „home bias" mit rationalen Argumenten zu begründen. Viele Argumente, die sich hier anführen lassen, halten einer intensiveren Analyse nicht stand. Hierzu zählt z.B. die Berücksichtigung von Transaktionskosten und Steuern, Anlagerestriktionen bzw. Regulierungen oder Informationsnachteile.

Deshalb ist der Home Bias tatsächlich ein vornehmlich psychologisches Phänomen, das sich in der Gefahr äußert, eine ggfs. vorhandene Assetklasse „einheimische Aktien" zu stark zu gewichten und somit Ineffizienzen in Kauf zu nehmen. Selbst wenn eine Assetklasse „Aktien Deutschland" nicht so formuliert, sondern z.B. „Aktien Europa", so kann gleichfalls vermutet werden, dass auch hier noch eine Tendenz zur Übergewichtung besteht.

Land	Kapitalisierung des heimischen Aktienmarkts im Verhältnis zur Weltmarktkapitalisierung	Investition in heimische Aktien	Home Bias
Deutschland	3 %	78	75 %
Frankreich	4 %	92	88 %
Großbritannien	10 %	69	59 %
Italien	2 %	92	90 %
Japan	33 %	92	59 %
Kanada	3 %	84	81 %
Niederlande	1 %	51	50 %
Schweiz	2 %	66	64 %
USA	42 %	95	53 %

Abb. 10: Home Bias in unterschiedlichen Ländern

Quelle: Cooper und Kaplanis (1995)

Das erhöhte Kontrollgefühl bzw. die Übergewichtung der entsprechenden Assetklasse muss sich jedoch nicht zwangsläufig auf regionale Differenzierungen beziehen. Beispielsweise ist es möglich, dass ein Fachexperte aus einer Branche (z.B. Biotech-Branche) diese über die Branche definierte Assetklasse deshalb übergewichtet, weil er sich hier gut auskennt und die Entwicklungen ohne Ambiguität beurteilen kann bzw. zu können glaubt. Eine Suboptimalität der resultierenden Asset Allocation wird in diesem Fall besonders deutlich, wenn das sonstige Arbeitseinkommen dieses Fachexperten, z.B. durch eine Unternehmertätigkeit in dieser Branche, ebenfalls eng mit dem Branchenrisiko verknüpft ist. Denn in einer Gesamtsichtweise von Berufs- und Portfolioeinkommen ist er zu stark dem Branchenrisiko ausgeliefert.

2.6 Die Umsetzung der einzelnen Assetklassen

Menschen überschätzen gerne ihre Fähigkeiten. Die Begründung hierfür kann in dem ausgeprägten Bedürfnis nach Kontrolle gesucht werden, das Menschen nur ungern unbefriedigt lassen. Deshalb bilden sich Menschen regelmäßig eine Kontrolle ein, die systematisch über der tatsächlichen liegt.

An den Finanzmärkten führt diese Overconfidence zu einer Überschätzung der eigenen Prognosefähigkeit hinsichtlich der Kursentwicklung von Wertpapieren, was einen hohen spekulativen Anteil am Gesamthandelsvolumen auf den Märkten zur Folge hat: Marktteilnehmer handeln im Vergleich zu ihren Fähigkeiten zu viel. Empirische Untersuchungen mit Privatinvestoren bei Onlinebrokern belegen dies darüber, dass mit der Transaktionshäufigkeit die Performance signifikant sinkt.

Die Overconfidence bezieht sich als psychologisches Phänomen des menschlichen Individuums nicht nur auf Privatinvestoren, sondern grundsätzlich auch auf institutionelle Asset Manager. Allerdings spielen im institutionellen Asset Management eine Reihe weiterer Faktoren eine Rolle. So ist davon auszugehen, dass Asset Manager auf Grund des häufigen und exakten Feedbacks hinsichtlich der erreichten Performance der betreuten Fonds wesentlich schneller die tatsächliche Prognosefähigkeit richtig einzuschätzen lernen und eine möglicherweise zu Beginn ihres Jobs vorhandene hohe Ausprägung der Overconfidence vergleichsweise schnell abbauen. Auf der anderen Seite gibt es einige Barrieren, die einer im Prinzip konsequenten Abkehr vom aktiven Portfoliomanagement in Richtung passives Management entgegenstehen. Hier ist in erster Linie an das Marketing der Asset Management Gesellschaft zu denken. So sind bei einem aktiven Management wesentlich besser Differenzierungen zu möglichen Wettbewerbern aufzubauen und zu kommunizieren als beim passiven Management. Es macht in vielen Fällen einen besseren Eindruck beim Kunden, wenn die Gesellschaft glaubhaft darstellen kann, dass sie zu den besten 20 % aller Asset Manager gehört, als wenn sie implizit – über das vorgeschlagene passive Management – verlauten lässt, dass sie ihre Fähigkeiten auch nicht besser als die des Durchschnitts der Wettbewerber einschätzt. Eine gesunde Selbstüberschätzung gehört deshalb zum Geschäft.

Aus der Sicht des Investors bleibt aber dennoch zweifelhaft, ob er bei diesem Spiel mitspielt oder sich nicht doch für ein passives Management der Assetklasse entscheidet. Auch sollte bei der Ausgestaltung eines Core Satellite-Konzepts der Satellite-Anteil des eigenen Managements möglicherweise niedriger als zunächst angedacht angesetzt werden. Kann sich der Investor tatsächlich so sicher sein, dass er zu den wenigen gehört, die schlauer sind als der Markt? Die Overconfidence unterstützt den Investor jedenfalls nicht dabei, in diesem Zusammenhang zu einer realistischen Einschätzung zu gelangen.

Die Beschäftigung mit typischen Verhaltensmustern von Anlegern liefert noch mehr Argumente für eine weitgehend passive Form des Managements der einzelnen Assetklassen. So wurde anfangs schon als typischer Fehler von Investoren dargestellt, dass Anleger zur Bewältigung ihrer Dissonanzen gerne Verluste aussitzen. Dieses Verhaltensmuster wird durch die Beobachtung unterstützt, dass Anleger im Verlustbereich ihre sonst vorhandene Risikoscheu ablegen und plötzlich risikofreudig werden. Diese Umkehr der Risikoeinstellung („Reflection-Effekt") führt bei der Delegation des Managements von Assetklassen an (mehrere) aktive Manager dazu, dass Manager, die unterhalb ihrer definierten Benchmark arbeiten, das Risiko erhöhen, und Manager oberhalb der Benchmark ihr Risiko reduzieren. Wird im Vertrauen auf die Fähigkeiten der Asset Manager ein relativ hoher Tracking Error zugelassen, so können sich hier Suboptimalitäten im Gesamtportfolio ergeben. Man beachte nämlich, dass der „gute" Manager (der oberhalb der Benchmark liegt) seine Aktivität reduziert und der „schlechte" Manager (der unter der Benchmark arbeitet) seine Aktivität erhöht. Während es im Allgemeinen als sinnvoll gilt, bei einer Delegation des Asset Managements mehrere Asset Manager zu beschäftigen, da hierdurch eine Streuung hinsichtlich des Leistungsrisikos der Manager erfolgt, zeigen sich über diesen Aspekt offenbar auch nachteilige Effekte.

Insgesamt deuten somit mehrere hier aufgezeigte, psychologische Aspekte darauf hin, zwar nicht aktives Management grundsätzlich abzulehnen. Dafür gibt es zu viele Ineffizienzen und Fehlbewertungen in den Kapitalmärkten, die von schlauen Asset Managern entdeckt werden wollen. Eine gesunde Zurückhaltung ist jedoch aus den beschriebenen Gründen angesagt.

2.7 Fazit und Ausblick

In diesem Kapitel wurde untersucht, wie sich die Erkenntnisse der Behavioral Finance auf Fragestellungen der Asset Allocation übertragen lassen. Hierbei wurde unter anderem die Frage behandelt, welche psychologischen Aspekte in der Ermittlung der Risikoeinstellung von Investoren zu betrachten sind, warum der so genannte Home Bias zu Verzerrungen in der Gewichtung der Assetklassen führen kann und warum ein passives Management der Assetklassen meist einem aktiven vorzuziehen ist.

Ein sehr wichtiger Anknüpfungspunkt zwischen der Behavioral Finance und der Asset Allocation betrifft die Prognose von zukünftigen Aktienüberrenditen. So wurde zum einen dargestellt, dass die kurz-, mittel- und langfristige Entwicklung der Risikoprämie von entscheidender Bedeutung für die zukünftige Aktienüberrendite ist. Zum anderen wurde deutlich, wie eng diese Entwicklung mit vielen aus der Behavioral Finance bekannten Phänomen zusammenhängt.

Da sich die Auswirkungen der angesprochenen Phänomene zwischen einzelnen Ländern, Branchen oder Börsensegmenten (z.B. Neuer Markt vs. Dax) meist unterscheiden, sollte es möglich sein, die (psychologische) Analyse einer prognostizierten Aktienüberrendite nicht nur pauschal auf den Gesamtmarkt zu beziehen, sondern auf die einzelnen Assetklassen herunter zu brechen. Je besser es in diesem Zusammenhang möglich sein wird, psychologisch relevante Parameter messbar zu machen, desto höher wird der Nutzen von Modellen sein, die auf dieser Basis die Asset Allocation optimieren können. Ein aktives Management der Gewichtung der Assetklassen wird dann einen hohen Nutzen stiften können.

Literatur

Ajzen, I./Fishbein, M.: Attitude-behaviour relations: A theoretical analysis and review of empirical research, in: Psychological Bulletin, Vol. 84, 1977, S. 888–918.

Barber, B./Odean, T.: Trading is hazardous to your wealth – The common stock investment performance of individual investors, in: Journal of Finance, Vol. 55, 2000, S. 773–806.

Benartzi, S./Thaler, R.: Myopic loss aversion and the equity premium puzzle, in: The Quarterly Journal of Economics, Vol. 110, 1995, S. 73–92.

Carhart, M.: On persistence in mutual fund performance, in: Journal of Finance, Vol. 52, 1997, S. 57–82.

Cooper, I./Kaplanis, E.: Home Bias in Equity Portfolios and the Costs of Capital for Multinational Firms, in: Journal of Applied Corporate Finance, Vol. 8, 1995, S. 95–102.

Feinman, J.: The Equity Premium, in: Deutsche Asset Management: Global Outlook, Mai 2001.

French, K./Poterba, J.: Investor diversification and international equity markets, in: American Economic Review, Papers and Proceedings, Vol. 81, 1991, S. 222–226.

Goldberg, J./von Nitzsch, R.: Behavioral Finance – Gewinnen mit Kompetenz, München 1999.

Olsen, R./Troughton, G.: Are risk premium anomalies caused by ambiguity?, in: Financial Analysts Journal, Vol. 56, 2000, S. 24–31.

Shefrin, H.: Börsenerfolg mit Behavioral Finance – Investment-Psychologie für Profis, Stuttgart 2000.

Shiller, R.: Irrationaler Überschwang – Warum eine lange Baisse an der Börse unvermeidlich ist, Frankfurt 2002.

Siegel, J./Thaler, R.: Anomalies – The equity premium puzzle, in: Journal of Economic Perspectives, Vol. 11, 1997, S. 191–200.

Siegel, J.: The shrinking equity premium, in: Journal of Portfolio Management, Vol. 26, 1999, S. 10–17.

von Nitzsch, R./Friedrich, C.: Behavioral Finance (1.8.5), in: Achleitner, A.-K./Thoma, G. F. (Hrsg.): Handbuch Corporate Finance, Loseblattausgabe, 2. Auflage Köln 2001, Deutscher Wirtschaftsdienst, Stand: 1. Ergänzungslieferung Januar 2002.

von Nitzsch, R./Friedrich, C.: Entscheidungen in Finanzmärkten, Aachen 1999.

3 Welchen Einfluss haben die Medien auf die Asset Allocation?

von Ina Bauer und Claudia Wanner

Professionelle Anleger haben bevorzugten Zugang zu einer Fülle von Informationen. Sie sprechen mit Vorständen, erhalten ausführliches Bankenresearch und können mit Hilfe von Finanzinformationssystemen Daten abfragen und auswerten. Doch darüber hinaus sind sie in Beruf und Alltag auch Nutzer der Massenmedien. Der vorliegende Beitrag zeigt auf der Basis einer Umfrage, dass die Finanzexperten sich auch von den Medien in ihrer Einschätzung der Wirtschaftsrealität beeinflussen lassen. Direkte Ursache-Wirkung-Beziehungen lassen sich allerdings nicht aufstellen.

3.1 Boomjahre für die Wirtschaftsberichterstattung

Fast im Gleichschritt mit den Höhenflügen der Börsenindizes in den vergangenen Jahren hat die Wirtschafts- und Kapitalmarktberichterstattung in den Medien an Bedeutung gewonnen. Neue Wirtschaftstitel drängten auf den Markt, Radio- und Fernsehsender bauten ihre Wirtschaftssendungen ebenso aus wie etablierte Tageszeitungen ihre Finanzteile. Ein Beispiel aus der Welt der Wirtschaftsmagazine: Zwischen den zwei-

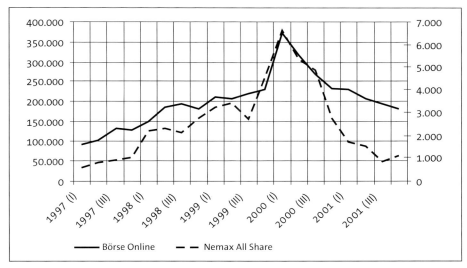

Abb. 1: Verbreitung des Anlegermagazins „Börse Online" im Vergleich zum Nemax All Share bis Ende 2001; Börse Online: verbreitete Auflage im Quartalsdurchschnitt (linke Skala); Nemax All Share: Indexstand zum Quartalsende (rechte Skala)

Quellen: IVW, Bloomberg

ten Quartalen 1997 und 2000 legte der DAX um 82,2 % zu. Die Verbreitung, der deutschen Wirtschaftsmagazine stieg in diesem Zeitraum um 70,6 % auf 2,4 Mio. Exemplare. Das ist die Summe aller verkauften und unentgeltlich vertriebenen Exemplare einer Zeitung oder Zeitschrift ohne Rest-, Archiv- und Belegexemplare. Einen beachtlichen Anteil daran hatten Neuerscheinungen wie Die Telebörse, Focus Money oder Net-Business.

Tatsächlich haben die Wirtschaftsmedien in den vergangenen Jahren einen kometenhaften Aufschwung erlebt. Im ersten Quartal 1990 überschritt die Verbreitung der deutschsprachigen Wirtschaftsmagazine nur knapp die Marke von 1 Mio. Zur Erinnerung: Der DAX notierte damals knapp unter 2.000. Etwas mehr als zehn Jahre später, im zweiten Quartal 2000, markierte die Magazinverbreitung mit 2.428.064 einen Höchststand. Der DAX befand sich zu dem Zeitpunkt bereits wieder im Abwärtstrend: Mit 6.898 Punkten notierte er zum Quartalsende 10 % unter dem Wert des Vorquartals.

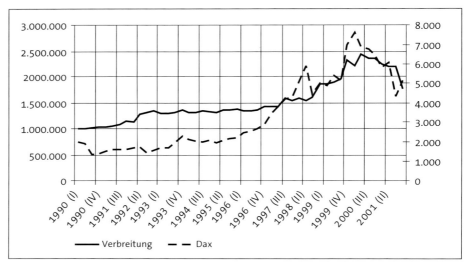

Abb. 2: Verbreitung Wirtschaftsmagazine im Vergleich zum Dax, Wirtschaftsmagazine: verbreitete Auflage im Quartalsdurchschnitt (linke Skala); Dax: Stand zum Quartalsende (rechte Skala)

Quellen: IVW, Bloomberg

Einflussnahme auf die Leser

Der Einfluss der Wirtschaftsmedien auf den Privatanleger ist relativ unbestritten. Schuster fasst ihn etwas überspitzt unter dem Motto „Informiert bis in den Ruin" zusammen: „Das Geschäft der Medienmacher ist es, ihr Publikum zu locken, der Auflage und Quote willen. Noch in der größten Aktieneuphorie oder in Phasen der Börsenpanik werden die Privatanleger blindlings in den Markt gejagt. (…) Die Wirtschaftsmedien spielen mit den Wunschvorstellungen des Publikums. (...) Die Risiken der Aktienmärkte werden von den Medien vernachlässigt", (vgl. Rapp 2000, S. 100–101).

Rapp untersucht vor allem die Rolle der Medien in Börsenboomphasen, in denen „naive Investoren" als „stille Reserve der Kapitalmärkte" mobilisiert werden. Ansonsten nehmen sie Rapp zufolge keinen Einfluss auf das Börsengeschehen. Für ihn sind naive Investoren Personen, die „in der Regel nicht über das erforderliche Fach- und Spezialwissen verfügen, das für erfolgreiche Börseninvestments erforderlich ist." Sie treten erst in Zeiten hoher Kursgewinne in den Markt ein, um entsprechend daran teilzuhaben. „Der so ausgelöste (und durch positive Berichte der Medien beschleunigte) Zustrom unerfahrener Investoren kann, in Anlehnung an entsprechende Modelle der klinischen Medizin, auch als soziale Infektion beschrieben werden. Hervorzuheben ist dabei insbesondere die Rolle der Massenmedien als Überträger und Beschleuniger einer sozialen Infektion."

3.2 Professionelle Anleger – die unbekannten Medienkonsumenten

Weniger eindeutig als bei den Privatanlegern ist der Zusammenhang zwischen der Berichterstattung in Print, Funk und Fernsehen und der Anlageentscheidung professioneller Investoren wie Fondsmanager und Strategen. Sie investieren entweder selbst oder sprechen Anlageempfehlungen aus. Sie haben im Vergleich zu Privatanlegern einen unmittelbareren Zugang zu Informationen – sowohl in Bezug auf die Geschwindigkeit als auch auf den Kontakt zur Primärquelle der Informationen (Banken, Unternehmen). Lässt sich daraus schließen, dass die Informationen, die über die Medien allgemein zugänglich sind, bei der Asset Allocation keine oder eine zu vernachlässigende Rolle spielen? Bei der Klärung dieser grundsätzlichen Frage ergibt sich eine Reihe von Teilfragen.

Punkt eins: Der Profi-Anleger als Konsument von Informationen

▶ Lassen sich Experten für Finanzfragen durch die Themenauswahl und die Darstellungsweise in den Medien beeinflussen?

▶ Welchen Anteil ihrer knappen Zeit opfern die hoch bezahlten Profi-Anleger täglich, um die in ihren Augen relevanten Medien zu studieren? Und warum tun sie das?

▶ Welche Art von Informationen (Nachrichten, Kommentar, Analyse) beziehen sie aus welcher Quelle?

Punkt zwei: Der Profi-Anleger als Produzent von Informationen

▶ Wie beurteilen Fondsmanager oder Strategen die Darstellung ihrer Branche in den Medien?

- ▶ Werden die Prozesse, in denen sie ihre Anlageentscheidungen treffen, korrekt wiedergegeben?

- ▶ Werden dabei die Zwänge, in denen sie sich befinden, gebührend berücksichtigt?

- ▶ Und wie schätzen sie die Zwänge ein, unter denen Journalisten arbeiten?

Gerade die Antworten auf den zweiten Fragenkomplex sind vor dem Hintergrund der unermüdlichen Ursachen- und Wirkungsforschung bei Spekulationsblasen interessant. Auch Fondsmanager, Aktien-Analysten, Strategen und Journalisten werden oft als mögliche Schuldige genannt. Ihre Anlageentscheidungen, Aktienempfehlungen, Markteinschätzungen, aber auch die entsprechende Darstellung in den Medien sind der Entstehung von Spekulationsblasen zuträglich, wie zuletzt in den Boomjahren 1999 und 2000 zu beobachten war.

Der Herdentrieb funktioniert auf beiden Seiten, bei den Profi-Anlegern und bei den Journalisten. Allerdings wird das Schwimmen gegen den Strom nach unterschiedlichen Mechanismen abgestraft. Bei den Fondsmanagern sind die Folgen des Abweichens leichter zu quantifizieren, bei den Journalisten sind die Sanktionen subtiler und vielfältiger.

Eine der Folgen für die Medien nennt Schuster: „Die unter Journalisten weit verbreitete Logik ‚Wir müssen dies bringen, die anderen bringen es auch' führt zu einer erstaunlichen Vereinheitlichung der Medieninhalte. Eine Verengung der öffentlichen Aufmerksamkeit ist die Folge."

Stellt sich ein Fondsmanager gegen den Markttrend, riskiert er, dass sich die Bilanz seines persönlichen Anlageportefeuilles gemessen am relevanten Index (Benchmark) verschlechtert. Seine Abweichler-Strategie muss er mit guten Argumenten zu rechtfertigen wissen. Selbst dann kann er sich dieses Performance-Risiko nur so lange leisten, wie er richtig liegt. Liegt er falsch, werden ihn seine unzufriedenen Kunden schnell unter Druck setzen.

Stand der Forschung

Unsere Literaturrecherchen haben ergeben, dass der Einfluss der Medien auf die Asset Allocation bisher nicht empirisch untersucht worden ist. Allerdings liegen Untersuchungsergebnisse aus verwandten Bereichen vor. So ist das Zusammenspiel von Sell-Side-Analysten und Journalisten bereits Gegenstand von Untersuchungen gewesen. Beispiele hierzu finden Sie in der weiterführenden Literatur insbesondere bei Gerke/Oerke (1998), Blohm (2000) und Rolke/Wolff (2000). Dabei geht es allerdings weniger um den Einfluss der Medien auf die Wahrnehmung der Analysten. Im Vordergrund stehen eher das Zusammenspiel von Redakteuren und Finanzexperten und das gewachsene Interesse an der Zunft der Analysten. Rolke/Wolff kommt auf der Basis einer Befragung von Analysten, Journalisten und Investor-Relations-Experten zum Ergebnis, dass „es in der Finanzkommunikation ganz besonders auf den Analysten ankommt,

Ihnen wird vor den Journalisten, den IR- und – etwas abgeschlagen – PR-Managern der größte Einfluss auf die Kurse zugerechnet."

Hinzu kommen zahlreiche Untersuchungen und eine Fülle von Literatur aus der Kommunikationsforschung, die sich ganz allgemein – also ohne ausdrücklichen Finanz- oder Wirtschaftsbezug – mit den Wirkungen der Medien auf die Leser beziehungsweise Zuschauer auseinander setzt. Der Einfluss der Medien wird dabei im Allgemeinen als bedeutend eingeschätzt. Luhmann/Niklas sind hier ein Beispiel. „Die Aussage: ‚Alles, was wir über unsere Gesellschaft, ja über die Welt, in der wir leben, wissen, wissen wir über die Massenmedien', gibt die hier im Hinblick auf die Realität zu verfolgende Ausgangsthese nur wenig überspitzt wieder."

Jedoch wird nicht jeder Nutzer der Medien in gleichem Maße durch die dargestellten Inhalte beeinflusst. Nach Schmidt gilt: „Dieser Orientierungsrahmen legt das Publikum – die Beobachter der Massenmedien – nicht auf eine für alle gleiche Realitätsbeschreibung fest. Die über Medien vermittelten Kommunikationen sind Angebote, die die Systeme, die diese wahrnehmen, jeweils systemspezifisch verarbeiten, um ihre je eigenen Wirklichkeiten zu erzeugen." Andere Forscher sprechen hier von selektiver Wahrnehmung.

Diese Systeme der Wahrnehmung sind nach Ansicht von Rapp untereinander vernetzt, denn „entgegen den Annahmen der modernen Kapitalmarkttheorie [verarbeiten] Marktteilnehmer bei ihren Anlageentscheidungen Informationen nicht unabhängig, sondern sie orientieren sich dabei stark am Verhalten anderer Marktteilnehmer. Anlegerrelevante Informationen verbreiten sich deshalb typischerweise durch schnell ablaufende Informationskaskaden oder in Form einer graduellen Informationsdiffusion. Information wird dabei, im Sinne eines Informationsgefälles, allmählich von gut informierten Investorenkreisen zu weniger professionellen Gruppen ‚naiver' Marktteilnehmer ‚durchsickern'." Das Gefälle entsteht einerseits durch die unterschiedliche Nähe zu anlegerrelevanten Informationen und andererseits durch die persönliche Fähigkeit, diese Informationen zu verarbeiten und zu interpretieren.

3.3 Bei Experten nachgefragt

Über das Informationsverhalten von Profi-Anlegern gibt aber auch Rapps Analyse keinen Aufschluss. Mangels empirischer Daten haben wir deshalb selbst einen Fragebogen entworfen, um den Einfluss der Medien auf die Asset Allocation zu untersuchen. Mit Asset Allocation meinen wir hier die meinungsbildenden Prozesse, die der eigentlichen Anlageentscheidung vorangehen. Mit unserer Umfrage, die von Mitte Dezember 2001 bis Ende Januar 2002 lief, wollten wir feststellen, wie stark Medien an diesen Prozessen teilhaben. 65 Fragebögen wurden an Fondsmanager und Strategen in Europa verschickt.

Bei der Auswahl der Befragten war ein wichtiges Ziel, die vielschichtige Landschaft der Finanzdienstleister abzubilden. Große angelsächsische Investmentbanken und Fondsgesellschaften sind unter den Teilnehmern genauso vertreten wie kleine Privatbanken und Spezialfondsanbieter. Mit 51 Antworten belief sich die Rücklaufquote auf 78 %. 27 der Antworten kamen von Fondsmanagern, 24 von Strategen. Während die Mehrheit der Antworten aus Deutschland kam, waren auch Finanzexperten aus der Schweiz, den Niederlanden und Großbritannien vertreten.

Die teilnehmenden Häuser waren: Axa Investment Managers, AM Beteiligungsgesellschaft, Bankgesellschaft Berlin, Bankhaus Reuschel, Berenberg Bank, BHF-Bank, Commerzbank, Commerzbank Securities, Credit Suisse First Boston, Deka, Delbrück, Deutsche Bank, Devif, DG Panagora Asset Management, DIT, Dresdner Kleinwort Wasserstein, DZ Bank, Frankfurt-Trust, Gerling, HypoVereinsbank, Invesco, JP Morgan Fleming, LBBW, Merrill Lynch, Merrill Lynch Investment Managers, Metzler, MM Warburg, Morgan Stanley, Oppenheim Kapitalanlagegesellschaft, Postbank, R+V Versicherung, Rabobank, Sal. Oppenheim, SEB Invest, UBS, UBS Warburg, Union Investment, WestLB Asset Management, WestLB Panmure, WGZ-Bank, Zurich, Zurich Invest. Teilweise kamen mehrere Antworten aus einem Institut.

3.4 Der regelmäßige Medienkonsum

Der Fragebogen bestand aus zehn Hauptpunkten, die sich teilweise noch untergliederten. Die ersten drei Fragen beschäftigten sich mit dem Leseverhalten. Bei der Nutzung unterschiedlicher Informationsquellen sollten die Befragten zwischen Nachrichten, Hintergrund und Kommentar unterscheiden und die Zeit angeben, die sie täglich mit diesen Quellen verbringen. Schließlich gaben die Teilnehmer anhand einer Liste von Printmedien (Tageszeitungen und Wochenzeitungen/Magazine) an, welche sie davon regelmäßig oder gelegentlich lesen. Dabei wurde zwischen der Druckversion und dem Online-Angebot unterschieden.

Erstaunlich ist die geringe Nutzung des Internets. 12 % der Befragten geben an, dieses Medium für ihre tägliche Arbeit überhaupt nicht zu nutzen. Lediglich 2 % sind permanent online, weitere 8 % länger als eine Stunde. Das Ergebnis einer vergleichsweise geringen Nutzung des Online-Angebots stützen auch andere Untersuchungen: Eine Resonanzanalyse der Financial Times Deutschland aus dem Oktober 2001 kam zum Ergebnis, dass 46 % der Befragten das Online-Angebot der Zeitung noch nie genutzt hatten. Teilgenommen haben ausschließlich Leser und Abonnenten der Zeitung, insgesamt 216 Personen.

Beim Nachrichtenticker liegt der Anteil der permanenten Nutzer mit 20 % deutlich höher. Eine weitere wichtige Informationsquelle sind Tageszeitungen, auf die nur ein Befragter verzichtet. Mehr als 70 % lesen täglich zwischen 20 und 60 Minuten Zeitung.

Fernsehen und Radio spielen eine untergeordnete Rolle. 29 % der Finanzexperten kommen ohne Fernsehen und 59 % ohne Radio aus. Fondsmanager haben eine größere Fernsehaffinität als Strategen, denn 22 % verbringen täglich zwischen 41 und 60 Minuten vor der Mattscheibe. Diesen Zeitaufwand leisten sich nur 6 % der Strategen.

3 Welchen Einfluss haben die Medien auf die Asset Allocation?

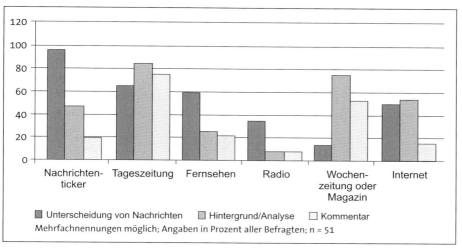

Abb. 3: Quellen der Information

Die Medien werden unterschiedlich genutzt. Wie erwartet liefern Reuters, Bloomberg und andere Agenturen in erster Linie Nachrichten (96 % der Befragten). Bei Beantwortung dieser Frage waren bei allen Informationsquellen Mehrfachnennungen möglich. Immerhin knapp die Hälfte bezieht auch Hintergrundinformationen über diese Quelle. Bei der Lektüre der Tageszeitung spielen dagegen Hintergrund (84 %) und Kommentar (75 %) die Hauptrolle. In Zeiten von Nachrichtenticker und Internet bleibt die Tageszeitung aber eine wichtige Quelle für aktuelle Nachrichten, Beachtliche zwei Drittel der Befragten nutzen sie dafür. Auch Fernsehen und Radio haben für die Finanzexperten in erster Linie eine Nachrichtenfunktion.

Bei ihrer täglichen Lektüre greift das Gros der Befragten (25 von 51) zur englischen Financial Times, Handelsblatt (23), FAZ Frankfurter Allgemeine Zeitung (22) und Börsenzeitung (21). Vor allem gelegentlich werden die Financial Times Deutschland (21) und Die Welt (12) gelesen. Beim Wall Street Journal halten sich die treuen und die gelegentlichen Leser die Waage (12 bzw. 14).

Obwohl die Mehrheit der Befragten deutschsprachig ist, lesen sie den Economist häufiger als deutsche Magazine. 34 Teilnehmer gehören zu den größtenteils gelegentlichen Lesern der englischen Wochenpublikation, auf den nächsten Plätzen folgen Capital (27) und Wirtschaftswoche (26).

Den Spaßfaktor bei der Lektüre scheinen diese Ergebnisse nicht widerzuspiegeln. Bei der Frage „Auf welche Zeitung oder welches Magazin würden Sie auch auf einer einsamen Insel am liebsten nicht verzichten" überlebt nur die FAZ als Spitzenreiter bei den Tageszeitungen. Zwölf Finanzexperten würden sie einpacken. Mit neun Nennungen schlägt sich auch die britische Financial Times wacker. Dagegen ist die Börsenzeitung weit abgeschlagen: Sie würde nur drei Befragte auf die Insel begleiten. Lieblingstitel unter den Magazinen ist der Economist (12 Nennungen). Auf der Insel scheinen die Teilnehmer endlich Zeit für die Lektüre zu haben, im Alltag lesen sie ihn meist nur gelegentlich.

3.5 Qualität der Berichterstattung

	Durchschnitt	Fondsmanager	Strategen
Börsenzeitung	1,5	1,6	1,5
Financial Times	1,6	1,6	1,7
Frankfurter Allgemeine Zeitung	1,8	1,8	1,7
Wall Street Journal	1,8	1,6	1,9
Handelsblatt	1,9	1,9	1,9
Financial Times Deutschland	2,1	2,0	2,2
Süddeutsche Zeitung	2,4	2,5	2,2
Die Welt	2,8	2,9	2,5
Durchschnitt Tageszeitung	**2,0**	**2,0**	**1,9**
Economist	1,7	1,6	1,8
Barron's	2,0	2,0	1,9
Manager Magazin	2,6	2,7	2,5
Spiegel	2,8	2,9	2,5
Wirtschaftswoche	2,9	2,8	3,1
Börse Online	3,3	3,6	3,1
Durchschnitt Magazine	**2,5**	**2,6**	**2,5**

Durchschnittsnoten; Bewertungsskala von 1 bis 5, 1 = sehr gut, 5 = nicht zuverlässig

Abb.4: Qualität der Information

Wenn es nicht um Spaß, sondern um die Qualität der in den Printmedien enthaltenen Informationen geht, liegt die Börsenzeitung mit dem Notendurchschnitt 1,6 vorne. Auch die Financial Times rangiert mit 1,6 vor der FAZ (1,8). Am schlechtesten schneidet die Welt ab, sie erhält die Note 2,8. Mit einem Notenschnitt von 2,0 werden Tageszeitungen im Vergleich zu den Magazinen (2,6) als zuverlässiger beurteilt.

Eine deutliche Diskrepanz besteht zwischen dem Gesamteindruck der Leser und der Beurteilung der Berichterstattung, die Bereiche berührt, in denen die Finanzexperten zu Hause sind.

Zwar geben die Befragten den gelesenen Medien relativ gute Noten für die Qualität der gesamten Berichterstattung. Aber gleichzeitig kommen die Journalisten bei der Beurteilung ihres Wissens über Kapitalmarkt und Unternehmensnachrichten verhältnismäßig schlecht weg. Bei der Frage „Wie gut sind Ihrer Meinung nach Journalisten informiert, die über den Kapitalmarkt schreiben?", erreicht die Berufsgruppe nur einen Notendurchschnitt von 3,0. Dagegen schätzen die Finanzexperten ihr eigenes Wissen in diesem Bereich mit 1,8 deutlich besser ein. Die Note 1,0 (sehr gut informiert) gestehen die Befragten keinem einzigen Medienvertreter zu, während 29 % sich selbst diese Zensur geben. Weniger groß ist die Diskrepanz zwischen Selbst- und Fremdeinschätzung des Kenntnisstandes bei Unternehmensnachrichten. Hier benoten sich die Finanzexperten selbst mit 2,5, während die Journalisten in ihren Augen mit 2,6 abschneiden.

Ähnlich schlecht kommen die Medien auch in der Untersuchung von Rolke/Wolff weg. Grundlage der Untersuchung ist eine Befragung von 154 Analysten, Finanz- und Wirtschaftsjournalisten, IR- und PR-Manager sowie Wissenschaftler der Wirtschafts- und der Kommunikationswissenschaften wobei Schulnoten von 1 bis 6 vergeben wurden. Auf die Frage nach der Qualität der Informationsquellen liegen Analystenberichte mit der Note 1,8 auf dem ersten Platz. Fernsehberichte folgen mit 3,1 erst hinter Informationen, die direkt von den Unternehmen stammen (Note 2,2). Presseberichte kommen mit der Note 3,6 noch sehr viel schlechter weg. Dabei vergeben vor allem Analysten schlechte Noten für die Schreiber.

Ein vermeintlich schlechter Informationsstand der Medienvertreter bezüglich Kapitalmarktfragen wird zum Teil auch in der Branche selbst beklagt. Nach Angaben des Chefredakteurs der Börsenzeitung, Claus Döring, „streben immer mehr wirtschaftswissenschaftlich nicht vorgebildete Journalisten in den Markt der Wirtschaftsjournalisten. Dies muss nicht per se eine Qualitätsminderung für den Berufsstand des Wirtschaftsjournalisten bedeuten. Es führt aber dazu, dass immer weniger Finanzjournalisten aus eigenem Know-how eine fundamentale finanzwissenschaftliche Analyse eines Unternehmens leisten können."

Entsprechend bekommen die Journalisten den schwarzen Peter zugeschoben, wenn etwas schief geht. Dies zeigt eine Umfrage, die im Herbst 2001 von der Kommunikationsagentur ECC Kohtes Klewes, dem Marktforschungsinstitut Skopos und der Financial Times Deutschland unter Finanzexperten durchgeführt worden ist. Knapp 85 % der befragten Analysten, Fondsmanager und Corporate Finance-Spezialisten sind der Ansicht, dass die Medien den größten Anteil daran haben, wenn börsennotierte Firmen oder Börsenkandidaten falsch eingeschätzt werden. Die Geschäftsbanken der Unternehmen spielten in dieser Hinsicht die zweitwichtigste Rolle – gefolgt von Fondsmanagern.

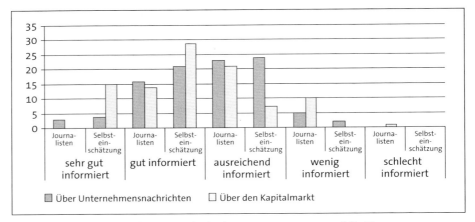

Abb. 5: Wissensstand bei Wirtschaftsthemen, Antworten auf die Frage: „Wie gut informiert schätzen Sie Journalisten beziehungsweise sich selbst hinsichtlich der folgenden Themen ein?"

3.6 Wer beeinflusst wen?

Den Einfluss der Medien auf die Kapitalmarktentwicklung stufen die von uns befragten Fondsmanager und Strategen unterschiedlich stark ein – je nachdem, ob es dabei um die allgemeine Einschätzung geht oder um die Relevanz für die eigene Anlageentscheidung. Der Benotung liegt eine Skala von 1 bis 4 zugrunde, wobei 1 eine sehr große und 4 überhaupt keine Rolle spielt. Unter den drei Informationskanälen, die abgefragt wurden (Medien, Gespräche mit Vorständen, Bankenresearch), nehmen Medien bei der allgemeinen Einschätzung mit der Note 2,0 die wichtigste Rolle ein. Bankenresearch bekommt die Note 2,1 und die Gespräche mit Vorständen 2,2.

Rolke/Wolff stellen in ihrer Untersuchung eine ähnliche Frage an Analysten, Wirtschafts- und Finanzjournalisten, IR-Manager und PR-Manager. Vergeben wurden Noten von 1 für stark bis 4 für schwache Bedeutung. Sie kommen zu einem abweichenden Ergebnis. Unter den Akteuren, die den Börsenkurs beeinflussen, schneiden hier die Analysten mit der Note 1,3 deutlich vor den Finanz- und Wirtschaftsjournalisten (2,0) ab. Demnach schätzen die Befragten in diesem Fall das Bankenresearch gewichtiger ein als die Berichterstattung der Presse.

In unserer Befragung kehrt sich das Meinungsbild um, wenn es um die Wichtigkeit für die eigene Anlageentscheidung geht. Dann spielen die Medien nach Meinung der Befragten mit einer Note von 2,5 die geringste Rolle.

Blickt man hinter die Durchschnitte, wird die unterschiedliche Wahrnehmung noch deutlicher. Während bei der allgemeinen Einschätzung 31 % der Befragten den Medien eine sehr große Rolle für die Kapitalmarktentwicklung beimessen, sind es bei der Relevanz für die eigene Anlageentscheidung nur noch 10 %.

Besonders wichtig sind die Medien nach Meinung der Befragten jedoch, wenn es um den Bekanntheitsgrad eines Fondsmanagers oder Strategen geht. Die Aussage „Durch häufige Medienpräsenz wird der Name eines Fondsmanagers/Strategen wichtiger" bejahen 77 % der Finanzexperten. 18 % stimmen ihr nicht zu, die restlichen 5 % enthalten sich einer Meinung.

Entsprechend aufmerksam verfolgen die Befragten die Zitate ihrer Kollegen aus dem eigenen Haus oder von anderen Instituten in den Medien. 73 % achten mehr oder weniger regelmäßig darauf – 57 % machen dies aber vom Namen des Hauses oder vom Themenbereich abhängig.

Deswegen überrascht nicht, dass 73 % der Befragten etwas für die Eigenvermarktung tun. Sie haben regelmäßig oder gelegentlich direkten Kontakt mit den Medien. 55 % greifen dabei auch auf die Hilfe der Pressestelle zurück. Nur 14 % meiden jegliche Pressekontakte.

Viele Berührungspunkte, aber wenig Einblick

Trotz des relativ regen Austauschs erhalten beide Seiten nur einen geringen Einblick in die jeweilige Arbeit des anderen. Das gilt sowohl für inhaltliche Aspekte als auch für Arbeitsabläufe und -zwänge. In der Umfrage haben wir allerdings nur die Sicht der Finanzexperten abgefragt.

Die Befragten sehen die Journalisten in ihrer täglichen Arbeit relativ großen Zwängen ausgesetzt: 55 % sind der Ansicht, dass die Medienvertreter in ihrer Themenauswahl nicht frei sind. Nur 12 % gestehen ihnen Entscheidungsfreiheit zu, der beträchtliche Rest von 29 % weiß auf diese Frage keine Antwort. Noch weniger Einfluss haben Journalisten ihrer Meinung nach auf die Gewichtung der Themen, die sich durch Größe eines Artikels, dessen Positionierung oder durch Schwerpunkte in der Berichterstattung äußert. 71 % sehen keine Möglichkeit der Einflussnahme durch den Autor eines Beitrags. Nur noch zwei % sind hier entgegengesetzter Meinung.

Auf Unverständnis stieß die Frage, ob es für Journalisten qualitative oder quantitative Benchmarks gibt. Im Arbeitsalltag der Fondsmanager und Strategen spielt das Benchmark-Denken – der Vergleich der eigenen Leistung mit einer vordefinierten Messlatte – eine große Rolle. Auf die Tätigkeit eines Journalisten wurde dieses Konzept aber offenbar nicht übertragen. Das machten die Antworten auf die Anschlussfrage nach der Art der Benchmarks deutlich: Die Anzahl der geschriebenen Zeilen war dabei das sinnvollste Konzept einer denkbaren Messlatte. Die restlichen Antworten waren entweder nicht schlüssig oder enthielten sehr allgemeine Kriterien (etwa inhaltlicher Vergleich mit der Konkurrenz). Eine quantitative Auswertung der Frage war daher nicht möglich.

Mehr Freiheit als gedacht

Der journalistische Alltag lässt nach unserer eigenen Erfahrung mehr Entscheidungsspielräume zu, als die Finanzexperten annehmen. Sie variieren jedoch stark, da sie von einer Vielzahl verschiedener Faktoren abhängen: Nachrichtenlage/konkurrierende Themen, Wettrennen mit der Konkurrenz (Aufgreifen einer Exklusivgeschichte der Wettbewerber), Art der Geschichte (exklusives oder allgemeines Nachrichtenstück, Nachricht oder Hintergrund), verfügbarer Platz, Trends in der Berichterstattung (welche Themen sind gerade en vogue).

Dennoch ist die Einschätzung des einzelnen Redakteurs gefragt, wenn es um die tägliche Blattplanung geht. Sie ergibt sich zu einem großen Teil aus aktuellen Terminen, auf die der Redakteur reagiert. Er kann aber auch proaktiv sein und eigene Vorschläge machen, die sich nicht direkt aus der aktuellen Nachrichtenlage ergeben.

Ist der Platz für einen Artikel gesichert, kann der Autor meist selbst entscheiden, wie er Schwerpunkte setzt, wo und wie intensiv er recherchiert. Allerdings können auch hier äußere Faktoren die Recherche einschränken: Der Redakteur wägt gewöhnlich zwischen der Relevanz des Artikels und dem vorhandenen Platz ab. Außerdem spielt seine Arbeitsbelastung eine Rolle.

Die Benchmarks der Medienbranche sind weniger konsistent und transparent als die der Fondsmanager. Während deren Anlageerfolg üblicherweise an einem allgemein verfügbaren Index gemessen wird, greifen Zeitungen auf weichere Faktoren zurück. Entgegen der Annahme der von uns befragten Fondsmanager und Strategen spielt die Länge der Artikel dabei keine Rolle. Dagegen sind exklusive Berichte und die damit verbundenen Nennungen in anderen Medien (Nachrichtenagenturen, Fernsehen, Radio, andere Printpublikationen) eine wichtige Messlatte. Die Financial Times Deutschland wertet beispielsweise monatlich aus, wie oft ihre eigenen Berichte in anderen Medien zitiert wurden. Zum täglichen Konkurrenzvergleich gehört auch die Themenauswahl auf der Titelseite der Zeitung. Das Ergebnis lässt sich aber nur schwer quantifizieren.

Anspruch auf Vollständigkeit und Allgemeingültigkeit können wir bei unserer Einschätzung des journalistischen Alltags allerdings nicht erheben. Wir können nur auf unsere Erfahrungen in der eigenen Zeitungsredaktion und auf Aussagen von Kollegen zurückgreifen.

Weniger Guru als beschrieben

Falsche Vorstellungen von der Arbeit eines Fondsmanagers/Strategen haben nach Meinung der Befragten aber auch die Journalisten. Die Aussage „Die Situation eines Fondsmanagers/Strategen, in der er seine Anlageentscheidung fällt, wird in den Medien treffend dargestellt" beurteilte die überwältigende Mehrheit (82 %) als teilweise oder weniger zutreffend. Nur 4 % bejahten sie. Diese Aussage wird in Abbildung 6 darge-

3 Welchen Einfluss haben die Medien auf die Asset Allocation?

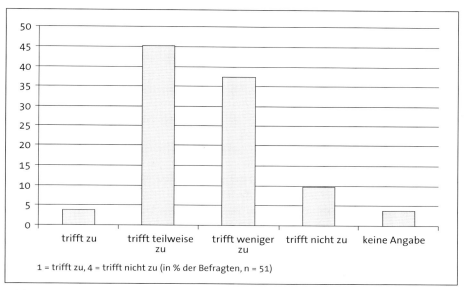

Abb. 6: Bewertung der Aussage

stellt, wobei die Befragten anhand einer Skala von 1 bis 4 eine Bewertung vorgenommen haben.

Die Kritik der Befragten lässt sich in fünf grobe Kategorien unterteilen. Die fehlende Fachkenntnis der Journalisten wird bemängelt. „Das Erkennen der Zusammenhänge auf Seiten der Journalisten ist oft nicht gegeben, was zu Missverständnissen und zu falschen oder unvollständigen Rückschlüssen führt", schreibt ein Umfrageteilnehmer. Ein weiterer merkt an, dass „PR-Parolen häufig unkritisch von den Medien übernommen werden".

Außerdem sind die Medien nach Ansicht der Finanzexperten oft zu starken Vereinfachungen gezwungen. Sie führen dies auf Zeit- und Platzbeschränkungen zurück. „Medien bilden nur Teilaspekte ab, für die Gesamtstrategie ist kein Platz", schreibt ein Teilnehmer.

Weiterhin wünschen sich die Befragten, dass die Komplexität ihrer Entscheidungsfindung und ihrer Arbeitsabläufe im Team besser von den Journalisten dargestellt werden. Hierzu ein O-Ton: „Es wird fast immer der Eindruck erweckt, dass der Fondsmanager die alleinige Entscheidungsbefugnis hat. Das trifft in den wenigsten Fällen zu, er ist eingebunden in Investmentprozesse und hausinterne Strategien." Ein weiterer Teilnehmer merkt an: „Institutionelle Anlageentscheidungen unterliegen oft Nebenbedingungen, die mit Markteinschätzungen wenig zu tun haben."

Journalisten und Fondsmanager beziehungsweise Strategen verfolgen sowohl inhaltlich als auch zeitlich unterschiedliche Ziele. Dies wird durch folgendes Zitat deutlich:

„Die Medien laufen häufig den Ereignissen hinterher und liefern Erklärungen für zurückliegende Kursbewegungen." Ein weiterer Teilnehmer stellt knapp fest: „Überbewertung kurzfristiger Infos, Unterbewertung mittelfristiger Trends."

Journalisten neigen außerdem dazu, die Finanzexperten zu glorifizieren und, wie ein Teilnehmer schreibt, deren Fähigkeiten maßlos zu überschätzen. „Medien stilisieren Fondsmanager zu allwissenden ‚Gurus', solange die Resultate stimmen", lautet ein weiteres Urteil.

Zu einem Rundumschlag holt ein Teilnehmer aus – die Selbstkritik vergisst er dabei aber nicht. „Meistens handelt es sich um eine leicht glorifizierende Darstellung einfacher Angestellter mit Sachbearbeiterstatus. Die mediale Darstellung verlangt oft nach konkreten Marktaussagen und Anlageempfehlungen. Dabei geht es fast immer nur um die Präsentation von Ergebnissen. Der Prozess des Abwägens der hinter einer Entscheidung steht, wird nicht offenbart, weil eine solche Offenlegung in der gerafften Mediendarstellung den Eindruck von Entscheidungsunsicherheit vermitteln würde."

3.7 Zusammenfassung

Unentbehrliche Informationsquelle, Meinungsmacher und Resonanzboden – diese drei wichtigen Rollen spielen die Medien für Finanzexperten, die sich täglich mit der Frage der Asset Allocation auseinander setzen. Unsere Umfrage lässt dieses Fazit allerdings nur indirekt zu, aber die Indizien dürften für sich sprechen.

Direkt darauf angesprochen schätzen Finanzexperten den Einfluss der Medien als eher gering ein. Doch das Leseverhalten lässt einen anderen Rückschluss zu. Denn wer würde bis zu 60 Minuten seiner täglichen Arbeitszeit für die Lektüre von Tageszeitungen opfern, wenn die darin enthaltenen Informationen für die eigenen beruflichen Entscheidungen keine Relevanz haben? Warum würde das Gros der Befragten den von Tageszeitungen angebotenen Hintergrund und Kommentar schätzen, wenn sie die Meinung der Medien oder zumindest bestimmter Medien nicht interessiert? Und wieso würden sie sich täglich die Mühe machen und auf ihre eigene Medienpräsenz oder die von Kollegen achten, wenn die Medien nicht ein wichtiger Resonanzboden wären?

Bei der Beurteilung der Qualität der Berichterstattung kommt es in der Umfrage zu einem interessanten Gefälle. Im Allgemeinen Urteil vergeben die Finanzprofis relativ gute Noten. Die verschlechtern sich aber drastisch, wenn sie die Sachkenntnis der Journalisten in ihrem speziellen Tätigkeitsbereich bewerten sollen.

Ähnlich differenziert fällt das Urteil aus, wenn es um die Wichtigkeit der Medien geht. Für die allgemeine Kapitalmarktentwicklung erachten die Finanzexperten sie als relativ wichtig, für die eigene Anlageentscheidung sind sie eher unwichtig. Aus dieser differenzierten Antwort könnte man lesen, dass die Medien nach Meinung der Befragten einen starken Einfluss auf die breite Masse der Investoren haben. Diese Anlegergruppe ist in Deutschland nicht unbedeutend, wie die Explosion der Aktienkurse und der Auflagenzahlen von Wirtschaftspublikationen in der Boomphase von 1997 bis 2000 zeigt. Geht es aber um ihre eigene Anlageentscheidung, sind Bankenresearch und Gespräche mit dem Unternehmensmanagement für die Anlageprofis deutlich wichtigere Informationsquellen als die Medien.

Zum Abschluss unseres Beitrags wollen wir in guter Börsentradition noch einen Ausblick wagen. Unsere Umfrage brachte ein Ergebnis, das uns ganz persönlich aufatmen ließ – zumal wir es so nicht erwartet hatten: Die Befragten gaben ein klares Votum für die Printmedien ab. Trotz der Verbreitung des Internet scheinen Zeitungen und Magazine weiterhin eine Berechtigung und damit eine Zukunft zu haben.

Literatur

An dieser Stelle bedanken wir uns bei Sylvia Markwardt, die uns bei der Literaturrecherche tatkräftig und geduldig unterstützt hat.

Bauer, I.: Finanzprofis zweifeln an Aussagekraft von Analystenprognosen, in: Financial Times Deutschland, 18.12.2001.

Blohm, B.: Quelle oder Alibi-Zitat – was Journalisten und Analysten voneinander haben, in: Rolke, L./Wolff, V.: Finanzkommunikation; Frankfurt 2000.

Döring, C.: Finanzpresse und Finanzanalysten, in: Rolke, L./Wolff, V.: Finanzkommunikation; Frankfurt 2000.

Gerke, W./Oerke, M.: Marktbeeinflussung durch Analystenempfehlung – Eine empirische Studie, in: ZfB-Ergänzungsheft 2/98.

Luhmann, N.: Die Realität der Massenmedien, Opladen 1996.

Rapp, H.-W.: Der tägliche Wahnsinn hat Methode. Behavioral Finance. Paradigmenwechsel in der Kapitalmarktforschung, in: Jünemann, B./ Schellenberger, D.: Psychologie für Börsenprofis. Die Macht der Gefühle bei der Geldanlage, Stuttgart 2000.

Rolke, L./Wolff, V.: Wie die Medien die Wirklichkeit steuern und selber gesteuert werden, Opladen/Wiesbaden 1999.

Rolke, L./Wolff, V.: Finanzkommunikation zwischen Fakten und Phantasie, in: Rolke, L./Wolff, V.: Finanzkommunikation; Frankfurt 2000.

Schmidt, T.: Risikobeobachtung und Infomediation – eine systemtheoretische Skizze über Leistungen der Massenmedien für den Finanzmarkt, in: Holst, J./ Wilkens, M.: Finanzielle Märkte und Banken – Innovative Entwicklungen am Beginn des 21. Jahrhunderts, Berlin 2000.

Schuster, T.: Die Geldfalle. Wie Medien und Banken die Anleger zu Verlierern machen, Reinbek 2001.

4 Alternative Assetklassen: Hedgefonds

von Wolfgang Breuer, Marc Gürtler und Frank Schuhmacher

4.1 Hedgefonds als Assetklasse für private und institutionelle Anleger

In Anbetracht der schwierigen Zeiten für Aktien und Renten innerhalb der letzten zwei Jahre und auf der ständigen Suche nach Anlagen mit attraktiven Renditen rücken so genannte „Alternative Investments" immer mehr in das Blickfeld privater und institutioneller Investoren. In den USA werden Alternativen zu den klassischen Aktien-, Renten- und Investmentfondsanlagen schon seit etwa 50 Jahren diskutiert. Mit dem Anspruch der Erreichung „absoluter Renditeziele" haben sich dort vor allem in den letzten zehn Jahren spezielle Anlageformen insbesondere für wohlhabende amerikanische Privatinvestoren etabliert. Mittlerweile werden entsprechende innovative Anlageprodukte auch in Deutschland verstärkt unter den Stichworten „Hedgefonds" oder „Absolute-Rendite-Fonds" angeboten, die unabhängig von der Marktentwicklung positive Renditeentwicklungen versprechen. Hier seien beispielsweise die von der Commerzbank entwickelten Investment-Zertifikate COMAS I und COMAS II genannt. Weitere Zertifikate werden von der Deutschen Bank (Xavex HedgeSelect), von der Dresdner Bank (AI-Global-Hedge), von der BNP Paribas (Alternative Index Zertifikat), von der German Asset Managers AG (Black+White Indexzertifikat), von Hauck & Aufhäuser (Rising Star I), von Société Général (SG Hedge-Index-Zertifikat), von UBS Warburg (Global-Alpha-Zertifikat) oder von der HypoVereinsbank (Value Vision) angeboten. Institutionelle und private Investoren weltweit haben begonnen, Hedgefonds als eine neue eigenständige Assetklasse zu akzeptieren.

4.2 Was ist ein Hedgefonds?

Die Bezeichnung „Hedgefonds" umfasst eine sehr heterogene Gruppe von Kapitalanlagevehikeln und hat zunächst einmal nichts mit „hedging" (engl. für „absichern") im eigentlichen Sinne zu tun. Es gibt keine Legaldefinition des Begriffs „Hedgefonds", sondern nur eine Reihe von allgemein akzeptierten Merkmalen.

4.2.1 Erreichung absoluter Ertragsziele

Generelles Ziel aller Fondsgesellschaften sollte es sein, ihren Anlegern Rendite-Risiko-Positionen zu bieten, die überlegen zu denen sind, die die Anleger durch direkte Kapitalmarktengagements erreichen können. Die Art der näheren Konkretisierung dieses Ziels unterscheidet sich jedoch je nach Fondstyp.

Während Publikumsfonds vor allem darauf abzielen, eine höhere Rendite als ein bestimmter Vergleichsindex wie etwa der DAX (Deutscher Aktienindex) oder der S&P (Standard und Poor's) 500 zu erwirtschaften, streben Hedgefonds im engeren Sinne nach einer so genannten absoluten Renditeentwicklung. Das bedeutet, sie versuchen unabhängig von der Marktentwicklung beispielsweise eine Rendite von 10 bis 15 % zu erreichen. Eine derartige Zielsetzung beschreibt deswegen einen Hedgefonds im engeren Sinne, da zur Erreichung des besagten Ziels letztlich die Formulierung geeigneter Arbitrage- und Hedgingstrategien erforderlich ist.

In Zeiten, in denen die Aktienmärkte sich über einen längeren Zeitraum hinweg negativ entwickeln, ist ein guter Publikumsfonds dadurch gekennzeichnet, dass er einen geringeren Verlust realisiert als eine Investition in einen vergleichbaren Index. Ein erfolgreicher Hedgefonds ist dagegen auch bei fallenden Märkten in der Lage, eine positive Rendite zu erwirtschaften. Aus diesem Grund werden derart ausgerichtete Hedgefonds auch als „Fonds mit absolutem Renditeziel" bezeichnet.

Gerade in den letzten zwei Jahren hätten sich viele Investoren gewünscht, in ein aus Hedgefonds bestehendes Portfolio anstelle eines diversifizierten Aktienportfolios investiert zu haben. Abbildung 1 zeigt die relative Wertentwicklung des CSFB (Credit Suisse First Boston)/Tremont Hedgefonds-Indexes[1] im Vergleich zur Renditeentwicklung des S&P 500 sowie des MSCI (Morgan Stanley Capital International) World für verschiedene Zeiträume innerhalb der letzten fünf Jahre aus Sicht von November 2001.[2] Insbesondere der Vergleich in den letzten beiden Jahren zeigt sehr deutlich, dass ein aus Hedgefonds bestehendes Portfolio auch bei fallenden Aktienmärkten in der Lage ist, noch Wertzuwächse zu realisieren.

Darüber hinaus zählen zu den Hedgefonds spezielle weitere Investmentfonds, denen es weniger um absolute Renditeziele der vorgenannten Art als vielmehr um das Streben nach günstigeren Rendite-Risiko-Profilen als den über Publikumsfonds erreichbaren geht. Gerade hier tritt dann zu Arbitrage- und Hedgingmotiven eine mehr oder weniger stark ausgeprägte spekulative Komponente hinzu.

Natürlich stellt sich generell die Frage, wieso Hedgefonds im Vergleich zu Publikumsfonds überlegene Rendite-Risiko-Positionen realisieren können sollten. In diesem Zusammenhang sind unter anderem die den Fonds zur Verfügung stehenden Anlageinstrumente von besonderer Bedeutung.

---

1 Details zu dem Index sowie den Performancedaten sind unter www.hedgeindex.com zu finden.

2 Weitere Datenanbieter sind www.marhedge.com, www.altvest.com, www.hfr.com, www.tassman.com.

Betrachtungszeitraum	CSFB/Tremont Hedge Fonds-Index	S&P 500	MSCI World
3 Monate	1,48 %	−9,73 %	−9,31 %
6 Monate	2,68 %	−8,58 %	−10,65 %
1 Jahr	2,58 %	−25,31 %	−26,32 %
2 Jahre	25,58 %	−14,15 %	−17,48 %
3 Jahre	29,82 %	18,39 %	8,50 %
⌀ 3 Jahre	9,08 %	5,78 %	2,75 %
5 Jahre	86,78 %	73,86 %	33,97 %
⌀ 5 Jahre	13,30 %	11,69 %	6,02 %
Seit Ausgabe	137,99 %	143,02 %	69,88 %
⌀ Seit Ausgabe	11,97 %	12,27 %	7,15 %

Abb. 1: Relative Wertentwicklung von Hedgefonds

Quelle: www.hedgeindex.com

4.2.2 Anlagespektrum

Unternehmen, die in Deutschland Investmentgeschäfte betreiben, unterliegen dem Gesetz über das Kreditwesen sowie dem Gesetz über Kapitalanlagegesellschaften (KAGG). Die Bundesanstalt für Finanzdienstleistungsaufsicht (BAFin) übt nach Maßgabe dieser Gesetze die Aufsicht über die Finanzdienstleistungsinstitute aus. Die Anlagemöglichkeiten von Publikumsfonds sind sehr detailliert im KAGG festgelegt. So ist in Deutschland tätigen Investmentfonds beispielsweise nur gestattet, Kredite bis zu einer festgelegten Höhe von 10 % des ihnen anvertrauten Kapitals aufzunehmen. Sie dürfen ferner nur maximal 5 % ihres Vermögens in Wertpapiere und Schuldscheindarlehen desselben Ausstellers (Schuldners) investieren. Leerverkäufe sind prinzipiell untersagt. Der Einsatz von derivativen Anlageinstrumenten ist nur sehr eingeschränkt möglich.

Ähnliche Regelungen gelten in den USA. Unternehmen, die dort ihre Investmentgeschäfte betreiben, unterliegen unter anderem dem „Act of 1933", dem „Securities Exchange Act of 1934" und dem „Investment Company Act of 1940". Die Einhaltung dieser Gesetze wird von der Securities and Exchange Commission überwacht. In den USA tätigen Investmentfonds ist es auf Grund der Regelungen des „Investment Company Act of 1940" beispielsweise untersagt, Kredite aufzunehmen, in konzentrierte Positionen zu investieren oder Leerverkäufe durchzuführen.

Die typische Anlagestrategie eines aktiv geführten Standard-Publikumsfonds sieht daher wie folgt aus: Im Verkaufsprospekt legt sich der Fonds auf eine bestimmte Wertpapierklasse wie beispielsweise europäische Wachstumswerte fest. Im Rahmen dieser Möglichkeiten wird in einzelne ausgewählte Titel in der Hoffnung investiert, dass der Portfoliowert sich besser als der relevante Markt entwickelt. Der Erfolg eines solchen Fonds wird entsprechend in aller Regel relativ gemessen, d.h. im Vergleich zu der Wertentwicklung eines adäquaten Indexes. Folglich wird es schon als Erfolg für den Investmentfonds verbucht, wenn dessen Wert in einem negativen Marktumfeld mit sinkenden Aktienkursen relativ weniger sinkt als der Vergleichsindex.

Eine wesentliche Besonderheit von Hedgefonds ist, dass sie ein Maximum an Freiheit und Flexibilität hinsichtlich der einsetzbaren Anlageinstrumente besitzen. Das bedeutet, Hedgefonds-Manager können nicht nur in Aktien investieren, sondern dürfen auf die ganze Vielfalt der sich bietenden derivativen Anlageinstrumente auf den internationalen Kapitalmärkten zurückgreifen. Weiterhin ist es ihnen möglich, Leerverkäufe durchzuführen, Kredite aufzunehmen, in konzentrierte Positionen zu investieren und das von ihnen verwaltete Anlagevermögen kurzfristig umzuschichten.

Die Freiheit und Flexibilität der Manager von Hedgefonds erlaubt ihnen, sich beispielsweise durch den gleichzeitigen Kauf und Leerverkauf unterschiedlicher Aktienpositionen von der durchschnittlichen Marktentwicklung zu lösen und die Erreichung absoluter Ertragsziele zu verwirklichen. Sie verfügen über die Möglichkeit, eine ausdrücklich dynamische Anlagestrategie, die kurzfristig das Fondsvermögen in die jeweils attraktivsten Anlagen investiert, zu verfolgen. Arbitragemöglichkeiten können ausgenutzt und durch die Aufnahme von Krediten zusätzlich verstärkt („gehebelt") werden.

Inwieweit ein Hedgefonds von den sich bietenden Anlagemöglichkeiten Gebrauch macht, hängt von seiner individuellen Anlagestrategie ab. Insgesamt lässt sich jedoch feststellen, dass schätzungsweise nur ein Drittel aller Hedgefonds keine Kredite zur Finanzierung von Anlagen aufnimmt. Von den verschuldeten Hedgefonds leihen wiederum ungefähr bloß 54 % Fremdkapital allenfalls in Höhe des eigenen Anlagevermögens. Über 70 % aller Hedgefonds nutzen Derivate. Von diesen setzen etwa 68 % Derivate ausschließlich zu Kurssicherungszwecken ein und knapp über 1 % nur, um die erwartete Rendite zu erhöhen, also gezielt zu spekulieren. Die übrigen 31 % lassen sich keiner der beiden Klassen eindeutig zuordnen und verfolgen simultan beide Ziele mittels Derivaten.

Es stellt sich nun die Frage, wie es sein kann, dass die Anlagemöglichkeiten der Publikumsfonds durch gesetzliche Vorschriften wie etwa das KAGG oder den „Investment Company Act of 1940" weitgehend eingeschränkt werden, während Hedgefonds nicht den gleichen Restriktionen unterliegen.

4.2.3 Standort und Rechtsform

Die oben angesprochene Freiheit und Flexibilität von Hedgefonds geht einher mit einer bestimmten Wahl von Standort und Rechtsform. Es müssen nämlich auf diese Weise erst geeignete Rahmenbedingungen geschaffen bzw. gefunden werden, so dass

Hedgefonds möglichst wenigen gesetzlichen Restriktionen durch Regulierungs-, Aufsichts- oder Steuerbehörden unterliegen.

Aus steuerlichen Gründen oder zur Umgehung der erwähnten gesetzlichen Restriktionen bevorzugen viele Hedgefonds einen Unternehmenssitz in einem der Off Shore-Zentren ohne spezielle Investmentgesetze. Laut TASS Investment Research Ltd.[1] haben 18,9 % der Hedgefonds ihren Unternehmenssitz auf den Cayman Islands, 16,5 % auf den British Virgin Islands, 11 % auf Bermuda und 7,2 % auf den Bahamas. Etwa 33,9 % der Hedgefonds sind in den USA angesiedelt. Die restlichen 12,5 % verteilen sich auf alle übrigen Länder.

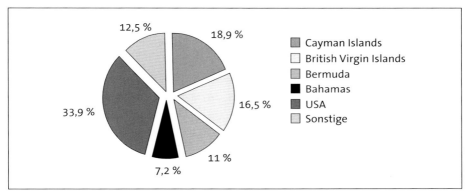

Abb. 2: Verteilung der Anlagevermögen auf Länder
Quelle: Tremont Partners, Inc. & TASS Investment Research Ltd. (1999)

Wie bereits erwähnt wurde, sind in den USA tätige Investmentfonds den Regelungen des „Investment Company Act of 1940" und damit einhergehend den darin festgelegten Restriktionen unterworfen. Im gleichen Gesetz sind allerdings auch die Ausnahmetatbestände definiert, unter denen Investmentfonds nicht den genannten Einschränkungen unterliegen.

Dazu wählen in den USA ansässige Hedgefonds im Allgemeinen die Rechtsform der „Limited Partnership". Eine „Limited Partnership" ist eine private Kapitalanlageform, die aus so genannten allgemeinen und begrenzten Partnern besteht. Die allgemeinen Partner haben den Hedgefonds gegründet sowie die Verwaltung und Investition der Anlagegelder übernommen. Die begrenzten Partner stellen den Großteil des Anlagevermögens zur Verfügung, nehmen aber am Tagesgeschäft des Fonds nicht teil. Ein Ausnahmetatbestand des „Investment Company Act of 1940" ist erfüllt, wenn die Partnerschaft nicht mehr als 100 Personen umfasst. Zählt der Hedgefonds mehr als 100 Partner, so liegt immer noch ein Ausnahmetatbestand vor, wenn alle Partner qua-

---

1 Vgl. www.tassresearch.com.

lifizierte Investoren im Sinne des „Investment Company Act" sind. Das bedeutet, wenn ihr jeweiliges Anlagevermögen die Grenze von 5 Mio. Dollar überschreitet.

In Deutschland ansässige Publikumsfonds unterliegen dem deutschen Gesetz über Kapitalanlagegesellschaften. Danach sind sie spezielle Kreditinstitute, die bei ihren Anlagen dem Grundsatz der Risikostreuung verpflichtet sind. Aus dieser Rechtsform ergeben sich die oben angeführten Restriktionen hinsichtlich der Anlageinstrumente. Um dennoch das Produkt „Hedgefonds" einer breiten Masse von Anlegern in Deutschland zugänglich zu machen, werden seit kurzer Zeit insbesondere Zertifikate in der Rechtsform von Inhaberschuldverschreibungen angeboten, die die Wertentwicklung eines Portfolios von Hedgefonds in Form eines im Ausland zugelassenen Dachfonds verbriefen.

4.2.4 Managerentlohnung

Die Entlohnung von Publikumsfondsmanagern orientiert sich vor allem an der Verwaltungsgebühr. Eine derartige Verwaltungsgebühr ist auch bei Hedgefonds zu finden. Aus der oberen der beiden Häufigkeitsverteilungen von Abbildung 3 ist zu erkennen, dass diese jährlich anfallende Gebühr in der Regel 1 bis 2 % des Anlagevermögens beträgt.

Zusätzlich greifen Hedgefonds auf besondere Anreizverträge zurück, die bei Publikumsfonds nicht zu beobachten sind. Hedgefonds-Manager partizipieren in der Regel am Wertzuwachs des von ihnen verwalteten Portfolios. Gemäß Abbildung 3 belaufen sich die Beteiligungsquoten der meisten Hedgefonds-Manager auf 15 bis 20 %.

Die prozentuale Beteiligung der Manager bezieht sich allerdings tatsächlich nur auf den Wertzuwachs, nicht aber auf eine Verringerung des Vermögens. Im Falle einer negativen Wertentwicklung entfällt die erfolgsabhängige Vergütung der Manager. Sie müssen in solch einem Falle aber keineswegs einen Teil der Verluste selbst tragen. Durch die Vereinbarung einer so genannten „High Water Mark" partizipieren die Hedgefonds-Manager allerdings an einer Wertsteigerung ihres Portfolios nur dann, wenn neue historische Höchststände erreicht, also insbesondere zuvor erlittene Verluste wieder ausgeglichen werden. Es sei z.B. ein Hedgefonds betrachtet, der im ersten Jahr den Wert seines Anlagevermögen in Höhe von 1 Mrd. Dollar auf 500 Mio. Dollar verringert und im folgenden Jahr eine Rendite von 100 % erzielt und damit den ursprünglichen Portfoliowert wiederherstellt. Der Hedgefonds-Manager erhält in diesem Fall keinerlei Gewinnbeteiligung, da die 100-prozentige Erhöhung des Portfoliowertes gerade ausreicht, um den zuvor hingenommenen Verlust wieder zu kompensieren. Gelingt es dem Manager allerdings, den Portfoliowert in der zweiten Periode um 120 % auf 1,1 Mrd. Dollar zu erhöhen, so beträgt der maßgebliche Gewinn 0,1 Mrd. Dollar, und der Manager erhält davon 20 %, also 20 Mio. Dollar.

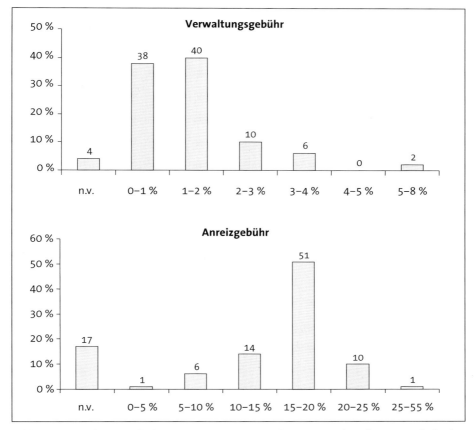

Abb. 3: *Verwaltungsgebühr (in Prozent vom Fondsvermögen) und Anreizgebühr (in Prozent vom Fondsgewinn) bei Hedgefonds,*
Quelle: Fung/Hsieh (1999)

4.2.5 Eigentumsstruktur

Der beste Arbeitsanreiz für einen Unternehmer oder Fondsmanager ist immer noch eine hohe eigene Beteiligung am jeweiligen Unternehmen. Die Hedgefonds-Manager sind daher immer zugleich auch Investoren des eigenen Fonds. Die allgemeinen Partner, die den Fonds gegründet haben, legen einen großen Teil ihres Vermögens in den von ihnen geführten Hedgefonds an. Über diese Eigentumsgestaltung wird letztlich doch sichergestellt, dass Hedgefonds-Manager nicht nur an den Gewinnen, sondern auch an den Verlusten des Fonds partizipieren. Diese Struktur steht im ausgeprägten Gegensatz zu derjenigen von Publikumsfonds, in denen die Portfoliomanager allenfalls zu einem marginalen Bruchteil selbst engagiert sind.

4.2.6 Weitere Merkmale

Neben den bereits beschriebenen Charakteristika zeichnen sich Hedgefonds noch durch einige weitere Merkmale aus. Wie bereits erwähnt wurde, müssen in den USA zugelassene Hedgefonds in der Form einer „Limited Partnership" entweder aus maximal 100 Investoren oder ausschließlich aus qualifizierten Investoren mit einem Vermögen oberhalb von jeweils 5 Mio. Dollar bestehen. Damit bei einer Beschränkung auf maximal 100 Investoren das Auflegen eines Hedgefonds überhaupt lohnenswert ist, fordern viele Fonds die Anlage eines gewissen Mindestbetrages. Dieser Mindestanlagebetrag variiert je nach Hedgefonds. Im Durchschnitt beträgt er 500.000 Dollar, kann aber auch bis 5 Mio. Dollar ausmachen. Bei den in Deutschland angebotenen Hedgefonds-Substituten ist ein deutlich geringerer Mindestanlagebetrag von etwa 5.000 bis 20.000 Euro die Regel. Selbst dies steht aber im deutlichen Kontrast zu den Erfordernissen bei Publikumsfonds, bei denen höchstens Mindestanlagebeträge in der Größenordnung von wenigen 100 Euro gefordert werden.

Um die Flexibilität ihrer Anlagestrategie zu erhöhen, legen viele Hedgefonds eine so genannte Mindesthalteperiode (Lock up-Periode) für das investierte Kapital fest. Diese Periode umfasst die Zeitspanne, für die die Investoren ihr Anlagevermögen mindestens dem Hedgefonds zur Verfügung stellen müssen. Im Durchschnitt beträgt dieser Zeitraum etwa drei Monate, bei einigen Hedgefonds sogar einige Jahre. Darüber hinaus müssen die Investoren in der Regel bestimmte Kündigungsfristen einhalten, wenn sie ihr angelegtes Kapital wiedererhalten wollen. Die mittlere Länge dieser Kündigungsfristen liegt bei ungefähr einem Monat.

Derartigen Regelungen liegt die folgende Überlegung zugrunde: Viele der Hedgefonds agieren nach komplizierten Strategien, die das Halten von bestimmten Finanzierungstiteln über einen längeren Zeitraum erfordern. Da die Investoren jeweils recht große Anlagebeträge in die Hedgefonds eingebracht haben, würde der plötzliche Abzug dieser Mittel umfängliche Liquidationen von Wertpapierpositionen bedingen, womit die erfolgreiche Umsetzung der jeweiligen Anlagestrategie gefährdet würde.

4.3 Entwicklung und Volumen der Hedgefonds-Industrie

Am 1. Januar 1949 gründete Alfred Winslow Jones in den USA das, was heute als der erste Hedgefonds angesehen wird. Der Begriff „Hedgefonds" wurde jedoch erst fast zwei Jahrzehnte später, im Jahre 1966, von einer Redakteurin des Magazins „Fortune" in einem Bericht über A. W. Jones geprägt.

Das damals Neuartige des Ansatzes von Jones war, dass er die beiden an sich spekulativen Elemente „Leerverkäufe" und „Fremdfinanzierung" zur Durchführung einer konservativen Anlagestrategie, bei der Long- durch Short-Positionen abgesichert werden, miteinander kombinierte und sich damit gegenüber den traditionellen Investmentformen abgrenzte. In der Rechtsform einer „General Partnership" verwaltete er nicht nur die Gelder seiner als allgemeine Partner auftretenden Investoren, sondern in erster

Line auch sein eigenes gesamtes Vermögen. Die von Jones gegründete Anlagefirma war auch die erste, die zu den bisher genannten Elementen eine erfolgsabhängige Vergütung hinzufügte und somit fast alle im Abschnitt 2 aufgeführten Charakteristika eines Hedgefonds erfüllte. Von dem Erfolg seines Anlagemodells beflügelt, wandelte Jones zur Aufnahme weiterer Partner seine Anlagefirma 1952 in eine „Limited Partnership" um und stellte 1954 zusätzliche Portfoliomanager an.

Bis Ende der 60er Jahre wurden nur wenige weitere Hedgefonds Gesellschaften wie etwa die Anlagefirma Buffet Partners von Warren Buffett gegründet. Erst zu diesem Zeitpunkt wurden Hedgefonds unter anderem durch den bereits erwähnten Artikel im Fortune-Magazin mit dem Titel „The Jones Nobody Keeps up with" populär, in dem die Verfasserin davon berichtete, dass Jones trotz seiner 20-prozentigen Anreizgebühr über einen Zeitraum von 10 Jahren eine um 87 % höhere Rendite als der beste Publikumsfonds erzielt hat. Ende der sechziger Jahre, als George Soros seinen Quantum-Fonds lancierte, existierten knapp 150 Hedgefonds. In den durch allgemein steigende Aktienkurse gekennzeichneten sechziger Jahren verzichteten die meisten Hedgefonds auf Leerverkäufe, was ihnen Anfang der siebziger Jahre bei fallenden Märkten zum Verhängnis wurde. Als Konsequenz hieraus waren die siebziger Jahre eher durch einen Rückgang in der Anzahl der Hedgefonds gekennzeichnet. 1984, als Tremont Partners begann, Daten über Hedgefonds zu sammeln, konnten sie nur 68 Stück identifizieren. 1986 wurde das Interesse an Hedgefonds wiederum durch einen Artikel, dieses Mal im „Institutional Investor", neu belebt, in dem Julian Robertson von der 43-prozentigen jährlichen Wertsteigerung seines Fonds in den ersten sechs Jahren seit dessen Auflegung berichtete. Wie im Monatsbericht der Deutschen Bundesbank von März 1999 zu lesen ist, hat sich die Anzahl der Hedgefonds (Dachfonds nicht mitgerechnet) weltweit von etwa 1.400 im Jahre 1988 um knapp 300 % auf fast 5.500 am Ende des Jahres 1997 erhöht. Es wird angenommen, dass heute (Ende November 2001) mehr als 6.100 Hedgefonds existieren. Ebenfalls von 1988 bis zum Ende von 1997 ist

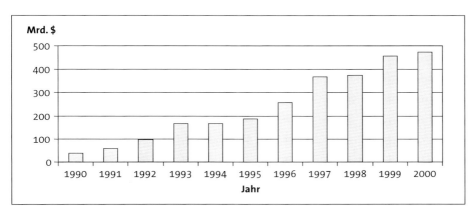

Abb. 4: *Verwaltetes Hedgefonds-Vermögen*

Quelle: Owen (2000)

das von Hedgefonds verwaltete Vermögen von ungefähr 42 Mrd. $ um 600 % auf gut 300 Mrd. Dollar gestiegen. Marktteilnehmer schätzen, dass das verwaltete Hedgefonds-Vermögen heute (Ende November 2001) etwa 500 Mrd. Dollar beträgt.

4.4 Hedgefonds-Kategorien

Die Menge aller Hedgefonds lässt sich nach verschiedenen Kriterien in unterschiedliche Klassen aufteilen. Im Folgenden werden verschiedene Hedgefonds-Strategien auf der Grundlage des Klassifikationsschemas nach TASS Investment Research Ltd. gemäß Abbildung 5 in drei Gruppen mit unterschiedlichen Risikoeigenschaften unterteilt. Nicht alle Handelsstrategien sind dabei „exklusiv" in dem Sinne, dass sie nicht auch von Publikumsfonds trotz ihrer bereits beschriebenen eingeschränkten Anlagemöglichkeiten in ähnlicher Form wahrgenommen werden könnten. In jedem Fall werden die nachfolgenden Strategien aber ebenfalls von Fonds verfolgt, die auf Grund ihrer sonstigen Charakteristika wie etwa der Managemententlohnung auch unter Hedgefonds subsumiert werden.

Marktneutral	Ereignisgetrieben	Opportunistisch
Convertible Arbitrage	Distressed Securities	Global Macro
Fixed Income Arbitrage	Merger Arbitrage	Dedicated Short Bias
Equity Market Neutral		Emerging Markets
		Long/Short Equity

Risiko →

Abb. 5: Hedgefonds-Strategien und -Risikoklassen
Quelle: www.hedgeindex.com

Marktneutral

Charakteristisch für eine marktneutrale (oder Relative Value-) Strategie ist die Identifikation und anschließende Ausnutzung von Preisineffizienzen zwischen ähnlichen Anlageinstrumenten. Es werden dabei unterbewertete Titel gekauft und überbewertete verkauft. Marktrisiken werden durch den Aufbau geeigneter Long- und Short-Positionen eliminiert. Marktneutrale Hedgefonds weisen typischerweise zum einen eine relativ geringe Volatilität sowie eine kaum vorhandene Korrelation mit den Standard-Marktindizes auf. Es wird zwischen drei marktneutralen Aktivitäten unterschieden:

▶ Manager, die Convertible Arbitrage betreiben, zielen speziell auf Preisineffizienzen bei Wandelanleihen ab. Typischerweise werden dabei Wandelanleihen gekauft und die jeweils zugrunde liegenden Aktien leer verkauft. Zur Absicherung von Risiken werden Anleihen und vor allem Derivate eingesetzt.

- Fixed Income Arbitrage beruht auf der Identifikation von Bewertungsineffizienzen zwischen unterschiedlichen festverzinslichen Wertpapieren. Da die Preisineffizienzen relativ gering sind, wird versucht, durch den Einsatz von Krediten eine Hebelwirkung („Leverage") zu erzielen. Zu dieser Strategie gehört z.B. die Arbitrage zwischen Zinskassa- und Zinsterminmärkten.

- Unter Equity Market Neutral wird eine Vielzahl von Strategien zusammengefasst, bei der Manager Preisineffizienzen zwischen Aktien und den entsprechenden Derivaten aufzudecken und daraus Gewinne zu realisieren suchen. Ein Beispiel ist der Kauf eines Portfolios von Aktien, die in einem bestimmten Index zusammengefasst sind, bei gleichzeitigem Verkauf eines Futures-Kontrakts, der demselben Index zugrunde liegt. Die Fonds eliminieren Marktrisiken, indem sie sich wertmäßig entsprechende Positionen auf der Long- und der Short-Seite aufbauen.

Ereignisgetrieben

Fonds, die eine ereignisgetriebene Strategie verfolgen, identifizieren vermeintliche Fehlbewertungen, sprich Preisineffizienzen, eines Finanzierungstitels hinsichtlich eines besonderen Ereignisses und nutzen diese aus. Solche besonderen Ereignisse können Insolvenz, Restrukturierung, Übernahme oder Verschmelzung von Unternehmen sein.

- Bei Distressed Securities wird in das Eigenkapital oder in Schuldverschreibungen von Unternehmen investiert, die beispielsweise vor dem Bankrott oder einer Reorganisation stehen. Auf Grund dieser Situation neigen Titel solcher Unternehmen dazu, unterbewertet zu sein. Die Fonds-Manager hoffen, dass die Anlagen einen Wertzuwachs realisieren, nachdem die Phase der Unruhe überwunden wurde. Typischerweise sind diese Fonds nicht verschuldet.

- Bei der Merger Arbitrage versuchen die Manager, aus der Differenz zwischen dem heutigen Aktienkurs und dem Kurs desselben Wertpapiers nach einer erfolgreichen Übernahme oder Verschmelzung Kapital zu schlagen. Die Risiken bei dieser Strategie sind vor allem darin begründet, dass das Geschäft nicht vollzogen wird oder der Wert des Unternehmens, das gekauft wird, nach Übernahme fällt. Insofern ist die Bezeichnung „Merger Arbitrage" augenscheinlich irreführend. Um sich gegen die genannten Risiken abzusichern, legen die Manager diversifizierte Portfolios an. Je nachdem, ob Manager nur angekündigten Aktivitäten oder bloßen Gerüchten folgen, schwankt das Risiko der Anlage.

Ereignisgetriebene Strategien erfordern ein hohes Maß an Rechercharbeit, da über das betrachtete Unternehmen hinaus auch ökonomische Rahmenbedingungen analysiert werden müssen. In manchen Fällen, etwa bei der Restrukturierung von Unternehmen, übernehmen Hedgefonds-Manager sogar einen aktiven Part in diesem Prozess. Allgemein weisen auch ereignisgetriebene Strategien eine geringe Korrelation mit den Standard-Marktindizes auf. Trotz des nicht zu leugnenden spekulativen Moments resultieren in der Regel Renditevolatilitäten, die auf ein niedriges bis moderates Risiko bei diesen Strategien schließen lassen.

Opportunistisch

Bei opportunistischen Handelsstrategien steht das spekulative Moment der Anlage eindeutig im Vordergrund, weswegen die Bezeichnung „Hedgefonds" hier besonders irreführend ist.

- ▶ Im Rahmen der Global Macro-Strategie versuchen Fondsmanager, weltweit von Veränderungen in den ökonomischen Bedingungen, etwa den Kapitalmarktzinssätzen, zu profitieren. Sie setzen Fremdkapital und Derivate ein. Die Positionen reflektieren die Einschätzungen der Manager bezüglich der Kapitalmarktbewegungen, wie sie von allgemeinen ökonomischen Trends beeinflusst werden.

- ▶ Bei Anwendung der Dedicated Short Bias-Strategie werden Wertpapiere leer verkauft, die in den Augen der Manager überbewertet sind und deshalb in Zukunft an Wert verlieren sollten. Der Handel richtet sich dabei nach folgendem Schema: Die Fonds leihen sich von Banken die „überbewerteten" Aktien und verkaufen diese anschließend. Die aus dem Verkauf resultierenden Gelder werden beispielsweise in Schatzwechseln angelegt, was gleichzeitig der Besicherung der geliehenen Titel dient. Die Manager hoffen, dass sie die gleichen Aktien zu einem späteren Zeitpunkt preiswerter kaufen und ihre Schuld bei den Banken unter Erwirtschaftung eines Gewinns begleichen können. Die Geschäfte werden nicht durch ein Gegengeschäft abgesichert.

- ▶ Emerging Markets-Fonds agieren nur in „aufstrebenden" Wirtschaftsregionen wie etwa Asien und Lateinamerika. Diese Länder neigen zu Inflation und volatilem Wachstum. Die Fonds-Manager verfolgen eine „Bottom up"-Strategie, d.h. sie richten ihr Augenmerk in erster Linie auf die disaggregierte Ebene bestimmter Titel und nicht auf deren Aggregation in „Märkten". Es wird allgemein in Staats- und Unternehmensanleihen sowie unternehmerisches Eigenkapital investiert. Da auf vielen dieser Märkte Leerverkäufe nicht erlaubt sind, ist ein effektives Absichern der Positionen oftmals nicht möglich.

- ▶ Long/Short Equity-Ansätze umfassen alle Eigenkapital-basierten Strategien, bei denen Aktien sowohl ge- als auch verkauft werden. In der Regel werden unterbewertete Aktien gekauft und überbewertete gleichzeitig verkauft, wobei der Schwerpunkt auf Aktienkäufen liegt. Abgesehen von dieser Grundcharakterisierung gibt es zahlreiche unterschiedliche „Spielarten". So muss die Strategie nicht marktneutral ausgerichtet sein. Sie kann wert- oder wachstumsorientiert verfolgt werden und sich auf große oder kleine Unternehmen konzentrieren. Der Fokus kann regional oder sektorspezifisch sein.

Die Verteilung des von Hedgefonds verwalteten Vermögens auf die verschiedenen Strategien ist in Abbildung 6 wiedergegeben.

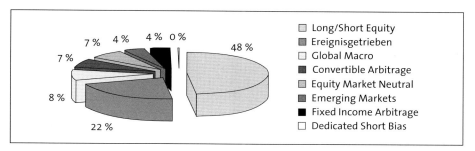

Abb. 6: *Anlagevermögen und Hedgefonds-Strategien*

Quelle: TASS (2001)

4.5 Performance

4.5.1 Sharpe-Maß

Zur Beurteilung der Güte verschiedener Investmentfonds greifen kundige Investoren gerne auf das so genannte Sharpe-Maß zurück. Gemäß der Markowitz-Portfoliotheorie wird dabei davon ausgegangen, dass zur Beurteilung einer unsicheren Wertpapieranlage die Kenntnis der erwarteten Rendite des in Rede stehenden Portfolios sowie der zugehörigen Standardabweichung der Rendite ausreichend ist. Für die Übernahme von Risiken werden die Anleger durch eine erwartete Rendite oberhalb des risikolosen Zinssatzes entschädigt. Die Differenz zwischen erwarteter Rendite des unsicheren Portfolios und der Rendite der risikolosen Anlage wird daher als Risikoprämie bezeichnet. Das Sharpe-Maß greift den Umstand auf, dass sich durch Kombination eines Fondsengagements mit risikoloser Anlage oder Verschuldung die insgesamt resultierende Risikoprämie und das zugehörige Risiko proportional in beliebiger Weise erhöhen oder senken lassen. Sofern ein Anleger sein riskantes Engagement auf einen einzigen Fonds beschränken will, ist von ihm daher derjenige Fonds zu wählen, der die maximale Risikoprämie pro eingegangener Einheit Risiko erzielt. Bezeichnet man die erwartete Rendite eines Fonds F mit µF, die Rendite der risikolosen Anlage mit i und die Renditestandardabweichung von F mit σF, so ist das Sharpe-Maß definiert als Quotient aus Risikoprämie und Standardabweichung

$$(1) \qquad S_F := \frac{\mu_F - i}{\sigma_F}.$$

Im Weiteren wird (1) auch als Ausdruck der Performance des Fonds F bezeichnet. Präziser formuliert, beruht die Herleitung des Sharpe-Maßes auf der so genannten Tobin-Separation. Näheres hierzu findet sich etwa bei Breuer/Gürtler/Schuhmacher (1999).

Verschiedene empirische Studien belegen, dass Hedgefonds eine im Vergleich zu Publikumsfonds überlegene Performance liefern. Beispielhaft seien hier die wesentlichen Ergebnisse der 1999 im Journal of Finance veröffentlichten Arbeit von Ackermann, McEnally und Ravencraft präsentiert. Die Autoren weisen nach, dass Hedgefonds generell in der Lage sind, eine bessere Performance als Publikumsfonds zu liefern. Auf der Grundlage durchschnittlicher Sharpe-Maße werden die Erfolge von Hedgefonds und Publikumsfonds in vier unterschiedlich langen Zeiträumen miteinander verglichen. Die dazugehörigen Zahlen auf der Basis monatlicher Daten sind in Abbildung 7 abgetragen. Für jeden Zeitraum ist das durchschnittliche Sharpe-Maß der Hedgefonds mit dem entsprechenden Wert für die Publikumsfonds zu vergleichen. Insgesamt sind somit vier Fälle zu untersuchen. Das jeweils größere Sharpe-Maß ist in Abbildung 7 fett markiert. Aus der Abbildung ist zu erkennen, dass Hedgefonds in allen vier Betrachtungszeiträumen im Durchschnitt jeweils eine bessere Performance als Publikumsfonds aufweisen.

Betrachtungszeitraum	Durchschnittliches Sharpe-Maß von Hedgefonds	Durchschnittliches Sharpe-Maß von Publikumsfonds
1994–1995	**0,145**	0,144
1992–1995	**0,297**	0,223
1990–1995	**0,241**	0,183
1988–1995	**0,231**	0,192

Abb. 7: Sharpe-Maße für Hedgefonds und Publikumsfonds
Quelle: Ackerman, McEnally und Ravenscraft (1999)

Ein ähnliches Bild bietet sich, wenn alle untersuchten Hedgefonds nach neuen Kategorien gruppiert und entsprechenden Publikumsfonds gegenübergestellt werden. Weil viele TASS-Strategien wie beispielsweise „Marktneutral" oder „Dedicated Short Bias" nicht von Publikumsfonds angewendet werden können, haben Ackerman, McEnally und Ravenscraft neue, für Vergleichszwecke geeignetere Fondskategorien definiert, Hedgefonds in diese Kategorien eingeordnet und sie dann den entsprechenden Publikumsfonds gegenübergestellt. Sie führten insgesamt 88 Gegenüberstellungen durch. Als Resultat erhalten sie, dass in 74 Fällen Hedgefonds eine im Vergleich zu den Publikumsfonds überlegene Performance liefern, wovon 36 Vergleiche statistisch signifikant sind. In den übrigen Fällen, in denen Publikumsfonds besser abschneiden, sind nur drei Werte statistisch signifikant. Auf der Grundlage dieser empirischen Ergebnisse ist also der Schluss zulässig, dass Hedgefonds im Allgemeinen günstigere Rendite-Risiko-Profile als Publikumsfonds ermöglichen.

In dem gleichen Aufsatz dokumentieren die Verfasser allerdings auch, dass Hedgefonds keine nachhaltig besseren Sharpe-Maße als Standard-Indizes erzielen. Beispielhaft seien hier die Daten aus Abbildung 8 betrachtet. Während in der Zeitspanne von 1994

Betrachtungs-zeitraum	Durchschnittliches Sharpe-Maß von Hedgefonds	Sharpe-Maß MSCI World	Sharpe-Maß Lehman Bond
1994–1995	0,145	**0,229**	**0,164**
1992–1995	**0,297**	0,190	0,267
1990–1995	0,241	0,058	**0,304**
1988–1995	0,231	0,108	**0,272**

Abb. 8: Sharpe-Maße für Hedgefonds und Indizes,

Quelle: Ackerman, McEnally und Ravenscraft (1999)

bis 1995 die Performance beider Indizes oberhalb des durchschnittlichen Hedgefonds-Sharpe-Maßes liegt, ist in der Periode von 1992 bis 1995 genau das Gegenteil zu beobachten. In den Zeiträumen von 1990 bis 1995 sowie von 1988 bis 1995 ist das Sharpe-Maß des Lehman-Bond-Indexes größer und das Sharpe-Maß des MSCI World-Indexes kleiner als der entsprechende Wert für die Hedgefonds. Jeweils die Hälfte der durchgeführten Vergleiche fällt also zugunsten der Indizes bzw. der Hedgefonds aus.

4.5.2 Diversifikation und Korrelation

Angesichts der im vorigen Unterabschnitt dargestellten Resultate stellt sich die Frage, ob man nicht auf Hedgefonds verzichten und stattdessen in Indizes investieren sollte. Die Antwort hierauf lautet eindeutig „Nein", denn die alleinige Betrachtung des Sharpe-Maßes eines einzelnen Fonds ignoriert den durch Hedgefonds erreichbaren Diversifikationseffekt im Rahmen des Gesamtportfolios eines Anlegers.

So lässt sich beispielsweise schon durch die Zusammenstellung eines Portfolios aus Hedgefonds der gleichen Kategorie eine beträchtliche Risikomischungswirkung erzielen. Die folgende Abbildung 9 gibt für den Zeitraum vom 1. Januar 1994 bis 31. August 2001 die annualisierten durchschnittlichen Renditen und Standardabweichungen sowie die Sharpe-Maße für die von TASS definierten Hedgefonds-Indizes an.[1] Der risikolose Zinssatz wird auf der Basis US-amerikanischer 90-Tage-Treasury Bills ermittelt. Bei den Hedgefonds-Indizes handelt es sich um gewichtete Portfolios, die nur aus Hedgefonds einer Kategorie bestehen. Abbildung 9 stellt die Renditen und Standardabweichungen der auf der Grundlage der beschriebenen Hedgefonds-Kategorien gebildeten Indizes in einem μ-σ-Diagramm dar. Auf der Abszisse ist die jeweilige annualisierte Standardabweichung, auf der Ordinate die jeweilige annualisierte durchschnittliche Rendite abgetragen.

Anhand von Abbildung 9 erkennt man sehr deutlich, dass fünf von acht Hedgefonds-Indizes ein höheres Sharpe-Maß als der S&P 500 aufweisen. Die beste Performance

---

[1] Alle Daten sind über das Internet unter http://www.hedgeindex.com abrufbar.

erzielen die marktneutralen Hedgefonds-Indizes „Equity Market Neutral" und „Convertible Arbitrage". Die geringsten Sharpe-Maße haben die Hedgefonds-Indizes der Kategorie „Emerging Markets" und „Dedicated Short Bias" realisiert.

Weiterhin spiegelt sich in der Abbildung 9 und in Abbildung 10 die bereits in Abbildung 5 vorgenommene Zuordnung der verschiedenen Hedgefonds-Strategien zu einer der Risikoklassen „Marktneutral", „Ereignisgetrieben" und „Opportunistisch" wider. Wie zu vermuten war, weisen die drei der Kategorie „Marktneutral" zugeordneten Strategien das geringste Risiko auf. Auf einem mittleren Risikoniveau bewegt sich entsprechend der Index für die ereignisgetriebenen Hedgefonds-Strategien. Das höchste Risiko findet sich schließlich bei den opportunistischen Hedgefonds-Strategien.

Ein wichtiger Aspekt von Hedgefonds ist ihre geringe Korrelation mit den Standard-Indizes. Auch bei fallenden Kursen an den internationalen Kapitalmärkten können Hedgefonds demnach durchaus eine positive Wertentwicklung vorweisen. Die

Index	Ann. Rendite	Ann. Standardabweichung	Sharpe-Maß	Korrelation				
				Dow	JPM GovB	MSCI EAFE	MSCI EM	MSCI World
Hedgefonds-Index	11,97 %	9,49 %	0,73	0,43	−0,14	0,43	0,52	0,5
Equity Market Neutral	11,84 %	3,32 %	2,04	0,45	0,02	0,35	0,37	0,44
Convertible Arbitrage	11,11 %	4,90 %	1,23	0,12	−0,23	0,07	0,19	0,1
Fixed Income Arbitrage	6,86 %	4,17 %	0,43	0,12	−0,27	0,04	0,16	0,07
Ereignisgetrieben	12,13 %	6,33 %	1,12	0,55	−0,16	0,53	0,63	0,58
Long/Short Equity	13,99 %	12,20 %	0,73	0,48	0,03	0,59	0,60	0,65
Global Macro	14,02 %	13,65 %	0,66	0,27	−0,18	0,15	0,24	0,24
Emerging Markets	3,99 %	19,64 %	−0,06	0,50	−0,24	0,51	0,77	0,54
Dedicated Short Bias	0,18 %	18,78 %	−0,26	−0,65	0,01	−0,64	−0,66	−0,76
S&P 500	12,27 %	15,4 %	0,47	0,88	0,12	0,74	0,64	0,92
MSCI World	7,15 %	13,72 %	0,15	0,86	0,17	0,93	0,71	1

Abb. 9: Erwartete Renditen, Standardabweichungen, Sharpe-Maße und Korrelationskoeffizienten von Hedgefonds-Indizes und Standard-Indizes

Quelle: www.hedgeindex.com

Korrelationskoeffizienten der Hedgefonds-Renditen mit den Renditen der Standard-Indizes lagen in den von Ackerman, McEnally und Ravenscraft untersuchten Zeiträumen jeweils in dem Intervall von 0,136 bis 0,323. Abbildung 9 zeigt weiterhin die Korrelationskoeffizienten der Hedgefonds-Indizes mit den Standard-Aktien- und Bond-Indizes. Dabei steht „MSCI" wieder für „Morgan Stanley Capital International". „MSCI EAFE" ist ein gewichteter Index für Europa, Australien, Neuseeland und den Fernen Osten. „EM" bedeutet „Emerging Markets", „Dow" steht kurz für den Dow Jones Industrial Average-Index und „JPM GovB" für „JP Morgan Government Bonds".

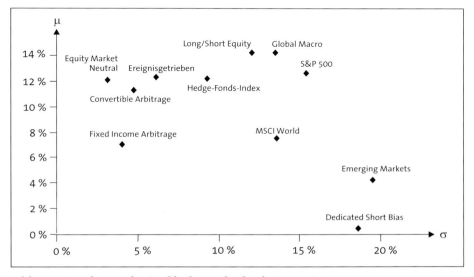

Abb. 10: Rendite-Risiko-Profile der Hedgefonds-Strategien,

Quelle: www.hedgeindex.com

Die marktneutralen Strategien weisen höchstens einen Korrelationskoeffizienten von 0,45 auf. Die entsprechenden Korrelationskoeffizienten von Publikumsfonds liegen dagegen in der Größenordnung von 0,8. Hedgefonds sind daher tatsächlich in der Lage, das Rendite-Risiko-Verhältnis eines Portfolios deutlich zu verbessern, sprich das Sharpe-Maß des Gesamtportfolios eines Anlegers zu steigern. Das Ausmaß dieses Diversifikationseffektes demonstrieren Agarwal und Naik (2000) sehr anschaulich, indem sie die Effizienzlinien bei Vernachlässigung sowie bei Berücksichtigung von Hedgefonds auf der Grundlage der Markowitz-Portfoliotheorie ermitteln und miteinander vergleichen.

In Abbildung 11 sind folgende Indizes zugrunde gelegt:

▶ als Aktien-Indizes S&P 500, der MSCI World Equity Index excluding US and the emerging markets und der MSCI Emerging Markets Index;

- als Anleihen-Indizes Salomon Brothers World Government Bond Index, Salomon Brothers Government & Corporate Bond Index und Lehman High Yield Composite Index,

- als Währungsindex der Federal Reserve Trade-Weighted Dollar Index und

- als Güterindex der UK Market Price Index for Gold.

Die Index-Effizienzlinie stellt alle μ-σ-effizienten Kombinationen dar, falls die Anleger nur die Möglichkeit besitzen, positive Anteile der drei genannten Aktien-Indizes, der drei Anleihen-Indizes, des Währungsindexes sowie des Güterindexes zu halten und von risikoloser Anlage und Verschuldung abstrahiert wird. Besitzen die Investoren zusätzlich die Möglichkeit, positive Anteile von Indizes zu erwerben, die die weiter oben beschriebenen Hedgefonds-Strategien abbilden, so ist die Hedgefonds-/Index-Effizienzlinie in Abbildung 11 erreichbar. Man erkennt sehr deutlich, dass durch die Aufnahme von Hedgefonds jede beliebig vorgegebene erwartete Rendite jeweils mit einem deutlich geringeren Risiko realisierbar ist. Berücksichtigt man zusätzlich die Möglichkeit zu sicherer Anlage und Verschuldung zu einem sicheren Zinssatz von beispielsweise 5 %, dann erhält man durch den Einbezug der Hedgefonds-Indizes eine Erhöhung des Sharpe-Maßes des jeweils besten Gesamtportfolios von 1,23 auf 2,7, wobei die Zahlen graphisch ermittelt wurden. Es stellt sich nun die Frage, wie Hedgefonds eine derartige Verbesserung des Rendite-Risiko-Verhältnisses ermöglichen können (vgl. zum Folgenden Schuhmacher (2001a)).

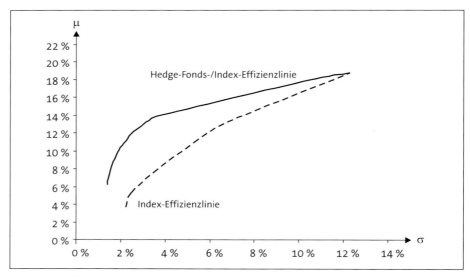

Abb. 11: Effizienzlinien ohne und mit Hedgefonds-Indizes

Quelle: Agarwal/Naik (2000)

4.6 Erklärungsansätze

Zur Identifikation der Gründe für den besonderen Erfolg von Hedgefonds muss man zum Abschnitt 1 über ihre wichtigsten Charakteristika zurückkehren. Es wurde u.a. in jenem Abschnitt dargelegt, dass eine wesentliche Besonderheit von Hedgefonds in dem persönlichen Mitteleinsatz sowie der Vergütungsstruktur ihrer Manager besteht. Solche Beteiligungen am Erfolg des Hedgefonds sollen die Manager zu außergewöhnlichen Leistungen motivieren, die sich in höheren erwarteten Renditen und geringeren Risiken niederschlagen (vgl. Schuhmacher (2001b)).

Ackermann/McEnally/Ravencraft (1999) zeigen, dass die Höhe der prozentualen Erfolgsbeteiligung über Anreizgebühren tatsächlich in einem positiven Zusammenhang zur Performance von Hedgefonds steht. Der Übergang von einem Fonds ohne Erfolgsbeteiligung zu einem Hedgefonds mit einer 20-prozentigen Erfolgsbeteiligung steigert beispielsweise das Sharpe-Maß im Durchschnitt um 0,15. Wie aus den Abbildungen 7 und 8 zu entnehmen ist, entspricht dies etwa 66 % des durchschnittlichen Sharpe-Maßes von Hedgefonds über die vier betrachteten Zeiträume hinweg.

Die Hypothese, dass erfolgreiche Hedgefonds-Manager als Belohnung eine größere Beteiligung am Unternehmenserfolg besitzen, weil sie nach Realisation hoher Wertsteigerungen eine bessere Position in den Vertragsverhandlungen haben, lässt sich sofort ablehnen, da sich die Vergütungsstrukturen innerhalb der einzelnen Hedgefonds im Laufe der Zeit jeweils kaum verändert haben. Vielmehr scheint eine positive Wirkung von der Höhe der Erfolgsbeteiligung auf die Performance des Hedgefonds auszugehen. Ob dieser Einfluss eher darauf zurückzuführen ist, dass Hedgefonds mit höheren Erfolgsbeteiligungen fähigere Manager anziehen oder die Manager vielmehr einen größeren Arbeitseinsatz zur Erzielung besonderer Renditen leisten, lässt sich nur schwer nachweisen. Fest steht jedenfalls, dass sich eine höhere Erfolgsbeteiligung der Hedgefonds-Manager, die aus Sicht der Investoren zwar zunächst sehr kostenintensiv wirkt, in der Regel auszahlt, da sie im Durchschnitt mit höheren Sharpe-Maßen verbunden ist. In vegleichbarer Weise steigert die Existenz einer High Watermark ceteris paribus die Fonds-Performance, wie Liang (1999) gezeigt hat. Entsprechendes dürfte für das Einbringen des eigenen Vermögens von Fondsmanagern gelten.

Eine weitere wesentliche Besonderheit von Hedgefonds besteht in dem bereits genannten fehlenden Verbot, Leerverkäufe durchzuführen. Erst Leerverkäufe eröffnen Hedgefonds die Möglichkeit, sich durch den gleichzeitigen Kauf und Verkauf von Wertpapieren von der Marktentwicklung zu lösen und das Risiko eines Portfolios spürbar zu senken.

Tatsächlich kann man, wie in Abbildung 12 dargestellt, zeigen, dass sich die in Abbildung 11 erkennbare besondere Performance von Hedgefonds zu einem großen Teil auf Leerverkäufe zurückführen lässt. Konkret erreicht eine Anlagestrategie, die aus Long-Positionen in den Indizes für Staatsanleihen (Salomon Brothers World Government Bond Index) und Währungen (Federal Reserve Trade-Weighted Dollar Index) sowie

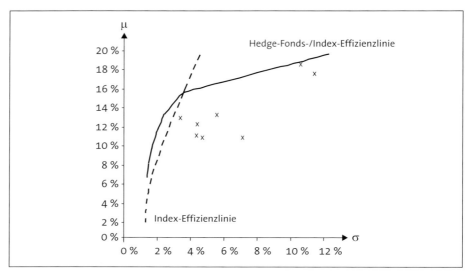

Abb. 12: Effizienzlinien mit/ohne Leerverkäufe

Quelle: Agarwal/Naik (2000)

Short-Positionen in den Indizes für hochrentierliche Anleihen (Lehman High Yield Composite Index) und Unternehmensanleihen (Salomon Brothers Government & Corporate Bond Index) besteht, für Standardabweichungen unterhalb von 3 % ungefähr das gleiche Rendite-Risiko-Profil wie die Hedgefonds-/Index-Effizienzlinie aus Abbildung 11 (vgl. Schuhmacher (2201c)). Daraus lässt sich der Schluss ziehen, dass die Strategie von Hedgefonds zumindest teilweise durch optimale Kauf- und Verkaufspositionen in Standard-Indizes auf der Grundlage der Markowitz-Portfoliotheorie dupliziert werden kann.

Auf einem hohen Risikoniveau können allerdings mit Hilfe der optimalen Index-Anlagestrategie bei Leerverkaufsmöglichkeiten sogar günstigere Rendite-Risiko-Profile realisiert werden als bei Anreicherung eines Index-Portfolios mit Leerverkaufsbeschränkungen durch Hedgefonds. Dieser Umstand lässt sich möglicherweise auf die Tatsache zurückführen, dass das optimale „unrestringierte" Index-Portfolio u.a. aus einer Long-Position des amerikanischen Aktienindexes S&P 500 sowie einer Short-Position des Goldindexes besteht und diese Strategie von keinem der Hedgefonds angewandt worden ist. Dementsprechend ergibt sich bei zusätzlicher Voraussetzung einer sicheren Anlage-/Verschuldungsmöglichkeit zu 5 % die eindeutige (präferenzunabhängige) Überlegenheit der Index-Anlage-Strategie mit Leerverkaufsmöglichkeiten. Das hierbei maximal erreichbare Sharpe-Maß beläuft sich nämlich auf 4,146 im Vergleich zu dem bereits bekannten Wert von 2,7 für den Fall des kombinierten Einsatzes von Hedgefonds und Standard-Indizes ohne Leerverkaufsmöglichkeit.

Schließlich soll noch der Frage nachgegangen werden, ob die Auswahl einer bestimmten Hedgefonds-Strategie zu einem besonders günstigen Rendite-Risiko-Profil führen kann. Ackermann/McEnally/Ravencraft (1999) zeigen, dass keine Strategie in der Lage ist, eine im Vergleich zu den anderen Kategorien eindeutig überlegene Performance zu erzielen. Lediglich die Strategie „Dedicated Short Bias" hat in der betrachteten Periode von April 1995 bis September 1998 eine besonders schlechte Performance geliefert, was angesichts der in diesem Zeitraum steigenden Aktienmärkte nicht besonders verwunderlich ist. Ansonsten bieten die verschiedenen Hedgefonds-Strategien völlig unterschiedliche Rendite-Risiko-Profile, wie sich schon bei ihrer Charakterisierung weiter oben andeutete. So weisen beispielsweise die marktneutralen Hedgefonds eine geringere Volatilität als die marktorientierten auf, erzielen dafür aber auch im Durchschnitt geringere Renditen. Es lässt sich also festhalten, dass die Anwendung einer bestimmten Hedgefonds-Strategie nicht die außergewöhnlich gute Performance eines Hedgefonds erklären kann.

4.7 Fazit

Hedgefonds erweisen sich empirisch gesehen vor allem auf Grund ihrer generell geringen Korrelation mit gängigen Aktienindizes als sehr gut geeignet zur Beimischung im Rahmen eines Gesamtportfolios. Auch im direkten Vergleich mit Publikumsfonds ist ihre Überlegenheit erkennbar. Ihre Vorteile liegen zum einen in der stärkeren Erfolgsabhängigkeit der Entlohnung von Portfoliomanagern und zum anderen in den größeren Freiheiten, was Möglichkeiten der Verschuldung, des Derivateneinsatzes und des Leerverkaufs von Wertpapieren angeht.

Insbesondere die Schlussfolgerung vorteilhafter größerer Freiräume sollte nachdenklich stimmen, führen doch gesetzliche Regulierungen demnach hier dazu, dass für Publikumsfonds nur inferiore Rendite-Risiko-Positionen erreichbar sind. Man könnte daher geneigt sein, ein Regulierungserfordernis generell zu verneinen. Freilich darf hierbei nicht übersehen werden, dass die zusätzlichen Handlungsspielräume von Hedgefonds auch zur Betonung spekulativer Elemente genutzt werden können. So eröffnet der Leerverkauf einer Aktie die Möglichkeit unbegrenzter Verluste, weil der künftige Kaufkurs, zu dem man sich mit der betreffenden Aktie zum Schließen seiner Gesamtposition später am Kapitalmarkt eindeckt, per se nach oben offen ist. Auch die Risikoträchtigkeit fixer Verbindlichkeit bei volatilen Erträgen aus Aktienhaltung dürfte auf der Hand liegen.

Es soll hier nicht vertieft auf die Frage eingegangen werden, wie sich überhaupt die staatliche Regulierung des Marktes für Investmentfonds rechtfertigen lässt. Sofern der Gesetzgeber aus welchen Gründen auch immer Kleinanleger vor der Übernahme allzu ausgeprägter Risiken schützen will, muss dieser Anlegergruppe zwingend auch der Zugang zu Hedgefonds versagt bleiben. Indes existieren – wie oben angedeutet – gerade auch in Deutschland Bestrebungen, einer breiteren Masse ebenfalls den Zugang zu Hedgefonds mit all ihren besonderen Risiken und Chancen zu eröffnen. Damit freilich werden letztlich die bestehenden Anlagerestriktionen für Publikumsfonds in Frage gestellt. Wenigstens vor diesem Hintergrund ist jedenfalls eine Angleichung der staatlichen Regulierung für verschiedene, den Privatanlegern offen stehende Anlagealternativen zu wünschen.

Literatur

Ackerman, C./McEnally, R./Ravenscraft, D.: The Performance of Hedge Funds: Risk, Return, and Incentives, in: Journal of Finance, Vol. 54, 1999, S. 833–874.

Agarwal, V./Naik, N. Y.: On Taking the Alternative Route: Risks, Rewards, Style and Performance Persistence of Hedge Funds, in: Journal of Alternative Investments, Vol. 2, 2000, S. 6–23.

Breuer, W./Gürtler, M./Schuhmacher, F.: Portfoliomanagement, Wiesbaden 1999.

Fung, W./Hsieh, D. A.: A Primer on Hedge Funds, in: Journal of Empirical Finance, Vol. 6, 1999, S. 309–331.

Liang, B.: On the Performance of Hedge Funds, in: Financial Analysts Journal, Vol. 55, 1999, S. 72–85.

Owen, J. P.: The Prudent Guide to Hedge Funds, New York 2000.

Schuhmacher, F.: Hedgefonds: Performance und Erklärungsansätze, in: Zeitschrift für das gesamte Kreditwesen, 54. Jg., 2001a, S. 1290–1294.

Schuhmacher, F.: Wertpapier-Hedgefonds aus Sicht der Prinzipal-Agenten-Theorie, in: Die Sparkasse, 118. Jg., 2001b, S. 278–282.

Schuhmacher, F.: Der Einfluß von Leerverkäufen auf die Performance von Hedgefonds, bfw Working Paper, bfw 10V1/01, 2001c.

Single, G. L./Stahl, M.: Gefahrenherd Hedgefonds: Der Fall LTCM, in: (Östereichisches) Bank-Archiv, 48. Jg., 2000, S. 1060–1066.

TASS (2001): Commentary on TASS Asset Flows, January 1994-June 2001.

Tremont Partners, Inc. & TASS Investment Research Ltd. (1999): The Case for Hedge Funds, in: http://www.tassresearch.com/products_and_services/reports_tass_assets.html.

5 Der Euro Corporate Bond Market

von Michael Menz

5.1 Europäische Rentenmärkte im Umbruch

Die europäischen Rentenmärkte erfuhren in den letzten Jahren große Veränderungen. Zum 1. Januar 1999 schlossen sich 11 Staaten zur Europäischen Währungsunion zusammen und setzten die im Mai 1998 beschlossene Einführung der gemeinsamen Währung Euro um. Der resultierende Rentenmarkt im „Euroland" wuchs gemessen am ausstehenden Nominalvolumen zum weltweit zweitgrößten nach dem US-amerikanischen zusammen. Mit dem erhöhten Volumen konnte der Euro-Rentenmarkt ferner einen deutlichen Anstieg der Liquidität verzeichnen. Die durch den Wegfall von Währungshürden initiierte Integration bewirkte etliche strukturelle Marktveränderungen und förderte die Entstehung sowie das Wachstum neuer Teilmärkte.

Die europäischen Märkte für Unternehmensanleihen konnten seit der Euroeinführung ein besonders dynamisches Wachstum des Emissionsvolumens erfahren. Immer mehr Anleger und Unternehmen entdecken den Corporate Bond-Markt im Euroland für ihre Investitions- und Finanzierungsbedürfnisse. Mit dem Entstehen des Unternehmensanleihemarktes wird der traditionelle Renteninvestor mit einer weiteren Anlagedimension, nämlich dem Kreditrisiko, konfrontiert und vor neue Herausforderungen gestellt.

Diese Arbeit soll einen Überblick über den noch jungen Euro-Unternehmensanleihemarkt geben. Zuerst werden die Gründe für die rapide Entwicklung dieses Marktsegmentes aufgezeigt und die historischen Entwicklungstendenzen skizziert. Anschließend werden die charakteristischen Eigenschaften von Unternehmensanleihen analysiert und die für die Bewertung relevanten Einflussfaktoren vorgestellt. Die für das Management von Corporate Bond wichtigsten Aspekte, die Einzeltitelselektion und Kreditportfoliokonstruktion, stehen abschließend zur Diskussion. Fazit und Ausblick beenden diese Einführung in die Assetklasse Corporate Bond.

5.2 Wegfall der europäischen Währungen lässt Corporate Bond Märkte wachsen

Die Gründe für den sich dynamisch entwickelnden Markt für Unternehmensanleihen sind vielfältig und sind sowohl auf der Angebots- als auch auf der Nachfrageseite auszumachen.

Nach der Einführung des Euro und der im Vorfeld vollzogenen Fundamentalkonvergenz der Volkswirtschaften sind in der Eurozone traditionelle Arbitrage- und Diversifikationsmöglichkeiten weggefallen. Ehemals zur Performancesteigerung ausnutzbare Rendite- und Währungsfluktuationen zwischen den Euro-Staaten wurden Vergangenheit. Zusätzliche Ertragspotentiale können seitdem vor allem durch das Eingehen von Kreditrisiken erschlossen werden. Die Investoren entdeckten daher zügig die attraktiven Rendite- und Diversifikationsmöglichkeiten von Unternehmensanleihen.

Die wirtschaftliche Konvergenz im Euroland wurde durch eine dramatische Einengung der Renditedifferentiale zwischen den Staatsanleihen begleitet. Mit Wehmut erinnern sich Fondsmanager an die Renditeaufschläge von 200 bis 300 Basispunkten, die italienische BTPs (Buoni Poliennali Del Tesoro) beispielsweise über deutsche Bundesanleihen rentierten. Darüber hinaus haben sich die allgemeinen Renditeniveaus angesichts globaler disinflationärer Tendenzen und disziplinierter öffentlicher Haushaltskonsolidierung deutlich unter ihre historischen Durchschnittslevels bewegt.

Durch die geschilderten veränderten Rahmenbedingungen und den kundenseitigen Performancedruck sehen sich domestische Vermögensverwalter und Fondsmanager verstärkt nach höher rentierlichen Alternativen im Rentenbereich um. Ferner drängen vermehrt neue Wettbewerber auf den euroländischen Vermögensverwaltungsmarkt. Dies zwingt dazu, auch in anderen Marktsegmenten ein differenziertes Profil zu entwickeln.

Die Einführung der gemeinsamen Euro-Währung hat die bereits eingeleitete Restrukturierung von Europas Industrielandschaft nochmals massiv beschleunigt und forciert. Im Ergebnis führte dies zu einer wahren Fusions- und Übernahmewelle und einer Verstärkung des Konsolidierungstrends. Die Restrukturierung ist daher Auslöser der Folgeerscheinungen wie Unternehmensabspaltungen, Leveraged Buy-out-Aktivität, Rekapitalisierungen und Neugründungen (Start-ups), die im Ergebnis zu Finanzierungserfordernissen führen und die wiederum teilweise über die Begebung von Anleihen gedeckt werden.

Der gemeinsame europäische Wirtschafts- und Währungsraum hat in den meisten Industriebranchen den Wettbewerbsdruck deutlich intensiviert. Ein erhöhter Margendruck im operativen Geschäft ist vielfach die Folge. Ein Unternehmenswachstum über das Hinzugewinnen von Markt- und Umsatzanteilen in einem kompetitiven Umfeld wird zusehends schwieriger, was insbesondere für produktmarktgesättigte Sektoren der „Old Economy" gilt. Shareholder Value-Generierung lässt sich daher oftmals nur durch Rekapitalisierungen realisieren, wobei „teures" Eigenkapital durch „billiges" Fremdkapital ersetzt und der Leverage erhöht wird. Die Rendite auf das eingesetzte Eigenkapital (Return on Equity) kann durch diese Maßnahmen unter Umständen deutlich erhöht werden. In den vergangenen Jahren führten viele Gesellschaften Aktienrückkaufprogramme durch, die häufig durch Anleihen finanziert wurden. Mit der Ankündigung dieser Maßnahmen versucht das Management, dem Kapitalmarkt eine Unterbewertung des Unternehmens zu signalisieren, die zu Marktwertsteigerungen führen sollen.

In engem Zusammenhang zu dem vorgenannten Argument steht der Eigenkapitalrenditedruck bei Banken. Dieser motiviert Kreditinstitute, durch margenarme Kredite gebundenes „teures" (aufsichtsrechtliches) Eigenkapital freizusetzen und stattdessen potentielle Kreditnehmer direkt an den Kapitalmarkt zu führen. Die neuen Anforderungen zur Eigenmittelunterlegung von Kreditinstrumenten durch den Basler Bankenausschuss („Basel II") werden die Risikosensitivität der Banken forcieren und somit tendenzverstärkend wirken. Der Trend vom Kredit- zum Provisionsgeschäft kann vor dem Hintergrund von Kreditzinssätzen gesehen werden, die in aller Regel nicht das dem Emittenten zugrunde liegende Ausfallrisiko reflektieren.

Wie bereits erwähnt, ist die Leveraged Buy-out-Aktivität eine Folge des globalen Restrukturierungstrendes. Unternehmen trennen sich von Geschäftsbereichen, die entweder nicht zum Kerngeschäft gehören oder unrentabel sind. Ferner ist an den Unternehmensverkauf bei privaten Familiengesellschaften zu denken, die keine Fortführung durch Familienmitglieder beabsichtigen. In diesen Fällen traten in den letzten Jahren vermehrt Leveraged Buy-out- und Private Equity-Firmen als Erwerber auf und stachen nicht zuletzt durch ihre aggressiven Kaufofferten renommierte Industrieunternehmen aus dem Bietungs-Rennen. Die Wagniskapitalgesellschaften helfen die Unternehmenslandschaft in Europa neu zu gestalten. Die im Vergleich zu den USA immer noch hohe Konglomeratdichte europäischer Unternehmen führt zu einem erheblichen Desinvestitions- und Restrukturierungsprozess, der eine Konzentration auf die Kerngeschäftsfelder beabsichtigt. Die momentan schwierige konjunkturelle Situation lässt die Notwendigkeit wachsen, die Wirtschaftlichkeit zu erhöhen.

In den Unternehmen findet zudem ein durch den Strukturwandel an den Kapitalmärkten eingeleiteter sukzessiver Umdenkensprozess statt. Dieser betrifft die für die Kapitalmarktfähigkeit zwingend erforderliche erhöhte Unternehmenstransparenz und den verstärkten Willen sich der öffentlichen Beurteilung zu unterziehen. Die Unternehmen erkennen zudem vermehrt die zusätzlichen Vorteile einer direkten Kapitalmarktinanspruchnahme. Zum einen wird die Kapitalgeberbasis verbreitert und zum anderen ein Werbeffekt in der Öffentlichkeit erzeugt.

Der internationale Vergleich der Strukturen von Unternehmensfinanzierungen zeigt, wohin sich der Markt entwickeln könnte. Deutsche Unternehmen finanzieren sich bislang zu rund 70 % über Bankkredite und nur zu rund 30 % über Kapitalmarktinstrumente, wobei vor allem Großunternehmen letztere intensiv einsetzen. In den USA stellt sich das Verhältnis umgekehrt dar; dort finanzieren sich Unternehmen nur zu rund 20 % aus Bankkrediten und zu rund 80 % aus direkter Kapitalmarktfinanzierung.

Durch die größere Tiefe und Breite des euroländischen Unternehmensanleihemarktes wird die Nachfragebasis ebenfalls positiv beeinflusst. Die nationalen Corporate-Märkte waren vor der Euro-Einführung jeweils zu klein, um die für viele institutionelle Investoren erforderliche Liquidität zu generieren. Die kritischen Größenordnungen sind spätestens seit 1999 erreicht worden, weshalb sich immer mehr Anleger intensiv mit diesem noch jungen Markt auseinandersetzen und aktiv in diesen investieren.

Ein wesentlicher Nachfrageschub geht möglicherweise von demographischen Effekten aus. Viele europäische Volkswirtschaften zeichnen sich durch eine überalternde Bevölkerung aus. Dieser Trend setzt die traditionellen umlagefinanzierten Rentensysteme unter Druck und zwingt zum Übergang auf kapitalgedeckte Modelle sowie zur verstärkten privaten Vorsorge. Sich verändernde Systeme der Alterssicherung und das begleitende Wachstum von Pensionsfonds werden bewirken, dass anlagesuchendes Kapital häufiger in höherrentierliche kreditrisikobehaftete Anleihen gelenkt wird, zumal Staatsanleihen Prognosen zufolge weiterhin deutlich zurückgehende Emissionsvolumina aufweisen werden.

Der Euro ist, trotz seiner aktuellen Devisenkursschwäche, eine der drei wichtigsten Weltwährungen. Dies gilt sowohl hinsichtlich seiner Bedeutung als Reserve- als auch als Handels- und Transaktionsvehikel. Internationale Investoren kommen aus Diversifikations- und Liquiditätsaspekten heraus nicht um Anlagen in Euro herum. Unterstützt wird diese Annahme durch die hohen Eurolandgewichtungen in den globalen Rentenindizes. Die besserentwickelte Kreditkultur in den USA und Großbritannien und der dadurch implizierte Wissens- und Erfahrungsvorsprung vor euroländischen Institutionellen motiviert US-Banken und Investoren zur Aufnahme geschäftlicher Aktivität am Euro-Unternehmensanleihemarkt.

5.3 Corporate Bonds entwickeln sich zu einer eigenständigen Assetklasse

Nachdem im vorangegangenen Abschnitt die Gründe für die Entwicklung des Euro-Unternehmensanleihemarktes diskutiert wurden, werden im Folgenden die Entwicklungstendenzen vorgestellt. Der Fokus liegt dabei auf dem Investment Grade-Bereich.

Die Diskrepanz zwischen der durch das Bruttosozialprodukt gemessenen Wirtschaftsleistung und der Marktkapitalisierung von Unternehmensanleihen in Euroland im Vergleich zu den USA ist erheblich, wie Abbildung 1 zeigt. Während die Wirtschaftsleistung der beiden Währungsräume vergleichbar hoch ist, zeigt sich ein deutliches Missverhältnis beim Vergleich der Marktkapitalisierungen. Auf Grund der geschilderten strukturellen Veränderungen, der Deregulation und der Disintermediation, ist zu erwarten, dass langfristig eine Abschwächung dieses Missverhältnisses erfolgen wird und das Emissionsvolumen von Unternehmensanleihen in Euroland schneller als in den USA wachsen wird. Das rasante Marktwachstum in den letzten Jahren darf als bestätigendes Indiz für diese prognostizierte Entwicklung gesehen werden. So stieg die Marktkapitalisierung von Unternehmensanleihen seit 1995 von 28 auf 700 Mrd. Euro an. Das Staatsleihevolumen wuchs dagegen lediglich um 90 %.

Der Marktgrößenvergleich USA-Euroland gibt allerdings lediglich ein undifferenziertes Bild ab. Interessant sind auffällige strukturelle Marktunterschiede innerhalb der Unternehmensanleihen. Unterteilt man Unternehmensanleihen nach Industrials (inklusive

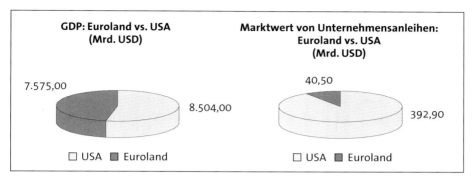

Abb. 1: Diskrepanz USA-Euroland

Utilities; Anleihen von Industrieschuldnern) und Financials (Schuldverschreibungen von finanziellen Instituten), so stellt man fest, dass in Euroland nur knapp 40 % Industrials darstellen, während in den USA fast 60 % Industrials beinhalten. Seit dem Jahr 1999 findet massives Emissionswachstum insbesondere bei Industrials statt, so dass deren Marktvolumen von 37 auf 300 Mrd. Euro anstieg. Eine Angleichung an die US-Verhältnisse zeichnet sich somit mittelfristig ab.

Europäische Corporate Bonds haben höhere Ratings

Interessant sind ferner Unterschiede in der Bonitätsstruktur der beiden Unternehmensanleihemärkte. Während in den USA über 80 % des Marktes von Emittenten im unteren Bereich des Investment Grade zwischen BBB und A (= Anleihen mit einem Bonitätsrating von mindestens BBB- nach Standard & Poors beziehungsweise Baa3 nach Moodys) repräsentiert wird, ergibt sich für Euroland ein völlig anderes Bild; rund 45 % der Anleihen befinden sich in den obersten Bonitätssegmenten AAA und AA. Auch hier findet seit dem Jahr 1999 möglicherweise eine langfristige Strukturänderung in Euroland statt, da das stärkste Wachstum in den unteren Ratingklassen zu verzeichnen war. Ferner ist der anhaltende Trend zur Ratingverschlechterung zu erwähnen, der ebenfalls strukturangleichend wirkt.

In Abbildung 2 sind die Sektorgewichtungen des Corporate Bond Marktes dargestellt. Innerhalb der Industrietitel rangieren Telekomanleihen in der Gewichtung vor Emissionen von Automobilherstellern. Die Financials werden von Bankschuldverschreibungen dominiert.

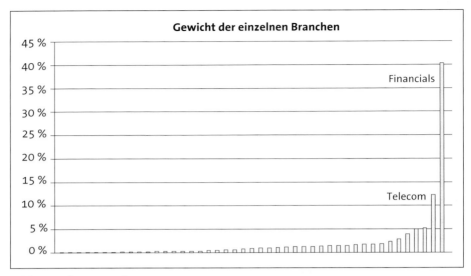

Abb. 2: Sektorgewichtungen
Quelle: Lehman

Telekomanleihen dominieren den Industrials Sektor

Größte Einzelemittenten im Bereich der Industrietitel sind France Telecom, Deutsche Telekom, Daimler Chrysler, Olivetti und Vodafone. Mit 20 von über 171 Emittenten lassen sich 50 % des Marktes für Industrials abbilden. Es herrschen Anleihen von Aktiengesellschaften mit hoher Marktkapitalisierung vor.

Wenige Banken dominieren den Financials Sektor

Auch im Segment der Finanzanleihen ist eine Dominanz weniger Emittenten zu konstatieren. Weniger als 20 Gesellschaften von 200 im Subindex enthaltenen repräsentieren 50 % der Kapitalisierung dieses Teilmarktes. Eine Tendenz zu hochkapitalisierten, börsennotierten Aktienschwergewichten ist ebenfalls abzulesen (ING, GE Capital, Ford Credit, Deutsche Bank, Dexia).

Corporate Bonds haben kurze Laufzeiten. Die folgende Abbildung 3 zeigt die ausstehenden Emissionsvolumina gegliedert nach Laufzeitenbändern. Bemerkenswert ist der geringe Anteil von Anleihen mit Restlaufzeiten von über zehn Jahren. Mangelnde historische Erfahrung mit Unternehmensanleihen und eine risikoaverse Haltung der Anleger bewirken eine geringe Nachfrage nach langlaufenden Unternehmenstiteln. Zudem fehlen auf Grund der bislang geringen Bedeutung von Pensionsfonds wesentliche Nachfrager nach sehr langen Anleihen. Allerdings ist auch der Anteil von ultralangen Staatsanleihen am Gesamtmarkt traditionell relativ gering. Der hohe Anteil kurzlaufender Financials ist eine andere Auffälligkeit, die das hohe Emissionsvolumen von

Bankschuldverschreibungen vor etlichen Jahren reflektiert und die inzwischen in der Laufzeit abgeschmolzen sind. Im drei- bis fünfjährigen Bereich befindet sich demgegenüber das höchste Gewicht von Industrials.

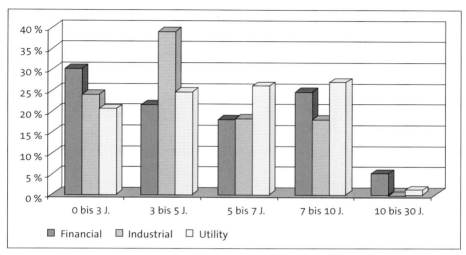

Abb. 3: Marktkapitalisierung nach Laufzeitbändern

5.4 Chance-Risiko-Profil von Unternehmensanleihen

An den euroländischen Rentenmärkten dominieren mit einer Marktkapitalisierung von rund 70 % Staatsanleihen. Emissionen von Regierungen aus entwickelten Industrienationen beinhalten im Allgemeinen nur ein sehr geringes Ausfallrisiko, obwohl auch Staaten grundsätzlich eine positive Ausfallwahrscheinlichkeit besitzen. Kreditrisiken spielen allerdings bei der Bewertung nur eine untergeordnete Rolle. Börsengehandelte Staatsanleihen unterliegen vorrangig dem allgemeinen Marktrisiko, das durch mögliche Kursänderungen auf Grund von Zinsänderungen resultiert.

Die Unternehmensanleihen ebenso wie andere Kreditinstrumente unterliegen hingegen neben dem makroökonomischen Zinsänderungsrisiko zusätzlich dem unternehmensspezifischen Risiko und Ausfallrisiko (Default Risk). Es vermischen sich hier demnach makroökonomische und mikroökonomische Risikofaktoren.

Unternehmensspezifisches Risiko oder Kreditrisiko wird häufig als das Risiko des Ausfalls beziehungsweise des Eintritts einer Insolvenz eines Schuldners definiert. Der Schuldnerausfall ist allerdings ein spezieller Fall in der möglichen Entwicklung eines Kreditinvestments und stellt gleichzeitig für den Investor den Worst Case dar. Allgemeiner besteht das Kreditrisiko einer Anlage in Unternehmensanleihen darin, dass sich die Bonität des Emittenten während des Anlagehorizonts verschlechtert. Der Kurswert einer Unternehmensanleihe kann sich dementsprechend bereits durch die Erhöhung oder Reduzierung der Wahrscheinlichkeit des Eintritts einer Insolvenz ändern und nicht nur durch den Ausfall selbst. Die Bonitätsänderung kann sich schlagartig durch ein bestimmtes Ereignis (Credit Event) als auch längerfristig infolge eines wirtschaftlichen Trends ergeben.

Auf Grund der erhöhten Anlagerisiken generieren Unternehmensanleihen einen Renditeaufschlag oder Spread im Vergleich zu Staatsanleihen. Der erwartete Mehrertrag gegenüber Staatsanleihen soll den Anleger für die erhöhten Kreditrisiken, die sich aus Spreadänderungs- und Ausfallrisiken ergeben, kompensieren.

Zur Veranschaulichung des positiven Zusammenhangs zwischen den Ausfallrisiken und der Risikoprämie von Unternehmensanleihen dient Abbildung 4. Sie zeigt die durchschnittliche fünfjährige kumulierte Ausfallrate zwischen 1970 und 1997 berech-

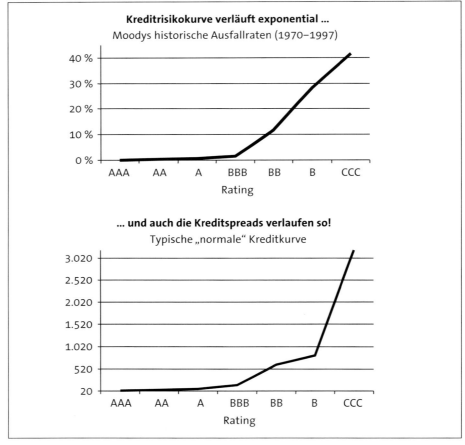

Abb. 4: Ausfallrisiken und Kreditspreads

Quelle: Lehman

net von der Ratingagentur Moodys. Es zeigt sich, dass die historischen Ausfallraten im Investment Grade-Ratingbereich zwischen AAA bis BBB sehr gering sind und einen nur leicht ansteigenden Trend aufweisen. Dies bedeutet, dass durch den Tausch von AAA- in BBB-Emittenten nur eine geringfügig erhöhte Ausfallwahrscheinlichkeit in Kauf genommen wird. Demgegenüber steigen die Ausfallraten im spekulativen Ratingbereich unterhalb von BBB- bis CCC exponentiell an. Weiterhin lässt ein ähnliches Muster im Verlauf der Renditeaufschläge gegenüber risikofreien Anleihen erkennen. Die von den Marktteilnehmern geforderten Risikoprämien orientieren sich demzufolge nach den Ausfallrisiken: Die Kreditrisikokurve verläuft ebenso exponentiell ansteigend wie die der Kreditspreads.

Euro Corporate Bond-Markt hat noch Entwicklungspotential

Der Euro Corporate Bond-Markt ist im Vergleich zum US-amerikanischen noch sehr jung. Dieses Teilsegment des Rentenmarktes hat drei Jahre nach der Einführung des Euro das Frühentwicklungsstadium zwar verlassen, ist aber noch weit vom Reifegrad des US-Vorbildes entfernt. Die momentan verfügbare historische Datenbasis reicht daher nicht aus, um eine abschließende Beurteilung der Vor- und Nachteile von Unternehmensanleihen als Assetklasse im Euroland zu ermöglichen. Die folgende Darstellung kann somit nur eine vorläufige Momentaufnahme sein.

Wie Abbildung 5 zeigt, entwickelten sich Industrieanleihen schlechter als Government Bonds. Eine reine Buy-and Hold-Anlage lohnte sich in dem kurzen Betrachtungszeitraum nicht. Das Segment musste in seinen Anfangsjahren schmerzhafte Anpassungsprozesse erleben, die durch Angebotsschocks infolge der Finanzierung des Erwerbs von UMTS-Lizenzen und großen Fusionen erfolgten sowie durch die Korrektur historischer Fehlbewertungen bewirkt wurden.

Die hohe Volatilität der monatlichen Mehrerträge über in der Laufzeit vergleichbare Staatsanleihen (Excess Returns) lässt allerdings vermuten, dass sich aktives Management im Corporate-Segment als lohnend erwiesen könnte. Durch professionelles Timing der Segmentallokationsänderung zwischen Unternehmens- und Staatsanleihen lassen sich Zusatzerträge generieren. Der Ertrag durch die aktive Segmentallokation kann mit einem geeigneten Titelselektionsprozess noch optimiert werden.

Abb. 5: Wertentwicklung von Euro-Unternehmensanleihen
Quelle: Lehman

Konjunktur beeinflusst die Spreads

Bei der Beschreibung des Anlageverhaltens von Unternehmensanleihen wird meistens auf die Entwicklung des Renditespreads im Zeitablauf referiert. Dieser weist einige charakteristische Eigenschaften auf. Ein wiederkehrendes Muster ist das zyklische Schwanken des Spreads gegenüber einem längerfristigen Durchschnittswert, was häufig durch die Konjunktursensitivität der Unternehmen begründet wird und demnach als schwankende Risikoprämie interpretiert werden kann. Während rezessiver Tendenzen wird sich die durchschnittliche Unternehmenssituation verschlechtern und die Ausfallquote überdurchschnittlich hoch sein, weshalb der Renditespread ansteigen dürfte. Demgegenüber führt ein prosperierendes Wirtschaftswachstum zu besseren Jahresabschlüssen der Firmen und zu niedrigeren Insolvenzraten. Niedrigere Risikoprämien dürften die Folge sein. Längerfristig ähneln die Spreadbewegungen daher einem Mean Reversion-Prozess, der aus dem Wechselspiel von mittelfristiger Prämienausweitung und langfristiger Gegenreaktion resultiert.

Credit Events führen zu Kurssprüngen

Ein relativ häufiges, aber oft unvorhersehbares Ereignis ist der Credit Event. Ein negatives Kreditereignis ist eine Ratingmaßnahme der führenden Agenturen, wobei es sich um eine Herabstufung der Bewertung („Downgrade") oder um eine Ankündigung einer Bewertungsüberprüfung („Watchlist", „negative Outlook") handeln kann; andere Beispiele für Credit Events sind Fusionen, Akquisitionen und Aktienrückkäufe. Die Märkte reagieren auf solche Ereignisse mit einer schnellen und sprunghaften Erhöhung der Risikoprämien in Form ausgeweiteter Renditespreads. Allerdings belegen Untersuchungen in den Vereinigten Staaten, dass die Anleger Ratingänderungen teilweise antizipieren und daher der Renditesprung häufig nicht so ausgeprägt ist, wie beispielsweise bei einer Akquisitionsankündigung. Die Phase, bevor sich der Renditespread auf seinem neuen fairen Niveau einpendelt, ist von höherer Unsicherheit und folglich höherer Volatilität gekennzeichnet.

Die Spreadentwicklung kann also zum einen durch eine „Sprung"-Komponente, die die diskrete Änderung der Ausfallwahrscheinlichkeit reflektiert, und zum anderen eine kontinuierliche Komponente, die die Schwankung um einen Mittelwert widerspiegelt, charakterisiert werden.

Lassen sich Credit Spreads vorhersagen?

Auf Grund der zunehmenden Bedeutung von Kreditinstrumenten sind in der Vergangenheit viele theoretische Ansätze entwickelt worden, die die Dynamik und Bewertung von Credit Spreads modellieren. Diese lassen sich zum einen in die „strukturellen" Modelle und zum anderen in die „Reduced-Form Models" unterteilen.

Der strukturelle Ansatz zur Modellierung des Kreditrisikos fokussiert sich auf die Vermögensgüter (Assets) beziehungsweise den Firmenwert und die Kapitalstruktur eines Unternehmens. Es wird die Distanz zum Default modelliert, den Unternehmenswert also, bis zu dem die Vermögenswerte fallen können, ohne den Wert der Verbindlichkeiten zu unterschreiten und damit den Ausfall zu initiieren. Der Firmenwert folgt im Zeitablauf einem Diffusionsprozess. Im Falle eines sich anbahnenden Defaults driftet der Unternehmenswert in diesem Modell-Rahmen kontinuierlich in Richtung der unteren „Threshold", so dass der Default innerhalb dieses Modells nie überraschend kommt. Dieser Ansatz basiert auf der Arbeit von Merton, der erstmals die Optionspreistheorie von Black und Scholes zur Bewertung von riskanten Anleihen verwendete. Erweiterungen und Modifizierungen dieses Ansatzes erfolgten unter anderen durch Black und Cox, Geske sowie Longstaff und Schwartz.

Die Modelle der reduzierten Form betrachten nicht explizit das Unternehmen und untersuchen daher auch nicht die Kapitalstruktur, sondern sie modellieren unabhängig von firmenindividuellen Faktoren allgemein die Wahrscheinlichkeit eines plötzlichen Ausfalls oder einer Bonitätsverschlechterung. Im Fokus steht die Frage nach dem Zeitpunkt des Credit Events und der Höhe des Ausfallverlustes. Wesentliche Arbeiten in diesem Kontext sind die von Jarrow und Turnbull (Default resultiert als plötzliches Ergebnis mit einer gewissen Wahrscheinlichkeit), Jarrow, Lando und Turnbull (ein Mehrzustandsmodell, welches als Erweiterung von Jarrow und Turnbull Ratingmigration zulässt) und Duffie und Singelton (Modellierung des Ausfall- und Recovery-Prozesses). Ferner zu nennen ist eine Ausarbeitung von Das und Tufano, welche ein Bewertungsmodell für ausfallrisikobehaftete Bonds bei stochastischer Rückzahlungsquote (Recovery Rate) darstellt. Ein wesentliches Problem bei der praktischen Anwendung dieser Modelle liegt insbesondere in der Kalibrierung, Spezifikation und der mangelnden Datenhistorie. Zudem lassen sich die Modelle der reduzierten Form nicht so gut intuitiv nachvollziehen wie der strukturelle Ansatz.

Das Modell von Merton lässt sich leicht veranschaulichen. Nach Merton kann eine Unternehmensanleihe als eine Kombination aus einem ausfallrisikofreien Bond und einem Short Put auf den Firmenwert interpretiert werden, wobei der Ausübungskurs (Strike Price) der Option gleich dem Nominalwert der begebenen Anleihe ist. Gleichzeitig lässt sich das Aktienkapital als Call auf den Wert des Unternehmens darstellen. Aus diesen Zusammenhängen und den daraus ableitbaren asymmetrischen Chance-Risiko-Profilen von Eigen- und Fremdkapitalgebern resultieren teilweise unterschiedliche Anreize und damit, wie später noch intensiver diskutiert werden wird, möglicherweise Interessenskonflikte.

Aus dem Merton-Modell lassen sich als wesentliche Einflussfaktoren die Marktwerte der Assets beziehungsweise der Firmenwert sowie der Leverage extrahieren. Aus diesem optionstheoretisch-fundierten strukturellen Modell ergibt sich als ein weiterer wesentlicher Einflussfaktor für die Bewertung die Volatilität der Aktiva beziehungsweise implizit auf Grund der besseren Messbarkeit die Aktienvolatilität. Abbildung 6 stellt zur Veranschaulichung die Aktienmarktvolatilität, hier gemessen an der impliziten Volatilität von S&P 500-Indexoptionen, und die Renditespreads für US-Unternehmensanleihen aus den Bereichen B und BBB gegenüber. Der erhebliche Einfluss des Aktienmarktes ist insbesondere in Zeiten ansteigender Volatilität deutlich zu erkennen. Ansteigende Volatilität signalisiert unsichere Ertragserwartungen und höhere Risikoaversion und führt dementsprechend zu höheren Risikoprämien durch anstei-

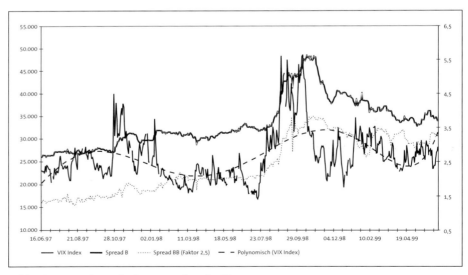

Abb. 6: Spreads und Aktienmarktvolatilität

Quelle: Bloomberg

gende Renditespreads für Unternehmensschuldner. Eine ansteigende Volatilität erhöht zudem den Wert der Option (Vega-Faktor), die die Inhaber der Unternehmensanleihe implizit an die Aktionäre verkauft haben. Da die Gläubiger die Option short sind, könnten sie den Put nur teurer zurückkaufen, so dass sich ihre Vermögensposition durch den Volatilitätsanstieg insgesamt verschlechtert hat. Zurückgehende Aktienmarktvolatilität führt demgegenüber nicht zu gleichstark sinkenden Renditespreads.

Welcher Spread ist fundamental „gerechtfertigt"?

Nach der Diskussion theoretisch wesentlicher Wirkungszusammenhänge stellt sich die Frage, welche Risikoprämie oder Spread erforderlich ist, um den Anleger für das eingegangene Ausfallrisiko zu entschädigen.

Ausgangspunkt bei der Frage nach der fairen oder ausfallrisikoadäquaten Bewertung von Unternehmensanleihen ist ein relativ einfacher aber intuitiv leicht nachvollziehbarer Ansatz von Fons, der die Beziehung zwischen Kreditspread, erwarteter Ausfallwahrscheinlichkeit (auf Basis historischer Ausfallraten) und Recovery Rates unter der Annahme von Risikoneutralität mit einem einfachen Barwertansatz modelliert. Jeder erwartete Cash Flow (die Kupons und die Rückzahlung des Nominalkapitals) wird dabei mit der Erhaltenswahrscheinlichkeit gewichtet und mit einer geeigneten risikofreien Zinsrate abdiskontiert.

Abbildung 7 zeigt die nach der eben genannten Methode errechneten theoretischen Spreads. Die erforderlichen risikoneutralen Spreads liegen demnach bei AAA-Emittenten über alle Laufzeiten im einstelligen Basispunktbereich. Auch BBB-Emissionen müssten demnach lediglich bis zu 25 Basispunkte mehr rentieren als Staatsanleihen. In der Marktrealität sind die Spreads allerdings deutlich höher, zum Beispiel rentieren Anleihen mit einem Rating von BBB durchschnittlich zwischen 100 und 150 Basispunkte höher als risikofreie Staatsanleihen.

Es ist daher die Frage zu stellen, warum die Spreads in Wirklichkeit deutlich höher sind als der fundamental Gerechtfertigte. Zum einen ist die Annahme der Risikoneutralität, wonach der Investor indifferent ist gegenüber einem Euro sicheren Ertrag im Vergleich zur Anlage mit einem erwarteten, unsicheren Ertrag von einem Euro, sehr problematisch. Zum anderen soll der Spread lediglich für den durchschnittlich erwarteten Verlust aus dem Halten von Unternehmensanleihen kompensieren, wobei der erwartete Verlust gleich der durchschnittlichen Ausfallwahrscheinlichkeit mal der durchschnittlichen Default Recovery ist. Allerdings ist die Kreditverlustverteilung nicht normalverteilt, d.h. der unerwartete Verlust kann deutlich höher ausfallen. Das bedeutet, der Spread muss höher sein, um für dieses unsymmetrische Risiko zu kompensieren.

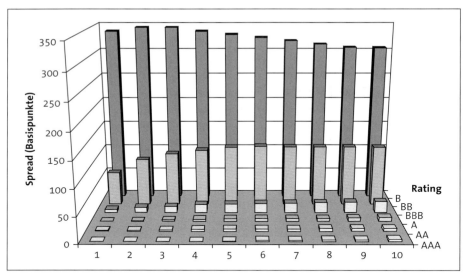

Abb. 7: Ausfallrisikoadäquate Spreads

Quelle: Fons (1994)

Zudem spielt bei der Bewertung von Unternehmensanleihen nicht nur, wie bereits erwähnt, das Ausfallrisiko eine Rolle, sondern auch das allgemeine Bonitätsveränderungsrisiko. Die Ratingmigrationsmatrix, die angibt, mit welcher Wahrscheinlichkeit ein Emittent ein bestimmtes Rating in 12 Monaten besitzen wird, spiegelt dieses Risiko wider. Die Hauptdiagonale gibt dabei die Wahrscheinlichkeit der Beibehaltung des aktuellen Ratings an. Abbildung 8 zeigt gerade bei Emittenten guter Qualität eine weitere Facette des Corporate Bond-Risikos. Die Wahrscheinlichkeit einer Ratingherabstufung ist in vielen Bereichen höher als die Wahrscheinlichkeit einer Bonitätsverbesserung, wobei aber unterstellt wird, dass die historische Erfahrung ebenfalls die zukünftige Wahrscheinlichkeit reflektiert. Die Tatsache, dass die „Downside" dominiert, lassen sich die Investoren ebenfalls durch Erhöhung der verlangten Risikoprämien vergüten.

Ferner ermittelt Bhanot empirisch am US-Rentenmarkt eine wesentlich größere Häufigkeit von Spreadausweitungen im Vergleich zu Einengungen der Risikoprämien. Ein derartiges Chance-Risiko-Verhältnis trägt ebenfalls zur Erhöhung der geforderten Renditeaufschläge bei. Außerdem sind neben den Kreditrisiken andere Faktoren wie beispielsweise die Liquidität bewertungsrelevant. Sie werden im folgenden Abschnitt ausführlicher dargestellt.

	Aaa	Aa1	Aa2	Aa3	A1	A2	A3	Baa1	Baa2	Baa3	Ba1	Ba2	Ba3	B1
Aaa	76,54	7,81	6,51	5,21	1,25	1,04	0,83	0,30	0,25	0,20	0,02	0,02	0,02	
Aa1	1,56	66,06	8,45	7,04	5,87	4,89	3,91	0,67	0,56	0,45	0,17	0,14	0,12	0,03
Aa2	1,29	1,56	67,23	8,80	7,33	6,11	4,89	0,84	0,70	0,56	0,22	0,18	0,14	0,04
Aa3	1,03	1,24	1,49	70,89	8,80	7,33	5,87	1,01	0,84	0,67	0,26	0,22	0,17	0,04
A1	0,10	2,40	3,00	3,60	63,61	7,06	5,89	4,91	4,09	3,27	0,66	0,56	0,44	0,11
A2	0,08	2,00	2,50	3,00	3,60	63,5,	7,36	6,13	5,11	4,09	0,83	0,69	0,56	0,13
A3	0,06	1,60	2,00	2,40	2,88	3,46	66,08	7,36	6,13	4,91	0,99	0,83	0,66	0,16
Baa1	0,05	0,26	0,32	0,39	4,05	5,06	6,08	56,83	7,26	6,05	5,04	4,20	3,36	0,65
Baa2	0,04	0,22	0,27	0,32	3,38	4,22	5,06	6,08	54,54	7,56	6,30	5,25	4,20	0,82
Baa3	0,03	0,17	0,22	0,26	2,70	3,38	4,05	4,86	5,83	56,52	7,56	6,30	5,04	0,98
Ba1	0,02	0,09	0,11	0,13	0,42	0,53	0,63	4,91	6,13	7,36	50,10	7,70	6,42	5,35
Ba2	0,02	0,07	0,09	0,11	0,35	0,44	0,53	4,09	5,11	6,13	7,36	48,36	8,02	6,68
Ba3	0,02	0,06	0,07	0,09	0,28	0,35	0,42	3,27	4,09	4,91	5,89	7,06	50,31	8,02
B1		0,04	0,05	0,06	0,13	0,17	0,20	0,66	0,83	0,99	6,26	7,82	9,39	52,83

Abb. 8: Ratingmigrationsmatrix, in Prozent

Quelle: Moodys

5.5 Was beeinflusst den Wert eines Corporate Bonds?

Nach der allgemein-theoretischen Diskussion des Chance-Risiko-Profils von Unternehmensanleihen folgt eine detaillierte Vorstellung wesentlicher bewertungsrelevanter Einflussfaktoren auf den Spread und dessen Entwicklung. Es sollen das Rating, makroökonomische-, unternehmensspezifische-, emissionsspezifische und sonstige Faktoren diskutiert werden.

Das Rating ist die wichtigste Kenngröße einer Unternehmensanleihe

Mit Kredit-Rating bezeichnet man die Bonitätsmeinung einer auf Kreditwürdigkeitsanalysen spezialisierten Institution oder Agentur. Das Rating komprimiert verschiedene bewertungsrelevante quantitative und qualitative Einflussfaktoren in einer Kenngröße. Neben öffentlich verfügbaren Daten beinhaltet die Bewertung auch exklusive, private Informationen der Agenturen über das untersuchte Unternehmen. Das Rating soll die Kreditwürdigkeit eines Unternehmens (Emittentenrating) sowie das Risiko reflektieren, dass dieses seinen rechtlichen Zahlungsverpflichtungen aus den Obligationen nicht vollständig oder nicht pünktlich nachkommen kann (Emissionsrating). Das Rating misst aber nicht das allgemeine Marktrisiko (bei Zinstiteln das allgemeine Zinsänderungsrisiko) oder die Sekundärhandelsliquidität der Emission. Die Bonitätseinschätzung bezieht sich grundsätzlich nur auf Forderungstitel, nicht auf Beteiligungstitel wie Aktien. Die Ratingagenturen unterscheiden zwischen Kurzfrist- und Langfristrating. Kurzfristige Ratings werden für Emissionen wie Commercial Paper vergeben, die zum Begebungszeitpunkt eine Laufzeit von weniger als einem Jahr aufweisen.

Führende und weltweit dominierende Ratingagenturen sind die amerikanischen Institute Moodys und Standard & Poors. Ein weniger renommierter Anbieter ist Fitch Ratings. In Abbildung 9 sind die langfristigen Ratingkategorien und -symboliken gemäß Moodys und S&P aufgeführt. Die Einstufungen von AAA/AAA bis BBB-/Baa3 werden als „Investment Grade" bezeichnet, während Anlagen mit Ratings unterhalb von BBB-/Baa3 als spekulativ (Non-Investment Grade) bezeichnet werden. AAA umschreibt die höchste Schuldner-Qualität, AA hohe Qualität, A starke Zahlungsfähigkeit und BBB angemessene Zahlungsfähigkeit. Ein BB-Emittent wird sehr wahrscheinlich seine Verpflichtungen erfüllen, wobei aber anhaltende Unsicherheit besteht. Obligationen mit einem Rating von B sind hoch riskant und solche mit CCC aktuell anfällig für einen Default.

Darüber hinaus vergeben die Agenturen Zusatzbemerkungen, wenn sich der Status eines bestimmten Ratings ändert. Wenn das Rating hinsichtlich einer längerfristig möglichen Änderung überprüft wird, wird ein Ratingausblick (Outlook) vermerkt; im Falle eines geänderten kurz- bis mittelfristigen Ausblicks wird ein Zusatz zur Ratingüberprüfung (CreditWatch/Watchlist) vergeben.

Bei der Verwendung des Ratings durch den Anleger sind verschiedene Probleme zu beachten, die die Interpretation und den Informationswert einschränken können.

AAA bis Baa3 = Investment Grade	Aaa Aa1 Aa2 Aa3 A1 A2 A3 Baa1 Baa2 Baa3	AAA AA+ AA AA– A+ A A– BBB+ BBB BBB–
Ba1 bis C = Speculative Grade	Ba1 Ba2 Ba3 B1 B2 B3 Caa1 Caa2 Caa3	BB+ BB BB– B+ B B– CCC+ CCC CCC–

Abb. 9: Ratingskala
Quelle: Moodys und S&P

Ein grundsätzliches Problem des Ratings ist die Komplexitätsreduktion, weil eine umfassende und vielschichtige Unternehmensrealität sowie ein mehrdimensionales Risiko auf eine Kennzahl reduziert werden. Ein zusätzliches Problem besteht in den vielfältigen Anforderungen, die an das Rating gestellt werden und die damit eine Interpretation erschweren. Es stellt ein Symbol dar, welches relevant für unterschiedliche Anlagehorizonte und Nutzerintensionen sein soll. Das Emittentenrating bewertet beispielsweise die Ausfallwahrscheinlichkeit, während das Emissionsrating darüber hinaus zusätzlich die eventuelle Verlusthöhe im Konkursfall (Loss Severity) berücksichtigt. Zwei identisch mit BBB eingestufte Emissionen können daher im Risikoprofil differieren, wodurch eine Vergleichbarkeit ausschließlich auf Basis des Ratings eingeschränkt ist.

Ausgehend von der amerikanischen Kreditkultur ist es problematisch, wenn Kreditmeinungen über europäische Unternehmen aus der Distanz von Amerika aus gebildet werden. Allerdings haben die Agenturen mittlerweile verstärkt Kapazitäten in Europa aufgebaut, die ihnen eine Einschätzung der Unternehmen vor Ort ermöglichen sollte.

Die Datenhistorie über Übergangs- und Ausfallwahrscheinlichkeiten basieren vorrangig auf US-amerikanischen Zahlen; Zahlenmaterial für Euroland existiert auf Grund der kurzen Historie kaum. Zudem sind Erfahrungen aus den USA auf Grund unterschiedlicher Rechts- und Rechnungslegungsvorschriften möglicherweise nicht auf die europäischen Verhältnisse übertragbar.

In der Regel zahlt der Emittent für den Erhalt eines Ratings, so dass sich hieraus ein Interessenskonflikt für die Agenturen ergeben könnte. Allerdings wird der Informationswert des Ratings durch die Reputation der vergebenden Institution determiniert. Daher besitzen die Agenturen einen hohen Anreiz, unabhängige, objektive, aktuelle und zuverlässige Einschätzungen abzugeben.

Darüber hinaus besitzen 50 % aller Unternehmensanleihen bei Emission ein „Split Rating". Die Meinungen der Ratingagenturen weichen also häufig voneinander ab und generieren damit keine eindeutige Bewertung. Darüber hinaus belegen Untersuchungen, dass die Bedeutung der Ratings verschiedener Agenturen trotz vergleichbarer Symbolik unterschiedlich ist. Dies wird auch durch die unterschiedlichen historischen Ausfallraten der beiden führenden Agenturen dokumentiert. Trotzdem bilden die führenden amerikanischen Ratingagenturen Moodys und Standard & Poors quasi ein Meinungsduopol. Ein Wettbewerb der Meinungen existiert somit nur eingeschränkt.

Die Ratingmigrations- und Ausfallwahrscheinlichkeiten sind nicht konstant, sondern stellen historische Durchschnittswerte dar. Dementsprechend variieren sie entsprechend des volkswirtschaftlich-konjunkturellen Umfeldes. Ratings basieren ebenfalls auf historischen Durchschnitten. Falls die zugrunde liegende Distribution nicht normalverteilt ist, könnte das maximale Bonitätsrisiko tatsächlich größer sein.

Ferner besitzen Ratings häufig einen Trend. Ein bereits herabgestuftes Unternehmen wird häufig bei der nächsten Ratingmaßnahme nochmals herabgestuft. Diese positive Autokorrelation entspricht zwar in der Regel einfach der ökonomischen Realität, allerdings setzt die Kritik des „Marktes" bei der Zaghaftigkeit und sehr späten Reaktion der Agenturen auf geänderte wirtschaftliche Verhältnisse an. Ein Prominentes Beispiel stellt die Korea-Problematik 1997 dar, die sich zur Asienkrise ausweitete.

Das größte Problem mit Ratings besteht allerdings in der Praxis gerade darin, dass viele Unternehmen gar kein Rating besitzen. Während in den Vereinigten Staaten fast 3.000 Unternehmen mindestens eine Bewertung von Moodys oder Standard & Poors besitzen, können in Europa nur etwa 500 Firmen ein Rating vorweisen. In Deutschland erhielten bislang beispielsweise – abgesehen von Banken und Versicherungen – nur wenige Unternehmen ein Rating. Selbst von den großen DAX-Unternehmen sind nur die Hälfte geratet. Damit liegt Deutschland deutlich hinter den angelsächsischen Ländern zurück, in denen sich eine Ratingkultur bereits ausgebildet hat. Diese Tatsache führt zur Notwendigkeit, eigene Kreditanalysen mit der Vergabe eines „Schattenratings" durchzuführen.

Die vorstehenden Ausführungen deuteten die vielfältigen Probleme mit dem Umgang mit Ratings an. Ferner haben empirische Untersuchungen gezeigt, dass mathematisch-statistische Verfahren auf Basis von Jahresabschlussdaten die Ausfallrisiken besser prognostizieren können als Ratings.

Spread wird durch Kapitalstruktur und Volatilität bestimmt

Die bewertungsrelevanten unternehmensbezogenen Einflussfaktoren betreffen im Wesentlichen das Finanz-, Geschäfts- und Kontrollrisiko.

Aus dem Merton-Modell wurden als wichtige Bewertungsdeterminanten des Spreads unter anderem der Firmenwert, also die Summe aus Eigen- und Fremdkapital, und dessen Volatilität ermittelt. In der Praxis wird dem Marktwert des Eigenkapitals auf Grund seiner hohen Variabilität besondere Aufmerksamkeit geschenkt. Ein Unternehmen mit einer hohen Volatilität des Eigenkapitalwertes wird eine geringere Fremdverschuldung tolerieren können als ein solches mit niedriger Aktienkursvolatilität, weil eine schlechte Aktienkursentwicklung das Risiko einer Überschuldung deutlich erhöhen und damit zu einem massiven Anstieg der von den Fremdkapitalgebern geforderten Renditeprämien führen würde. Für die Beurteilung des Finanzrisikos sind folglich sowohl die Kapitalstruktur und die Volatilität zu analysieren.

Der Financial Leverage (Finanzierungshebel), gemessen durch das Verhältnis von Fremdkapital zu Gesamtkapital, reflektiert als eine wichtige Kapitalstrukturkenngröße die Schuldenlast eines Unternehmens. Je größer der Fremdkapitalanteil am Gesamtkapital, desto geringer ist ceteris paribus der Risikokapitalpuffer in schlechten Wirtschaftslagen und entsprechend gering ist die Distance to Default im Sinne des Modells von Merton. Die Cash Flow-Zinsdeckung (Interest Cover), welche in der Praxis durch den Quotient aus EBITDA (Earnings Before Interest Taxes Depreciation and Amortisation) durch Zinszahlungen ermittelt wird, ist ebenfalls von essentieller Bedeutung bei der Beantwortung der Frage, wie sicher sind die nächsten Kuponzahlungen bzw. die potentielle Kapitalrückzahlung.

Der operative Leverage, also die Veränderlichkeit des Ertrages in Abhängigkeit von Umsatzänderungen, hilft zu analysieren, wie sensitiv das Unternehmen auf konjunkturelle Aktivitätsänderungen reagiert. In welchem Stadium des Produktzyklus sich die Erzeugnisse der Gesellschaft befinden, kann für die längerfristige Beurteilung des geschäftlichen Ausblicks bedeutsam sein. Ein Unternehmen, dessen Produkte oder Dienstleistungen sehr jung sind und sich an den Gütermärkten erst noch durchsetzen müssen, wird anders zu beurteilen sein als eine Firma, welche Produkte für einen reifen und nahezu gesättigten Markt herstellt. Von Interesse in diesem Zusammenhang sind natürlich ebenfalls das Wettbewerberumfeld und die voraussichtliche Wettbewerbsintensität. Eine erhöhte Wettbewerbsintensität könnte sich negativ auf die zukünftig zu erzielenden Margen auswirken und damit über eine verringerte Profitabilität ein Bonitätsrisiko generieren.

Das Kontrollrisiko kann einen erheblichen Einfluss auf den Spread einer Unternehmensanleihe ausüben. An erster Stelle sei die Frage nach der Managementhistorie und den Erfolgen aufgeworfen. War das Management lange unverändert und mit welchem Erfolg operierte es? Oder generiert ein erfolgter Wechsel mittelfristige Unsicherheit im Hinblick auf die verfolgte Unternehmensstrategie, wird möglicherweise eine aggressivere Shareholder-Value-Strategie zu Lasten der Bondholder verfolgt? Wenn das untersuchte Unternehmen ein Übernahmekandidat ist und der potentielle Aufkäufer besser geratet ist, dann eröffnet sich dadurch möglicherweise Aufwertungsspielraum. Falls die Firma selbst eine Akquisition plant, könnte dies zu einer höheren Fremdkapitalaufnahme und zu einem ansteigenden Verschuldungsgrad führen. Sind andere „Event Risks" denkbar, also allgemein Maßnahmen, die zu einer Umverteilung von Unternehmensrisiken weg von den Aktionären hin zu den Fremdkapitalgebern führen könnten?

Abschließend seien als unternehmensspezifische Faktoren noch Prozessrisiken genannt, die einen deutlichen Anstieg der Risikoprämien bewirken können. Erinnert sei dabei an die Welle von Sammelklagen, die bei US-amerikanischen Gerichten gegen Tabakgesellschaften eingereicht wurden und angesichts massiver Schadensersatzforderungen kräftige Spreadausweitungen generierten. Owens Corning reagierte auf umfangreiche Asbestklagen mit einem Antrag auf Gläubigerschutz gemäß Chapter 11 nach US-Konkursrecht.

Corporate Spreads und Staatanleihen entwickeln sich gegenläufig

Duffee belegt einen negativen Zusammenhang zwischen den Renditen von Staatsanleihen und den Corporatespreads. Ein Anstieg der Renditen beispielsweise führt demnach nur zu einer unterproportionalen Renditeerhöhung bei Unternehmensanleihen, so dass sich das Renditedifferential kurzfristig einengt. Deutliche Kursgewinne von Staatsanleihen werden im Gegenzug nicht im gleichen Ausmaß von Corporates nachvollzogen. Ein vergleichbares Ergebnis erzielt eine Untersuchung von Longstaff und Schwartz. Allerdings haben langfristige Untersuchungen ergeben, dass der Renditeanstieg bei Staatsanleihen nicht zu einer permanenten Veränderung der Renditedifferenz führt. Langfristig bewegen sich die Renditen von Unternehmens- und Staatsanleihen nahezu parallel. Diese so genannte Kointegrationsbeziehung bewirkt, dass sich auf lange Sicht beide Zeitreihen nicht unendlich weit von einander entfernen können.

Ein weiterer Einflussfaktor ist die Verlaufsform der Renditestrukturkurve. Eine positive Differenz zwischen kurzfristigen und langfristigen Renditen signalisiert nach der Erwartungshypothese ein Ansteigen der zukünftig erwarteten Renditen. Mit einer steileren Renditestrukturkurve wird implizit eine Verbesserung der konjunkturellen Situation angenommen und antizipiert, die wiederum eine Verringerung des Kreditrisikos und damit eine Spreadeinengung impliziert.

Generell führt ein verschlechtertes Wirtschaftsumfeld (z.B. Rückgang des Geschäftsklimaindex) zu einer Ausweitung der Kreditspreads. Selbst wenn die Ausfallwahrscheinlichkeit für eine Unternehmung konstant bleibt, könnte die erwartete Recovery Rate eine Funktion des allgemeinen Wirtschaftsumfeldes sein.

Als weitere makroökonomische Bewertungsfaktoren sind denkbar die Branchenkonjunktur, die möglicherweise verschieden zur allgemeinen Wirtschaftslage sein kann (Sonderkonjunkturen). Dies gilt sowohl im negativen als auch im positiven Sinne.

Inflationäre ebenso wie disinflationäre (Branchen-) Tendenzen können sich auf die Risikoprämien auswirken. Bei rohstoffintensiven oder –abhängigen Branchen können die Commoditypreise und deren erheblichen Schwankungen ebenfalls zu Bewertungsfaktoren werden. Untersuchungen in den USA belegen, dass unterschiedliche Industriesektoren trotz Ratinggleichheit zum Teil erhebliche Renditeunterschiede aufweisen.

Liquidität und Laufzeit bestimmen den Spread

Für die Bewertung einer Unternehmensanleihe und deren Risikoprämie gibt es eine Reihe weiterer Größen, die durch die Besonderheiten einer Emission begründet werden.

Die Möglichkeit, eine Anleihe jederzeit zu niedrigen Transaktionskosten kaufen oder verkaufen zu können, wird von den meisten Anlegern positiv bewertet. Die so definierte Liquidität ist also bewertungsrelevant. Für liquidere Emissionen werden die Investoren eine geringere Risikoprämie verlangen, so dass von zwei sonst identischen Anleihen die liquidere den niedrigeren Renditespread aufweisen wird. Als wesentliche Determinante der Liquidität werden unter anderem das ausstehende Emissionsvolumen und das Alter der Anleihe angesehen. Je größer das Emissionvolumen einer Anleihe, desto mehr Banken sind in der Regel im Konsortium vertreten und je mehr Banken im Konsortium vertreten sind, desto kompetitiver und transparenter sind die Geld-Brief-Spannen und desto höher ist häufig die Liquidität. Ferner nimmt die Liquidität mit dem Alter der Anleihe ab, d.h., in den ersten 12 Monaten nach der Emissionsbegebung nimmt die Anzahl der aktiv gehandelten rapide ab. Generell bleiben die meisten in Euro denominierten Nicht-Staatsanleihen nur innerhalb weniger Monate nach der Emission liquide.

Die Laufzeit einer Anleihe ist für die Höhe der Risikoprämie relevant. Fons belegt für Emittenten aus dem Investment Grade eine mit der Restlaufzeit der Anleihe ansteigende Spreadhöhe resultierend aus der mit der Zeit erhöhten kumulierten Ausfallwahrscheinlichkeit. Die Spreadvolatilität kurzlaufender Anleihen ist nach US-amerikanischen Erfahrungen zudem zwar höher als für vergleichbare „Langläufer", trotzdem beinhalten langlaufende Anleihen auf Grund der größeren Kursänderungssensitivität (Modified Duration) ein höheres Verlustrisiko, für das die Anleger eine zusätzliche Prämie verlangen. Corporate Bonds mit einer langen Laufzeit weisen ferner eine geringere Liquidität auf, die wiederum zu einer Erhöhung des Spreads führt.

Im Gegensatz zu den Vereinigten Staaten existieren am Euro-denominierten Unternehmensanleihemarkt nur wenige Emissionen, die mit einer Kündigungsoption (Callable) durch das begebende Unternehmen ausgestattet sind. Im Falle eines deutlich gesunkenen Zinsniveaus und/oder einer verbesserten Firmenbonität kann es für die Gesellschaft vorteilhaft sein, wenn sie die Anleihe vorzeitig zurückbezahlt, um sich anschließend zu günstigeren Konditionen zu refinanzieren. Für den Investor ergeben sich dadurch erhöhte Wiederanlagerisiken und verringerte Kursgewinnchancen, die ex-ante zu einer höheren Risikoprämie führen werden.

Zunehmend von Bedeutung sind Emissionsvereinbarungen oder Anlegerschutzklauseln (Covenants), die in den Emissionsprospekten bzw. –verträgen unter der Rubrik „Terms and Conditions of the Notes" zu finden sind. Diese den Handlungsspielraum des Unternehmensmanagements einschränkenden Anleihevereinbarungen sollen die Emissionsgläubiger vor unerwünschten Risiken schützen. Hintergrund der Einführung von einschränkenden Anleihevereinbarungen sind potentielle Konflikte zwischen Eigen- und Fremdkapitalgebern (Agency-Konflikt), die durch die Möglichkeit von Vermögenstransfers von Fremdkapitalgebern hin zu Eigenkapitalgebern induziert werden. Allgemeiner formuliert versteht man unter diesem Konflikt den Versuch, das Risiko-Ertragsverhältnis zugunsten der Aktionäre auf Kosten der Fremdkapitalgeber zu verändern. Gebräuchlich ist in diesem Zusammenhang die aus dem angelsächsischen Raum stammende Bezeichnung „Event Risk". Die von den Aktionären eingesetzten Manager besitzen auf Grund erheblichen Sanktionspotentials den Anreiz, den Vermögenswert der Eigenkapitalgeber zu steigern (Shareholder Value-Ansatz). In Kenntnis dieses Anreizes bezahlen Fremdkapitalgeber weniger für Anleiheemissionen, um sich gegen die zu erwartenden (Vermögens-)Nachteile über die Forderung einer zusätzlichen Risikoprämie abzusichern. Die Manager des emittierenden Unternehmens versuchen daher über die Einsetzung von einschränkenden Anleihevereinbarungen, diese Agency-Kosten zu verringern. Klassische Typen von Debtholder-Stockholder-Konflikten sind das Dividendenzahlungsproblem, das Anspruchsverwässerungsproblem (Claim Dilution), das Vermögenssubstitutionsproblem und das Unterinvestitionsproblem. Zur Beschränkung und Verringerung der Debtholder-Stockholder-Konflikte sind nach Smith und Warner verschiedene Covenantkategorien zu unterscheiden:

- Produktions- bzw. Investitionsvereinbarungen, die die Akquisition und/oder Disposition von Assets limitieren sollen,

- Dividendenvereinbarungen sollen vermeiden, dass Cash Flows des Unternehmens über Dividendenzahlungen und/oder Aktienrückkaufprogramme übermäßig zugunsten der Aktionäre verteilt werden,

- Finanzierungsvereinbarungen sollen die Neuemission von höher- und/oder gleichrangigen Verbindlichkeiten limitieren, solange nicht gewisse vordefinierte Minimumratios (z.B. Interest Cover) eingehalten werden. Dadurch soll einer Verwässerung der Zahlungsansprüche entgegen gewirkt werden,

- Pay-off-Vereinbarungen können die erwartete Laufzeitcharakteristik einer Emission und damit das Risikoprofil verändern. Mögliche Spezifikationen sind Sinking Funds-Provisionen, Umtauschvereinbarungen und verschiedene Call- und/oder Putelemente.

Zwei vor diesen konfliktionären Aspekten wesentlichen und in der Praxis vorkommenden Eurobonds-Covenants sind zum einen die „Change of Control Provision", zum anderen der „Negative Pledge". Die erste Vereinbarung (geläufig ist auch die Bezeichnung „Poison Put") greift bei akquisitions- und/oder mergerbedingten Ratingherabstufungen (meistens im Falle einer Herabstufung unterhalb des Investment Grade).

Diese Restriktion verhindert keine Akquisition per se, soll aber sicherstellen, dass die Finanzierung mit dem aktuellen Risikoprofil (respektive Finanzierungsstruktur) übereinstimmt. Die „Negative Pledge"-Vereinbarung bestimmt, welche Position die begebene Anleihe in der Kapitalstruktur des emittierenden Unternehmens haben soll. Hiermit soll verhindert werden, dass eine Senior-Anleihe als tief nachrangige Emission endet. Diese Anleihevereinbarung wird häufig mit einer Calloption ergänzt.

Eine weitere häufige und wichtige Anleihevereinbarung ist die „Cross Default Clause", die die Anleiheninhaber vor Diskriminierungen im Falle eines Bankrotts oder einer Schuldenrestrukturierung schützen soll. Vergleichbar der Cross Default Clause ist die „Cross Acceleration Clause", wobei der Unterschied zwischen beiden Vereinbarungen darin besteht, dass letzterer einen Zwang zur Beschleunigung und Triggers des Defaults beinhaltet. Demgegenüber berechtigt die „Cross Default Clause" lediglich zur Aktion, beinhaltet aber keinen Zwang zum Defaulttrigger. Oft kommen stufenweise Kuponaufschläge zur Absicherung von eventuellen Ratingherabstufungen zum Einsatz (Stepup-Kupons). Sie sollen den Marktteilnehmern die Fähigkeit zur Zahlung deutlich höherer Zinsen signalisieren und einen starken Anreiz zur Vermeidung von Herabstufungen dokumentieren.

Im Defaultfall gewinnt der Gerichtsstand bzw. das „Governing Law" der Anleiheemission erheblich an Bedeutung, da z.B. das English Law leichtere Restrukturierungsverhandlungen zwischen Emittent und Bondholdern ermöglicht als das New York Law. Nach U.K. Law ist eine nachträgliche Veränderung der Anleiheemissionsbedingungen mit einem Quorum der Bondholder von 75 % möglich. Falls nach dem ersten Quorum dieser Zustimmungssatz nicht erreicht wird, reichen im zweiten Anlauf bereits 25 %. Nach New York Law müssen alle Gläubiger den vorgeschlagenen Modifikationen zustimmen. Darüber hinaus beinhaltet das U.K. Law eine stärkere, machtvollere Position der Fiscal Agents in der Stellung als Creditor Represenor als das NY Law, welches den Fiscal Agents nur sehr begrenzte Rechte zugesteht. In diesem Zusammenhang ist zu bemerken, dass die Notwendigkeit kollektiver, einstimmiger Entscheidungen gerade im Default zu einer erheblichen Verlängerung der Verhandlungsdauer und damit zu einer verringerten Post-Defaultrendite führt. Wesentlich problematischer können nicht nur im Bankrottfall Gerichtsstände nach europäischem Recht sein. Hintergrund ist der unterschiedliche Chararkter und die Herkunft des U.K. Laws und des europäischen Rechts, welches sich mehrheitlich auf das deutlich jüngere Civil Law romanischen Ursprungs stützt. Das English oder Common Law entwickelte sich in mehreren Jahrhunderten aus dem so genannten Case Law oder dem Einzelfallentscheidungsrecht. Demgegenüber ist das Civil Law ein relativ junger Rechtskreis entstanden im 18. Jahrhundert. LaPorta et al. sehen insgesamt den Schutz unternehmensexterner Investoren im Common Law-Rechtskreis als besser an. Bei der Anleihenbewertung könnten solche unterschiedlichen Governing Laws eine Rolle spielen.

Johnson et al. prägen den Begriff des „Tunnelling" für Maßnahmen der kontrollierenden Aktionäre, Vermögen und Gewinne zu ihren Gunsten aus dem Unternehmen heraus zu tunneln. Sie zeigen, dass es insbesondere in europäischen Staaten, die dem

Civil Law-Bereich zuzuordnen sind, legale Möglichkeiten zur Umverteilung gibt. Die Begründung dafür liefern rechtliche Interpretationsprinzipien wie Duty of Care (Verantwortlichkeit der Unternehmensführung) und Duty of Loyalty. Duty of Care nach dem romanischen Konzept des Mandatum verlangt von einem Manager eine vernünftige, vorsichtige und rationale Handlung.

Die Duty of Loyalty bezieht sich auf Situationen mit Interessenskonflikten und besagt, dass Insider (Manager) nicht zu Lasten von (Minderheits)- Teilhabern agieren dürfen. Im Common Law wird letzteres Prinzip sehr strikt ausgelegt. Bereits ein potentieller Interessensgegensatz stellt die Basis für die Schuldigkeit (Liability) dar. Die Duty of Care verlangt dagegen nur ein gewisses Maß an Verantwortung (Care). Problematisch ist allerdings auch die fehlende Allgemeingültigkeit einer charakteristischen Beschreibung für einen rationalen und vorsichtigen Manager. In Deutschland beispielsweise müssen auch die Interessen aller Stakeholder berücksichtigt werden.

Der Rang in der Kapitalstruktur ist ebenfalls bewertungsrelevant. Von zwei Emissionen mit der gleichen Ausfallwahrscheinlichkeit wird diejenige die höhere Prämie generieren, deren Verlust im Falle eines Defaults am größten ist. Nachrangigkeit ist also in der Regel mit einem höheren Spread zu verbinden, weil im Konkursfall der Recovery Value (Rückzahlungsquote) mit dem Grad an Subordination abnimmt. Diese Frage taucht beispielsweise auch regelmäßig bei Emissionen von Holdinggesellschaften auf, wenn die Verbindlichkeiten der Holding nachrangig zu denen der operativen Tochterunternehmen sind.

Sonstige Faktoren

Institutionelle Anlagerestriktionen können zu Marktsegmentierungen führen und folglich zu Bewertungsverzerrungen. z.B. sind in Deutschland noch etliche institutionelle Anleger (Fondsgesellschaften, Versicherungen, etc.) auf ein Mindestemissionsrating von BBB – bzw. teilweise sogar von A – angewiesen. Dementsprechend fallen wichtige Käuferschichten in diesem Anlagesegment aus, was sich wiederum im Angebots-Nachfrageverhältnis und damit im Renditespread negativ niederschlagen könnte. Noch deutlicher wird allerdings die durch institutionelle Restriktionen bedingte Marktsegmentierung zwischen Investment Grade- und High Yield-Anleihen. Zwischen BBB und BB sind in der Regel deutliche Renditesprünge zu verzeichnen, die nicht nur durch die höheren Ausfallraten im BB-Bereich erklärt werden können. Aufsichtsbehörden schließen zum Teil für Anleihen der spekulativen Klassen Anlagewürdigkeit aus. Fällt das Rating einer Anleihe in eine dieser unteren Kategorien, ist sie insbesondere in den USA vom Erwerb durch bestimmte institutionelle Anleger ausgeschlossen.

Welche Kursreaktion ist zu erwarten, wenn ein Unternehmen unter die Investmentgrade-Ratingeinstufung fällt? Ein Beispiel für den zu erwartenden Kursverlauf liefert die Historie von Xerox. Wie aus der Abbildung 10 ersichtlich, antizipierten die Marktteilnehmer die Herabstufung zu einem großen Prozentsatz. Trotzdem fiel der Kurs am Tage nach der Herabstufung von 55 auf 44,25. Das absolute Kurstief wurde einige Tage später mit 40,75 am 7. Dezember 2000 erreicht. Seitdem ging der Kurs im Trend nach oben und steht mittlerweile bei rund 88. Dieses Reaktionsmuster steht im Einklang mit empirischen Untersuchungen zu Kursreaktionen auf Ratingänderungen in den USA. Dieses Entwicklungsmuster wird in der modernen verhaltensorientierten Finanzmarktforschung (Behavioral Finance) als „Underreaction/Overreaction" bezeichnet. Auf neue öffentliche Informationen, hier die Ratingänderung, wird kurzfristig mit Verzögerung reagiert, d.h. neue Nachrichten werden nicht entsprechend der Effizienzmarkthypothese sofort und schlagartig in die Kurse eingearbeitet, sondern nur langsam und sukzessive. Es kommt bei extremen Verlierern zu Überreaktionen (Overreaction), so dass die Kurse über das fundamental gerechtfertigte Niveau hinaus fallen und damit zu billig werden. Als Gegenreaktion holen die Wertpapierkurse in der Periode nach dem Erhalt der Information langfristig einen Teil der erfahrenen Verluste wieder auf.

Zwischen dem Tiefstkurs nach der Ratingherabstufung und dem aktuellen Wert liegen über 100 % Kursdifferenz, die in wenigen Monaten realisiert wurden. Auf Grund der beschriebenen Zusammenhänge erscheint die Möglichkeit einer systematischen Ausnutzung dieser Anomalien sehr attraktiv.

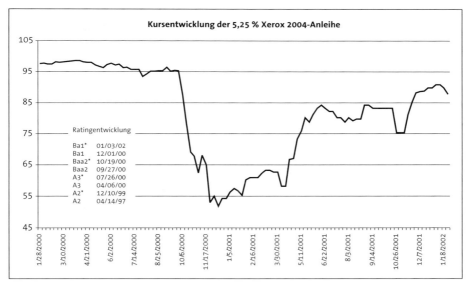

Abb. 10: Kurschart Xerox

Wiedererkennungswert oder „Name Recognition" spielen bei der Bewertung von Unternehmensanleihen in Euroland immer noch eine erhebliche Rolle. In der Vergangenheit benötigten europäische Emittenten kein offizielles Rating, weil allein die „Name Recognition", der namentliche Wiedererkennungswert, eine Platzierung am Kapitalmarkt ermöglichte. Bei der Bewertung spielte der Bonitätsvergleich ebenfalls nur eine untergeordnete Rolle. Vermutlicher Hintergrund könnte ein „Recognition Bias" sein.

Der „Recognition Bias" stellt eine simple Heuristik dar, die einem Investor die Titelauswahlentscheidung ausschließlich auf Basis der relativen Bekanntheit im Vergleich zu Alternativen ermöglicht.

Einen Einfluss auf die spätere Spreadhöhe kann man auch zunehmend der Roadshow des Emittenten vor der Emissionen zubilligen; je besser und transparenter sich ein Emittent vor den potentiellen Investoren „verkauft", desto geringer wird seine zu zahlende Risikoprämie sein. Häufig kann man in der Praxis beobachten, dass im Laufe einer Roadshow der so genannte Spreadtalk deutlich reduziert wird.

Grundsätzlich sind viele weitere bewertungsrelevante Einflussfaktoren denkbar, wie beispielsweise die Reputation des Emissionskonsortiums, das Emissionsformat (Inlandsanleihe, Eurobond oder Global?) oder die Frage, ob es sich um einen Erstemittenten handelt. Zudem sind steuerliche und saisonale Aspekte (z.B. der Januar-Effekt) relevant. Allerdings soll angesichts des einführenden Charakters dieser Arbeit die Übersicht der Bewertungsfaktoren hiermit beendet werden.

5.6 Das Management von Unternehmensanleihen

Im Folgenden sollen im Rahmen des Managementprozesses von Unternehmensanleihen die Einzeltitelselektion und die Portfoliokonstruktion diskutiert werden.

Einzeltitelselektion ist wichtiger als Sektorallokation

Dynkin et al. zeigen die Vorteilhaftigkeit einer lediglich auf die Titelselektion ausgerichteten Anlagestrategie auf. Aus dem Aktienmanagement bekannte Strategien, wie beispielsweise aktive Sektorrotationen zwischen verschiedenen Branchen oder Ratingklassen, liefern weniger überzeugende Ergebnisse. Die Einzeltitelselektion hingegen erweist sich unter den überprüften Anlagekonzepten als diejenige mit dem optimalen Tracking Error.

In der Einzeltitelauswahl können fundamentale, technische und verhaltensorientierte Analysemethoden eingesetzt werden. Traditionell werden neben qualitativen Kreditbeurteilungsverfahren mathematisch-statistische Methoden zur Bewertung von Credits und zur Beurteilung der Preiswürdigkeit (Rich/Cheap-Analyse) angewandt. Zu den quantitativen Bewertungsmethoden zählen neben dem bereits erwähnten Merton-Modell so genannte Scoring-Modelle. Die dem Modell von Merton zugrunde liegenden Einflussfaktoren stammen im Wesentlichen vom Aktienmarkt. Allerdings haben empirische Untersuchungen ergeben, dass Aktienkurse exzessiv volatil sind und damit nicht immer die fundamentale Unternehmenssituation reflektieren. Aktienmärkte sind zudem ineffizient in der Verarbeitung neuer Informationen in den Kursen. Eine Kreditbeurteilung ausschließlich auf Basis von Aktienmarktinformationen kann daher zu problematischen Resultaten führen. Als Zusatzinformation sind sie allerdings für den Bondholder nützlich.

5 Der Euro Corporate Bond Market

Neben klassischen Anleiheindikatoren wie der Höhe des Spreads und dem Momentum der Risikoprämie kommen in der Einzeltitelselektion auch aus der Aktienauswahl bekannte Kriterien zum Einsatz. Im Aktienmanagement werden seit langer Zeit verschiedene Filter erfolgreich zum Einsatz gebracht. In empirischen Untersuchungen konnte z.B. die langfristige Vorteilhaftigkeit von niedrig bewerteten Aktien nachgewiesen werden. Solche Value-Stocks mit niedrigen Kurs-Gewinn-Verhältnissen und/ oder Kurs-Buchwert-Verhältnissen erzielten risikoadjustiert positive abnormale Renditen. Ein weiteres Auswahlkriterium stellt der Trend der Gewinnrevisionen der Aktienanalysten dar. Aktien, deren Gewinnmomentum positiv ist, entwickeln sich häufig besser als der gesamte Aktienmarkt. Für den Investor in Unternehmensanleihen stellt dieser Indikator eine wichtige Ergänzung in seinem Datenkranz dar. Dieser soll beispielsweise helfen, nach einer massiven Spreadausweitung die wirtschaftlichen Perspektiven besser einschätzen zu können und der Gefahr der Investition in eine potentielle Falle entgegen zu wirken. Grundsätzlich ist damit das Creditresearch um eine quantitative Komponente erweitert, die die traditionelle Fundamentalanalyse des Emittenten sinnvoll ergänzen sollte. Untersuchungen belegen diese These, da sich die Kombination der Bewertungsfaktoren Spreadbewertung, Anleihemomentum und Gewinnrevisionen als die ausgewogenste Titelselektionsstrategie definieren lässt.

Im Folgenden soll anhand eines Beispiels ein grob-schematischer Ablauf einer Kreditrisikoanalyse und Anleihebewertung beschrieben werden (Abbildung 11). Ausgangspunkt ist der kleine Chart in der Abbildung links oben. Die dargestellte Punktwolke repräsentiert das Universum von Industrieanleihen zu einem Stichpunkt. Im Vergleich dazu ist die Renditestrukturkurve von Staatsanleihen dargestellt. Aus gegebenem Anlass wird eine möglichst hochrentierliche Industrieanleihe im zehnjährigen Laufzeitensektor gesucht. Aus einer sehr umfassenden Bond-Datenbank wird eine Anleihe von Burmah-Castrol herausgesucht, die sich im Spread ausgeweitet hat und im Vergleich zu Emissionen mit einem (vergleichbaren) Rating von ebenfalls Single-A als höchstrentierliche auffällt. Der Datenbank zu entnehmen sind Ausstattungsmerkmale und Bewertungs-Kennzahlen wie Rendite, Duration, Spreads etc. Um feststellen zu können, ob der hohe Spread der Anleihe durch eine Fehlbewertung (Entscheidung Kauf) oder lediglich durch Antizipation eines erhöhten Bonitätsrisikos (Entscheidung Nicht-Kaufen) entstanden ist, muss im nächsten Schritt eine Fundamental- und Finanzdatenanalyse folgen. Wir bedienen uns hierbei der Datenbank des Aktienresearchs, die uns die aufbereiteten Zahlen aus der Bilanz und der Gewinn- und Verlustrechnung liefert. Von Bedeutung sind in diesem Zusammenhang Finanzdaten, die den Fundamentalwert und die Ausfallwahrscheinlichkeit beeinflussen. Die Analyse soll zur Klassifizierung von unterschiedlichen Emittenten dienen und zwischen guten und schlechten Emittenten diskriminieren. Neben der Einordnung des Status quo soll mit Hilfe dieses so genannten Schattenratings auch eine antizipative Frühindikatorwirkung erzielt werden, die sich zur Prognose von Ausfällen und Bonitätsveränderungen eignet. Die Idee des Schattenratings basiert auf einer Arbeit von Altman, der erstmals ein quantitatives Modell zur Bonitätseinstufung US-amerikanischer Unternehmen entwickelte. Altman hat dabei eine multivariate lineare Diskriminanzfunktion aufgestellt (so genanntes Z-Score-Modell), die den oben gestellten Anforderungen genügt.

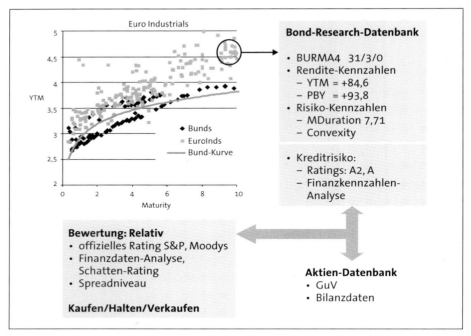

Abb. 11: Ablauf einer Titelselektion

Quelle: Oppenheim

In Abbildung 12 erfolgt die Berechnung des Schattenratings oder Corporate Health-Index für das obige Beispiel Burmah-Castrol. Die Anwendung des Modells ergibt einen Score von 3,541, der gemäß den historischen Erfahrungswerten äquivalent mit einem Single A-Rating ist. Da der Spread über vergleichbaren A-Anleihen liegt, scheint der hohe Renditeaufschlag der Emission eine Fehlbewertung des Marktes darzustellen. Durch Abbildung 13 wird diese Vermutung bestätigt; der Spread von anfänglich rund 90 Basispunkten verengte sich im Zeitablauf auf knapp 75 Stellen. Nach zwischenzeitlicher Übernahme von Burmah-Castrol durch BP Amoco (AA) rentierte die Anleihe nunmehr rund 40 Stellen über Staatsanleihen.

Grundsätzlich sollten Unternehmen mit sich verbessernden Fundamentaldaten bei akzeptablen Risikoprämien selektiert werden. Bond-Momentum, Spread und Ertragsrevisionen sind zu beachten.

```
Generelle Formel (Altmann, 1968)
    1,2 X1    1,4 X2    3,3 X3    0,6 X4    1,0 X5    =    „Corporate Health"
Beispiel: Burmah Castrols
    0,18      0,21      0,12      2,04      1,38      =    3,54
⇒ ein Indexwert von 3,541 ist äquivalent mit einem A-Rating
wobei:
X1:   Working Capitel durch Gesamtkapital
X2:   Thesaurierte Gewinne durch Gesamtkapital
X3:   EBIT durch Gesamtkapital
X4:   Marktwert des Eigenkapitals durch Gesamtverbindlichkeiten
X5:   Umsatz durch Gesamtkapital
```

Abb. 12: Schattenrating

Quelle: Oppenheim

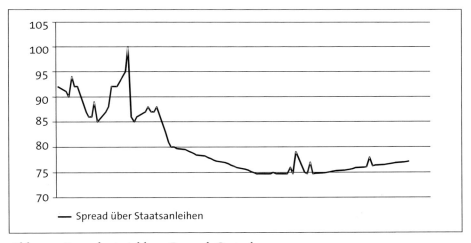

Abb. 13: Spreadentwicklung Burmah Castrol

Quelle: Oppenheim

Verlustrisiko ist aus Portfoliosicht entscheidend

Nachdem wesentliche Bestimmungsgründe für die Einzeltitelauswahl herausgearbeitet wurden, soll im Folgenden der Portfoliokontext hergestellt werden. Vorangestellt wird die Darstellung zweier wesentlicher Risikoaspekte bei der Portfoliozusammenstellung.

Auch die beste Titelselektionsmethodik kann die Wahrscheinlichkeit der Auswahl später ausfallender Emittenten lediglich reduzieren. Eine absolute Sicherheit liefert sie nicht. Ein Ausfall kann aber die Vermögensposition des Anlegers empfindlich tangieren. Hält ein Investor lediglich eine Anleihe, so wird durch einen Default ein ungefährer Wertverlust von 60 % generiert (unterstellte Rückzahlungsquote 40 % bei einem angenommenen Einstiegskurs von 100 %); befinden sich hingegen 100 Titel in seinem Bestand, bewirkt ein Default lediglich einen Gesamtverlust von 0,6 %. Das Portfoliorisiko hängt demnach nicht nur von der Bonität des Unternehmens ab, sondern auch von der Emittentenanzahl und vom Ausmaß der Diversifikationswirkung.

Markowitz zeigte in seiner Portfolio Selection-Theorie das Ausmaß der Risikoreduktion im Vergleich zur Einzelanlage auf, wenn die Wertpapierrenditen nicht perfekt positiv korreliert sind. Wesentliche Entscheidungsparameter sind der Erwartungswert der Wertpapierrenditen und deren Varianz unter der impliziten Annahme, dass die Renditen annähernd normalverteilt sind. Für Aktienportefeuilles sind wesentliche Voraussetzungen der Anwendung erfüllt, da das Chance-Risiko-Profil ausgewogener ist und sich die negativen und positiven Renditeabweichungen vom Mittelwert nahezu symmetrisch gestalten. Für Aktien ist das Gewinnpotential zumindest theoretisch unbegrenzt. Bei Unternehmensanleihen hingegen ist der mögliche Kursgewinn durch den vorherrschenden Kapitalmarktzins limitiert. Durch die asymmetrische Rendite-Risiko-Verteilung treten bei der Portfoliokonstruktion Verlustrisiken in den Vordergrund, der erwartete und der unerwartete Verlust.

Der erwartete Kreditverlust ist der langfristige Durchschnittsverlust beim Halten einer bestimmten Bonitätsklasse, der bei der Anleihebewertung berücksichtigt wird und sich auf die Risikoprämie einer Anleihe auswirkt. Der erwartete Verlust eines Kreditportfolios ist der gewichtete Mittelwert des erwarteten Verlustes der im Portefeuille enthaltenen Anleihen. Die Bonität des Schuldners bestimmt – wie oben gezeigt – im Wesentlichen die Ausfallrisiken. Die Steuerung des Portfolioverlustrisikos wird damit vorrangig durch die Auswahl und Gewichtung der einzelnen Ratingklassen und dem Grad an Nachrangigkeit bewerkstelligt; höhere Portfolioquoten niedrigerer Bonitätskategorien erhöhen den erwarteten Verlust (und die Risikoprämien) und umgekehrt. Durch die Identifikation von unterbewerteten Emittenten mit Hilfe von Schattenratings kann ein im Vergleich zum aktuellen, offiziellen Rating günstigeres Chance-Risiko-Profil erreicht werden.

Unerwarteter Verlust kann definiert werden als erwarteter Verlust plus zwei Standardabweichungen. Das Konzept des unerwarteten Verlustes versucht der Unsicherheit hinsichtlich der ex-ante Ausfallwahrscheinlichkeit und der Bonitätsmigration Rechnung zu tragen, da die historische Defaultrate ähnlich der Wirtschaftsaktivität fluktuiert und demnach nicht – wie implizit unterstellt – konstant ist. Ein wesentlicher Ansatz zur Beeinflussung des Portfoliorisikos ist die Diversifikation und die Berücksichtigung von Korrelationen zwischen den einzelnen Wertpapieren. Durch Streuung kann ein Portfolio gebildet werden, in dem das Gesamtportfeuillerisiko geringer ist als die Summe der Risiken der einzelnen Emittenten. Die Wirkung der Diversifikation bezieht sich auf das unternehmensspezifische, unsystematische Risiko. Das systematische Risiko, welches den gesamten Markt tangiert, ist hingegen durch Streuung nicht zu verringern (Marktrisiko). Eine Konzentration auf Titel aus einem Industriesektor, die möglicherweise eine hohe Asset Value-Korrelation aufweisen, würde den unerwarteten Verlust nicht positiv beeinflussen (Klumpen- oder Kumulrisiken). Das Portfolio würde vorrangig dem nicht-systematischen, idiosynkratischen und damit diversifizierbaren Risiko ausgesetzt sein. Eine breite, nicht-naive Diversifikation möglichst nicht oder wenig korrelierter Anleihen ist zur Reduzierung des Portfolioverlustrisikos zu realisieren. Diversifikation kann erzielt werden durch Mischung von unterschiedlichen Sektoren, geographischen Regionen (strukturstarke Regionen, boomende Volkswirtschaften, etc.) und Qualitäten beziehungsweise Bonitäten.

An dieser Stelle noch ein paar Worte zum Umfang der erforderlichen Diversifikation. Wie viele Titel sind erforderlich? Grundsätzlich gilt das Gesetz der großen Zahlen: Je größer die Stichprobe, desto größer wird die Wahrscheinlichkeit, dass das Mittel der Stichprobe nicht deutlich vom Mittel des Gesamtuniversums abweicht, von der die Stichprobe gezogen wurde. Je mehr Einzeltitel im Portefeuille sind, desto genauer werden die Ausfall- und Migrationsprognosen. Für den Euro-Anleihemarkt liegen noch keine umfangreichen Untersuchungen zur Diversifikation vor. Für den Aktienmarkt zeigen empirische Ergebnisse, dass bereits mit 15 Titeln eine erhebliche Diversifikationswirkung erzielt werden kann. Nach diesen Untersuchungen kann mit einer Titelanzahl von 20 bei einer angenommenen Korrelation von 0,75 bereits eine Halbierung des unsystematischen Risikos erreicht werden. Manager von High-Yield Bond Portfolios halten mitunter bis zu 100 verschiedene Anleihen. Ohne Kenntnis der konkreten Korrelationen könnten Gewichtungsobergrenzen Klumpenrisiken reduzieren helfen. Denkbar sind Limite für Branchenexposure oder Einzelemittenten.

Gut diversifizierte Industrieportfolios sind grundsätzlich eine wesentliche Voraussetzung, um den Einfluss von Ausfallrisiken einzelner Emittenten auf den Gesamtfonds zu begrenzen. Allerdings zeigen Das et al., dass Ausfallwahrscheinlichkeiten und Ausfallrisiken im Durchschnitt hoch positiv miteinander korreliert sind, die Korrelationen aber nicht zeithomogen sind und je nach Regime im Ausmaß unterschiedlich, sowohl negativ als auch positiv, sein können. Ein zusätzliches Portfoliorisiko entsteht somit, weil die Diversifikationswirkung dann am geringsten ist, wenn sie am meisten benötigt wird, und zwar in Stressszenarien. In Zeiten hoher Ausfallraten sind die Korrelationen nämlich sehr hoch, während sie bei geringen Default Rates entsprechend niedrig sind. Im Gegensatz zur weit verbreiteten Auffassung sind die Ausfallrisikokorrelationen zwischen Emittenten guter Bonität höher als zwischen High Yield-Schuldnern.

Abbildung 14 verdeutlicht die Diversifikationswirkung verschiedener Bonitäten. Dargestellt sind die Risiko-Ertrags-Erwartungen unterschiedlicher Industriebonitäten, hier aufgezeigt als durchschnittlicher Excess Return bzw. dessen Standardabweichung im Vergleich zu Staatsanleihen. Tendenziell ist zu erkennen, dass mit zunehmendem Risiko auch der erwartete Zusatzertrag wächst. Auffällig wirkt die relativ geringe durchschnittliche Ertragsdifferenz im Investment Grade-Bereich. Allerdings sollte man nicht daraus schließen, dass sich ein Investment z.B. in BBBs grundsätzlich nicht lohnt; angesichts der hohen Ertragsvolatilität ergeben sich für aktives Management erhebliche Renditesteigerungsmöglichkeiten oder Outperformancepotential. Zudem sind insbesondere mit BBB/BBB- geratete Emissionen durch häufige Mispricings potentialreich.

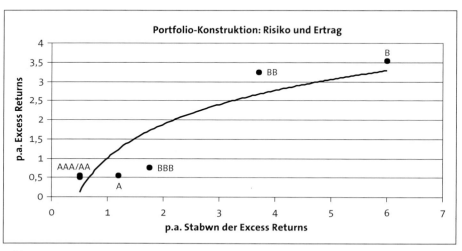

Abb. 14: *Excess Return*

Quelle: Lehman

Historische Korrelationen für euroländische Assets verschiedener Qualitätssegmente sind in Abbildung 15 dargestellt. Man erkennt, dass je niedriger das Rating von Corporates ist, desto niedriger die Korrelation mit Staatsanleihen oder Corporates höchster Bonität. Demnach verliert mit abnehmender Bonität das Zinsänderungsrisiko an Einfluss, während das mikroökonomische- oder unternehmensspezifische Risiko an Bedeutung gewinnt. Im Non-Investment Grade-Bereich sinkt die Staatsanleihen-Korrelation massiv ab, und der Aktienmarkteinfluss dominiert.

Abschließend sollen noch verschiedene aktive Kreditportfolio-Managementansätze kurz vorgestellt werden. Klassisch zu nennen ist der an dem Zustand der Makroökonomie orientierte Top-Down-Ansatz. Die Prognose von konjunkturellen Auf- oder Abschwüngen ist wesentlicher Ausgangspunkt bei der Einschätzung zukünftiger Ausfallraten und Migrationswahrscheinlichkeiten. Beispielsweise wird eine Rezession die Erwartung sich verschlechternder Unternehmensbilanzen entstehen lassen und einen entsprechend antizipativen Anstieg der Risikoprämien zur Folge haben. Da Unternehmensanleihen mit einer geringeren Bonität negativer auf Konjunkturverschlechterungen reagieren als solche mit einem hohen Rating, wird als Konsequenz die durchschnittliche Portfolioqualität in einem Abschwung erhöht werden. Eine regionale Diversifikation würde ferner zu erzielen sein, indem z.B. ausländische Emittenten aus

5 Der Euro Corporate Bond Market

	Corporates gesamt	Corporates AAA	Corporates AA	Corporates A	Corporates BBB	Staats- anleihen
Corporates gesamt	1,00	0,96	0,96	0,96	0,95	0,86
Corporates AAA		1,00	1,00	1,00	0,99	0,71
Corporates AA			1,00	1,00	0,99	0,71
Corporates A				1,00	0,99	0,72
Corporates BBB					1,00	0,69
Staatsanleihen						1,00

Abb. 15: Korrelationen
Quelle: Merrill Lynch

prosperierenden Volkswirtschaften, sofern sie ihren Hauptumsatz im Inland erzielen, dem Portfolio zugeführt würden. In diesem Kontext ist erwähnenswert, dass Bereiche der Wirtschaft (z.B. der Mittelstand) auf Grund ihrer geringeren Exportabhängigkeit gegenüber externen Einflüssen wesentlich immuner sind als die Gesamtwirtschaft. Je nach weltwirtschaftlicher Lage kann dies für die Portfoliobildung vorteilhaft sein. Aus der zeitlichen Perspektive wird laut S&P der Ausfallhöhepunkt eines typischen Zykluses etwa sechs Monate nach Durchschreiten des konjunkturellen Tals erreicht.

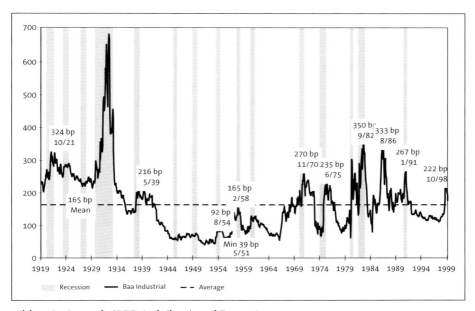

Abb. 16: Spreads (BBB Anleihen) und Rezessionen
Quelle: Moodys

Mit dem Industrierotationsansatz versucht man Kapital aus der Tatsache zu ziehen, dass Industriesektoren unterschiedlich sensitiv auf Änderungen in der Konjunktur oder den Zinsen reagieren. Von einem sich abzeichnenden konjunkturellen Aufschwung werden z.B. insbesondere zyklische Branchen profitieren, so dass eine Umschichtung aus defensiven Sektoren in konjunktursensitive sinnvoll wäre. Interessante Ergebnisse erzielten empirische Untersuchungen in den Vereinigten Staaten, wonach verschiedene Branchen in der Regel unabhängig vom Rating unterschiedlich hohe Spreads aufweisen. Damit wird eine weitere Schwäche des Ratings sichtbar, weil nämlich Rating nicht gleich Rating ist, sondern Ratings allenfalls innerhalb eines Industriesektors vergleichbar sind. Eine Bewertung einer Anleihe muss daher vorrangig im Sektorkontext erfolgen.

Je nach Marktsituation können Kredit-Barbell-Ansätze lohnend sein. Allgemein werden hierbei Anleihen mit guter und schlechter Bonität gemischt. Im Besonderen erfolgt eine Kombination von nahezu ausfallrisikofreien Staatsanleihen und Corporates mit geringerer Qualität, wodurch ein ausgewogeneres Chance-Risiko-Profil entsteht und insbesondere die bei Publikumsfonds wichtige Portfolioliquidität erheblich erhöht wird. Ziel des Kredit-Barbells ist die Erhöhung des erwarteten Ertrages bei Beibehaltung des durchschnittlichen Risikos. Der Spread steigt mit abnehmenden Rating nicht linear; insbesondere am Rande des Investment Grade sind teilweise überproportionale Risikoprämien zu erzielen.

Zum Schluss erwähnt sei der mikroökonomisch orientierte Bottom-Up-Ansatz, der über die Einzeltitelauswahl die Portfoliozusammenstellung generiert. Allerdings erzeugt ein solcher Ansatz die Gefahr, wenn z.B. nur nach Renditegesichtspunkten selektiert wird, Klumpenrisiken zu schaffen. Diversifikations- und Korrelationsaspekte sind nicht zu vernachlässigen.

5.7 Europäischer Corporate Bond Markt wird sich als Assetklasse durchsetzen

Diese Arbeit sollte einen Überblick über den Markt für Unternehmensanleihen in Euroland vermitteln. Dabei wurde der Breite der Darstellung vor der wissenschaftlichen Präzision Priorität eingeräumt.

Der Euro-Unternehmensanleihemarkt ist im Vergleich zum US-amerikanischen noch sehr jung, trotzdem erlangte er in den letzten Jahren bereits einen erstaunlichen Reifegrad. Empirische Untersuchungen zum Euro-Markt liegen bislang kaum vor, da die historische Datenbasis noch unzureichend ist. Generelle Aussagen über die Vorteilhaftigkeit von Unternehmensanleihen können daher noch nicht getroffen werden.

Corporate Bonds haben sich nichtsdestotrotz als Assetklasse durchgesetzt. Dies wird nicht zuletzt durch die hohe Anzahl von neu aufgelegten Fondsmandaten mit diesem Anlageschwerpunkt dokumentiert.

Für die weitere Entwicklung sind zwei Aspekte von Bedeutung. Der Diversifikationsgrad des Marktes ist bislang gering. Ein großer Teil des Segmentes wird von Telekommunikations- und Automobilemissionen repräsentiert. Es werden daher neue regelmäßige Emittenten aus anderen Branchen benötigt. Viele europäische Unternehmen weisen aber bisher nicht die für die Kapitalmarktfähigkeit erforderliche Transparenz und Visibilität auf. Ein Umdenkensprozess findet nur zögerlich statt. Schließlich muss auch eine stärkere Orientierung am Bondholder-Value zum Primat der Unternehmenspolitik werden. Ein erfolgreicher Ansatz zur Steigerung des Unternehmenswertes muss neben Aktionärs- auch Gläubigerinteressen angemessen berücksichtigen.

Literatur

Altman, E.: Predicting Financial Distress of Companies: Revisiting the Z-Score and Zeta-Models, Working Paper, Stern School of Business, New York University 2000.

Bhanot, K.: Dynamics of Credit Spreads: A Non-Parametric Analysis, in: Journal of Fixed Income, 2001, 11, S. 28–35.

Das, S./Tufano, P.: Pricing Credit-Sensitive Debt when Interest Rates, Credit Ratings and Credit Spreads are Stochastic, in: The Journal of Financial Engineering, 1996, 5, S. 161–198.

Das, S./Fong, G./Freed, L./Geng, G./Kapadia, N.: Simply Credit: Useful Things to Know about Correlated Default Risk, in: Extra Credit, November/December 2001, S. 14–23.

Duffee, G.: Treasury Yields and Corporate Bond Yield Spreads: An Empirical Analysis: in: Journal of Finance, 1998, 53, S. 2225–2242.

Duffie, D./Singelton, K.: Modeling Term Structures of Defaultable Bonds, Working Paper, The Graduate School of Business, Stanford University, June 1994, revised September 1997.

Dynkin, L./Ferket, P./Hyman, J./van Leeuwen, E./Wu, W.: Value of Security Selection Versus Asset Allocation in Credit Markets, in: Journal of Portfolio Management, 1999, 25, S. 11–27.

Fons, J.: Using default rates to model the term structure of credit risk, in: Financial Analysts Journal, 1994, 50, S. 25–32.

Jarrow, R./Turnbull, S.: Pricing Derivatives on Financial Securities Subject to Credit Risk, in: Journal of Finance, 1995, 50, S. 53–85.

Jarrow, R./Lando, D./Turnbull, S.: A Markov Model of the Term Structure of Credit Spreads, in: Review of Financial Studies, 1997, 10, S. 481–523.

Johnson, S./LaPorta, R./Lopez-de-Silanes, F./Shleifer, A.: Tunnelling, Working Paper, Harvard University 2000.

LaPorta, R./Lopez-de-Silanes, F./Shleifer, A./Vishny, R.: Investor protection and corporate governance, in: Journal of Financial Economics, 2000, 58, S. 3–27.

Longstaff, F./Schwartz, E.: A Simple Approach to Valuing Risky Fixed and Floating Rate Debt, in: Journal of Finance, 1995, 50, S. 789–820.

Merton, R.: On the Pricing of Corporate Debt: The Risk Structure of Interest Rates, in: Journal of Finance, 1974, 29, S. 449–470.

Teil III

Case Studies

1 Asymmetrische Asset Allocation

von Thomas Bossert

1.1 Einleitung

> Prognosen sind schwierig, insbesondere wenn sie die Zukunft betreffen.
> (Physiknobelpreisträger Niels Bohr)

Was Niels Bohr einst humorvoll-prägnant formulierte ist exakt das, was auch erfolgreiche Asset Allocation sehr schwierig macht. Denn um Asset Allocation erfolgreich durchführen zu können, sind gute Prognosen erforderlich. Obwohl in jeder aktiven Asset Allocation zwangsläufig eine Prognose steckt, wird das mit ihr verbundene Prognoserisiko oftmals nicht erkannt, ignoriert oder einfach hingenommen. Was sollte nun aber ein aufmerksamer Anleger tun, der dieses Risiko erkannt hat, es nicht ignorieren will und berechnet hat, dass es zu groß ist, um es einfach zu akzeptieren?

Die Asymmetrische Asset Allocation ist in der Lage, dieses Dilemma zu lösen. Durch bewusste Kontrolle des Prognoserisikos werden vom Anleger benötigte Minimumrenditen auch dann erzielt, wenn die im Portfolio abgebildeten Prognosen nicht eintreffen. Damit werden ungewollte absolute Verluste vermieden. Diese Sicherheit besteht nicht nur in „normalen" Märkten sondern auch unter extremen Marktbedingungen. Gleichzeitig lässt die Strategie jedoch mittel- bis langfristig hervorragende Renditen erwarten.

1.2 Der Anlageentscheidungsprozess

1.2.1 Die Struktur des Anlageentscheidungsprozesses

Um die Asymmetrische Asset Allocation in ihrem Zusammenhang zu verstehen, ist es zunächst einmal erforderlich darzustellen, an welcher Stelle sie sich in einen Anlageentscheidungsprozess einordnet. Ein systematischer Anlageprozess lässt sich in der Regel in drei Komponenten zerlegen: Die strategische Asset Allocation (SAA), die taktische Asset Allocation (TAA) und die Sektor- und Einzeltitelallokation.

Wird ein solcher Entscheidungsprozess von oben nach unten durchlaufen, spricht man von einem Top Down-Ansatz. Im umgekehrten Fall handelt es sich um einen Bottom Up-Ansatz.

```
┌─────────────────────────────────────────────────────────┐
│  Strategische Asset Allokation (SAA)                    │
│  • Langfristige Ausrichtung des Vermögens               │
│                                                         │
│  Taktische Asset Allokation (TAA)                       │
│  • Abweichung von der langfristigen Allokation          │
│                                                         │
│  Einzeltitelauswahl                                     │
│  • Aktien:                                              │
│      – Sektorrotation                                   │
│      – Stock Picking                                    │
│  • Renten:                                              │
│      – Laufzeitallokation                               │
│      – Segmentauswahl                                   │
└─────────────────────────────────────────────────────────┘
```

Abb. 1: Investmentprozess

1.2.2 Die strategische Asset Allocation (SAA)

Bei der Asset Allocation unterscheidet man die strategische und die taktische Asset Allocation. Strategische Asset Allocation wird in der Regel als die langfristige Portfolioausrichtung definiert. Diese richtet sich im Wesentlichen nach der Risikotragfähigkeit und den Renditeerwartungen des Anlegers. Hier finden neben den institutionellen Rahmenbedingungen, denen der Anleger in seiner Anlagepolitik genügen muss (gesetzliche, behördliche oder ähnliche Vorschriften), auch individuelle Bedürfnisse und sonstige Nebenbedingungen ihren Niederschlag. Hierzu zählen beispielsweise Erfordernisse, die sich aus dem Bilanzstruktur-Management, der allgemeinen Aktiv-Passiv-Steuerung oder einem expliziten Asset Liability Management ergeben. Die strategische Asset Allocation drückt sich in einer Musteraufteilung der anzulegenden Gelder auf die einzelnen Assetklassen aus. Oftmals endet diese bei der Aufteilung auf Aktien, Renten und Cash. In der Regel werden diese übergeordneten Assetklassen jedoch noch weiter heruntergebrochen auf Wirtschafts- oder Währungsblöcke. Sinnvollerweise erfolgt eine weitere Untergliederung bis auf einzelne Risikoquellen wie Länder-, Branchen-, Zins- und Bonitätsrisiken. Oft wird diese strategische Grundausrichtung in Form einer Indexbenchmark, d.h. einer Kombination von Kapitalmarktindizes repräsentiert. Sie stellt den Auftrag des Kunden an den Portfoliomanager dar und bildet gleichzeitig die Messlatte, an der sich der langfristige Erfolg des Investments messen lassen muss.

1.2.3 Taktische Asset Allocation und Market Timing

Auf der Ebene unterhalb der strategischen Asset Allocation beginnt dann das, was viele erst als eigentliches Portfoliomanagement verstehen würden, nämlich die Abweichung von der langfristigen Ausrichtung des Portfolios. Hier kommen die Prozesse der taktischen Asset Allocation und des Market Timing ins Spiel.

Prinzipiell geht es bei beiden darum, Bewegungen von Assetklassen zu prognostizieren und den Asset Mix entsprechend anzupassen. Markt Timing bemüht sich, vorherzusagen, ob ein einzelner Markt über einen bestimmten Horizont steigt oder fällt. Bei der Asset Allocation wird diese Prognose für die Entwicklung mehrerer Assetklassen relativ zueinander abgegeben. Beim Market Timing wird in Erwartung eines steigenden (fallenden) Marktes das Exposure in diesem Markt aufgebaut (abgebaut). Sofern Markt Timing für die Steuerung eines Portfolios, das in mehrere Märkte/Assetklassen investiert, durchgeführt wird, ergibt sich daraus automatisch eine relative Verschiebung der einzelnen Assetklassen gegeneinander und damit letztlich eine taktische Asset Allocation. Geht man beispielsweise von einer neutralen (strategischen) Asset Allocation von 50 % europäischen Aktien und 50 % europäischen Staatsanleihen aus, so führt eine positive Markteinschätzung für den Aktienmarkt dazu, dass die Aktieninvestitionsquote erhöht werden soll. Wenn die Kreditaufnahme und damit die Hebelung des Portfolios ausgeschlossen ist, müssen die Mittel, die dem Aktienteil zugeführt werden sollen, dem Rententeil entnommen werden. Dadurch ergibt sich auf Basis der Marktwerte aus einer Timing Entscheidung in einem Markt eine Verschiebung der beiden Assetklassen. Wird für das Gesamtportfolio eine neutrale Positionierung relativ zur strategischen Asset Allocation (Benchmark) hinsichtlich des eingegangenen Zinsrisikos angestrebt, so muss innerhalb der (verkleinerten) Rentenquote die durchschnittliche Kapitalbindungsdauer oder Restlaufzeit entsprechend verlängert werden.

Alternativ zur Umschichtung von Renten in Aktien könnten vermehrt Aktien gekauft werden, von denen zu erwarten ist, dass sie stärker als der gesamte Aktienmarkt steigen. Leider ist der Zusammenhang zwischen Schwankung einer Aktie relativ zum Markt, das so genannte Beta, in der Praxis sehr instabil und nur schwer zu prognostizieren.

1.3 Prognosegetriebene Asset Allocation

1.3.1 Prognosebasierte Asset Allocation fokussiert auf Prognose von Renditen

Der Regelfall auf der Ebene der taktischen Asset Allocation ist die Formulierung einer Prognose zu den erwarteten Renditen der Assetklassen Aktien, Renten und Cash. Dann wird die Assetklasse übergewichtet, die den höchsten Ertrag verspricht. Sinnvollerweise sollte bei der Assetklassen-Strukturierung auch das Risiko der einzelnen Assetklassen (Volatilitäten) sowie die Risikobeziehung zwischen den Assetklassen (Korrelationen) berücksichtigt werden. Sofern dies geschieht, was jedoch bei weitem nicht in allen Investment-Prozessen der Fall ist, werden hierzu in aller Regel historische Werte herangezogen.

Die zentrale Größe bei dieser Art der taktischen Asset Allocation ist die prognostizierte Rendite. Sie treibt die Zusammensetzung des Portfolios. In Erwartung einer positiven (relativen) Rendite einer Assetklasse wird die Gewichtung dieser Assetklasse im Portfolio erhöht. Damit steigt auch das mit ihr verbundene Risiko.

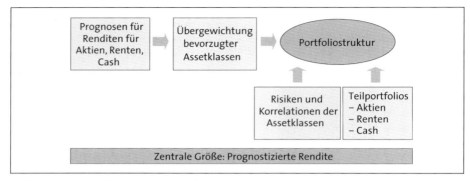

Abb. 2: Prognosebasierte Asset Allocation

1.3.2 Probleme der prognosebasierten Asset Allocation

Prognosen sind schwierig

Der prognosebasierte Ansatz zur Portfoliokonstruktion unterliegt einem erheblichen Fehlprognoserisiko. Bei falschen Renditeprognosen kommt es zu wenig rentierlichen, mitunter auch gefährlichen Portfoliostrukturen. Geht man beispielsweise von steigenden Aktienmärkten aus, so wird man Aktien übergewichten. Fällt der Markt dann jedoch entgegen den Erwartungen, sind absolute Verluste und Verluste relativ zur Benchmark die Folge. Der Erfolg der prognosebasierten Asset Allocation steht und fällt mit der Güte der Vorhersagen.

Leider sind Fehlprognosen jedoch häufig an der Tagesordnung. Prominente Beispiele sind die Prognosen der Research-Abteilungen für den Neuen Markt zu Beginn des Jahres 2000. Kursziele von 8.000 Indexpunkten wurden in entsprechender Aufmachung in den aufnahmewilligen Medien publiziert. In der Folge verlor der Markt jedoch mehr als 90 % seines Wertes.

Doch auch im weniger volatilen DAX wurden die Risiken eklatant unterschätzt. Dies verdeutlicht beispielsweise eine Umfrage unter einer Reihe von Analysten zum Ende des Jahres 2000. Unter anderem wurden Bandbreiten für die Entwicklung des DAX im Folgejahr 2001 abgefragt. In Abbildung 3 stellt jeder vertikale Strich die prognostizierte Bandbreite eines Wertpapierhauses dar. Der rechte Strich bildet die tatsächliche Schwankungsbreite des DAX im Jahr 2001 ab. Der größte Pessimist lag mit seinem Worst Case-Szenario bei 5.500 Punkten. Wohlgemerkt, es handelt sich nicht um den Durchschnitt der Worst Case-Schätzungen, dieser lag bei 6.317, sondern bereits um die extremste Meinung in der gesamten Umfrage. Der tatsächliche Tiefpunkt des DAX lag jedoch bei 3.539 Punkten. Damit war das Risiko sage und schreibe 36 % (!) höher als vom größten Pessimisten und gar 44 % höher als vom Durchschnitt prognostiziert.

Natürlich trug zu dieser Fehleinschätzung die nicht prognostizierbare Katastrophe am 11. September 2001 maßgeblich bei. Allerdings lag der Index am 10. September 2001

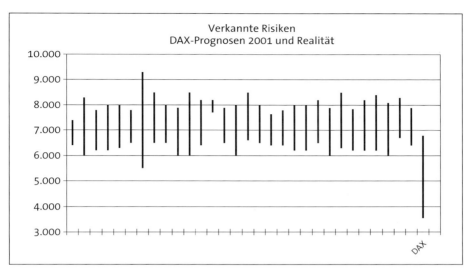

Abb. 3: Prognose und Realität für den DAX in 2001
Quelle: Süddeutsche Zeitung

bereits bei 4.758 und damit mehr als 13 % unterhalb der Prognose des größten Pessimisten.

Da Verluste in etwa doppelt so schwer wiegen wie entgangene Gewinne, und die Mehrheit der Investoren ihren Anlageschwerpunkt nach wie vor auf der Rentenseite hat, ist eine Analyse der Prognosen zum schlechten Rentenjahr 1999 von besonderem Interesse (Abbildung 4).

Es zeigt sich dasselbe Bild. Es gab mehr oder weniger optimistische und mehr oder weniger pessimistische Analysten. Jedoch hatte auch in diesem Fall keine einzige Research-Abteilung das ganze Ausmaß der Marktbewegung auf ihrer Rechnung. Es gab gar nur ein einziges Wertpapierhaus, das annäherungsweise den starken Zinsanstieg zumindest auf ihrer Notfallrechnung hatte. Ein derartiger Zinsanstieg wurde nicht für wahrscheinlich, aber immerhin doch im allerschlimmsten Fall für möglich gehalten. Letztlich hat jedoch keiner die Investoren vor den aufziehenden Rentenverlusten des Jahres 1999 gewarnt. Immerhin führt eine Fehlprognose von 1 % in diesem Laufzeitbereich zu Kursverlusten von bis zu 10 % auf eine festverzinsliche Anleihe. Die daraus resultierenden erheblichen unerwarteten Verluste trafen alle Anlegerschichten weitgehend unvorbereitet.

Auch eine Fehlprognose in die andere Richtung wirkt sich fatal auf die langfristige Gesamtperformance eines Investments aus. Bei einer Umfrage zur DAX-Schwankungsbreite für das Jahr 1998 konnte sich keines der befragten Häuser vorstellen, dass der DAX die Marke von 5.000 Punkten übersteigen könnte. Tatsächlich erreichte der Index in der Spitze einen Wert von über 6.200. Damit wurde das Ertragspotential des

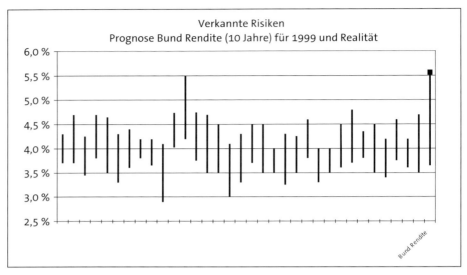

Abb. 4: Prognose und Realität für die Bund Rendite in 1999

Quelle: Handelsblatt

Marktes um rund 40 % unterschätzt. Dies entspricht der Rendite von vier durchschnittlichen Aktienjahren! Ein derartiger Ertragsausfall ist bei institutionellen Investoren insbesondere in Zeiten niedriger Zinsen und steigenden Ertragsdrucks besonders schmerzhaft.

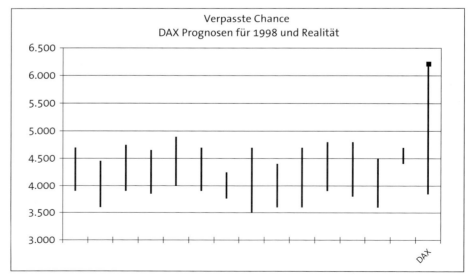

Abb. 5: Prognose und Realität für den DAX in 1998

Wohlgemerkt, es geht hier nicht darum, dass ein einzelner Analyst mit seiner Prognose falsch gelegen hätte. Nein, die ganze Zunft verkannte die gewaltigen Ertragschancen des Aktienmarktes in 1998 ebenso wie sie das Ausmaß der Risiken am Rentenmarkt 1999 und am Aktienmarkt 2001 nicht vorhersah. Dabei sollten doch allein auf Grund des Faktors Glück bzw. Zufall mindestens 50 % der Analysten tendenziell die Chancen des Marktes zu hoch und 50 % zu niedrig eingeschätzt haben.

Es handelt sich hierbei jedoch nicht um handverlesene Beispiele. Eine Analyse der Prognosen für den Aktienmarkt 1999 und 2000 und des Rentenmarkts seit 1994 bestätigt dieses Urteil. Auch bleibt sicherlich jedem Investor das eklatante Auseinanderklaffen der Prognosen zur Entwicklung des Euro und der tatsächlichen Wertentwicklung in bleibender Erinnerung.

Es stellt sich ohnehin grundsätzlich die Frage über den Wert von Prognosen, wenn unprognostizierbare Ereignisse wie der 11. September 2001 oder auch der Ausfall des Hedgefonds Long Term Capital Management LTCM derart massive Turbulenzen nach sich ziehen. Selbstverständlich bewegen sich Prognosen immer in einem „normalen" Marktumfeld. Damit leben sie jedoch letztlich in einer Traumwelt, da die Realität der Märkte eben keine „normale" ist. Der prognoseorientierten Asset Allocation liegt ein deterministisches Weltbild zugrunde. Danach wäre die Zukunft vorherzusagen, wenn man die Gesetze, auf denen der Lauf der Dinge basiert, entdecken und die daraus gewonnenen Muster fortschreiben würde. Die Chaostheorie zieht diese Weltanschauung jedoch zunehmend in Zweifel. Entweder lässt sich die Zukunft schlichtweg nicht prognostizieren oder die Wirkungszusammenhänge sind zu komplex, als dass man sie vollständig erfassen und nutzen könnte, zumindest mit den heute zur Verfügung stehenden Mitteln. Diese Erkenntnis umfasst nicht nur die internationalen Wertpapiermärkte sondern ebenso die Entwicklung von Wirtschaft und Warenpreisen, genauso wie die langfristige Wettervorhersage oder die Bundesligaergebnisse. Eine Studie, in der 16 verschiedene Vorhersagefelder untersucht wurden, kam zu dem wenig erbaulichen Schluss, dass derzeit lediglich das Wetter für den nächsten Tag auf Basis wissenschaftlicher Methoden hinreichend sicher vorhergesagt werden kann, auch wenn manch ein Leser an dieser Stelle skeptisch die Stirn runzeln mag. Für alle anderen Vorhersagen hätte man fast ebenso gut eine Münze werfen können. Oder, wie Keynes es seinerzeit ausdrückte: „Nichts ist verhängnisvoller als eine rationale Strategie in einer irrationalen Welt."

Die Problematik schlechter Prognosen ist den professionellen Marktteilnehmern durchaus bewusst. In einer im dritten Quartal 2001 durchgeführten Umfrage unter 75 Finanzexperten stimmten nur 22 % der Aussage zu: „Börsenanalysten haben genügend Expertise, um zukünftige Entwicklungen kompetent einschätzen zu können." Die Kunst besteht also nicht darin, eine Prognose zur kommenden Bewegung der Kapitalmärkte abzugeben, sondern mit dem immer darin steckenden Prognoserisiko richtig umzugehen.

Abb. 6: Umfrage unter Finanzexperten
Quelle: ECC Kohtes Klewes, FTD, Skopos

Prognosebasierte Asset Allocation ist auf genaue Prognosen angewiesen

Das Problematische an einer prognosebasierten Anlagestrategie ist, dass selbst halbwegs korrekte Prognosen offensichtlich schwer zu erhalten sind, der Strategie aber selbst mit halbwegs korrekten Prognosen nicht geholfen wäre. Im Gegenteil, sie ist auf eine hohe Trefferquote und eine hohe Genauigkeit angewiesen, um aus den Vorhersagen Kapital zu schlagen.

Nobelpreisträger William Sharpe hat bereits 1975 untersucht, welche Prognosequalitäten erforderlich sind, um den Markt erfolgreich zu timen. Seine Ergebnisse zeigen, dass im Zeitraum von 1929 bis 1972 75 % der Prognosen richtig sein mussten, um besser abzuschneiden als eine Buy-and-Hold-Strategie. Sharpes Arbeit ist zwar nun schon ein Vierteljahrhundert alt. Allerdings ist es sehr unwahrscheinlich, dass die Aufgabe, den Markt zu timen, in den letzten Jahren einfacher geworden ist. Andere Untersuchungen halten Trefferquoten zwischen 53 % und 65 % für erforderlich. Dies scheint auf den ersten Blick recht niedrig zu sein. Doch selbst eine optisch niedrige Trefferquote von 55 % oder 60 % will erst einmal erreicht sein. Natürlich glaubt ein jeder Marktteilnehmer, er oder sie verfüge über überdurchschnittliche Prognosefähigkeiten. Die Erfahrungen der Vergangenheit haben jedoch gezeigt, dass Anspruch und Wirklichkeit mitunter eklatant auseinanderklaffen. Diese Erkenntnis ist im Übrigen wissenschaftlich sehr gut abgesichert. Die Finanzmarktforschung im Bereich der Behavioural Finance beschäftigt sich mit der Psychologie an den Finanzmärkten und ihrer Auswirkung auf Anlageverhalten und Preisbildung. Ein Aspekt, der in diesem Rahmen untersucht wurde und wird, ist die so genannte Overconfidence. Danach sehen sich Menschen im Allgemeinen als wesentlich leistungsstärker und schlauer als es der Realität entspricht. Dies zeigt sich beispielsweise in der Beobachtung, dass sich die ganz überwiegende Mehrheit der Autofahrer für überdurchschnittlich gut hält. Jetzt ist es aber Fakt, dass 80 % der Autofahrer nicht besser als der Durchschnitt sein können. Dieses Phänomen findet sich jedoch nicht nur im Straßenverkehr, sondern verschont auch den Bereich der Kapitalanlage nicht.

Nun ist es jedoch nicht nur so, dass die Trefferquote bei der Frage, ob Aktien eher über- oder untergewichtet werden sollen, hoch sein muss. Die Aufgabe der Prognose gestaltet sich noch schwieriger, da in einem integrierten Prozess, in dem die Übergewichtung eines Assets eine Untergewichtung an anderer Stelle nach sich zieht, eine hohe Genauigkeit in den Renditeprognosen erforderlich ist. Es genügt also nicht, korrekt vorherzusagen, ob deutsche Aktien steigen oder fallen. Vielmehr gilt es auch ziemlich genau vorherzusagen, wie weit die Aktien steigen bzw. wie viel sie stärker steigen als beispielsweise deutsche Staatsanleihen.

Insbesondere beim Einsatz von Optimierern steht und fällt das Ergebnis mit der Qualität der geschätzten Risiko- und Renditegrößen. Kommt es hier zu fehlerhaften Annahmen bezüglich der erwarteten Renditen, Volatilitäten und Korrelationen, kann dies nicht nur zu suboptimalen, sondern mitunter zu extrem risikoreichen Portfoliostrukturen führen. Nicht umsonst haftet unbedacht eingesetzten Optimierern der wenig schmeichelhafte Spitzname „Fehlermaximierer" an. Die Bedeutung der Schätzfehler ist letztlich von der Risikoaversion des Anlegers abhängig. Je höher die Risikoaversion, desto bedeutender werden Varianzen und Kovarianzen und damit Schätzfehler in diesen Parametern. Bei durchschnittlicher Risikoaversion gilt: Fehler in den Renditen sind ca. 22-(11-)mal so wichtig wie in den Kovarianzen (Varianzen). So belegen Untersuchungen, dass bereits vergleichsweise geringe Änderungen der erwarteten Renditen einer einzelnen Aktie grundlegende Änderungen in der Struktur des gesamten Portfolios nach sich ziehen.

1.4 Asymmetrische Asset Allocation

1.4.1 Was versteht man unter Asymmetrischer Asset Allocation?

Auf der taktischen Stufe des Anlageprozesses setzt die Asymmetrische Asset Allocation (AAA) als Alternative zur prognoseorientierten Asset Allocation an.

Im Gegensatz zur prognosebasierten Asset Allocation ist die AAA eine risikobasierte Anlagestrategie. Das Portfoliorisiko wird von der Risikotragfähigkeit des Mandats bestimmt. Die Risikotragfähigkeit ist keine zu prognostizierende Größe. Sie wird im Zusammenspiel von Anlagezielsetzung des Investors und den Risikozusammenhängen an den Weltfinanzmärkten berechnet. Dazu ist es erforderlich, dass der Anleger präzise formuliert, wie viel Risiko er zu tragen bereit ist. Diese Größe lässt sich beispielsweise so festlegen, dass der Anleger bestimmt, wie hoch sein investiertes Vermögen zu einem bestimmten Zeitpunkt mindestens sein soll. Durch diesen Ansatz entzieht sich die AAA dem Prognoserisiko. Falsche Prognosen führen nicht zu einer Gefährdung des Anlageziels.

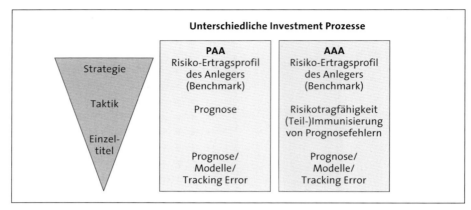

Abb. 7: *Prognosebasierter (PAA) und asymmetrischer Investmentprozess*

1.4.2 Auf welcher Investment-Philosophie basiert die AAA?

An den Finanzmärkten lässt sich eine positive Risikoprämie verdienen

Zunächst stellt sich die Frage, was man als Anleger von den Kapitalmärkten erwarten kann bzw. zu erwarten hat. An den Kapitalmärkten gilt das Gesetz der Risikoprämie. Es besagt, dass eine langfristig höhere Rendite durch die Bereitschaft, ein höheres Risiko einzugehen, erkauft werden muss.

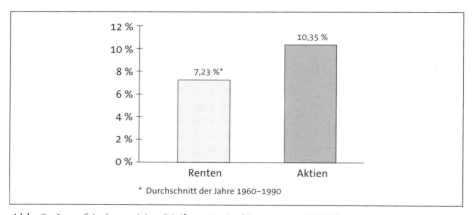

Abb. 8: *Langfristig positive Risikoprämie, (Dax versus REXP)*

Die Prämie für die Übernahme von deutschem Aktienrisiko gegenüber deutschem Rentenrisiko lag beispielsweise im Zeitraum 1960 bis 1990 bei rund 3 % (Die Risikoprämie wurde absichtlich nur bis 1990 berechnet, da die Einbeziehung der Neunzigerjahre die Prämie deutlich nach oben verzerrt hätte.). Die Übernahme von Risiko hat sich also ausgezahlt.

Anleger verfügen oft nur über einen kurzen Risikohorizont

Auf der anderen Seite steht der Anleger in seinem Umfeld. Die Rahmenbedingungen der institutionellen Anleger führen explizit oder implizit zu bestimmten Renditeerwartungen und Toleranzgrenzen, die sie mit ihren Investments verbinden. Diese können beispielsweise aus den aktuellen Bilanzstrukturen oder der Unternehmensplanung abgeleitet werden (z.B. maximal mögliche Abschreibung, minimaler erwarteter Ertrag). Auf Grund des vorgegebenen, i.d.R. zwölfmonatigen Berichtshorizonts der Anleger kommt diesen „Defensivzielen" ein ganz besonders hoher Stellenwert zu, denn letztlich müssen sich die Entscheidungsträger auf Seiten des Anlegers mindestens einmal jährlich vor ihren Vorgesetzten, Kunden oder Aufsichtsorganen verantworten.

Auf der anderen Seite möchte der Anleger vom Mehrertrag risikoreicherer gegenüber risikoarmen Anlagen profitieren („Offensivziel"). Das oben angesprochene Gesetz der Risikoprämie hat jedoch einen Haken: Es erfordert einen langen Anlagehorizont.

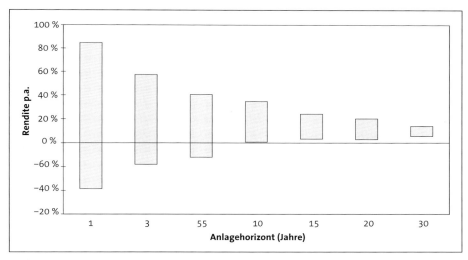

Abb. 9: Aktien-Performance über verschiedene Anlagehorizonte
Quelle: Conen/Väth

Abbildung 9 stellt den jährlichen Anlageerfolg eines Aktienengagements über Anlagezeiträume von einem bis zu 30 Jahren dar. Die Balken geben die jeweilige Schwankungsbreite der Ergebnisse an. Der obere Rand repräsentiert das Beste, der untere Rand das schlechteste Ergebnis. Die Grafik verdeutlicht, dass der langfristig zu erwartende Mehrertrag risikoreicherer Anlagen mit zum Teil heftigen Schwankungen auf kurze Sicht erkauft werden muss. Eine Anlage über 30 Jahre hat in der Vergangenheit letztlich immer einen Gewinn abgeworfen. Demgegenüber musste auf Sicht eines Jahres im schlechtesten Fall auch ein Verlust von nahezu 40 % verkraftet werden können.

Ganz offensichtlich ergibt sich aus den unterschiedlichen Erwartungen des Anlegers ein Zielkonflikt: Einerseits erwartet der Anleger einen langfristigen Zusatzertrag aus seinem Investment, andererseits muss dem kurzfristigen Risiko eine hohe Bedeutung zugemessen werden.

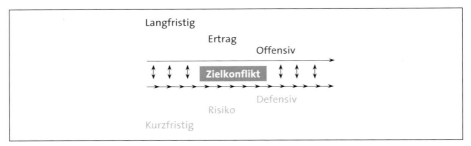

Abb. 10: Zielkonflikt zwischen lang- und kurzfristigem Anlagehorizont

Um den Zielkonflikt zu lösen, bedarf es eines methodischen Konzepts, das in der Lage ist, beiden Anforderungen gerecht zu werden und gleichzeitig weitere, anlegerspezifische Nebenbedingungen zu berücksichtigen. Außerdem muss der Anlageprozess so klar strukturiert und stringent sein, dass die definierte Aufgabenstellung in den sich permanent ändernden Märkten, die täglich neue Herausforderungen an das Portfolio Management stellen, auch diszipliniert umgesetzt werden kann.

Die AAA macht es möglich, das kurzfristige Verlustrisiko eng zu kontrollieren und gleichzeitig die dabei maximal möglichen langfristigen Ertragschancen auszunutzen. Es ergibt sich ein asymmetrisches Chance-Risiko-Profil, das das Risiko „nach unten" begrenzt, die Chancen „nach oben" aber offen hält.

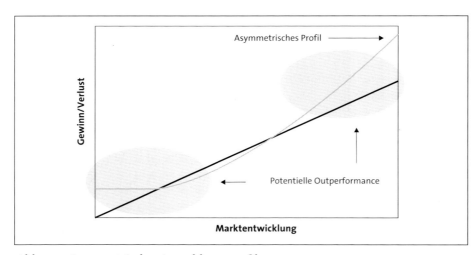

Abb. 11: Asymmetrisches Auszahlungsprofil

1.4.3 Die Bedeutung von Prognosen in der AAA

Letztlich spielen in der prognose- und der risikobasierten Asset Allocation die gleichen Elemente eine Rolle; der Erwartungswert der Rendite sowie das Risiko für jede Assetklasse und die Korrelation zwischen den Assetklassen. Der Unterschied liegt jedoch darin, dass in der prognosebasierten Asset Allocation die erwartete Rendite die bestimmende Steuerungsgröße ist. Im Gegensatz dazu liegt der Fokus bei der risikobasierten AAA auf der Risikotragfähigkeit des Mandats.

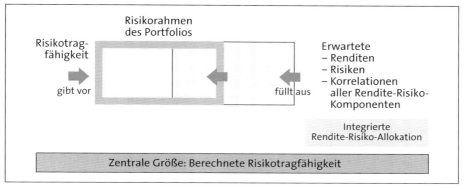

Abb. 12: Asymmetrische Asset Allocation

Die zentrale Größe bei dieser Art der taktischen Asset Allocation ist die errechnete Risikotragfähigkeit. Sie gibt den Risikorahmen vor, der dann von den einzelnen Rendite-Risiko-Bausteinen ausgefüllt wird. Diese mandatsorientierte Sicht bedeutet, dass wesentliche Anpassungen im Portfolio von Änderungen der Risikotragfähigkeit ausgehen. Im Rahmen der asymmetrischen Modellierung wird genau soviel Risiko im Portfolio aufgebaut, wie der Anleger tragen kann, nicht mehr, aber auch nicht weniger. Damit schöpft das Konzept einerseits das Risikopotential des Mandats stets maximal aus, da sonst die Gefahr besteht, auf Grund von Fehlprognosen in hoch profitablen Marktphasen nicht profitieren zu können. Vor allem aber wird vermieden, dass in Phasen, in denen die Risikotragfähigkeit des Anlegers sehr niedrig ist, zu hohe Risikopositionen im Portfolio gefahren werden, da der Vermögensschaden einer Fehlprognose in einer solchen Phase unter Umständen nicht wieder gut zu machen ist.

Die Risikotragfähigkeit verändert die Höhe des Portfoliorisikos, während die Prognose es lediglich in seiner Zusammensetzung und seinem Ertragspotential verändert. Daher ist es auch zwingend erforderlich, eine integrierte Rendite-Risiko-Allokation durchzuführen. Auch wenn es Ziel ist, das Portfolio letztlich so zu strukturieren, dass damit eine möglichst hohe Rendite erwirtschaftet werden kann, müssen die verwendeten Rendite-Risiko-Bausteine in ihrer Menge und Zusammensetzung doch stets den Risikorahmen des Portfolios einhalten. So werden Renditeprognosen stets auf einzelne Risikokomponenten bezogen und mit den für diese erwarteten Risiken und Korrelationen verknüpft.

Ein derartiger Investment-Prozess stellt natürlich sehr hohe Anforderungen an Wissen und Charakter des Portfolio Managers. Speziell im Rahmen des modernen Risiko-Managements eines asymmetrischen Investment-Konzepts kommt dem Wissen um die Zusammenhänge an den Weltfinanzmärkten in Verbindung mit einem gut fundierten Einblick in die Moderne Portfolio Theorie sowohl hinsichtlich der maßgeschneiderten Ausgestaltung der Konzepte als auch bei der konkreten, marktnahen Feinsteuerung überragende Bedeutung zu. Das beste Fachwissen und die größte Erfahrung nutzen jedoch nichts, wenn der Portfoliomanager nicht über die erforderliche Charakterstärke verfügt, um die Strategie diszipliniert und professionell umzusetzen. Im Gegensatz zu anderen Investment-Ansätzen wird bei der AAA ganz bewusst mit den Kenntnissen und den daraus resultierenden Einstellungen gegenüber den Finanzmärkten umgegangen, indem der Portfoliomanager das in allen Prognosen steckende Risiko bewusst kontrolliert. Dabei hat die Risikotragfähigkeit des Kunden immer und unbedingt Vorrang vor jeglicher prognoserisikobehafteten Anlageidee.

1.4.4 So wird das individuelle AAA-Mandat ausgestaltet

Die genaue Ausgestaltung der Strategie ist abhängig vom jeweiligen Anlageauftrag des Investors an den Portfoliomanager. Dadurch kann die genaue Umsetzung der Strategie ebenso vielfältig erfolgen, wie die teilweise sehr unterschiedlichen Kundenwünsche dies bedingen.

Die Bedeutung der Benchmark

Die präzise Erfassung des Managementauftrags ist erfolgskritisch. Nur wenn zu Beginn des Mandats eindeutig die Erwartungen des Anlegers, seine Risikoneigung und die Realitäten der internationalen Finanzmärkte in Einklang gebracht werden können, kann die Basis für eine erfolgreiche Zusammenarbeit gelegt werden. Der Kundenauftrag wird in Form einer Benchmark spezifiziert. Die Benchmark ist eine „Messlatte" für die Ansprüche des Anlegers. Übertrifft das Anlageergebnis diese Messlatte, sind die Erwartungen des Anlegers übererfüllt. Damit sollte auch die Kundenzufriedenheit erreicht sein. Wird die Benchmark nicht erreicht, wurden die Erwartungen des Anlegers verfehlt.

Diese erste Phase des Investment Prozesses ist insofern kritisch, als viele Anleger nicht in der Lage sind, den Auftrag an den Portfoliomanager genau zu spezifizieren. Ohne konkrete Vorstellungen ist jedoch die Festlegung einer Benchmark nicht möglich. Viele Anleger bringen allenfalls die illusorische Vorstellung von hohen Renditen ohne Risiko mit. Doch selbst wenn die Vorstellungen konkreter vorliegen, heißt das noch lange nicht, dass diese auch im Bereich des Machbaren liegen. In einer ausführlichen Benchmark-Beratung müssen die Wunschvorstellungen auf den Boden der Realität zurückgebracht werden. Die Ansprüche an Renditen und Risiken müssen den Fakten der Kapitalmärkte standhalten.

Als ähnlich schwierig erweist sich in vielen Fällen die zeitliche Dimension bei der Benchmark-Spezifizierung. Vom akademischen Standpunkt aus sollte eine Benchmark die langfristige Ausrichtung des Portfolios widerspiegeln. Dabei wird jedoch übersehen, dass eine derartige Philosophie nur dann valide ist, wenn der Anleger auch tatsächlich einen langen Anlagehorizont hat. Tatsächlich verkürzt sich dieser jedoch in vielen Fällen gerade bei institutionellen Kunden dramatisch, sobald das Risikoprofil des Anlegers hinreichend genau herausgearbeitet wird. Insbesondere das Risiko möglicher Abschreibungen rückt dann in den Fokus. Dies um so mehr als die in der Organisation des Anlegers für das Portfolio verantwortlichen Finanzvorstände, Geschäftsführer, etc. in ihrer Leistung in kurzfristigen Intervallen, in der Regel jährlich, und nicht über einen Zeitraum von fünf oder zehn Jahren, beurteilt werden. Oft reicht vor diesem Hintergrund der Anlagehorizont nur bis zum Jahresultimo. Diese Verkürzung des Anlagehorizonts hat zwangsläufig Implikationen für den Horizont der Entscheidungen auf der Ebene der taktischen Asset Allocation. Je kürzer der gesamte Anlagehorizont, desto weiter werden die TAA-Entscheidungen zeitlich eingeschränkt.

Wichtig ist auch, dass in dieser Phase bereits die wichtigsten Entscheidungen für die künftige Performance getroffen werden. Daher muss an dieser Stelle eine im Höchstmaß qualifizierte Beratung unterstützend wirken. Die Festlegung der Benchmark ist ein Thema, das bis ins Detail durchgesprochen werden muss. Dazu sollte weder die eingeplante Zeit zu kurz sein, noch sollte man sich „um des lieben Friedens willen" mit halbfertigen Verlegenheitslösungen zufrieden geben. Andernfalls kommt es früher oder später zu unerwünschten Folgen, wie z.B. Benchmarks, die das Kundenziel nicht richtig abbilden. In diesem Fall freut sich der Portfoliomanager über seine Leistung, die Benchmark geschlagen zu haben, der Kunde ist aber unter Umständen trotzdem hochgradig unzufrieden. Oder es kommt zur Vorgabe widersprüchlicher Anlageziele. Der Kunde, der vom Portfoliomanager verlangt, jedes Jahr einen Aktienindex zu schlagen, aber auf keinen Fall Verluste zu erwirtschaften, stellt diesen vor eine unrealistische und unlösbare Aufgabe. Oftmals kommt es auch zu einem Konflikt zwischen dem anvisierten Anlageziel in Form der Benchmark und den mit dem Mandat verknüpften Anlagerestriktionen. Man findet derartige Konstellationen beispielsweise in Mandaten, die keine Verluste erwirtschaftet haben wollen, aber gleichzeitig den Einsatz von Derivaten zur Absicherung ausschließen.

Ein bedeutender Aspekt, der in dieser Phase oft übersehen wird, ist, dass bereits bei der Benchmark-Beratung Prognosen getroffen werden, obwohl dies in vielen Fällen den am Prozess Beteiligten nicht wirklich bewusst ist. Möchte der Anleger beispielsweise im Schnitt über die nächsten zehn Jahre eine durchschnittliche jährliche Wertentwicklung von mindestens 7 % erzielen, so muss sich der Portfoliomanager entscheiden, welche Assets er in welcher Gewichtung ins Portfolio nimmt, damit er diese Vorgabe erreicht. Damit unterliegt das Anlageergebnis der Qualität der Prognose des Portfoliomanagers. Oftmals wird diese Vorgabe aber auch in eine Indexkombination übersetzt. Beispielsweise könnten historische Untersuchungen zu dem Schluss kommen, dass in der Vergangenheit eine Kombination aus 50 % festverzinslichen Wertpapieren und 50 % Aktien diese 7 % erbracht haben. Doch letztlich interessiert nicht, welche Portfoliostrukturen in der Vergangenheit welches Ergebnis erzielt haben, sondern welche Ergebnisse in der Zukunft zu erzielen sein werden. Damit muss die explizite Prognose getroffen werden, dass die 50/50-Aufteilung die 7 % auch in Zukunft erwirtschaften wird, die Vergangenheit sich also in der Zukunft wiederholen wird. Das Ergebnis ist demzufolge immer abhängig von der Qualität der Prognose an dieser Stelle und damit letztlich vom Können desjenigen, der sie trifft, sei es der Portfoliomanager, der Anleger selbst oder auch ein hinzugezogener Consultant. An einer Prognose kommt man also bereits auf dieser Stufe nicht vorbei. Entscheidend für die AAA ist, dass der Einfluss der (Fehl-) Prognose bei der Asset Allocation auf das Risiko skaliert wird, welches sich das individuelle Mandat leisten kann.

Die Einbeziehung von Risikoentwicklungen und -zusammenhängen

Es gibt am Markt eine Reihe von Zusammenhängen, wie sich Risiken entwickeln und wechselseitig aufeinander einwirken. Diese gilt es bei der konkreten Ausgestaltung des AAA-Ansatzes zu berücksichtigen. Insbesondere im Rahmen der planvollen Ausschöpfung des Risikobudgets können diese Zusammenhänge gewinnbringend verarbeitet werden.

- ▶ Mean Reversion der Volatilität: Ein Charakteristikum, das die Volatilitäten vieler Wertpapierklassen prägt, ist, dass diese einen langfristigen Mittelwert aufzuweisen scheinen. Gleichsam wie ein Pendel tendieren Volatilitäten dazu, immer wieder zu diesem Mittelwert zurück zu schwingen. Liegt die aktuelle Volatilität über diesem Mittelwert, kann man davon ausgehen, dass sie tendenziell wieder in Richtung auf den Mittelwert absinken wird. Ebenso tendieren sehr niedrige Volatilitäten dazu, sich wieder hin zu diesem Mittelwert aufzubauen.

- ▶ Volatilitätsbündel: Volatilitäten neigen dazu, über kurze Perioden „gebündelt" aufzutreten. Wenn die Volatilität über die letzten fünf Handelstage bei 20 % lag, ist es wahrscheinlicher, dass sie über die nächsten fünf Handelstage ebenfalls wieder im Bereich von 20 % liegen wird, als dass sie deutlich über oder unter 20 % liegen wird.

    Diese beiden Verhaltensmuster der Volatilität (Mean Reversion und Bündelung) unterstreichen die Bedeutung des Anlagehorizonts für die Ausgestaltung der Anlagestrategie. Ist ein Mandat eher auf einen mittel- bis langfristigen Horizont ausgerichtet, sollte die Beachtung des Mean Reversion-Musters im Vordergrund der Risikoschätzungen im AAA-Prozess stehen. Ist das Mandat jedoch kürzerfristig aufgestellt, so kommt der kurzfristig stabilen Volatilität erhöhte Bedeutung zu.

- ▶ Korrelationen: Für die Erkenntnis, dass durch die Mischung zweier risikoreicher Assets, die nicht perfekt miteinander korrelieren, deren Wertentwicklung also zumindest zeitweise nicht parallel verläuft, das Gesamtrisiko überproportional abgesenkt werden kann, wurde Harry Markowitz mit dem Nobelpreis ausgezeichnet. Diese nobelpreiswürdige Einsicht wird auch im Rahmen der Asymmetrischen Asset Allocation risikominimierend eingesetzt. Durch das planvolle Ausnutzen mehrschichtiger Diversifikationseffekte und den Einsatz geeigneter Sicherungsmaßnahmen und -instrumente kann auch ein internationales Mischportfolio so strukturiert werden, dass das Verlustrisiko annähernd dem einer konservativen Rentenanlage entspricht, gleichzeitig jedoch die Ertragsaussichten spürbar verbessert werden.

Dabei geht es nicht nur um die Allokation über die Assetklassen Aktien, Renten und Cash in ihren unterschiedlichen regionalen Ausprägungen sondern um die sinnvolle Mischung sämtlicher Risikobausteine im Portfolio. Daher werden in diesem Schritt Erkenntnisse der Portfoliotheorie und -empirie und die aktuellen Einschätzungen der Kapitalmärkte so miteinander verknüpft, dass die aus den Ebenen der strategischen und taktischen Asset Allocation resultierenden Strukturen durch geeignete Sektor- und Einzeltitelallokation im Aktien- sowie durch die Laufzeit- und Sektorallokation im Rentenbereich abgerundet werden. Gleichzeitig gilt es jedoch zu beachten, dass diese Entscheidungen ihrerseits Risiken von unterschiedlicher Höhe und Qualität in das Portfolio einbringen. So macht es durchaus einen Unterschied, ob sich die Aktienquote aus einem breit gestreuten Blue Chip-Portfolio mit 100 Titeln oder fünf gezielten Einzelwertwetten im Neuen Markt zusammensetzt. Aus dem Risikoblickwinkel betrachtet, ergeben sich daraus natürlich Rückwirkungen auch auf die übergeordneten Allokationsebenen. Der asymmetrische Anlageprozess berücksichtigt sowohl die Risiken der einzelnen Positionen im Portfolio als auch die Wechselwirkungen der Risikofaktoren untereinander. Das Ergebnis ist ein Anlageprozess der integrierten Risiko Allokation.

1.4.5 Der Unterschied zur CPPI

Die Constant Proportion Portfolio Insurance (CPPI) ist eine dynamische Wertsicherungsstrategie. Durch mechanische Umschichtungen zwischen einem riskanten Asset (in der Regel Aktien) und einem risikolosen Asset (in der Regel Kasse) wird ein bestimmter Mindestertrag abgesichert.

Die CPPI eignet sich hervorragend zur Wertsicherung, wenn sich Märkte in einem schwankungsarmen Aufwärts- oder Abwärtstrend bewegen und die Prämien von Optionen hoch sind. In solchen Phasen ist die Strategie in der Lage, die Absicherung eines Portfolios wesentlich günstiger darzustellen als vergleichbare statische Strategien, die auf dem Einsatz von Optionen basieren. Die Nachteile der CPPI und anderer dynamischer Wertsicherungsstrategien treten insbesondere in Seitwärtsmärkten zutage. Wenn sich die Märkte ohne klaren Auf- oder Abwärtstrend unter großen Schwankungen seitwärts bewegen, zwingt die Mechanik der Strategie den Portfolio Manager in aller Regel dazu, tendenziell zu hohen Kursen Risiko aufzubauen, also zu kaufen, und zu niedrigen Preisen Risiko abzubauen, also zu verkaufen. Dadurch wird kontinuierlich die Performance belastet. Kommt es in solchen Fällen auch noch zu abrupten Kurseinbrüchen, bei denen die Strategie Gefahr läuft, ausgestoppt zu werden, d.h. ihre Risikoposition vollständig abbauen zu müssen, führt dies zu einer sehr unbefriedigenden Performance.

Betrachtet man die Entwicklung des Dow Jones EuroSTOXX 50 im Jahr 2000, so kommt dieser Verlauf dem idealtypischen Horrorszenario extrem nahe. Der europäische Aktienmarkt war über weite Strecken innerhalb einer Trading Range gefangen, deren obere und untere Begrenzungen bei etwa 5.500 und 5.000 verliefen. Im Herbst kam es zum fast schon traditionellen, alljährlichen Kursrutsch, der den Index bis auf 4.558 einbrechen ließ. Spätestens hier hätten die Risikospielräume, die durch die vorangegangenen heftigen Ausschläge im Seitwärtsmarkt bereits stark angegriffen waren, aufgebraucht sein müssen. Dies hätte zur Folge gehabt, dass das Risiko im Portfolio bis nahe null hätte zurückgenommen werden müssen. Die nachfolgende Teilerholung, die sich wiederum unter deutlichen Schwankungen vollzog, hätte der Anleger entsprechend verpasst.

Wie haben sich nun CPPI- und AAA-Konzepte in diesem Umfeld entwickelt? Da die CPPI ein streng regelgebundenes System ist, ist eine Simulation leicht darstellbar. Einer solchen Simulation stellen wir einen real existierenden Spezialfonds gegenüber. Beide Strategien sind so ausgerichtet, dass Sie mit einer neutralen Anfangsstruktur von 80 % Renten und 20 % Aktien in das Jahr gestartet sind.

Wie erwartet verliert die CPPI-Strategie im Jahresverlauf immer weiter an Boden. Das permanente Auf und Ab des Marktes und die daraus resultierenden Transaktionen kosten sichtbar Performance. Demgegenüber gelingt es dem asymmetrisch allokierten

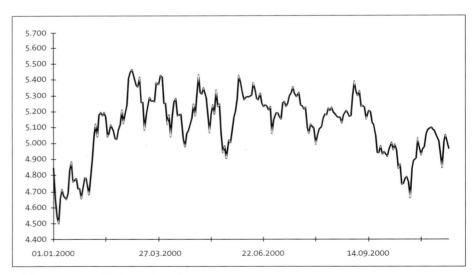

Abb. 13: EuroSTOXX 50 im Jahr 2000

Quelle: Reuters

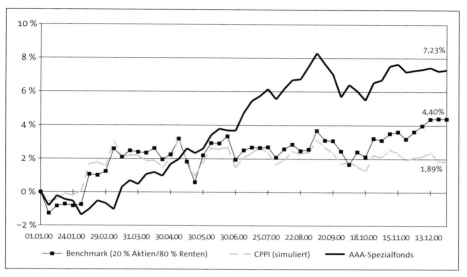

Abb. 14: *Asymmetrische Asset Allocation versus CPPI*

Fonds, sich vom Sägezahnaktienmarkt abzukoppeln. Die nicht-mechanische Ausgestaltung der AAA in diesem Mandat nimmt die Zyklik aus dem Anlageergebnis und ermöglicht eine stabile Wertentwicklung.

1.4.6 So profitieren Sie von der Asymmetrischen Asset Allocation

Verantwortung wird nicht an den Anleger zurückdelegiert

Während bei der prognosebasierten Asset Allocation der Versuch, den Markt vorherzusagen im Fokus steht, steht bei der Asymmetrischen Asset Allocation der Mandant klar im Mittelpunkt des Interesses. Diese Kundenorientierung zeigt sich auch in der Aufteilung der Verantwortlichkeiten im Investment-Prozess. In konventionellen Anlageprozessen kommt es oft zu einer ungewünschten Rückdelegation der strategischen Asset Allocation an den Anleger.

Sehr viele Anleger benötigen für die Erreichung ihrer Anlageziele eine bestimmte Mindestrendite. Beispielsweise kommt ein Kunde mit dem Wunsch nach einer 6-prozentigen Mindestrendite zu einer Portfoliomanagementgesellschaft oder einem Consultant. Dort wird in der Regel auf Basis von Vergangenheitsdaten eine Struktur ermittelt, die diese Ertragserfordernisse in der Vergangenheit unter Zugrundelegung bestimmter Annahmen erfüllt hätte. Daraus wird als strategische Asset Allocation eine Kombination aus Kapitalmarktindizes als Benchmark festgelegt. Diese gibt der Kunde dann als Management-Auftrag an den Portfolio Manager weiter. Dieser richtet seine Arbeit dann nicht mehr an der Ertragsvorgabe sondern an der Index-Performance aus. Der Anleger, der mit der Vorstellung zur Tür hineinkam „Ich benötige 6 % Rendite und heuere einen Profi an, der mein Geld so strukturiert, dass ich diese 6 % auch bekomme" geht hinaus mit der Überlegung „Ich (!) bin jetzt verantwortlich dafür, dass die Indexkombination aus 50 % Aktien und 50 % Renten 6 % erzielt. Der von mir eingekaufte Portfoliomanager versucht, diese Indexkombination zu schlagen" und mag dabei ein gewisses Maß an Unsicherheit und Verwirrung empfinden. Sicherlich wurde er bei dieser Entscheidung umfassend beraten. Dennoch trägt er jetzt die Verantwortung, wenn die 50 % Aktien ein schlechtes Jahr haben und möglicherweise gar eine negative Performance aufweisen. Der Portfolio Manager hat nur noch zu verantworten, wenn sein Aktienteil im Portfolio noch schlechtere Ergebnisse erzielt hat als derjenige der Benchmark.

Kunde bezahlt für Können, nicht für Marktentwicklung

Durch die Abkehr von einem indexorientierten Management erhält der Kunde für seine Verwaltungsvergütung eine vollwertige Portfoliomanagement Leistung und keine verkappte Indexierung, bei der der Portfoliomanager sich weitgehend an einer Index-Benchmark orientiert, lediglich kleinere aktive Positionen bezieht, dem Kunden aber eine aktive Verwaltungsvergütung in Rechnung stellt. Der asymmetrische Portfoliomanager kann, bei entsprechender Risikotragfähigkeit des Kunden, seinen aktiven Stil auch prononciert umsetzen und muss nicht mit gebremstem Schaum managen. Er tut dies nicht nur in dem Bewusstsein, dass selbst dann, wenn eine Idee nicht aufgegangen ist, immer noch genügend Risikospielraum für weitere Anlageideen verbleibt. Gerade auch unter Risikogesichtspunkten ist eine Verteilung des eingegangenen Risikos auf mehrere Anlageideen geradezu obligatorisch. So verdient das Konzept der Asymmetrischen Asset Allocation sein Geld nicht dadurch, dass es sich in seiner Performance von der Entwicklung der Indizes treiben lässt. Vielmehr basiert sein Erfolg auf dem Können des Portfoliomanagers.

Langfristig hervorragende Performance

Der professionelle Portfoliomanager muss sich täglich im modernen Umgang mit Risiko und Rendite bewähren. Dabei wird gemeinhin Risiko als die Schwankung der Renditen eines Portfolios definiert. Schwankungen können jedoch nach oben wie nach unten erfolgen. Während letzteres einen Schaden im Vermögen des Anlegers verursacht, sind Schwankungen nach oben durchaus erwünscht. Daher differenziert der asymmetrische Portfoliomanagement-Ansatz bewusst zwischen dem Management der positiven und negativen Schwankungen.

Die Kontrolle der negativen Schwankungen ist jedoch nicht allein unter dem Gesichtspunkt der Risikokontrolle eminent wichtig. Sie dient nicht nur der Verstetigung sondern auch der Verbesserung der Erträge. Charles D. Ellis hat einmal in einem richtungweisenden Artikel davon gesprochen, dass das Investieren an den internationalen Finanzmärkten ein „Looser's Game" ist. Am Ende gewinnt derjenige, der weniger Fehler macht bzw. bei den Fehlern, die unweigerlich gemacht werden, den Schaden zu begrenzen weiß. Die Logik dieser Begründung lässt sich an einem kleinen Beispiel anschaulich illustrieren:

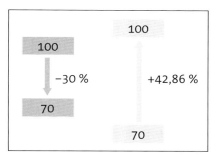

Angenommen, durch eine falsche Prognose erleidet ein Anleger einen Verlust von 30 %. In der Zukunft muss er mit einem Wertzuwachs von 42,86 % noch wesentlich erfolgreicher – und unter Umständen wesentlich risikoreicher – an den Märkten agieren, um das auf 70 % reduzierte Vermögen wieder auf die ursprünglichen 100 % zurückzuführen. Noch klarer und zugleich drastischer zeigt sich die Bedeutung dieses Arguments, wenn man ein „lebendes" Beispiel aus der Erfahrung vieler Investoren heranzieht. Erleidet man einen Verlust von 90 %, so muss sich das verbliebene Vermögen verzehnfachen (!), um allein das einstmals eingesetzte Kapital wiederzuerlangen.

Abb. 15: Asymmetrie von Gewinn und Verlustpotential

Gerade auch für Langfristinvestoren mit sehr hoher oder gar unbegrenzter Risikotragfähigkeit und hohen Aktienquoten erweist sich der Einsatz asymmetrischer Strategien auch unter Ertragsgesichtspunkten als empfehlenswert. Dies lässt sich an einer einfachen Strategie, die jeweils am Jahresanfang das gänzlich aus Aktien bestehende Portfolio über den Kauf von Verkaufsoptionen absichert, demonstrieren (Abbildung 16).

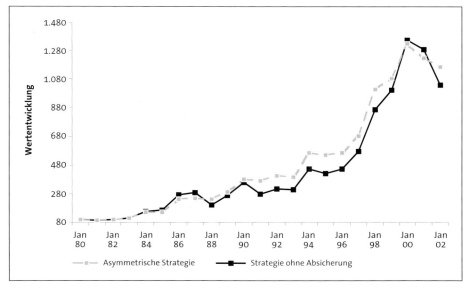

Abb. 16: Asymmetrische Strategie mit gleicher Performance bei weniger Risiko

Der Aktienmarkt verzeichnete seit Anfang 1980 einen deutlichen Anstieg von durchschnittlich 11,2 % p.a. Trotz der in Form von Optionsprämien bezahlten Versicherungsprämie lag die Performance der asymmetrischen Strategie sogar über derjenigen des ungesicherten Aktieninvestments. Gleichzeitig war auch das Risiko der asymmetrischen Strategie deutlich niedriger. Die Standardabweichung blieb mehr als fünf Prozentpunkte unter derjenigen der Aktienanlage. Die schlechteste Performance erzielte die asymmetrische Strategie im Jahr 2000. Sie verlor 7,7 %. Damit lag sie jedoch weit von den −30 % entfernt, die die Aktienanlage 1987 verlor.

Sicherheit auch unter extremen Marktbedingungen

Ein sehr oft vernachlässigter Aspekt der Vermögensverwaltung ist die Tatsache, dass Investment-Entscheidungen neben den finanziellen auch emotionale Konsequenzen nach sich ziehen. Der Nutzen, den ein Kunde aus einer Anlage zieht, ergibt sich aus dem pekuniären Ergebnis der Anlage und dem Stress, dem er bei der Erzielung dieses Ergebnisses ausgesetzt ist. Auch wenn eine Entscheidung investmenttechnisch optimal ist, kann der daraus resultierende Kundennutzen trotzdem sehr niedrig sein, wenn der Kunde dabei emotional stark belastet wird. Aus diesem Grund entspricht eine Anlagepolitik, die zunächst darauf ausgerichtet ist, Verluste zu vermeiden und erst in zweiter Linie den großen Gewinnen hinterher jagt dem natürlichen Risikoempfinden des Anlegers.

Besonders wichtig ist, dass ein Anlagekonzept den Anleger auch in extremen Marktszenarien vor katastrophalen Vermögenseinbrüchen schützt. Dies hat die Asymmetrische Asset Allocation in der Vergangenheit in einer ganzen Reihe von außergewöhnlichen Marktbewegungen in der Praxis bewiesen. Exemplarisch hierfür sei die Entwick-

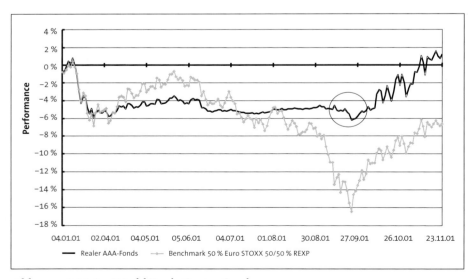

Abb. 17: AAA im World Trade Center Crash

lung eines Mischfonds mit einer neutralen Aktiengewichtung von 50 % im Jahr 2001 dargestellt. Insbesondere während der World Trade Center Crashs im September 2001 hat die Strategie dem Anleger nicht nur Verluste erspart sondern sicherlich auch die Nerven geschont und danach mögliche Kurzschlussreaktionen vermieden.

Die Asymmetrische Asset Allocation vermindert den Anlagestress dramatisch. Anleger, die sehr engagiert die Entwicklung des Vermögens beobachten wollen und aus dem ständigen Auf und Ab auch ein gewisses Maß an An- und Aufregung erwarten, werden sich ihren „Kick" wohl eher anderweitig suchen müssen. Den Unterschied hinsichtlich des Anlagestresses zwischen prognosebasierter und Asymmetrischer Asset Allocation könnte man gar in einer Art Emotionalgleichung zusammenfassen:

Prognosebasierte Asset Allocation ≈
Asymmetrische Asset Allocation + Bungee Jumping Gleichung 1

Durch die in diesem Konzept vermittelte Anlagesicherheit reduziert sich natürlich auch das Risiko des Job-Verlustes des beim Kunden für die Mandatsvergabe verantwortlichen Finanz-, Depot-A-Vorstands, Oberkirchenrats, Stiftungsgeschäftsführers, ... deutlich.

Kommunikation zwischen Portfoliomanager und Anleger wird verbessert

Mit der größte Vorteil der AAA ist die verbesserte Kommunikation zwischen dem Anleger und dem Portfoliomanager. Die Vorstellungen des Anlegers und das an den Finanzmärkten Machbare werden im Vorhinein abgeglichen. Dadurch werden widersprüchliche und unrealistische Anlageziele transparent gemacht. Am Ende dieser Definitionsphase weiß der Portfoliomanager genau, was von ihm erwartet wird. Dadurch dass der Rahmen von Beginn an abgesteckt wird, kann er auch in kritischen Marktphasen, insbesondere in Crash-Situationen reagieren, ohne mit dem Anleger zeitraubende Diskussionen führen zu müssen, wie nun vorgegangen werden soll. Dies ist umso bedeutender, als viele Anleger in einer derartigen Stresssituation unter Umständen nicht rational entscheiden werden.

AAA ist äußerst flexibel

Bei der AAA handelt es sich um das ideale Konzept für anspruchsvolle Anleger mit individuellen Bedürfnissen. Insofern ist es prädestiniert für das Individualgeschäft, in dem die Bedürfnisse der einzelnen Kunden in die Anlagepolitik eingebaut werden. So wird die AAA-Strategie jedem Kunden individuell auf seine Bedürfnisse und sein Chance-Risiko-Profil zugeschnitten. Anlagestrategische Anpassungen erfolgen nicht nur in Erwartung eines veränderten Marktumfelds, sondern integrieren auch geänderte Rahmenbedingungen, z.B. hinsichtlich Ertragserwartungen oder Risikotragfähigkeit, in beliebiger Frequenz. Dabei sind verschiedenste Risiko-Ertrags-Komponenten beliebig miteinander kombinierbar, sowohl in der Kombinationen von Assetklassen bis hin zu Einzelpositionen innerhalb der Assetklassen:

- Zinsniveaurisiko
- Zinsstrukturrisiko
- Aktienrisiko
- Bonitätsrisiko
- Währungsrisiko
- Volatilitätsrisiko
- ...

1.5 Zusammenfassung

Die Asymmetrische Asset Allocation berücksichtigt in hohem Maße die Risikopräferenzen des Anlegers. Der Ansatz ist von einer klaren Kundenorientierung geprägt, die nicht nur für die strategische Asset Allocation entscheidend ist, sondern auch die taktische Asset Allocation kontrolliert. Zielsetzung ist in erster Linie die Vermeidung von Wertverlusten, ohne im Gegenzug die Gewinnmöglichkeiten zu verbauen. Dies erhöht die Wahrscheinlichkeit, langfristig den Kundennutzen spürbar zu steigern.

Dabei zeichnet sich das Konzept durch kontrollierte Flexibilität aus. Die AAA kann ganz individuell auf die spezifischen Rahmenbedingungen des Anlegers maßgeschneidert werden. Gleichzeitig sorgt die Umsetzung des Risikomanagement-Konzepts innerhalb eines transparenten Anlageprozesses dafür, dass bei aller Flexibilität die Anlagedisziplin und Risikokontrolle erhalten bleiben.

Zugegeben, es gibt sicherlich aufregendere Arten, Geld anzulegen. Die Asymmetrische Asset Allocation ist jedoch auf Investoren ausgerichtet, denen Erfolg wichtiger ist als Aufregung.

Literatur

Bauer, I.: Finanzprofis zweifeln an Aussagekraft von Analystenprognosen, in: FTD, 18. Dezember 2001, S. 19.

Bossert, T./Burzin, C.: Dynamische Absicherung von Aktienportfolios – Constant Proportion Portfolio Insurance, in: Kleeberg, J./Rehkugler, H. (Hrsg.): Handbuch Portfoliomanagement, Bad Soden 1998, S. 215–238.

Chopra, V. K.: Improving Optimization, in: Journal of Investing, Fall 1993, S. 51–59.

Chopra, V. K./Ziemba, W. T.: The Effect of Errors in Means, Variances, and Covariances on Optimal Portfolio Choice, in: Journal of Portfolio Management, Winter 1993, S. 6–12.

Clarke, R. C./Fitzgerald, M. T./Berent, P./Statman, M.: Required accuracy for successful asset allocation, in: Journal of Portfolio Management, Fall 1990, S. 12–19.

Farrell, J. L. jr.: Guide to Portfolio Management, New York 1983.

Fox, S. M.: Assessing TAA Manager Performance, in: Journal of Portfolio Management, Fall 1999, S. 40–49.

Günther, S.: Praktische Bedeutung und professioneller Einsatz von Benchmarkportfolios, in: Kleeberg, J./Rehkugler, H. (Hrsg.): Handbuch Portfoliomanagement, Bad Soden 1998, S. 165–189.

Natenberg, S.: Option Volatility & Pricing, 2nd Edition, Chicago 1994.

Reichert, H.: Überlegungen zur Benchmarkwahl für Spezialfonds, in: Kleeberg, J./Schlenger, C. (Hrsg.): Handbuch Spezialfonds, Bad Soden 2000, S. 701–723.

Sharpe, W.: Likely Gains from Market Timing, in: Financial Analysts Journal, March-April 1975, S. 60-69.

Sherden, W. A.: The Fortune Sellers – The Big Business of Buying and Selling Predictions, New York 1998.

Sy, W.: Market timig: Is it a folly?, in: Journal of Portfolio Management, Summer 1990, S. 11–16.

Zimmermann, P.: Schätzung und Prognose von Betawerten, Bad Soden 1997.

2 Die Rolle von Consultants bei der Asset-Managementberatung

von Gunther Baum und Hartmut Leser

2.1 Effizienzsteigerung durch Consulting

Das Spektrum der Vermögensanlageberatung ist breit gefächert und reicht von der Unterstützung des Privatanlegers bei der Strukturierung seines Wertpapierdepots durch den Kundenbetreuer einer Bank bis zur vollumfänglichen Beratung vermögender Privatanleger, Stiftungen oder institutioneller Anleger wie Versicherungsunternehmen oder Pensionskassen in allen Fragen der Kapitalanlage. Wir wollen uns im Folgenden auf die professionelle Beratung großer privater oder institutioneller Vermögen ab einer Größenordnung von 200 Mio Euro aufwärts konzentrieren.

Letztlich gibt es nur einen Grund Berater bei der Vermögensanlage einzuschalten, nämlich die Effizienz der Vermögensanlage zu steigern. Dazu kann der Consultant vier Hebel ansetzen: Er kann den Anleger bei der strategischen und organisatorischen Konzeption der Kapitalanlage unterstützen (Strategiefunktion), die praktische Umsetzung von Anlagekonzepten begleiten (Umsetzungsfunktion), die Kontrolle von Kapitalanlageergebnissen verbessern (Kontrollfunktion) oder dem Anleger zusätzlichen Informations- und Erkenntnisgewinn verschaffen (Sparringsfunktion).

2.2 Die Strategiefunktion des Beraters

Die Strategiefunktion umfasst beispielsweise die folgenden Tätigkeitsbereiche:

- ▶ die Erarbeitung oder Prüfung des Zielsystems mit dem Investor,
- ▶ die Auswahl und Ingangsetzung des geeigneten Instruments für die Kapitalanlage, wie etwa die Gründung einer Stiftung für einen Privatinvestor, einer Pensionskasse für die Altersversorgung eines Unternehmens oder eines Multi-Manager-Segmentfonds für ein Versicherungsunternehmen,
- ▶ die Unterstützung beim Aufbau eines Risikomanagementsystems im Sinne des Gesetzes zur Kontrolle und Transparenz im Unternehmensbereich (KonTraG),
- ▶ die Erarbeitung von Kapitalanlagerichtlinien,
- ▶ die Unterstützung bei der Strukturierung des Asset-Managementprozesses mit Definition von Verantwortungsbereichen und Berichtslinien,
- ▶ die Erarbeitung einer langfristigen Anlagestrategie, beispielsweise im Rahmen einer Asset-Liability-Studie.

Im Folgenden wird als Beispiel für die Strategiefunktion die Erarbeitung einer langfristigen Anlagestrategie für eine Altersversorgungseinrichtung auf Basis der Methoden des Asset-Liability-Managements eingehender erläutert. Oberstes Ziel der Altersversorgungseinrichtung ist es, eine langfristig effiziente Finanzierung von Altersversorgungsleistungen zu gewährleisten. Dabei konkurrieren Sicherheits- und Gewinnziele. Beispiele für Sicherheitsziele sind die dauerhafte Erfüllbarkeit der Verpflichtungen, der Erhalt stiller Reserven der Kapitalanlage in bestimmter Höhe, die Vermeidung des Total-Verlusts des Eigenkapitals. Beispiele für Gewinnziele sind die Erwirtschaftung einer bestimmten Nettoverzinsung, die Dynamisierung von Anwartschaften und laufenden Leistungen in bestimmter Höhe, die Stabilität der Beitragszahlungen. Verstärktes Wachstum der Altersversorgungseinrichtung wirkt zunächst auf den Beitragsstrom und verbessert somit die Liquiditätslage. Insofern sind auch Umsatz- und Wachstumsziele bei der Anlagesteuerung zu berücksichtigen.

2.2.1 Anlagestrategie und Analyse der Verpflichtungen

Der langfristigen Anlagestrategie kommt eine zentrale Bedeutung für den Erfolg der Institution (vgl. Brinson/Singer/Beebower (1991) und Hensel/Ezra/Ilkiw (1991)) zu, und sie soll alle Zielvorgaben in der Zukunft bestmöglich in Einklang bringen. Unter langfristiger Anlagestrategie wird dabei die Aufteilung des Gesamtvermögens auf die Anlageklassen (wie Aktien, festverzinsliche Titel, Immobilien, Geldmarkt) verstanden. Zur rationalen Planung der langfristigen Anlagestrategie werden Prognosemodelle für die Verpflichtungsseite, die Kapitalanlageseite und die integrierte Projektion von Vermögen, Verpflichtungen und Zielgrößen benötigt. Die aktuarielle Prognose der Verpflichtungsseite sollte dabei u.E. aus mindestens zwei Teilen bestehen:

Einerseits ist eine klassische versicherungsmathematische Bewertungs- und Prognoserechnung, die auf dem aktuellen und künftigen Bestand der einzelnen Aktiven und Leistungsempfänger aufbaut, die biometrisch und ökonomisch bedingte Stochastizität berücksichtigt sowie die Regelungen zur Festlegung von Beiträgen und Leistungen exakt beachtet, als Ausgangspunkt für weiterführende Analysen unabdingbar.

Andererseits ist es notwendig, diese grundlegenden Informationen in einer Weise zu analysieren und aufzubereiten, die die zugrunde liegenden Annahmen und Bedingungen erkennen lässt und so den Ausgangspunkt für Szenario- und Sensitivitätsanalysen bildet. Typischerweise führen die in diesem Zusammenhang anzustellenden Überlegungen über die üblichen aktuariellen Berechnungen hinaus. Ein Beispiel hierfür ist die Analyse der zukünftigen Beitragsentwicklung bei berufsständischen Versorgungswerken: Die für das Dynamisierungspotenzial bedeutsame Beitragsdynamik kann von Variablen wie den Beitragssätzen der gesetzlichen Rentenversicherung, der gesamtwirtschaftlichen Nettolohnentwicklung sowie dem Volumens- und relativen Verdienstverlauf einer bestimmten Berufsgruppe abhängen. An dieser Stelle sind gesamtwirtschaftliche Überlegungen und Branchenanalysen erforderlich, um zu sinnvollen und möglichst treffsicheren Annahmen zu gelangen bzw. eine überschaubare Menge von relevanten Szenarien formulieren zu können. Es geht also bereits bei der Untersuchung der Verpflichtungsseite um eine möglichst enge Verzahnung von versicherungsmathematischem, volks- und betriebswirtschaftlichem Wissen mit dem Ziel, mögliche Entwicklungspfade der Liabilities und deren Struktur transparent zu machen.

2.2.2 Prognose der Vermögensentwicklung auf Basis ökonomischer Modelle

Auch die Analyse und Prognose des Vermögens der Altersversorgungseinrichtung ist sehr vielschichtig. Zunächst ist eine Aussage über die künftige Entwicklung der verschiedenen Anlagearten über den Planungshorizont vonnöten. Da niemand das Verhalten von Finanzmärkten über längere Zeiträume hinweg exakt voraussagen kann, diese Information jedoch andererseits mathematisch erforderlich ist, um eine Asset-Liability-Studie (ALM-Studie) erstellen zu können, hat dieser Zwiespalt bei Asset-Liability-Managern im In- und Ausland eine geradezu schillernde Vielfalt von impliziten und expliziten Prognosemethoden hervorgebracht. Sowohl die sehr mutige, auf der Erfahrung von „Anlageexperten" fußende Voraussage des exakten Verlaufs von Finanzmärkten als auch die Zuflucht zu historischen Durchschnittsreturns ist immer wieder anzutreffen. Nach unserer Auffassung sollten auf diesem Gebiet Demut, Seriosität und intellektuelles Bemühen eng beieinander liegen. Bei der Prognose des Finanzmarktverhaltens sollten mindestens folgende Punkte beachtet werden:

▶ Über längere Zeiträume hinweg sind Finanzmärkte sehr effizient.

▶ Langfristig werden Finanzmärkte fast ausschließlich vom fundamentalen Umfeld bestimmt.

▶ Auf nicht-mechanistische Weise erstellte Langfristprognosen unterliegen dem starken Einfluss momentaner Eindrücke und Stimmungen.

▶ Die aktuelle Bewertungssituation von Finanzmärkten hat Einfluss auf deren mittelfristige Attraktivität.

▶ Prognosen sollten sich auf durchschnittliche Returns p.a. beschränken.

▶ Nominale Returns haben eine reale und eine Inflationskomponente.

▶ Historische Durchschnittsreturns taugen selbst dann nicht als Anhaltspunkt für die Zukunft, wenn sie sehr langfristig richtig wären, da der „mean-reversion"-Prozess in der Regel zeitlich den typischen mittleren Planungshorizont von Altersversorgungseinrichtungen übersteigt.

Allen diesen Punkten und darüber hinausreichenden Aspekten kann nach u.E. am besten dadurch Rechnung getragen werden, dass zunächst mit einem langfristig orientierten ökonomischen Modell eine volkswirtschaftliche Langfristprognose einschließlich verschiedener Langfristszenarien erstellt wird. Auf dieser Grundlage können langfristige Durchschnittsreturns dann mit Hilfe verschiedener Kapitalmarktmodelle geschätzt werden. Die Volatilität der Finanzmärkte und das Prognoserisiko sollten durch eine geeignete Modellierung des Risikos abgebildet werden.

Eine Vermögensprognose für eine Altersversorgungseinrichtung erfordert aber auch eine gründliche Analyse und Fortschreibung der bestehenden Vermögensstruktur. Dies ist beispielsweise bei Schuldschein- und Namenspapierbeständen oder Hypotheken erforderlich, deren Erträge und Laufzeitstruktur einen Teil der künftigen Nettoverzinsung unabhängig von der letztlich gewählten Kapitalanlagepolitik determinieren. Hier ist weiterhin zu berücksichtigen, dass fällig werdende Titel zum dann herrschenden Zinsniveau ersetzt werden, soweit dies das dann herrschende Kapitalanlageverhalten zulässt.

2.2.3 Methodenauswahl für das ALM auf der Unternehmensebene

Neben einigen weiteren wichtigen Vorbereitungsschritten bilden die Liability- und die Asset-Prognose entscheidende Voraussetzungen für die Erarbeitung einer beide Seiten integrativ betrachtenden ALM-Studie.

Ziel des langfristig orientierten Managements von Altersversorgungseinrichtungen sollte es sein, die Gewinnziele optimal zu befriedigen, ohne die Sicherheitsziele zu verletzen. Insofern bietet sich als erstes, vereinfachtes Erklärungsmodell für ein ALM auf der Gesamtunternehmensebene die auf dem Markowitz-Kalkül aufbauende Abbildung 1 an.

Es gilt einerseits, genügend Risiko zu akzeptieren, um die Gewinnziele (z.B. eine gewisse Leistungsdynamik) erfüllen zu können, und andererseits nur so viel Risiko zu tragen, dass die Sicherheitsziele (z.B. Verlust von Eigenkapital) nicht gefährdet werden. Die Standardabweichung des Erwartungswertes der Marktwertrendite stellt dabei kein vernünftiges Risikomaß dar, da die Renditeverteilungen im Allgemeinen nicht symmetrisch sind und die Verpflichtungen nicht einbezogen werden.

Ein erweitertes Konzept auf Basis des Markowitz-Kalküls findet man für deutsche Lebensversicherungsunternehmen in Stephan (1995). Hier werden typische Sicherheitsziele von Lebensversicherungsunternehmen (Vermeidung des einperiodigen Ruins, Erwirtschaftung der Direktgutschrift, Erreichung des Sollzinses gemäß Finanzierbarkeitsnachweis) in Nebenbedingungen umgesetzt, die den effizienten Rand einschränken.

Ein weiterer Ansatz auf Basis des Markowitz-Kalküls wurde von Leibowitz et al. entwickelt. Dabei werden die Verpflichtungen als zusätzliche (negative) Anlageklasse und als Zielgröße für die Optimierung die Wahrscheinlichkeitsverteilung des Reinvermögens (Assets-Liabilities) betrachtet (vgl. z.B. Leibowitz/Kogelmann/Bader (1991)). Ein wesentliches Inputdatum für diesen Ansatz stellt die Modellierung der Korrelation zwischen Anlageklassen und Verpflichtungen dar.

Das modernste und zugleich anspruchvollste theoretische Modell, in dessen Rahmen eine simultane Darstellung der Asset- Liability-Problematik möglich ist, ist zweifellos

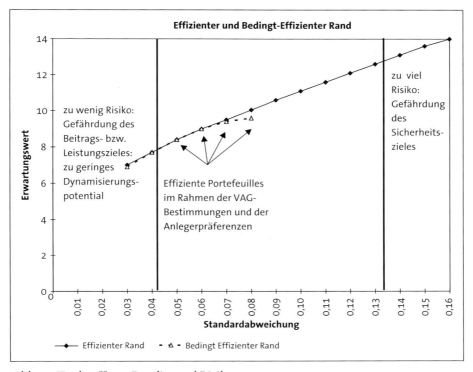

Abb. 1: Trade-off von Rendite und Risiko

das intertemporale Capital Asset Pricing-Modell von Merton (vgl. vor allem Merton (1973) und Ziemba/Mulvey (1997)). Hier kann berücksichtigt werden, dass eine Institution mit Vermögensanlagen und Verpflichtungen ihre Entscheidungen in kurzen Zeitabständen überdenken kann und muss. Das Verhalten der Finanzmärkte und der Verpflichtungen werden durch stochastische Prozesse vom Itô-Typ modelliert, vereinfacht ausgedrückt handelt es sich dabei um eine verallgemeinerte Version der „Brownian motion", die aus der Optionspreistheorie bekannt ist. Bei diesen Prozessen wird berücksichtigt, dass sich die Verteilungsparameter auf der Anlageseite, z.B. die Risiko-Ertrags-Einschätzungen von Finanzmärkten, wie auf der Verpflichtungsseite ständig ändern können.

Mit diesen Modellen kann man zeigen, dass die Art der Verpflichtungen und deren Abhängigkeit von bestimmten Einflussfaktoren das optimale Portefeuille auf der Aktivseite beeinflussen kann. So kann es beispielsweise für eine Institution rational sein, einen starken „Hedge" gegen eine Änderung von Inflationserwartungen aufzubauen, je nachdem welchen Einfluss die Inflationsrate auf die Verpflichtungen hat.

Bei aller theoretischen Eleganz der skizzierten Modelle darf jedoch nicht verkannt werden, dass deren Stärke eher in ihrem didaktischen Wert als in der praktischen

Anwendbarkeit im Altersversorgungsbereich liegt. Prüft man beispielsweise den einfachen Markowitz-Ansatz auf seine Einsatzmöglichkeiten im ALM, so fallen unmittelbar eine ganze Reihe praktisch unüberwindlicher Probleme auf:

- ▶ Der Markowitz-Ansatz ist ein einperiodiges Modell, das nur eine Portfolioadjustierung in einer logischen Sekunde zulässt. In der Realität beanspruchen größere Umstrukturierungen von institutionellen Portefeuilles mehrere Jahre.

- ▶ In der Praxis besteht die Notwendigkeit, verschiedene dynamische Vorgehensweisen bei der Portefeuilleumstellung (z.B. ein Portfolio Insurance-Ansatz bei einer Erhöhung des Aktienanteils am Gesamtportefeuille) zu bewerten. Dies kann das Markowitz-Modell nicht leisten.

- ▶ In der Praxis sind sowohl Zielvariablen als auch Variablen in Nebenbedingungen an GuV- und Bilanzgrößen geknüpft. Diese Größen sind – selbst wenn die Finanzmarktreturns normalverteilt wären – nicht einmal annähernd normalverteilt, sondern weisen in der Regel sehr individuelle nicht-symmetrische Wahrscheinlichkeitsverteilungen auf.

- ▶ Das Markowitz-Modell beruht auf einer reinen Marktwertbetrachtung und kennt keine stillen Reserven und Grundsätze ordnungsmäßiger Buchführung.

- ▶ Angesichts realer Asset-Liability-Fragestellungen in der Praxis ist sicherlich eine veränderte Interpretation und teilweise Modifikation des Markowitz-Ansatzes möglich, z.B. durch eine Anwendung von Ausfallwahrscheinlichkeiten statt des Versuches der Quantifizierung der Risikoaversion des Investors. Sie stößt jedoch sehr schnell an die Grenzen der Praktikabilität. Ähnlich verhält es sich mit den oben erwähnten weiterführenden Ansätzen.

Der in der Praxis derzeit verbreitetste Ansatz besteht darin, die jeweilige Institution mit ihren Besonderheiten auf beiden Seiten der Bilanz in einem mehrperiodigen stochastischen Modell möglichst exakt nachzubilden. Hier gibt es derzeit zwei grundsätzliche Ansätze: Zum einen ein mehrperiodiges integriertes Simulationsmodell, welches z.B. allgemein von Albrecht, von Daykin/Hey für ein Schadenversicherungsunternehmen und von Baum für einen deutschen Pensionsfonds dargestellt wurde (vgl. z.B. allgemein Albrecht (1995), S. 190 ff., Daykin/Hey (1990) und z.B. Baum (1996)). Zum anderen die mehrperiodige stochastische Programmierung, welche z.B. von Carino et al (1994) aufgezeigt wurde. Wir präferieren die erste Variante, da diese eine realistischere Abbildung der Institution zulässt.

Die allgemein übliche Struktur eines mehrperiodigen stochastischen Simulationsmodells ist in Abbildung 2 dargestellt.

Der Zweck dieses Modells besteht darin, verschiedene Managementstrategien in ihrer Wirkung auf die Zielgrößen der Institution zu bewerten. Dazu werden über einen bestimmten Planungszeitraum (üblicherweise zehn Jahre) die Zielgrößen in Abhän-

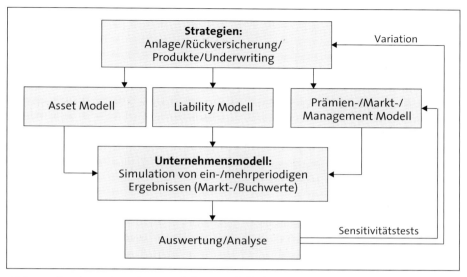

Abb. 2: Struktur eines Asset-Liability-Modells des Unternehmens

Quelle: Albrecht (1999)

gigkeit von einer bestimmten Strategie fortgeschrieben. Unter Strategien sind beim traditionellen ALM Kapitalanlagestrategien auf Anlageklassenebene und beim simultanen ALM zusätzlich Produkt- und Rückversicherungspolitik zu verstehen.

Das Modell besteht aus verschiedenen Teilmodulen: Das Unternehmensmodell bildet Bilanz, Gewinn- und Verlustrechnung und Marktwerte der Kapitalanlageseite nach und berechnet hieraus die Zielgrößen.

Im Managementmodell werden die Managementregeln der Institution beschrieben, beispielsweise die Behandlung stiller Reserven der Aktivseite oder die Verwendung von Überschüssen. Managementregeln ergeben sich aus der Satzung der Institution, durch Vorgaben von Kontrollgremien oder Handlungsregeln von Vorstand bzw. Geschäftsführung.

Das Asset-Modell schreibt die Entwicklung der Anlageklassen (Renditen, Rückflüsse, Wertentwicklungen) stochastisch fort und berücksichtigt dabei, die aus der Verpflichtungsseite resultierenden Cash Flows und Restriktionen. Einen Überblick der Asset-Modelle gibt z.B. der Fachausschuss Finanzmathematik (vgl. z.B. Fachausschuss Finanzmathematik (2002)).

Das Liability-Modell prognostiziert die Verpflichtungen (Beiträge, Leistungen, Rückstellungswerte) im Zeitablauf (vgl. z.B. Rhiel (1986) zu den Liability-Modellen in der betrieblichen Altersversorgung). Die Ergebnisse von Asset-Modell und Liability-Modell werden an das Unternehmensmodell übergeben und dort weiterverarbeitet, beispielsweise zur Ermittlung der Buchwerte der Anlageklassen und der rechnungsmäßigen Kapitalerträge.

Wichtig ist das konsistente Zusammenspiel aller einzelnen Module. Wird beispielsweise eine bestimmte Nettoverzinsung erreicht und soll diese entsprechend den Managementregeln teilweise für eine Dynamisierung der Anwartschaften eingesetzt werden, so muss die Gewinnrückstellung entsprechend angepasst werden. Oder umgekehrt: Wird eine bestimmte Mindestdynamisierung angestrebt, muss im Modell der hierfür erforderliche Betrag angesichts einer gegebenen Beitragssteigerung errechnet werden. Reichen dazu die ordentlichen Erträge der Aktivseite nicht aus, muss z.B. geprüft werden, ob eine teilweise Realisierung stiller Reserven mit der Erreichung des Sicherheitszieles in den kommenden Perioden vereinbar ist.

Nur anhand eines möglichst realistischen Gesamtmodells können Fragen wie beispielsweise die nach der Inflationsanfälligkeit einer Institution beantwortet werden: Eine Erhöhung der durchschnittlichen Inflationsrate im Planungshorizont kann die Beitragsentwicklung auf vielfältige Weise beeinflussen und gleichzeitig die verschiedenen Anlageklassen auf der Aktivseite in Mitleidenschaft ziehen. Nicht nur das Vorzeichen und die Größenordnung, sondern auch das Zeitprofil der Auswirkungen einer solchen Veränderung bestimmen den Grad der Anfälligkeit einer Institution gegenüber einer (unerwarteten) Inflationsänderung.

Die einmalige Durchführung einer Asset-Liability-Studie genügt i.A. nicht, da sich sowohl der Datenkranz als auch ggf. die genaue Zielformulierung einer Altersversorgungseinrichtung im Zeitablauf ändern können. Ähnlich wie bei der strategischen Planung von Unternehmen führen Altersversorgungseinrichtungen zunehmend ALM-Studien im ein- oder zweijährigen Rhythmus durch.

Was die Feinunterteilung der Assetklassen im Rahmen des Asset-Liability-Projektes betrifft, so ist es theoretisch und rechnerisch sicherlich möglich, mit sehr eng definierten Anlagesegmenten zu arbeiten. Allerdings haben wir in diese Art von Ergebnissen wenig Vertrauen, denn die Prognose sowohl der Risikoparameter als auch der durchschnittlichen Performance von Anlagesegmenten wird erfahrungsgemäß mit immer größeren Unsicherheiten behaftet sein, je enger das betreffende Anlagesegment definiert wird. Aus diesem Grund halten wir es für sehr sinnvoll, mit bereit ausgelegten Assetklassen zu rechnen, soweit es um die Formulierung der strategischen Asset Allocation geht und die Feinunterteilung zwischen den Unterklassen (bis hin zum Einzeltitel) im Bereich des aktiven Portfoliomanagements anzusiedeln. So kann etwa die Diskussion, ob dem französischen gegenüber dem britischen Aktienmarkt der Vorzug eingeräumt werden soll, u.E. nicht Gegenstand einer langfristig angelegten Asset-Liability-Studie sein, sondern muss ggf. der auf mittlere Fristen ausgelegten Anlagepolitik der Kapitalanlagegesellschaften vorbehalten bleiben.

2.3 Die Umsetzungsfunktion des Beraters

Ist der strategische und organisatorische Rahmen der Kapitalanlage einmal festgelegt, gilt es, das Konzept in die Tat umzusetzen, also z.B. zu entscheiden, welche Portfolios intern oder extern bewirtschaftet werden sollen, den Managementstil für Teilportfolios zu definieren und geeignete externe Assetmanager auszuwählen.

Wir stellen im Folgenden den von uns verwendeten Prozess für die Auswahl externer Assetmanager als Praxisbeispiel der Umsetzungsfunktion eingehender dar. Um möglichen Interessenkonflikten auf Seiten der Kapitalanlagegesellschaften zu entgehen, sollte das Management des institutionellen Anlegers die mit Spezialfondsmandaten auszufüllenden Anlagesegmente möglichst selbst oder unter Zuhilfenahme eines externen Beraters festlegen, um dann eine ausschließlich an der Qualität des aktiven Portfoliomanagements orientierte Auswahl zu treffen.

2.3.1 Quantitative Performancebewertung

Bei diesem Auswahlprozess (vgl. hierzu Leser (1999)) kann eine quantitative, historische Performanceanalyse nur begrenzt zum Auseinanderhalten von Zufallseinflüssen und systematischer Performanceleistung beitragen, obwohl dies eine ihrer Hauptaufgaben ist. Am deutlichsten wird diese Problematik, wenn man sich vor Augen führt, wie lang die Performancereihe sein muss, wenn man im Sinne eines statistischen Tests mit einiger Verlässlichkeit eine auf die relative Performance des Spezialfondsanbieters abzielende Nullhypothese überprüfen will. So kann man beispielsweise die Vermutung, ein Spezialfondsanbieter erziele bei einer Information Ratio von $1/3$ im langfristigen Durchschnitt eine Outperformance von 1 % p.a. im streng statistischen Sinne selbst dann nicht verwerfen, wenn über sechs Jahre hinweg eine tatsächliche Unterperformance von 1 % p.a. gemessen wurde (Signifikanzniveau: 95 % oder besser). Kaum ein performance- und zahlenorientierter Praktiker würde einem Spezialfonds nach fünf oder sechs Jahren Unterperformance noch die Treue halten.

Dieses einfache Rechenbeispiel verdeutlicht das Dilemma der rein quantitativen Performancebewertung: Ist der Zeitraum, auf den sich die Performanceberechnung erstreckt, sehr lang, kann man zwar in statistisch signifikanter Weise eine Gütebeurteilung des Spezialfondsanbieters abgeben. Diese beruht jedoch auf der sehr häufig unrealistischen Annahme, dass sich die performancegenerierenden Faktoren, also z.B. der Investmentstil oder die personellen und organisatorischen Voraussetzungen, bis heute nicht verändert haben. Ist andererseits der Beobachtungszeitraum kürzer, kann zwar eher von einer Stabilität der Strukturen beim Fondsanbieter ausgegangen werden, jedoch reicht die empirische Performanceevidenz nicht aus, um Zufall und systematische Leistung verlässlich auseinander zu halten.

Die quantitative Performanceanalyse wird aus diesen Gründen nach unserer Erfahrung oft überschätzt. Sie kann für eine umfassende Eignungsprüfung von Spezialfondsanbietern wichtige Hinweise liefern, sollte aber auf jeden Fall durch andere Qualitätskriterien ergänzt werden.

2.3.2 Qualitative Ressourcenanalyse

Letztlich geht es bei der Spezialfondsselektion um die Frage, welche Spezialfondsanbieter künftig eine positive systematische Outperformance erwarten lassen, auch wenn die tatsächliche Performance den unvermeidlichen kurzfristigen Zufallseinflüssen unterworfen ist. Dieses Outperformancepotential wird von der Qualität und Allokation der vorhandenen Ressourcen im Fondsmanagement bestimmt, die im Rahmen der – weitgehend qualitativ ausgerichteten – Ressourcenanalyse eingehend und mit dem Blick in die Zukunft untersucht werden.

Ziel ist es dabei, aus der sachlichen und personellen Ausstattung eines Fondsanbieters, seinen organisatorischen Strukturen und dem praktizierten Investmentansatz auf seine zukünftige Leistungsfähigkeit zu schließen.

Eine Ressourcenanalyse kann beispielsweise wie in Abbildung 3 dargestellt aufgebaut sein.

Im ersten Schritt geht es darum, möglichst viele Informationen über den Fondsanbieter zu sammeln. Wichtig ist dabei sowohl der Rückgriff auf eine maßgeschneiderte Spezialfondsdatenbank als auch die Auswertung eines umfassenden Fragebogens, der von Seiten des Anlegers oder seines Beraters erstellt und von der Fondsgesellschaft bearbeitet wird. Der Zugang zu aktuellen Informationen „aus dem Markt" kann diese Informationsquellen gelegentlich sinnvoll ergänzen.

Das Ziel des Fragebogens sollte es auf keinen Fall sein, den Fondsanbieter mit Fangfragen zu überlisten, sondern möglichst umfangreiche und exakte Informationen über die Gesellschaft und ihr Portfoliomanagement zu erhalten.

Der zweite und weitaus schwierigere Schritt besteht in einem Abgleich zwischen den gesammelten und systematisch aufbereiteten Fakten und einer Reihe von Qualitätskriterien, der letztendlich zur Bewertung des Fondsanbieters führt.

Der Nutzen, den eine solche Ressourcenanalyse für den Anleger erbringen kann, hängt ganz entscheidend von der Prognosekraft dieser Qualitätskriterien ab. Die falschen Kriterien führen zur Auswahl der falschen Fondsanbieter. Die Formulierung der Gütekriterien sollte möglichst auf langjähriger Erfahrung mit Fondsgesellschaften und deren innerer Struktur sowie auf den neuesten wissenschaftlich basierten Erkenntnissen aus dem Fondsresearch beruhen.

Um die Bewertung von Spezialfondsanbietern möglichst objektiv zu gestalten, hat sich die Auswertung des Datenmaterials einschließlich der Fragebögen durch mehrere zunächst unabhängig voneinander arbeitende Teams, die erst in der Schlussphase des Selektionsprozesses ihre Erkenntnisse zusammentragen und diskutieren, als sehr hilfreich erwiesen.

2 Die Rolle von Consultants bei der Asset-Managementberatung

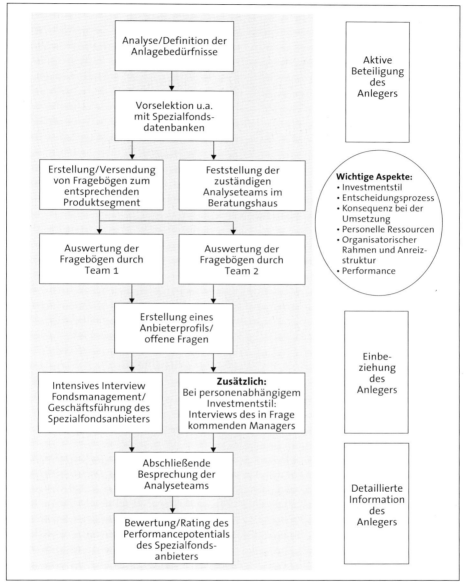

Abb. 3: Ablauf einer Ressourcenanalyse durch einen externen Berater

Wichtig ist es auf jeden Fall, den so entstandenen ersten Eindruck im intensiven Gespräch mit dem Fondsanbieter, insbesondere mit Vertretern des Portfoliomanagements, zu verifizieren. Auf Grund der teilweise einschneidenden organisatorischen und personellen Veränderungen, die gerade in den letzten Jahren bei Kapitalanlagegesellschaften zu beobachten sind, sollte eine Ressourcenanalyse vor jeder Neuvergabe von Mandaten durchgeführt werden, selbst wenn der Anbieter in der Vergangenheit bereits untersucht wurde.

Soweit die Managerbeurteilung von einem externen Berater durchgeführt wird, sollte der Anleger möglichst in den Analyseprozess miteinbezogen werden, um das Stärken-/Schwächenprofil jedes Anbieters und die oft schwierigen möglichst gut nachvollziehen zu können.

Angesichts der Komplexität der Aufgabenstellung und der permanenten Veränderungen in der Fondslandschaft kann ein Managerselektionsprozess einschließlich der Performanceanalyse keinesfalls für sich in Anspruch nehmen, alle zukünftigen Outperformer mit Sicherheit identifizieren zu können. Ein guter Auswahlprozess stellt aber sicher, dass nur solche Spezialfondsanbieter ausgewählt werden, bei denen die notwendigen Voraussetzungen für systematischen Erfolg gegeben sind.

2.4 Die Kontrollfunktion des Beraters

Kontrollen können auf der strategischen Ebene ansetzen oder sich auf Umsetzungsthemen, d.h. das praktische Anlagemanagement einzelner Teilportfolios beziehen. Entsprechend breit gefächert sind somit auch die möglichen Kontrolltätigkeiten des Beraters. Als typische Beispiele seien in diesem Zusammenhang genannt:

- ▶ die Überprüfung und ggf. Revision der langfristigen Anlagestrategie,
- ▶ die Erarbeitung von Reporting-Systemen für die Gesamtunternehmensebene bzw. für einzelne Teilportfolios,
- ▶ die kontinuierliche Kontrolle externer Spezialfondsmanager bezüglich deren Zielvorgaben und Teilnahme an Anlageausschusssitzungen,
- ▶ die Kostenkontrolle externer Fondsmandate,
- ▶ die Kontrolle von intern gemanagten Teilportfolios, z.B. Hypotheken oder Immobilien im Eigenbestand.

2.5 Die Sparringsfunktion des Beraters

Die Hinzuziehung eines geeigneten Beraters in einer der genannten Funktionen führt beim Auftraggeber zum Teil sicher auch zu einem zusätzlichen Informations- und Erkenntnisgewinn, insofern als manche Konzepte völlig neu sind oder erst jetzt in ihrer gesamten Tiefe erfasst werden, aber auch insofern als der Auftraggeber die Möglichkeit bekommt, seine Konzeptionen einer kritischen Diskussion und Prüfung unterziehen zu lassen.

2.6 Zusammenfassung

Die Dienstleistungen eines Beraters im Assetmanagement lassen sich durch die Strategie-, Umsetzungs-, Kontroll- und die Sparringsfunktion charakterisieren. Diese Funktionen wurden anhand von Praxisbeispielen verdeutlicht.

Voraussetzungen für erfolgreiches Consulting bilden zum einen die völlige Unabhängigkeit des Beraters von Produktanbietern, um Interessenkollisionen zu vermeiden, und zum anderen eine fundierte Ausbildung, praktische Erfahrung und umfassendes Research in Bezug auf die Rahmendaten des Investors (liability skills) und die Anlagemöglichkeiten (asset skills).

Literatur

Albrecht, P.: Ansätze eines finanzwirtschaftlichen Portefeuille-Managements und ihre Bedeutung für Kapitalanlage- und Risikopolitik von Versicherungsunternehmen, Karlsruhe, 1995.

Albrecht, P.: Asset/Liability-Management: Von der strategischen Notwendigkeit zur operativen Umsetzung, Vortragsskript, Dialog mit debis – Managementgespräch, Köln, 20. Oktober 1999.

Baum, G.: Asset-Liability-Management von Pensionsfonds, Karlsruhe, 1996.

Brinson, G. P./Singer, B. D./Beebower, G. L.: Determinants of Portfolio Performance II – An Update, in: Financial Analysts Journal, May–June 1991, S. 40–48.

Carino, D. R. et. al.: The Russell-Yasuda Kasai Model: An Asset/Liability Model for a Japanese Insurance Company Using Multistage Stochastic Programming, 1994, Interfaces 24, S. 29–49.

Daykin, C. D./Hey, G. B.: Modelling Uncertainty in a General Insurance Company, Journal of the Institute of Actuaries, Vol. 117, 1990, S. 173–277.

Fachausschuss Finanzmathematik der DAV (Hrsg.): Investmentmodelle für das Asset Liability Modelling von Versicherungsunternehmen, Karlsruhe 2002.

Hensel, C. R./Ezra, D. D./Ilkiw, J. H.: The importance of the Asset Allocation Decision, in: Financial Analysts Journal, July–August 1991, S. 65–72.

Leibowitz, M./Kogelmann, S./Bader, L.: Asset Performance and Surplus Control. A Dual-Shortfall Approach, in: Journal of Portfolio Management, Winter 1991, S. 18–37.

Leser, H.: Gibt es sinnvolle Kriterien für die Auswahl von Spezialfonds?, in: Zeitschrift für das gesamte Kreditwesen, 16/1999, S. 41—43.

Merton, R. C.: An Intertemporal Capital Asset Pricing Model, in: Econometrica 41, S. 867–887.

Rhiel, R.: Prognoseverfahren in der Personenversicherung am Beispiel der betrieblichen Altersversorgung, Blätter der DGVM, Band XVII, 1986, Heft 3, S. 329–352.

Stephan, T.: Strategische Asset Allocation in Lebensversicherungsunternehmen, Karlsruhe, 1995.

Ziemba, W. T./Mulvey, J. M. (Hrsg.): The World Wide Asset and Liability Modeling, in: Cambridge University Press, Cambridge 1997.

3 Der Investmentansatz von Helaba Northern Trust für Corporate Bonds

von Hans-Ulrich Templin

3.1 Investmentphilosophie

Der europäische Markt für Corporate Bonds ist noch jung, auch wenn er seit der Einführung des Euro eine rasante Entwicklung vollzogen hat. Der Handel, die Preisbildung und das Management von Kreditrisiken stellen alle Marktteilnehmer vor neue Herausforderungen. Der Besonderheit der Corporate Bonds, die neben den klassischen „risikolosen" Staatsanleihen und Aktien eine neue Assetklasse bilden, muss innerhalb des Investmentprozesses Rechnung getragen werden.

Helaba Northern Trust hat einen disziplinierten und klar strukturierten Investmentprozess entwickelt, um diesen Herausforderungen gerecht zu werden. Dem Investmentansatz liegt die Annahme zugrunde, dass in Corporate Bond Märkten Ineffizienzen vorliegen, die zur Erzielung von Überrenditen genutzt werden können.

Die Theorie der Kapitalmarkteffizienz beschäftigt sich mit der Frage, ob jede verfügbare Information bei der Preisbildung berücksichtigt ist. Je komplexer ein Produkt oder ein Markt, umso wahrscheinlicher ist es, dass nicht alle Informationen im Kurs enthalten sind. Gerade für den Markt der europäischen Corporate Bonds trifft das besonders zu, denn mehrere besondere Faktoren kennzeichnen diesen Markt. Neben der bisher noch recht kurzen Lebensdauer sind die Existenz der Ratingagenturen und der externen Ratings, die besondere Rolle der Broker bei der Preisfeststellung sowie die teilweise eingeschränkte Liquidität der Titel besonders zu nennen.

Die Ineffizienzen variieren zwischen Assetklassen und über die Zeit. Traditionelle Investmentansätze, konzentriert auf Zins- und Währungsanalyse, sind nicht effektiv in diesem Umfeld. Durch einen klar strukturierten Investmentansatz, der auf Bonitäts-, Sektor- und Einzeltitelselektion fokussiert ist, können in diesem Markt Überrenditen erzielt werden.

3.2 Investmentansatz

Der Ansatz der Helaba Northern Trust für das Management von Corporate Bond-Portfolios stellt eine Kombination aus Top-Down- und Bottom-up-Analyse dar. Grundsätzlich hat die Einzeltitelselektion im Rahmen der Bottom-up-Analyse das größte Gewicht. Allerdings sind das makroökonomische Umfeld sowie die Branchenanalyse ebenfalls wichtige Einflussfaktoren im Rahmen der Portfolioentscheidungen.

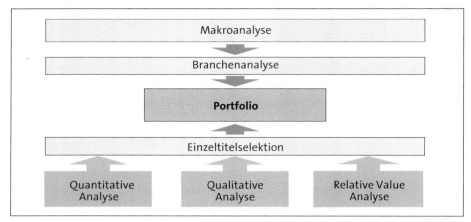

Abb. 1: Grundaufbau Investmentprozess

Die Anlagepolitik wird innerhalb eines Investmentkomitees, das aus Fondsmanagern, Credit- und Makroanalysten sowie Strategen besteht, festgelegt. Übergeordnete Rahmenbedingungen der Portfoliokonstruktion sind die gesetzlichen Bestimmungen des Gesetzes über Kapitalanlagegesellschaften (KAGG) sowie die individuellen Kundenvorgaben. Des Weiteren bestehen generelle Vorgaben (Mindestvolumen der zu kaufenden Anleihen, Maximalanteil eines einzelnen Emittenten am Fondsvolumen), um eine effiziente Risikostreuung sowie eine ausreichende Handlungsfähigkeit zu gewährleisten.

Jedes Mitglied des Investmentkomitees kann grundsätzlich eine Investitionsentscheidung vorschlagen. Das Komitee prüft die Entscheidung hinsichtlich der Kundenvorgaben, des Kundenrisikoprofils sowie sonstiger Restriktionen und Rahmenbedingungen und natürlich der Attraktivität des Engagements.

3.3 Makroanalyse

Die Makroanalyse umfasst die Auswertung der gesamtwirtschaftlichen Rahmenbedingungen im Hinblick auf die Determinanten der Wertentwicklung eines Corporate Bond Portfolios. Die Wertentwicklung von Corporate Bonds hängt im Wesentlichen von zwei Einflussfaktoren ab. Einerseits ist die Wertentwicklung von der Entwicklung des Kapitalmarktzinssatzes abhängig, andererseits wird sie durch die Bonitätsentwicklung beeinflusst.

Die Positionierung hinsichtlich der Portfolioduration bzw. der Laufzeitsteuerung hängt davon ab, wie der Kundenauftrag im Einzelfall lautet. Sofern der Managementauftrag in der reinen Steuerung von Kreditrisiken besteht, ist das Zinsrisiko eines Portfolios zu eliminieren. Das Angebot für in Euro denominierten und variabel verzinslichen Corporate Bonds ist relativ gering, so dass eine Konstruktion eines ausreichend diversifizierten Portfolios auf Basis dieser Floater schwierig erscheint. Die Zinsvariabilität eines Portfolios wird stattdessen durch den Einsatz von Zinsswaps erreicht. Das bietet den Vorteil, dass eine Kreditentscheidung in diesem Fall nicht durch Durations- bzw. Laufzeitentscheidungen determiniert ist. Außerdem lässt sich auch hinsichtlich des benötigten geringeren Risikokapitals eine für den Investoren günstigere Konstellation erreichen. Die Aufspaltung des Value-at-Risk eines Portfolios in einen zins- und einen bonitätsbezogenen Anteil ist bereits möglich. Es zeigt sich, dass der Großteil des Gesamtrisikos auf das Zinsänderungsrisiko zurückzuführen ist.

Ansonsten kann die Prognose der Zinsentwicklung Einfluss auf die anzustrebende Duration im Portfolio haben. Allerdings ist festzustellen, dass auf Grund der hohen Transaktionskosten, Geld-Brief-Spannen sowie des noch jungen europäischen Marktes für Corporate Bonds eine Durationssteuerung durch Kauf- und Verkauf von Einzeltiteln nur eingeschränkt erfolgreich sein kann. Daher erfolgt auch die Durationssteuerung durch Einsatz von Zinsswaps.

Weiterer Kernpunkt der Portfoliokonstruktion ist die Festlegung der Portfoliogewichte hinsichtlich der Ratingklassen. Ausgangspunkt hierfür ist die Prognose der Spreadentwicklung, also der Renditeaufschläge von Corporate Bonds im Vergleich zu Staatsanleihen oder Swapsätzen. Untersuchungen von Duffee haben einige wesentliche Spreaddeterminanten identifizieren lassen, die im Folgenden dargestellt werden.

Wesentlich beeinflusst wird der Spread von der Konjunktur und der erwarteten Konjunkturentwicklung. Wichtigster Wirkungskanal ist dabei der Einfluss auf die Unternehmensgewinne und damit auf das Ausfallrisiko von Corporate Bonds. Eingetrübte Konjunkturaussichten, verbunden mit einem höheren Ausfallrisiko, führen zu höheren Risikoaufschlägen gegenüber sicheren Anleihen und damit zu höheren Spreads. Eng verbunden damit ist eine steigende Default Rate von Corporate Bonds. Sie ist letztlich das Ergebnis eines erhöhten Ausfallrisikos und führt ebenso zu einer Spreaderhöhung.

Ein weiterer quantitativer Einflussfaktor mit Konjunkturbezug ist die Steilheit der Zinsstrukturkurve. Diese dient als Indikator für Wirtschaftswachstum und Unternehmensgewinne. Eine inverse Zinskurve zeigt Rezession, eine steile Zinskurve dagegen ein erhöhtes gesamtwirtschaftliches Wachstum.

Neben den Zinsen können auch die Aktienmärkte zur Erklärung des Spreads herangezogen werden. Fallende Aktienkurse sind häufig Ausdruck dafür, dass Anleger höhere Risikoprämien fordern. In einem solchen Umfeld steigen auch die Risikoprämien für Corporate Bonds. Eine eher kurzfristige Determinante des Spreads ist die implizite Volatilität des Aktienmarktes. Zum einen bedeutet eine höhere Aktienvolatilität ein höheres Risiko, wodurch auch die Risikoprämie in Form des Spreads steigen wird. Zum anderen kann dieser Zusammenhang auch direkt aus der Optionspreistheorie abgeleitet werden, wenn man einen Corporate Bond als Short Put auf den Unternehmenswert versteht. Eine höhere Volatilität führt zu einem fallenden Wert des Short Puts und damit des Corporate Bonds, was über eine höhere Rendite einen steigenden Spread bedeutet. Eine Untersuchung der Europäischen Zentralbank zeigt einen starken Zusammenhang zwischen impliziter Aktienvolatilität und Bondspreads für den Euromarkt.

Schließlich ist noch das Verhältnis der Neuemissionen von Corporate Bonds und Staatsanleihen zu berücksichtigen. Eine überproportionale Emission von Corporate Bonds führt wegen der Angebotsverschiebung zu steigenden Spreads.

Regressionsanalysen potentieller Spreaddeterminanten haben statistisch hochsignifikante Einflussfaktoren identifizieren lassen. Die Schätzung wurde zunächst für den amerikanischen Markt durchgeführt, da dort eine ausreichende Historie für den Corporate Bond-Markt vorliegt.

Als besonders aussagekräftig bei der Erklärung des Spreads erwiesen sich die Default Rates, die Zinsstruktur (Differenz 10- und 5-Jahres-Renditen) sowie ein Konjunkturindikator. Für alle Indikatoren wurden Monatsendwerte verwendet. Abbildung 2 stellt die tatsächlichen und die auf Basis der Schätzung berechneten Werte gegenüber.

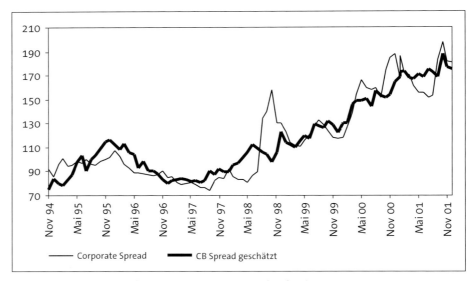

Abb. 2: Tatsächlicher versus geschätzter Spreadverlauf

Obwohl die Schätzung auf amerikanischen Daten beruht, können die Ergebnisse wegen der hohen Korrelation auch auf den europäischen Markt übertragen werden (vgl. Abbildung 3). Die Richtung der Spreadentwicklung war für den beobachteten Zeitraum weitgehend gleichläufig. Die verwendeten Indizes weisen lediglich unterschiedliche Niveaus auf.

Damit kann die ermittelte Spreadschätzfunktion zur Prognose der Veränderung von Corporate Spreads trotz der amerikanischen Datenbasis grundsätzlich auch für den europäischen Markt verwendet werden. Um zusätzlich Aussagen über dessen absolute

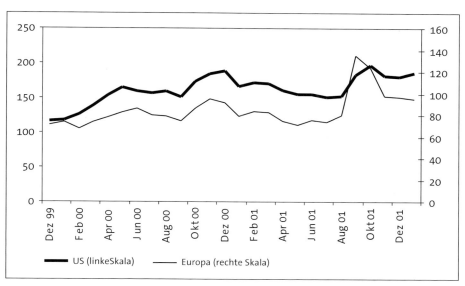

Abb. 3: Corporate Spreads USA versus Europa

Höhe zu ermöglichen, wurde die Untersuchung separat für den Euromarkt durchgeführt. Statt der für den europäischen Markt noch nicht vorliegenden Ausfallraten wurde für den Euromarkt die implizite Aktienvolatilität in Form des V-DAX Index der Deutschen Börse in die Schätzung aufgenommen. Daneben gehen ebenfalls die Zinsstruktur sowie ein Konjunkturindikator in die Schätzung ein. Abbildung 4 zeigt den hohen Erklärungsgehalt der ermittelten Regressionsfunktionen auf.

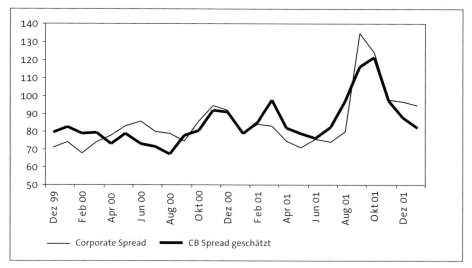

Abb. 4: Corporate Spreads Euro geschätzt vs. beobachtet

Die ermittelten Ergebnisse können sowohl zur Ermittlung eines fairen Spreadniveaus als auch zur Prognose zukünftiger Spreadentwicklungen verwendet werden. Ein fairer Spread wird ermittelt, indem aktuelle Daten in die Regressionsgleichung eingesetzt werden. Abbildung 5 macht deutlich, dass fairer Spread und tatsächlicher Spread nicht dauerhaft divergieren. Die im unteren Teil der Grafik dargestellte Differenz von fairer und tatsächlicher Rendite bewegt sich in einem Kanal um den Wert Null. Bei entsprechend großer Abweichung ist mit einer Gegenbewegung des Spreads zu rechnen. Solche Über- oder Unterbewertungen bildeten häufig markante Wendepunkte für die Spreadkurve.

Neben gegenwärtigen Daten können auch geschätzte Werte in der Gleichung verwendet werden. Damit lässt sich zusätzlich eine Aussage über die erwartete Höhe des fairen Spreads machen.

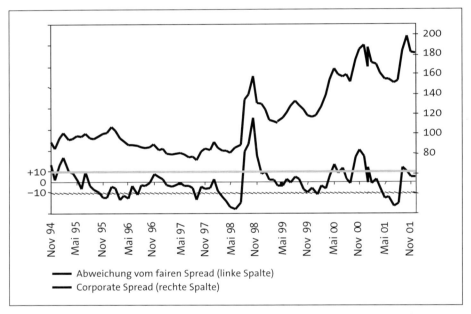

Abb. 5: Spread des ML Corporate Master und Differenz zum fairen Spread (Basispunkte)

Auf Basis der Einschätzung der laufenden sowie der zukünftigen Spreadniveaus ergeben sich die Vorgaben hinsichtlich der Gewichtung einzelner Ratingklassen für die Konstruktion der Portfolios. Sofern eine sehr starke Ausweitung der Creditspreads über alle Ratingklassen hinweg erwartet wird, werden statt im Corporates Segment Investitionen im Staatsanleihemarkt vorgenommen.

3.4 Branchenanalyse

Die Branchenanalyse ist der nächste Schritt zur Bestimmung der Rahmenbedingungen einer Corporate Bond Portfoliokonstruktion. Dazu ist anzumerken, dass in einem noch relativ jungen Markt die Branchenbetrachtung zumindest noch eine etwas untergeordnete Rolle spielt, da nur einige wenige Branchen bereits ausreichend besetzt sind.

Der Branchenansatz der Helaba Northern Trust umfasst sowohl kredit- als auch marktspezifische Komponenten.

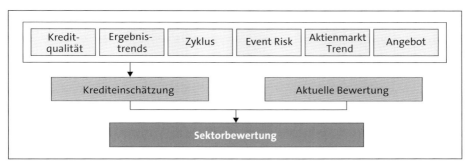

Abb. 6: Ansatz zur Sektorenbewertung

Die Krediteinschätzung als Teilkomponente einer Branchengewichtung umfasst sechs Kriterien, die separat benotet und zu einer Gesamteinschätzung aggregiert werden. Hier wird jedoch der enge Bezug einer Einzelemittentenbeurteilung bereits deutlich, denn die Einschätzung einer Branche ergibt sich zu einem großen Teil aus der Aggregation der Einzeleinschätzung der vorhandenen Emittenten.

Die Kreditqualität bemisst den gesamten Bonitätstrend innerhalb einer Branche, im Wesentlichen basierend auf der Tendenz der Ratingentwicklung. Der Faktor „Ergebnistrend" beruht auf einer Analyse des Trends der Quartalsergebnisse. Als weitere Komponenten wird eine Branche hinsichtlich ihrer Positionen im Gesamtlebenszyklus eingeordnet. Die Beurteilung des Event Risks bemisst die Wahrscheinlichkeit und auch die Richtung überraschender Einzelereignisse, beispielsweise Fusionen, Akquisitionen, Restrukturierungen oder Prozessrisiken. Im Rahmen der Makroanalyse hat sich zudem gezeigt, dass der Corporate Bond Markt durchaus eng mit der Entwicklung des Aktienmarktes zusammenhängen kann. Letztlich zeigt ein Aktientrend allerdings auch das Vertrauen einer großen Zahl von Marktteilnehmern. Eine schlechte Verfassung der Aktie verschlechtert die Kapitalausstattung (auf Marktwerten) und beeinträchtigt beispielsweise den Wert einer Aktie als Akquisitionswährung. Insofern geht auch die Entwicklung der Aktien einer Branche in die Branchenbeurteilung ein. Als sechster Faktor geht schließlich das Angebot an Neuemissionen in die Krediteinschätzung ein.

Der aus der Aggregation der einzelnen Komponenten resultierenden Beurteilung der Krediteinschätzung wird die aktuelle Marktbewertung einer Branche gegenübergestellt. Basis dieser Bewertung sind die Durchschnittsspreads, die auf der Grundlage von Branchenindizes bemessen werden. Allerdings ist hierbei zu berücksichtigen, dass einzelne Branchen nur relativ schwach besetzt sind und dass sich die Einzelemittenten deutlich hinsichtlich der Ratings unterscheiden können.

Durch Verbindung von Kredit- und Markteinschätzung ergibt sich die angestrebte Positionierung jeder einzelnen Branche im Portfolio.

3.5 Einzeltitelselektion

Nach Makro- und Branchenanalyse stellt sich für das Fondsmanagement die Frage der Einzeltitelselektion. Kriterien sind die Bonitätseinschätzung, die Ausstattung einer Anleihe (Stepp-up, Kündigungsrechte), Angebots- und Nachfragesituation sowie die Liquidität einer Anleihe.

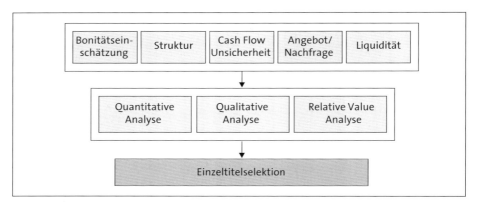

Abb. 7: Ansatz zur Einzeltitelselektion

Die Einschätzung der Bonität eines Schuldners spielt bei der Gewährung von Fremdkapital eine entscheidende Rolle. Am Kapitalmarkt tragen Ratingagenturen wesentlich zu diesem Urteil bei; die vergebenen Ratings sind wesentliche Determinanten für die Preisbildung am Kapitalmarkt für Fremdkapital. Die Ratingprozesse der Agenturen umfassen qualitative und quantitative Analysen, außerdem eine Beurteilung der Marktposition, Wettbewerbstrends, Branchenanalysen und eine Analyse des Herkunftslandes. Letztlich ist das Zustandekommen der Urteile für den Adressaten nur wenig transparent. „Jahn stellt fest, dass dem externen Betrachter in der Regel jede Transparenz des Rating-Urteils fehlt, und es für ihn unmöglich wird, die Relation der verwendeten Kriterien sowie deren Vollständigkeit und Nachvollziehbarkeit zu überprüfen. Nicht zuletzt die Erfahrungen im Fall Enron haben die Notwendigkeit einer eigenen, unabhängigen Bonitätseinschätzung aufgezeigt.

3.5.1 Bonitätseinschätzung

Im Ansatz der Helaba Northern Trust kommt der Bonitätseinschätzung grundsätzlich das größte Gewicht im Rahmen der Einzeltitelselektion zu. Hierzu wird ein Ratingansatz verwendet, der aus einer quantitativen sowie einer qualitativen Komponente besteht. Im Rahmen der quantitativen Analyse liegt der Schwerpunkt auf dem so genannten HI-SCORE Modell, dessen Aufbau und Funktionsweise im Folgenden erläutert wird. Die qualitative Analyse wird im Wesentlichen durch die Creditanalysten durchgeführt, die ihren Sitz unternehmensnah in Frankfurt, London und in den USA haben.

Quantitative Analyse

In zahlreichen empirischen Untersuchungen wurde überprüft, wie gut Kreditausfälle bzw. Insolvenzen von Unternehmen vorhergesagt werden können, wobei in der Regel den Jahresabschlüssen eine besondere Bedeutung zukommt. Auch in der Untersuchung von Altmann und Saunders bilden Jahresabschlussdaten den Input der Berechnungen. Die Eignung der Daten ist klassischerweise Kritik ausgesetzt, insbesondere hinsichtlich möglicher Verzerrungen durch Maßnahmen der Bilanzpolitik sowie der Tatsache, dass nicht alle Krisenursachen in der Bilanz abgebildet sind. Allerdings dient der Jahresabschluss dazu, einen Einblick in die Vermögens-, Finanz- und Ertragslage zu ermöglichen und ist damit die zunächst beste verfügbare Quelle.

Die Bonitätsanalyse ist im Grundsatz eine zukunftsgerichtete Analyse, denn es wird die Fragestellung verfolgt, inwiefern ein Unternehmen seinen zukünftigen Verpflichtungen nachkommen kann. Naturgemäß liegen jedoch hauptsächlich Vergangenheitsdaten vor, die den Ausgangspunkt der Analyse darstellen. Anders als in der Aktien- oder Unternehmensbewertung, bei der mit den Cash Flows zukünftige absolute Größen prognostiziert und anschließend abgezinst werden, spielen bei der Bonitätsbewertung eher Relationen von Abschlussgrößen in Form von Kennzahlen eine Rolle. Es ist davon auszugehen, dass diese Relationen eher auf die Zukunft übertragen werden können, da nicht unbedingt explizite Annahmen über die Höhe von Wachstumsraten notwendig sind.

Zusätzlich ist zu entscheiden, wie viele Jahresabschlüsse der Vergangenheit bei der Analyse herangezogen werden sollen. Dabei besteht generell der Konflikt zwischen der zeitlichen Nähe zum Beurteilungszeitpunkt und einer möglichst langen Historie, um die Datenbasis zu erweitern und die Stabilität der Geschäftsentwicklung zu beurteilen. Aus diesem Grund wurden die Kennzahlen als Mittelwerte über unterschiedlich lange Zeiträume vor dem zu erklärenden Rating berechnet, um die jeweilige Aussagekraft zu überprüfen.

Zielsetzung der empirischen Untersuchung war es, durch Anwendung der multiplen Regressionsanalyse auf Basis von Bilanzkennzahlen die Ratings der Agenturen möglichst gut zu erklären, um Ansatzpunkte für die Ableitung eines eigenen Ratingansatzes zu erhalten. Dabei bilden die Ratings der Agenturen, umgewandelt in eine numerische

Skala, die zu erklärenden Variablen. Methodisch ist dieser Ansatz eine Anlehnung an Untersuchungen des Verfassers zur Erklärungskraft von Bilanzkennzahlen für am Kapitalmarkt verwendete Aktienrisikogrößen. Sofern die Agenturen unterschiedliche Urteile vergeben haben, wurde der Mittelwert der Ratings gebildet. Die Kennzahlen wurden als Mittelwerte der Zeiträume von ein bis fünf Jahren vor dem zum Erklärungszeitpunkt bestehenden Rating berechnet.

Einer Vielzahl von Kennzahlen wird in der Bonitätsanalyse eine Aussagekraft beigemessen. Bei der Untersuchung war jedoch zu berücksichtigen, dass viele Kennzahlen inhaltlich in einem Zusammenhang stehen und somit bei gleichzeitiger Berücksichtigung verbundener Kennzahlen eine implizite Erhöhung der Gewichtung des Analysefeldes erfolgt, das mit der Berechnung abgedeckt wird. Ein Verfahren, das die Auswahl nur der Variablen ermöglicht, die die abhängige Größe signifikant erklären, ist die schrittweise Regression. Bei diesem Verfahren wird zunächst die Variable mit dem höchsten Erklärungsgehalt für die abhängige Variable in die Regressionsgleichung aufgenommen. Anschließend erfolgt die schrittweise Aufnahme der Variablen mit dem jeweils nächsthöheren Wert. Nach jedem Berechnungsschritt wird jedoch überprüft, ob noch alle Variablen signifikant zur Gesamterklärung beitragen. Variablen, für die das nicht der Fall ist, werden aus der Regressionsfunktion eliminiert. Das Ergebnis der schrittweisen Regression ist eine Regressionsfunktion, die als unabhängige Variable nur Größen enthält, die signifikant zur Erklärung der abhängigen Variablen beitragen.

Als Ergebnis der empirischen Untersuchung hat sich gezeigt, dass auf Basis von drei Kennzahlen mehr als 70 % (gemessen auf Basis des Bestimmtheitsmaßes der Regression) der Ratings signifikant erklärt werden können. Im Mittel verfehlt die Prognose der Ratings auf Basis der Regressionsfunktion die Agenturratings nur um ein „notch". Bei diesen Kennzahlen handelt es sich jeweils um eine Kennzahl zur Ertragskraft sowie zur Finanzkraft und außerdem um die Unternehmensgröße (gemessen auf Basis der logarithmierten Umsatzerlöse). Die höchste Aussagekraft hat sich bei der Verwendung von Kennzahlenmittelwerten über zwei Jahre ergeben.

Ein Verfahren, das zur Überprüfung der Stabilität einer Lösung in Bezug auf die Stichprobenzusammensetzung geeignet ist, ist das so genannte Hold Out-Verfahren. Dabei wird mehrmals nach dem Zufallsprinzip jeweils ein bestimmter Anteil der Unternehmen der Stichprobe gelöscht, und die Analysen werden auf der Basis der verbleibenden Unternehmen durchgeführt. Bei Anwendung dieses Verfahrens und Ausschluss von jeweils 10 % der Unternehmen hat sich eine hohe Stabilität gezeigt. Dabei wurden jeweils die identischen Kennzahlkombinationen ausgewählt, die ähnlich hohe Erklärungsbeiträge leisten.

Im weiteren Abschnitt der Untersuchung wurden die Abweichungen einer auf Basis der Regressionsfunktion geschätzten und der tatsächlichen Ratings im Einzelfall analysiert. Dabei zeigte sich, dass in der Regel entweder wesentliche qualitative Faktoren zu einer Anpassung des Ratings geführt haben oder dass sich seit dem letzten Abschluss so wesentliche Änderungen (Fusionen, Restrukturierung) ergeben haben, dass dieser dem aktuellen Rating nicht mehr gerecht wird.

Auf Basis der Ergebnisse der Regressionsanalysen wurde der regelbasierte Teilansatz von HI-SCORE entwickelt. Die in der Regression aussagekräftigsten Kennzahlen bilden das Gerüst des Ansatzes, wodurch mit den drei Kennzahlen repräsentative Indikatoren für die Erfolgslage, Finanzlage und die Wettbewerbsposition (Marktrisiko) berücksichtigt sind. Zusätzlich wurden weitere Kennzahlen in den Bewertungsansatz aufgenommen. Insgesamt sind drei Kennzahlen zur Ertragslage und vier Kennzahlen zur Finanzlage sowie die Unternehmensgröße im letztlich entwickelten Ansatz enthalten. Tests haben gezeigt, dass die Ergebnisse dann eine höhere Stabilität aufweisen. Als Erfolgskennzahlen sind die Umsatzrendite, die Betriebsrendite (EBIT/Umsatz) sowie die Eigenkapitalrendite einbezogen. Die Betriebsrendite ist als Erfolgsmaß des Kerngeschäftes weitestgehend zukunftsbezogen, da keine außerordentlichen Komponenten in die Berechnung eingehen. Die Umsatzrendite zeigt den letztlich im Unternehmen erwirtschafteten Überschuss. Die Eigenkapitalrendite ist auf Grund der steigenden Shareholder Value-Orientierung besonders dann von Bedeutung, wenn sie so niedrig ausfällt, dass durch die Aktionäre ein erhöhter Druck auf die Unternehmensleitung ausgeübt wird.

Die Finanzkennzahlen sind das Verhältnis von Cash Flow zu Finanzschulden, die Relation von EBIT zu Bruttozinsaufwand, die Eigenkapitalquote sowie der Deckungsgrad II. Der Cash Flow wird als Größe nach Veränderung des Working Capital berechnet. Damit ist ein schlechtes Management in Form von zu hohem Aufbau von Forderungen und Vorräten implizit einbezogen. Der Deckungsgrad II wird als Verhältnis von langfristigem Kapital zu langfristig gebundenem Vermögen berechnet. Ein branchengemäß nur niedriges gebundenes Vermögen und damit geringere Eigenkapitalanforderungen werden auf diese Weise abgebildet.

Schließlich geht die Unternehmensgröße als Faktor in den Bewertungsansatz ein. Die reine Unternehmensgröße bietet, isoliert betrachtet, keinen direkten kausalen Zusammenhang zur Bonität eines Unternehmens. Es hat sich jedoch gezeigt, dass die Anzahl der Konkurse mit steigender Unternehmensgröße abnimmt. Ben-Zion und Shalit begründen dieses damit, dass Konkurse vor allem in den ersten Jahren einer Geschäftstätigkeit auftreten, große Unternehmen aber eine längere Zeit gebraucht haben, um diese Größe zu erreichen. Als weitere Gründe für einen inversen Zusammenhang werden die Möglichkeiten effizienterer Diversifikation genannt. Schließlich wird großen Unternehmen die Möglichkeit der Realisierung von Economies of Scale unterstellt, die zu Kostenvorteilen und daraus resultierenden Überrenditen führen. Dhingra führt als Argumente außerdem das Ausnutzen der Marktmacht sowie eine häufigere Führung großer Unternehmen durch ein angestelltes Management als durch Eigentümer an. In empirischen Untersuchungen von Monson/Downs und auch Bühner hat sich ein im Vergleich zu eigentümergeführten Unternehmen geringeres Risiko in Unternehmen gezeigt, die durch ein angestelltes Management geleitet werden.

Es ist jedoch zu bedenken, dass die Unternehmensgröße zwar diverse positive Bonitätsimplikationen hat, dass Größe an sich jedoch ohne ein entsprechendes Management, das die Potenziale auch nutzen kann, nicht zu den beschriebenen positiven Effekten führt. Davon abgesehen, ergeben sich gerade für kleinere Unternehmen auch einige Vorteile gegenüber großen Wettbewerbern. So sind kleine Unternehmen oft flexibler in der Reaktion auf Umfeldveränderungen und müssen nicht langwierige Entscheidungsprozesse durchlaufen. Große Unternehmen können überorganisiert und bürokratisiert sein und bieten damit viele Reibungsverluste. Auch wenn tendenziell die Größe ein besser ausgebautes Controlling und Risikomanagement erwarten lässt, so haben doch Beispiele gezeigt, dass die Größe allein keinen ausreichenden Schutz vor Betrug und überhöhten Risiken bietet.

Für jede Kennzahlausprägung wird im HI-SCORE-Ansatz auf Basis eines vordefinierten Schemas eine Teilnote auf einer Skala von eins bis zehn vergeben. Dabei steht der Wert zehn für eine im Sinne des Beurteilungsziels sehr gute Kennzahlausprägung. Die Festlegung der Skalengrenzen erfolgte auf Basis der Kennzahlverteilung innerhalb der Untersuchungsstichprobe, der durch Sensitivitätsanalysen überprüften Anfälligkeit der Gesamtergebnisse auf Notenveränderungen sowie unter Berücksichtigung der von den Ratingagenturen veröffentlichen Kennzahlmittelwerte einzelner Ratingklassen.

Mit dieser Transformation wird das Problem von Ausreißerwerten abgefangen. Außerdem erfolgt dadurch eine Umwandlung der Kennzahlausprägungen in eine für alle Kennzahlen einheitliche Dimension, die im nächsten Schritt unter Berücksichtigung einzelner Gewichte zu einem Gesamtwert verdichtet werden.

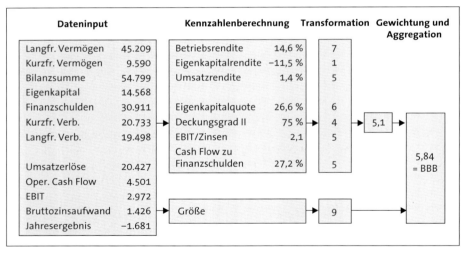

Abb. 8: Grundaufbau der regelbasierten Analyse

In der Praxis hat sich das HI-SCORE-Modell hervorragend bewährt. Die Daten können Online über eine Schnittstelle auf Quartalsbasis eingelesen und auf ein Geschäftsjahr hochgerechnet werden, so dass eine schnelle und zeitnahe Aktualisierung gewährleistet ist.

	10/01	05/01	12/00	09/00	1999	1998	1997	1996
Betriebsrendite			5	7	6	7	7	6
Eigenkapitalrendite			8	10	8	8	8	7
Umsatzrendite			8	8	9	10	10	10
Eigenkapitalquote			7	7	7	7	7	7
Deckungsgrad II			9	9	9	9	9	9
EBIT/Zinsen			2	7	6	7	7	7
CF/Finanzschulden			1	1	7	8	6	6
Größe			9	9	9	9	9	9
HI-SCORE	BB	BB	BBB	BBB+	AA−	AA	AA−	A+
Moody's	Baa1	A3	A1	A1	A1	A1	A1	A1
S&P	BBB+	A−	A+	A+	A+	A+	A+	A+

Abb. 9: Notenverlauf Ericsson

Abbildung 9 zeigt den Verlauf der Noten im Mehrjahresvergleich für das Unternehmen Ericsson. Auf Basis des Kennzahlprofils der Werte von 1996 war ein hohes A Rating durchaus angemessen. Nach mehreren Jahren mit weiterhin sehr guten Kennzahlwerten ergab sich im Jahr 2000 ein deutlicher Wechsel, wesentlich zurückzuführen auf die Relation des Operativen Cash Flow zu Finanzschulden. Die Neunmonatszahlen führten bereits auf Basis des HI-SCORE-Modells zu einer Herabstufung zu BBB, während die Ratingagenturen diesen Schritt erst im Oktober (Moody's) bzw. November 2001 vollzogen haben. Auffällig ist auch, dass der Faktor Größe über die gesamte Zeit ein konstanter und positiver Faktor ist, allerdings den Gesamteffekt der Bonitätsherabstufung nur mildern, nicht aber verhindern kann.

Eine weitaus dramatischere Entwicklung im Fall Swissair zeigt Abbildung 10. Bereits nach Veröffentlichung der Jahresergebnisse 2000 ergab sich auf Basis des HI-SCORE-Modells ein Rating von B+, während das Unternehmen am Kapitalmarkt erst im Juni 2001 als nicht mehr dem Investmentgradebereich zuzuordnen galt.

Sämtliche Ratingherabstufungen, die seit der starken Entwicklung des Eurobondmarktes durch die Ratingagenturen aus dem Investmentgrade- in den so genannten High-Yield-Bereich vorgenommen wurden, konnten durch das Modell identifiziert werden.

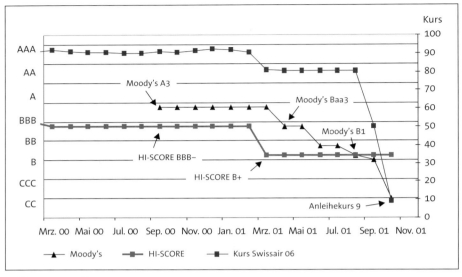

Abb. 10: Ergebnisse Swissair

Qualitative Analyse

Die Detailanalyse der Ergebnisse der Regression hat deutlich gemacht, dass auf Basis der Jahresabschlusskennzahlen bereits ein Großteil der Ratings erklärt werden kann, dass die Grenzen jedoch im Einzelfall bei qualitativen Bonitätsfaktoren sowie bei Strukturbrüchen durch Fusionen oder Großakquisitionen liegen. Daher umfasst der Helaba Northern Trust-Ansatz eine weitere Teilkomponente der qualitativen Analyse.

Eine Liste möglicher qualitativer Faktoren der Bonitätsanalyse ist lang, die einzelnen Aspekte stehen ebenso für die Faktoren der Grenzen der kennzahlbasierten Bilanzanalyse. Dabei stehen Fragen der Existenz außerbilanzieller Risiken wie Prozessrisiken, spezieller Geschäftsrisiken (Öltransporte) und Übernahmerisiken, die Finanzpolitik, die Glaubwürdigkeit des Managements sowie die Erfolgsaussichten einer neuen Unternehmensstrategie im Vordergrund. Weitere Felder der Analyse, die über die Jahresabschlussanalyse hinausgehen, sind die Branchenanalyse mit der Prognose von Branchenentwicklungen sowie die Beurteilung der Wettbewerbsposition eines Unternehmens.

Die Individualanalyse umfasst jedoch auch eine individuelle Überprüfung des quantitativen Teilurteils. Die Frage, inwiefern die auf Basis der Vergangenheitsabschlüsse berechneten Kennzahlen auf die Zukunft übertragen werden können, ist eine der wesentlichen Fragestellungen, die innerhalb dieses Analyseschrittes zu beantworten ist. Die Tests haben gezeigt, dass die Relationen für den Großteil der Unternehmen im Zeitablauf relativ konstant sind. Das erhöht die Aussagekraft einer jahresabschlussbasierten Analyse. Dennoch ist in der Analyse zu berücksichtigen, dass sich die Situation und Struktur eines Unternehmens in Zukunft substanziell verändern kann. In diesem Fall sind Annahmen über die Entwicklung der Kennzahlausprägungen zu treffen. Es ist zu untersuchen, ob sich ein beobachteter Trend möglicherweise in der Zukunft fortsetzt oder ob eher eine Trendumkehr anzunehmen ist. Dieses kann der Fall sein, wenn bereits geeignete Maßnahmen zur Umkehr eines negativen Trends ergriffen wurden. In diesem Zusammenhang kommt auch den Zwischenberichten eine große Bedeutung zu, auf deren Basis die Beurteilung zeitnah aktualisiert werden kann.

Es ist außerdem zu überprüfen, ob beispielsweise der Größenscore als Indikator der Wettbewerbsposition ein dem zu beurteilenden Unternehmen angemessenes Urteil ergibt. Gleichzeitig stellt sich beispielsweise die Frage nach der Werthaltigkeit von ausgewiesenen Firmenwerten oder der Existenz impliziter oder expliziter Garantien von Anteilseignern.

Insgesamt betrachtet basiert ein wesentlicher Teil der Bewertung auf der individuellen Einschätzung der Analysten. Ebenso wie bei den Ratingagenturen gilt es hier, bei verschiedenen Analysten für eine konsistente Vorgehensweise zu sorgen.

Das Resultat der internen Bonitätseinschätzung ist ein internes Rating. Dabei verwendet Helaba Northern Trust die am Kapitalmarkt übliche Skala der großen Agenturen. Dieses interne Rating geht als wesentlicher Bewertungsmassstab in die Relative-Value-Analyse ein.

3.5.2 Relative-Value-Analyse

Ein Rating spiegelt die Bonität und die Fähigkeit eines Schuldners wider, den Verpflichtungen dauerhaft und fristgerecht nachzukommen, und bildet damit eine wichtige Grundlage für die Ermittlung des Fair Value eines Corporate Bonds.

Für eine Anlageentscheidung ist die relative Bewertung einer Anleihe im Verhältnis zu Vergleichsanleihen von Bedeutung. Aus den für die jeweiligen Ratingklassen gültigen Spot-Rates können entsprechende Zero-Kurven ermittelt und zur Bewertung neuer Anleihen herangezogen werden. Ebenfalls können am Sekundärmarkt zirkulierende Anleihen relativ zur entsprechenden Kurve bewertet werden, um aktuell billige oder teure Anleihen zu identifizieren. Schließlich ist eine Anleihe hinsichtlich ihrer eigenen Spreadentwicklung zu beurteilen. Das Schema in Abbildung 11 verdeutlicht die einzelnen Schritte der Relative-Value-Analyse.

In einem ersten Schritt wird für jedes Ratingsegment in Euroland eine Zinsstrukturkurve geschätzt. Diese repräsentiert den Zusammenhang zwischen der Restlaufzeit und dem Renditeniveau von Anleihen einer Bonitätsklasse. Dabei sind möglichst marktgängige, liquide Bonds auszuwählen, die den Anlagehorizont adäquat abbilden. Abbildung 12 zeigt beispielhaft die Zinsstrukturkurve für das Single-A-Segment.

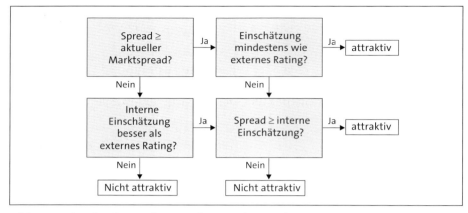

Abb. 11: Entscheidungsschritte Relative-Value-Analyse

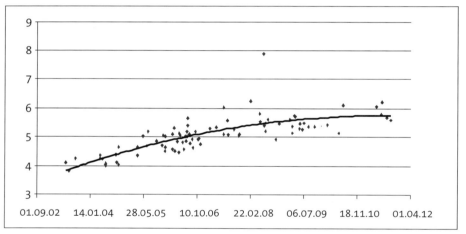

Abb. 12: Zinsstrukturkurve A-Segment

Im Grundsatz kann eine Anleihe, deren Rendite/Restlaufzeit-Kombination oberhalb der mittleren „fairen" Zinsstrukturkurve liegt, als günstig beurteilt werden. Dagegen repräsentieren Punkte unterhalb der Kurve teure Anleihen. Damit ist eine aktuelle Markteinschätzung auf Basis der externen Bonitätseinschätzung vollzogen.

Zusätzlich wird jedoch die Frage gestellt, ob ein einzelner Emittent auch nach eigener Einschätzung in das Ratingsegment gehört, dem er auf Basis der externen Ratings zugeordnet ist. Daher folgt in einem zweiten Schritt der Vergleich des internen mit dem externen Rating. Sofern diese nicht übereinstimmen, wird für die weitere Beurteilung das interne Rating herangezogen und ein Bond auf Basis der dann relevanten Zinsstrukturkurve beurteilt. Nur wenn der Spread unter Zugrundelegung des internen Ratings attraktiv erscheint, kommt eine Anleihe für ein Portfolio in Frage. Ansonsten gelangt der Entscheider auf Basis des Entscheidungsdiagramms in das Feld „Nicht attraktiv".

Damit ist die Bewertung eines Bonds im Vergleich zu anderen Bonds mit gleicher Bonitätseinstufung vollzogen. Zusätzlich sind weitere Ausstattungsmerkmale wie das Emissionsvolumen, die Besicherung und sonstige Klauseln sowie der Bekanntheitsgrad des Emittenten in Form von Auf- oder Abschlägen zu berücksichtigen, um eine faire Bewertung einer Anleihe zu bestimmen. Ein geringes Volumen führt in der Regel zu einer geringeren Liquidität im Sekundärhandel und damit zu einem Spreadaufschlag. Dagegen führt ein bekannter Name dazu, dass sich der Emittent im Vergleich zu anderen Unternehmen günstiger refinanzieren kann.

Darüber hinaus wird der Trend der Spreadentwicklung in die Beurteilung einbezogen, denn ein Bond kann zwar im Vergleich zu anderen Bonds attraktiv erscheinen, aber durchaus in den Folgetagen noch attraktiver werden. Daher wird der aktuelle Spread einer Anleihe durch die so genannte Z-Transformation standardisiert. Vom aktuellen Spread wird zunächst der Spreadmittelwert eines gewissen Zeitraums, beispielsweise der letzten 180 Tage, subtrahiert. Damit zeigt sich, ob ein Spread ober- oder unterhalb des eigenen historischen Wertes liegt. Zur Standardisierung wird dieser Wert noch durch die Standardabweichung dieser Spreadzeitreihe dividiert. Auf diese Weise wird ein so genannter Z-Wert ermittelt, der die relative Attraktivität eines Bonds gemessen an seiner eigenen historischen Entwicklung bemisst. Ein positiver Z-Wert bedeutet, dass der Spread über dem historischen Mittelwert liegt und vice versa. Durch Division durch die Standardabweichung wird dieser Wert normiert und ermöglicht damit, die relative Attraktivität eines Bonds im Vergleich zu anderen Papieren herzustellen.

Eine Anleihe, deren Spread oberhalb der Zinsstrukturkurve des vergleichbaren Ratingsegmentes sowie oberhalb des historischen Mittelwertes liegt, kommt für die Portfoliokonstruktion in Frage.

3.6 Zusammenfassung

Mit dem Markt für Corporate Bonds etabliert sich ein neues Marktsegment in Europa, das im Vergleich zu den klassischen Märkten einige Besonderheiten aufweist. Der hier dargestellte Investmentprozess wurde entwickelt, um dieser Herausforderung gerecht zu werden. Wesentliche Merkmale sind das auf Basis statistischer Untersuchungen entstandene HI-SCORE-Modell, der Transfer des Know-Hows von Analysten und Fondsmanagern aus dem amerikanischen Markt, die Präsenz der Analysten in den wichtigsten Märkten sowie die klare und deutliche Struktur des Gesamtprozesses.

Literatur

Altman, E./Saunders, A.: Credit risk measurement, Developments over the last 20 years, in: Journal of Banking & Finance, 1997, S. 1721–1742.

Backhaus, K. et al.: Multivariate Analysemethoden, Berlin 1990.

Baetge, J./Sieringhaus, I.: Bilanzbonitäts-Rating von Unternehmen, in: Büschgen, H. E./Everling, O. (Hrsg.): Handbuch Rating, Wiesbaden 1996, S. 221–248.

Bank für Internationalen Zahlungsausgleich: Erläuternde Angaben zur Neuen Basler Eigenkapitalvereinbarung 2001.

Ben-Zion, U./Shalit, S. S.: Size, Leverage, and Dividend Record ass Determinants of Systematic Risk, in: The Journal of Finance, 1975, S. 1015–1026.

Betsch, O./Groh, A./Lohmann, L.: Corporate Finance, München 2000.

Bühner, W.: Rendite-Risiko-Effekte der Trennung von Eigentum und Leitung im diversifizierten Großunternehmen, in: Zeitschrift für betriebswirtschaftliche Forschung, 1984, S. 812–824.

Dhingra, H. L.: Market Structure and Risk-Return Relationships: The Canadian Evidence, in: Akron Business and Economic Review, 1981, S. 25–30.

Duffee, G.: Treasury yields and corporate bond yield spreads, An empirical analysis, in: Finance and economics discussion series, 1996, 20.

European Central Bank: Recent developments in corporate bond spreads, Monthly Bulletin, August 2001, S. 15–17.

Everling, O.: Credit Rating durch internationale Agenturen, Eine Untersuchung zu den Komponenten und instrumentalen Funktionen des Rating, Wiesbaden 1991.

Hauschildt, J./Leker, J.: Krisendiagnose durch Bilanzanalyse, Köln 2000.

Heinke, V.: Bonitätsrisiko und Credit Rating festverzinslicher Wertpapiere, 1998.

Jahn, E.: Ratings als Bonitätsindikator – eine Analyse, in: Kreditwesen, 1995, S. 510–513.

Kniese, W.: Die Bedeutung der Rating-Analyse für deutsche Unternehmen, Wiesbaden 1996.

Krag, J./Schmelz, M./Seekamp, V.: Bonitätsanalyse mit Hilfe von Rating-Agenturen, Marburg 1998.

Monson, R. J./Downs, A.: A Theory of Large Managerial Firms, in: The Journal of Political Economy, 1965, S. 221–236.

Moody's Investor Service: Historical Default Rates of Corporate Bonds Issuers, 1920–1999.

Salomo, S./Kögel: Krisendiagnose mit wissensbasierten Systemen, in: Krisendiagnose durch Bilanzanalyse, 2000, S. 221–239.

Schmidt, R.: Alternative Ansätze zur Erteilung von Ratings, in: Vorzeitige Beendigung von Finanzierungen, Rating von Unternehmen. Bankrechtstag 1996, Schriftenreihe der Bankrechtlichen Vereinigung, Berlin und New York 1997, S. 137–161.

Standard & Poor's: CreditWeek, January 2000.

Steiner, M./Heinke, V.: Der Informationswert von Ratings – Eine empirische Analyse am Markt für internationale DM-Anleihen, in: Zeitschrift für Betriebswirtschaft, 2000, S. 541–565.

Templin, H.-U.: Unternehmensrisiko und Bilanzkennzahlen, Wiesbaden, 1998.

Wagner, W. C.: Rating mittelständischer Unternehmen, Frankfurt am Main, 1991.

Weber, M./Krahnen, J. P./Vossmann, F.: Risikomessung im Kreditgeschäft. Eine empirische Analyse bankinterner Ratingverfahren, 1998.

4 Management von Dachfondsprodukten

von Thomas Karl Romig

4.1 Einleitung

Investmentfonds als Bestandteil der privaten Vermögensbildung erfreuen sich seit Jahren zunehmender Beliebtheit. Allein im Jahre 2001 kamen 450 neue Fondskonzepte auf den Markt. Mittlerweile sind ca. 5.000 Fondsprodukte in Deutschland zum Vertrieb zugelassen. Damit sind mehr Fondsprodukte auf dem deutschen Markt vorhanden, als Aktien an den deutschen Börsen gehandelt werden. Ein Grund für diese hohe Zahl von in Deutschland zugelassenen Fonds ist die auch im Finanzbereich angestrebte EU-Harmonisierung in den Mitgliedstaaten. Daher haben sich die in Deutschland zwischen 1985 und 1999 zugelassenen Auslandsfonds mehr als verhundertfacht.

Die Auswahl der geeigneten Fondsprodukte wird auf Grund der großen Anzahl für private als auch institutionelle Anleger immer schwieriger. Allein die Differenzierung der Fondsprodukte in die unterschiedlichsten Anlagerichtungen (z.B. asiatische value orientierte Aktienfonds mit spezieller Ländergewichtung oder europäische Rentenfonds mit spezieller Laufzeiten- und Währungsgewichtung) macht den Überblick auch für fachkundige Investoren nicht leicht.

Für die professionelle Umsetzung einer Investmentidee, über die adäquate Fondsselektion, bis zur kostenoptimalen Implementierung gibt es im Wesentlichen drei Möglichkeiten:

▶ Klassische Fondsvermögensverwaltungen der Kreditinstitute,

▶ Fondsvermögensverwaltungen von unabhängigen Fondsvermögensverwaltern,

▶ Dachfondskonzepte verschiedener Anbieter.

Sowohl die Dachfondskonzepte, als auch die Fondsvermögensverwaltungen unterscheidet man generell hinsichtlich der Breite des Zielfondsuniversums. Viele Fondsvermögensverwaltungen der großen Kreditinstitutsgruppen und einige Dachfonds beschränken sich auf die eigene Produktpalette oder einen Kreis ausgewählter Partner. Hier gibt es Unterschiede in der Breite des Kapitalanlagegesellschaft (KAG)-Universums. Das KAG-Universum kann durch folgende Kriterien eingeschränkt sein:

▶ vorherige (qualitative) Auswahl der „guten" Kapitalanlagegesellschaften,

▶ fehlende Vertriebsvereinbarungen mit einigen Kapitalanlagegesellschaften,

▶ „politische" Ausgrenzung einiger Kapitalanlagegesellschaften die als unangenehme Wettbewerber gesehen werden,

▶ einige Kapitalanlagegesellschaften öffnen aus internen Gründen Ihre Investmentfonds nicht für Dachfondsprodukte.

Dagegen steht bei den meisten Dachfondskonzepten das „Best advice"-Prinzip im Vordergrund. Dieses „Best advice"-Prinzip basiert auf der unabhängigen Auswahl der Zielfonds anhand festgelegter Kriterien sowie der Erkenntnis, dass nicht jede Kapitalanlagegesellschaft (Assetmanager) in jedem Fondssegment überdurchschnittliche Ergebnisse erzielen kann.

Dass für Dachfonds ein Markt besteht belegen die Zahlen seit der Wiederzulassung in Deutschland im Jahre 1998. Der Markt umfasst aktuell ca. 350 Dachfondsprodukte mit einem Volumen von ca. 30 Mrd. Euro, wobei allein in den Jahren 2000 und 2001 ca. 230 neue Dachfondsprodukte aufgelegt wurden.

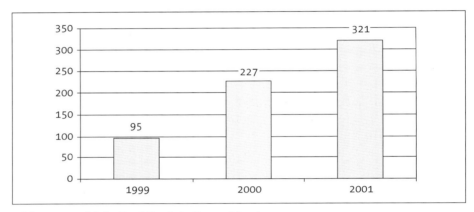

Abb. 1: Anzahl der Dachfonds in Deutschland
Quelle: Feri Trust Investbase

Gründe für den Erfolg der Dachfondsprodukte in den letzten Jahren sind erstens die Tendenz zu breit diversifizierenden Investmentprodukten und zweitens die teilweise Öffnung des größten Vertriebskanals für Investmentprodukte, nämlich den der Banken, für Produkte die nicht vollständig im eigenen Haus produziert werden.

Ziel dieses Kapitels ist die Darstellung des Investmentprozesses im Dachfondsmanagement mit einem uneingeschränkten Zielfondsuniversum. Als Praxisbeispiel dienen die Produkte aus der ADIG Best-in-One Serie, für die der Autor Management- und Performanceverantwortung trägt.

Abschnitt 2 stellt die grundsätzlich möglichen Produktvarianten von Dachfonds mit einer sinnvollen Benchmark (Vergleichsindex) dar. Im Abschnitt 3 geht dieses Kapitel auf die speziellen Aspekte der Asset Allocation von Dachfondsprodukten ein. Hier wird in der ersten Stufe des permanent ablaufenden Investmentprozesses, die Frage nach den aktuell attraktivsten Assetklassen (z.B. Renten- oder Aktien) und innerhalb der Assetklassen nach den aussichtsreichsten Anlagesegmenten (z.B. nordamerikanische oder europäische Aktien) beantwortet. Der Prozess zur Kategorisierung der

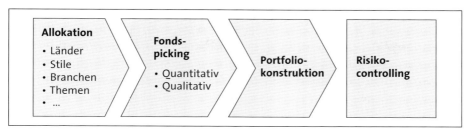

Abb. 2: Investmentprozess Dachfonds

ca. 5.000 Fondsprodukte und die Suche bzw. Auswahl von passenden Zielfonds, ist Gegenstand des Abschnitts 4. Hier wird dargestellt, auf welche quantitativen und qualitativen Merkmale (z.B. Benchmark des Fonds, Qualifizierung des Fondsmanagementteams, Risiko-Controlling) bei der Zielfondsauswahl Wert gelegt werden muss, um die wichtige Frage beantworten zu können: Kann der Zielfonds bzw. der Fondsmanager auch in Zukunft die gezeigte außergewöhnliche Leistung wieder erbringen? Die Portfoliokonstruktion eines Dachfonds wird im Abschnitt 5 dargelegt. Hier wird die letztendliche Zusammenstellung der Zielfonds unter Berücksichtigung der Fondsstrategie sowie der gesetzlichen Einschränkungen erarbeitet und dargestellt. Gegenstand des Abschnitts 6 ist das Risiko-Controlling von Dachfondsprodukten. Behandelt wird sowohl das Controlling der Zielfonds als auch das des Dachfonds. Denn bei einem Dachfonds, wie bei allen anderen Investmentfondsprodukten, kann nur das absolute und relative Risiko kontrolliert und gesteuert werden, nicht aber die Performance.

4.2 Grundsätzliche Varianten von Dachfondsprodukten

Die Rahmenbedingungen des Investmentprozesses eines Dachfonds werden stark von der strategischen, d.h. langfristigen Produktdefinition beeinflusst. Bei der Produktdefinition müssen im Wesentlichen vier Elemente aufeinander abgestimmt werden:

▶ Die Bedürfnisse der jeweiligen Anleger und der Vertriebseinheit (z.B. breiter Bankenfilialvertrieb/Private Banking/Strukturvertrieb/reiner Internetvertrieb), wie z.B.:

- Risiko-/Renditeerwartungen der Anleger,
- (Mindest-)Anlagedauer,
- Anlageziel und Anlagestrategie des Produktes,
- Grad der Erklärungsbedürftigkeit des Dachfondsproduktes,
- spezielle steuerliche und rechtliche Aspekte des Dachfondsproduktes,
- max. Verlust, d.h. welchen temporären absoluten/relativen Verlust kann der Anleger kompensieren,

- geschätztes Absatzvolumen in der Anlegergruppe,
- Kostenüberlegungen,
- ...

▶ Die Benchmark/der Vergleichsindex, an dem sich der Dachfondsmanager orientieren soll, wie z.B.

- weltweit streuender Aktienindex (100 % MSCI World),
- weltweit streuende Kombination aus Renten- und Aktienindex (50 % MSCI World und 50 % JP Morgan Global Bond Index),
- regional streuender Aktienindex (100 % DJ STOXX Europe),
- ...

▶ Das Investitionsuniversum, welches bestimmt, in welche Segmente/Produkte investiert werden darf, z.B.

- weltweit anlegende Aktienfonds,
- spezielle Branchen- und Themenfonds,
- regional anlegende Renten- und Aktienfonds,
- ...

▶ Die Diskretion/Abweichungsmöglichkeit des Fondsmanagers von der ausgewählten Benchmark

Für die Auflage eines erfolgreichen Dachfonds müssen diese vier Komponenten bei der Produktdefinition sorgfältig aufeinander abgestimmt werden. Hier sei bereits angemerkt, dass ein erfolgreiches Produkt nicht unbedingt allein an der Performance gemessen werden kann. Erfolgreich ist ein Dachfondsprodukt, wenn die Produktwahrheit und die Produktklarheit gewährleistet sind und die mittel- bis langfristige risikoadjustierte Performance den gesetzten Rahmenbedingungen entspricht, bzw. diese übertrifft. Die grundsätzlichen Ausgestaltungsmerkmale von Dachfondsprodukten und deren Ausprägungen können gemäß der Abbildung 3 charakterisiert werden.

Im weiteren Verlauf dieses Beitrages wird ein Beispiel aus der Praxis zur besseren Darstellung herangezogen. Hierfür wird das ADIG Produkt „ADIG Best-in-One Europe Balanced" verwendet, dessen Benchmark sich je zu 50 % aus dem MSCI Europe Index und dem JP Morgan Europe Bond Index zusammensetzt. Der Fonds kann anhand der Abbildung 3 folgendermaßen charakterisiert werden. In diesem Fonds kann die Gewichtung der Aktien- bzw. Rentenfonds in der Bandbreite 70 %–30 % schwanken. Dabei wird der Aktienfondsanteil überwiegend durch Investition in Aktienfonds mit europäischem Anlageschwerpunkt dargestellt. Das Rentenfondsportfolio wird mehrheitlich mit europäisch ausgerichteten Rentenfonds bestückt. Der Investmentprozess dieses Produktes kann als Top-Down-/Bottom-Up-Ansatz charakterisiert werden. Im ersten Schritt (siehe im nächsten Abschnitt 3, Asset Allocation) wird die Struktur des

Währungs-risiko	Investitions-universum	Art der selektierten Zielfonds	Aktien-anteil	Renten-anteil	Abweichung von der Benchmark	Anteil Fremd-fonds
Hoch	Weltweit inkl. Nischenmärkte (z.B. Emerging Markets)	Überwiegend aktive Zielfonds	ca. 100 %	ca. 100 %	Hoch	Hoch – völlig unabhängige Fonds-auswahl
Mittel	Weltweit in entwickelte Länder/Regionen	Aktive und passive Zielfonds	70–100%	70–100%	Mittel	Mittel – Nur als Beimischung
Gering	Regional begrenzt, z.B. auf Europa oder Asien	Überwiegend passive Zielfonds	30–70 %	30–70 %	Niedrig	Niedirg – Keine Fremdfonds
	Auf bestimmte Branchen/Themen/Stile beschränkt		10–30 %	10–30 %		
			0–10 %	0–10 %		

Abb. 3: *Grundsätzliche Charakteristika von Dachfondsprodukten*

Dachfondsportfolios Top-Down festgelegt (Aktienfonds-/Rentenfondsquote, Über-/Untergewichte auf den regionalen Aktienmärkten, Unter-/Übergewichte auf den Rentenmärkten, Gewichtung von bestimmten Themen). Im zweiten Prozessteil wird Bottom-Up die Auswahl der passenden Zielfondsprodukte (siehe im Abschnitt 4, Fondsselektion) bestimmt. Ziel ist es, durch die erfolgreiche Auswahl von quantitativ und qualitativ überlegenen Zielfonds, sowie die strukturiert umgesetzte Asset Allocation eine risikoadjustierte Rendite zu erwirtschaften, die es langfristig ermöglicht, im 1. Quartil (Top 25 %) der Vergleichsprodukte platziert zu sein und die Benchmark zu übertreffen.

4.3 Asset Allocation

In diesem Abschnitt wird auf die Aspekte bei der Asset Allocation von Dachfonds eingegangen. Hier werden die taktischen, d.h. die eher kurz- bis mittelfristigen Abweichungen des Dachfondsproduktes von seiner Benchmark, welche die längerfristige strategische Ausrichtung definiert, festgelegt. Dieser Teil des Investmentprozesses wird in der Regel monatlich und bei aktuell notwendigen Änderungen durchgeführt, um flexibel auf Veränderungen an den Kapitalmärkten reagieren zu können. Dabei sind Dachfonds ein optimales Anlagekonzept, um eine Veränderung der Asset Allocation strukturiert umsetzen zu können. Denn bereits mit wenigen Transaktionen lässt sich z.B. ein weltweit investierendes Dachfondsprodukt mit einem Übergewicht im Aktienmarkt Deutschland, in ein Übergewicht im Aktienmarkt Frankreich verändern. Dies kann im Idealfall mit dem Kauf und gleichzeitigen Verkauf von zwei Zielfonds umgesetzt werden. In einem weltweit anlegenden Aktienfonds wären dagegen viele Transaktionen nötig, um die Struktur entsprechend zu ändern. Folgende Entscheidungen sind in dieser Phase des Investmentprozesses zu treffen:

4.3.1 Bestimmung der Aktien- und Rentenfondsquote

Die Bestimmung der Aktien- bzw. Rentenquote ist für gemischte Produkte eminent wichtig. Empirische Untersuchungen zeigen, dass diese Entscheidung etwa 70 % des Erfolges eines Produktes bestimmt. Hervorzuheben ist auch die Bandbreite, die den Entscheidern bei der Aktien- und Rentenallokation zur Verfügung steht. Kann die Aktienquote beispielsweise zwischen 0 % und 100 % schwanken, bestehen erhebliche Chancen (bei richtiger Entscheidung) bzw. Risiken (bei falscher Entscheidung). Hier ist zu bedenken, dass die Aspekte Produktwahrheit und -klarheit beachtet werden müssen. Deshalb wird der Freiheitsgrad (max. Aktienfonds- und Rentenfondsgewichte) normalerweise bereits bei der Produktdefinition eingeschränkt und somit das Produktrisiko begrenzt. Als Beispiel zeigt Abbildung 4 die Aktien- und Rentenallokation für den ADIG Best-in-One Europe Balanced.

Fondsart	Gewicht der Benchmark	Gewicht der Allokation	Aktives Gewicht
Aktienfonds	50 %	60 %	+10 %
Rentenfonds	50 %	40 %	−10 %

Abb. 4: Aktien- und Rentengewichtung des ADIG Best-in-One Europe Balanced

4.3.2 Allokation innerhalb des Aktienfondsportfolios

Es wird jetzt festgelegt, wie der Anteil von hier 60 % des Dachfondsportfolios im Aktienfondsbereich investiert werden soll.

Die erste Fragestellung ist, welche speziellen Themen als Beimischung im Dachfondsportfolio umgesetzt werden sollen. So könnte es beispielsweise sein, dass die osteuropäischen Aktienmärkte aktuell besonders attraktiv sind und deshalb ein Übergewicht aufgebaut werden soll. Die Gewichtung der jeweiligen Investmentidee hängt von der Überzeugung (Konfidenz) des Fondsmanagement-Teams ab, so wie von der Verfügbarkeit passender Zielfondsprodukte. Dabei gibt es eine Interdependenz zum Bereich der Fondsselektion. Stehen keine quantitativ und qualitativ passenden Zielfonds zur Verfügung, kann die Umsetzung im Portfolio nicht vollzogen werden. Im Beispiel wird ein Investment in Osteuropaaktienfonds mit einer Gewichtung von 6 % im Aktienfondsportfolio durchgeführt.

Als zweites wird entschieden, wie die verbleibende Gewichtung (54 %) des Aktienfondsportfolios auf die entsprechenden Regionen/Länder verteilt wird. Zwar ist eine

Verteilung der Gelder nach Branchen möglich und bei den meisten europäisch ausgerichteten Assetmanagern auch üblich. Im Dachfondsbereich ist jedoch eine Umsetzung rein nach dem Branchenansatz faktisch nicht möglich, da aktuell nicht genügend Zielfonds den gesamten europäischen Branchenkanon abdecken. Zu erwähnen sind hier insbesondere die Branchen Energie, Rohstoffe und Bau, von denen es aktuell keine gut abgegrenzten Europaprodukte gibt.

Eine weitere wichtige Entscheidung innerhalb der Asset Allocation eines Dachfonds ist die Verteilung der Gelder nach Investmentstilen. Abbildung 6 zeigt am Beispiel der

Fondsart	Gewicht der Benchmark	Gewicht der Allokation	Aktives Gewicht
Aktien Euroland	24 %	30 %	+ 6 %
Aktien Großbritannien	18 %	17 %	−1 %
Aktien Schweiz	5 %	5 %	
Aktien Schweden	2 %	1 %	−1 %
Aktien sonst. europ. Länder	1 %	1 %	
Aktien Osteuropa	0 %	6 %	+ 6 %
Summe	50 %	60 %	+ 10 %

Abb. 5: Aktienfondsportfolio im ADIG Best-in-One Europe Balanced

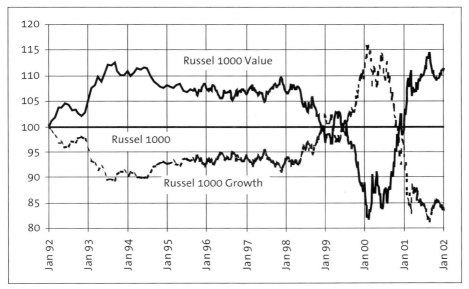

Abb. 6: Vergleich Value und Growth

Russel 1000 Value und Growth Indizes die Bedeutung dieser Entscheidung auf. In der Literatur ist wenig umstritten, dass mit einer Allokation nach den Stilen Large Cap/Small Cap und Growth/Value zumindest temporär beachtliche Outperformance erzielt werden kann. Hervorgehoben werden muss, dass natürlich die Large Cap-Unternehmen in den breit angelegten Indizes (z.B. MSCI Europe, DJ Stoxx Europe, S&P 500) dominieren und bereits eine relativ moderate Gewichtung (z.B. 10 %) von speziellen Small Cap- Aktienfonds eine bedeutende Abweichung von der Benchmark bedeuten kann. Die Eingruppierung eines Unternehmens in Growth- bzw. Value-Unternehmen wird vom jeweiligen Indexanbieter definiert. Diese kann somit stark unterschiedlich sein. Normalerweise kann man bei den breiten Indizes davon ausgehen, dass sich Growth- und Value-Aktien in etwa im gleichen Verhältnis gegenüberstehen.

4.3.3 Allokation innerhalb des Rentenfondsportfolios

In diesem Abschnitt wird festgelegt, wie das Budget von hier 40 % des Dachfondsportfolios im Rentenbereich investiert werden soll. Die Vorgehensweise ist von der Struktur ähnlich wie im Aktienfondsportfolio.

Zuerst wird entschieden, welche speziellen Rententhemen als Beimischung im Dachfondsportfolio umgesetzt werden sollen. So könnten beispielsweise europäische Corporate Bond Fonds auf Grund der aktuell sehr weiten Spreads gegenüber den Regierungsanleihen eine attraktive Überrendite erwarten lassen. Als Beispiel wird eine Allokation von 4 % des Rentenfondsportfolios in einem europäischen Corporate Bond Fond vorgeschlagen.

Die zweite Entscheidung ist die Aufteilung der verbleibenden 36 % des Rentenportfolios beispielsweise auf die verschiedenen Währungsregionen in Europa. Diese Aufteilung zeigt beispielhaft Abbildung 7. Weitere Allokationsvorgaben bezüglich des Rentenfondsportfolios können durch die Durationsausrichtung des Rentenfondsportfolios und der Positionierung auf der Renditestrukturkurve gegeben sein.

Fondsart	Gewicht der Benchmark	Gewicht der Allokation	Aktives Gewicht
Renten Euroland	41 %	31 %	−10 %
Renten Großbritannien	6 %	5 %	−1 %
Renten Schweden	1 %	0 %	−1 %
Renten sonst. Länder	2 %	0 %	−2 %
Renten Corporates Europa	0 %	4 %	+4 %
Summe	50 %	40 %	−10 %

Abb. 7: Rentenfondsportfolio im ADIG Best-in-One Europe Balanced

4.4 Fondsselektion

Die Fondsselektion als Teil des Investmentprozesses hat das Ziel, passende, d.h. qualitativ und quantitativ gute Zielfonds, auszuwählen, um die Vorgaben der Asset Allocation möglichst optimal im Dachfondsprodukt umzusetzen sowie bei aktiven Zielfonds einen Zusatzertrag zu generieren.

Im ersten Schritt wird definiert, welche Charakteristika die Zielfonds erfüllen sollen. Hier müssen die Aspekte Performance und Risiko in einem angemessenen Verhältnis zueinander stehen. Um das zu erreichen, ist die Suche nach einem möglichst stetig outperformenden Zielfonds die adäquate Zielvorgabe. Dabei ist zu berücksichtigen, dass der Idealverlauf bei aktiv verwalteten Fonds nur mit Abstrichen zu finden ist. Der Grund dafür sind die Schwankungen der Fondskonzepte relativ zu ihrer Benchmark, die durch die aktiven Positionierungen der Fondsmanager begründet sind. Diese Zielvorgabe kann nur für aktive Fondskonzepte gelten. Passiv verwaltete Fonds verfolgen das Ziel, die Benchmark abzubilden bzw. zu replizieren. Deshalb ist die im Folgenden vorgestellte Fondsselektion für passive Fonds zu modifizieren.

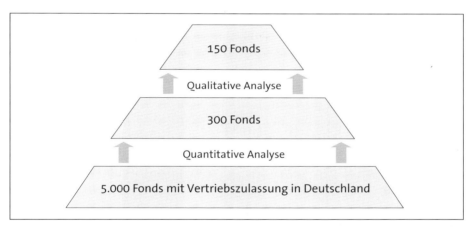

Abb. 8: Quantitative und Qualitative Analyse

Die Umsetzung der Fondsselektion kann entsprechend Abbildung 8 in zwei Teile zerlegt werden. Der erste Teil ist die quantitative Fondsselektion. In diesem geht es um die Identifizierung von Zielfonds, die in der Vergangenheit eine möglichst stetige Outperformance gegenüber ihrer Benchmark bewiesen haben. Im zweiten Teil beschäftigt sich die qualitative Fondsselektion im Wesentlichen mit den Fragestellungen:

- ▶ Ist die historische Leistung durch Glück bzw. Zufall erreicht worden oder war der Investmentprozess des Fonds der ausschlaggebende Grund?
- ▶ Ist eine hohe Wahrscheinlichkeit gegeben, dass die gute historische Leistung auch in Zukunft erreicht werden kann?

Die einzelnen Prozessschritte der quantitativen und qualitativen Fondsselektion werden in Abbildung 9 aufgezeigt.

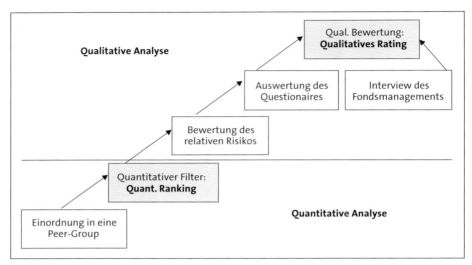

Abb. 9: Prozessschritte der Fondsselektion

4.4.1 Quantitative Fondsselektion

Die quantitative Fondsselektion ist ein kritischer Prozessschritt im Dachfondsmanagement. Hier wird das Universum von ca. 5.000 Fonds auf eine übersichtliche Anzahl reduziert, um die begrenzten Ressourcen der qualitativen Fondsselektion zielgerichteter einsetzen zu können. Wichtig ist hierbei, dass ein Prozedere implementiert wird, das möglichst alle interessanten Fonds identifiziert.

Bildung von Vergleichsgruppen

Der erste Schritt bei der Fondsselektion ist die Aufteilung des Universums in abgrenzbare Vergleichsgruppen (Peer-Groups). Ziel dieses ersten Schrittes ist es die Vergleichbarkeit von verschiedenen Fondsprodukten herzustellen und die Transparenz über das gesamte Fondsuniversum zu verbessern.

Ein praktisches Beispiel für die möglicherweise unsaubere Aufteilung in Vergleichsgruppen sind europäische Aktienfonds. Hier werden oftmals Fonds miteinander verglichen, die bereits in der Benchmarkdefinition erhebliche Unterschiede aufweisen. Ein Fehler der beobachtet werden kann ist, dass europäische Aktienfonds, die Großbritannien explizit nicht in Ihrer Benchmark haben, mit europäischen Aktienfonds verglichen werden, die Großbritannien mit in ihre Benchmark einbeziehen. Bei diesem Vergleich wird nicht beachtet, dass der britische Aktienmarkt der drittgrößte weltweit und der größte innerhalb Europas ist. Daran kann man leicht erkennen, dass es außerordentlich wichtig ist, Vergleichsgruppen möglichst „sauber" zu definieren und abzugrenzen. Welche praktischen Auswirkungen eine falsche Eingruppierung haben kann, ist in Abbildung 10 anhand der Aktienmarktentwicklungen Europas, inklusive und exklusive Großbritannien, dargestellt.

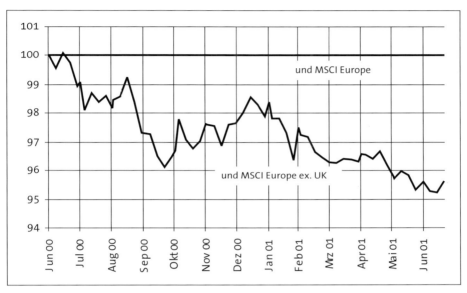

Abb. 10: MSCI Europe und MSCI Europe ex. UK

Die „falsche" oder „richtige" Benchmark kann in einer unsauber konstruierten Vergleichsgruppe Fonds nach unten bzw. nach oben katapultieren, da meist nur wenige Prozentpunkte an Performance ausreichen, um Fehleinschätzungen zu verursachen. In Abbildung 11 sind Faktoren dargestellt die bei einer Vergleichsgruppendefinition herangezogen werden können.

Faktor	Mögliche Ausprägungen
Art des Fonds	Aktienfonds, Rentenfonds, Immobilienfonds
Regionale Abgrenzung	Europa, Europa ex. UK, Euroland, Nordeuropa, Osteuropa
Stilausrichtung (Aktienfonds)	Growth/Value/Blend Large Cap/Small Cap/All Cap
Kreditrisiko (Rentenfonds)	Bonität von Regierungsanleihen (Government Bonds) Bonität von Unternehmensanleihen (Corporate Bonds) Mischstil aus Government und Corporate Bonds Bonität von Junk-Bond Anleihen (High Yield)
Managementstil	Aktiv/Passiv

Abb. 11: Mögliche Kriterien für die Vergleichsgruppendefinition

Mögliche an der Praxis, beispielsweise ADIG Best-in-One Europe Balanced, orientierte Vergleichgruppendefinitionen mit entsprechenden Vergleichsindizes können für Aktien- und Rentenfonds wie in den Abbildungen 12 und 13 dargestellt aussehen.

Vergleichsgruppe	Faktoren	Vergleichsindizes
Europa Blend Aktiv	Regionale Abgrenzung: Europa Stilausrichtung: Blend und Large Cap Managementstil: Aktiv	MSCI Europe FTSE Europe
Europa ex. UK Value Aktiv	Regionale Abgrenzung: Europa ohne Grossbritannien Stilausrichtung: Value und All Cap Managementstil: Aktiv	MSCI Europe ex. UK Value

Abb. 12: Vergleichsgruppendefinition für Aktienfonds

Vergleichsgruppe	Faktoren	Vergleichsindizes
Euroland Governments Aktiv	Regionale Abgrenzung: Euroland Kreditrisiko: Bonität Regierungsanaleihen Managementstil: Aktiv	JP Morgan Europe Traded
Europa Corporates Aktiv	Regionale Abgrenzung: Europa Kreditrisiko: Corporates Managementstil: Aktiv	Corptop

Abb. 13: Vergleichsgruppendefinition für Rentenfonds

Quantitative Filterung des Fondsuniversums

Der zweite Schritt innerhalb der quantitativen Fondsselektion hat das Ziel, historisch betrachtet, möglichst stetig outperformenden Fonds aus dem Fondsuniversum herauszufiltern bzw. zu identifizieren. Hierzu verwendet man in der Praxis oftmals ein System aus unterschiedlichen Kennzahlen. Ein solches Kennzahlensystem kann man in drei Hauptgruppen einteilen: Performanceorientierte Kennzahlen, Risikokennzahlen, Risikoadjustierte Performance-Kennzahlen. Um die verschiedenen Kennzahlausprägungen der Zielfonds bewerten zu können, werden diese innerhalb der Vergleichsgruppe gerankt und in Dezilen zusammengefasst. Die Bedeutung der einzelnen Kennzahlen muss durch eine entsprechende Gewichtung im Kennzahlensystem dokumentiert werden.

Als Grundlage für die quantitativen Analysen bezüglich der Fonds und Vergleichsindizes werden normalerweise Fondsdatenbanken herangezogen. Für den deutschen Fondsmarkt sind zurzeit die Anbieter S&P Micropal und Feri Trust die führenden Anbieter. Die Daten dieser Anbieter wurden auch bei den Untersuchungen für diesen Artikel herangezogen.

Ein Problem in der Praxis bei der Anwendung eines Kennzahlensystems ist, dass eine gewisse Performancehistorie für die zu untersuchenden Fonds benötigt wird. In der Regel greifen solche Kennzahlensysteme auf einen Zeitraum von mindestens zwei bis drei Jahren zurück. Bei der Anwendung solcher Kennzahlensysteme muss berücksichtigt werden, dass möglicherweise gute Fondskonzepte auf Grund der zeitlichen Einschränkung nicht beachtet werden.

Performanceorientierte Kennzahlen

Die verwendeten performanceorientierten Kennzahlen sollen die möglichst stetige Outperformance eines Fonds gegenüber einem Vergleichsindex sicherstellen. Dabei werden relative Performancekennzahlen (Fondsperformance, Performance des Vergleichsindexes) über verschiedene abgeschlossene, eher kurzfristige Zeiträume (drei bis sechs Monate) analysiert. Dadurch soll vermieden werden, dass Fondskonzepte, die beispielsweise in einer Sechsmonatsperiode sehr gute Leistungen gezeigt haben und im restlichen Betrachtungszeitraum eher leicht unterdurchschnittliche Leistungen, eine gute Bewertung erhalten.

Risikokennzahlen

Diese Kennzahlen sollen das eingegangene Risiko des Fonds, relativ zu dem passenden Vergleichsindex messen. Mögliche Kennzahlen könnten beispielsweise sein:

- Volatilität,
- Max. relativer Verlust innerhalb eines bestimmten Zeitraums,
- Tracking Error,
- ...

Risikoadjustierte Kennzahlen

Die risikoadjustierten Kennzahlen setzen die Performance eines Fonds in das Verhältnis zum dafür eingegangenen Risiko. Diese Kennzahlen versuchen einen Trade-off zwischen einer rein performancegetriebenen und einer rein risikogetriebenen Betrachtung herzustellen.

- Sharpe Ratio,
- Jensen's Alpha,
- Information Ratio
- ...

Graphische Überprüfung der Fondsperformance

Da kein Kennzahlensystem fehlerfrei funktioniert, beispielsweise erkennt die Tracking Error-Analyse keinen systematischen Trend, werden die Fonds mit einer guten quantitativen Beurteilung nochmals anhand einer Chartanalyse auf eine möglichst stetige Performance hin untersucht. Hier werden die Fonds über einen mittel- bis langfristigen Betrachtungszeitraum (z.B. zwei bis sieben Jahre) analysiert. Dabei sollten die temporären relativen Verluste gegenüber einem Vergleichsindex möglichst gering sein.

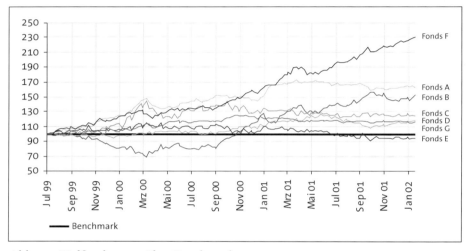

Abb. 14: Zielfonds gegenüber Benchmark

Quelle: S&P Micropal

Abbildung 14 vergleicht die Wertentwicklung von sieben Fonds gegen die Benchmark MSCI Nord Amerika. In diesem Beispiel stellt Fonds F ein Idealbild dar. Die Outperformance war in fast allen kurzen Zeiträumen stetig und die relativen Verluste im März 2000 und April 2001 sind zu vernachlässigen. Bei Fonds C könnte man vermuten, dass es im März 2000 einen Manager- oder Strategiewechsel gab. Dies ist ein wichtiger Anknüpfungspunkt für die weitere qualitative Analyse.

4.4.2 Qualitative Fondsselektion

Wenn ein Fonds aus quantitativer Sicht eine interessante Anlagemöglichkeit darstellt wird er in den verbleibenden drei Prozessschritten durch Fragebogen, Interview und Bewertung, qualitativ untersucht.

Fragebogen

Der vierte Schritt innerhalb der Fondsselektion beinhaltet die Definition und Auswertung des Fragebogens, um detailliertere Kenntnisse über ein spezifisches Fondsprodukt zu erhalten. In der Regel gliedert sich der Fragebogen in zwei Teile. Der erste Teil beschäftigt sich mit den Angaben und Informationen zur Fondsgesellschaft. Der zweite Teil bezieht sich speziell auf das Fondsprodukt. Die Themenbereiche sind wie folgt zusammengefasst:

- Unternehmensebene: Durch das Ermitteln der Eigentümer- und Organisationsstruktur werden die Zuständigkeiten, Interdependenzen und organisatorischen Abhängigkeiten innerhalb der Fondsgesellschaft sowie zu deren Muttergesellschaft geklärt. Diese Informationen sind wichtig, um sowohl die Unabhängigkeit der Zielfondsmanager in ihren Entscheidungen, als auch die Aufgabentrennung und Spezialisierung zwischen Fondsmanagement und Risiko-Controlling, sowie der übrigen Bereiche zu beurteilen. Darüber hinaus geht es um Fragen der Anlageschwerpunkte der Fondsgesellschaft, das Volumen der derzeitigen Assets under Management und die qualitative Beurteilung durch Ratings und Auszeichnungen. Abbildung 15 zeigt einen Fragebogen für die Unternehmensebene.

- Fondsebene: Auf Fondsebene werden Fragen bezüglich des einzelnen Zielfonds geklärt. Dies beginnt mit den allgemeinen Fondsdaten (Anlageziel, Volumen, Fondsdaten). Vor allem geht es um die Struktur des Fondsmanagementteams, den Fondsmanager und seine Vertreter, sowie deren Ausbildung, Berufserfahrung und deren zu betreuendes Fondsvolumen. Dadurch soll die Qualität der mit dem speziellen Zielfondsmanagement betrauten Personen eingeschätzt werden. Ein eigener Fragenbereich beschäftigt sich mit dem Investmentprozess des Zielfonds. Es muss klar dargestellt werden, durch welchen Managementstil (z.B. Value oder Growth), welche Risikotoleranz und die Beachtung verschiedener Anlagefaktoren wie z.B. Country Allocation, Asset Allocation oder Style Rotation eine möglichst stetige Outperformance gegenüber der Benchmark erzielt werden soll.

Datenanforderung für Assetmanager

1. **Inhaberstruktur des Assetmanagers**
   Bitte zeigen Sie die Eigentümer (Name, Sitz, ...) inkl. deren prozentualer Anteile auf.

2. **Wie sieht Ihre Organisationsstruktur aus?**
   Bitte beschreiben Sie am besten anhand eines Organigramms die Organisationsstruktur der Gesellschaft.

3. **Wo sind ihre Schwerpunkte im Assetmanagement?**
   In welchen Bereichen des Assetmanagements haben Sie besondere Expertise (z.B. passives Management/Small und Midcaps/Stil-Ansätze ....)?

4. **Daten zum verwalteten Vermögen**
   Darstellung der Assetklassen mit Volumen in Mrd. Euro und Anzahl der Fonds.

5. **Qualitative Ratings der Gesellschaft**
   Bitte nennen Sie uns Ratings/Auszeichnungen, die Sie als Gesellschaft (nicht für einzelne Fonds) in den letzten zwei Jahren erhalten haben.

6. **Mitarbeiter der Gesellschaft**
   6.1 *Mitarbeiterstrukur*
   Darstellung der Mitarbeiter nach Bereichen und Anzahl.

   6.2 *Fluktuationsrate der letzten fünf Jahre*
   Bitte geben Sie uns die jährliche Fluktuationsrate (Abgänge geteilt durch den ursprünglichen Mitarbeiterbestand zum Jahresanfang) der letzten fünf Jahre an.

   6.3 *Anzahl der Einstellungen der letzten fünf Jahre*
   Bitte geben Sie die Anzahl der neuen Mitarbeiter (aufgeteilt nach den Bereichen) der letzten fünf Jahre an.

   6.4 *Basispräsentation ihrer Gesellschaft*
   Bitte senden Sie uns zusätzlich zu diesem Questionaire die „Basispräsentation" Ihrer Gesellschaft.

7. **Trading-Desk**
   7.1 *Gibt es ein zentralisiertes Trading-Desk?*
   7.2 *Für welche Transaktionen ist es zuständig (z.B Aktien-/Bond-/Derivatehandel ...)?*
   7.3 *Wie wird die Performance des Trading-Desks gemessen?*
   7.4 *Wird die Performance/der Service der Broker gemessen? Wenn ja wie?*

Abb. 15: Fragebogen für die Unternehmensebene

Interview mit dem Zielfondsmanagement

Nachdem detailliertere Kenntnisse über den Zielfonds vorhanden sind und ein Bild über den Investmentprozess des Zielfonds im Dachfondsmanagement besteht, ist in einem persönlichen Gespräch zu überprüfen, ob die im Fragebogen gemachten Angaben der Realität entsprechen. Dies dient als weitere Grundlage für das qualitative Rating. In der Praxis ist es oftmals der Fall, dass die Angaben im Fragebogen nicht unbedingt den tatsächlichen Gegebenheiten entsprechen. Im Normalfall gibt es dafür zwei Gründe:

▶ Der interne Informationsfluss innerhalb der Zielfondsgesellschaft ist nicht optimal, d.h. der Marketingbereich, welcher normalerweise für die Beantwortung der Fragebögen zuständig ist, hat nicht ausreichende Sachkenntnisse bezüglich des Investmentprozesses des speziellen Zielfondsproduktes.

▶ Einzelne Fragen werden vom Beantwortenden anders interpretiert als es vom Dachfondsmanagement beabsichtigt ist.

Qualitative Bewertung des Zielfondsmanagement

Aufbauend auf den Fragebogen und das geführte Interview erfolgt eine qualitative Bewertung des Fondsmanagers bzw. des Fonds. In die Gesamtbewertung gehen die Ergebnisse einer Vielzahl von verschiedenen Kriterien ein. Diese Kriterien können wie in Abbildung 16 dargestellt kategorisiert werden.

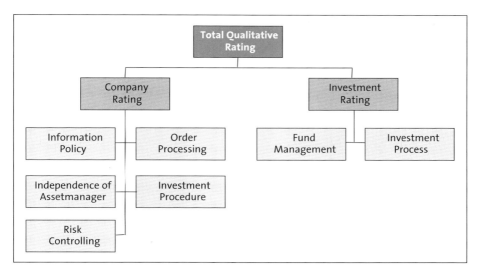

Abb. 16: Komponenten des qualitativen Ratings

▶ **Company Rating**

Das Rating der Investmentgesellschaft soll die Rahmenbedingungen erfassen, die dem Zielfondsmanager zur Verfügung stehen, sowie die Serviceleistungen, die der Dachfondsmanager durch die Zielfondsgesellschaft erhält. Im Einzelnen kann man dieses Company Rating in folgende Bausteine unterteilen:

Information Policy

- Versorgung des Dachfondsmanagements mit den zur Zielfondsanalyse notwendigen Informationen
- Vollständigkeit und Wahrheitsgehalt der zur Verfügung gestellten Informationen

Order Processing

- Qualität und Schnelligkeit der Orderabwicklung von Zielfondsorders

Independence of the Assetmanager

- Unabhängigkeit der Zielfondsgesellschaft hinsichtlich der Eigentümerinteressen in anderen Segmenten der Bankenbranche (z.B. Investment Banking, Private Banking)
- Unabhängigkeit bei der Auswahl der Broker mit dem Ziel, möglichst geringe Transaktionskosten für die Zielfonds zu generieren

Investment Procedure

- Die Möglichkeiten des Zielfondsmanagers sich auf die Haupttätigkeit, d.h. das Management der Fondsmanadate, zu konzentrieren. Unterstützend wirkt dabei beispielsweise ein separates Trading Desk
- Effiziente Performancemessungssysteme, die u.a. dem Zielfondsmanager die Möglichkeit geben, seine Leistung permanent zu überwachen und zu analysieren

Risk-Controlling

- Hier wird der Einsatz von Risiko-Controlling Systemen und die Unabhängigkeit der für das Risiko-Controlling Verantwortlichen eingeschätzt

▶ **Investment Rating**

Der Teil Investment Rating bewertet die speziellen Einflussfaktoren auf das Management des konkreten Zielfonds.

Experience/Stability of the Fund Management Team

- Ausbildung und Erfahrung des Zielfondsmanagements

- Fluktuation bzw. zeitliche Stabilität des Zielfondsmanagementteams
- Ausreichende personelle und technische Ressourcen für das Management aller Mandate für die das Zielfondsmanagement verantwortlich ist

Investment Process

- Logische und nachvollziehbare Umsetzung der Zielfondsstrategie in einem strukturierten und disziplinierten Investmentprozess
- Adäquate Instrumente zur Portfoliokonstruktion und zum Monitoring des Zielfondsportfolios
- Risikovorgaben/Risikolimite für das Zielfondsprodukt (z.B. ex ante Tracking Error, max. Unter- und Übergewichtung von Regionen)

Alle Bausteine des Ratings werden bewertet (Note 1–5), entsprechend ihrer Bedeutung gewichtet und zusammengefasst. Dadurch ist es möglich, Teilratings bzw. ein Gesamtrating für ein Fondsprodukt oder Fondsmanager zu erstellen und anschließend in einer Datenbank nach bestimmten Kriterien auszuwerten.

4.5 Portfoliokonstruktion

Ziel der Portfoliokonstruktion ist die bestmögliche Kombination der selektierten Fondsprodukte oder Fondsmanager zur Abbildung der Allokationsvorgaben unter den produktspezifischen Risiko- und Ertragsgesichtspunkten. In diesem Teil des Investmentprozesses werden insbesondere wesentliche rechtliche und produktspezifische Rahmenbedingungen und Gegebenheiten berücksichtigt und kombiniert.

4.5.1 Wesentliche gesetzliche Vorgaben für deutsche Dachfonds

Wesentliche rechtliche Bestimmungen zur Gewichtung einzelner Zielfonds sind im Gesetz über Kapitalanlagegesellschaften (KAGG) geregelt. So darf ein Dachfonds aus Gründen der Risikodiversifikation nicht mehr als 20 % seines Volumens in einen Zielfonds investieren. Somit hat ein voll investierter Dachfonds in mind. fünf Zielfonds das Geld anzulegen (§ 25i (3) KAGG). Um die Beherrschung eines Zielfonds durch einen Dachfonds zu vermeiden, darf der Anteil eines Dachfonds an einem Zielfonds 10 % der ausstehenden Anteile nicht überschreiten (§ 25i (3) KAGG). Aus diesem Grund werden großvolumige Dachfondskonzepte wie z.B. der ADIG Best-in-One World in mehreren rechtlich eigenständigen Dachfonds aufgelegt. Diese rechtlich unabhängigen Dachfonds werden simultan gemanagt, damit die Performance annähernd die gleiche ist. Hier ist es sinnvoll, dass sich die Kapitalanlagegesellschaft selbst Grenzen setzt, welchen Anteil (z.B. 20 %) sie über alle Dachfonds hinweg an einzelnen Zielfonds besitzen will. Ansonsten kann es bei einem Verkauf der entsprechenden Anteile große Preis- und Liquiditätsverwerfungen bei den Zielfonds geben, wenn die Zielfondsgesellschaft und deren Manager auf solche Umschichtungen nicht vorbereitet sind.

Dieser Aspekt findet bereits Berücksichtigung bei der qualitativen Fondsselektion. Dabei wird ermittelt, welche Volumina beim Zielfonds kurzfristig investiert und desinvestiert werden können.

4.5.2 Risikoausrichtung des Dachfondsportfolios

Die Risikoausrichtung des Dachfonds hat einen wesentlichen Einfluss auf die Portfoliokonstruktion. Die dem Anleger kommunizierte Risikoausrichtung (aggressiv oder defensiv) muss mit dem zusammengestellten Portfolio von Zielfonds übereinstimmen. Dabei beschreibt die jeweilige Ausrichtung die Möglichkeit der Abweichung von der Benchmark bezüglich der Renten- und Aktiengewichte, den Investmentstilen, den relativen Gewichtungen von Regionen sowie den speziellen „Wetten" auf Branchen oder Themen.

4.5.3 Korrelation der Zielfonds untereinander

Für eine gute Risiko- und Ertragskombination innerhalb des Dachfonds ist es sinnvoll, Zielfonds aus den Vergleichsgruppen auszuwählen, die untereinander eine möglichst geringe historische Korrelation aufweisen. Durch diesen Prozessschritt ist es möglich vor allem die Volatilität und im Nachgang die risikoadjustierte Rendite des Dachfonds zu verbessern. Abbildung 17 zeigt die Korrelationsmatrix für eine Auswahl an europaweit investierenden Fonds.

Fonds	DWS Top 50 Europa	Fidelity Fds European Gth	HSBC GIF Pan-Euro Equity A	MFS Funds European Equity	Nordea 1 European Value
DWS Top 50 Europa	1.00	0.85	0.96	0.91	0.85
Fidelity Fds European Gth		1.00	0.83	0.76	0.75
HSBC GIF Pan-Euro Equity A			1.00	0.93	0.86
MFS Funds European Equity				1.00	0.80
Nordea 1 European Value					1.00

Abb. 17: Korrelationsmatrix Europafonds

4.5.4 Kostenstruktur des Dachfonds- bzw. Multimanagementportfolios

Wegen der gesetzlich verbotenen doppelten Kostenbelastung von konzerneigenen Produkten, muss bei der endgültigen Fondsauswahl in Betracht gezogen werden, dass die Verwaltungsvergütungen dem Dachfondsanleger nicht doppelt belastet werden dürfen. Insbesondere bei Rentenprodukten ist dies ein wesentlicher Aspekt bei der Portfoliokonstruktion. Ein Rentenfonds hat in der Regel eine Verwaltungsvergütung von ca. 1 %. Eine Outperformance in gleicher Höhe stellt normalerweise eine sehr gute Leistung des Fondsmanagers dar. Deshalb sind im Sinne des Anlegers bei qualitativer Gleichwertigkeit die konzerneigenen Fonds vorzuziehen, um eine bessere Performance auf Grund der geringeren Kostenbelastung zu erzielen.

4.5.5 Umsetzung der Asset Allocation Vorgaben

Bei der Umsetzung der Asset Allocation Vorgaben (siehe Abschnitt 3) wird folgendermaßen vorgegangen. In einem ersten Schritt werden die Zielfonds nach Assetklasse, Anlageregion, und Stil klassifiziert (siehe Spalte 2–9 in Abbildung 18). Durch diese Einteilung wird das gewählte Portfoliogewicht auf die einzelnen Merkmale verteilt. Dabei ist zu beachten, dass die Regionenaufteilung des Zielfonds derjenigen der Zielfondsbenchmark gleicht. Das in den unten stehenden Abbildungen beispielhaft beschriebene Vorgehen ist auf das Aktienfondsportfolios des Dachfonds ausgerichtet und beachtet noch nicht die gesetzlichen Einschränkungen, die in Abschnitt 4.5.1 beschrieben sind.

Fondsname (1)	Kategorie (2)	Stil (3)	Gewicht (4)	EMU (5)	UK (6)	Schweiz (7)	Europe ex. EMU (8)	Osteuropa (9)
Mercury Euro Markets	EMU	Blend	31,5 %	31,5 %				
Fidelity Europ. Growth	Europe	Value	40,0 %	19,9 %	13,8 %	4,1 %	2,0 %	
HSBC UK Equity	UK	Growth	13,5 %		13,5 %			
Markets Equity	Eastern Eur.	Blend	10,5 %					10,5 %
DVG Fonds Helvetia	Schweiz	Blend	4,5 %			4,5 %		
Summe			100,0 %	51,4 %	27,3 %	8,6 %	2,0 %	10,5 %

Abb. 18: Praxisbeispiel: Portfoliokonstruktion

Die Abbildungen 19 und 20 dienen der Konstruktion des Dachfondsportfolios. Dabei wird ein iterativer Prozess so lange durchgeführt bis die Allokationsvorgaben im Dachfondsportfolio weitgehend umgesetzt sind. Dieses Vorgehen kann nur als Annäherung an die tatsächliche Asset Allocation im Dachfonds genutzt werden, da dem Dachfondsmanager in der Regel keine genauen tagesaktuellen Daten über die Zusammensetzung der Zielfonds vorliegen. Es hat sich aber in der Praxis gezeigt, dass diese Approximation der Realität zumindest sehr nahe kommt.

Anlagekategorie	Benchmark	Allokation	Portfolio	Differenz
Aktien Euroland	24,00 %	30,00 %	30,85 %	0,85 %
Aktien UK	18,00 %	17,00 %	16,42 %	−0,58 %
Aktien Schweiz	5,00 %	5,00 %	5,20 %	0,20 %
sonst. Europa ex. EMU	3,00 %	2,00 %	1,23 %	−0,77 %
Aktien Osteuropa	0,00 %	6,00 %	6,30 %	0,30 %
Anteil am Gesamtdachfonds	50,00 %	60,00 %	60,00 %	

Abb. 19: Umsetzung der Allokationsvorgaben entsprechend der Anlagekategorie

Anlagekategorie	Allokation	Portfolio	Differenz
Value	40,00 %	40,00 %	0,00 %
Growth	14,00 %	13,50 %	−0,50 %
Blend	46,00 %	46,50 %	0,50 %
Summe	100,00 %	100,00 %	

Abb. 20: Umsetzung der Allokationsvorgaben entsprechend dem Anlagestil

4.6 Risiko-Controlling

Ziel des Risiko-Controllings ist das Monitoring des Dachfonds und der jeweiligen Zielfonds. Zu beachten ist, dass die vorgeschriebenen gesetzlichen Kontrollen ausgeklammert werden. Diese Überwachung übernimmt eine spezielle Kontrollstelle, die organisatorisch außerhalb des Fondsmanagements platziert sein muss und auch eine direkte Berichtspflicht an die Geschäftsführung hat. Das Risiko-Controlling kann für Dachfonds in drei Prozessschritte aufgeteilt werden.

4.6.1 Permanente Performancekontrolle der Zielfonds

Die permanente Performancekontrolle hat zum Ziel, die Einhaltung der Fondsstrategie sowie deren erfolgreiche Umsetzung durch das jeweilige Fondsmanagement zeitnah zu überwachen.

Um dieses Ziel zu erleichtern, wird für jeden Fonds bei Aufnahme in das Dachfondsportfolio eine „normale" Schwankungsbreite um die Benchmark definiert, die im Zeitverlauf angepasst werden muss. Sind die Bewegungen des Fonds außerhalb der definierten Schwankungsbreite bzw. ist die Performance oder das getragene Risiko mit der kommunizierten Fondsstrategie nicht vereinbar, erfolgt eine unverzügliche Kontaktaufnahme mit den verantwortlichen Fondsmanagern. Sind die Erklärungen bzw. Darstellungen über das Zustandekommen dieser nicht nachvollziehbar, wird die Position im entsprechenden Produkt zur Disposition gestellt. Als Beispiel zeigt Abbildung 21 die grafische Performancekontrolle des Zielfonds.

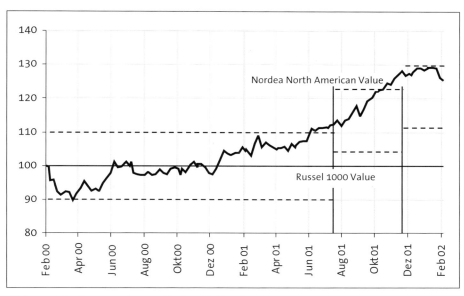

Abb. 21: Performancekontrolle des Zielfonds

Quelle: S&P Micropal

4.6.2 Permanente Performancekontrolle des Dachfonds

Durch die permanente Beobachtung des Dachfondsproduktes relativ zu seiner definierten Benchmark können zeitnah Auffälligkeiten innerhalb des Dachfondsproduktes festgestellt werden. Falls die Bewegungen des Dachfonds nicht mit den erwarteten Bewegungen der Allokationsausrichtung in Einklang zu bringen sind, wird diese Analyse auf die Zielfondsebene vertieft. Die Performancedaten werden normalerweise von einer eigenständigen Abteilung errechnet und bereitgestellt die unabhängig vom Fondsmanagement ist. Somit können die Ursachen für die Out- und Underperformance (Allokationsentscheidung und/oder Fondsselektion) lokalisiert werden. Verfeinert wird diese Analyse durch eine Performance-Attributionsrechnung.

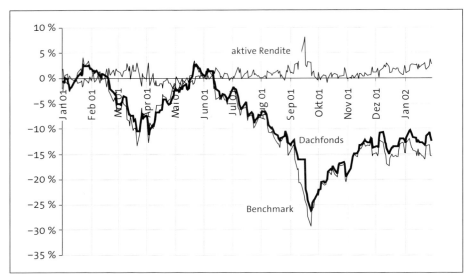

Abb. 22: Performancekontrolle des Dachfonds
Quelle: S&P Micropal

4.6.3 Betrachtung des Dachfondsportfolios mit einem ex ante Risiko-Controlling-System

Um eine ex ante Risikoanalyse durchführen zu können, werden die täglichen Zusammensetzungen der Zielfonds benötigt. Dieses gestaltet sich bei Dachfondsprodukten als schwierig, da diese Informationen nicht von allen externen Fondsgesellschaften geliefert werden. In der Regel erhält man als Dachfondsmanager alle wesentlichen Strukturdaten des Fonds (Länder-, Branchenaufteilung, zumindest die Top 10 Positionen) aber eben nicht das vollständige Portfolio auf täglicher Basis. Als Approximation kann man aber zumindest die jeweilige Benchmark eines Zielfonds heranziehen, um z.B. den ex ante Tracking Error des Dachfonds zu ermitteln. Dieser beinhaltet dann aber nicht das aktive Risiko der Zielfondsmanager. Als zusätzliche Information ist dieser eingeschränkt verwendbare Tracking Error vor allem im historischen Zusammenhang nützlich, um das Risikoniveau des Dachfonds eingrenzen zu können. Als ein weiteres Instrument wird bei der ADIG das Multifaktoren Risikomodell Total Risk Asset Management (TRAM) von BARRA eingesetzt.

4.7 Dachfonds als Alternative für private und institutionelle Investoren

Dieses Kapitel zeigt, dass zum Management eines Dachfondsproduktes teilweise andere Techniken und Instrumente als zum traditionellen Portfoliomanagement herangezogen werden müssen. Die Dachfonds sind als eigene Assetklasse zu sehen. Es kann zurzeit noch kein abschließendes Urteil darüber gebildet werden, ob diese auch dauerhaft vom Markt nachgefragt werden. Dies liegt an der meist noch zu kurzen Historie der Dachfondsprodukte auf dem europäischen Markt. Allerdings muss bei einer Bewertung berücksichtigt werden, welche anderen Kapitalmarktalternativen sich z.B. einem Privatkunden bieten. Dies ist einerseits die Fondsvermögensverwaltung, die mit eher intransparenten Performance- und Kostenstrukturen für den Kunden behaftet ist. Andererseits kann ein Anleger sich ein Fondsportfolio selbst zusammenstellen. Damit sind für ihn folgende Nachteile verbunden. Erstens sind die Transaktionskosten (Ausgabeaufschlag bis zu 6 %) bei den zu erwartenden Umschichtungen hoch und zweitens ist die permanente Analyse und Kontrolle des Fondsuniversums vom einzelnen Anleger meist nicht zu gewährleisten. Es kristallisiert sich der Aspekt Bequemlichkeit als Hauptvorteil für den privaten Kunden heraus. Ein Dachfonds mit kundenspezifischer Risikoausrichtung kann als Haupt- bzw. einziger Baustein zur Abdeckung der Kapitalmarktinvestitionen eines privaten Investors dienen.

Für institutionelle Anleger stellt sich die Situation modifiziert dar. Normalerweise werden für institutionelle Kunden eigene „Spezialfonds" aufgelegt, die individuell auf die Ansprüche des einzelnen Kunden ausgerichtet sind bzw. sein sollen. Allerdings ist der kleinere institutionelle Anleger bei einem Spezialfonds auch wieder (zumindest zeitweise) an nur einen Assetmanager oder Fondsmanager gebunden. Große institutionelle Anleger haben darüber hinaus die Möglichkeit ihre Gelder durch verschiedene Spezialfonds über verschiedene Assetmanager zu streuen.

Welche Vorteile gibt es durch die Dachfonds für diese beiden institutionellen Anlegergruppen? Der Vorteil für kleinere institutionelle Investoren ist, dass durch ein Dachfondskonzept trotz des eingeschränkten Anlagevolumens das Risiko über mehrere Fondsmanager gestreut wird. Darüber hinaus werden die Auswahl und die Ablösung von Fondsmanagern in professionelle Hände übergeben, denn es kann in der Praxis beobachtet werden, dass der Prozess des Übergangs von einem Spezialfondsmanager auf den nächsten meist sehr zeitaufwendig ist.

Die „großen" institutionellen Kunden (ab ca. 100 Mio. Euro) haben den Hauptvorteil der professionell durchgeführten Fondsselektion bzw. -ablösung sowie der delegierten Verantwortung für die gesamten Kapitalmarktanlagen. Zu erwähnen ist hierbei auch die Variante eines Multi-Advisor-Fonds. Diese Art von Fonds wird direkt von verschiedenen Fondsmanagern verwaltet bzw. gemanagt. Dabei hat jeder Fondsmanager die Verantwortung für einen bestimmten Teil des Fonds (Sub-Fonds), der ihm durch den Hauptfondsmanager des Produktes zugewiesen wird. Anleger ab einer Größe von ca. 400–500 Mio. Euro sollten diesen auch in Betracht ziehen, da als Voraussetzung für das Management eines Teils des Anlagegeldes, bei dieser Produktart die Notwendigkeit eines Investmentproduktes wegfällt.

Abschließend sollen die Vorteile für Distributoren betrachtet werden, wenn diese Dachfondsprodukte vertreiben:

- ▶ Das Haftungsrisiko für Beratungsfehler, insbesondere im Privatkundengeschäft, kann durch die weitgehende Ausrichtung auf spezielle anlegergerechte Dachfondskonzepte minimiert werden. Hier sind die Vorteile für Strukturvertriebe am größten weil die Fondsberatungskompetenz am Kunden oftmals nicht stark ausgeprägt ist.

- ▶ Die Verantwortung für den Anlageerfolg ist zentral bei den Dachfondsproduzenten. Änderungen in der Asset Allocation oder Fondsselektion müssen nicht explizit mit jedem Kunden, möglicherweise zeitverzögert, besprochen und umgesetzt werden.

- ▶ Die Transparenz einer Dachfondspalette kann relativ leicht durch elektronische (Internet) und herkömmliche Medien (Information per Informationsbrief) hergestellt werden.

- ▶ Der Kostenvorteil eines Dachfondskonzeptes gegenüber einer meist standardisierten Fondsvermögensverwaltung ist immens und wird in der Zukunft weiter anwachsen. Die „verkaufte" Individualität bei Anlagevolumen bis ca. 200.000 Euro wird auf Dauer kaum zu halten sein, da die laufenden Kosten des Produktes Fondsvermögensverwaltung zu hoch sind und der zusätzliche Nettonutzen für den Anleger zu gering.

Die oben genannten Vorteile eines Dachfondsproduktes zeigen den Nutzen dieser Assetklasse für verschiedene Anlegergruppen. Ob diese Form der Geldanlage aus dem Nischendasein in Deutschland bzw. Europa heraustreten kann und in einigen Jahren gleichberechtigt neben den Aktien-, Renten- und Immobilienfonds stehen wird, hängt im Wesentlichen von der Qualität des Investmentprozesses der Dachfondsmanager sowie von den Produktmerkmalen ab. Der Erfolg wird sich auf dem Investmentmarkt der Zukunft zeigen.

5 Asset Liability Management für Lebensversicherer

von Susanne Fromme

5.1 ALM:
Fragen des Managements – Antworten aus der Modellierung

„Asset Liability Management" ist mehr als nur ein Schlagwort für die Versicherungswirtschaft: Jede strategische Fragestellung, die – direkt oder indirekt – sowohl die Passiva als auch die Aktiva berührt, ist eine ALM-Fragestellung. Gerade in der Lebensversicherungswirtschaft lassen sich Produkte und Vermögensverwaltung kaum isoliert betrachten, da die Produktgestaltung (fast) immer eine Anlagekomponente besitzt. Die Ertragskraft und die Wettbewerbsposition des Unternehmens hängen also direkt von der optimalen Abstimmung von Passiva und Aktiva ab. ALM-relevante Fragestellungen sind hier beispielsweise:

▶ Wie sicher ist die „klassische" Überschussbeteiligung? Wie lässt sich die Finanzierbarkeit plausibilisieren oder belegen? Wie verhält sich das Unternehmen in Stresstests?

▶ Welchen Einfluss haben konzeptionell neue Produkte auf den Bestand und das Gesamtunternehmen? Wie sieht der Einfluss verschiedener Neugeschäftsszenarien aus?

▶ Sind die derzeitige Kapitalanlagestrukturierung und -politik optimal für das Unternehmen hinsichtlich ihrer Risiko- und Ertragscharakteristika? Lässt sich im Rahmen vertretbaren Risikos in „neue" Anlageklassen oder Instrumente investieren und damit der Ertrag steigern?

▶ Sind die Unternehmensziele klar formuliert, messbar und erreichbar?

Eine ALM-Modellierung des Unternehmens kann die Beantwortung dieser Fragestellungen unterstützen: Hierbei werden Hochrechnungen für das Unternehmen erstellt, die auf einem Bündel von Annahmen und Strategien basieren. Das Unternehmen wird „benchmarkähnlich" modelliert, also so realitätsnah wie möglich und so schematisch wie nötig. Die Hochrechnungen beinhalten typischerweise die Bilanz, die Gewinn- und Verlustrechnung und die Cashflow-Rechnung für das Unternehmen. Darüber hinaus werden weitere Unternehmenskennzahlen berechnet, die eine Beurteilung der Zukunft der Gesellschaft ermöglichen. Dies sind in der Regel Ertrags- und Aufwandskennzahlen aus der Versicherungstechnik und der Vermögensverwaltung, beispielsweise Kostenquoten, Renditen, Angaben zur Solvabilität etc.

Die Zukunft ist unsicher

Hochrechnungen für die Zukunft sind immer mit Unsicherheiten verbunden. ALM-Analysen sollen die Auswirkungen „falscher" Annahmen auf das künftige Unternehmensergebnis quantifizieren. Deshalb wird in der Regel eine Vielzahl von Hochrechnungen erstellt. Man unterscheidet zwischen

- deterministischen Projektionen, die die Ergebnisse für einzelne Szenarien beschreiben; dies können Planszenarien oder auch Stresstest-Szenarien sein und
- stochastischen Projektionen, bei denen die Unsicherheit in den Annahmen durch ein ganzes „Bündel" von Projektionen abgebildet wird. Die Volatilität des Kapitalmarkts wird hierbei „übersetzt" in Volatilität für die Unternehmenskennzahlen. Dies ermöglicht Aussagen über die Wahrscheinlichkeit Unternehmensziele zu erreichen oder zu verfehlen.

Folglich liegt die wesentliche neue Erkenntnis, die diese Hochrechnungen gegenüber einer traditionellen (Mehrjahres-)Planung bringen, in der Messung und Objektivierung des Unternehmensrisikos. Strategien können unter Berücksichtigung ihres inhärenten Risikos beurteilt und entschieden werden. Bei der Umsetzung schließlich sollten derartige ALM-Analysen die Grundlage jeden Risikomanagements im Unternehmen bilden.

ALM und Vermögensverwaltung

Strategien für die Vermögensverwaltung sind ein klassischer Gegenstand von ALM-Analysen. Sie werden oft unter dem Begriff „Strategische Asset Allocation" subsummiert. Wenn eine ALM-Auswertung die zukünftige Kapitalanlagestrategie des Unternehmens in ausreichendem Maße charakterisieren soll – und nur dann ist die Analyse von praktischer Relevanz –, dann müssen Aussagen zu den folgenden Aspekten getroffen werden:

- hinsichtlich der Anlagestruktur:
  - Investitionsvolumina (oder -quoten) in den wesentlichen Sektoren wie Aktien, Festverzinsliche Wertpapiere, Immobilien, Hypotheken, Beteiligungen, Alternative Investments, ...,
  - Duration oder Laufzeitenstruktur des Bestands an Anlagen mit begrenzter Laufzeit,
  - Kreditstruktur,
  - Währungsstruktur,
  - Fondsvolumina und -mandate.
- hinsichtlich der Ertragsgestaltung:
  - ordentliche und außerordentliche Erträge und Aufwendungen,
  - Nettoverzinsung und Umgang mit Bewertungsreserven.

- hinsichtlich der Bilanzierung:
  - Ausgestaltung der Bilanzierungsfreiräume (u.a. § 341b HGB).

Strategische Überlegungen sollten sich auch hinsichtlich der Vermögensverwaltung nicht auf einen kurzen Horizont beschränken, sondern einen Fahrplan für mehrere Jahre beinhalten. Schließlich dient ein großer Teil der Finanzanlagen zur Bedeckung der langfristigen Verbindlichkeiten und sollte nicht permanent umgeschichtet werden. Dies bedeutet nicht, dass ein einmal verabschiedeter Plan unter allen Umständen eingehalten werden muss. Es bedeutet auch nicht, dass die strategischen Aussagen zu o.g. Aspekten bereits heute absolut definiert werden können oder müssen. Stattdessen kann beispielsweise ein dynamischer Umgang mit riskanteren Anlagen, der auf der jeweils aktuellen Risikotragfähigkeit des Unternehmens basiert, ein Teil einer Strategischen Asset Allocation sein. Bedingung für das Merkmal „strategisch" ist unseres Erachtens jedoch, dass diese Verfahren tatsächlich einer sinnvollen und beschreibbaren Vorgehensweise entsprechen. Spontane oder stimmungsabhängige Entscheidungen fallen u.E. nicht darunter.

Eine derartige Kapitalanlagestrategie sollte als Vorlage für interne und externe Assetmanager dienen. Auch die Anlagerichtlinien, innerhalb derer dann taktische Überlegungen und die Titelselektion durchgeführt werden, können Teil von ALM-Analysen sein. Gleichzeitig ist das ALM-Ergebnis eine Basis für das unterjährige Investment Controlling. Hierbei wird ein regelmäßiger Soll-Ist-Vergleich durchgeführt und ggf. Handlungsbedarf festgestellt, falls sich die Unternehmensergebnisse aus einem Toleranzbereich entfernen.

Selbstverständlich müssen ALM-Analysen in regelmäßigen Abständen wiederholt werden. Mindestens im Rahmen der jährlichen Unternehmensplanung sollte eine Aktualisierung durchgeführt werden. Falls sich das Umfeld für das Unternehmen signifikant verändert, kann eine erneute Analyse erforderlich sein.

5.2 Modellierung aus der Sicht des Aktuars

Wenn sie auch der wohl am meisten diskutierte Aspekt des Asset Liability Managements ist, so ist die Kapitalanlagestrategie doch nicht der Einzige. Zwar leistet das Ergebnis aus Kapitalanlagen den bei weitem größten Beitrag zum Gesamtergebnis (Rohergebnis); dieses jedoch dient im Wesentlichen der Erfüllung der Produktversprechen. Die Vermögensverwaltung hat also eine klar definierte Funktion im Lebensversicherungsunternehmen, das nicht primär Kapitalsammelstelle ist, sondern Versicherungsleistung produziert und verkauft. ALM-Analysen dienen nicht der Maximierung von Zinsertrag, sondern der optimalen Abstimmung von Produktstruktur und Kapitalanlagestruktur des Unternehmens.

Welchen Beitrag leistet ein Versicherungsprodukt zum Erfolg des Unternehmens?

Jedes einzelne Versicherungsprodukt leistet seinen Beitrag zum Unternehmenserfolg. Wie groß dieser Beitrag ist, darauf gibt das so genannte „Profit Testing" die Antwort. Hierbei werden einzelne Tarife modelliert und analysiert – zunächst unabhängig vom eigentlichen Bestand des Versicherers. Die im Geschäftsplan festgelegten Größen wie Beiträge, Deckungskapital und Rückkaufswerte werden formelmäßig abgebildet. Dies gilt auch für das System der Überschussbeteiligung und für den erwarteten zugehörigen Bestandsverlauf unter Berücksichtigung von Sterblichkeit und Storno. Bei den Abschluss- und Verwaltungskosten gehen einerseits die kalkulierten Beitragsanteile, andererseits die tatsächlich erwarteten Aufwendungen in die Betrachtungen ein.

Für einzelne Policen („Model Points") wird dann die künftige Entwicklung hochgerechnet – vom Start des Vertrags bis zum Ablauf. Dabei wird lediglich die Passivseite betrachtet, d.h. es werden Zahlungsströme, Reserven und Kosten prognostiziert. Hinsichtlich der Kapitalerträge wird zunächst einfach eine Annahme zu den künftigen Zinserträgen getroffen. Diese sollte plausibel sein, wird aber beim klassischen Profit Testing nicht durch eine explizite Modellierung der Aktiva hergeleitet. Als Ergebnis erhält man den erwarteten Überschuss für jedes künftige Jahr, der als Maßzahl für den Erfolg des Produktes dient.

Der Finanzierbarkeitsnachweis für die Überschussbeteiligung des Unternehmens

Die nächste Aggregationsstufe ist die Zusammenführung aller Tarife aus dem Versichertenbestand des Unternehmens. Die wichtigste Frage, nämlich die nach der Finanzierbarkeit der geplanten Überschussbeteiligung, stellt sich nicht nur für einzelne Produkte, sondern für den Gesamtbestand. Sollen entsprechende Beispielrechnungen im Vertrieb verwendet werden, so muss deren Finanzierbarkeit zunächst geprüft werden. Während früher der Aufsichtsbehörde dieser klassische „Finanzierbarkeitsnachweis" vorgelegt werden musste, liegt der Nachweis heute in der Zuständigkeit des verantwortlichen Aktuars.

Für diesen klassischen Finanzierbarkeitsnachweis werden in einem Modell grundsätzlich die gleichen Größen und Zahlungsvorgänge abgebildet, die oben bereits geschildert wurden. Es werden hier jedoch nicht einzelne Policen betrachtet, vielmehr wird der gesamte Bestand des Unternehmens hochgerechnet. Dabei werden die Leistungsverpflichtungen gegenüber den Versicherungsnehmern einerseits und die erwarteten Beitragseinnahmen und Kostenaufwendungen andererseits berechnet. Es wird ermittelt, wie hoch die Rückstellungen sein müssen, um diesen Verpflichtungen auch in Zukunft nachkommen zu können. Sind die tatsächlich vorhandenen Rückstellungen mindestens so groß wie die hier berechneten erforderlichen Rückstellungen, so wird die Überschussbeteiligung als finanzierbar angesehen. In die Berechnungen zu diesem „Finanzierbarkeitsnachweis" gehen wiederum die Erträge aus Kapitalanlagen mit einem festen jährlichen Zinssatz ein.

ALM Modellierung aus der Sicht des Aktuars

Die integrierten Analysen des ALM gehen noch zwei – entscheidende – Schritte weiter: Passivseitig wird die künftige Entwicklung des Unternehmens jetzt unter Einbeziehung sowohl des Bestandes als auch des Neugeschäfts hochgerechnet. Gleichzeitig wird auch die Aktivseite des Unternehmens angemessen modelliert. Folglich kann beispielsweise die Finanzierbarkeit der Überschussbeteiligung dann auf Basis der modellierten Ertragserwartungen aus der Vermögensverwaltung untersucht werden.

Die dazu erforderlichen Berechnungen beinhalten passivseitig somit

- die Abbildung aller bzw. der wesentlichen Tarifwerke des Unternehmens,
- die korrekte Modellierung der Überschussanteile, auch unter Berücksichtigung des Schlussgewinnanteilfonds,
- die Weiterführung des vorhandenen Bestands verschiedener Tarifgenerationen auf der Basis von erwarteten Storno- und Sterbewahrscheinlichkeiten und
- die Berücksichtigung des Neugeschäfts.

Bei ALM-Analysen werden in der Regel unterschiedliche (deterministische) Szenarien für die Entwicklung der Passivseite betrachtet, die mit stochastischen Projektionen der Aktiva kombiniert werden. Dies erfordert umfangreiche Berechnungen über möglicherweise lange Simulationszeiträume. Der Rechenaufwand und damit die Rechenzeiten werden dabei maßgeblich bestimmt durch die Anzahl der eingehenden Policen (Model Points). Bereits bei einem mittelgroßen Unternehmen umfasst der Bestand mehrere hunderttausend Verträge. Um unter diesen Voraussetzungen in vertretbarer Zeit angemessene Ergebnisse zu erzielen, erscheint eine so genannte Verdichtung des Bestandes sinnvoll. Erfahrungsgemäß sollte es einerseits möglich sein, ähnliche Tarife zusammen zu fassen. Andererseits lässt sich mit Klasseneinteilungen für Eintrittsalter, Versicherungsdauer und Restlaufzeit der Bestand bis auf Größenordnungen von 1.000 bis 2.000 Model Points reduzieren, ohne die ALM-Resultate zu verfälschen.

Wichtig für die Praxis ist es, die Vereinfachungen in der Modellierung auf die jeweilige Fragestellung abzustimmen. Wichtig ist ebenfalls, dass sämtliche Modellierungsarbeiten an Tarifen und Versichertenbeständen eines Unternehmens wieder verwendet werden können – sei es für die Produktentwicklung, das Profit Testing, den klassischen Finanzierbarkeitsnachweis oder integrierte ALM-Analysen. Mehrfacharbeit kann und sollte vermieden werden.

5.3 Modellierung aus der Sicht des Kapitalanlegers

Welche Ergebnisse für die Vermögensverwaltung aus einer ALM-Analyse resultieren sollten, wurde eingangs bereits skizziert. Greifbar, konkret und umsetzbar müssen die

Anlagestrategien formuliert sein, die mit Hilfe von Asset Liability Modelling analysiert werden. Sie müssen aufsetzen auf den existierenden Bestand und dessen Fälligkeitsstruktur, Reserven aber auch Lasten einbeziehen. Theoretische Anlagevorschläge, die sich nicht aus dem Startbestand heraus sukzessive realisieren lassen, sind überflüssig. Die Realitätsnähe von Anlagestrategien muss sich messen lassen an der Verfügbarkeit von Liquidität oder veräußerbaren Anlagen, der Umsetzbarkeit am Kapitalmarkt, den gesetzlichen Vorgaben, der Controlling-Möglichkeiten bei der Umsetzung und natürlich hinsichtlich ihres Einflusses auf die Bilanz und die Gewinn- und Verlustrechnung.

Ein völlig anderes Vorgehen ist die reine Marktwertbetrachtung, wie sie in der klassischen Portfoliotheorie üblich ist. Sie reicht für die realen ALM-Fragestellungen des Unternehmens nicht aus. Effiziente oder optimale Anlageportfolios, wie sie beispielsweise nach Markowitz berechnet werden, müssen auf den Prüfstand im Gesamtunternehmenskontext gestellt werden.

Anlageklassen statt Einzeltitel

Natürlich soll die ALM-Analyse die Anlagestrategie, nicht aber deren Ausgestaltung bis hin zum Einzeltitel bestimmen. Sie soll den oben bereits beschriebenen Rahmen festlegen, in dem sich interne und externe Assetmanager bewegen. Nicht nur aus Fragen der Rechenzeit, sondern eben auch aus Gründen der Praktikabilität stellt sich auch für die Vermögenswerte des Unternehmens die Frage nach der Verdichtung der Bestände für die Modellierung. Anstelle von Einzeltiteln werden deshalb Anlageklassen abgebildet, in denen gleichartige Instrumente zusammengefasst werden. Gleichartigkeit bemisst sich dabei an den folgenden Kriterien:

- ▶ Zukünftige laufende Erträge bzw. Kurswertveränderungen,
- ▶ Cashflow-Muster,
- ▶ Art der Bilanzierung,
- ▶ Direktbestand oder Fonds,
- ▶ Stille Reserven oder Lasten zum Startzeitpunkt,
- ▶ Zukünftige Bedeutung,
- ▶ Fungibilität.

Hinsichtlich dieser Kriterien sollten die Instrumente in einer Anlageklasse möglichst homogen sein, da hier Unterschiede durch die repräsentative Darstellung verschwinden. Unserer Erfahrung nach lässt sich das Anlageportfolio eines deutschen Versicherers normalerweise, zumindest für eine erste Analyse, in die verschiedenen Anlageklassen unterteilen (siehe Abb. 1).

Erfahrungsgemäß liefert eine derartige Bildung von Anlageklassen ein verdichtetes Portfolio von 100 oder mehr Anlageklassen. Zur Modellierung von Fonds lässt sich anmerken, dass sich Fondsmandate gut im Rahmen einer Strategischen Asset Allocation

Kategorie	Weitere Unterteilung
Aktien Direktbestand	Deutschland/Europa
Beteiligungen	Verbundene Unternehmen/ Sonstige Beteiligungen
Namensschuldverschreibungen	Kreditklasse, Laufzeit
Schuldscheindarlehen	Kreditklasse, Laufzeit
Inhaberschuldverschreibungen	Kreditklasse, Laufzeit
Hypotheken	Zinsbindungsdauer
Policendarlehen	Laufzeit
Fonds	Benchmark, Ausschüttung, …
Immobilien	Gebäude/Grundstücke
Sonstige	…

Abb. 1: Klassifizierung von Kapitalanlagen

abbilden lassen, wenn sie gemäß eines Benchmarkkonzepts definiert wurden. Das Mandat wird dann nicht durch die Einzelaktien des Fondsmanagers dargestellt, sondern über die Benchmarkvorgaben.

Abbildung einer Kapitalanlagestrategie

Bei der Hochrechnung eines Anlageportfolios über mehrere Jahre treten in der Regel Fälligkeiten auf. Sie bilden, zusammen mit den laufenden Erträgen und saldiert mit den Cash Flows aus der Hochrechnung der Versicherungstechnik, einen in der Regel positiven Betrag an Liquidität, der neu angelegt werden muss. Spätestens hier setzt die Anlagestrategie des Unternehmens ein, für die bereits ein Plan existiert oder die jetzt neu festgelegt werden soll. Eine Strategie, die sich relativ einfach formulieren lässt, ist die Reinvestition aller freien Mittel auf eine Art und Weise, dass die Startstruktur des Portfolios erhalten bleibt. Die Analyse dieser Reinvestitionsstrategie kann einen ersten Eindruck vom Risiko/Ertragsprofil der Aktiva vermitteln. Sie kann außerdem als Basisversion dienen, mit der alle weiteren Strategievarianten verglichen werden.

Für die Umschichtung des Bestands hin zu einer neuen Anlagestruktur empfiehlt es sich unseres Erachtens, auf das Startportfolio aufzusetzen und die „automatisch" anfallende Liquidität gezielt in neue Strukturen zu investieren. Damit wird sukzessive das Gesamtportfolio verändert. Beschleunigt werden kann die Umstrukturierung, falls im Rahmen der Modellierung zur Erreichung geplanter Ergebnisse Bewertungsreserven realisiert werden müssen. Die dadurch frei werdenden Beträge können ebenfalls gemäß der neuen Strategie investiert werden. Sofern das Portfolio gezielt durch Verkäufe umgeschichtet werden soll, sind natürlich deren Auswirkungen auf die Gewinn- und Verlustrechnung zu berücksichtigen.

Gerade der Bestand an festverzinslichen Anlagen vieler deutscher Versicherer, der immerhin den weitaus größten Teil der Vermögenswerte ausmacht, kann unseres Erachtens in den nächsten Jahren sukzessive durch gezielte Neuanlage freiwerdender Mittel hinsichtlich des Risiko/Ertragsprofils verbessert werden. Wie viel Kreditrisiko ein Unternehmen dabei eingehen kann, welche Instrumente prinzipiell geeignet sind oder bei welcher Duration das Zinsänderungsrisiko angemessen ist, sollte mit einer ALM-Analyse verifiziert werden.

Zukünftige Kapitalmärkte – zukünftige Zeitwerte, Erträge, Reserven, ...

Wenn man sich – zunächst – auf die Standardanlageklassen beschränkt, scheint die Modellierung der Aktiva eines Lebensversicherers deutlich unkomplizierter zu sein als die der Passiva, bei der oft unternehmensindividuelle Tarifwerke in Formelwerk implementiert werden müssen. Während die Mathematik oft um den Detailgrad und die Genauigkeit der Abbildung ringt, lassen sich die Grundcharakteristika eines (einfachen) Kapitalanlageportfolios leichter erfassen.

Eine geeignete und umsetzbare Anlagestrategie zu formulieren ist dagegen eine Aufgabe, die umfassende Kenntnis des Marktes und seiner Instrumente voraussetzt – von der Umsetzung dieser Strategie ganz zu schweigen. Darüber hinaus liegt die Problematik bei der Hochrechnung von Anlageportfolios in der sehr großen Planungsunsicherheit, die unter Umständen alle sonstigen Annahmen und Berechnungen dominieren und konterkarieren kann.

Die Ursache für diese Planungsunsicherheit liegt in der schlechten Prognostizierbarkeit der Kapitalmärkte und ihrer hohen Schwankungsbreite. Zukünftige Zins-, Spread-, Aktienmarkt- und Währungsentwicklungen sind deshalb auch die Risikofaktoren bei der ALM-Analyse, die nicht nur deterministisch sondern unbedingt auch stochastisch modelliert werden sollten. Hierbei wird aus Beobachtungen der Vergangenheit ermittelt, wie stark beispielsweise Aktienkurse schwanken, und dieses Maß an Streuung wird auch für die Zukunft unterstellt. Die Theorie kennt eine Reihe von so genannten Investmentmodellen, die die zukünftige Entwicklung samt ihrer Unsicherheit abbildet; für die Praxis eignen sich unseres Erachtens besonders die folgenden Methoden:

▶ Zur Abbildung von Aktien- und auch Immobilienkursentwicklungen lässt sich die so genannte „Brownsche Bewegung" heranziehen. Hierbei wird unterstellt, dass sich die Renditen einzelner Jahre unabhängig von einander entwickeln. Vorgegeben werden müssen eine „mittlere erwartete Rendite" und eine „Standardabweichung" für jedes Projektionsjahr. Letztere ist auch als „Volatilität" bekannt. Wir verwenden in der Regel für die Projektion von bis zu fünf Jahren als mittlere Rendite die Prognoseergebnisse aus unserem ökonometrischen Kapitalmarktmodell.

▶ Für die Zins-, Spread- und Währungsentwicklungen lässt sich, bei kurzen Projektionszeiträumen, die o.g. Methode anwenden. Bei sehr langen Hochrechnungen, beispielsweise über 30 oder 50 Jahre, sollte hier ein so genanntes „Mean-Reversion-Model" verwendet werden (z.B. das Modell von Cox/Ingersoll/Ross). Dies stellt sicher, dass die Zinsen über kurz oder lang immer auf ein „neutrales Niveau" zurückpendeln. Neutrale Niveaus lassen sich beispielsweise als Durchschnitte aus der Vergangenheit herleiten (siehe Abbildung 2).

Sind für eine ALM-Modellierung das Investmentmodell festgelegt und die stochastische Kapitalmarktsimulation durchgeführt, dann kann jedes Anlageportfolio in Abhängigkeit der Aktien- und Zinsszenarien bewertet und bilanziert werden. Wird dann noch die Anlagestrategie durch Algorithmen abgebildet, ist die Modellierung der Aktiva komplett.

Ertrag und Risiko in der Historie

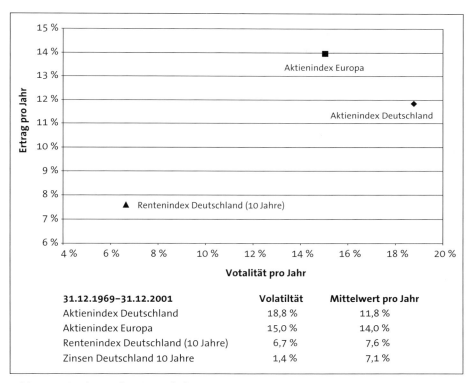

31.12.1969–31.12.2001	Volatiltät	Mittelwert pro Jahr
Aktienindex Deutschland	18,8 %	11,8 %
Aktienindex Europa	15,0 %	14,0 %
Rentenindex Deutschland (10 Jahre)	6,7 %	7,6 %
Zinsen Deutschland 10 Jahre	1,4 %	7,1 %

Abb. 2: Mittelwert der monatlichen Zinsniveaus

Quelle: Eigene Berechnungen auf der Basis monatlicher Total Return-Zeitreihen (31.12.1969 bis 31.12.2001) von Thomson Financial Datastream

5.4 Planung für das Gesamtunternehmen – Wo liegen die Risiken?

Sind sowohl die Passiva als auch die Aktiva im Modell implementiert, kann die Abbildung und Analyse der übergreifenden Unternehmensziele beginnen: Formulierungen wie beispielsweise „Aus Wettbewerbsgründen sollte die Überschussbeteiligung in den nächsten Jahren bei mindestens x % liegen." oder „Die freie RfB (Rückstellungen für Betragsrückerstattung) sollte signifikant aufgebaut werden." oder „Stille Lasten müssen reduziert werden." kombiniert mit „Wir sollten den Anteil an Substanzwerten aufbauen." müssen für die Modellierung in „Maschinensprache", also in Algorithmen, übersetzt werden. Die erste Hürde, die das Unternehmen mit seinen Zielen nehmen muss, ist die Analyse des Planszenarios. Zumindest wenn alles wie geplant läuft, sollte die Unternehmensstrategie aufgehen und gute Ergebnisse zeigen. Eine Mehrjahresplanung ist dabei ein „Abfallprodukt" einer ALM-Analyse.

Planungsunsicherheiten

Wenn die Mehrjahresplanung fertig gestellt ist, dann ist der nächste Schritt die Untersuchung der Risiken, die die Planung gefährden könnten. Worin liegt die Planungsunsicherheit für das Gesamtunternehmen? Für ein deutsches Lebensversicherungsunternehmen sollten die Risiken aus der Biometrie eher klein sein. Ein breit diversifizierter Versichertenbestand sollte sich hinsichtlich der Sterblichkeit erwartungsgemäß verhalten – Großrisiken sind in der Regel durch Rückversicherung gedeckt. Überraschungen hinsichtlich des Stornoverhaltens der Versicherten könnten das Unternehmensergebnis beeinflussen. Diese Unsicherheit sollte je nach Einschätzung des Unternehmens und der Auswirkungen auf Grund der speziellen Produktstruktur durch Analyse von Alternativszenarien beurteilt werden. Ein weiterer Unsicherheitsfaktor sind die Annahmen zum Neugeschäft. Auch hier empfiehlt es sich, Alternativszenarien mit verändertem Produktionsvolumen und Tarifmix zu untersuchen. Was wäre beispielsweise, wenn sich das rechtliche oder steuerliche Umfeld zulasten bestimmter Versicherungsprodukte veränderte?

Wie bereits geschildert, liegt darüber hinaus die wesentliche Planungsunsicherheit in der Entwicklung der Kapitalmärkte begründet. Der Einfluss nicht-planmäßiger Aktien- und Zinsentwicklungen auf das Unternehmen lässt sich prinzipiell auf zwei Arten untersuchen: durch deterministische Stresstests und durch die oben bereits skizzierte stochastische Simulation. Stresstests, die unternehmensunabhängig ein allgemeines Stressszenario für den Kapitalmarkt beschreiben, sind einfach zu kommunizieren: „Die Aktienmärkte fallen um 35 %". Die beiden aus unserer Sicht deutlichen Mängel bei der Risikoanalyse durch Stresstests liegen jedoch darin, dass sich ein und derselbe Stresstest auf individuelle Unternehmen sehr unterschiedlich auswirken kann. Außerdem liefern sie keinen Anhaltspunkt, wie gefährlich das Stressergebnis zu bewerten ist – als Jahrtausendereignis oder greifbar bedrohlich?

Eine größere Objektivierung des drohenden Risikos lässt sich durch stochastische Projektionen erreichen. Im Folgenden wird dies anhand einer Mustergesellschaft verdeutlicht, für die wir auch einen exemplarischen Stresstest durchgeführt haben.

Die MusterLeben

Unsere MusterLeben hat eine Bilanzsumme von 1 Mrd. Euro und ein nicht untypisches Kapitalanlageportfolio (siehe Abbildung 3).

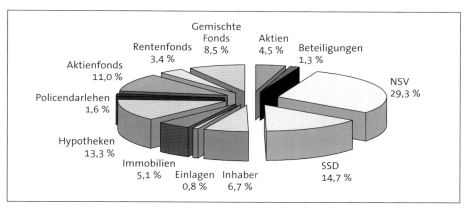

Abb. 3: MusterLeben: Vermögenswerte

Die Produktpalette des Musterunternehmens besteht aus Risiko- und Kapitallebensversicherung, aufgeschobener und sofortbeginnender Rente und zwar für laufende Beitragszahlung und gegen Einmalbeitrag. Darüber hinaus verkauft es Berufsunfähigkeits-(zusatz-)versicherung und Fondsgebundene Lebens- und Rentenversicherung (siehe Abbildung 4).

Im Bestand überwiegt der Anteil der kapitalbildenden Tarife, im Neugeschäft haben wir einen steigenden Anteil an Rentenversicherungen und fondsgebundenen Produkten zu Lasten der kapitalbildenden Versicherung. Die Mustergesellschaft hat eine Eigenkapitalausstattung von 1 % der Bilanzsumme. Die Überschussbeteiligung lag für das Jahr 2000 noch bei 7 % und wurde für 2001 auf 6 % gesenkt (inklusive Rechnungszins, der nach Tarifgeneration variiert); dieses Niveau soll gehalten werden. Ziel des Unternehmens ist, eine freie RfB (Rückstellungen für Betragsrückerstattung) in Höhe von 40 % der Gesamt-RfB aufrecht zu halten.

Für das Bilanzjahr 2001 wies die MusterLeben eine Nettoverzinsung von 5,3 % aus; zum Jahresende 2001 verblieben Stille Reserven in Höhe von 7,5 % des Buchwertes sowie eine freie RfB von 1,4 % der Deckungsrückstellungen. Stille Lasten sind nicht in signifikantem Ausmaß vorhanden, da die MusterLeben die volatilen Anlagen zum strengen Niederstwertprinzip bilanziert.

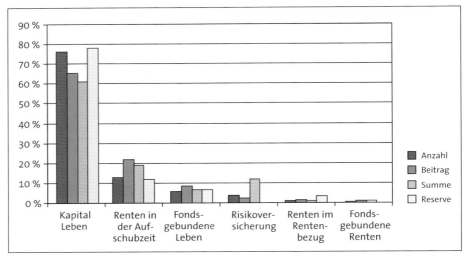

Abb. 4: MusterLeben: Produktpalette im Bestand

Die Risikosituation der MusterLeben in 2002 ...

Durch stochastische Projektionen soll die Lage der MusterLeben zum Bilanzstichtag 2002 beschrieben werden, wobei der Fokus hier nicht auf den Planergebnissen, sondern den möglichen Risiken für das Unternehmen liegt. Die Hochrechnungen basieren im Wesentlichen auf den folgenden – für das Beispiel sehr einfachen – Kapitalmarktannahmen:

▶ Die Aktienmärkte steigen von 2002 bis 2010 um jeweils 9 % (davon 2 % Dividendenerträge). Diese Erträge unterliegen einer Schwankung gemäß der Historie der letzten fünf Jahre.

▶ Die Rendite 10-jähriger Staatsanleihen steigt in 2002 leicht an (Beispiel Deutschland: von 4,9 % Ende 2001 auf 5,2 % Ende 2002) und erreicht in 2003 einen Stand, auf dem sie dann verharrt (Beispiel Deutschland: 5,8 %). Auch die Veränderungen der Renditen von Jahr zu Jahr unterliegen einer Schwankung, die in den letzten Jahren am Kapitalmarkt beobachtet werden konnte.

Die wichtigsten Projektionsergebnisse für 2002 auf Basis dieser Annahmen lassen sich folgendermaßen zusammenfassen:

1) Der Einsatz von Eigenkapital als Verlustausgleich ist mit 100 %-iger Sicherheit nicht erforderlich.

2) Die Solvabilitätsanforderungen werden mit 100 %-iger Sicherheit erfüllt.

3) Im Worst Case (1 %-Quantil) beträgt der Deckungsgrad für die Solvabilität 140 %.

4) Das Ziel einer freien RfB-Quote von 40 % kann mit 95 %-iger Sicherheit erreicht werden.

5) Es ist eine Nettoverzinsung von ca. 6,6 % pro Jahr erforderlich.

Bei der Beurteilung der Risikosituation sollten diese Ergebnisse unseres Erachtens in zwei Kategorien unterteilt werden: Die ersten drei Fakten beschreiben die Existenzsicherheit des Unternehmens. Die Ergebnisse sollten hier eine sehr hohe Sicherheit (z.B. 99 %) ausweisen. Auch die Value-at-Risk-Betrachtung, die unter Punkt drei beschrieben ist, sollte zu einem hohen Konfidenzintervall erfolgen. Das hier angegebene Ergebnis bedeutet, dass nur mit einer Wahrscheinlichkeit von 1 % ein niedrigerer Deckungsgrad als 140 % erreicht werden wird.

Die Ergebnisse vier und fünf bewerten darüber hinaus die Zielerreichung der Gesellschaft. Hier bestünde im Bedarfsfall Handlungsspielraum (z.B. durch Reduktion der freien RfB oder Senkung der Überschussbeteiligung). Die Risikosituation der MusterLeben für das Jahr 2002 ist also komfortabel.

Dies wird auch durch eine Stresstestrechnung gemäß DAV (Deutsche Aktuarvereinigung) bestätigt. Die jüngere Entwicklung der Kapitalmärkte hat die DAV veranlasst, detailliertere Untersuchungen zur Sicherheit der Rechnungsgrundlage Zins zu propagieren. Dazu veröffentlichte sie Anfang 2002 eine Diskussionsgrundlage (vgl. hierzu die Notiz der DAV zum Thema „Zinsgarantie und Liquiditätsrechnung", Köln, Januar 2002) für eine noch zu erstellende Richtlinie zur Zinsgarantie. Auf ein Crashszenario aus Aktienverlusten in Höhe von 35 % und einem Zinsanstieg von 2 %-Punkten lassen sich aus dem jeweiligen Vorjahr Aktienrückgänge bis zu 15 %-Punkte und Zinsanstiege von maximal 100 Basispunkten anrechnen. Der Test gilt als bestanden, wenn die Summe aus Bewertungsreserven und freier RfB positiv bzw. die Solvabilität des Unternehmens ausreichend ist.

Um den DAV-Stresstest für die MusterLeben für das Jahr 2002 durchzuführen, wird auf Grund der Anrechnungsmöglichkeit von 15 % Aktienverlust aus 2001 für den Stresstest im Jahr 2002 einen Aktienrückgang von 20 % unterstellt. Gleichzeitig wirkt auf das Portfolio ein Zinsanstieg von 200 Basispunkten.

Die Projektion lässt die Bewertungsreserven abschmelzen bis auf einen nicht fungiblen Rest in Höhe von 0,8 % des Buchwerts, und die erzielte Nettoverzinsung sinkt auf 4,6 %. In 2002 steigen die Aufwendungen für Versicherungsleistungen und die Zuführungen zur Deckungsrückstellung. Das gleichzeitige Sinken der Kapitalerträge führt zu einer Reduktion des Rohüberschusses und somit auch des Jahresüberschusses um mehr als 60 %. Während die laufenden Erträge aus Kapitalanlagen nur wenig durch das Crashszenario beeinflusst werden, vervierfachen sich jedoch die Abschreibungen gegenüber dem Vorjahr und verursachen somit hauptsächlich den Rückgang des Jahresüberschusses. Stille Verluste werden ausschließlich auf den zum Nominalwert bilanzierten festverzinslichen Anlagen aufgebaut.

Die freie RfB geht um mehr als die Hälfte zurück, so dass ihr Anteil an der Gesamt-RfB in 2002 nur noch knapp 20 % beträgt. Die Summe aus freier RfB und Bewertungsreserven bleibt dennoch positiv und die Solvabilitätsanforderungen sind ausreichend erfüllt. Der Stresstest für 2002 ist bestanden (siehe Abbildung 5).

Gewinn- und Verlustrechnung	2001	2002
Rohüberschuss	8.425.679	3.264.173
Zuführung zur RfB	8.257.165	3.198.890
Ergebnis der norm. Geschäftstätigkeit	168.514	65.283
Jahresüberschuss	168.514	65.283

Abb. 5: DAV-Stresstest für die MusterLeben in 2002

... und die Risikosituation mittelfristig

Für das laufende Jahr scheint die MusterLeben also nicht in Gefahr zu sein. Diese gute Nachricht gibt dem Management Luft, die mittelfristige Planung aufzunehmen und über die Positionierung der MusterLeben in den nächsten fünf bis zehn Jahren nachzudenken. Als Grundlage für Strategiediskussionen bietet es sich an, die bisherige Strategie des Unternehmens im Modell beizubehalten und die potentiellen Ergebnisse für die kommenden Jahre zu analysieren.

Die ersten Ergebnisse zeigen: Das Unternehmen kann seine primären Ziele, eine Überschussbeteiligung von 6 % zu gewähren und die freie RfB bei 40 % der Gesamt-RfB festzuhalten, erreichen – falls alles nach Plan läuft (siehe Abbildung 6).

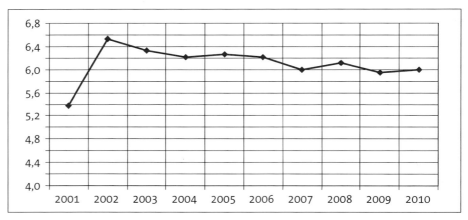

Abb. 6: MusterLeben im Planszenario: Nettoverzinsung

Hierzu sind Nettoverzinsungen zwischen 6,0 % und 6,5 % erforderlich. Diese können allerdings nicht aus der laufenden Verzinsung erzielt werden, sondern es müssen signifikant und immer wieder Bewertungsreserven realisiert werden. Da das Basisszenario von steigenden Aktienmärkten ausgeht, ist dies in der Hochrechnung nach Plan möglich.

Berücksichtigt man allerdings die mögliche Streuung der Kapitalmarktentwicklungen, die sich natürlich direkt auf das Anlageergebnis durchschlägt und die erzielbaren Renditen stark schwanken lässt, so ergibt sich ein deutlich anderes Bild (siehe Abbildung 7).

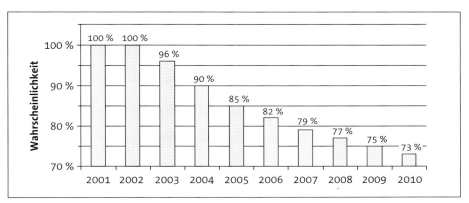

Abb. 7: Musterleben: „Überlebenswahrscheinlichkeit"

Falls das Management der MusterLeben seine Ziele und Strategien stur durchhält, unabhängig von der Entwicklung der Märkte, des Anlageportfolios und der freien Mittel, so besteht eine wachsende Wahrscheinlichkeit, dies nicht finanzieren zu können. Nach zehn Jahren ist die Insolvenzwahrscheinlichkeit auf ca. 26 % angewachsen.

Das erste Fazit aus diesen Untersuchungen ist offensichtlich: Die mittelfristige Strategie der MusterLeben bedarf der näheren Untersuchung und darf sich nicht in einem unbedingten Festhalten an den heutigen Wunschvorstellungen erschöpfen. Jetzt fängt die wirklich interessante ALM-Analysearbeit an – das Formulieren und Evaluieren von Alternativstrategien.

5.5 Unternehmensstrategien im Vergleich

Die strategischen Entscheidungen, die im Unternehmen zu treffen sind, könnte man in drei Gruppen einteilen: Entscheidungen, die zunächst direkt die Aktivseite betreffen und von der Vermögensverwaltung umgesetzt werden; Entscheidungen, die traditionell die Passivseite betreffen und Entscheidungen, die direkt beide Seiten der Bilanz betreffen. Beispiele für Strategieaspekte zeigt die folgende Abbildung 8.

Aktivseite	Aktiv- und Passivseite	Passivseite/Vertrieb
Aktienquote	Unternehmensergebnis	Überschussdeklaration
Duration der Rentenbestände	Dotierung der freien RfB	Neugeschäftsmix
Kreditrisiko der Rentenbestände	Solvabilitätsziel	Neue Produkte
Fonds vs. Direktbestand, ...	Nettoverzinsung, ...	Provisionssystem, ...

Abb. 8: Strategieaspekte für den Lebensversicherer

Senkung der Überschussbeteiligung

Ein prominentes Beispiel für eine Variation in den wesentlichen Unternehmensparametern ist die Veränderung der Überschussbeteiligung, die für das jeweils kommende Jahr deklariert und verdient werden muss. Eine Anpassung kann – mehr oder weniger gravierende – Auswirkungen auf die Wettbewerbsposition der Gesellschaft haben, und sie ent- oder belastet die Ertragsanforderungen für das Unternehmen. Entsprechend dem heutigen Umfeld wird im Folgenden exemplarisch eine Senkung des Überschusszinses untersucht; wieder anhand der MusterLeben. Unsere Erfahrung zeigt im Übrigen, dass die Formulierung und Auswertung von Alternativstrategien zunächst ceteris paribus erfolgen sollte. Nur so lassen sich die Effekte einer Strategieänderung aus den Projektionsergebnissen herausfiltern.

Für die MusterLeben lautet die einfache Alternativstrategie: Falls die vorrangigen Unternehmensziele in einem Projektionsjahr (und auf einem Projektionspfad) nicht erreicht werden können, wird die Überschussbeteiligung um 0,5 %-Punkte gesenkt. Falls die freie RfB zu stark wächst (über 45 % der Gesamt-RfB), wird der Zinssatz um 0,5 %-Punkte erhöht. Dies kann bei Bedarf in jedem Jahr erfolgen.

Allein der Blick auf die Insolvenzwahrscheinlichkeiten im Verlauf der Jahre zeigt, dass diese „Sparstrategie" für die MusterLeben nicht ausreichend durchschlägt. Kumuliert nach zehn Jahren reduziert sich die Wahrscheinlichkeit für den Zusammenbruch lediglich von 26 % auf 23 % (siehe Abbildung 9).

Ohne im Detail auf die weiteren Resultate einzugehen: Die Senkungen erfolgen immer zu spät, wenn die Bewertungsreserven der Kapitalanlagen bereits zu stark reduziert wurden, und in zu geringem Ausmaß. Eine ggf. stärkere Senkung müsste also bereits erfolgen, wenn die stillen Reserven (ggf. saldiert mit stillen Lasten) ein bestimmtes Mindestniveau erreicht haben. Dies würde dem Unternehmen zudem einen größeren Handlungsspielraum belassen, um beispielsweise antizyklische Anlagestrategien umzusetzen, ohne die Risikotragfähigkeit zu überschreiten. Verausgabt sich das Unternehmen bis an den Rand der Möglichkeiten, so wird es beispielsweise in fallenden Aktienmärkten seine Risikotragfähigkeit einbüßen und zu weiteren Aktienverkäufen gezwungen, ohne auch nur die Gelegenheit zu besitzen, antizyklisch zu investieren.

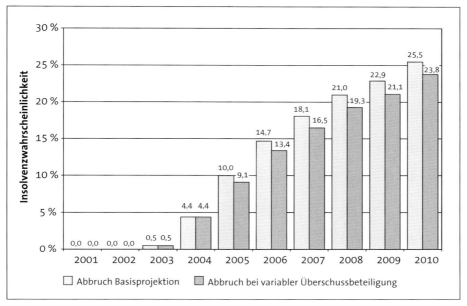

Abb. 9: *MusterLeben: Insolvenzwahrscheinlichkeiten im Vergleich*

Veränderungen in der Aktienquote

Genau die Aktienstrategie soll als zweites Beispiel für Alternativstrategien dienen. Gleichzeitig behalten wir die oben beschriebene Anpassung der Überschussbeteiligung bei. Was hier als „Originalszenario" benannt ist, lässt die Aktienquote gegenüber dem Ist-Zustand des Unternehmens unverändert. Sie liegt, durch die Fonds durchgerechnet, bei ca. 21 % des Gesamtbestandes bezogen auf die Marktwerte.

Dagegen wird im Szenario „Maximale Aktienquote" die Quote bis auf 31,5 % erhöht, indem der Anteil der reinen Aktienfonds von 12 % auf 20 % und der Anteil der gemischten Fonds von 9 % auf 16 % erhöht werden. Der Aufbau der Aktienquote geht zu Lasten der nominal bilanzierten Anleihen im Portfolio, also zu Lasten der Namensschuldverschreibungen und der Schuldscheindarlehen. „Maximale Aktienquote" heißt dieses Szenario deshalb, weil das Unternehmen zusätzlich noch über ca. 2 % Beteiligungen verfügt und damit die gesetzliche Höchstgrenze für Substanzwerte von 35 % vollständig ausgeschöpft wird (siehe Abbildung 10).

Die dritte Strategie zielt darauf ab, den Aktienanteil zu reduzieren. Dazu werden der angestrebte Anteil von Aktien im Direktbestand und der Anteil reiner Aktienfonds am Gesamtbestand abgebaut. Diese Reduzierung geschieht bei der Umsetzung der hier „Kleine Aktienquote" genannten Strategie dadurch, dass die Neuanlage des Cash Flows primär in andere Anlageklassen, nämlich nominal bilanzierte Anleihen, erfolgt. Ein direkter Verkauf der Aktien und der Aktienfonds zum Erreichen der Zielquote soll

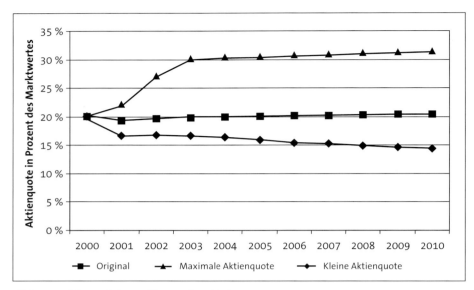

Abb. 10: MusterLeben: Alternative Aktienquoten

nicht erfolgen. Aktien im Direktbestand werden in der Modellrechnung dann reduziert, wenn hier Bewertungsreserven realisiert werden. Aktienfonds werden auch zum Realisieren von Bewertungsreserven nicht verkauft. Hier erfolgt, wenn aus Unternehmenssicht nötig, eine „Sonderausschüttung", die nur zu einer geringen Reduzierung des Anteils am Gesamtbestand führt.

Für alle drei Strategien lässt sich zunächst feststellen, dass sich im Basisszenario bei Planverlauf die Unternehmensziele erreichen lassen. Um die Überschussbeteiligung von 6 % zu finanzieren und die freie RfB auf 40 % der Gesamt-RfB zu halten, ist – erwartungsgemäß – immer etwa dieselbe Nettoverzinsung erforderlich, wie bereits oben beschrieben. Ebenfalls erwartungsgemäß entstehen bei einer großen Aktienquote höhere Bewertungsreserven, als dies bei den beiden anderen Strategien der Fall ist. Dies stellt sich zumindest im Planverlauf so ein – ignoriert man also das Risiko, so führt ein verstärktes Aktieninvestment zu größerem Substanzaufbau und vice versa (siehe Abbildung 11).

Das angesprochene Risiko ist jedoch nachweisbar und findet sich in vielen Kennzahlen wieder. Am deutlichsten kommt die Inkaufnahme des erhöhten Risikos wieder in der Insolvenzwahrscheinlichkeit zum Ausdruck. Während im Originalszenario Ende 2010 ca. 24 % Ruinwahrscheinlichkeit besteht, steigt der Wert im Szenario „Maximale Aktienquote" auf ca. 38 %. Schlägt das Unternehmen dagegen den Weg des Szenarios „Kleine Aktienquote" ein, so kann der Wert auf ca. 10 % reduziert werden (siehe Abbildung 12).

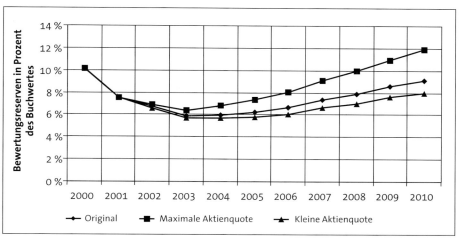

Abb. 11: MusterLeben im Planszenario: Bewertungsreserven

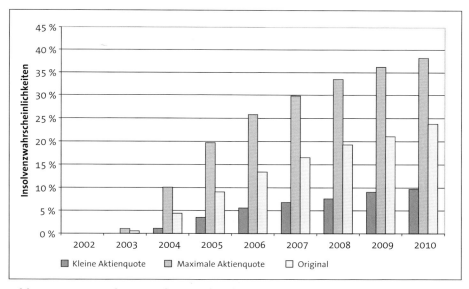

Abb. 12: MusterLeben: Insolvenzwahrscheinlichkeiten im Vergleich

Auch an dieser Stelle ist nur ein Zwischenfazit möglich: Die hier implementierte Strategie einer unbedingt hohen Aktienquote ist aus Risikoaspekten für die Muster-Leben mittelfristig nicht sinnvoll. Es kann aber durchaus sinnvoll sein, in den kommenden Jahren das Aktienvolumen unter der Prämisse aufzubauen, dass die freien Mittel als Risikopuffer ausreichen. Betrachtet man dieselbe Fragestellung nur für das Jahr

2002, so relativieren sich die Ergebnisse und lassen sich wie in der folgenden Abbildung charakterisieren:

- Erwartungswerte Ausgangsquote/maximale Quote:
  - NVZ: 6,44 %/6,38 %
  - Stille Reserven: 6,8 %/7,2 %
- Worst-Case (5 %-Quantil)-Ausgangsquote/maximale Quote:
  - NVZ: 6,4 %/5,6 %
  - Stille Reserven: 1,0 %/1,0 % (blockiert!)
  - Abschreibungen: 30 Mio./38 Mio.
  - ...

Abb. 13: Wirkungen alternativer Aktienquoten

Hier könnte das erhöhte Risiko bei erhöhter Aktienquote unter Umständen als tolerierbar bewertet werden. Falls die MusterLeben aufgrund der Ergebnisse aus 2002 die Aktienquote aufstockt, sollte sie aber unbedingt diese Entscheidung jährlich überprüfen und die Anlagen rechtzeitig, beispielsweise in Abhängigkeit von den freien Mitteln, zurückfahren.

5.6 Die Technik hinter den Analysen

Auch die wenigen hier beschriebenen ALM-Analysen legen nahe, dass für die Erstellung der Hochrechnungen ein besonderes Softwarepaket erforderlich ist. Dieses muss

▶ dem Anwender eine Strukturierung seiner Projektionsrechnungen nahe legen,

▶ mehrere Anwender (aus unterschiedlichen Abteilungen) gleichzeitig zulassen,

▶ extrem hohe Rechenleistung erbringen und

▶ ausreichende Flexibilität erlauben.

Die GeneralCologne Re hat gemäß diesen Anforderungen eine eigene Software entwickelt – ALM.IT. Hierbei wurde eine verteilte Systemarchitektur gewählt: Auf einem so genannten „Server" läuft die Datenverwaltung ab. Da Projektionen mehrheitlich stochastisch erfolgen, kann je nach Anwendungsintensität ein einzelner Server unter Umständen nicht ausreichen oder zu langen Rechenzeiten führen. Deswegen wird in ALM.IT ausgenutzt, dass im Rahmen der Stochastik viele Berechnungen unabhängig voneinander und deshalb parallel durchgeführt werden können. Wir setzen deshalb neben dem Server zusätzliche so genannte Cluster-PCs ein, die einzelne Teilberechnungen übernehmen. Dabei ergibt sich eine fast lineare Skalierung, d.h. bei Verdopplung der Anzahl der Cluster-Rechner halbiert sich in etwa die Rechenzeit.

Anstelle eines Hochleistungsrechners können also beliebig viele „normale" PCs ergänzt und so die Rechenzeit verringert werden.

Der Rechner des Anwenders benötigt nur den so genannten „Client". Dies ist eine graphische Benutzeroberfläche, die sich an den Microsoft-Standards orientiert und dem Anwender ermöglicht, Daten und Programmcode einzugeben und Projektionen zu starten und auszuwerten. Durch die verteilte Systemarchitektur ist der Anwender-PC auch bei großen Projektionen nicht blockiert, da sämtliche Berechnungen auf dem Server sowie den Cluster-PCs durchgeführt werden.

Über diese Server-Struktur hinaus wird die gute Performance eines fest codierten C++-Programms mit einem hohen Maß an Variabilität vereint. Für die Modellierung der Aktivseite und der Interaktion kann der Anwender auf die fest codierte Struktur zurückgreifen und sich auf die reine Eingabe von Parametern beschränken. Er hat aber auch die Möglichkeit, mit Hilfe einer eigens entwickelten Generik an entscheidenden Stellen in den Programmablauf einzugreifen – zum Beispiel bei der Preisberechnung spezieller Produkte oder bei der Umsetzung einer besonderen Unternehmensstrategie. Für die Modellierung der Passivseite können die Tarife in einer Pascal-ähnlichen Programmiersprache komplett selbst entwickelt werden. Der Anwender kann dabei auf existierende Bausteine und Standardtarife zurückgreifen und diese nach Bedarf abändern. Um die Rechenzeiten kurz zu halten, wird diese Programmierung anschließend kompiliert und zur Laufzeit an das C++-Programm angebunden.

Bei einer isolierten Anwendung des Moduls zur Modellierung der Tarife und des Versichertenbestands, ohne die Einbindung der Aktiva oder der Interaktion, ist die Verarbeitung sehr großer Datenmengen möglich. Hier kann auch ein größerer Bestand von mehreren Millionen Verträgen im Detail hochgerechnet werden.

Als Schnittstellen für den Datenim- und -export wurden das csv-Format sowie Excel gewählt. Die Auswertung großer Textdateien, wie z.B. detaillierter Projektionsprotokolle, erfolgt über den Internet Explorer. Die Weiterverarbeitung der Ergebnisdaten erfolgt ebenfalls in Excel.

ALM.IT ermöglicht neben der Analyse des Lebensversicherungsgeschäfts die Modellierung von Kompositversicherern – hier allerdings mit einem deutlich verschiedenen, weil stochastischen Konzept für die Verbindlichkeiten.

5.7 Fazit

Der Nutzen von ALM-Analysen als Unterstützung eines intelligenten und erfolgreichen Asset Liability Managements für die Versicherungswirtschaft ist offensichtlich. Risikomanagement gewinnt zunehmend an Bedeutung und muss die Suche nach neuen oder stärkeren Ertragsquellen flankieren. Der sich verschärfende Wettbewerb erfordert von jedem Unternehmen eine genaue Positionierung und die Optimierung seiner unternehmerischen Strategien und Ziele.

ALM-Analysen können allerdings nur das Werkzeug für die Unternehmenssteuerung sein. Die strategischen Entscheidungen werden im Unternehmen getroffen – und erst die gelungene Umsetzung schafft den Erfolg.

Den Schwerpunkt dieser Studie bilden die aktivseitigen Aspekte der ALM-Fragestellungen eines deutschen Lebensversicherers. Die Vielzahl nicht behandelter Themen lässt sicherlich Raum für weitere Fragen und Antworten, denen wir uns gerne stellen.

Anhang

Autorenverzeichnis

Ina Bauer

gehört trotz ihrer 33 Jahre bereits zu den „Senioren" der Financial Times Deutschland. Als eines der Gründungsmitglieder ging sie bereits im Oktober 1999 an Bord und leitet mittlerweile das Team Finanzmärkte in der Redaktion Frankfurt. Die ausgebildete Übersetzerin, die sich auf Wirtschaft spezialisiert hat, kam über Umwege zur FTD. Nach einem Volontariat bei einem Fachverlag in Süddeutschland zog es die gebürtige Nordhessin Ende 1997 zu Dow Jones nach Frankfurt. Als Nachrichtenagentur-Journalistin berichtete sie fast „real-time" und auf Englisch über die neuesten Ereignisse in der deutschen Autoindustrie und am Aktienmarkt.

Gunther Baum

Studium der Mathematik und Betriebswirtschaftslehre in Köln und Mannheim. Er ist Aktuar und seit 1991 für die Heubeck AG, ein unabhängiges Dienstleistungsunternehmen auf dem Gebiet der Altersversorgung, tätig. Dort berät er Unternehmen in Fragen der betrieblichen Altersversorgung. Seit Januar 1999 ist er Geschäftsführer der HEUBECK-FERI Pension Asset Consulting GmbH, die Altersversorgungseinrichtungen in allen Fragen der Strukturierung und des Managements von Versorgungskapital betreut.

Thomas Bossert

geboren 1966, Bankkaufmann und Wertpapierberater, Studium der Europäischen Betriebswirtschaft in Reutlingen und London, von 1994 bis 1996 Entwicklung von Anlagekonzepten im Asset Management der Commerzbank, 1997 Wechsel zur Deutschen Gesellschaft für Investment-Fonds DEVIF, Derivatespezialist und Fondsmanager, in 1999 Übernahme der Verantwortung für asymmetrische Mandate als Bereichsleiter, seit August 2001 Geschäftsführer der DEVIF.

Markus Brechtmann

geboren 1966, Studium der Statistik an der Universität Dortmund, danach wissenschaftlicher Mitarbeiter an der Professur für Ökonometrie der Technischen Universität Dresden, Dissertation im Bereich der Kapitalmarktökonometrie, seit 1998 im Asset Management der DG BANK als quantitativer Finanzanalyst im Portfolio-Research, Entwicklung von quantitativ-strukturierten Investmentansätzen im Aktienbereich.

Wolfgang Breuer

geboren 1966, Studium der Betriebswirtschaftslehre in Siegen und Köln, ein Jahr Unternehmensberater bei McKinsey und Co., Inc., Promotion und Habilitation in Köln, 1995–2000 Direktor der Betriebswirtschaftlichen Abteilung I an der Rheinischen Friedrich-Wilhelms-Universität Bonn, seit 2000 Inhaber des Lehrstuhls für Betriebswirtschaftslehre, insb. Betriebliche Finanzwirtschaft an der RWTH Aachen.

Joachim Coche

geboren 1967, entwickelt im Risikomanagement der Europäischen Zentralbank Methoden für die Strategische Asset Allocation. Zuvor betreute er als Senior Analyst im Asset Management der DG Bank quantitativ gestützte Ansätze für das Management von Rentenportfolios. Joachim Coche ist Diplom-Volkswirt und promovierte an der Universität Osnabrück zum Thema der Kapitalmarkteffizienz.

Rolf Elgeti

Studium der Betriebswirtschaftslehre, Abschluss als Diplomkaufmann und MBA, zunächst Portfoliomanager einer Versicherung in Deutschland, danach Wechsel zur UBS Warburg. Aktuell ist er Leiter der Europa-Strategie der Commerzbank Securities in London. In dieser Funktion erstellt er Marktanalysen und berät institutionelle Kunden bei Fragen der Asset und Sector Allocation.

Susanne Fromme

ist in der Geschäftsleitung der GeneralCologne RE Capital GmbH zuständig für die Bereiche Research und Beratung. Der Aufgabenschwerpunkt liegt neben dem klassischen Kapitalmarkt-Research im Bereich Asset Liability Management für Versicherungsunternehmen. Zuvor war sie beim Bankhaus Schröder Münchmeyer Hengst in Frankfurt seitens des Research für die fachliche Betreuung der institutionellen Kunden und deren Anlagestrategien verantwortlich. Susanne Fromme ist Diplom-Mathematikerin und studierte an der Universität Münster. Sie ist außerdem Finanzanalystin nach DVFA.

Barbara Grünewald

Studium der Mathematik in Heidelberg und Freiburg. Im Anschluss daran wissenschaftliche Mitarbeiterin am Lehrstuhl für Finanzwirtschaft der Universität Mainz. Seit 1997 arbeitet sie bei der UBS, anfänglich im Bereich Quantitative Investment Research. Momentan ist sie Senior Portfolio Analystin im Bereich Asset Allocation &

Risk Management. Sie ist verantwortlich für die Portfolio Coordination, ein Team, welches sich mit taktischer Asset Allocation und strategischer Asset Allocation beschäftigt.

Marc Gürtler

geboren 1967, Studium der Mathematik in Köln, danach wissenschaftlicher Assistent am Mathematischen Institut der Universität zu Köln (1992–1994), am Institut für Gesellschafts- und Wirtschaftswissenschaften der Universität Bonn (1997–2000) und am Institut für Wirtschaftswissenschaften der RWTH Aachen (2000–2002). Er war Finanz- und Risiko-Controller bei der Colonia Nordstern Lebensversicherungs-Management AG (1994–1995) und ist seit August 2002 Univ.-Professor am Institut für Wirtschaftswissenschaften der TU Braunschweig und Leiter der Abteilung Finanzwirtschaft.

Hartmut Leser

Studium der Wirtschaftswissenschaften mit Schwerpunkt Finance in Mannheim, London School of Economics, Saarbrücken und Michigan/USA. Seine Dissertation schrieb er über internationale Finanzmarkttheorie. Er übte verschiedene Tätigkeiten im Spezialfondsbereich aus (Portfoliomanager, Leiter Quantitatives Research, Leiter Aktienmanagement), und war danach Direktor und Leiter Portfoliomanagement bei einer internationalen Großbank. Heute ist er geschäftsführender Gesellschafter bei der FERI Institutional Management GmbH und der HEUBECK-FERI GmbH.

Manolis Liodakis

Promotion in Finance an der City University Business School in London. Seit 1999 Direktor und Leiter des europäischen quantativen Research von Schroder Salomon Smith Barney. In dieser Zeit hat er Artikel in verschiedenen akademischen und praxisorientierten Publikationen veröffentlicht, unter anderem im Journal of Portfolio Management und dem Financial Analysts Journal.

Michael Menz

geboren 1965, Studium der Wirtschaftswissenschaften an der Universität Frankfurt, von 1993–1996 Portfoliomanager für Aktien und Renten bei der Alte Leipziger-Trust Investment KAG. Anschließend Fondsmanager für internationale Renten für die SchmidtBank-Tochtergesellschaft Franken-Invest KAG. Seit 1998 verantwortlich für das Segment Unternehmensanleihen im Oppenheim Asset Management.

Keith Miller

Studium der Betriebswirtschaft an der Johns Hopkins Universität und an der London School of Economics. Geschäftsführer und Co-Leiter der Global Quantitative Research Division bei Schroder Salomon Smith Barney. Bevor Herr Miller 1995 seine Tätigkeit bei Salomon Smith Barney aufnahm, war er fast zehn Jahre im Equity Research von Salomon Brothers und Lehmann Brothers tätig.

Rüdiger von Nitzsch

geboren 1960, leitet seit 1996 als Professor das Lehr- und Forschungsgebiet Allgemeine Betriebswirtschaftslehre an der RWTH Aachen. Seit Oktober 1999 hat er die Verantwortung für das Gründerkolleg an der RWTH Aachen. Zugleich ist er Gründer der aixigo AG, die für Finanzdienstleister technologisch anspruchsvolle und innovative Instrumente zur Vermögensanlageberatung und zum Marktmonitoring entwickelt. Seit März 2002 ist er Vorstandsvorsitzender des Forschungsinstituts für Asset Management an der RWTH Aachen.

Chee Ooi

Studium der Elektrotechnik und Informatik am Massachusetts Institute of Technology (MIT), Vice President der Global Quantitative Research bei Salomon Smith Barney, New York. In dieser Position beschäftigt er sich besonders mit der Formulierung quantitativer Anlage-, Allokations- und Aktienauswahl-Strategien.

Parameswaran Priya

Studium der Ökonometrie an der Monash University (Melbourne) und Statistik und Betriebswirtschaft an dem Mount Holyoke College in Massachusetts. Sie nahm ihre Tätigkeit im europäischen quantitativen Research im November 2000 auf. Zuvor war sie seit 1997 Mitglied des globalen quantitativen Forschungsteams in Australien. Sie begann 1994 ihre Tätigkeit bei Salomon Smith Barney Australien und arbeitete in zahlreichen Forschungsprojekten, u.a. in der Erstellung ökonometrischer Modelle zur Prognoseunterstützung.

Thomas Karl Romig

geboren 1971, Studium der Betriebswirtschaft an der Universität Erlangen-Nürnberg, von 1990 bis 1992 Ausbildung zum Bankkaufmann bei der Deutschen Bank AG, Aalen. Von 1992 bis 1997 folgten verschiedene Tätigkeiten bei Deutsche Bank Trust Company, New York, Deutsche Bank AG, Consors Discount-Broker, Commerzbank AG und

Siemens-Nixdorf. Er war von 1997 bis 1998 Junior-Fondsmanager im Aktienbereich, von 1999 bis 2000 Fondsmanager für Aktienindexfonds und im Jahr 2000 Dachfondsmanager. Seit Anfang 2001 Teamhead Multimanagement bei Commerz Asset Managers.

Bernd Scherer

European Head der Advanced Applications Group der Deutschen Asset Management. Seine Gruppe liefert innovative Investmentlösungen für anspruchsvolle europäische Kunden. Zuvor war er Global Head des Fixed Income Portfolioresearch von Schroder Investment Management. Er veröffentlicht regelmäßig in internationalen Fachzeitschriften (Risk, Journal of Asset Management, Financial Analysts Journal) und diversen Asset Management Handbüchern.

Frank Schuhmacher

geboren 1968, studierte von 1988 bis 1992 Volkswirtschaftslehre an der Universität Bonn und promovierte 1996 nach einem Forschungsaufenthalt an der Universität Tel Aviv im Rahmen des European Doctoral Program zum Dr. rer. pol.. 2002 wurde er an der RWTH Aachen im Fach Betriebswirtschaftlehre habilitiert. Er ist wissenschaftlicher Assistent am Lehrstuhl für Betriebliche Finanzwirtschaft an der RWTH Aachen. Seine Hauptforschungsgebiete sind Unternehmensfinanzierung, Portfoliomanagement und Informationsökonomie.

Stavros Siokos

Promotion an der University of Massachusetts at Amherst in Operations Research. Gegenwärtig leitet er das weltweite Portfolio-Handelsstrategien-Team, das auf Portfolio Trades spezialisiert ist. Stavros kam im März 1997 als quantitativer Analyst zum Unternehmen. Stavros erhielt 2001 in der Reuters Untersuchung großer europäischer Unternehmen den ersten Rang im quantitativen Service-Sektor.

Olaf Stotz

geboren 1970, Wirtschaftsingenieur- und Corporate Finance Studium an den Universitäten Karlsruhe und Durham. Von 1996 bis 2000 Entwicklung von quantitativen Investmentprodukten bei der Commerzbank und DG Bank, von 2000 bis 2001 verantwortlich für das Aktien-Research der Deutschen Gesellschaft für Investmentfonds – DEVIF. Seit 2002 Geschäftsführer des Forschungsinstitutes für Asset Management – FIFAM.

Robert Süttinger

Studium der Betriebswirtschaft an der Wirtschaftsuniversität Wien, CFA. Anschließend war er für den Schweizerischen Bankverein in Österreich für die Vermarktung von Anlageprodukten an institutionelle Investoren verantwortlich. Momentan ist er Senior Portfolio Analyst im Bereich Asset Allocation & Risk Management bei UBS Global Asset Management in Zürich. Er ist verantwortlich für die Entwicklung von Methoden und Tools auf dem Gebiet der Asset Allocation, Portfoliokonstruktion und Riskosimulation.

Hans-Ulrich Templin

Jahrgang 1964, Bankkaufmann, Diplom-Kaufmann, Promotion (Unternehmensrisiko und Bilanzkennzahlen – eine empirische Untersuchung deutscher Aktiengesellschaften). Nach Stationen als wissenschaftlicher Assistent am Lehrstuhl für Finanzwirtschaft der Universität Kiel, als Mitarbeiter in der Abteilung Wirtschaftsberatung bei der DATEV und als Senior-Credit-Analyst für Corporate Bonds im Renten Research der DG Bank, ist er seit August 2001 Geschäftsführer der Helaba Northern Trust, Frankfurt.

Claudia Wanner

32 Jahre, ist seit September 2000 Redakteurin im Ressort Finanzdienstleistungen der Financial Times Deutschland. Neben Asset Management beschäftigen sie dort die Basler Eigenkapitalrichtlinien genauso wie Schweizer Privatbanken. Bevor sie zur lachsfarbenen Wirtschaftszeitung wechselte, schrieb sie für das Magazin Econy Geschichten aus der „Neuen Wirtschaft" und für die Frankfurter Allgemeine Zeitung Wirtschaftsanalysen über Mittel- und Osteuropa. Ihre beruflichen Wurzeln liegen auf praktischeren Feldern: An der Universität Karlsruhe studierte sie Wirtschaftsingenieurwesen und hospitierte in dieser Zeit bei verschiedenen Unternehmen und Forschungseinrichtungen in Deutschland, Frankreich und den USA.

Stichwortverzeichnis

A
absolute Ertragsziele 259
absolute Renditeziele 211
Agency-Konflikt 302
Aggressivitätsgrad 94
Aktien KGV 107
Aktienauswahl 125
Aktienmarktvolatilität 292
Aktienmentalität 228
Aktienrisikoprämie 105
Aktienrückkaufprogramme 282
Aktionärsinteressen 315
aktives Management 19, 239, 289
aktuarielle Prognose 346
ALM 347
ALM-Analysen 424, 425
ALM-Modellierung 405
ALM.IT 424
Alterspyramide 229
Altersversorgung 345
Altersversorgungseinrichtung 346
Altersvorsorge 228
Anlageprozesse 48
Anlagespektrum 261
Anlagestress 341
Anlageziele 16, 31
Anlegerschutzklauseln 302
Anleihemomentum 307
Appraisal Pricing 73
Asset Allocation 145
– strategische 17, 50, 406
– taktische 17, 111, 145, 152
asset skills 357
Asset-Liability-Management 346, 405
Asset-Liability-Studie 345
Asset-Managementberatung 345
Asset-Managementprozess 345
Asset-Modell 351
Asset-Prognose 348
Asymmetrische Asset Allocation 319
asymmetrische Chance-Risiko-Profilen 292
Ausfallhöhepunkt 313
Ausfallrisiko 287
ausfallrisikoadäquate Bewertung 293
Ausfallwahrscheinlichkeit 293

Autokorrelation 298

B
Backtests 154
Bankenresearch 243, 252, 257
Basel II 283
Bayes-Regeln 126
Behavioral Finance 15, 120, 217, 305
Benchmark 246, 253, 254, 332, 382
Benchmark-Definition 50
Beratungsfehler 404
Berichterstattung 243, 250
berufsständische Versorgungswerke 346
Bewertungsmaßstäbe 202
Bewertungsmodelle, fundamentale 66
bewertungsrelevante Einflussfaktoren 296
Black und Scholes 291
Black-Litterman 71
Bondholder-Value 315
Bonitätsprämie 134
Bottom-Up-Ansatz 314
Branchenallokation 146, 152, 155, 162
Branchenanalyse 365
Branchenansatz 385
Brancheneffekte 149
Branchenexposure 311
Branchenkonjunktur 300
Brownian motion 349
Brownsche Bewegung 412
Bullenmärkte 132
Buy-and Hold-Anlage 289

C
Cash Flow 222
Change of Control Provision 302
Commercial Paper 296
Consultants 345
Consulting 345
Convertible Arbitrage 268
Core Satellite Ansatz 83
Corporate Bond 281, 359
Corporate Health-Index 308
Covenants 302
CPPI 335
Credit Event 288, 290

Anhang

CreditWatch 296
Cross Acceleration Clause 303
Cross Default Clause 303

D

Dachfondsprodukte 379
Daumenregel 134
DAV-Stresstest 417
Debtholder-Stockholder-Konflikt 302
Dedicated Short Bias-Strategie 270
Default Risk 287
deterministische Projektionen 406
Direktgutschrift 348
Discount Rate-Effekt 223
Discount-Zertifikaten 218
Diskriminanzfunktion 307
Distressed Securities 269
Diversifikationseffekt 273
Diversifikationswirkung 310
Durchschnittsertrag 22

E

effizienter Rand 348
Effizienz 233
Effizienzgewinne 15
Effizienzlinie 19, 38
Effizienzmarkthypothese 305
Eigenbestand 356
Eigenkapitalkostensatz 222
Eigentumsstruktur 265
einperiodigen Ruin 348
Einzeltitelselektion 306, 366
Emerging Markets 270
Emissionsformat 306
Emissionsrating 296
Emissionsvolumen 301
Emittentenrating 296
Entscheidungsbaumanalyse 125
Equity Market Neutral 269
ereignisgetriebene Strategie 269
Erfolge 230
Ertragsannahmen 53
erwarteter Kreditverlust 310
Erwartungsbildung 21
Euphorie 230
Euro-Unternehmensanleihemarkt 281
evolutionärer Prozess 137
Excess Return 289, 311

Exportabhängigkeit 313
externe Assetmanager 353

F

fairer Wert 197, 198
FED Modell 105
Federal Reserve Bank 105
Fehlbewertung 110, 229
Fehlprognoserisiko 322
Fernsehen 243, 245, 248, 249, 254
financial design 218
Financial Leverage 299
Financials 285
Finanzierbarkeitsnachweis 408
Finanzmärkte 348
Finanzrisiko 299
Fixed Income Arbitrage 269
Fondsmanager 245, 247, 251, 252
Fondsperformance 392
Fondsselektion 387
Fragebogen 354, 393
freie RfB 415, 418
Fristigkeit der Renditen 196
Frühindikatorwirkung 307
Fundamentaldaten 134

G

Gebührenarbitrage 88
Geld-Brief-Spanne 301
Gemischte Fonds 208
Gemischte Hedgefonds 210
gesamte RfB 418
Geschäftsrisiko 299
Gesetz über KAG 397
Gewinnmomentum 307
Gewinnrendite 109
Gewinnziele 346
Gini-Differenz-Mittelwert 170
Gläubigerinteressen 315
Global Macro-Strategie 270
Globale Anlageprozesse 48
Globalisierung 228
Governing Law 303
Growth 386
Guru 254, 256
Gütebeurteilung des
  Spezialfondsanbieters 353

H

Haushaltskonsolidierung 282
Hedge 349
Hedgefonds 207, 259
HI-SCORE 369
High Water Mark 264
historische Ausfallraten 288
Home bias 57, 237
homo oeconomicus 217
Humankapital 60
Hypotheken 356

I

idiosynkratisch 311
Immobilien 356
implizite Risikoprämie 225
Industrials 284
Industrierotationsansatz 314
Information Ratio 84, 353
Informationsverhalten 247
Insolvenzwahrscheinlichkeit 419, 420
institutionelle Anleger 403
Integrierte Anlageprozesse 48
Interessenskonflikt 298
Interest Cover 299
Internet 248, 249, 257
intertemporales Capital Asset
  Pricing-Modell 349
Investitionsrichtlinien 51
Investment Grade 296
Investmentprozess 16, 31, 115, 146, 196, 359, 380, 381
Investmentstile 385
irrationaler Überschwang 105

J

Jahresabschlusskennzahlen 372
Januar-Effekt 306

K

Kapitalanlagerichtlinien 345
Kapitalanlagestrategie 411
Kapitalflüsse 198
Kapitalmarkteffizienz 106
Kapitalmarktfähigkeit 315
Kapitalmarktmodelle 347
Kapitalstruktur 16, 34
Klumpenrisiken 311

Kointegrationsbeziehung 300
Kommunikationsforschung 247
Konjunkturzyklen 128
Kontrolle externer
  Spezialfondsmanager 356
Kontrollfunktion 345
Kontrollgefühl 228, 230
Kontrollrisiko 299
Kontrollwahrnehmung 237
Korrelation 274, 310, 313, 334, 398
Kostenkontrolle 356
Kredit-Barbell-Ansätze 314
Kreditportfolio-Managementansätze 312
Kreditrisiko 287
Kreditrisikokurve 288
Kreditspreads 288
Kreditverlustverteilung 293
Krisenszenarien 195
Kündigungsoption 301
Kursprognosen 218
Kurzfristrating 296

L

Länderallokation 146, 147, 152, 154, 162
Ländereffekte 149
langfristige Anlagestrategie 345
Langfristrating 296
Lebenszyklus 60
Leerverkäufe 277
Leseverhalten 248, 256
Leveraged Buy-out 283
liability skills 357
Liability-Modell 351
Liability-Prognose 348
Limited Partnership 263
Liquidität 73, 301
Lock up-Periode 266
Long/Short Equity 270
Loss Severity 297

M

Managementmodell 351
Managementregeln 351
Managementstil 353
Managerallokation 84
Managerbeurteilung 356
Managerdiversifikation 87
Managerentlohnung 264

Anhang

Managerspezialisierung 87
Markowitz-Kalkül 348
Marktmodell 181
marktneutrale Strategie 268
Marktperioden 100
Marktrisiko 181, 287
Marktsegmentierungen 304
Marktwertbetrachtung 350
Mean Reversion 334
Mean Reversion-Prozess 290
Mean Reversion-Model 413
Medien 243, 245, 248
mentale Konten 120
Merger Arbitrage 269
Merton 291
Misserfolge 230
Modelle
- konjunkturzyklische 67
- statistische 68
- technische 68
Momentum 153
Momentumstrategie 135, 152, 154, 155
Monitoring 73
Monte-Carlo-Programm 232
Moodys 296
Multi-Manager-Segmentfonds 345
Multimanagementportfolios 398
Myopic Loss Aversion 228

N

Nachrichtenticker 248, 249
Name Recognition 305
Negative Pledge 302
Non-Investment Grade 296
Normalverteilung 73

O

operativer Leverage 299
opportunistische Handelsstrategien 270
Outperformance 354
Overconfidence 239, 326
Overreaction 305

P

passives Management 21, 239
Peer-Groups 388
Pensionsfonds 350
Pensionskasse 345

Performance
- -analyse 353
- -attribution 77
- -bewertung 353
- -evaluationen 228
- -kontrolle 400
- -messung 16, 76
Persistenz 98
Planungshorizont 235
Planungsunsicherheit 412, 414
Portfolio Insurance 350
Portfolio Selection-Theorie 310
Portfolio Translation 75
Portfolio-Optimierung 70
Portfoliokonstruktion 306, 365, 397
Portfolioliquidität 314
Portfoliozusammenstellung 309
Präferenzen 16
Prämien 204
Printmedien 248, 250, 257
Privatanleger 244, 245
probabilistische Wertentwicklung 231
Produktpalette 415
Profi-Anleger 246, 247
Profit Testing 408
Prognose 106, 111
Prognose von Ausfällen 307
Prognosekraft 107, 112
Prognosemodelle 346
Prognoserisiko 348
Prozessdefinition 47
Prozessrisiken 300

Q

Qualitative Analyse 387
Qualitätskriterien 354
Quantitative Analyse 387
quantitative Performanceanalyse 353
quantitativer Investmentprozess 146
Quintile 135

R

Radio 243, 248, 249, 254
Rating 296
Ratingagenturen 296
Ratingausblick 296
Ratingmigrationsmatrix 294
Ratingskala 297

Rebalancing 75
Recognition Bias 305, 306
Recovery Rates 293
Reduced-Form Models 291
Regressionsanalyse 127
Regulierungen 198
Relative-Value-Analyse 373
relativer Wert 128
Rendite-Risiko-Diagramm 38
Renditeaufschlag 288
Renditestrukturkurve 300
Renten KGV 107
Rentensysteme 284
Reporting-Systeme 356
Ressourcen 20
Ressourcenanalyse 354
Restrukturierung 282
Rezession 312
RfB 415, 418
Rich/Cheap-Analyse 306
Risiko-Controlling 400
risikoadjustierte Kennzahlen 391
Risikoaversion 34, 119
Risikobewertung 32, 40
Risikobudgetierung 64
Risikobudgets 19, 22, 23, 31, 33, 85
Risikoeinstellung 31, 234
Risikohorizont 329
Risikokennzahlen 391
Risikomanagementsystem 345
Risikomodell 53
Risikopräferenz 119
Risikoprämie 31, 36, 116, 202, 288, 328
Risikotragfähigkeit 31, 233, 327, 331
Risikoverfahren 165
Roadshow 306

S
Saisonale Faktoren 199
Saisonalität 201
Satellite 83
Schattenrating 298
Schätzfehler 95
Schnelllebigkeit 228
Scholes 291
Scoring-Modelle 306
Sektorallokation 214
Sektorgewichtungen 285

Sektorkontext 314
Sektorrotationen 306
selbstwertdienliche Attribution 230
Sell-Side-Analysten 246
Senkung der Überschussbeteiligung 420
Shareholder Value 222, 282, 299
Sharpe-Maß 271
Short Put 292
Sicherheitsziele 346, 348
Simulationsmodell 350
Sollzins 348
Sparringsfunktion 345
Sparziele 233
Spekulationsblasen 246
Spezialfondsdatenbank 354, 355
Spezialfondsselektion 354
Split Rating 298
Spreadbewertung 307
Spreaddeterminanten 361, 362
Spreadentwicklung 291
Spreadschätzfunktion 362
Spreadvolatilität 301
Standard & Poors 296
Step-up-Kupons 303
Steuern 199
stochastische Programmierung 350
stochastische Projektionen 406, 416
stochastische Prozesse 349
Strategie
– Dedicated Short Bias 270
– ereignisgetriebene 269
– -funktion 345
– Global Macro 270
– Kapitalanlage 411
– langfristige Anlage 345
– marktneutrale 268
– Momentum 135, 152, 154, 155
– opportunistische 270
strategische Asset Allocation 17, 50, 406
Stressszenarien 311
Stresstests 414
Streuungsmaße 166
strukturelle Modelle 291
Subordination 304
systematisches Risiko 311

T
Tageszeitungen 243, 248, 250, 256

taktische Asset
    Allocation 17, 111, 145, 152
taktische Branchenallokation 162
taktische Länderallokation 162
Technischen Analyse 146, 162
Technologieaktien 134
Titelselektion 17, 18
Tracking Error 19, 83, 239
Transaktionskosten 301
Trends 218
Tunnelling 303

U

Übergangsmatrix 98
Überrendite 195, 220
Überschussbeteiligung 408, 420
Umfrage 243, 247, 251, 253, 255, 256, 257
Umsetzungsfunktion 345
UMTS-Lizenzen 289
Underreaction 305
unerwarteter Verlust 310
unsystematisches Risiko 311
Unternehmensmodell 351
unternehmensspezifisches Risiko 287
Unternehmenstransparenz 283
Unterreaktionen 230

V

Value 386
Value-at-Risk 35

Value-at-Risk-Betrachtung 417
Value-Stocks 307
Verhaltensschwächen 217
Verlustaversion 120
Vermögensanlage 345
Verpflichtungen 346
Volatilität 15, 18
Volatilitätsbündel 334
volkswirtschaftliche Langfristprognose 347

W

Wachstumsprämie 116
Wachstumsstrategie 135
Wahrnehmung 246, 247, 252
Währungsabsicherung 58
Watchlist 296
Wenn-dann-Regeln 129
Wertstrategie 135
Wettbewerberumfeld 299
Wettbewerbsintensität 299
Wirtschaftsmagazine 243, 244
World Trade Center Crash 340

Z

Z-Score-Modell 307
Z-Transformation 375
Zielsystem 345
Zinsänderungsrisiko 312
Zinskurve 129
Zinsniveau 223, 226